CW00694601

Paul Valéry

Variété III, IV et V

Gallimard

Paul Valéry (1871-1945) s'est obstinément interrogé dès sa jeunesse sur la nature de la pensée, son fonctionnement, ses limites, cherchant dans les figures de Léonard de Vinci et de Monsieur Teste la formule d'une méthode universelle, consignant ses réflexions dans ses *Cahiers* (plus de 26 000 pages manuscrites), ses nombreux essais sur les sujets les plus divers et ses recueils de notes. Sa poésie est une illustration et une célébration de ce travail, une «fête de l'intellect», dit-il, où le frémissement des sensations vivifie l'abstraction par la magie d'une poétique parfaitement maîtrisée.

VARIÉTÉ III

Je disais quelquefois
à Stéphane Mallarmé...

Je disais quelquefois à Stéphane Mallarmé :

« *L'un vous blâme ; l'autre vous nargue. Vous irritez,
vous faites pitié. Le chroniqueur, à vos dépens, amuse
aisément l'univers, et vos amis hochent la tête...*

« *Mais savez-vous, sentez-vous ceci : qu'il est dans
chaque ville en France un jeune homme secret qui se
ferait hacher pour vos vers et pour vous ?*

« *Vous êtes son orgueil, son mystère, son vice. Il
s'isole de tous dans l'amour sans partage et dans
la confidence de votre œuvre, difficile à trouver, à
entendre, à défendre...* »

Or, je pensais à quelques-uns et à moi-même, au
cœur desquels il était si présent, si puissant et le
seul ; et je voyais en nous sourdre et s'offrir à lui la
véritable gloire, qui est chose cachée et non point
rayonnante ; qui est jalouse, personnelle, et peut-
être plus fondée sur des différences et des résistances vaincues que sur le consentement immédiat
à quelque merveille et jouissance commune.

Mais Lui, les yeux voilés, étant de ceux qui ne
savent attendre et ne peuvent goûter l'ivresse que
de soi, se taisait.

Il est refusé aux plus profonds de s'admirer par le détour de la ferveur d'autrui, car ils sont la certitude en personne que nul autre qu'eux-mêmes ne saurait concevoir ni ce qu'ils exigent de leur être ni ce qu'ils espèrent de leur démon. Ce qu'ils donnent au jour n'est jamais que ce qu'ils rejettent : les rebuts, les débris, les jouets de leur temps caché.

Les perfections, avec l'étrangeté soutenue de ses rares écrits, nous suggéraient une idée de leur auteur bien distincte de celles que l'on se fait ordinairement des poètes, même considérables.

Cependant que cette œuvre sans pareille surprenait, à peine entr'ouverte, séduisait aussitôt l'ouïe, s'imposait à la voix, et se soumettait tout l'appareil de la parole par une sorte de nécessité dans l'ajustement des syllabes créée à force d'art, — tout de suite elle embarrassait l'esprit, l'intriguait, le défiait parfois de *comprendre*. S'opposant à la résolution instantanée du discours en idées, elle exigeait du lecteur un travail souvent très sensible de l'intellect et une reprise attentive du texte : exigence dangereuse, presque toujours mortelle.

La facilité de lecture est de règle dans les Lettres depuis le règne de la hâte générale et des feuilles qui entraînent ou harcèlent ce mouvement. Tout le monde tend à ne lire que ce que tout le monde aurait pu écrire.

D'ailleurs, puisqu'il s'agit enfin en littérature d'amuser son homme ou de lui faire *passer le temps*, ne demandez l'effort, n'invoquez point la volonté : ici triomphe la croyance, peut-être naïve, que le plaisir et la peine s'excluent.

Quant à moi, je le confesse, je ne saisis à peu près rien d'un livre qui ne me résiste pas.

Demander au lecteur qu'il tendît son esprit et ne parvînt à la possession complète qu'au prix d'un acte assez pénible ; prétendre, de passif qu'il espère d'être, le rendre à demi créateur, — mais c'était blesser la coutume, la paresse, et toute intelligence insuffisante.

L'art de lire à loisir, à l'écart, savamment et distinctement, qui jadis répondait à la peine et au zèle de l'écrivain par une présence et une patience de même qualité, se perd : il est perdu. Un lecteur d'autrefois, instruit dès son enfance par Tacite ou par Thucydide pleins d'obstacles, à ne point dévorer ni deviner la ligne ; à ne fuir, le sens effleuré, la phrase et la page, promettait aux auteurs un partenaire qui valût que l'on pesât les termes et qu'on organisât la dépendance des membres d'une pensée. La politique et les romans ont exterminé ce lecteur. La poursuite de l'effet immédiat et de l'amusement pressant a éliminé du discours toute recherche de dessin ; et de la lecture, cette lenteur intense du regard. L'œil, désormais, goûte un crime, une «catastrophe», et s'envole. L'intellect se perd dans un nombre d'images qui le ravissent ; il se livre aux effets surprenants de l'absence de loi. Si le rêve est pris pour modèle, (ou bien le pur souvenir), la durée, la pensée le cèdent à l'instant.

Celui-là donc qui ne repoussait pas les textes complexes de Mallarmé se trouvait insensiblement engagé à réapprendre à lire. Vouloir leur donner un sens qui ne fût pas indigne de leur forme admirable et du mal que ces figures verbales si précieuses avaient assurément coûté, conduisait infailliblement à associer le travail suivi de l'esprit et de ses forces combinatoires au délice poétique. Par conséquence, la Syntaxe, qui est calcul, reprenait rang de Muse.

Rien de moins «romantique». Le Romantisme a
décrété l'abolition de l'esclavage de soi. Il a pour
essence la suppression de la *suite dans les idées*, qui
est une des formes de cet esclavage; il a favorisé
par là un immense développement de littérature
descriptive. La description dispense de tout enchaînement, admet tout ce qu'admettent les yeux, permet d'introduire de nouveaux termes à chaque
instant. Il en résulta que l'effort de l'écrivain, réduit
et concentré sur cet instant, s'est appliqué aux épithètes, aux contrastes de détail, aux «effets» facilement séparables. Ce fut le temps des joyaux.

Mallarmé a sans doute tenté de conserver ces
beautés de la matière littéraire, tout en relevant son
art vers la construction. Plus il avance dans ses
réflexions, plus s'accusent, dans ce qu'il produit, la
présence et le ferme dessein de la pensée abstraite.

Davantage: — offrir aux gens ces énigmes de cristal; introduire, dans l'art de plaire ou de toucher
par le langage, de telles compositions de gênes et de
grâces donnait à concevoir chez celui qui l'osait une
force, une foi, un ascétisme, un mépris du sentiment
général, sans exemple dans les Lettres, qui en rava-
laient toutes les œuvres moins superbes et toutes les
intentions moins rigoureusement pures, — c'est-à-
dire, *presque tout*.

L'action de cette poésie toute voulue et réfléchie,
aussi élaborée que la condition absolue d'être chantante peut le permettre, était prodigieuse sur le petit
nombre.

Le petit nombre ne hait pas d'être petit nombre.
Le grand nombre se réjouit d'être grand: ceux-ci se
trouvent bien d'être indistinctement du même avis,
de se sentir semblables, rassurés l'un par l'autre;

confirmés, augmentés dans leur «vérité», comme des corps vivants qui se resserrent, se font chaud l'un à l'autre, par ce rapport étroit de leurs tiédeurs égales.

Mais le petit nombre est fait de personnes suffisamment divisées. Elles abhorrent la similitude, qui semble leur ôter toute raison d'être. *À quoi bon ce Moi-même,* (songent-elles sans le savoir), *s'il en peut exister une infinité d'exemplaires?*

Elles désirent d'être comme les Essences ou les Idées, dont chacune nécessairement n'a point de seconde. Elles entendent, du moins, remplir dans un certain monde qu'elles se forgent une place que nulle autre ne puisse tenir.

L'œuvre de Mallarmé, exigeant de chacun une interprétation assez personnelle, n'appelait, n'attachait à soi que des intelligences séparées, conquises une à une, et de celles qui fuient vivement l'unanimité.

Tout ce qui plaît à la plupart était expurgé de cette œuvre. Point d'éloquence; point de récits; point de maximes, ou profondes; point de recours direct aux passions communes; nul abandon aux formes familières; rien de ce «trop humain» qui avilit tant de poèmes; une façon de dire toujours inattendue; une parole jamais entraînée aux redites et au délire vain du lyrisme naturel, pure de toutes les locutions de moindre effort; perpétuellement soumise à la condition musicale, et d'ailleurs aux lois de convention dont l'objet est de contrarier *régulièrement* toute chute vers la prose, — voilà une quantité de caractères négatifs par quoi de tels ouvrages nous rendaient peu à peu trop sensibles aux expédients connus, aux défaillances, aux niaiseries, à l'enflure qui abondent, hélas, dans tous les poètes, — car n'étant pas d'entreprise plus téméraire, ni peut-être de plus insensée que la leur, ils y entrent comme des dieux et achèvent en pauvres hommes.

Que voulons-nous, — si ce n'est de produire l'impression puissante, et pendant quelque temps continue, qu'il existe entre la forme sensible d'un discours et sa *valeur d'échange en idées*, je ne sais quelle union mystique, quelle harmonie, grâce auxquelles nous participons d'un tout autre monde que le monde où les paroles et les actes se répondent? Comme le monde des sons purs, si reconnaissables par l'ouïe, fut extrait du monde des bruits pour s'opposer à lui et constituer le système parfait de la Musique, ainsi voudrait opérer l'esprit poétique sur le langage : il espère toujours tirer de cette production de la pratique et de la statistique les rares éléments dont il puisse faire des ouvrages entièrement délicieux et distincts.

C'est demander un miracle. Nous savons bien qu'il n'y a presque point de cas où la liaison de nos idées avec les groupes de sons qui les appellent une à une ne soit tout arbitraire ou de pur hasard. Mais pour avoir de temps en temps observé, approuvé, obtenu quelques beaux effets singuliers, nous nous flattons que nous puissions quelquefois faire tout un ouvrage bien ordonné, sans faiblesses et sans taches, composé de bonheurs et d'accidents favorables. Mais cent instants divins ne construisent pas un poème, lequel est une durée de croissance et comme une figure dans le temps ; et le fait poétique naturel n'est qu'une rencontre exceptionnelle dans le désordre d'images et de sons qui viennent à l'esprit. Il faut donc beaucoup de patience, d'obstination et d'industrie, dans notre art, si nous voulons produire un ouvrage qui ne paraisse enfin qu'une série de ces coups rien qu'heureux, heureusement enchaînés ; et si nous prétendons encore que notre

poème aussi bien séduise les sens par les charmes
des rythmes, des timbres, des images, qu'il résiste
et réponde aux questions de la réflexion, nous voici
attablés au plus déraisonnable des jeux.

Mallarmé, inquiété, dès l'adolescence finissante,
par une conscience excessivement précise de ces
conditions et ambitions contradictoires, ne laissait
de ressentir aussi l'extrême difficulté de fondre dans
son travail l'idée qu'il s'était faite d'une poésie absolue avec la grâce et la rigueur continuelles de l'exécution. Il avait contre soi, à chaque reprise, ou ses
dons ou sa pensée. Il se consumait à tenter de composer le temps et le moment : tourment de tous les
artistes qui pensent profondément à leur art.

Il ne pouvait donc produire que fort peu ; mais ce
peu, à peine goûté, corrompait la saveur de toute
autre poésie.

Il me souvient comme je me suis presque détaché
de Hugo et de Baudelaire à dix-neuf ans, quand
le sort sous les yeux me mit quelques fragments
d'*Hérodiade* ; et *les Fleurs*, et *le Cygne*. Je connais-
sais enfin la beauté sans prétextes, que j'attendais
sans le savoir. Tout, ici, ne reposait que sur la vertu
enchanteresse du langage.

Je suis parti vers la mer assez éloignée, tenant les
copies si précieuses que je venais de recevoir ; et le
soleil dans toute sa force, la route éblouissante, et ni
l'azur, ni l'encens des plantes brûlantes ne m'étaient
rien, tant ces vers inouïs m'exerçaient et me possé-
daient au plus vivant de moi.

Il arrivait que ce poète, le moins *primitif* des poètes,
donnât, par le rapprochement insolite, étrangement
chantant, et comme *stupéfiant* des mots, — par
l'éclat musical du vers et sa plénitude singulière,
l'impression de ce qu'il y eut de plus puissant dans

la poésie originelle : *la formule magique*. Une analyse exquise de son art avait dû le conduire à une
doctrine et à une sorte de synthèse de l'incantation.

On a cru fort longtemps que certaines combinaisons de paroles pouvaient être chargées de plus de
force que de sens apparent ; étaient mieux comprises
par les choses que par les hommes, par les roches,
les eaux, les fauves, les dieux, par les trésors cachés,
par les puissances et les ressorts de la vie, que par
l'âme raisonnable ; plus claires pour les Esprits que
pour l'esprit. La mort même parfois cédait aux
conjurations rythmées, et la tombe lâchait un spectre.
Rien de plus antique, ni d'ailleurs de plus *naturel*
que cette croyance dans la force propre de la parole,
que l'on pensait agir bien moins par sa *valeur
d'échange* que par je ne sais quelles résonances
qu'elle devait exciter dans la substance des êtres.

L'efficace des « charmes » n'était pas dans la signification résultante de leurs termes tant que dans
leurs sonorités et dans les singularités de leur forme.
Même, l'*obscurité* leur était presque essentielle.

Ce qui se chante ou s'articule aux instants les plus
solennels ou les plus critiques de la vie ; ce qui sonne
dans les liturgies ; ce qui se murmure ou se gémit
dans les extrêmes de la passion ; ce qui calme un
enfant ou un misérable ; ce qui atteste la vérité dans
un serment, ce sont paroles qui ne se peuvent
résoudre en idées claires, ni séparer, sans les rendre
absurdes ou vaines, d'un certain ton et d'un certain
mode. Dans toutes ces occasions, l'accent et l'allure
de la *voix* l'emportent sur ce qu'elle éveille d'intelligible : ils s'adressent à notre vie plus qu'à notre
esprit. — Je veux dire que ces paroles nous intiment
de *devenir*, bien plus qu'elles ne nous excitent à *comprendre*.

Personne, chez les modernes, n'avait, à l'égal de ce poète, osé diviser à ce point l'efficace de la parole de la facilité de compréhension. Personne n'avait distingué si consciemment les deux effets de l'expression par le langage : transmettre un fait, — produire une émotion. La poésie est un *compromis*, ou une certaine proportion de ces deux fonctions...

Nul ne s'était risqué à représenter le mystère de toute chose par le mystère du langage.

Pourquoi ne pas consentir que l'homme soit source, origine d'énigmes, quand il n'est pas d'objet, ni d'être, ni d'instant qui ne soit impénétrable, quand notre existence, nos mouvements, nos sensations ne s'expliquent absolument pas, et que tout ce qu'on voit est indéchiffrable, à peine notre esprit se pose, et s'arrête de répondre pour demander ?

On peut bien détester cette opinion, ne reconnaître au langage que l'office de transporter dans l'un ce qui est clair dans l'autre : attitude qui revient à n'accepter d'autrui ou de soi-même que ce dont on est capable sans effort ; mais on ne peut contester, — d'abord : que l'inégalité des intelligences n'introduise de grandes incertitudes dans les jugements sur la clarté ; ensuite, que s'il est des obscurités qui tiennent à l'impuissance de celui qui parle, d'autres tiennent aux choses dont on parle : la nature n'a pas juré de ne nous offrir que des objets exprimables par des formes simples de langage ; et enfin, que ni les religions, ni les émotions ne se passent d'expressions « irrationnelles ». J'ajoute que la transmission parfaite des pensées est une chimère, et que la transformation totale d'un discours en idées a pour conséquence l'annulation totale de sa forme. Il faut choisir : ou bien réduire le langage à la seule fonction transitive d'un système de signaux : ou bien souffrir que certains spéculent sur ses propriétés sensibles, en développent les effets *actuels*, les combinaisons formelles et musicales, — jusqu'à étonner parfois, ou exercer quelque temps les esprits. Nul n'est contraint de lire personne.

Ces propriétés sensibles du langage sont aussi dans une relation remarquable avec la mémoire. Les diverses formations de syllabes, d'intensités et de temps que l'on peut composer sont très inégalement favorables à la conservation par la mémoire, comme elles le sont d'ailleurs à l'émission par la voix. On dirait que les unes ont plus d'*affinité* que les autres avec le mystérieux support du souvenir : chacune semble affectée d'une probabilité propre de restitution exacte, qui dépend de sa figure phonétique.

L'instinct de cette valeur mnémonique de la forme paraît très fort et très sûr chez Mallarmé de qui les vers se retiennent si aisément.

Voici que je viens d'invoquer la *mémoire* et la *magie*.

C'est que la poésie se rapporte sans aucun doute à quelque état des hommes antérieur à l'écriture et à la critique. Je trouve donc un *homme très ancien* en tout poète véritable : il boit encore aux sources du langage ; il invente des «vers», — à peu près comme les primitifs les mieux doués devaient créer des «mots», ou des ancêtres de mots.

Le don, plus ou moins désirable, de poésie me semble, par conséquence, témoigner d'une sorte de *noblesse* qui se fonderait, non sur des pièces d'archives attestant une lignée, mais sur l'antiquité actuellement observable des manières de sentir ou de réagir. Les poètes dignes de ce grand nom réincarnent ici Amphion et Orphée.

Ce n'est là qu'une fantaisie ; et je n'aurais même rêvé, sans doute, de cette aristocratie discontinue, si, traitant de Stéphane Mallarmé, il fût possible de négliger ce qu'il y eut de relevé et de fièrement soutenu dans son attitude et son art de souffrir la vie. Toute médiocre qu'était sa condition dans le monde qui mange, gagne et griffonne, cet homme faisait songer de ces êtres semi-rois, semi-prêtres, — semi-réels, semi-légendaires, auxquels nous devons de croire que nous ne sommes point tout animaux.

Rien de plus «noble» que l'expression, le regard, l'accueil, le sourire et les silences de Mallarmé, entièrement ordonné à une fin secrète et haute. Tout chez lui procédait de quelque principe sublime et réfléchi. Actes, geste, propos, même très familiers; même ses inventions futiles, les riens très gracieux, les petits vers de circonstance, (où il ne pouvait qu'il ne fît paraître l'art le plus rare et le plus savant), tout procédait du pur, tout semblait accordé à la note la plus grave de l'être, qui est sa sensation d'être unique et d'exister une fois pour toutes.

Il fallait donc bien qu'il ne consentît jamais qu'à la perfection.

Trente et quelques années, il fut le témoin ou martyr de l'idée du parfait. Cette passion de l'esprit ne fait presque plus de victimes. Le renoncement à la durée marque une époque du monde. Les œuvres qui demandent du temps sans compter, et les œuvres faites en vue des siècles, ne sont plus guère entreprises de nos jours. L'ère du provisoire est ouverte: on n'y peut plus mûrir de ces objets de contemplation que l'âme trouve inépuisables et dont elle peut s'entretenir indéfiniment. Le temps d'une surprise est notre présente unité de temps.

Mais le souci du choix coûte toute une vie; et le refus opiniâtre de tous les avantages de la facilité, de tous les effets qui se fondent sur les faiblesses du lecteur, sur sa hâte, ses légèretés, sa naïveté, peut insensiblement conduire à se rendre inaccessible. Celui qui est à l'excès difficile pour soi est en extrême danger de l'être pour le public. Qui se consume, par exemple, à composer dans une même œuvre les qualités de séduction immédiate qui sont essentielles à la poésie, avec une substance précieuse de pensée sur quoi l'esprit puisse revenir et s'arrêter quelque peu sans regret, décime ses chances d'en finir avec son travail, non moins que celles d'être lu.

Une fois surmontées les difficultés de lecture, et le charme ayant agi, la perfection de l'exécution se faisait toujours plus sensible. On ne pouvait lui attribuer qu'une cause incomparable. Plus on reconnaissait d'intelligence exquise, d'invention dans la forme, et d'industrieuse profondeur dans les textes de Mallarmé, et jusqu'en ses moindres billets, plus se figurait-on un personnage intérieur merveilleusement seul et sans pareil, leur source. Ce n'est point que l'on ne pût songer et que l'on ne dût consentir qu'il y eût des poètes plus puissants *en acte* ; mais lui semblait unique par l'organisation spirituelle, volontaire et complète que ses ouvrages et son attitude démontraient.

Peu de grands artistes nous rendent passionnément curieux de leur intime et véritable pensée. Nous pressentons que de la connaître comme d'abord ils la connaissent eux-mêmes n'augmenterait beaucoup ni notre amour de leurs œuvres ni notre savoir. Nous soupçonnons qu'ils ne font guère que nous rendre des événements ou des états qui les ont animés ou éblouis, à quelque instant, pendant quelques instants, tout à fait comme nous-mêmes le serons ensuite, *de seconde main*. Ils n'en savent pas plus que nous sur ce qu'ils font de plus fort que nous.

Mais celui-ci faisait impérieusement supposer tout un système de pensée rapportée à la poésie, traitée, exercée et reprise sans cesse *comme une œuvre essentiellement infinie*, dont les œuvres réalisées ou réalisables ne soient que les fragments, les essais, les études préparatoires. La Poésie, pour lui, était sans doute la limite commune et impossible à atteindre, vers laquelle tendent tous les poèmes, et d'ailleurs tous les arts. Ceci compris de fort bonne heure, il avait laborieusement dominé, modifié, approfondi le poète semblable aux autres qu'il était né. Il avait recherché, reconnu le principe de désir qui engendre l'acte poétique ; défini, isolé son élément pur, — et il s'était fait le *virtuose de cette discipline de pureté*, — l'être qui s'étudie à jouer infailliblement du plus rare de soi.

Je ne hais pas le virtuose, — l'homme des moyens. Il existe un préjugé, un *mouvement réflexe* contre lui, qui tient aux idées vagues et séduisantes que les noms assez vains de « création », « d'inspiration » ou de « génie » éveillent dans l'esprit commun.

Ce sentiment public et immédiat des modernes sur la poésie et sur toute production excitante et étonnante de l'esprit se réduit facilement à ceci : *ce qui se fait de plus admirable ne dépend que de l'état instantané de son auteur*, et cet état lui est aussi étranger que nous peut l'être un rêve ou une aventure, par le simple récit desquels l'individu le plus ordinaire peut parfois émouvoir les gens. Le plus haut point d'un être en est donc aussi le plus éloigné, — c'est-à-dire, le plus imprévu de lui-même.

Cette opinion n'est pas toute fausse ; c'est en quoi elle est redoutable. Il est redoutable d'opposer d'in-

signes faveurs, des lumières et des forces extraordinaires à la recherche de la constance dans les résultats, à l'acquisition d'une puissance permanente par
les travaux les plus suivis et les plus déliés, les observations et les corrections les plus justes, et les raisonnements exacts. C'est là priser l'exceptionnel ; et
plus pour la surprise qu'il cause que pour une qualité intrinsèque ; et c'est aussi le goût le plus naïf
et le plus idolâtre du merveilleux qui l'emporte et
séduit ici les esprits.

Mais un homme qui se mesure à soi-même et se
refait selon ses clartés me semble une œuvre supérieure qui me touche plus que toute autre. Le plus
bel effort des humains est de changer leur désordre
en ordre et la chance en pouvoir ; c'est là la véritable
merveille. J'aime que l'on soit dur pour son génie.
S'il ne sait se tourner contre soi-même, le « génie » à
mes yeux n'est qu'une virtuosité native, mais inégale
et infidèle. Les œuvres qui ne procèdent que de lui
sont curieusement bâties d'or et de boue : d'éblouis-
sants détails quoique toutes chargées, le temps désagrège bientôt et entraîne l'argile ; il ne reste que
quelques vers de bien des poèmes. Par là, la notion
même de poème s'est peu à peu détériorée.

Cependant les problèmes véritablement dignes
des esprits puissants, (et d'ailleurs les plus propres
à leur faire sentir et rendre toute leur puissance de
transformation), n'apparaissent qu'une fois acquise
et devenue comme immédiate la manœuvre de tous
les moyens. L'objet de toutes les recherches les plus
élevées est de construire quelque édifice ou système
nécessaire, à partir de la liberté ; mais cette liberté
n'est que le sentiment et l'assurance de la possession du possible et se développe avec lui. Les intuitions qui nous excitent à produire se forment sans

égard à nos facultés d'exécution : c'est là leur vice et leur vertu. Mais la pratique, peu à peu, nous habitue à ne concevoir que ce que nous pouvons exécuter. Elle agit insensiblement pour nous restreindre à une économie exacte de nos ambitions et de nos actes. Beaucoup s'en tiennent à cette perfection régulière et modérée. Mais il en est chez qui le développement des moyens devient si avancé, et d'ailleurs si bien identifié à leur intelligence, qu'ils parviennent à «penser», à «inventer» dans le monde de l'exécution, à partir des moyens mêmes. La musique déduite des propriétés des sons ; l'architecture déduite de la matière et des forces ; la littérature, de la possession du langage et de son rôle singulier et de ses modifications, — en un mot, la partie réelle des arts excitant leur partie imaginaire, l'acte possible créant son objet, ce que je puis m'éclairant ce que je veux, et m'offrant des desseins à la fois tout inattendus et tout réalisables, telle est la conséquence d'une virtuosité acquise et surmontée. L'histoire de la géométrie moderne en fournirait aussi d'excellents exemples.

Chez Mallarmé, l'identification de la méditation «poétique» avec la possession du langage, et l'étude minutieuse sur lui-même de leurs relations réciproques ont abouti à une sorte de doctrine dont nous ne connaissons malheureusement que la tendance.

Parfois, considérant l'appareil neuf et délicieux de quelque endroit de ses poèmes, je me disais qu'il avait arrêté sa pensée sur presque tous les mots de notre langue. Le livre singulier qu'il a écrit sur le vocabulaire anglais suppose bien des études et des réflexions sur le nôtre.

Il ne faut croire du tout que la philologie épuise tous les problèmes que peut proposer le langage.

La physique elle-même, ni la physiologie, n'empê-
chent ni ne dispensent non plus le peintre et le
musicien d'avoir leurs idées sur les couleurs et sur
les sons. Le souci des œuvres à faire introduit bien
des questions, exige des manières de classer et
d'évaluer qui finissent par constituer à l'artiste une
science réelle, mais individuelle, un capital peu
transmissible. Mallarmé s'était fait une sorte de
science de *ses* mots. On ne peut point douter qu'il
n'ait raisonné sur leurs figures, exploré l'espace
intérieur où ils paraissent, tantôt *causes* et tantôt
effets ; estimé ce qu'on pourrait nommer leurs
charges poétiques ; et que, par ce travail indéfiniment poussé et précisé, les mots ne se soient secrètement, virtuellement ordonnés dans la *puissance*
de son esprit, selon une loi mystérieuse de sa profonde sensibilité.

Je me représentais son attente : l'âme tendue vers
les *harmoniques*, et toute à percevoir l'événement
d'un mot dans l'univers des mots, où elle se perd
à saisir tout l'ordre des liaisons et des résonances
qu'une pensée anxieuse de naître invoque..

« Je dis : UNE FLEUR… » écrit-il.

La plupart sont aveugles dans cet univers du langage ; sourds aux mots qu'ils emploient. Leurs
paroles ne sont qu'expédients ; et l'expression pour
eux n'est qu'un *plus court chemin* : ce minimum
définit l'usage purement pratique du langage. Être
compris, — comprendre, — sont les bornes entre
lesquelles se resserre de plus en plus ce langage
pratique, c'est-à-dire, abstrait. Les écrivains eux-
mêmes ne s'attardent sur les termes et les formes
qu'à l'occasion de quelque difficulté particulière,
d'un choix local ou d'un effet à obtenir. Tel est
empirisme des modernes. On peut, depuis cent et

quelques années, être «grand écrivain» et négliger tout le physique du discours. C'est n'y voir qu'un misérable agent, un intermédiaire dont «l'esprit» voudrait se passer. Rien n'est plus loin que cette opinion du sentiment de toute l'antiquité. Stendhal n'est donc point un païen. Il fuit la forme, le nombre, le rythme, les figures, et se fortifie contre eux dans la lecture rigoureuse du Code Napoléon. Si donc l'on estime ce que font les hommes plus démonstratif de leur vraie nature que ce qu'ils pensent et qu'ils disent, Stendhal a beau se parer de sensualisme et croire qu'il suit Condillac, il est tout «spirituel» par le langage, et professe l'esthétique d'un ascète.

Mais la Poésie est toute païenne : elle exige impérieusement qu'il n'y ait point d'âme sans corps, — point de *sens*, point d'*idée* qui ne soit l'*acte* de quelque figure *remarquable*, construite de timbres, de durées et d'intensités.

Peu à peu dans le Poète, le Langage et le Moi en viennent à se correspondre tout autrement qu'ils ne font dans les autres hommes. Ce qui est capital pour celui-là dans la parole est insensible ou indifférent à ceux-ci. Ils n'ont que faire de tel incident verbal duquel dépend pour nous la vie ou la mort d'un poème. Crédules et abstraits, ils opposent le *fond* à la *forme* ; opposition qui n'a de sens que dans le monde pratique, celui dans lequel il y a échange immédiat de paroles contre actes et d'actes contre paroles. Ils ne regardent pas que *ce qu'ils appellent le fond n'est qu'une forme impure*, — c'est-à-dire *mêlée*. Notre *fond* est fait d'incidents et d'apparences incohérentes : sensations, images de tous genres, impulsions, mots isolés, fragments de phrases... Mais pour transmettre ce qui réclame d'être trans-

mis et *veut* se dégager de ce chaos, il faut que tous
ces éléments si hétérogènes soient représentés dans
le système unifié du langage, et qu'il s'en forme
quelque discours. Cette transposition d'événements
intérieurs en formules constituées de signes de
même espèce, — *également conventionnels*, — peut
bien être regardée comme le passage d'une *forme*
ou apparence *moins pure* à une *plus pure*.

Mais le langage *donné* acquis dès notre enfance,
étant d'origine statistique et commune, est généralement peu propre à exprimer les états d'une pensée
éloignée de la pratique : il ne se prête guère à des
fins plus profondes ou plus précises que celles qui
déterminent les actes de la vie ordinaire. De là naissent les langages techniques, — et parmi eux, la
langue littéraire. On voit dans toutes les littératures
apparaître, plus ou moins tard, une *langue man-*
darine, parfois très éloignée de la langue usuelle ;
mais, en général, cette langue littéraire est déduite
de l'autre, dont elle tire les mots, les figures, les
tours les plus propices aux effets que recherche l'artiste en belles-lettres. Il arrive aussi que des écrivains se fassent un langage singulier.

Un poète use à la fois de la langue vulgaire,
— qui ne satisfait qu'à la condition de compréhension et qui est donc purement transitive, — et du
langage qui s'oppose à celui-ci, — comme s'oppose
un jardin soigneusement peuplé d'espèces bien
choisies à la campagne tout inculte où toute plante
vient, et d'où l'homme prélève ce qu'il y trouve de
plus beau pour le remettre et le choyer dans une
terre exquise.

Peut-être pourrait-on caractériser un poète par la
proportion qu'on y trouve de ces deux langages :
l'un, naturel ; l'autre, purifié et spécialement cultivé
pour l'usage somptuaire ? Voici un bon exemple, de

deux poètes du même temps et du même milieu : Verlaine, qui ose associer dans ses vers les formes les plus familières et les termes les plus communs à la poétique assez artificieuse du Parnasse, et qui finit par écrire en pleine et même cynique impureté : et ceci, non sans bonheur ; et Mallarmé qui se crée un langage presque entièrement sien par le choix raffiné des mots et par les tours singuliers qu'il invente ou développe, refusant à chaque instant la solution immédiate que lui souffle l'esprit de tous. Ce n'était point là autre chose que se défendre, jusque dans le détail et le fonctionnement élémentaire de la vie mentale, *contre l'automatisme.*

Mallarmé a compris le langage comme s'il l'eût inventé. Cet écrivain si obscur a compris l'instrument de compréhension et de coordination au point de substituer au désir et au dessein naïfs et toujours particuliers des auteurs, l'ambition extraordinaire de concevoir et de dominer le système entier de l'expression verbale.

Il rejoignait par là, — je le lui dis, un jour, — l'attitude des hommes qui ont approfondi en algèbre la science des formes et la partie symbolique de l'art mathématique. Ce genre d'attention se rend la structure des expressions plus sensible et plus intéressante que leurs sens ou leurs valeurs. Les propriétés des transformations sont plus dignes de l'esprit que ce qu'il transforme ; et je me demande parfois s'il peut exister une pensée plus générale que la pensée d'une «proposition», ou la conscience de penser quoi que ce soit...

Dans l'ordre du langage, les *figures*, qui jouent communément un rôle accessoire, semblent n'intervenir que pour illustrer ou renforcer une intention, et paraissent donc adventices, pareilles à des orne-

ments dont la substance du discours peut se passer,
— deviennent dans les réflexions de Mallarmé, des
éléments essentiels : la *métaphore*, de joyau qu'elle
était ou de moyen momentané, semble ici recevoir
la valeur d'une relation symétrique fondamentale. Il
conçoit, d'autre part, avec une force et une netteté
remarquables, que l'art implique et exige une équivalence et un échange perpétuellement exercé entre
la forme et le fond, entre le son et le sens, entre
l'acte et la matière. La modification et, parfois, l'*invention* de l'acte par la matière, est généralement
peu comprise, sinon ignorée, par ceux qui raison-
nent de l'art : un certain *spiritualisme*, et une idée
inexacte ou incommode de la matière, en sont responsables.

Seule, une combinaison (des plus rares) de pratique ou de virtuosité avec une intelligence du degré
le plus élevé pouvait conduire à ces profondes vues,
si profondément différentes des idées ou idoles que
l'on se fait en général de la littérature. Il en résulta
que le culte et la contemplation du principe de
toutes les œuvres lui rendirent sans doute de plus en
plus pénible et de plus en plus rare l'exercice même
de l'art et l'usage de ses prodigieuses ressources
d'exécution. En vérité, il faudrait vivre deux vies :
l'une, de préparation totale ; l'autre, de développement total.

Est-il tourment plus pur, division de soi-même
plus profonde que ce combat du Même avec le
Même, quand l'âme tour à tour épouse ce qu'elle
veut contre ce qu'elle peut, ce qu'elle peut contre ce
qu'elle veut ; et, tantôt du parti de sa puissance, tantôt du parti de son désir, passe et repasse du tout
au rien ? À chacune de ces « phases » répondent des
idées et des mouvements contradictoires ou symé-

t iques, qu'une analyse assez subtile pour interpréter les œuvres en les rapportant systématiquement
au «vouloir» et au «pouvoir», mettrait sans doute
en évidence.

Sous les noms offensifs de *préciosité*, de *stérilité*,
d'*obscurité*, une critique grossière n'a fait que représenter comme elle le pouvait les effets d'une lutte
intérieure sublime sur des esprits très médiocres et
malveillants par essence. Le devoir de quiconque
prétend parler au public des ouvrages d'autrui est
de faire tout l'effort qu'il faut pour les entendre,
ou pour déterminer au moins les conditions ou les
contraintes que l'auteur s'est imposées et qui se sont
imposées à lui : on trouverait alors que la clarté, la
simplicité et l'abondance résultent généralement
de l'usage des idées et des formes existantes et
familières : le lecteur s'y reconnaît, parfois embelli.
Mais les contraires de ces qualités signifient quelquefois des intentions de degré plus élevé. Des
grands hommes qui ont écrit, les uns nous satisfont
exactement en nous communiquant la perfection
de ce que nous sommes ; d'autres, s'efforcent de
nous séduire à ce que nous pourrions être, moyennant une intelligence plus complexe, ou plus
prompte ; ou plus libre à l'égard des habitudes et de
tout ce qui empêche la combinaison la plus générale de nos puissances de l'esprit. Je veux bien que
Mallarmé soit obscur, stérile et précieux ; mais s'il
m'a fait, au prix de ces *défauts*, — et même, — au
moyen de tous ces défauts, au moyen des efforts
qu'ils impliquent dans l'auteur et de ceux qu'ils exigent du lecteur, — concevoir et placer *au-dessus
de toutes les œuvres*, la possession consciente de la
fonction du langage et le sentiment d'une liberté
supérieure de l'expression au regard de laquelle
toute pensée n'est qu'un incident, un événement

particulier, — cette conséquence que j'ai tirée de
ma lecture et méditation de ses écrits demeure
pour moi un bien incomparable et tel qu'aucun
ouvrage transparent et facile ne m'en a offert de si
grand.

Questions de poésie

*Cet essai a été écrit pour servir de Préface à l'*Anthologie des poètes de la N.R.F.

Depuis quelque quarante-cinq ans, j'ai vu la Poésie subir bien des entreprises, être soumise à des expériences d'une extrême diversité, essayer des voies tout inconnues, revenir parfois à certaines traditions ; participer, en somme, aux brusques fluctuations et au régime de fréquente nouveauté qui semblent caractéristiques du monde actuel. La richesse et la fragilité des combinaisons, l'instabilité des goûts et les transmutations rapides de valeurs ; enfin, la croyance aux extrêmes et la disparition du durable sont les traits de ce temps, qui seraient encore bien plus sensibles s'ils ne répondaient très exactement à notre sensibilité même, qui se fait toujours plus obtuse.

Pendant ce dernier demi-siècle, une succession de formules ou de modes poétiques se sont prononcés, depuis le type strict et facilement définissable du Parnasse, jusqu'aux productions les plus dissolues et aux tentatives les plus véritablement libres. Il convient, et il importe, d'ajouter à cet ensemble d'inventions, certaines reprises, souvent très heureuses : emprunts, au XVIe, au XVIIe et au XVIIIe siècle, de formes pures ou savantes, dont l'élégance est peut-être imprescriptible.

*

Toutes ces recherches ont été instituées en
France ; ce qui est assez remarquable, ce pays étant
réputé peu poétique, quoique ayant produit plus
d'un poète de renom. Il est exact que depuis trois
cents ans environ, les Français ont été instruits
à méconnaître la vraie nature de la poésie et à
prendre le change sur des voies qui conduisent tout
à l'opposé de son gîte. Je le montrerai facilement
tout à l'heure. Ceci explique pourquoi les accès de
poésie qui, de temps à autre, se sont produits chez
nous, ont dû se produire en forme de révolte ou de
rébellion ; ou bien se sont, au contraire, concentrés
dans un petit nombre de têtes ferventes, jalouses de
leurs secrètes certitudes.

Mais, dans cette même nation peu chantante, une
surprenante richesse d'inventions lyriques s'est mani-
festée, pendant le dernier quart du siècle passé.
Vers 1875, Victor Hugo vivant encore, Leconte de
Lisle et les siens accédant à la gloire, on a vu naître
les noms de Verlaine, de Stéphane Mallarmé, d'Arthur Rimbaud, ces trois Rois Mages de la poétique
moderne, porteurs de présents si précieux et de si
rares aromates que le temps qui s'est écoulé depuis
lors n'a altéré l'éclat ni la puissance de ces dons
extraordinaires.

L'extrême diversité de leurs ouvrages s'ajoutant
à la variété des modèles offerts par les poètes de la
génération précédente a permis et permet de concevoir, de sentir et de pratiquer la poésie d'une quantité admirable de manières fort différentes. Il en est
aujourd'hui qui, sans doute, suivent encore Lamartine ; d'autres prolongent Rimbaud. Le même peut
changer de goût et de style, brûle à vingt ans ce qu'il

adorait à seize ; je ne sais quelle intime transmutation fait glisser d'un maître à l'autre le pouvoir de
ravir. L'amateur de Musset s'affine et l'abandonne
pour Verlaine. Tel, nourri précocement de Hugo, se
dédie tout entier à Mallarmé.

Ces passages spirituels se font, en général, dans
un certain *sens* plutôt que dans l'autre, qui est beaucoup moins probable : il doit être rarissime que le
« Bateau Ivre » transporte à la longue vers « Le Lac ».
En revanche, on peut ne pas perdre, pour l'amour
de la pure et dure « Hérodiade », le goût de la
« Prière d'Esther ».

Ces désaffections, ces coups de la foudre ou de la
grâce, ces conversions et substitutions, cette possibilité d'être successivement *sensibilisés* à l'action
de poètes incompatibles sont des phénomènes littéraires de première importance. On n'en parle donc
jamais.

Mais, — de quoi parle-t-on quand on parle de
« Poésie » ?

J'admire qu'il ne soit point de domaine de notre
curiosité dans lequel l'observation des *choses mêmes*
soit plus négligée.

Je sais bien qu'il en est ainsi en toute matière où
l'on peut craindre que le regard tout pur ne dissipe
ou ne désenchante son objet. J'ai vu, non sans intérêt,
le mécontentement excité par ce que j'ai naguère
écrit sur l'Histoire, et qui se réduisait à de simples
constatations que tout le monde peut faire. Cette
petite ébullition était toute naturelle et facile à
prévoir, puisqu'il est plus facile de réagir que de
réfléchir, et que ce minimum doit nécessairement
l'emporter dans le plus grand nombre des esprits.
Quant à moi, je me reprends toujours de suivre cet
emportement des idées qui fuit l'*objet* observable, et,
de signe en signe, vole irriter le sentiment parti-

culier... J'estime qu'il faut désapprendre à ne considérer que ce que la coutume et, surtout, la plus puissante de toutes, le langage, nous donnent à considérer. Il faut tenter de s'arrêter en d'autres points que ceux indiqués par les *mots*, — c'est-à-dire — *par les autres*.

Je vais donc essayer de montrer comme l'usage traite la Poésie, et comme il en fait ce qu'elle n'est pas, aux dépens de ce qu'elle est.

*

On ne peut presque rien dire sur la « Poésie » qui ne soit directement inutile à toutes les personnes dans la vie intime desquelles cette singulière puissance qui la fait désirer ou se produire se prononce comme une demande inexplicable de leur être, ou bien comme sa réponse la plus pure.

Ces personnes éprouvent la nécessité de ce qui ne sert communément à rien, et elles perçoivent quelquefois je ne sais quelle rigueur dans certains arrangements de *mots* tout arbitraires à d'autres yeux.

Les mêmes ne se laissent pas aisément instruire à aimer ce qu'elles n'aiment pas, ni à ne pas aimer ce qu'elles aiment, — ce qui fut, jadis et naguère, le principal effort de la critique.

*

Quant à ceux qui de la Poésie ne sentent bien fortement ni la présence ni l'absence, elle n'est, sans doute, pour eux que chose abstraite et mystérieusement admise: chose aussi vaine que l'on veut, — quoiqu'une tradition qu'il est convenable de respecter attache à cette entité une de ces valeurs indéterminées, comme il en flotte quelques-unes dans l'esprit public. La considération que l'on accorde à un titre de noblesse dans une nation démocratique peut ici servir d'exemple.

J'estime de l'essence de la Poésie qu'elle soit, selon les diverses natures des esprits, ou de valeur nulle ou d'importance infinie : ce qui l'assimile à Dieu même.

*

Parmi ces hommes sans grand appétit de Poésie, qui n'en connaissent pas le besoin et qui ne l'eussent pas inventée, le malheur veut que figurent bon nombre de ceux dont la charge ou la destinée est d'en juger, d'en discourir, d'en exciter et cultiver le goût ; et, en somme, de dispenser ce qu'ils n'ont pas. Ils y mettent souvent toute leur intelligence et tout leur zèle : de quoi les conséquences sont à craindre.

Sous le nom magnifique et discret de « Poésie », ils sont inévitablement ou conduits ou contraints à considérer de tous autres objets que celui dont ils pensent qu'ils s'occupent. Tout leur est bon, sans qu'ils s'en doutent, à fuir ou à éluder innocemment l'essentiel. Tout leur est bon qui n'est pas lui.

On énumère, par exemple, les moyens apparents dont usent les poètes ; on relève des fréquences ou des absences dans leur vocabulaire ; on dénonce leurs images favorites ; on signale des ressemblances de l'un à l'autre, et des emprunts. Certains essaient de restituer leurs secrets desseins, et de lire, dans une trompeuse transparence, des intentions ou des allusions dans leurs ouvrages. Ils scrutent volontiers, avec une complaisance qui fait bien voir comme ils s'égarent, ce que l'on sait (ou que l'on croit savoir) de la vie des auteurs, comme si l'on pouvait jamais connaître de celle-ci la véritable déduction intime et d'ailleurs comme si les beautés de l'expression, l'accord délicieux, toujours… *providentiel*, de termes et de sons, étaient des effets assez naturels des vicissitudes charmantes ou pathétiques d'une existence. Mais tout le monde a été heureux et malheureux ; et les extrêmes de la joie comme ceux de la douleur n'ont pas été refusés aux plus grossières et aux moins chantantes des âmes. *Sentir* n'emporte pas *rendre sensible*, — et encore moins : *bellement sensible…*

*

N'est-il pas admirable que l'on cherche et que l'on trouve tant de manières de traiter d'un sujet sans même en effleurer le principe, et en démontrant par les méthodes que l'on emploie, par les modes de l'attention qu'on y applique, et jusque par le labeur que l'on s'inflige, une méconnaissance pleine et parfaite de la véritable *question* ?

Davantage : dans la quantité de savants travaux qui, depuis des siècles, ont été consacrés à la Poésie, on en voit merveilleusement peu, (et je dis « peu » pour ne pas être absolu), qui n'impliquent pas une négation de son existence. Les caractères les plus sensibles, les problèmes les plus réels de cet art si composé sont comme exactement offusqués par le genre des regards qui se fixent sur lui.

*

Que fait-on ? On traite du poème comme s'il fût divisible *(et qu'il dût l'être)* en un *discours de prose* qui se suffise et consiste par soi ; et d'autre part, en un *morceau d'une musique particulière*, plus ou

moins proche de la musique proprement dite, telle
que la voix humaine peut la produire ; mais la nôtre
ne s'élève pas jusqu'au chant, lequel, du reste, ne
conserve guère les *mots*, ne s'attachant qu'aux *syllabes*.

Quant au *discours de prose*, — c'est-à-dire : discours qui mis en d'autres termes remplirait le
même office, — on le divise à son tour. On considère qu'il se décompose, d'une part, en un petit
texte (qui peut se réduire parfois à un seul mot ou
au titre de l'ouvrage) et, d'autre part, à une quantité quelconque de *parole accessoire* : ornements,
images, figures, épithètes, «beaux détails», dont le
caractère commun est de pouvoir être introduits,
multipliés, supprimés *ad libitum*...

Et quant à la *musique de poésie*, à cette *musique
particulière* dont je parlais, elle est pour les uns
imperceptible ; pour la plupart, négligeable ; pour
certains, l'objet de recherches abstraites, parfois
savantes, généralement stériles. D'honorables efforts,
je sais, ont été exercés contre les difficultés de cette
matière ; mais je crains bien que les forces n'aient
été mal appliquées. Rien de plus trompeur que les
méthodes dites «scientifiques» (et les mesures ou
les enregistrements, en particulier) qui permettent
toujours de faire répondre par «un fait» à une question même absurde ou mal posée. Leur valeur
(comme celle de la logique) dépend de la manière de
s'en servir. Les statistiques, les tracements sur la cire,
les observations chronométriques que l'on invoque
pour résoudre des questions d'origine ou de tendance
toutes «subjectives», énoncent bien *quelque chose* ;
— mais ici leurs oracles, loin de nous tirer d'embarras et de clore toute discussion, ne font qu'introduire,
sous les espèces et l'appareil du matériel de la physique, toute une métaphysique naïvement déguisée.

Nous avons beau compter les pas de la déesse, en noter la fréquence et la longueur *moyenne*, nous n'en tirons pas le secret de sa grâce instantanée. Nous n'avons pas vu, jusqu'à ce jour, que la louable curiosité qui s'est dépensée à scruter les mystères de la musique propre au langage «articulé» nous ait valu des productions d'importance nouvelle et capitale. Or, tout est là. Le seul gage du savoir réel est le pouvoir : pouvoir de faire ou pouvoir de prédire. Tout le reste est Littérature...

Je dois cependant reconnaître que ces recherches que je trouve peu fructueuses ont du moins le mérite de poursuivre la précision. L'intention en est excellente... L'*à-peu-près* contente aisément notre époque, en toutes occasions où la *matière* n'est pas en jeu. Notre époque se trouve donc à la fois plus précise et plus superficielle qu'aucune autre : plus précise malgré soi, plus superficielle par soi seule. L'accident lui est plus précieux que la substance. Les personnes l'amusent et l'homme l'ennuie ; et elle redoute sur toute chose ce bienheureux ennui, qui dans des temps plus paisibles, et comme plus vides, nous engendrait de profonds, de difficiles et de désirables lecteurs. Qui, et pour qui, pèserait aujourd'hui ses moindres mots ? Et quel Racine interrogerait son Boileau familier pour en obtenir licence de substituer le mot *misérable* au mot *infortuné*, dans tel vers, — ce qui ne fut pas accordé.

*

Puisque j'entreprends de dégager un peu la Poésie de tant de prose et d'esprit de prose qui l'accable et la voile de connaissances tout inutiles à la connaissance et à la possession de sa nature, je puis bien observer l'effet que ces travaux produisent sur plus d'un esprit de notre époque. Il arrive que l'habitude de l'extrême exactitude atteinte dans certains domaines, (devenue familière à la plupart, à cause de mainte application dans la vie pratique), tend à nous rendre vaines, sinon insupportables, bien des spéculations traditionnelles, bien des thèses ou des théories, qui, sans doute, peuvent nous occuper encore, nous irriter un peu l'intellect, faire écrire, et même feuilleter, plus d'un livre excellent; mais dont nous sentons, d'autre part, qu'il nous suffirait d'un regard un peu plus actif, ou de quelques questions imprévues, pour voir se résoudre en simples possibilités verbales les mirages abstraits, les systèmes arbitraires et les vagues perspectives. Désormais toutes *les sciences qui n'ont pour elles que ce qu'elles disent* se trouvent « virtuellement » dépréciées par le développement de celles dont on éprouve et utilise à chaque instant les résultats.

Qu'on imagine donc les jugements qui peuvent naître dans une intelligence accoutumée à quelque rigueur, quand on lui propose certaines « définitions » et certains « développements » qui prétendent l'introduire à la compréhension des Lettres et particulièrement de la Poésie. Quelle valeur accorder aux raisonnements qui se font sur le « Classicisme », le « Romantisme », le « Symbolisme », etc., quand nous serions bien en peine de rattacher les caractères singuliers et les qualités d'exécution qui font le prix et assurèrent la conservation de tel ouvrage *à l'état vivant*, aux prétendues idées générales et aux tendances « esthétiques » que ces beaux noms sont présumés désigner? Ils sont des termes abstraits et convenus: mais conventions qui ne sont rien moins que « commodes », puisque le désaccord des auteurs sur leurs significations est, en quelque sorte, de règle; et qu'ils semblent faits pour le pro-

voquer et donner prétexte à des dissentiments
infinis.

*

Il est trop clair que toutes ces classifications et ces
vues cavalières n'ajoutent rien à la jouissance d'un
lecteur capable d'amour, ni n'accroissent chez un
homme de métier l'intelligence des moyens que les
maîtres ont mis en œuvre : elles n'enseignent ni à
lire, ni à écrire. Davantage, elles détournent et dispensent l'esprit des problèmes réels de l'art ; cependant qu'elles permettent à bien des aveugles de
discourir admirablement de la couleur. Que de facilités furent écrites par la grâce du mot « Huma-
nisme », et que de niaiseries pour faire croire les
gens à l'invention de la « Nature » par Rousseau !...
Il est vrai qu'une fois adoptées et absorbées par le
public, parmi mille phantasmes qui l'occupent vainement, ces apparences de pensées prennent une
manière d'existence et donnent prétexte et matière à
une foule de combinaisons d'une certaine *originalité*
scolaire. On découvre ingénieusement un *Boileau*
dans *Victor Hugo*, un romantique dans *Corneille*, un
« psychologue » ou un réaliste dans *Racine*... Toutes
choses qui ne sont ni vraies ni fausses ; — et qui
d'ailleurs ne peuvent l'être.

*

Je consens que l'on ne fasse aucun cas de la littérature en général, et de la poésie, en particulier.
C'est une affaire privée que la beauté ; l'impression
de la reconnaître et ressentir à tel instant est un
accident plus ou moins fréquent dans une existence, comme il en est de la douleur et de la

volupté ; mais plus casuel encore. Il n'est jamais sûr qu'un certain objet nous séduise ; ni qu'ayant plu (ou déplu) telle fois, il nous plaise (ou déplaise) une autre fois. Cette incertitude qui déjoue tous les calculs et tous les soins, et qui permet toutes les combinaisons des ouvrages avec les individus, tous les rebuts et toutes les idolâtries, fait participer les destins des écrits aux caprices, aux passions et variations de toute personne. Si quelqu'un goûte véritablement tel poème, on le connaît à ceci qu'il en parle comme d'une affection personnelle, — si toutefois il en parle. J'ai connu des hommes si jaloux de ce qu'ils admiraient éperdument qu'ils souffraient mal que d'autres en fussent épris et même en eussent connaissance, estimant leur amour gâtée par le partage. Ils aimaient mieux cacher que répandre leurs livres préférés, et les traitaient, (au détriment de la gloire générale des auteurs, et à l'avantage de leur culte), comme les sages maris d'Orient leurs épouses, qu'ils environnent de secret.

*

Mais si l'on veut, comme le veut l'usage, faire des Lettres une sorte d'institution d'utilité publique, associer à la renommée d'une nation — qui est, en somme, une *valeur d'État* — des titres de «chefs-d'œuvre», qui se doivent inscrire auprès des noms de ses victoires ; et si, tournant en moyens d'éducation des instruments de plaisir spirituel, l'on assigne à ces créations un emploi d'importance dans la formation et le classement des jeunes gens, — encore faut-il prendre garde de ne pas corrompre par là le propre et véritable sens de l'art. Cette corruption consiste à substituer des précisions vaines et extérieures ou des opinions convenues à la précision

absolue du plaisir ou de l'intérêt direct excité par
une œuvre, à faire de cette œuvre un *réactif* servant
au contrôle pédagogique, une matière à développements parasites, un prétexte à problèmes absurdes...

Toutes ces intentions concourent au même effet :
esquiver les questions réelles, organiser une méprise...

Quand je regarde ce que l'on fait de la Poésie, ce
que l'on demande, ce que l'on répond à son sujet,
l'idée que l'on en donne dans les études, (et un peu
partout), mon esprit, qui se croit, (par conséquence
sans doute, de la nature intime des esprits), le plus
simple des esprits possibles, s'étonne «à la limite
de l'étonnement».

Il se dit : je ne vois rien dans tout ceci ni qui me
permette de mieux lire ce poème, de l'*exécuter*
mieux pour mon plaisir ; ni d'en concevoir plus distinctement la structure. On m'incite à tout autre
chose, et il n'est rien qu'on n'aille chercher pour
me détourner du *divin*. On m'enseigne des dates,
de la biographie ; on m'entretient de querelles, de
doctrines dont je n'ai cure, quand il s'agit de chant
et de l'art subtil de la voix porteuse d'idées... Où
donc est l'essentiel dans ces propos et dans ces
thèses ? Que fait-on de ce qui s'observe immédiatement dans un texte, des sensations qu'il est composé pour produire ? Il sera bien temps de traiter
de la vie, des amours et des opinions du poète, de
ses amis et ennemis, de sa naissance et de sa mort,
quand nous aurons assez avancé dans la *connaissance poétique* de son poème, c'est-à-dire quand
nous nous serons faits l'instrument de la chose
écrite, de manière que notre voix, notre intelligence
et tous les ressorts de notre sensibilité se soient
composés pour donner vie et présence puissante à
l'acte de création de l'auteur.

Le caractère superficiel et vain des études et des enseignements dont je viens de m'étonner apparaît à la moindre question précise. Cependant que j'écoute de ces dissertations auxquelles ni les «documents», ni les subtilités ne manquent, je ne puis m'empêcher de penser que je ne sais même pas ce que c'est qu'une *Phrase*... Je varie sur ce que j'entends par un *Vers*. J'ai lu ou j'ai forgé vingt «définitions» du *Rythme*, dont je n'adopte aucune... Que dis-je!... Si je m'attarde seulement à me demander ce que c'est qu'une *Consonne*, je m'interroge; je consulte; et je ne recueille que des semblants de connaissance nette, distribuée en vingt avis contradictoires...

Que si je m'avise à présent de m'informer de ces emplois, ou plutôt de ces abus du langage, que l'on groupe sous le nom vague et général de «figures», je ne trouve rien de plus que les vestiges très délaissés de l'analyse fort imparfaite qu'avaient tentée les anciens de ces phénomènes «rhétoriques». Or ces figures, si négligées par la critique des modernes, jouent un rôle de première importance, non seulement dans la poésie déclarée et organisée, mais encore dans cette poésie perpétuellement agissante qui tourmente le vocabulaire fixé, dilate ou restreint le sens des mots, opère sur eux par symétries ou par conversions, altère à chaque instant les valeurs de cette monnaie fiduciaire; et tantôt par les bouches du peuple, tantôt pour les besoins imprévus de l'expression technique, tantôt sous la plume hésitante de l'écrivain, engendre cette variation de la langue qui la rend insensiblement tout autre. Personne ne semble avoir même entrepris de reprendre cette analyse. Personne ne recherche dans l'examen approfondi de ces substitutions, de ces notations contractées, de ces méprises réflé-

chies et de ces expédients, si vaguement définis jusqu'ici par les grammairiens, les propriétés qu'ils
supposent et qui ne peuvent pas être très différentes
de celles que met parfois en évidence le génie géométrique et son art de se créer des instruments
de pensée de plus en plus souples et pénétrants. Le
Poète, sans le savoir, se meut dans un ordre de
relations et de transformations *possibles*, dont il
ne perçoit ou ne poursuit que les effets momentanés et particuliers qui lui importent dans tel état de
son opération intérieure.

Je consens que les recherches de cet ordre sont
terriblement difficiles et que leur utilité ne peut se
manifester qu'à des esprits assez peu nombreux ; et
j'accorde qu'il est moins abstrait, plus aisé, plus
« humain », plus « vivant », de développer des considérations sur les « sources », les « influences », la
« psychologie », les « milieux » et les « inspirations »
poétiques, que de s'attacher aux problèmes organiques de l'expression et de ses effets. Je ne nie la
valeur ni ne conteste l'intérêt d'une littérature qui a
la Littérature même pour décor et les auteurs pour
ses personnages ; mais je dois constater que je n'y ai
pas trouvé grand'chose qui me pût servir positivement. Cela est bon pour conversations, discussions,
conférences, examens ou thèses, et toutes affaires
extérieures de ce genre, — dont les exigences sont
bien différentes de celles du tête-à-tête impitoyable
entre le *vouloir* et le *pouvoir* de quelqu'un. La Poésie
se forme ou se communique dans l'abandon le plus
pur ou dans l'attente la plus profonde : si on la prend
pour objet d'étude, c'est par là qu'il faut regarder :
c'est dans l'être, et fort peu dans ses environs.

Combien il est surprenant, — me dit encore mon
esprit de simplicité, — qu'une époque qui pousse à

un point incroyable, à l'usine, sur le chantier, dans l'arène, au laboratoire ou dans les bureaux, la dissection du travail, l'économie et l'efficace des actes, la pureté et la propreté des opérations, rejette dans les arts les avantages de l'expérience acquise, refuse d'invoquer autre chose que l'improvisation, le feu du ciel, le recours au hasard sous divers noms flatteurs!... Dans aucun temps ne s'est marqué, exprimé, affirmé, et même proclamé plus fortement, le mépris de ce qui assure la perfection propre des œuvres, leur donne par les liaisons de leurs parties l'unité et la consistance de la forme, et toutes les qualités que les coups les plus heureux ne peuvent leur conférer. Mais nous sommes instantanés. Trop de métamorphoses, et de révolutions de tous ordres, trop de transmutations rapides de goûts en dégoûts et de choses raillées en choses sans prix, trop de valeurs trop diverses simultanément données nous accoutument à nous contenter des premiers termes de nos impressions. Et comment de nos jours songer à la durée, spéculer sur l'avenir, vouloir *léguer*? Il nous semble bien vain de chercher à résister au «temps» et à offrir à des inconnus qui vivront dans deux cents ans des modèles qui les puissent émouvoir. Nous trouvons presque inexplicable que tant de grands hommes aient pensé à nous et soient peut-être devenus grands hommes pour y avoir pensé. Enfin, tout nous paraît si précaire et si instable en toutes choses, si nécessairement accidentel, que nous en sommes venus à faire des accidents de la sensation et de la conscience la moins soutenue la substance de bien des ouvrages.

En somme, la superstition de la postérité étant abolie; le souci du surlendemain dissipé; la composition, l'économie des moyens, l'élégance et la per-

fection devenus imperceptibles à un public moins
sensible et plus naïf qu'autrefois, il est assez naturel
que l'art de la poésie et que l'intelligence de cet art
en soient (comme tant d'autres choses) affectés au
point d'interdire toute prévision, et même toute
imagination, de leur destin même prochain. Le sort
d'un art est lié, d'une part, à celui de ses moyens
matériels ; d'autre part, à celui des esprits qui s'y
peuvent intéresser, et qui trouvent en lui la satisfaction d'un besoin véritable. Jusqu'ici, et depuis la
plus haute antiquité, la lecture et l'écriture étaient
les seuls modes d'échange comme les seuls procédés de travail et de conservation de l'expression par
le langage. On ne peut plus répondre de leur avenir.
Quant aux esprits, on voit déjà qu'ils sont sollicités
et séduits par tant de prestiges immédiats, tant d'excitants directs qui leur donnent sans effort les sensations les plus intenses, et leur représentent la vie
même et la nature toute présente, que l'on peut douter si nos petits-fils trouveront la moindre saveur
aux grâces surannées de nos poètes les plus extraordinaires, et de toute poésie en général.

*

Mon dessein étant de montrer par la manière
dont la Poésie est généralement considérée combien
elle est généralement méconnue, — victime lamen-
table d'intelligences parfois des plus puissantes,
mais qui n'ont point de sens pour elle, — je dois le
poursuivre et me porter à quelques précisions.

Je citerai d'abord le grand d'Alembert : «*Voici, ce
me semble*, écrit-il, *la loi rigoureuse, mais juste, que
notre siècle impose aux poètes : il ne reconnaît plus
pour bon en vers que ce qu'il trouverait excellent en
prose.*»

Cette sentence est de celles dont l'inverse est exactement ce que nous pensons qu'il faut penser. Il eût suffi à un lecteur de 1760 de former le contraire pour trouver ce qui *devait* être recherché et goûté dans la suite assez prochaine des temps. Je ne dis point que d'Alembert se trompât, ni son siècle. Je dis qu'il croyait parler de Poésie, cependant qu'il pensait sous ce nom tout autre chose.

Dieu sait si depuis l'énoncé de ce « *Théorème de d'Alembert* », les poètes se sont dépensés à y contredire !...

Les uns, par l'instinct mus, ont fui, dans leurs ouvrages, au plus loin de la prose. Ils se sont même heureusement défaits de l'éloquence, de la morale, de l'histoire, de la philosophie, et de tout ce qui ne se développe dans l'intellect qu'aux dépens des *espèces de la parole*.

Les autres, un peu plus exigeants, ont essayé, par une analyse de plus en plus fine et précise du désir et de la jouissance poétiques et de leurs ressorts, de construire une poésie qui jamais ne pût se réduire à l'expression d'une pensée, ni donc se traduire, sans périr, en d'autres termes. Ils connurent que la transmission d'un état poétique qui engage tout l'être sentant est autre chose que celle d'une idée. Ils comprirent que le sens littéral d'un poème n'est pas, et n'accomplit pas, toute sa fin ; qu'il n'est donc point nécessairement *unique*.

*

Toutefois, en dépit de recherches et de créations admirables, l'habitude prise de juger les vers selon la prose et sa fonction, de les évaluer, en quelque sorte, *d'après la quantité de prose qu'ils contiennent* ; le tempérament national devenu de plus en plus *pro-*

saïque depuis le XVIe siècle ; les erreurs étonnantes de l'enseignement littéraire ; l'influence du théâtre et de la poésie dramatique (c'est-à-dire de l'*action*, qui est essentiellement *prose*) perpétuent mainte absurdité et mainte pratique qui témoignent de l'ignorance la plus éclatante des conditions de la poésie.

Il serait facile de dresser une table des « critères » de l'esprit antipoétique. Elle serait la liste des manières de traiter un poème, de le juger et d'en parler, qui constituent des manœuvres directement opposées aux efforts du poète. Transportées dans l'enseignement où elles sont de règle, ces opérations vaines et barbares tendent à ruiner dès l'enfance le sens poétique, et jusqu'à la notion du plaisir qu'il pourrait donner.

Distinguer dans les vers le fond et la forme ; un sujet et un développement ; le son et le sens ; considérer la rythmique, la métrique et la prosodie comme naturellement et facilement séparables de l'expression *verbale même*, des *mots* eux-mêmes *et de la syntaxe* ; voilà autant de symptômes de non-compréhension ou d'insensibilité en matière poétique. *Mettre* ou *faire mettre en prose un poème* ; *faire d'un poème un matériel d'instruction ou d'examens*, ne sont pas de moindres actes d'hérésie. C'est une véritable perversion que de s'ingénier ainsi à prendre à contre-sens les principes d'un art, quand il s'agirait, au contraire, d'introduire les esprits dans un univers de langage qui n'est point le système commun des échanges de signes contre actes ou idées. Le poète dispose des mots tout autrement que ne fait l'usage et le besoin. Ce sont les mêmes mots sans doute, mais point du tout les mêmes valeurs. C'est bien le non-usage, le *non-dire « qu'il pleut »* qui est son affaire ; et tout ce qui affirme, tout ce qui démontre qu'il ne parle pas en prose est bon chez lui. Les rimes, l'inversion, les figures développées, les symétries et les images, tout ceci, trouvailles ou conventions, sont autant de moyens de s'opposer au penchant prosaïque du lecteur (comme les «règles» fameuses de l'art poétique ont pour effet de rappeler sans cesse au poète l'*univers complexe* de cet art). L'impossibilité de réduire à la prose son ouvrage, celle de le *dire*, ou de le *comprendre en tant que prose* sont des conditions impérieuses d'existence, hors desquelles cet ouvrage n'a *poétiquement* aucun sens.

*

Après tant de propositions négatives, je devrais à présent entrer dans le positif du sujet ; mais je trouverais peu décent de faire précéder un recueil de poèmes où paraissent les tendances et les modes d'exécution les plus différents par un exposé d'idées toutes personnelles en dépit de mes efforts pour ne retenir et ne composer que des observations et des raisonnements que tout le monde peut refaire. Rien de plus difficile que de n'être pas soi-même ou que de ne l'être que jusqu'où l'on veut.

Au sujet du « Cimetière narin »

*Cet essai a été écrit pour servir de Préface à l'*Essai d'expli-cation du «Cimetière marin» *de Gustave Cohen.*

Je ne sais s'il est encore de mode d'élaborer longuement les poèmes, de les tenir entre l'être et le non-
être, suspendus devant le désir pendant des années ;
de cultiver le doute, le scrupule et les repentirs, — tellement qu'une œuvre toujours ressaisie et refondue
prenne peu à peu l'importance secrète d'une entreprise de réforme de soi-même.

Cette manière de peu produire n'était pas rare, il
y a quarante ans, chez les poètes et chez quelques
prosateurs. Le temps ne comptait pas pour eux ; ce
qui est assez divin. Ni l'Idole du Beau, ni la superstition de l'Éternité littéraire n'étaient encore rui-
nées ; et la croyance en la Postérité n'était pas toute
abolie. Il existait une sorte d'*Éthique de la forme*
qui conduisait au travail infini. Ceux qui s'y consa-
craient savaient bien que plus le labeur est grand,
moindre est le nombre des personnes qui le conçoi-
vent et l'apprécient ; ils peinaient pour fort peu,
— et comme saintement...

On s'éloigne par là des conditions «naturelles»
ou ingénues de la Littérature, et l'on vient insensiblement à confondre la composition d'un ouvrage
de l'esprit, qui est chose *finie*, avec la vie de l'esprit
même, — lequel est une puissance de transforma-

tion toujours en acte. On en arrive au travail pour le travail. Aux yeux de ces amateurs d'inquiétude et de perfection, un ouvrage n'est jamais *achevé*, — mot qui pour eux n'a aucun sens, — mais *abandonné*; et cet abandon, qui le livre aux flammes ou au public (et qu'il soit l'effet de la lassitude ou de l'obligation de livrer), leur est une sorte d'*accident*, comparable à la rupture d'une réflexion, que la fatigue, le fâcheux, ou quelque sensation viennent rendre nulle.

*

J'avais contracté ce mal, ce goût pervers de la reprise indéfinie, et cette complaisance pour l'état réversible des œuvres, à l'âge critique où se forme et se fixe l'homme intellectuel. Je les ai retrouvés dans toute leur force, quand, vers la cinquantaine, les circonstances ont fait que je me remisse à composer. J'ai donc beaucoup vécu avec mes poèmes. Pendant près de dix ans, ils ont été pour moi une occupation de durée indéterminée, — un exercice plutôt qu'une action, une recherche plutôt qu'une délivrance, une manœuvre de moi-même par moi-même plutôt qu'une préparation visant le public. Il me semble qu'ils m'ont appris plus d'une chose.

Je ne conseille pas cependant que l'on adopte ce système : je n'ai point qualité pour donner à qui que ce soit le moindre conseil, et je doute, d'ailleurs, qu'il convienne aux jeunes hommes d'une époque pressante, confuse, et sans perspective. Nous sommes dans un banc de brume…

Si j'ai parlé de cette longue intimité de quelque œuvre et d'un «moi», ce n'était que pour donner une idée de la sensation très étrange que j'éprouvai, un matin, en Sorbonne, en écoutant M. Gustave

Cohen développer *ex cathedra* une explication du «Cimetière marin».

*

Ce que j'ai publié n'a jamais manqué de commentaires, et je ne puis me plaindre du moindre silence sur mes quelques écrits. Je suis accoutumé à être élucidé, disséqué, appauvri, enrichi, exalté et abîmé, — jusqu'à ne plus savoir moi-même *quel* je suis, ou de *qui* l'on parle ; — mais ce n'est rien de lire ce qui s'imprime sur votre compte auprès de cette sensation singulière de s'entendre commenter à l'Université, devant le tableau noir, tout comme un auteur mort.

Les vivants, de mon temps, n'existaient pas pour la chaire ; mais je ne trouve pas absolument mauvais qu'il n'en soit plus ainsi.

L'enseignement des Lettres en retire ce que l'enseignement de l'Histoire pourrait retirer de l'analyse du présent, — c'est-à-dire le soupçon ou le sentiment des *forces* qui engendrent les actes et les formes. Le passé n'est que le *lieu* des formes sans forces ; c'est à nous de le fournir de vie et de nécessité, et de lui supposer nos passions et nos valeurs.

*

Je me sentais mon *Ombre*... Je me sentais une ombre capturée ; et, toutefois, je m'identifiais par moments à quelqu'un de ces étudiants qui suivaient, notaient et qui, de temps à autre, regardaient en souriant cette ombre dont leur maître, strophe par strophe, lisait et commentait le poème...

J'avoue qu'*en tant qu'étudiant*, je me trouvais peu de révérence pour le poète, — isolé, exposé, et gêné

sur son banc. Ma présence était étrangement divisée entre plusieurs manières d'être là.

*

   Parmi cette diversité de sensations et de réflexions
qui me composaient cette heure de Sorbonne, la
dominante était bien la sensation du contraste entre
le souvenir de mon travail, qui se ravivait et la figure
finie, l'ouvrage déterminé et arrêté auquel l'exégèse
et l'analyse de M. Gustave Cohen s'appliquaient.
C'était là ressentir comme notre *être* s'oppose à notre
paraître. D'une part, mon poème étudié comme un
fait accompli, révélant à l'examen de l'expert sa composition, ses intentions, ses moyens d'action, sa situation dans le système de l'histoire littéraire ; ses
attaches, et l'état probable de l'esprit de son auteur…
D'autre part, la mémoire de mes essais, de mes tâtonnements, des déchiffrements intérieurs, de ces illuminations verbales très impérieuses qui imposent
tout à coup une certaine combinaison de mots, —
comme si tel groupe possédait je ne sais quelle force
intrinsèque… j'allais dire : je ne sais quelle *volonté*
d'existence, tout opposée à la « liberté » ou au chaos
de l'esprit, et qui peut quelquefois contraindre l'esprit à dévier de son dessein, et le poème à devenir
tout autre qu'il n'allait être, et qu'on ne songeait
qu'il dût être.
   (On voit par là que la notion d'*Auteur* n'est pas
simple : elle ne l'est qu'au *regard des tiers*.)

*

   En écoutant M. Cohen lire les strophes de mon
texte, et donner à chacune son sens fini et sa valeur
de situation dans le développement, j'étais partagé

entre le contentement de voir que les intentions et les expressions d'un poème réputé fort obscur étaient ici parfaitement entendues et exposées, — et le sentiment bizarre, presque pénible, auquel je viens de faire allusion. Je vais tenter de l'expliquer en quelques mots afin de compléter le commentaire d'un certain poème considéré comme un *fait*, par un aperçu des circonstances qui ont accompagné la génération de ce poème, ou de ce qu'il fut, quand il était à l'état de désir et de demande à moi-même.

Je n'interviens, d'ailleurs, que pour introduire, à la faveur (ou par le détour) d'un cas particulier, quelques remarques sur les rapports d'un poète avec son poème.

*

Il faut dire, d'abord, que le «Cimetière marin», *tel qu'il est*, est *pour moi*, le résultat de la *section* d'un travail intérieur par un événement fortuit. Une après-midi de l'an 1920, notre ami très regretté, Jacques Rivière, étant venu me faire visite, m'avait trouvé dans un «état» de ce «Cimetière marin», songeant à reprendre, à supprimer, à substituer, à intervenir çà et là...

Il n'eut de cesse qu'il n'obtînt de le lire ; et l'ayant lu, qu'il ne le ravît. Rien n'est plus décisif que l'esprit d'un Directeur de Revue.

C'est ainsi que *par accident* fut fixée la figure de cet ouvrage. Il n'y a point de mon fait. Du reste, je ne puis en général revenir sur quoi que ce soit que j'aie écrit que je ne pense que j'en ferais tout autre chose si quelque intervention étrangère ou quelque circonstance quelconque n'avait rompu l'enchantement de ne pas en finir. Je n'aime que le travail du travail : les commencements m'ennuient,

et je soupçonne perfectible tout ce qui vient du premier coup. Le spontané, même excellent, même
séduisant, ne me semble jamais assez *mien*. Je ne
dis pas que «j'aie raison»: je dis que je suis ainsi…
Pas plus que la notion d'Auteur, celle du Moi n'est
simple: un degré de conscience de plus oppose un
nouveau *Même* à un nouvel *Autre*.

*

La Littérature ne m'intéresse donc *profondément*
que dans la mesure où elle exerce l'esprit à certaines
transformations, — celles dans lesquelles les propriétés excitantes du langage jouent un rôle capital.
Je puis, certes, me prendre à un livre, le lire et relire
avec délices; mais il ne me possède jusqu'au fond
que si j'y trouve les marques d'une pensée *de puissance équivalente à celle du langage même*. La force
de plier le verbe commun à des fins imprévues sans
rompre les «formes consacrées», la capture et la
réduction des choses difficiles à dire; et surtout,
la conduite simultanée de la syntaxe, de l'harmonie et des idées (qui est le problème de la plus pure
poésie), sont à mes yeux les objets suprêmes de
notre art.

*

Cette manière de sentir est choquante, peut-être.
Elle fait de la «création» un moyen. Elle conduit
à des excès. Davantage, — elle tend à corrompre
le plaisir ingénu de *croire*, qui engendre le plaisir
ingénu de produire, et qui supporte toute lecture.
    Si l'auteur se connaît un peu trop, si le lecteur se
fait actif, que devient le plaisir, que devient la Littérature?

*

Cette échappée sur les difficultés qui peuvent naître entre la «conscience de soi» et la coutume d'écrire expliquera sans doute certains *parti pris* qui m'ont été quelquefois reprochés. J'ai été blâmé par exemple, d'avoir donné plusieurs textes du même poème, et même contradictoires. Ce reproche m'est peu intelligible, comme on peut s'y attendre, après ce que je viens d'exposer. Au contraire, je serais tenté (si je suivais mon sentiment) d'engager les poètes à produire, à la mode des musiciens, une diversité de variantes ou de solutions du même sujet. Rien ne me semblerait plus conforme à l'idée que j'aime à me faire d'un poète et de la poésie.

*

Le poète, à mes yeux, se connaît à ses idoles et à ses libertés, qui ne sont pas celles de la plupart. La poésie se distingue de la prose pour n'avoir ni toutes les mêmes gênes, ni toutes les mêmes licences que celle-ci. L'essence de la prose est de périr, — c'est-à-dire d'être «comprise», — c'est-à-dire, d'être dissoute, détruite sans retour, entièrement remplacée par l'image ou par l'impulsion qu'elle signifie selon la convention du langage. Car la prose sous-entend toujours l'univers de l'expérience et des actes, — univers dans lequel, — ou *grâce auquel*, — nos perceptions et nos actions ou émotions doivent finalement se correspondre ou se répondre d'une seule manière, — *uniformément*. L'univers pratique se réduit à un ensemble de *buts*. Tel but atteint, la parole expire. Cet univers exclut l'ambiguïté, l'élimine; il commande que l'on procède par les plus courts chemins, et il étouffe au plus tôt les harmoniques de chaque événement qui s'y produit à l'esprit.

*

Mais la poésie exige ou suggère un « Univers » bien différent : univers de relations réciproques, analogue à l'univers des sons, dans lequel naît et se meut la pensée musicale. Dans cet univers poétique, la résonance l'emporte sur la causalité, et la « forme », loin de s'évanouir dans son effet, est comme *redemandée* par lui. L'Idée revendique sa voix.

(Il en résulte une différence *extrême* entre les moments constructeurs de prose et les moments créateurs de poésie.)

Ainsi, dans l'art de la Danse, l'état du danseur (ou celui de l'amateur de ballets), étant l'objet de cet art, les mouvements et les déplacements des corps n'ont point de terme dans l'*espace*, — point de but visible ; point de *chose*, qui jointe les annule ; et il ne vient à l'esprit de personne d'imposer à des actions chorégraphiques la loi des actes *non poétiques*, mais *utiles*, qui est de s'effectuer *avec la plus grande économie de forces*, et *selon les plus courts chemins*.

*

Cette comparaison peut faire sentir que la simplicité ni la clarté ne sont des absolus dans la poésie, — où il est parfaitement *raisonnable*, — et même nécessaire — de se maintenir dans une condition aussi éloignée que possible de celle de la prose, — quitte à perdre (sans trop de regrets) autant de lecteurs qu'il le faut.

*

Voltaire a dit merveilleusement bien que «la Poésie n'est faite que de beaux détails». Je ne dis autre chose. L'univers poétique dont je parlais s'introduit par le nombre ou, plutôt, par la densité des images, des figures, des consonances, dissonances, par l'enchaînement des tours et des rythmes, — l'essentiel étant d'éviter constamment ce qui reconduirait à la prose, soit en la faisant regretter, soit en suivant exclusivement l'*idée*...

En somme, plus un poème est conforme à la Poésie, moins il peut se penser en prose sans périr. Résumer, mettre en prose un poème, c'est tout simplement méconnaître l'essence d'un art. La nécessité poétique est inséparable de la forme sensible, et les pensées énoncées ou suggérées par un texte de poème ne sont pas du tout l'objet unique et capital du discours, — mais des *moyens* qui concourent *également* avec les sons, les cadences, le nombre et les ornements, à provoquer, à soutenir une certaine tension ou exaltation, à engendrer en nous un *monde* — ou un *mode d'existence* — tout harmonique.

*

Si donc l'on m'interroge ; si l'on s'inquiète (comme il arrive, et parfois assez vivement) de ce que j'ai «voulu dire» dans tel poème, je réponds que je n'ai pas *voulu dire*, mais *voulu faire*, et que ce fut l'intention de *faire* qui *a voulu* ce que j'ai *dit*...

Quant au «Cimetière marin», cette intention ne fut d'abord qu'une figure rythmique vide, ou remplie de syllabes vaines, qui me vint obséder quelque temps. J'observai que cette figure était décasyllabique, et je me fis quelques réflexions sur ce type

fort peu employé dans la poésie moderne ; il me
semblait pauvre et monotone. Il était peu de chose
auprès de l'alexandrin, que trois ou quatre générations de grands artistes ont prodigieusement élaboré. Le démon de la généralisation suggérait de
tenter de porter ce *Dix* à la puissance du *Douze*. Il
me proposa une certaine strophe de six vers et
l'idée d'une *composition* fondée sur le nombre de
ces strophes, et assurée par une diversité de tons et
de fonctions à leur assigner. Entre les strophes, des
contrastes ou des correspondances devaient être
institués. Cette dernière condition exigea bientôt
que le poème possible fût un monologue de « moi »,
dans lequel les thèmes les plus simples et les plus
constants de ma vie affective et intellectuelle, tels
qu'ils s'étaient imposés à mon adolescence et associés à la mer et à la lumière d'un certain lieu des
bords de la Méditerranée, fussent appelés, tramés,
opposés...

Tout ceci menait à la mort et touchait à la pensée
pure. (Le vers choisi de dix syllabes a quelque rapport avec le vers dantesque.)

Il fallait que mon vers fût dense et fortement
rythmé. Je savais que je m'orientais vers un monologue aussi personnel, mais aussi universel que je
pourrais le construire. Le type de vers choisi, la
forme adoptée pour les strophes me donnaient des
conditions qui favorisaient certains « mouvements »,
permettaient certains changements de ton, appe-
laient certain style... Le « Cimetière marin » était
conçu. Un assez long travail s'ensuivit.

*

Toutes les fois que je songe à l'art d'écrire, (en
vers ou en prose), le même « idéal » se déclare à

mon esprit. Le mythe de la «création» nous séduit à vouloir faire quelque chose de rien. Je rêve donc que je trouve progressivement mon ouvrage à partir de pures conditions de forme, de plus en plus réfléchies, — précisées jusqu'au point qu'elles proposent ou imposent presque... un *sujet*, — ou du moins, une famille de sujets.

Observons que des conditions de forme précises ne sont autre chose que l'expression de l'intelligence et de la conscience que nous avons des *moyens* dont nous pouvons disposer, et de leur portée, comme de leurs limites et leurs défauts. C'est pourquoi il m'arrive de me définir l'*écrivain* par une relation entre un certain «esprit» et le Langage...

Mais je sais tout le chimérique de mon «Idéal». La nature du langage se prête le moins du monde à des combinaisons suivies; et d'ailleurs la formation et les habitudes du lecteur moderne, auquel sa nourriture accoutumée d'incohérence et d'effets instantanés rend imperceptible toute recherche de structure, ne conseillent guère de se perdre si loin de lui...

Cependant la seule pensée de constructions de cette espèce demeure pour moi la plus *poétique* des idées : l'idée de composition.

*

Je m'arrête sur ce mot... Il me conduirait je ne sais à quelles longueurs. Rien ne m'a plus étonné chez les poètes et donné plus de regrets que le peu de recherche dans les compositions. Dans les lyriques les plus illustres, je ne trouve guère que des développements purement linéaires, — ou... délirants, — c'est-à-dire qui procèdent de proche en proche, sans plus d'organisation successive que n'en montre une traînée de poudre sur quoi la flamme fuit. (Je ne parle pas des poèmes dans lesquels un récit domine, et la chronologie des événements intervient : ce sont des ouvrages mixtes ; opéras, et non sonates ou symphonies.)

Mais mon étonnement ne dure que le temps de me souvenir de mes propres expériences et des difficultés presque décourageantes que j'ai rencontrées dans mes essais de *composer* dans l'ordre lyrique. C'est qu'ici le détail est à chaque instant d'importance essentielle, et que la prévision la plus belle et la plus savante doit composer avec l'incertitude des trouvailles. Dans l'univers lyrique, chaque moment doit consommer une alliance indéfinissable du sensible et du significatif. Il en résulte que la composition est, en quelque manière, continue, et ne peut guère se cantonner dans un autre temps que celui de l'exécution. Il n'y a pas un temps pour le « fond » et un temps de la « forme » ; et la composition en ce genre ne s'oppose pas seulement au désordre ou à la disproportion, mais à la *décomposition*. Si le sens et le son (ou si le fond et la forme) se peuvent aisément dissocier, le poème se *décompose*.

Conséquence capitale : les « idées » qui figurent dans une œuvre poétique n'y jouent pas le même rôle, ne sont pas du tout des *valeurs de même espèce*, que les « idées » de la prose.

*

J'ai dit que le « Cimetière marin » s'était d'abord proposé à mon esprit sous les espèces d'une composition par strophes de six vers de dix syllabes. Ce parti pris m'a permis de distribuer assez facilement dans mon œuvre ce qu'elle devait contenir de sensible, d'affectif et d'abstrait pour suggérer, transportée dans l'univers poétique, la méditation d'un certain *moi*.

L'exigence des contrastes à produire et d'une sorte d'équilibre à observer entre les moments de ce *moi* m'a conduit (par exemple) à introduire en un point quelque rappel de philosophie. Les vers où paraissent les arguments fameux de Zénon d'Élée, — (mais, animés, brouillés, entraînés dans l'emportement de toute dialectique, comme tout un gréement par un coup brusque de bourrasque), — ont pour rôle de compenser, par une tonalité métaphysique, le sensuel et le «trop humain» de strophes antécédentes; ils déterminent aussi plus précisément *la personne qui parle*, — un amateur d'abstractions —; ils opposent enfin à ce qui fut de spéculatif et de trop attentif en lui la puissance réflexe actuelle, dont le sursaut brise et dissipe un état de fixité sombre, et comme complémentaire de la splendeur régnante; — en même temps qu'elle bouleverse un ensemble de *jugements* sur toutes choses humaines, inhumaines et surhumaines. J'ai débauché les quelques images de Zénon à exprimer la rébellion contre la durée et l'acuité d'une méditation qui fait sentir trop cruellement l'écart entre l'*être* et le *connaître* que développe la conscience de la conscience. L'*âme* naïvement veut épuiser l'infini de l'Éléate.

— Mais je n'ai entendu prendre à la philosophie qu'un peu de sa *couleur*.

*

Les remarques diverses qui précèdent peuvent donner une idée des réflexions d'un auteur en présence d'un commentaire de son œuvre. Il voit en elle ce qu'elle dût être, et ce qu'elle aurait pu être bien plus que ce qu'elle est. Quoi donc de plus inté-

ressant pour lui que le résultat d'un examen scru-
puleux et les impressions d'un regard étranger ? Ce
n'est pas en moi que l'unité réelle de mon ouvrage
se compose. J'ai écrit une «partition», — mais je ne
puis l'entendre qu'exécutée par l'âme et par l'esprit
d'autrui.

C'est pourquoi le travail de M. Cohen, (abstraction faite des choses trop aimables pour moi qui s'y
trouvent), m'est singulièrement précieux. Il a recherché mes intentions avec un soin et une méthode
remarquables, appliqué à un texte contemporain la
même science et la même précision qu'il a coutume
de montrer dans ses savantes études d'histoire littéraire. Il a aussi bien retracé l'architecture de ce
poème que relevé le détail, — signalé, par exemple,
ces retours de termes qui révèlent les tendances, les
fréquences caractéristiques d'un esprit. (Certains
mots sonnent en nous entre tous les autres, comme
des harmoniques de notre nature la plus profonde...) Enfin, je lui suis très reconnaissant de
m'avoir si lucidement expliqué aux jeunes gens ses
élèves.

Quant à l'interprétation de la *lettre*, je me suis
déjà expliqué ailleurs sur ce point ; mais on n'y
insistera jamais assez : *il n'y a pas de vrai sens d'un
texte*. Pas d'autorité de l'auteur. Quoi qu'il ait *voulu
dire*, il a écrit ce qu'il a écrit. Une fois publié, un
texte est comme un appareil dont chacun se peut
servir à sa guise et selon ses moyens : il n'est pas
sûr que le constructeur en use mieux qu'un autre.
Du reste, s'il sait bien ce qu'il voulut faire, cette
connaissance trouble toujours en lui la perception
de ce qu'il a fait.

Commentaires de Charmes

(PRÉFACE)

Cet essai a été écrit pour servir de Préface à Charmes commentés par Alain.

Quelque Amateur des Lettres eut un jour l'imprudence, qui fut heureuse, de confier à Alain un fort bel exemplaire de certain recueil de poèmes. Ce volume offrait d'assez grandes marges et son texte bien des libertés d'interprétation. *Charmes*, dont il s'agit, divise ses lecteurs. On sait que les uns n'y voient goutte ; qu'il n'est que trop clair pour les autres, qui le jugent insipide par la simplicité de ce qu'ils y trouvent, une fois rompues les vaines défenses de l'expression. D'autres encore s'y attachent.

Alain, après quelque temps, rendit le volume. Mais, étant riche et mieux qu'honnête, il fit davantage que le rendre ; il ne se tint d'ajouter à ce capital ses intérêts composés. La richesse d'Alain est de pensées. Il la répand de toute part. Toutefois, si largement qu'il en abandonne, sa substance lui en reforme toujours plus qu'il n'en peut verser. Dans l'économie de l'esprit, l'épargne est ruineuse ; les prodigues s'accroissent.

Voici donc les grandes marges de *Charmes* tout envahies d'une écriture ferme et dense qui étreint le bloc imprimé. Elle serre de près les systèmes de strophes, assiège les formes fermées ; épouse, semble

presser de puissance vivante et pénétrer de sensibilité actuelle une construction typographique finie,
régulière, et comme cristallisée. Considérer ces
pages annotées, c'est voir, sur les bords de poèmes,
un homme vivre ce qu'il lit. Si l'on déchiffre, c'est
entendre, le long des vers, se murmurer le monologue dissolu qui répond à une lecture, la traverse,
la soutient d'un contrepoint plus ou moins étroit,
l'accompagne continuement du discours d'une voix
seconde, qui parfois éclate.

Cette écriture dans les marges produit en quelque
sorte aux regards le complément secret du texte,
leur montre la fonction du lecteur, rend sensibles
les environs spirituels d'une lecture. Ces environs
d'une œuvre lue, ce sont les profondeurs de celui
qui la lit ; elles s'éveillent ou s'émeuvent en chacun
par les différences et les concordances, les consonances ou les dissonances qui se déclarent de proche
en proche entre ce qui est lu, et ce qui était secrètement attendu.

L'Amateur ne put consentir à garder pour soi seul
cette foison intellectuelle. Il suggéra que de son
exemplaire débordant l'on fît un livre pour le public.
Ici paraît l'auteur des vers. Il fallait bien que j'inter-
vinsse. Je ne laissai pas d'être embarrassé. Tremper
le moins du monde dans l'édition de ce commentaire n'était-ce point en *autoriser* tout le contenu,
tous les jugements ? Mais il en est quelques-uns
parmi eux qui sont d'espèce capiteuse. La glose
quelquefois se charge de louanges. Alain n'est pas
bien rude pour mon œuvre ; je pense qu'il y voit,
qu'il se crée ce que j'eusse bien voulu faire, et qui
n'est pas, de fort loin, ce que j'ai fait. L'expérience
de la louange et de la critique, du doux et de l'amer,
donne les résultats suivants. La louange exerce et

trouble la sensibilité bien plus que ne fait la critique. La critique engendre une sorte d'action, illumine des armes dans l'âme. L'âme, presque toujours, peut répliquer assez nettement aux paroles qui déprécient. Elle rend raillerie pour raillerie, désarticule l'objection, circonscrit le blasphémateur. Il est bien rare qu'elle ne trouve, dans cet *Autre* qui la tourmente, quelque vice, quelque faible, ou quelque dessein misérable qui lui serve pour se reprendre ; il est plus rare encore qu'elle ne trouve en soi quelque beauté cachée, quelque excuse profonde qui la sauve à ses propres yeux. Mais que faire avec la louange ? La discussion est impossible, inhumaine, immodeste. La louange détend l'être, et lui rend toutes choses suavement confuses. Il se sent comme après l'amour, — qu'il eût fait avec le public.

On se trouve donc incertain, impuissant, en état de moindre résistance, vis-à-vis des hommages ; sans réponse précise, et comme sans liberté de vérité à l'égard de soi-même. On sait bien que personne n'est cru qui prétend se défendre du délice d'être honoré, et le cœur intimidé par cette opinion commune se conteste le pouvoir de douter de sa jouissance. Ce n'est là qu'une hésitation toute intime sur le choix du sentiment qui soit le plus vrai, entre plusieurs qui nous divisent et nous conviennent à l'égal. Mais l'embarras devient extrême s'il faut aussi qu'on le produise, et si l'on doit, comme je le fais, paraître devant tout le monde, donnant la main à celui qui s'exprime sur vous très gracieusement.

Une autre difficulté me vint à l'esprit.

Ce texte commenté peut éveiller dans le lecteur une question assez naturelle. Il passe pour plutôt dur à entendre. Quelques bons connaisseurs, et une foule d'autres, y voient un système d'énigmes. J'entends d'ici que l'on m'interroge si je m'accorde avec Alain sur le sens qu'il trouve à mes vers. On me dira : « Vous comprend-il comme vous-même ? Son commentaire est-il au plus près de votre pensée ? A-t-il développé vos intentions, dissipe-t-il toutes vos ténèbres comme nous espérions bien que vous pourriez le faire vous-même ? »

Mes vers ont le sens qu'on leur prête. Celui que je leur donne ne s'ajuste qu'à moi, et n'est opposable à personne. C'est une erreur contraire à la nature de la poésie, et qui lui serait même mortelle, que de prétendre qu'à tout poème correspond un sens véritable, unique, et conforme ou identique à quelque pensée de l'auteur. Une conséquence de cette erreur est l'invention de l'exercice scolaire absurde qui consiste à faire mettre des vers en prose. Voilà qui est inculquer l'idée la plus fatale à la poésie, car c'est enseigner qu'il est possible de diviser son essence en parties qui peuvent subsister séparées. C'est croire que la poésie est un *accident* de la *substance* prose. Mais la poésie n'existe que pour ceux aux yeux desquels cette opération est impossible, et qui connaissent la poésie à cette impossibilité. Quant aux autres, ils appellent comprendre la poésie, lui substituer un autre langage, dont la condition qu'ils lui imposent est de n'être pas poétique.

La poésie n'a pas le moins du monde pour objet de communiquer à quelqu'un quelque notion déterminée, — à quoi la prose doit suffire. Observez seulement le destin de la prose, comme elle expire à peine entendue, et expire de l'être, — c'est-à-dire d'être toute remplacée dans l'esprit attentif par une idée ou figure finie. Cette idée, dont la prose vient d'exciter les conditions nécessaires et suffisantes, s'étant produite, aussitôt les moyens sont dissous,

le langage s'évanouit devant elle. C'est un phénomène constant dont voici un double contrôle ; notre
mémoire nous répète le discours que nous n'avons
pas compris. La répétition répond à l'incompré-
hension. *Elle nous signifie que l'acte du langage n'a
pu s'accomplir.* Mais au contraire, et comme par
symétrie, si nous avons compris, nous sommes en
possession d'exprimer sous d'autres formes l'idée
que le discours avait composée en nous. L'acte du
langage accompli nous a rendus maîtres du point
central qui commande la multiplicité des expressions possibles d'une idée acquise. En somme, le
sens, qui est la tendance à une substitution mentale
uniforme, unique, résolutoire, est l'objet, la loi, la
limite d'existence de la prose pure.

Tout autre est la fonction de la poésie. Tandis que
le fond unique est exigible de la prose, c'est ici la
forme unique qui ordonne et survit. C'est le son,
c'est le rythme, ce sont les rapprochements physiques des mots, leurs effets d'induction ou leurs
influences mutuelles qui dominent, aux dépens de
leur propriété de se consommer en un sens défini et
certain. Il faut donc que dans un poème le sens ne
puisse l'emporter sur la forme et la détruire sans
retour ; c'est au contraire le retour, la forme conservée, ou plutôt exactement reproduite comme unique
et nécessaire expression de l'état ou de la pensée
qu'elle vient d'engendrer au lecteur, qui est le ressort de la puissance poétique. *Un beau vers renaît
indéfiniment de ses cendres,* il redevient, — comme
l'effet de son effet, — cause harmonique de soi-
même.

Cette condition essentielle ne pourrait presque
jamais être satisfaite si le fond, si le sens d'un ouvrage
de poésie devait être assujetti aux exigences étroites
de la prose.

Il ne s'agit point du tout en poésie de transmettre
à quelqu'un ce qui se passe d'intelligible dans un
autre. Il s'agit de créer dans le premier un état dont
l'expression soit précisément et singulièrement celle
qui le lui communique. Quelle que soit l'image ou
l'émotion qui se forme dans l'amateur de poèmes,
elle vaut et elle suffit si elle produit en lui cette relation réciproque entre la parole-cause et la parole-
effet. Il en résulte que ce lecteur jouit d'une très
grande liberté quant aux idées, liberté analogue à
celle que l'on reconnaît à l'auditeur de musique,
quoique moins étendue.

Alain peuple en philosophe mes constructions de
paroles, il les anime de merveilleuses significations.
Il me reste à montrer que, louanges à part, je ne puis
rien sur ce qu'il dit.

Vers ou prose, une œuvre achevée et offerte, son
auteur ne peut rien proposer, rien affirmer sur elle
qui ait plus de portée, qui l'explique plus exactement que ce qu'en dirait toute autre personne. Une
œuvre est un objet ou un événement des sens,
cependant que les diverses valeurs ou interprétations qu'elle suggère sont des conséquences, (idées
ou affections), qui ne peuvent l'altérer dans sa propriété toute matérielle d'en produire de tout autres.
Si quelque peintre fait le portrait de *Socrate*, et
qu'un passant y reconnaisse *Platon*, toutes ses explications, protestations et justifications d'auteur ne
pourront rien changer à cette reconnaissance immédiate. La dispute amusera l'éternité. Un auteur peut
sans doute nous instruire de ses intentions ; mais ce
n'est point d'elles qu'il s'agit ; il s'agit de ce qui subsiste et qu'il a fait indépendant de soi.

Il faut bien entendre ce point si l'on ne veut pas
s'engager dans la confusion de jugements et de perspectives qui est le vice le plus sensible de presque

toutes les tentatives d'esthétique. On y trouve dès les prémisses un désordre de considérations dont les unes n'ont de sens que dans l'être de l'auteur, les autres valent pour l'ouvrage, les autres pour celui qui subit l'ouvrage. Toute proposition qui assemble ces trois entités est imaginaire.

Il existe des corps assez mystérieux que la physique étudie et que la chimie utilise ; je songe toujours à eux quand je pense aux œuvres de l'art. La seule présence de ces corps dans un certain mélange d'autres substances détermine celles-ci à s'unir entre elles, eux demeurant inaltérés, identiques à eux-mêmes, ni transformés dans leur nature, ni accrus ni diminués dans leur quantité. Ils sont donc présents et absents, agissants et non agis. Tel, le texte d'une œuvre. Son action de présence modifie les esprits, chacun selon sa nature et son état, provoquant les combinaisons qui étaient en puissance dans telle tête ; mais quelle que soit la réaction ainsi produite, le texte se retrouve inaltéré, et capable d'amorcer indéfiniment d'autres phénomènes dans une autre circonstance ou dans un autre individu.

*Histoire d'*Amphion

MÉLODRAME

Conférence prononcée le 14 janvier 1932.

AU PUBLIC

Avant que la légende d'Amphion, telle que je l'ai façonnée, et telle qu'Arthur Honegger l'a pénétrée et animée de son grand souffle, vous soit représentée, je vais, en quelques mots, vous en dire l'histoire, — car cette légende a son histoire, — dans ma pensée.

L'architecture a tenu une grande place dans les premières amours de mon esprit. Mon adolescence imaginait avec passion l'acte de construire : ma passion se nourrissait de lectures assez précises, de croquis et de théories que je me faisais. J'y trouvais plus de goût et d'enseignement qu'à mes études, et l'idée même de la *construction*, qui est le passage du désordre à l'ordre et l'usage de l'arbitraire pour atteindre la nécessité, se fixait en moi comme le type de l'action la plus belle et la plus complète que l'homme se pût proposer. Un édifice accompli nous remontre dans un seul regard une somme des intentions, des inventions, des connaissances et des forces que son existence implique ; il manifeste à la lumière l'œuvre combinée du vouloir, du savoir et du pouvoir de l'homme. Seule entre tous les arts, et dans un instant indivisible de vision, l'architecture charge notre âme du sentiment total des facultés humaines.

Mais l'adolescence est inconstante, et la mienne bientôt fut séduite à la poésie ; elle se mit à faire les vers que l'on faisait il y a quarante ans. C'était l'ère du symbolisme : chacun selon sa nature et selon son école, nous étions, les uns et les autres, assez occupés à accroître de notre mieux la quantité de musique que la langue française permet d'introduire dans le discours. Ce souci musical, et quelques autres qui s'y joignirent, me jetèrent dans des réflexions illimitées sur les arts, et peu à peu sur mille sujets que j'aurais crus bien éloignés de moi-même.

Mais rien n'est loin de l'esprit.

Il m'arriva de m'égarer assez parmi mes curiosités très diverses pour que j'y perdisse le goût d'écrire. Je laissai à ma fantaisie toute liberté de faire et de défaire, de créer sans difficulté et de critiquer sans mesure, ce qui est un jeu dangereux, un de ces jeux de hasard où l'on se ruine, — car une pensée privée de toute contrainte extérieure, dégagée de toute sanction et ne visant pas à un acte ou un ouvrage bien défini ignore sa vraie nature, qui est de s'accorder avec l'homme tout entier, se croit aisément toute-puissante et universelle : en un mot, elle prend l'habitude des dividendes fictifs et des opérations imaginaires.

*

L'architecture, heureusement, qui avait enchanté ma jeunesse, m'avait laissé dans le fond un certain goût du solide, un certain modèle de la construction réelle, et donc une certaine méfiance des causes de dommage et de ruine que la réalité fait agir sur toute chose, et en particulier sur les ouvrages de l'esprit. L'art de bâtir nous rappelle que rien ne tient par soi-même, et que c'est autre chose d'aimer le beau et de le concevoir et tout autre chose de le faire concevoir. Comme la pesanteur travaille et juge à sa façon l'œuvre de l'architecte, qu'elle soumet à une critique constante et impitoyable, ainsi en est-il en toute matière. Toute production à peine enfantée vit dangereusement, doit subir des épreuves de résistance et tenir aussi bien contre l'objection que contre l'indifférence et contre l'oubli. On peut tirer de cette remarque très fondée de grandes conséquences, même dans l'ordre littéraire, et jusque dans la poésie. Même dans les pièces les plus légères, il faut songer à la durée, — c'est-à-dire à la *mémoire*, c'est-à-dire à la *forme*, comme les constructeurs de flèches et de tours songent à la structure.

Puisque je pensais si librement à tant de choses et, parmi elles, assez souvent à la musique et à cette même architecture, il devait fatalement arriver que quelques rapports entre l'une et l'autre vinssent amuser mon esprit. Ces rapports sont très faciles à pressentir vaguement, délicats à préciser et à définir, et il n'est pas impossible de les mettre en doute, — car tout ce qui est esthétique est douteux. Mais, quant à moi, ils me paraissent éclatants, ce qui veut dire que je désirais fort qu'ils existassent, et ceci suffisait à leur existence. J'étais fort loin d'être le premier qui les eût souhaités, et donc aperçus.

Il est clair que musique et architecture sont des arts qui se passent également de l'imitation des choses; ce sont des arts dans lesquels la matière et la forme ont des relations beaucoup plus intimes entre elles que dans les autres; l'un et l'autre s'adressent à la sensibilité la plus générale. Ils admettent tous deux la *répétition*, moyen tout-puissant; ils recourent tous deux aux effets physiques de la grandeur et de l'intensité, par quoi ils peuvent étonner les sens et l'esprit jusqu'à l'écrasement. Enfin, leur nature respective

permet ou suggère tout un luxe de combinaisons et
de développements réguliers, par lequel ils se rattachent ou se comparent à la géométrie et à l'analyse.
J'oubliais l'essentiel : la *composition*, — c'est-à-dire
la liaison de l'ensemble avec le détail, — est beaucoup plus sensible et exigible dans les œuvres de
musique et d'architecture que dans les arts dont la
reproduction des êtres visibles est l'objet, car ceux-
ci, empruntant leurs éléments et leurs modèles au
monde extérieur, au monde des choses toutes faites
et des destins déjà fixés, il en résulte quelque impureté, quelque allusion à ce monde étranger, quelque
impression équivoque et accidentelle.

Tout cela n'avait pas échappé, sans doute, à ces
Grecs qui ont tout vu. Les anciens avaient dû méditer sur ces concordances remarquables de l'art des
sons avec celui des masses et des perspectives. Mais
leur coutume, pudique et délicieuse, était de figurer
leurs idées. Ils aimaient de feindre, pour déguiser
leurs thèses physiques ou métaphysiques, des personnes et des drames dont les attributs et l'action
pouvaient aussi bien se prendre pour ce qu'ils paraissaient, et plaire comme un conte ou comme l'histoire, ou bien être déchiffrés et traduits en valeurs
de sagesse ou de science, en *pensées*. Mais nos mythes
à nous sont tout abstraits. Ils n'en sont pas moins
mythes. Nos idées n'ont pas de corps. Nous pensons
par squelettes. Nous avons perdu le grand art de
signifier par la beauté.

Ce que je viens de dire en est l'exemple : Je viens
sèchement de résumer l'argumentation d'un rapprochement possible entre l'architecture et la musique.
Ce furent d'assez froides considérations. Mais que
l'on imagine, à présent, une incarnation de tout ceci,
voyez une scène, formez un personnage aussi beau
que vous le voudrez, aussi noblement vêtu et posé

que vous le voudrez, au centre du site le plus poétique. Prodiguez autour de lui les roches et les eaux,
plantez au pied des monts une forêt dense et hideuse,
(comme on disait jadis), instituez l'horreur sacrée,
et n'oubliez pas, dans une réserve d'ombres, de faire
luire une fontaine mystérieuse où se répète un peu
de la face du ciel.

*

Tout ainsi disposé, nos cimes et nos rocs, nos
grands arbres et notre fontaine, et notre héros bien
drapé et bien établi, le voici, maintenant, qui se
dresse, et s'anime, et agit. Entre ses mains brille une
lyre. Il attaque le silence, et par les vertus de son
chant et des cordes divines que ses doigts émeuvent,
les pierres et les blocs épars s'ébranlent, ils roulent
où ils sont attirés, trébuchant et rebondissant, vers
un lieu où leur amas s'assemble, qui, peu à peu,
prend forme, et s'ordonne, et compose un édifice,
un temple.

Voilà le germe d'*Amphion*.

*

Pendant quelques années, ce germe demeura dor-
mant dans je ne sais quel pli de mon esprit… Il y fût
à jamais demeuré, parmi tant d'autres vestiges
d'idées de jeunesse, si le hasard d'une conversation
avec Claude Debussy n'eût, un soir, ranimé, rappelé
à l'existence ce grain de possibilité.

J'ai dit tout à l'heure, que, dans cette époque lointaine, je me dépensais volontiers en imaginations
théoriques. En particulier, je m'interrogeais quelquefois, avec la merveilleuse liberté d'un homme qui
n'aura pas affaire au réel, et qui ne passera jamais à

l'exécution et à l'acte, je m'interrogeais et me répondais au sujet de l'organisation et de la composition des œuvres de grand style, et de celles qui emploient simultanément des moyens de plusieurs espèces, comme l'opéra. L'opéra m'apparaissait un chaos, un usage désordonné de parties lyriques, orchestrales, dramatiques, mimiques, plastiques, chorégraphiques, un spectacle, en somme, grossier, puisque rien ne commandait l'entrée en jeu et le contraste des puissances diverses, que rien n'en limitait l'action, et que le tout de l'œuvre était livré aux inspirations divergentes du librettiste, du musicien, du chorégraphe, du peintre de décors, du metteur en scène et des interprètes.

Je dis à Debussy que j'entrevoyais un système extravagant fondé sur une analyse des moyens et sur une convention rigoureuse (quoique arbitraire) par laquelle je donnais à chacun de ces moyens une fonction très nette et très stricte à remplir.

Ainsi, l'orchestre et le chant recevaient des emplois profondément distincts, l'action dramatique, la mimique et la danse étaient rigoureusement séparées et produites chacune en son temps, pendant des durées bien déterminées. J'allai, je crois, jusqu'à diviser l'espace de la scène en lieux, en plans et en étages, et ces diverses régions devaient, dans chaque œuvre, être assignées à tel ou tel groupe chantant ou dansant, ou mimant, ou même à tel personnage, à l'exclusion de tous autres. C'était donner un rôle à chacune de ces parties de l'espace comme on en donne à des acteurs. Il en était de même de la durée, divisée et même… chronométrée. D'ailleurs, la lumière, le décor devaient être soumis à des conditions non moins raisonnées, et l'ensemble représenterait le plus impérieux système de contraintes et de division du travail que l'on pût imaginer. C'était une

débauche de discipline et de construction *formelle*.
J'avoue ici que la création d'ouvrages, à partir de
conditions de forme, et presque par le seul assemblage de telles obligations de faire et de ne pas faire,
a été un de mes rêves les plus chers. Veuillez observer que c'est là reporter la plus grande part de ce
qu'on nomme l'*inspiration* à la période de préparation de l'œuvre. J'avais coutume de dire, en ce
temps-là, (c'était un temps où l'on prisait encore le
sonnet), que je mettais l'inventeur du sonnet au-dessus de l'auteur du plus beau de ces petits poèmes à
forme fixe.

*

Je n'ajoute qu'un mot sur cette bizarre conception
de l'esprit théorique dont je ne me rappelle plus,
d'ailleurs, toutes les déductions. Il m'apparut que
mon système poussé à la limite, système qui, par
l'accumulation des conditions, excluait méthodi-
quement l'imitation directe de la vie sur la scène
aussitôt que cette imitation eût pu faire oublier le
sens profond de l'œuvre, — il m'apparut que ce système s'approchait beaucoup d'une conception *liturgique* des spectacles...

Dans une action dramatique ordinaire, les mouvements, les gestes, les «temps» ne sont assujettis
qu'à la représentation la plus «vraie» et la plus
excitante de la «vie».

La convention n'y paraît expressément que dans
les œuvres en vers et dans les opéras, dès que les
acteurs ouvrent la bouche. On observe alors que leurs
paroles sont d'un autre système que leurs actes.
Cependant que ces personnes agissent comme on
peut agir, elles s'expriment comme on ne s'exprime
pas. Il y a une étrangeté et une sorte d'*impureté*, à

laquelle nous sommes accoutumés au point de ne pas même en avoir conscience.

Mais supposé que l'on veuille que le spectacle soit plus *pur,* c'est-à-dire homogène, ou également distant de la vie en tous ses moyens de production, on est conduit à imposer des conditions et des restrictions conventionnelles aux actes des personnages, et, par conséquent, au milieu dans lequel ils se meuvent, aux durées et aux compositions successives de leurs présences. Il en peut résulter des œuvres à valeur significative *complexe* ; et c'est pourquoi j'ai employé le mot *liturgique.*

Debussy n'attacha qu'une importance infiniment petite à cette conception d'apparence si compliquée, quoique fort simple dans son principe ; et, moi-même n'y voyant qu'une fantaisie, l'affaire n'eut pas de suite.

Il fallut un grand concours de circonstances pour ressusciter mon héros et, avec lui, quelques-unes des idées téméraires qui lui avaient donné une existence lyrique et scénique dans mon esprit. Il fallut qu'Honegger naquît. Il fallut que Mme Rubinstein fût tentée par ce mythe très poétique et même par toutes les difficultés que mes idées particulières opposaient à la mise en œuvre.

J'ai donc écrit *Amphion*, et j'ai appelé ceci : *Mélodrame*. Je n'ai pas trouvé d'autre terme pour qualifier cet ouvrage, qui n'est certainement ni un opéra, ni un ballet, ni un oratorio. Dans ma pensée, il peut et doit se rapprocher d'une cérémonie de caractère religieux. L'action, toute restreinte qu'elle est, doit aussi se subordonner à la substance significative et poétique de chacun de ses moments.

*

Je veux, en terminant, vous dire quelques mots de mon musicien. Je lui ai posé le problème le plus difficile, peut-être, qu'un compositeur ait eu jamais à résoudre. Le sujet se réduit à ceci : Amphion, homme tout primitif et barbare, reçoit d'Apollon la lyre. La musique naît sous ses doigts, Aux sons de la musique naissante, les pierres se meuvent, s'unissent : l'Architecture est créée.

Mais la Musique ne doit donc paraître dans toute sa force et sa richesse qu'après le don du dieu reçu et assimilé par le héros. Le compositeur est donc soumis à cette redoutable exigence : qu'il doit traiter toute la première partie avec un minimum de moyens, presque par les voix seules, et quelques percussions, quelques traits et dessins presque imperceptibles qui soutiennent la mimique et la danse. En somme, presque point de musique dans une première phase et toute la musique dans la deuxième.

Le minimum de musique, d'abord. Le maximum, ensuite.

Car j'ai demandé à Honegger cet autre exploit de faire, en quelques instants, à partir du moment où Amphion découvre ou invente l'art des sons, un développement foudroyant de toutes les ressources de cet art, — depuis la gamme jusqu'à la grande fugue que vous entendrez tout à l'heure...

Il me fallait un grand musicien. Je l'ai eu.

AMPHION

MÉLODRAME
MUSIQUE D'ARTHUR HONEGGER

*Représenté pour la première fois
à l'OPÉRA DE PARIS
le 23 juin 1931
et à COVENT GARDEN
le 13 juillet 1931*

PERSONNAGES

AMPHION
APOLLON *(invisible)*
LES QUATRE MUSES
Les Rêves
Le Peuple

À Ida Rubinstein.

Une brèche ou fente immense dans la roche du sommet d'une montagne se découpe sur le ciel, qui est visible depuis le haut du théâtre jusqu'au niveau de la scène.

L'étage inférieur des deux masses rocheuses de droite et de gauche est planté d'arbres puissants, chênes, hêtres, châtaigniers. Au-dessus, paraît la région minérale nue. Vers la cime de droite, la roche affecte des formes cristallines, faisceaux de prismes enchevêtrés, dont quelques facettes sont vaguement lumineuses. Un peu de neige brille çà et là sur ces hauteurs.

Au milieu de la scène, une mare ou fontaine d'eau sombre. Autour d'elle se dressent des blocs de granit ou de basalte. Tout un désordre de tels blocs s'aperçoit au fond et ferme la brèche vers le bas.

Dans les régions boisées sont ménagés des chemins et des plans praticables où des scènes secondaires peuvent se représenter.

Le ciel nocturne devra être exécuté d'après les photographies de la Voie Lactée. Poussière de poussières lumineuses, avec quelques astres de diverse grandeur et de noirs vides çà et là.

Au lever du rideau, des créatures nocturnes dansent par petits groupes, en divers points du paysage. Elles disparaissent, n'étant demeurées visibles que le temps d'être aperçues dans les ténèbres transparentes.

Entrent de droite et de gauche des hommes et des femmes qui se cherchent, se parlent par signes, se disposent sous les arbres. Ils se préparent au repos, rentrent bientôt dans les ombres du couvert.

On entend dans le calme l'Harmonie des Sphères.

Note aiguë et inhumaine, suggérant une rotation vertigineuse constante.

Sur cette note monotone se détache bientôt le

CHANT DES SOURCES

(Voix d'enfants.)

Nous, Sources, goutte à goutte
Pleurons le temps mortel !
Des larmes de la neige
Découle toute vie,
Par nous pleure la Terre
Pleurant jusqu'à la mer.

Entrée d'Amphion.

Une brève et sourde fanfare, ou bien quelques traits rauques annoncent l'entrée d'Amphion. Il apparaît, maintenant courbé, quelque être sauvage, bête, femelle monstrueuse, ou œgipan. Il pèse sur cet être, le force à s'abattre à ses pieds. Tirant un glaive court, il s'apprête à l'égorger.

UNE VOIX

Pourquoi ? Pourquoi ?
Laisse vivre la vie...
Laisse la mort aux mains des immortels !

Amphion se redresse, jette son arme. La proie s'enfuit vivement. Amphion, après un instant d'hésitation, se dirige vers une sorte de grotte ou excavation très peu profonde; il se dépouille de la peau qui couvrait ses épaules, s'assied, contemple le ciel étoilé.

Puis s'allonge et s'endort.

LES RÊVES

Le ciel étoilé s'obscurcit peu à peu.

Sur le champ des ténèbres viennent les Rêves visiter le dormeur. Deux guerriers couleur de sang l'attaquent. Un monstre les dévore. Des personnages vêtus de bizarres lambeaux. Un Roi d'argent, etc.

Amphion se débat dans les liens du sommeil.

Paraît le Songe Amoureux, *que figure une danseuse quasi nue sous un long manteau. Elle s'empresse autour de lui, le caresse, se joue, s'envole à chaque mouvement du dormeur Amphion.*

LES MUSES

Entrée des Muses.

UNE MUSE *sort de la fontaine et appelle:*

Muse!

UNE DEUXIÈME MUSE *surgit d'un roc et appelle:*

Muse!

UNE TROISIÈME ET QUATRIÈME MUSES *semblent se détacher des rameaux d'un grand hêtre et appellent de même:*

Muse! Muse!

> *Ces appels à* mezza voce *et presque*
> *simultanés.*
> *Elles portent de petites ailes au front.*
> *Elles se trouvent dans l'ombre, où elles*
> *forment des figures éclairées. Elles s'as-*
> *semblent, se prennent leurs mains.*

PREMIÈRE MUSE

Je vois ce qui n'est point !

DEUXIÈME MUSE

Je sais ce qui n'est plus !

TROISIÈME MUSE

Je fais ce qui sera !

QUATRIÈME MUSE

Moi, je ne puis qu'aimer !

PREMIÈRE MUSE

Mes sœurs ! Belles abeilles,
Obéissons au Dieu, consacrons ce mortel !

DEUXIÈME MUSE

Aux enfers du sommeil son âme se débat !

TROISIÈME MUSE

Il soupire !

QUATRIÈME MUSE

Il se plaint !

DEUXIÈME MUSE

Il désire...

PREMIÈRE MUSE

Il croit vivre !...
Prenons garde, mes sœurs, que l'excès du tourment
Avant l'aube ne le délivre !
À l'ouvrage !
Mais dissipons d'abord ce désordre de songes !

> *Combat des Muses avec les Rêves.*
> *Elles chassent et dissipent les Rêves. Le dernier épisode est une lutte gracieuse avec le Songe Amoureux.*

ÉPISODE LITURGIQUE

LITURGIE

> *La scène s'obscurcit tout à fait. Sur les ténèbres, le seul groupe est éclairé, Amphion d'une lueur argentée, les Muses d'une clarté bleuâtre.*

A — ENCHANTEMENT.

> *Les Muses charment Amphion endormi, prodiguent sur lui des gestes d'enchantement, circulent autour de sa couche en murmurant la psalmodie ou*

BERCEUSE MAGIQUE

Homme qui dors,
La nuit t'éclaire
Et le silence
Est fait de Muses !

> *Amphion change d'attitude. Comme il lève le bras, l'une des Muses lui baise la main et le rapaise.*

B — LITURGIE. SOLENNEL.

Les Muses se groupent alors autour
d'Amphion dans une forme solennelle. Une
aux pieds, l'autre à la tête, les deux autres
au-delà de son corps, face au public.

Elles tournent le visage vers le Ciel, ten-
dent les mains.

CHŒUR DES MUSES

De l'intelligence divine,
Chères filles toutes fidèles,
Ce beau sommeil apaisé par nos mains
Livre cet homme au Dieu !

UNE MUSE

Oh ! quelle sainte paix sur ce visage pur !

UNE MUSE

Il s'y forme un sourire abandonné aux astres...

UNE MUSE

Ce corps si clair, si calme, est pareil à l'autel,
    À la pierre sacrée...

UNE MUSE

Et son âme a perdu les chemins de la vie.

UNE MUSE

Il est comme éternel, ignoré de soi-même !

UNE MUSE

Il n'est plus à présent que celui qu'il sera !
    Qu'il écoute l'abîme !

Tonnerre lointain.
Les Muses se prosternent.

VOIX D'APOLLON. *(La Voix doit paraître*
se produire au milieu de la scène.)

Amphion !

LES MUSES

Apollon !

LES ÉCHOS. *(Basses profondes.)*

Apollon !

CHŒUR DES MUSES

Je te salue au sein de la parfaite nuit,
Maître de la lumière !
Qu'il est doux au milieu des ombres
D'ouïr la parole puissante !

UNE MUSE

Ô Cause du Soleil, les ténèbres t'adorent,
Et les faibles humains
Songent dans leur sommeil d'une splendide aurore
Qui tombe de tes mains !

UNE MUSE

Visite ce mortel ! Émerveille son cœur !
Que son démon docile obéisse à la voix
De la Sainte Sagesse,
Apollon !

LES ÉCHOS

A-pol-lon !

CHŒUR DES MUSES

Frappe, ô Dieu, frappe, éclaire, illumine,
De ta voix éternelle,
Frappe celui-ci, Amphion !

Comme le pur soleil frappe au sommet du mont
Et fait étinceler la cime la plus haute !
     Frappe, ô Dieu ! Viens, ô Dieu !

LES ÉCHOS

Ô Dieu !

> *Tonnerre lointain.*
> *Les Muses prosternées. Offrande.*
> *La clarté qui est sur Amphion se dore.*

VOIX D'APOLLON

Amphion !... Je t'ai choisi !
Entre mille, entre tous,
Comme choisit l'amour,
Comme une cime est choisie de la foudre,
Je t'ai choisi !
Écoute !
Âme toute profonde, écoute et reçois Apollon !

> *Frémissement d'Amphion.*

LES MUSES

Apollon !

LES ÉCHOS

Apollon !

VOIX D'APOLLON

Écoute !
Je veux être par toi présent et favorable
À la race mortelle.
Je place en toi l'origine de l'ordre,
J'habiterai ton moment le plus pur,
Et désormais s'accompliront
Sur la face de la terre
Des actes vénérables

Où paraîtra la céleste sagesse!
Je te confie l'invention d'Hermès!
Je te remets l'arme prodigieuse,
            La Lyre!

Frémissement.

Amphion, Amphion,
Éveille le son vierge et triomphe par lui!
Tu chercheras, tu trouveras sur les cordes bien
                                          [tendues
Les chemins que suivent les Dieux!
Sur ces chemins sacrés les âmes te suivront
Et l'inerte matière et les brutes charmées
Seront captives de la Lyre!
Arme-toi de la Lyre! Excite la nature!
Que ma Lyre enfante mon Temple,
Et que le roc s'ébranle au nom du Nom Divin!
Tire-moi du chaos ces ruines des monts,
Offre-moi dès l'aurore un sanctuaire clair,
Qu'une immense cité l'entoure de prières,
Et que tes mains vers moi s'élèvent
Pour m'offrir ce que j'ai créé!
Amphion!

LES MUSES

Apollon!

LES ÉCHOS

A-pollon!

> *Les Échos dispersent et diversifient le nom du Dieu.*

VOIX D'APOLLON. *(Dolce.)*

Et vous, délicieuses,
Muses toutes fidèles,

Ô chères, ô pieuses,
Ô sages, ô diverses !
Aimez-le, gardez-le !… Mais sachez que pour lui
Il n'est plus de bonheur… Il ne vit que pour moi !
Je l'ai choisi,
Comme une cime est choisie de la foudre !

> *Tonnerre sourd.*
> *Les Muses se relèvent. Elles baisent les pieds, les mains, le front d'Amphion.*

CHŒUR LOINTAIN

Amphion, sois miracle
Et du miracle admirable victime !

> *Nuit presque totale. On entend les Muses qui appellent dans l'ombre :*

LES MUSES

Muse ! Muse ! Muse !

> *La lumière revient peu à peu et se teinte progressivement des couleurs de l'aurore. Les Muses ont disparu. On aperçoit la Lyre et le Plectre aux pieds d'Amphion. Rumeur vague de la nature vivante qui se réveille.*
> *Cris d'oiseaux. Murmure des eaux.*
> *Reprise du* Chant des Sources.
> *Un être semi-animal bondit poursuivi par un autre. À peine enfuis, on voit des hommes et des femmes sortir des bois. Les uns courent en chasse, les autres se hâtent vers divers travaux. Une femme vient puiser à la fontaine. Une autre s'y mirer, et d'échevelée qu'elle était se fait*

nattée et coiffée. Des enfants jouent et se querellent. Amphion s'agite.

RÉVEIL D'AMPHION

Pendant cette scène, les divers person- nages se retirent peu à peu. L'orchestre rythme les actes successifs d'Amphion.

Il s'accoude, contemple. Stupeur et actes du réveil. Il s'assied brusquement sur sa couche, se dresse, fait quelques pas, aspire l'air du matin. Il descend vers la fontaine et y boit longuement.

Il danse comme pour se délier les mem- bres. Ramené par cette ébauche de danse au lieu de son sommeil, il aperçoit la Lyre. La Lyre doit être conforme à la des- cription de Philostrate et autres anciens.

Amphion la contemple avec étonne- ment. Il la saisit, la manie curieusement; s'avance vers le spectateur, la brandit par l'une des cornes, en détache le Plectre qui y était attaché par une cordelette d'or.

I

Il frappe tout à coup… Une corde vibre. Son rauque et puissant, *auquel répond un violent coup de tonnerre.*

Un bloc se renverse à grand bruit.

Des personnages surgissent épouvan- tés, d'autres entrent, se heurtent, ébau- chent une lutte, et sortent en combattant furieusement. Effet panique. Stupeur et terreur d'Amphion. Il regarde la Lyre avec une crainte sacrée. Il revient à soi. Il tente un nouvel essai.

II

Deuxième son. — Une autre corde tou-
chée rend un son délicieux. Quelques
roches sans bruit se dressent ou roulent
ou glissent vers le héros. Des amants et
des amantes paraissent, se tendent les
bras, se nouent et s'éloignent lentement.

Amphion repose la Lyre, la considère et
se recueille.

Il s'est assis sur une pierre au bord de
l'eau en laquelle paraît son image.

Son rêve peu à peu lui revient à l'esprit.

On entend vaguement la Berceuse des
Muses murmurée à bouche fermée.

Amphion se relève et invoque le Ciel.

SCÈNE

LES MUSES INVISIBLES

Amphion !

AMPHION

Qui m'appelle ?

LES MUSES

Toi-même !
(Psalmodié.) Qu'il te souvienne de toi-même !

AMPHION. *(Parlé.)*

I

Qui parle ?... Il me souvient... Une voix souveraine,
Une voix sans visage a parlé dans la nuit...
N'ai-je pas entendu des paroles fatales ?
— Retrouverai-je les chemins
Des merveilles de l'ombre ?

II

Ô voix toute-puissante !
On a dit... On parlait...
Comme l'abîme étoilé eût parlé,
Lui qui semble toujours,
Par le silence et par les astres,
Interroger la race misérable
Aux âmes éphémères !

III

Il a dit... Le Ciel-qui-parle
A dit :

(Mélodrame.)

« AMPHION !
« Je t'ai choisi !... Comme choisit l'amour !
« Comme une cime est choisie de la foudre !
« Je t'ai choisi !
« Je te remets l'arme prodigieuse,
« La Lyre !...
« Arme-toi de la Lyre ! Éveille le son vierge !
« Que ma Lyre enfante mon Temple !... »

*(Bien scandé.
Presque chanté.
Voix de visionnaire coupée, haletante.)*

IV

Arme mystérieuse, quel pouvoir est le tien !
Ô grande Arme qui donnes la vie et non la mort !
Toi dont les traits divins
Percent l'âme du monde !
À peine j'effleurai tes cordes d'or
Par le Dieu durement tendues,
Ciel et Terre ont frémi !
Et j'ai senti la roche tressaillir

Comme la chair d'une femme surprise!
J'ai vu
La fureur et l'amour naître dans les mortels,
La fureur et l'amour s'épandre de mes mains!...

V

Ai-je blessé, heurté,
Charmé, peut-être,
Le Corps secret du monde?
Ai-je sans le savoir,
Ému la substance des cieux,
Et touché l'Être même que nous cache
La présence de toutes choses?
Me voici donc plus puissant que moi-même,
Voici que je me trouve étrange et vénérable
Pour moi-même,
Égaré dans mon âme, et maître autour de moi!
Et je tremble comme un enfant
Devant ce que je puis!

VI

Apollon, Apollon, je t'obéirai!
Formant tes dessins sur la Lyre
Mes doigts sont dieux,
Mon cœur précède les humains!

VII

J'attaquerai le désordre des roches!
Mes actes purs
Vont asservir à l'œuvre sans exemple
Les ruines des monts, les monstres écroulés
Tombés des flancs sublimes!

VIII

Apollon, mon seigneur, est avec moi!
Je poursuivrai l'ouvrage et la beauté comme une
[proie!

Apollon me possède, il sonne dans ma voix,
Il vient soi-même édifier son Temple,
Et la Cité qui doit paraître aux yeux des hommes
Est déjà toute conçue étincelante
Dans les Hautes Demeures des Immortels !

> *Amphion ressaisit Lyre et Plectre, les
> montre au ciel ; il s'apprête à jouer, plein
> d'assurance et d'enthousiasme.*
>
> *Il frappe les cordes.*
>
> *Son immense et prolongé, accord écla-
> tant, aussi riche que les ressources de
> l'art peuvent le produire.*
>
> *Toute la nature vibre. Les Échos réper-
> cutent multiplement cette attaque.*
>
> *La scène se peuple à divers plans de
> personnages attirés par le son.*
>
> *Amphion prélude. Ici création des
> gammes.*
>
> *Il exécute, lyre en mains, une sorte de
> danse sacrée circulaire. Il se place ensuite
> sur un tertre au bas des roches de droite.
> Il crie :*

PAR APOLLON !

CONSTRUCTION

> *Tout l'acte de la construction exige une
> coordination aussi parfaite que possible
> entre la mimique, la figuration et la mu-
> sique, laquelle est ici souveraine maîtresse
> et doit commander l'action des person-
> nages et des matériaux mouvants.*

A — PREMIÈRE PHASE.

Marche des Pierres.
Des blocs se soulèvent, se déplacent

soit par bonds pesants, soit en roulant sur les pentes ; ils se dirigent de la droite du spectateur vers la gauche. Le Temple devant s'édifier sur le profil de rochers de gauche, un peu au-dessous de la crête, la façade invisible sera supposée tournée vers le fond à droite.

La Marche des Pierres *se dessine sur le fond chantant de l'orchestre par des rythmes très marqués et accidentés qui se classent, s'ordonnent peu à peu.*

CHŒUR INVISIBLE

Ô Miracle ! Ô Merveille !
Le roc marche ! la terre est soumise à ce dieu,
Quelle vie effrayante envahit la nature ?
Tout s'ébranle, tout cherche l'ordre,
Tout se sent un destin !

B — DEUXIÈME PHASE.

La construction s'ébauche. Des parties d'architecture paraissent sur les flancs de la montagne. Murs, entablement, corniches se substituent au rocher dont les profils irréguliers prennent des lignes nettes. La silhouette du temple s'établit. Un petit édifice formé de quelques danseuses vêtues de tuniques s'assemble et se poste sur une saillie.

Alors paraissent les Muses, vêtues d'or et porteuses de chapiteaux d'or en guise de coiffure. Elles vont solennellement se ranger comme colonnes du temple. S'il était possible, elles devraient descendre des hauteurs de gauche.

CHŒUR DES MUSES-COLONNES

Filles des nombres d'or,
Fortes des lois du Ciel,
Sur nous tombe et s'endort
Un Dieu couleur de miel ! etc.

> *Lumière éclatante. Grand développement musical.*

C — TROISIÈME PHASE.

> *L'ensemble du décor est transformé.*
> *La montagne est entièrement cons-truite, revêtue du bas jusqu'aux cimes cristallines, (qui demeurent telles quelles, mais paraissent pénétrées de lumière colorée), de murs, pilastres, terrasses, galeries. Des motifs vivants se sont placés çà et là. Au-delà de la gorge, on voit les toits et les tours de Thèbes briller au soleil ; ils se sont insensiblement élevés.*
> *Le peuple est distribué par groupes sur l'ensemble des praticables. Le centre de la scène doit demeurer libre.*

CHŒUR DU PEUPLE

(Hymne au Soleil.)

Soleil, Sainte présence,
Flamme qui porte dans les cieux
La connaissance avec la vie,
Ô Soleil !
Nul ne peut contempler la source de ta force !
L'insoutenable éclat de la face divine
Nous dérobe le dieu !
Mais Toi, regarde ici les merveilles humaines !
Ici paraît ce qui jamais ne fut
Depuis que ta splendeur a fécondé le monde !

Voici pour accueillir tes rayons les plus purs
Qu'Amphion triomphant t'offre ces pierres fées !
    Il assembla ces demeures dorées,
        Il te fit ces hauts murs,
           Ô Soleil !
Considère ton Temple et repose tes feux
      Sur sa force délicieuse !
Qu'il soit doux aux rayons tombés du front divin !

> *Acclamation.*
> *On appelle Amphion, on lui désigne le
> Temple.*

CHŒUR

Admirable Amphion, accueille nos louanges !
Prodigieux mortel, père de Thèbes, sois
      Notre pontife et notre Roi !
Monte au trône, monte au Temple,
        Amphion !

> *On entoure Amphion, on le revêt d'or-
> nements royaux.*

FINALE

Pendant cette investiture, les Muses :

PREMIÈRE MUSE

L'ouvrage est achevé !

DEUXIÈME MUSE

Je cherche un autre maître !

TROISIÈME MUSE

Qu'importe ce qui est !

QUATRIÈME MUSE

Moi, je n'étais qu'espoir !

Les Muses s'obscurcissent.

Au moment que le Héros va monter au Temple, une forme de femme voilée qui était entrée insensiblement en scène s'approche de lui et lui barre le passage avec ses bras en croix. Le décor se voile progressivement. La lumière s'affaiblit ainsi que la sonorité de la musique.

Amphion recule. La forme voilée le saisit et l'enveloppe avec tendresse, lui prend doucement la Lyre sur laquelle elle fait entendre quelques notes profondes, et qu'elle jette ensuite dans la fontaine.

Amphion cache son visage dans le sein de cette figure qui est l'Amour ou la Mort, et se laisse entraîner par elle, cependant que l'orchestre se réduit à un chant très suave, sombre et comme intime.

RIDEAU.

SÉMIRAMIS

MÉLODRAME
EN TROIS ACTES ET DEUX INTERLUDES
MUSIQUE D'ARTHUR HONEGGER

*Représenté pour la première fois
à l'OPÉRA DE PARIS
le 11 mai 1934*

SÉMIRAMIS

LE CAPTIF

4 ASTROLOGUES

Rois, captifs, prêtres de Dirceto, suivantes et femmes de la Reine, soldats et serviteurs.

Décors, accessoires et costumes ne doivent pas être inspirés par les documents archéologiques, sans auelque mélange et beaucoup de fantaisie.

PREMIER ACTE
LE CHAR

DÉCOR

Une salle immense. Portes massives. À gauche, énorme idole de la Déesse Dirceto, figure du style le plus barbare, visage de femme et corps de poisson. À droite, face à l'Idole, un trône en forme de divan, dont le meuble se compose de groupes de colombes d'or. Lampadaires aux côtés de l'Idole. Des luminaires sont disposés et comme accumulés autour du Trône. Ils s'allumeront en leur temps.

Au lever du rideau, la scène est très sombre. Peu ou point de musique. Quelques personnages, femmes et employés du palais s'affairent. Cette scène peut être dansée ou plutôt rythmée. Elle ne doit durer que quelques secondes.

ENTRÉE DES CAPTIFS

Clameurs au-dehors. Cris de sentinelles. Commandements militaires. Appels de trompes et de cors rauques.

À ces bruits, les personnages en scène s'immobilisent brusquement. Les portes s'ouvrent violemment, (ou la Herse se soulève, selon le décor adopté). Entrée des captifs enchaînés, dans une ruée pressée et bousculée par les soldats, qui les font agenouiller face au spectateur. Rythmes des pas et vacarme de la confusion.

Puis silence et attente générale.

ENTRÉE DE SÉMIRAMIS

La musique doit créer une atmosphère de puissance et d'orgueil souverain. La Reine paraît sur un char léger où dé-pouilles et têtes coupées sont suspendues, et qui est traîné par huit rois captifs en-chaînés d'or.

Elle est en armure noire écaillée. Une sorte d'égide d'or, avec colombes d'or éployées aux épaules. Casque qui masque le bas du visage, surmonté d'une très haute défense d'ivoire. Carquois en forme de poisson. Elle tient le fléau d'une main ; de l'autre, son grand arc.

Tout mouvement s'arrête quand la Reine sur son char est au milieu de la scène. Instant solennel.

CHŒUR DES ROIS VAINCUS :

Malheur, malheur à nous...
Honte à nos faibles Dieux !
Ô présages trompeurs,
Ô vainement victimes immolées...

ÉPISODE I

On dételle les Rois; on les fait brutalement se coucher sur les degrés du
trône. Ensuite, les soldats font s'abattre
les autres captifs tellement que tous ces
corps prostrés face contre terre font un
tapis de la gauche à la droite du spectateur. Les soldats s'agenouillent; les
femmes autour du trône se prosternent.

ÉPISODE II

La Reine descend vivement de son char
et bondit vers son trône, en foulant les
corps des captifs.

ÉPISODE III

TOILETTE DE LA REINE

Ses femmes la dépouillent de son armure
et la revêtent de ses ornements royaux. Le
trône s'illumine d'une chaude lumière.

Les habilleuses, parfumeuses, etc., des-
cendent par un escalier qui joint quelque
étage supérieur au plan du trône, on les
voit formant une file ou frise procession-
nelle.

Mimique cadencée de l'habillage. Présentation du Miroir, du Diadème, etc.
Pendant cet épisode, musique qui rythme
délicatement les mouvements de cette
scène.

CHŒUR DES FEMMES DE LA REINE

La toilette achevée, Sémiramis se couche
et s'accoude. Elle étend le sceptre.

ÉPISODE IV

ENTRÉE DES IDOLES DES VAINCUS

Des prêtres et soldats dansants et des esclaves entrent, porteurs des Idoles des Vaincus: monstres divers à têtes d'animaux ou informes. On les jette en tas devant Dirceto. L'orchestre joue une sorte de marche funèbre, mêlée d'effets grotesques. Sur un signe de la Reine, on fracasse ces simulacres à coups de hache et de masse, en cadence.

Deux chœurs antagonistes se font entendre.

ÉPISODE V

LA REINE ET LE CAPTIF

À ce bruit sinistre, un Captif relève la tête et regarde cette scène avec horreur et fureur. La Reine l'aperçoit et s'élance vers lui, le sceptre haut. Il la regarde fixement au moment d'être frappé et replonge aussitôt sa tête dans ses bras. L'arme demeure suspendue; la Reine, saisie de sa beauté, lui empoigne les cheveux, soulève cette tête et la considère longuement. Ensuite, elle force l'homme à se mettre à genoux, ainsi tiré par la chevelure. Des gardes s'approchant pour le tuer, elle les prosterne d'un regard, leur donne le sceptre à tenir; ils le prennent agenouillés, le baisent; le portent à leurs fronts, etc.

Sémiramis oblige l'Homme à se lever et le tenant toujours par les cheveux, le maintenant ployé, l'emmène jusque sur le

devant de la scène, où il demeure immo-
bile et comme hébété.

Alors elle l'examine avec une grande
attention, comme on fait un cheval au
marché, lui tâte les épaules et les bras ; le
fait tourner, etc. Elle montre un sourire
satisfait et terrible.

Elle détache alors les liens du captif. Il
se frotte les bras et les croise.

Ici les luminaires s'obscurcissent, la
salle royale devient si sombre que l'on
distingue à peine ce qui s'y voyait, cependant que le groupe du premier plan
s'éclaire d'une lumière particulière.

La Reine lentement se laisse couler aux
pieds du captif, embrasse ses genoux en le
regardant amoureusement.

Il s'enhardit, lui caresse doucement
la tête assez longtemps et se met à rire
silencieusement, pendant que le rideau
tombe...

RIDEAU.

PREMIER INTERLUDE

Le rideau qui tombe sur la scène finale
du premier acte est fait d'une étoffe
souple ou fluide comme un voile, et est
teint ou brodé de grands oiseaux. Il est en
deux pièces, étant fendu du haut en bas
au troisième quart de sa largeur, à partir
de la gauche du spectateur.

Par la gauche, on voit entrer sur l'avant-scène la troupe des Gardiennes barbares du Palais, bizarrement harnachées et arnées, qui défilent vivement et sortent par la droite, poussant devant elles les rois captifs.

Ensuite, lent passage processionnel de porteurs de mets, de fruits, et de brûle-parfums fumants.

Enfin entrée de baladins qui viennent comme furtivement, puis dansent. Après quelque divertissement, ils miment leur curiosité à l'égard de ce qui se passe derrière le Rideau, vont l'entr'ouvrir à plusieurs reprises et figurent une danse érotique.

Le Rideau peu à peu commence à frémir. Il ondule, comme sollicité par la brise. Il tend à se replier vers la gauche, tandis que la partie droite doit demeurer immobile et ne se relever qu'à demi au moment où commence l'acte.

Les baladins saisissent la partie gauche du Rideau et, toujours dansants, l'accompagnent dans son mouvement, faisant mine de le tirer. Ils disparaissent ainsi dans la coulisse de gauche.

DEUXIÈME ACTE

LE LIT

DÉCOR

Au fond de la scène et sur les côtés, des voiles brodés comme le rideau, car cet acte se passe dans un pavillon dressé dans les Jardins Suspendus. La scène est entièrement occupée par un immense lit, dont les masses et les coussins forment une pyramide qui s'abaisse de la gauche vers la droite. Il fait nuit au-dehors. Un énorme candélabre brûle-parfums est planté auprès de l'édifice de coussins. Un vaste plateau chargé de mets, de fruits et d'orfèvreries pend à des chaînes massives, à portée des personnages qui sont sur le lit.

Au cœur de la nuit d'amour, les Amants sur le lit allongés se tiennent par les mains. Sémiramis n'est vêtue que de pierreries; le Captif l'est de pourpre. Ils s'étreignent longuement.

CHŒUR

Sémiramis, ô cruelle colombe!
Te voici prise et mourante d'amour!
Ta chair est douce à l'éternel Vautour,
Et ta grande âme aux délices succombe...

SOLO

Au cœur de la Nuit,
Cher Toi qui es Moi

Ni Reine ni Roi
Au cœur de la Nuit!..

Au cœur de la Nuit
Ta bouche est ma bouche,
Nous sommes un seul
Au cœur de la Nuit...

Nous sommes un seul
Ni Reine ni Roi,
Une seule joie
Au cœur de la Nuit!...

ÉPISODE I

L'Homme se lève et fait mine de fuir la Reine. Elle le suit à genoux dans les coussins.

Il retombe et fait montre de dormir. Elle le regarde avec tendresse, lui baise les yeux. Elle lui prodigue les caresses et les agaceries pour l'éveiller.

ÉPISODE II

Elle prend sur le plateau des fioles de parfum dont elle l'arrose et l'oint. Elle l'encense.

Elle prend ensuite des fruits et une coupe, et lui donnera à manger et à boire comme à un enfant.

Elle le sert en esclave, lui baise les mains et les pieds, marque qu'elle s'humilie devant lui, donne par signes l'idée de la soumission la plus servile.

ÉPISODE III

Il la regarde en ricanant, jouit de son empire; montre toute la suffisance d'un

*homme sûr de sa conquête. Il la traite
comme sa chose : inversion de la situation du premier acte. Il lui prend la tête,
la secoue et lui rit au nez d'un rire bestial.
Elle le repousse ; il la force à se remettre à
ses pieds. Elle se débat. Il lève la main sur
elle.*

*Silence brusque. Sémiramis se roidit et
semble se transformer. On la voit changer
de visage. Rêverie formidable. Elle ferme
les yeux, se recueille et se rassemble,
— comme un animal qui bande ses ressorts pour bondir.*

Il sourit avec mépris ; puis rit.

*La lumière dorée des candélabres se
change en lueur sanglante.*

*Il hausse les épaules, la saisit rude-
ment par les mains et veut la renverser.*

*Elle se dérobe, et se dresse comme un
Serpent, paraît d'une taille démesurée.
Sa vigueur de guerrière l'envahit. Elle
repousse l'Homme très violemment, le
jette au bas du lit, où il roule en riant très
fort par saccades, comme à une bonne
plaisanterie.*

*Elle pousse un cri d'appel, frappe un
gong, auquel répondent des abois et rugis-
sements à la cantonade, pendant que la
troupe des Gardiennes barbares et des
Amazones surgit.*

*Les unes apparaissent en rampant vive-
ment, d'entre les entrailles du lit, les autres
sortent des tentures et des voiles.*

*Elles se jettent sur l'Homme, tentent de
le garrotter, de l'envelopper dans un filet,
ou de lui passer au col un lacet.*

> *Le groupe en lutte violente disparaît*
> *dans la coulisse à droite, avec des alterna-*
> *tives d'avance et de recul qui le font ren-*
> *trer en scène et en ressortir, car l'Homme*
> *se débat furieusement.*

ÉPISODE IV

> *Aussitôt disparus, la Reine qui, pendant*
> *la bagarre, s'est vivement enveloppée*
> *d'une souple et très ample mante noire et*
> *a saisi son javelot, vise sa victime entraî-*
> *née hors de vue, lance son arme, et bondit*
> *hors du lit. L'obscurité totale se fait. La*
> *Lumière qui reparaît aussitôt montre le*
> *voile retombé.*

RIDEAU

DEUXIÈME INTERLUDE

> *Le Rideau ou Voile retombé, on voit*
> *entrer (par la droite) un cortège des Gar-*
> *diennes et Amazones portant le corps du*
> *Captif, avec des gesticulations de triomphe*
> *et des airs de férocité assouvie.*
> *Cette bande ayant disparu par la gauche,*
> *on voit, — au bout d'un instant de silence*
> *pendant lequel la lumière a beaucoup*
> *diminué, — Sémiramis paraître par la*
> *fente du voile. Elle tient une lampe allu-*
> *mée, s'avance lentement vers le specta-*
> *teur.*
> *À ce moment, la partie droite du voile*

*s'émeut, se soulève à demi vers la gauche,
découvrant le départ d'un escalier d'or en
spirale.*

*La Reine lentement s'y engage. Le
Rideau se referme.*

TROISIÈME ACTE

LA TOUR

DÉCOR

*Plate-forme au sommet d'une Tour des-
tinée à l'observation et à l'adoration des
Astres. Quatre figures colossales de génies
marquent les points cardinaux : ce sont :*
Sed, *taureau à face humaine ;* Nergal,
lion à face humaine ; Oustour, *l'Homme ;*
Nattig, *à tête d'aigle. Une pierre longue
d'autel est dressée vers le fond. Un peu
avant l'aube. Les Astres brillent encore.
L'Est est supposé dans la direction du
spectateur. Quand la clarté du jour se
fera, on distinguera au fond la perspective
de toute une contrée vue à vol d'oiseau.
Fleuves, forêts, cités, fumées.*

*Quatre Astrologues, diversement costu-
més, composent des figures successives,
comme dans une cérémonie magique.*

*Ils chantent les Noms divins en chœur
ou Canon.*

Adar... Nergal... Belit... Nebo... Mardouk...
Istar...

Ensuite :

(Pendant ces invocations ils changent de position à chaque phrase.)

PREMIER ASTROLOGUE

Esprit de *Bel*, Roi des Contrées…

TOUS

Souviens-toi.

DEUXIÈME ASTROLOGUE

Esprit de *Sin*, Dame des Contrées.

TOUS

Souviens-toi.

TROISIÈME ASTROLOGUE

Esprit d'*Istar*, Dame des Armées.

TOUS

Souviens-toi.

QUATRIÈME ASTROLOGUE

Le Jour naît… L'Aigle vient… La Colombe se hâte
            Couverte du sang de l'amour.
Elle vient d'épuiser les trésors de la vie :
            Aimer, donner la mort.

TOUS

Sémiramis, divinité,
Sémiramis, Toute-Puissance !
Force des dieux,
Rose des cieux,
Épargne-moi…
Sémiramis…
Sémiramis..

Ils se prosternent, marmonnant à mezza
voce.

*D'une ouverture qui est supposée don-
ner dans la profondeur de la Tour, Sémiramis haletante surgit, drapée dans sa
très longue et très souple mante noire,
dont un pan lui couvre la tête.*

*Ayant étroitement resserré l'étoffe autour
de soi, elle s'incline profondément devant
le ciel, salue les Quatre Points Cardinaux; puis tourne très lentement sur elle-
même : sorte de danse astrale.*

Puis elle dit :

SÉMIRAMIS

Altitude, mon Altitude, mon Ciel,
Altitude que j'ai bâtie,
Ô Tour très haute, mon ouvrage !
Ô Fleur de ma Puissance,
Du sang des races arrosée…

Temple du Ciel, je chante tes louanges
La Colombe sur toi s'élève
À la hauteur de l'Aigle.
Sur ta Hauteur, que je m'enivre d'astres !
Que je me baigne en la fraîcheur céleste
Qui se glisse entre nuit et jour…

Le froid divin du ciel trempe l'esprit comme une
                                    [épée,
Glace l'amour dans l'âme et la délivre du Bonheur…
Ici point de langueur !… Plus de tièdes tendresses,
Et la rose n'est plus qu'un fade souvenir !…

Mais ici la seule Puissance.

Je te salue, mon Ciel, Temple du Temps, en quoi je
                                              [viens
Et je reviens
Puiser au sein des dieux la force d'être unique.
Je suis toute à présent la pure et la parfaite,
Et je ne serai plus par l'amour
Pareille à toutes les femmes…
J'ai fait briser, souiller
Les Autels étrangers ;
J'ai fait rompre leurs dieux,
Foulé de mes pieds implacables
La chair palpitante des Rois !…
J'ai marché dans le sang des mâles et des fauves,
Moi !…
Et d'ici, dominant les terres endormies,
Les amas de sommeils, les rumeurs qui s'éveillent,
Les étables d'humains
Où naît l'homme qui naît, où meurt l'homme qui
                                              [meurt,
Je m'interroge et doute
Si je me sens plus d'horreur pour la vie
Ou bien pour la mort ? —
Qui ne sont qu'une même chose
Au regard des Astres…

            TOUS, *psalmodié.*
Au regard des Astres…

            SÉMIRAMIS
Par ma sagesse et par la force de mon bras,
Par mes ruses, — par mon courage, —
Par les rigueurs de mes desseins :
Et par les grâces de mon corps,
Et par les ombres de mes yeux,
J'ai conquis du pouvoir l'épouvantable cime,
J'ai tiré des mortels tout le peu qu'ils ont de divin

Et je l'ai assemblé dans ce cœur au-dessus du monde
Rendant leurs natures plus viles! —
Oh! que la haine est douce à respirer de si haut!.

TOUS

Istar est avec toi, Dame des Armées!

SÉMIRAMIS

Amour lui-même cède à ma main souveraine:
J'en ai fait un esclave...

UN ASTROLOGUE

La beauté contre lui donne-t-elle des armes?

SÉMIRAMIS

Je trouble qui je veux. Mon cœur change et sur-
                                            [prend,
Et mon corps est un piège, et les délices qu'il dis-
                                            [pense
Sont fatales...
Mon plaisir est un lion dévorant:
Je porte en mon lit parfumé
L'ardeur de la chasse royale...

UN ASTROLOGUE

Sémiramis est belle...

SÉMIRAMIS

Ivre de volupté, aussitôt l'Amant se crut maître.
Mais plus mâle est Sémiramis!
La Colombe l'offre aux vautours..

L'ASTROLOGUE

Sémiramis est pure!...

TOUS

Elle a tué !.

L'ASTROLOGUE

Sémiramis est grande !

.OUS

Elle a tué !

SÉMIRAMIS

J'ai donné à chacun sa pâture : ma nuit à la chair,
Ma chair à l'Amour ; l'Amour à la Mort...

TOUS

Sémiramis est juste... Sémira...

SÉMIRAMIS, *violemment.*

Silence !...
Allez, menteurs !... Fuyez !... Craignez mes yeux..
Croyez-vous donc que tout autre que moi
Me puisse donner des louanges ?

> *Les Astrologues se groupent et reculent.*

Menteurs, flatteurs !... Ma gloire est de moi seule,
Et vous n'en pouvez rien concevoir...
Allez... Fuyez...
Vous ne fûtes jamais si près d'être crucifiés !
Fuyez Sémiramis, qui dans vos cœurs sait lire...
Un peu plus clairement que vous ne faites dans les
                                                [Astres
Et dans Sémiramis !...

> *Les Astrologues se dérobent vivement et
> peureusement à reculons.*
> *L'aurore commence de dorer et de rou-*

SÉMIRAMIS

> gir toutes choses. *On distingue de mieux
> en mieux l'étendue perspective de la
> contrée.*

SÉMIRAMIS, *lentement et dédaigneusement.*

Ces philosophes sans esprit
Me font trop sottement sentir que je les paye..
Mon beau captif, du moins,
Était d'une entière sincérité

Quoi de plus naturel que d'espérer séduire quand
on est si sûr d'être beau, — et que de se flatter
qu'une reine qui s'est offerte n'est plus qu'une
femme asservie !...
— Il était véritablement beau.
— J'ai dansé pour lui... Avec délices... Comme
[ceci :

> *Elle fait quelques pas de danse volup-
> tueuse.*

— Comme j'ai bien dansé pour lui... Pour lui ?
— Pour Moi, d'abord...

> *Elle s'assied sur le parapet. Une voix
> lointaine fait entendre une mélodie simple.
> On ne distingue pas les paroles. La Reine
> mime une rêverie mélancolique, — puis
> se dresse vivement et reprend la danse
> avec quelque passion. Puis s'interrom-
> pant brusquement :*

«Sémiramis est pure... Elle a tué...»
Ô véritable Moi... Seule Sémiramis !...
— Quoi ! ce pâtre là-bas dont la chanson exhale
Je ne sais quelle âme d'amour.
Aurait-il prise sur la Reine ?
Et le subtil poison de la mélancolie

Versé dans l'air de l'aube
Me pourrait-il réduire à la faiblesse universelle ?

— Non, ma Sémiramis, ô force d'être unique !...
Je n'ai point de semblable et je ne veux ni de la vie
ni de la mort !...

> *Trompettes vagues du réveil. Le soleil*
> *commence à briller. Il illumine la pers-*
> *pective du Royaume. Les toits, les cours*
> *d'eau étincellent. Sémiramis en est tout*
> *éclairée. Attitude solennelle.*

Ah !... Te voici !... Voici paraître enfin le Maître
                                    [dans sa gloire :
Celui qui donne et qui retire, qui engendre et qui
                                    [consume.

   Il paraît, et Il frappe... Et Il met aussitôt toutes
choses dans leur ordre. Il ensemence l'étendue, et
la terre, et les regards et les pensées.
   Salut, Seigneur du Temps... Je ne veux que Toi
pour miroir... Je m'offrirai tout entière à Ton
ardente connaissance ; et dans toute Sémiramis, il
n'y aura de secrets ni d'ombres pour Toi !...

> *Elle dépouille sa mante et paraît quasi*
> *nue, comme au deuxième acte.*
> *En prière.*

Ô Dieu, je ne connais que Vous...
Ô Dieu des Dieux, il n'y a que Vous et que Moi...
Je le veux de toutes mes forces.

> *Montant sur le parapet.*

Que je respire...
Que je respire ici la domination toute pure !...
Je vois et je respire au plus haut de ce que j'ai fait.
Le désir m'abandonne, et le dédain me soulève !

Mon cœur est bien plus vaste que tout Royaume,
— et il n'y a point de Tour si haute que je puisse de
sa hauteur découvrir les bornes de mon âme.

J'ai voulu être si grande que les hommes plus
tard ne pussent croire que j'aie véritablement
existé… Être si puissante et si belle qu'ils me dussent tenir pour une créature de l'esprit. La plus
grande gloire n'est-elle point celle des Dieux qui se
sont faits inconcevables ?

« Impossible, incroyable, dira-t-on de Sémiramis… *Incroyable,* — et par là, *divine…* »

> *Elle descend du parapet et passe auprès
> de l'Autel ; avec mouvement de marche
> solennel. Elle demeure un instant comme
> en oraison, puis monte sur le degré de
> l'Autel.*

— À présent, — je me coucherai sur la pierre de
cet Autel, et je prierai le Soleil, bientôt dans toute
sa force, qu'il me réduise en vapeur et en cendres,
afin que de moi-même et de l'instant, — se dégage
cette Colombe que j'ai nourrie de tant de gloire et
de tant d'orgueil.

> *Elle s'allonge sur la pierre d'Autel ; elle
> étincelle par ses joyaux et devient un
> foyer de lumière intense, pendant un ins-
> tant. — Une vapeur légère la dérobe,
> s'élève comme d'un bond et se dissipe.
> Une colombe s'envole. L'Autel vide brille
> au soleil.*

RIDEAU.

Léonard et les philosophes

LETTRE À LÉO FERRERO

Je ne puis reproduire ici cet essai, écrit pour servir de préface au premier livre de Léo Ferrero, sans dire, en quelques mots, à ceux qui n'ont pas connu ce jeune écrivain, quelle perte les Lettres ont faite en sa personne. Un accident de voiture, survenu au cours d'un voyage lointain, a détruit cette vie précieuse. J'ai vu peu d'intelligences aussi précoces, plus déliées, plus promptes, plus sensibles que la sienne. La profondeur, chez les Italiens, n'est pas du tout ennemie de la vivacité ni de la verve. Cette alliance de vertus de l'esprit, qui sont moins opposées que rarement réunies chez certains peuples, paraissait fort accomplie en Léo. Il possédait à fond notre langue et pénétrait à merveille nos auteurs et nos manières de sentir. Paris le prenait pour sien, quand le malheur voulut qu'il fût tenté de visiter l'Amérique, où il trouva cette mort dont il venait d'écrire qu'«elle est cette chose qui n'arrive qu'aux autres…».

Sous le nom et l'invocation de Léonard de Vinci, vous placez vers le commencement de votre carrière un souci et une méditation d'esthétique pure. C'est par quoi finissent (et même périssent) bien des philosophes. Rien de plus noble et de plus hardi.

Vous avez examiné avec une précision et une subtilité remarquables quelques points des plus délicats de ces éternelles recherches qui ont pour objet de rendre le Beau presque intelligible et de nous donner des raisons d'en être supérieurement émus.

Mais c'est aller un peu plus avant dans l'imprudence que de me demander d'introduire votre ouvrage auprès du public.

Ce n'est pas que je n'aie par occasion rencontré sur les chemins les plus divers des problèmes de cette espèce, et ne les aie réfléchis assez longuement dans mon esprit; c'est que mes réflexions s'y sont renvoyées l'une à l'autre, et mes lumières égarées entre des miroirs parallèles. Entre la nature et les œuvres, entre la volupté de voir et la volupté de pouvoir, les échanges sont infinis. L'analyse s'y perd assez vite. L'intelligence, qui s'applique et se reprend sans cesse à réorganiser ce qui existe, et à ordonner les symboles de toutes choses autour de son foyer inconnu, s'y épuise, et se désespère dans ce domaine où les réponses précèdent les questions, où le caprice engendre des lois, où il arrive que l'on peut prendre le symbole pour la chose et la chose pour le symbole, et jouer de cette liberté pour atteindre une sorte inexplicable de rigueur.

Vous souhaitez cependant que, tout incertain, je prépare les esprits à votre dialectique. Je ne puis leur offrir qu'une idée que je me fais confusément des spéculations sur le Beau.

Il faut avouer que l'Esthétique est une grande et même une irrésistible tentation. Presque tous les êtres qui sentent vivement les arts font un peu plus que de les sentir; ils ne peuvent échapper au besoin d'approfondir leur jouissance.

Comment souffrir d'être séduits mystérieusement par certains aspects du monde ou par telles œuvres de l'homme, et de ne point nous expliquer ce délice ou fortuit ou élaboré, et qui semble, d'une part, indépendant de l'intelligence, — *dont toutefois il est peut-être le principe et le guide caché,* — comme il paraît d'autre part bien distinct de nos affections ordinaires, — *dont il résume et divinise pourtant la variété et la profondeur* ?

Les philosophes ne pouvaient manquer de s'inquiéter de cette espèce singulière d'émotions. Ils avaient d'ailleurs une raison moins naïve et plus méthodique d'y appliquer leurs attentions, d'en rechercher les causes, le mécanisme, la signification et l'essence.

La vaste entreprise de la philosophie, considérée au cœur même du philosophe, consiste après tout dans un *essai de transmutation de tout ce que nous savons en ce que nous voudrions savoir,* et cette opération exige d'être effectuée, ou du moins présentée, ou du moins présentable, dans un certain *ordre*.

L'ordre de leurs questions

Le philosophe est, en somme, une sorte de spécialiste *de l'*universel*; caractère qui s'exprime par une sorte de contradiction.*

De plus, cet «universel» n'apparaît que sous forme verbale.

Ces deux considérations conduisent facilement à ranger le philosophe dans les «artistes»; mais cet artiste ne veut pas convenir de l'être, — et là commence le drame, ou la comédie de la Philosophie.

caractérise les philosophies, car dans une tête philosophique, il n'y a point, et il ne peut y avoir, de questions entièrement indépendantes et substantiellement isolées. On y trouve, au contraire, comme une basse continue, le sentiment, le son fondamental d'une dépendance latente, quoique plus ou moins prochaine, entre toutes les pensées qu'elle contient ou pourrait jamais contenir. La conscience de cette liaison profonde suggère et impose l'ordre; et l'ordre des questions conduit nécessairement à une question mère, qui est celle de la connaissance.

Or, une fois que le philosophe a posé ou fondé, justifié ou déprécié la connaissance, — soit qu'il l'ait exaltée et développée *ultra vires* par de puissantes combinaisons logiques ou intuitives, soit qu'il l'ait mesurée, et comme réduite à elle-même, par la critique, — il se voit invariablement entraîné à *expliquer*, — c'est-à-dire à exprimer dans son système, qui est son *ordre* personnel de compréhension, — l'activité humaine en général, dont la connaissance intellectuelle n'est en somme qu'une des modalités, quoiqu'elle en représente l'ensemble.

Tandis que les peintres ou les poètes ne se disputent que le rang; *les philosophes se disputent l'existence.*

Peut-être le philosophe pense-t-il qu'une éthique ou une monadologie sont choses plus sérieuses qu'une suite en ré mineur?

Il est vrai que certaines questions que se pose l'esprit sont plus générales et plus naturelles que telles productions de l'art, mais rien ne prouve que ces questions ne soient pas naïves...

C'est ici un point critique de toute philosophie.

Une pensée qui vient d'être si pure et si centrale, qui poursuit en réalité, (quels qu'en soient le contenu et les conclusions), l'idéal d'une distribution *uniforme* des concepts autour d'une certaine attitude ou attention caractéristique et singulière du pensant, doit à présent s'essayer à retrouver la diversité, l'irrégularité, l'imprévu des autres pensées; et son ordre ordonner leur désordre apparent.

Il lui faut reconstituer la pluralité et l'autonomie des esprits comme conséquence de son unité et de sa souveraineté propres. Elle doit légitimer l'existence de ce qu'elle a convaincu d'erreur et ruiné comme tel, reconnaître la vitalité de l'absurde, la fécondité du contradictoire; et parfois même se sentir elle-même, tout animée qu'elle était de l'universalité dont elle croyait procéder, restreindre à l'état de production particulière ou de tendance individuelle d'une certaine personne. Et c'est le commencement d'une sagesse en même temps que le crépuscule d'une philosophie.

En vérité, l'existence des *autres*
est toujours inquiétante pour le
splendide égotisme d'un penseur.
Il ne peut cependant qu'il ne se
heurte à la grande énigme que
lui propose l'arbitraire d'autrui.
Le sentiment, la pensée, l'acte
d'autrui presque toujours nous
apparaissent arbitraires. Toute la
préférence que nous donnons
aux nôtres, nous la fortifions par
une nécessité dont nous croyons
d'être l'agent. Mais enfin l'*autre*
existe, et l'énigme nous presse.
Elle nous exerce sous deux
formes : l'une qui consiste dans
la différence des conduites et des
caractères, dans la diversité des
décisions et des attitudes en tout
ce qui touche la conservation du
corps et de ses biens ; l'autre, qui
se manifeste par la variété des
goûts, des expressions et des créations de la sensibilité.

Notre Philosophe ne peut se
résoudre à ne pas absorber dans
sa lumière propre toutes ces réalités qu'il voudrait bien assimiler
à la sienne ou réduire en possibilités qui lui appartinssent. Il veut
comprendre ; il veut les comprendre dans toute la force du mot. Il
va donc méditer de se construire
une science des valeurs de l'expression ou de la création des

qui sont invaria-
blement les points
faibles d'une Phi-
losophie...

À mon avis, toute
Philosophie est une
affaire de forme.
*Elle est la forme la
plus compréhensive
qu'un certain indi-
vidu puisse don-
ner à l'ensemble
de ses expériences
internes ou autres,
— et ceci,* indé-
pendamment des
connaissances que
peut posséder cet
homme.

*Plus il appro-
chera dans la re-
cherche de cette
forme d'une ex-
pression plus indi-
viduelle et plus
convenable pour lui,
plus l'*acte et plus
l'ouvrage *d'autrui
lui seront-ils étran-
ges.*

émotions, — une ÉTHIQUE et
une ESTHÉTIQUE, — comme
si le Palais de sa Pensée lui dût
paraître imparfait sans ces deux
ailes symétriques dans lesquelles
son Moi tout-puissant et abstrait
pût tenir la passion, l'action,
l'émotion et l'invention captives.

Tout philosophe, quand il en a
fini avec Dieu, avec Soi, avec le
Temps, l'Espace, la Matière, les
Catégories et les Essences, se retourne vers les hommes et leurs
œuvres.

Comme donc il avait inventé le
Vrai, le Philosophe inventa le *Bien*
et le *Beau* ; et comme il avait
inventé les règles d'accord de la
pensée isolée avec elle-même,
pareillement il s'occupa de prescrire des règles de conformité de
l'action et de l'expression à des
préceptes et à des modèles sous-
traits aux caprices et aux doutes
de chacun par la considération
d'un Principe unique et universel, qu'il faut donc, avant toute
chose, et *indépendamment de toute
expérience particulière*, définir ou
désigner.

Il y a peu d'événements plus
remarquables dans l'histoire de
l'esprit que cette introduction des
Idéaux, où l'on peut voir un fait
européen par excellence. Leur

affaiblissement dans les esprits coïncide avec celui des vertus typiques de l'Europe.

Cependant, de même que nous sommes encore assez attachés à l'idée d'une science pure, développée en toute rigueur à partir d'évidences *locales* dont les propriétés pourraient s'étendre indéfiniment d'identité en identité, — ainsi sommes-nous encore à demi convaincus de l'existence d'une *Morale* et de celle d'une *Beauté* indépendantes des temps, des lieux, des races et des personnes.

Chaque jour toutefois accuse un peu plus la ruine de cette noble architecture. On assiste à ce phénomène extraordinaire : le développement même des sciences tend à diminuer la notion du Savoir. Je veux dire que cette partie de la science qui paraissait inébranlable et qui lui était commune avec la philosophie, (c'est-à-dire avec la foi dans l'intelligible et la croyance à la valeur propre des acquisitions de l'esprit), le cède peu à peu à un mode nouveau de concevoir ou d'évaluer le rôle de la connaissance. L'effort de l'intellect ne peut plus être regardé comme convergeant vers une limite spi-

Léonard est un des fondateurs de l'Europe distincte. Il ne ressemble ni aux anciens ni aux modernes.

Il est clair que le « Bien » et le « Beau » sont passés de mode.

Quant au « Vrai » la photographie en a montré la nature et les limites ; l'enregistrement des phénomènes par un pur effet d'eux-mêmes, exigeant le moins d'Homme possible, tel est « notre Vrai ».

Voilà ce que je constate.

rituelle, vers un *Vrai*. Il suffit de
s'interroger pour sentir en soi-
même cette conviction moderne :
que tout *savoir* auquel ne correspond aucun *pouvoir* effectif n'a
qu'une importance conventionnelle ou arbitraire. Tout savoir
ne vaut que pour être la description ou la recette d'un pouvoir
vérifiable. Dès lors toute métaphysique et même une théorie de
la connaissance, quelles qu'elles
soient, se trouvent brutalement
séparées et éloignées de ce qui est
tenu, plus ou moins consciemment, *par tous*, pour seul savoir
réel, — *exigible en or*.

Du même coup, éthique et
esthétique se décomposent d'elles-
mêmes en problèmes de législation, de statistique, d'histoire ou
de physiologie... et en illusions
perdues.

*Si l'Esthétique
pouvait être, les arts
s'évanouiraient
nécessairement de-
vant elle, — c'est-
à-dire — devant
leur essence.*

À quelle occasion, d'ailleurs,
former, préciser le dessein de
« faire une Esthétique » ? — Une
science du Beau ?... Mais les
modernes usent-ils encore de ce
nom ? Il me semble qu'ils ne le
prononcent plus *qu'à la légère* !
Ou bien... c'est qu'ils songent au
passé. La Beauté est une sorte de
morte. La nouveauté, l'intensité,
l'étrangeté, en un mot, toutes les
valeurs de choc l'ont supplantée.

L'excitation toute brute est la maîtresse souveraine des âmes récentes ; et les œuvres ont pour fonction actuelle de nous arracher à l'état contemplatif, au *bonheur stationnaire* dont l'image était jadis intimement unie à l'idée générale du Beau. Elles sont de plus en plus pénétrées par les modes les plus instables et les plus immédiats de la vie psychique et sensitive. L'*inconscient*, l'*irrationnel*, l'*instantané*, qui sont, — et leurs noms le proclament, — des privations ou des négations des formes volontaires et soutenues de l'action mentale, se sont substitués aux modèles *attendus par l'esprit*. On ne voit guère plus de produits du désir de « perfection ». — Observons au passage que ce désir suranné devait s'évanouir devant l'idée fixe et la soif insatiable de l'*originalité*. L'ambition de parfaire se confond avec le projet de rendre un ouvrage indépendant de toute époque ; mais le souci d'être neuf veut en faire un événement remarquable par son contraste avec l'instant même. La première admet, et même exige l'*hérédité*, l'imitation ou la tradition, qui lui sont des degrés dans son ascension vers l'objet absolu qu'elle songe d'atteindre. Le second les

Il faut avouer qu'une conception « positive » de la vie doit conduire fatalement à la recherche des effets immédiats et à l'abandon du beau travail. Nous assistons au Crépuscule de la Postérité.

repousse et les implique plus rigoureusement encore, — car son essence est de *différer*.

De notre temps, une «définition du Beau» ne peut donc être considérée que comme un document historique ou philologique. Pris dans l'antique plénitude de son sens, ce mot illustre va joindre dans les tiroirs des numismates du langage bien d'autres monnaies verbales qui n'ont plus cours.

Rien de plus étonnant pour l'œil ingénu que certains problèmes mis par les philosophes au premier rang, — si ce n'est l'absence d'autres problèmes que le même esprit naïf eût pensés d'importance fondamentale.

Cependant certains problèmes subsistent, et certains peuvent se proposer, qui ne se laissent ranger sous aucune des disciplines scientifiques bien définies, qui ne relèvent d'aucune technique particulière, et qui semblent d'autre part avoir été ignorés ou négligés par les philosophes, tandis qu'ils reviennent ou redeviennent toujours, quoique vaguement ou bizarrement énoncés, dans les incertitudes des artistes.

Songez, par exemple, aux problèmes généraux de la composition, (c'est-à-dire des relations de *divers ordres* entre le tout et les parties); à ceux qui résultent de la pluralité des fonctions de chaque élément d'une œuvre; à ceux de l'*ornement* qui touchent à la fois à la géométrie, à la physique, à la morphologie et ne se

fixent nulle part; mais qui laissent entrevoir je ne sais quelle
parenté entre les formes d'équilibre des corps, les figures harmoniques, les décors des êtres
vivants, et les productions à demi
conscientes ou toutes conscientes,
de l'activité humaine quand elle
se dépense à recouvrir systématiquement un espace ou un temps
libre, comme obéissant à une
sorte d'horreur du vide...

Les questions de cet ordre ne
s'imposent pas à la pensée pure.
Elles prennent leur naissance et
leur force d'un instinct de créer,
quand celui-ci, se développant
au-delà de l'exécution instantanée, attend de solutions cherchées
dans une méditation d'apparence
spéculative, et de figure philosophique, — quelque décision par
laquelle seront fixées la forme
et la structure d'une création
concrète. Il arrive à l'artiste de
vouloir remonter, (en suivant
quelque temps le chemin d'un
philosophe), à des principes qui
puissent justifier et édifier ses
intentions, leur communiquer une
autorité plus qu'individuelle; mais
ce n'est là qu'une philosophie intéressée qui vise, au travers de
ses pensées, des conséquences particulières pour une œuvre. Tan-

*Je veux dire:
lorsqu'un artiste se
propose de produire
une œuvre si com-
plexe, ou si vaste,
ou si neuve pour
lui, que ses moyens
et son dessein ne se
déterminent pas im-
médiatement par
leur convenance ré-
ciproque, — il est
conduit à se faire
une «théorie» d'ap-
parence générale, —
à puiser dans le
langage abstrait
une autorité contre
soi-même, que lui
facilite son entre-
prise sous couleur
de lui imposer des
conditions univer-
selles.*

Il suffit d'avoir

quelque peu vécu et causé avec des artistes pour avoir observé ceci et entendu bien des préceptes...

dis que pour le philosophe véritable, *ce qui est* est la limite à rejoindre et l'objet à retrouver à l'extrême des excursions et opérations de son esprit, l'artiste se propage dans le possible et se fait *agent de ce qui sera.*

Ce qui sépare le plus manifestement l'esthétique philosophique de la réflexion de l'artiste, c'est qu'elle procède d'une pensée qui se croit étrangère aux arts et qui se sent d'une autre essence qu'une pensée de poète ou de musicien, — en quoi je dirai tout à l'heure qu'elle se méconnaît. Les œuvres des arts lui sont des accidents, des cas particuliers, des effets d'une sensibilité active et industrieuse qui tend aveuglément vers un principe dont elle, Philosophie, doit posséder la vision ou la notion immédiate et pure. Cette activité ne lui semble pas *nécessaire*, puisque son objet suprême doit appartenir immédiatement à la pensée philosophique, lui être directement accessible par une attention appliquée à la connaissance de la connaissance, ou à un système du monde sensible et du monde intelligible conjugués. Le philosophe n'en ressent pas la nécessité particulière; il se figure mal

l'importance des modes matériels, des moyens et des valeurs
d'exécution, car il tend invinciblement à les distinguer de l'*idée*.
Il lui répugne de penser à un
échange intime, perpétuel, égali-
taire, entre ce qu'on veut et ce
qu'on peut, entre ce qu'il juge
accident et ce qu'il juge substance,
entre la « forme » et le « fond »,
entre la conscience et l'automatisme, entre la circonstance et le
dessein, entre la « matière » et
l'« esprit ». Or c'est précisément
la grande habitude, la liberté
acquise de ces échanges, l'existence dans l'artiste d'une sorte
de commune mesure cachée entre
des éléments d'une extrême différence de nature, c'est la collaboration inévitable et indivisible,
la coordination *à chaque instant*
et dans chacun de ses actes, de
l'arbitraire et du nécessaire,
de l'attendu et de l'inattendu,
de son corps, de ses matériaux,
de ses volontés, de ses absences
même — qui permettent enfin
d'adjoindre à la nature considérée comme source pratiquement
infinie de sujets, de modèles, de
moyens et de prétextes, quelque
objet qui ne peut se simplifier et
se réduire à une pensée simple
et abstraite, car il tient son origine et son effet d'un système

inextricable de conditions indépendantes. *On ne peut pas résumer un poème comme on résume...
un «univers».* Résumer une thèse,
c'est en retenir l'essentiel. Résumer, (ou remplacer par un
schéma), une œuvre d'art, c'est en
perdre l'essentiel. On voit combien cette circonstance, (si on en
comprend la portée), rend illusoire l'analyse de l'esthéticien.

On ne peut en effet extraire
d'un objet ou d'un dispositif naturel ou artificiel certains caractères
esthétiques que l'on retrouverait
ailleurs pour s'élever ensuite à
une formule générale des belles
choses. Ce n'est pas que cette méthode n'ait été souvent employée ;
c'est qu'on ne s'avise pas que la
recherche même ne s'applique
que sur un «déjà trouvé» ; que
d'ailleurs la chose considérée ne
supporte pas d'être réduite à
quelques-uns de ses traits sans
perdre sa vertu émotive intrinsèque.

Le philosophe ne conçoit pas
facilement que l'artiste passe presque indifféremment de la *forme* au
contenu et du *contenu* à la *forme* ;
qu'une *forme* lui vienne *avant* le
sens qu'il lui donnera, ni que *l'idée
d'une forme* soit l'égale pour lui
de *l'idée qui demande une forme.*

En un mot, si l'esthétique pou-

*Un type de phrase
peut précéder quel-
que phrase. Les
masses d'un ta-
bleau être établies
avant le sujet.*

vait être, les arts s'évanouiraient devant elle, — c'est-à-dire — *devant leur essence.*

Ce que je dis ici ne doit pas s'entendre des études techniques lesquelles ne concernent que les moyens, les solutions particulières, ont pour objet plus ou moins direct la production ou la classification des œuvres, mais ne visent point à rejoindre le Beau *par un chemin qui n'est pas situé dans son propre domaine.*

Peut-être que l'on ne conçoit bien que ce que l'on eût inventé. Pascal nous apprend qu'il n'eût pas inventé la peinture. Il ne *voyait* pas la nécessité de doubler les objets les plus insignifiants par leurs images laborieusement obtenues. Que de fois cependant ce grand artiste de la parole s'était-il appliqué à *dessiner*, à faire le portrait parlé de ses pensées... Il est vrai qu'il semble avoir fini par envelopper toutes les volontés *moins une* dans le même rebut, et tout considérer, hors la mort, comme chose peinte.

Qu'a donc fait Emmanuel Kant quand il a fondé son Éthique et son Esthétique sur un mythe d'universalité, sur la présence d'un sentiment d'univers infail-

Il est bien facile, par une certaine méditation, de démontrer la vanité de tout. C'est une banalité de la chaire que Pascal a rhabillée. Elle ne signifie qu'un dégoût d'origine physiologique simple, ou un dessein de faire, à peu de frais, une assez grande impression sur les esprits.

On peut exciter aussi aisément l'horreur de la vie, l'image de sa fragilité, de ses misères, de sa niaiserie — que l'on peut exciter les idées érotiques et les appétits sensuels. Il suffit de changer de mots. (Mais il est bien entendu que le premier genre d'exercice est plus noble.)

J'ajoute, (mais pour certains seulement), que la volonté de ne pas se laisser manœuvrer par des mots, n'est pas sans quelque rapport avec ce que j'ai nommé ou cru nommer : Poésie pure.

lible et unanime, en puissance dans l'âme de tout homme venant en ce monde ? Et qu'ont fait tous les Philosophes du Bien et du Beau ? — Mais ce sont des créateurs qui s'ignorent, et qui croient qu'ils ne font que substituer une idée plus exacte ou plus complète du réel à une idée grossière ou superficielle, *quand, au contraire, ils inventent ;* et l'un par subtile division, l'autre par instinct de symétrie, l'un et l'autre par profond désir d'un certain état, par profond amour de *ce qui peut être,* que font-ils que créer, quand ils ajoutent des problèmes aux problèmes, des entités aux êtres, des symboles nouveaux, des formes et des formules de développement, au trésor des jeux de l'esprit et de ses constructions arbitraires ?

Le Philosophe s'était mis en campagne pour aborder l'artiste, pour « expliquer » ce que sent, ce que fait l'artiste ; mais c'est le contraire qui se produit et qui se découvre. Loin que la philosophie enveloppe et assimile sous l'espèce de la notion du Beau tout le domaine de la sensibilité créatrice et se rende mère et maîtresse de l'esthétique, il arrive qu'elle en procède, qu'elle ne trouve plus sa justification, l'apaisement de sa conscience et sa véritable «profondeur» que dans sa puissance constructive et dans sa liberté de poésie abstraite. Seule, une interprétation esthétique peut soustraire à la ruine de leurs postulats plus ou moins cachés, aux effets destructeurs de l'analyse du langage et de l'esprit, les vénérables monuments de la métaphysique.

Peut-être paraîtra-t-il d'abord bien difficile de penser *en tant qu'artistes*, certains problèmes qu'on avait jusqu'ici pensés *en tant que chercheurs de vérités*, de changer en beaux mensonges, — en fictions-en-soi, ces productions de la sincérité la plus intime?... *Quel état*, dira-t-on, *et quel état!* Il faut se rassurer, philosophes, contre ce changement qui n'est après tout que dans la coutume. Je n'y verrais qu'une réforme exigée par la suite des choses, et dont je trouve une sorte de figure dans l'histoire ancienne des arts plastiques. Il fut un temps que le simulacre d'un homme ou d'un animal, quoiqu'on l'eût vu sortir des mains de l'ouvrier, était considéré non seulement à l'égal des vivants, tout immobile et brut qu'il était, mais comme doué de puissances surnaturelles.

On se faisait des dieux de pierre et de bois qui ne ressemblaient même pas à des hommes ; on nourrissait, on vénérait ces images qui n'étaient images que de fort loin ; et voici le fait remarquable, c'est que, plus informes elles étaient, plus furent-elles adorées, — ce qui s'observe aussi dans le commerce des enfants avec leurs poupées et des amants avec leurs aimées, et qui est un trait profondément significatif. (Peut-être croyons-nous recevoir d'un objet d'autant plus de vie que nous sommes plus obligés de lui en donner.) Mais cette vie communiquée s'affaiblissant peu à peu et peu à peu se refusant à des images si grossières, *l'idole se fit belle*. La critique l'y contraignant, elle perdit ses pouvoirs imaginaires sur les événements et les êtres, pour gagner en pouvoir réel sur les regards. La statuaire devint libre et devint soi.

Pourrais-je sans choquer, sans irriter cruellement le sentiment philosophique, comparer ces vérités tant adorées, ces Principes, ces Idées, cet Être, ces Essences, ces Catégories, ces Noumènes, cet Univers, tout ce peuple de notions qui parurent successivement nécessaires, aux idoles dont je parlais ? — Que l'on se demande à

Oui, toutes ces abstractions de la philosophie traditionnelle me paraissent des œuvres de Primitifs. Il y a, —

présent quelle philosophie serait
à la philosophie traditionnelle ce
qu'est une statue du vᵉ siècle aux
divinités sans visage des siècles
très anciens ?

Je pense quelquefois que des
compositions d'idées et des constructions abstraites sans illusions,
sans recours à la faculté d'hy-
postase, devenant peu à peu possibles et admises, il arrivera peut-
être que ce genre de philosophie
déliée se montre plus fécond et
plus *vrai* que celui qui s'attachait
à la croyance primitive dans les
explications, plus humain et plus
séduisant que celui que commande
une attitude critique rigoureuse.
Peut-être permettra-t-il de reprendre dans un nouvel esprit, avec
des ambitions toutes différentes,
le travail supérieur que la métaphysique avait entrepris en le
dirigeant vers des fins que la critique a fort affaiblies. La mathématique depuis très longtemps
s'est rendue indépendante de
toute fin étrangère au concept
d'elle-même qu'elle s'est trouvé
par le développement pur de sa
technique, et par la conscience
qu'elle a prise de la valeur propre
de ce développement ; et tout le
monde sait combien cette liberté
de son art qui semblait devoir la
conduire fort loin du réel, dans

*si j'ose parler, —
une certaine naï-
veté de ces notions
et des problèmes
qu'elles expriment.
En particulier, les
notions de réalité et
de causalité me pa-
raissent bien gros-
sières.*

*Introduire des
mots abstraits sans
en donner des défi-
nitions nettes, et
nettement conven-
tionnelles, n'est-ce
pas donner à con-
fondre cet acte tout
poétique avec l'ins-
titution d'un lan-
gage technique ?*

*Elle a trouvé
dans l'arbitraire le
plus délié et le plus
conscient, le moyen
de développer le
plus sûrement son
art du nécessaire.*

un monde de jeux, de difficultés, et d'élégances inutiles, l'a merveilleusement assouplie et armée pour seconder le physicien.

Un art des idées, un art de l'ordre des idées, ou de la pluralité des ordres des idées, est-ce là une conception toute vaine? Je trouve permis de penser que toute architecture n'est pas concrète, toute musique n'est pas sonore. Il y a un certain sentiment des *Idées*, de leurs analogies, qui me semble pouvoir agir et se cultiver comme le sentiment du son ou de la couleur; même, j'inclinerais assez, si j'avais à proposer une définition du philosophe, à la fonder sur la prédominance, dans son être, de ce mode de *sensibilité*.

C'est pourquoi l'enseignement de la philosophie, — quand il n'est pas accompagné d'un enseignement de la liberté de chaque esprit non seulement à l'égard des doctrines, mais encore à l'égard des problèmes eux-mêmes, — est à mes yeux anti-philosophique.

Il s'agit de créer

Je crois que l'on naît *philosophe*, comme l'on naît *sculpteur* ou *musicien*; et que ce don de la naissance, s'il prit jusqu'ici pour prétexte et pour thème la poursuite d'une certaine *vérité* ou *réalité*, peut à présent se fier à soi-même et ne plus tant poursuivre que créer. Le philosophe userait avec liberté des forces qu'il a acquises dans la contrainte; et c'est d'une infinité de manières, sous une infinité de formes, qu'il dépenserait la vigueur et la faculté qui lui sont propres — de donner vie et mouvement aux choses abstraites.

Voilà qui permettrait de *sauver les Noumènes* par le seul goût de leurs harmonies intrinsèques.

Je dis enfin qu'il existe une démonstration excellente de ce que je viens de proposer en forme de doute. Ce n'était qu'une possibilité, mais voici qu'il suffit de considérer le sort des grands systèmes pour la trouver déjà réalisée. De quel œil lisons-nous les philosophes, et qui les consulte avec l'espoir véritable d'y trouver autre chose qu'une jouissance ou qu'un exercice de son esprit ? Quand nous nous mettons à les lire, n'est-ce pas avec le sentiment que nous nous soumettons pour quelque durée aux règles d'un beau jeu ? — Qu'en serait-il, de ces chefs-d'œuvre d'une discipline invérifiable, sans cette convention que nous acceptons pour l'amour d'un plaisir sévère ? Si l'on réfute un Platon, un Spinoza, ne restera-t-il donc rien de leurs étonnantes constructions ? Il n'en reste absolument rien, *s'il n'en reste des œuvres d'art.*

Cependant, à l'écart de la philosophie, et sur certains points stratégiques du domaine de la volonté d'intelligence, ont paru

le besoin d'une volupté de philosopher.

Il me semble clair que, dans la vie des esprits, les œuvres de philosophie tiennent le même rôle, chez ceux qui s'y intéressent, que les œuvres d'art, chez ceux qui s'y intéressent. Il y a des amateurs de Spinoza comme il y en a de Bach.

Parfois se produisent des rapprochements assez significatifs entre les espèces. Cf. Wagner et Nietzsche.

Et que peuvent d'ailleurs espérer des penseurs de cette grande espèce ?

quelques existences singulières
dont on sait que leur pensée abstraite, quoique très exercée et
capable de toutes subtilités et
profondeurs, ne perdait jamais le
souci de créations figurées, d'applications et de preuves sensibles
de sa puissance attentive. Ils semblent avoir possédé je ne sais
quelle science intime des échanges continuels entre l'*arbitraire*
et le *nécessaire*.

Léonard de Vinci est le type
suprême de ces individus supé-
rieurs.

Quoi de plus remarquable que
l'absence de son nom sur la table
des philosophes reconnus et
groupés comme tels par la tradition ?

Sans doute, le manque de textes
achevés et formellement philosophiques est-il une sorte de raison
de cette exclusion. Davantage, la
quantité de *notes* laissées par Léonard se présente comme un ensemble simultané devant lequel
nous demeurons dans l'incertitude quant à l'ordre des questions
dans son esprit. On peut hésiter
sur la subordination de ses curiosités et de ses intentions, comme
il semble lui-même avoir dispensé
son ardeur aux sujets les plus
variés, selon l'humeur du jour et

Montaigne n'y figure pas davantage.

Un homme qui répondrait : Je ne sais pas, *à toutes les questions d'un formulaire philosophique, ne serait point dit philosophe.*

Et cependant...

les circonstances ; jusqu'à donner
l'impression, que je ne hais pas,
d'une sorte de condottiere au service de toutes les Muses tour à
tour.

Mais, comme on l'a dit plus
haut, l'existence visible d'un certain ordre des idées est caractéristique du philosophe qualifié,
admis à figurer *ès qualités* dans
l'Histoire de la Philosophie, (histoire qui ne peut être faite que
moyennant quelques conventions,
dont la principale est une définition *nécessairement arbitraire*
du philosophe et de la philosophie).

Léonard serait donc exclu, faute
d'une construction explicite de
ses pensées, et, — ne craignons
pas de le dire, — d'un exposé *facile
à résumer* qui permette de classer
et de comparer à d'autres systèmes l'essentiel de ses conceptions, problème par problème.

Mais encore, j'irai plus loin et
me plairai à le séparer des philosophes par des raisons plus substantielles et des traits plus
sensibles que ces conditions
purement négatives. Voyons, —
ou imaginons, — ce en quoi son
acte intellectuel diffère bien nettement du leur, quoiqu'il y ressemble fort, par instants.

*N'oublions point
que la grande gloire
d'un homme exige
que son mérite
puisse être rappelé
en peu de mots.*

Le philosophe, aux yeux de qui l'observe, a pour fin très simple : *l'expression par le discours des résultats de sa méditation*. Il tâche de constituer un savoir entièrement exprimable et transmissible *par le langage*.

Mais Léonard, le langage ne lui est pas tout. Le savoir n'est pas tout pour lui ; peut-être ne lui est-il qu'un moyen. Léonard dessine, calcule, bâtit, décore, use de tous les modes matériels qui subissent et qui éprouvent les idées, et qui leur offrent des occasions de rebondissements imprévus contre les choses, comme ils leur opposent des résistances étrangères et les conditions d'un autre monde qu'aucune prévision, aucune connaissance préalable ne permettent d'envelopper d'avance dans une élaboration purement mentale. *Savoir* ne suffit point à cette nature nombreuse et volontaire ; c'est le *pouvoir* qui lui importe. Il ne sépare point le comprendre du créer. Il ne distingue pas volontiers la théorie de la pratique ; la spéculation, de l'accroissement de puissance extérieure ; ni le vrai du vérifiable, ni de cette variation du vérifiable que sont les constructions d'ouvrages et de machines.

Par là, cet homme est un an-
cêtre authentique et immédiat de
la science toute moderne. Qui ne
voit que celle-ci tend toujours
plus à se confondre avec l'acquisition et la possession de pouvoirs ? — J'oserai donc la définir
ainsi, — car cette définition *est en
nous*, quoi que nous en ayons. Je
dis : *que la Science est l'ensemble
des recettes et procédés qui réussis-
sent toujours*, et qu'elle va se rap-
prochant progressivement d'une
*table de correspondances entre nos
actes et des phénomènes* ; table,
de plus en plus nette et riche,
de telles correspondances, notées
dans les systèmes de notations les
plus précis et les plus économiques.

L'infaillibilité dans la prévision
est, en effet, le seul caractère
auquel le moderne reconnaisse
une valeur non conventionnelle.
Il est tenté de dire : *tout le reste
est Littérature*, et il place dans ce
reste toutes les explications et
toutes les « théories ». Ce n'est pas
qu'il méconnaisse leur utilité,
leur nécessité même ; c'est qu'il a
appris à les considérer comme
des moyens et des instruments :
manœuvres intermédiaires, formes de tâtonnement, modes provisoires qui préparent par des combinaisons de signes et d'images,

La science, au
sens moderne *du
mot, consiste à
faire dépendre le
savoir du pouvoir.
Et va jusqu'à su-
bordonner l'intelli-
gible au vérifiable.
La confiance repose
entièrement sur la
certitude de repro-
duire ou de revoir
un certain phéno-
mène moyennant
certains* actes *bien
définis. Quant à la
manière de décrire
ce phénomène, —
de « l'expliquer »,
— c'est là la partie
muable, discutable,
perfectible de l'ac-
croissement ou de
l'exposition de la
science.*

par des tentatives logiques, la perception finale décisive.

Il a vu, en quelques dizaines d'années, régner successivement, et même simultanément, des thèses contradictoires également fécondes, des doctrines et des méthodes dont les principes et les exigences théoriques s'opposaient et s'annulaient, tandis que leurs résultats positifs s'ajoutaient en tant que pouvoirs acquis. Il a entendu assimiler les *lois* à des *conventions* plus ou moins *commodes* ; il sait aussi qu'un grand nombre de ces mêmes lois ont perdu leur caractère pur et essentiel pour être ravalées au rang modeste de simples probabilités, — c'est-à-dire pour n'être valables qu'à l'échelle de nos observations. Il connaît enfin les difficultés croissantes, déjà presque insurmontables, de se représenter un « monde » que nous soupçonnons, qui s'impose à nos esprits, mais qui, révélé par le détour d'une série de relais et de conséquences sensibles indirectes, construit par une analyse dont les résultats traduits en langage commun sont déconcertants, excluant toute image, — puisqu'il doit être la substance de leur substance, — fondant en quelque sorte toutes les catégories, *existe et n'existe pas*. Mais tout ce savoir terriblement variable, ces hypothèses inhumaines, cette connaissance incompatible avec le connaissant n'en laissent pas moins après eux un capital toujours accru et incorruptible de faits et de modes de production de faits, c'est-à-dire de *pouvoirs*.

Tout le travail de l'esprit ne peut donc plus avoir pour objet une contemplation finale, dont l'idée même n'a plus de sens, (ou se rapprocherait de plus en plus d'une conception théologique, exigerait un contemplateur incommensurable avec nous); mais au contraire, il apparaît à l'esprit même comme *activité intermédiaire entre deux expériences ou deux états de l'expérience*, dont le premier est *donné*, et le second *prévu*.

Le savoir de cette espèce ne s'écarte jamais des actes et des instruments d'exécution et de contrôle, loin desquels, d'ailleurs, *il n'a point de sens*, — tandis que, fondé sur eux, et s'y référant à chaque instant, il permet au contraire de refuser tout sens à tout autre savoir, à tout savoir qui ne procède que du discours tout seul, et qui ne se meut que vers des idées.

C'est là le fondement du vrai Savoir. Les propositions de ce vrai savoir ne doivent être que des formules d'actes : Faites ceci, faites cela. C'est là : pouvoir, c'est-à-dire : transformation extérieure certaine, suspendue à une modification intérieure consciente.

Notre époque a vu la métaphysique surprise par les variations de la science de la manière la plus brusque, et parfois la plus — comique.

C'est pourquoi il m'est arrivé de penser que si j'étais philosophe, je m'attacherais à rendre ma pensée philosophique indépendante de toutes connaissances qu'une expérience nouvelle peut ruiner.

Que devient donc la philosophie, assiégée, obsédée de découvertes dont l'imprévu fait naître les plus grands doutes sur les vertus et sur la valeur des idées et des déductions de l'esprit réduit à soi seul et s'attaquant au monde ? Que devient-elle, quand pressée, traversée, surprise à chaque instant par la furieuse activité des sciences physiques, elle se trouve, d'autre part, inquiétée et menacée dans ses habitudes les plus anciennes, les plus tenaces, (et peut-être les moins regrettables), par les travaux lents et minutieux des philologues et des linguistes ? — Que devient : *Je pense*, et que devient : *Je suis* ? Que devient, ou que redevient, ce verbe nul et mystérieux, ce verbe ÊTRE, qui a fait une si grande carrière dans le vide ? De très subtils *artistes* ont tiré de ces syllabes humbles, dont l'évanouissement ou l'usure de leurs premiers sens ont permis l'étrange fortune, un infini de questions et de réponses.

Si donc l'on ne tient aucun compte de nos habitudes de pensée pour se réduire à ce que montre un regard actuel sur l'état des choses de l'esprit, on observe facilement que la philosophie, définie par son œuvre qui est *œuvre écrite*, est objectivement un genre littéraire particulier, caractérisé par certains sujets et par la fréquence de certains termes et de certaines formes. Ce genre si particulier de travail mental et de production verbale prétend toutefois à une situation suprême par la généralité de ses visées et de ses formules ; mais comme il est destitué de toute vérification extérieure, qu'il n'aboutit à l'institution d'aucun *pouvoir*, que cette généralité même qu'il invoque ne peut ni ne doit être considérée comme transitoire, comme moyen — *mais se donne pour* fin en soi. ni comme expression de résultats vérifiables, — il faut bien que nous la rangions non trop loin de la poésie...

Mais ces artistes dont je parlais se méconnaissent et ne veulent point l'être. Leur art, sans doute, n'est point comme l'est celui des poètes, l'art d'abuser de la résonance et des sympathies occultes des mots ; il spécule sur une sorte de foi dans l'existence d'une valeur absolue et isolable de leurs sens. *Qu'est-ce que la réalité ?* se demande le philosophe ; et *qu'est-ce que la liberté ?* Il se met dans l'état d'ignorer l'origine à la fois métaphorique, sociale, statistique de ces noms, dont le glissement vers des sens indéfinissables va

lui permettre de faire produire
à son esprit les combinaisons les
plus profondes et les plus délicates. Il ne faut pas pour lui qu'il
en finisse avec sa question par la
simple histoire d'un vocable à
travers les âges, par le détail des
méprises, des emplois figurés,
des locutions singulières, grâce
au nombre et aux incohérences
desquels un pauvre mot devient
aussi complexe et mystérieux
qu'un être, irrite comme un être
une curiosité presque anxieuse ;
se dérobe à toute analyse en
termes finis, et, créature fortuite
de besoins simples, antique expédient de commerces vulgaires et
des échanges immédiats, s'élève
à la très haute destinée d'exciter
toute la puissance interrogeante
et toutes les ressources de réponses d'un esprit merveilleusement attentif. Ce mot, ce rien, ce
moyen de fortune anonymement
créé, altéré par qui que ce soit,
s'est changé par la méditation et
la dialectique de quelques-uns,
dans un instrument extraordinaire
propre à tourmenter tout le
groupe des groupes de la pensée,
sorte de clé qui peut tendre tous
les ressorts d'une tête puissante,
ouvrir des abîmes d'attente au
lésir de tout concevoir.

Or, toute l'opération d'un

*Il faut avouer
que le propre des
plus grands philo-
sophes est d'ajou-
ter des problèmes
d'interprétation
aux problèmes im-
médiats que peut
poser l'observation.
Chacun d'eux im-
porte une termino-
logie, et dans aucun
cas les termes qu'ils
introduisent ne sont
assez définis pour
que le débat sur la
valeur de leurs for-
mules soit dégagé
de tout débat sur
leur significatión.*

artiste, c'est de faire quelque chose de rien. Et qu'y a-t-il, d'ailleurs, de plus véritablement *personnel*, de plus significatif d'une personne et de son écart individuel que ce travail du philosophe quand il insère mille difficultés dans l'expression commune où ceux qui l'ont faite n'en soupçonnaient point, quand il crée des doutes et des troubles, découvre des antinomies, déconcerte les esprits, par tout un jeu de substitutions qui les maîtrisent et qui s'imposent... Quoi de plus personnel sous les apparences de l'universel ?

La parole, moyen et fin du philosophe ; la parole, sa matière vile sur laquelle il souffle, et qu'il tourmente dans sa profondeur, ce n'était pour Léonard que le moindre de ses moyens. On sait que la mathématique elle-même, qui n'est après tout qu'un discours à règles exactes, ne lui était qu'un appareil transitoire. « La mécanique, disait-il, est le paradis des sciences mathématiques. » (Pensée déjà toute cartésienne, comme cartésien était son souci constant de physique physiologique.)

Il procédait par là sur la voie même où nos esprits sont engagés.

L'idée de l'animal-machine exprimée par Descartes et élément remarquable de sa philosophie apparaît bien plus active chez Léonard. On la trouve chez lui

— en quelque sorte en acte. Je ne sais si personne avant lui avait songé à considérer les vivants d'un œil de mécanicien. La sustentation, la propulsion, la respiration, tout lui est occasion mécanique. Il était plus anatomiste et plus ingénieur que Descartes. L'ambition de l'automate, de la connaissance par la construction, était souveraine en lui.

Mais il était d'un temps moins intéressé que le nôtre, ou moins accoutumé, à confondre l'utile, ou le confortable, ou l'excitant, avec *ce qui provoque l'état de résonance et de réciprocité harmonique entre les sensations, les désirs, les mouvements et les pensées.* Ce n'était point ce qui augmente les aises du corps, et lui épargne le temps ou la fatigue, ni ce qui surprend et irrite seulement l'âme des sens, qui paraissait alors le plus désirable ; mais bien ce qui multiplie la jouissance sensuelle par les artifices et les calculs de l'intelligence, et qui achève d'accomplir une si rare volupté par l'introduction d'une certaine « spiritualité » spécieuse et délicieuse. Entre les faunes et les anges, la Renaissance s'entendait fort bien à faire des combinaisons très humaines.

C'est par quoi j'arrive à ce que j'ai de difficile à expliquer et de plus dur à faire entendre.

Voici donc ce qui m'apparaît en Léonard de plus merveilleux, et qui l'oppose et qui le joint aux philosophes bien plus étrangement et plus profondément que tout ce que j'ai allégué de lui et d'eux-mêmes. Léonard est peintre : *je dis qu'il a la peinture pour philo-*

sophie. En vérité, c'est lui-même qui le dit ; et il parle peinture comme on parle philosophie : c'est dire qu'il y rapporte toute chose. Il se fait de cet art, (qui paraît si particulier au regard de la pensée et si éloigné de pouvoir satisfaire toute l'intelligence), une idée excessive : il le regarde comme une fin dernière de l'effort d'un esprit universel. Ainsi Mallarmé de nos jours a pensé singulièrement que le monde était fait pour être exprimé, que toutes choses finiraient par l'être, selon les moyens de la poésie.

Peindre, pour Léonard, est une opération qui requiert toutes les connaissances, et presque toutes les techniques. Géométrie, dynamique, géologie, physiologie. Une bataille à figurer suppose une étude des tourbillons et des poussières soulevées ; or, il ne veut les représenter que les ayant observés avec des yeux dont l'attente soit savante et comme toute pénétrée de la connaissance de leurs lois. Un personnage est une synthèse de recherches qui vont de la dissection à la psychologie. Il note avec une exquise précision les attitudes des corps selon l'âge et le sexe, comme il analyse d'autre part les actes professionnels. Toutes choses pour lui sont

Car sa peinture exige toujours de lui une analyse minutieuse et préalable des objets qu'il veut représenter, analyse qui ne se borne pas du tout à leurs caractères visuels ; mais qui va au plus intime ou organique, — à la physique, à la physiologie, jusqu'à la psychologie — pour qu'enfin son œil s'attende, en quelque sorte, à percevoir les accidents visibles du modèle qui résultent de sa structure cachée.

Benvenuto Cellini nous apprend que Léonard fut le premier à admirer les formes organi-

ques adaptées à des rôles fonctionnels. Il a fait comprendre l'espèce de beauté de certains os (l'omoplate) et articulations (le bras articulé avec la main).

Une esthétique toute moderne n'est fondée que sur ce principe d'adaptation. Les Grecs n'avaient songé qu'aux effets optiques. Le plaisir intellectuel tiré de la fonction virtuelle des formes n'était pas isolé par eux. Cependant on a créé de tout temps, des armes et des ustensiles parfaits.

Quand la circonstance me fit considérer le Vinci, je vis en lui le type de ce travail si conscient que l'art et la science y sont inextricablement mêlés, l'exemplaire d'un système d'art

comme égales devant sa volonté d'atteindre et de saisir les formes par leurs causes. Il se meut, en quelque sorte, à partir des apparences des objets ; il en réduit, ou tente d'en réduire, les caractères morphologiques à des systèmes de forces ; et ces systèmes connus, — ressentis — et raisonnés, — il achève, ou plutôt renouvelle son mouvement par l'exécution du dessin ou du tableau ; en quoi il recueille tout le fruit de sa fatigue. Il a recréé ainsi un aspect, ou une projection des êtres, par voie d'une analyse en profondeur de leurs propriétés de toute espèce.

— Mais que lui sert le langage en tout ceci ? — Il ne lui sert que d'instrument, au même titre que les nombres. Il ne lui est qu'un auxiliaire, un accessoire de travail qui joue dans les entreprises de son désir le rôle même que des croquis en marge jouent quelquefois dans l'élaboration des expressions chez ceux qui écrivent.

Léonard trouve en somme dans l'œuvre peinte tous les problèmes que peut proposer à l'esprit le dessein d'une synthèse de la nature, — et quelques autres.

— Est-il donc, n'est-il pas philosophe ?

S'il n'en était que d'un doute sur le mot!... Mais il s'agit de bien autre chose que du choix d'une appellation assez vague. Ce qui m'arrête sur le point où le bel attribut de philosophe hésite à se poser sur un nom illustré par tant d'ouvrages *non écrits*, c'est que je trouve ici le problème des rapports de l'activité totale d'un esprit avec le mode d'expression qu'il adopte, c'est-à-dire : avec *le genre de travaux qui lui rendra la plus intense sensation de sa force*, et avec *les résistances extérieures qu'il accepte*.

Le cas particulier de Léonard de Vinci nous propose une de ces coïncidences remarquables qui exigent de nous un retour sur nos habitudes d'esprit, et comme un réveil de notre attention au milieu des idées qui nous furent transmises.

Il me semble que l'on peut affirmer de lui, avec une assez grande assurance, que la place que tient la philosophie dans la vie d'un esprit, — l'exigence profonde dont elle témoigne, — la curiosité généralisée qui l'accompagne, — le besoin de la quantité de faits qu'elle retient et assimile — la présence constante de la soif des causes, — *c'est la permanence du souci de l'œuvre fondé sur l'analyse* générale, *et toujours soucieux*, *quand il fait œuvre* particulière, *de ne la composer que d'éléments vérifiables.*

L'analyse de L. le conduit à étendre son désir de peindre à la curiosité de tous les phénomènes — même non visuels — aucun ne lui semblant indifférent à l'art de peindre, comme celui-ci lui semblait précieux pour la connaissance en général.

Cette réciprocité remarquable entre la fabrication et le savoir, — par quoi la première est garantie du second —, est caractéristique de Léonard, s'oppose à la science purement verbale, et a fini par dominer dans l'ère actuelle, au grand détriment de la philosophie, qui apparaît chose incomplète, parole sans action.

peinte qui en tient exactement lieu chez Léonard.

Voilà qui blesse en nous de très anciennes distinctions, et qui tourmente à la fois la philosophie et la peinture telles qu'elles étaient figurées et séparées dans nos idées.

Au regard de nos habitudes, Léonard paraît une sorte de monstre, un centaure ou une chimère, à cause de l'espèce ambiguë qu'il représente à des esprits trop exercés à diviser notre nature et à considérer des philosophes sans mains et sans yeux, des artistes aux têtes si réduites qu'il n'y tient plus que des instincts...

Il faut tenter cependant de rendre concevable cette étrange substitution de la philosophie par le culte d'un art plastique. Observons tout d'abord qu'il ne peut être question de raisonner sur les états ou sur les faits les plus «intérieurs», car, dans l'intime ou dans l'instant de la vie psychique, les différences du philosophe et de l'artiste y sont nécessairement indéterminées, sinon inexistantes. Nous sommes donc obligés d'en venir à ce qui se voit, se distingue et s'oppose «objectivement», et c'est ici que nous retrouvons ce que nous avons observé tout à l'heure : le problème essentiel du rôle du langage. Si la philosophie est inséparable de l'expression par le langage, si cette expression est la fin de tout philosophe, Léonard, dont la fin est peinture, n'est pas philosophe, quoiqu'il en porte la plupart des caractères. Mais nous sommes alors contraints d'accepter toutes les conséquences de ce jugement, dont il en est de rigoureuses. Je vais en donner une idée.

Le philosophe *décrit* ce qu'il a pensé. Un système de philosophie se résume dans une classification de mots, ou une table de définitions. La logique n'est que la permanence des propriétés de cette table et la manière de s'en servir. Voilà à quoi nous sommes accoutumés, et par quoi nous ne pouvons que nous ne fassions au langage articulé une place toute spéciale et toute centrale dans le régime de nos esprits. Il est bien sûr que cette place est due, et que ce langage, quoique fait de conventions innombrables, est presque *nous-mêmes*. Nous ne pouvons presque pas « penser » sans lui, et ne pouvons sans lui diriger, conserver, ressaisir notre pensée, — et surtout… la *prévoir*, en quelque mesure.

La logique n'a que des vertus très modérées quand on emploie le langage ordinaire, — c.-à-d. le langage sans définitions absolues.

Mais regardons d'un peu plus près; considérons en nous. À peine notre pensée tend à s'approfondir, — c'est-à-dire à s'approcher de son objet, essayant d'opérer sur les choses mêmes, (pour autant que son acte se fait choses), et non plus sur les signes *quelconques* qui excitent les idées superficielles des choses, — à peine vivons-nous cette pensée, nous la sentons se séparer de tout langage conventionnel. Si intimement soit-il tramé dans notre présence, et si *dense* soit la distribution de ses «chances»; si sensible soit en nous cette organisation acquise, et si prompte soit-elle à intervenir, — nous pouvons par effort, par une sorte de *grossissement*, ou par une manière de *pression de durée*, le diviser de notre vie mentale instante. Nous sentons que les mots nous manquent, et nous connaissons qu'il n'y a point de raison qu'il s'en trouve qui nous répondent — c'est-à-dire... *qui nous remplacent*, — car la puissance des mots (d'où ils tirent leur utilité) est de nous faire repasser «au voisinage» d'états déjà éprouvés, de régulariser, ou d'instituer, la *répétition*, — et voici que nous épousons maintenant cette vie mentale *qui ne se répète jamais*. C'est peut-

être cela même qui est «penser
profondément», — ce qui ne veut
pas dire : penser plus utilement,
plus exactement, plus complètement que de coutume ; ce n'est
que penser loin, *penser le plus
loin possible de l'automatisme
verbal.* Nous éprouvons alors que
le vocabulaire et la grammaire
sont des dons étrangers : *res inter
alios actas.* Nous percevons directement que le langage, pour organique et indispensable qu'il soit,
ne peut *rien* achever dans le
monde de la pensée, où *rien* ne
fixe sa nature transitive. Notre
attention le distingue de nous.
Notre rigueur comme notre ferveur nous opposent à lui.

Les philosophes, toutefois, se
sont essayés à rapporter leur langage à leur vie profonde, — à le
reclasser, à le compléter quelque
peu selon les besoins de leur
expérience solitaire, pour en faire
un moyen plus subtil, plus certain
de *connaître* et de *reconnaître leur
connaissance.* On pourrait se représenter la philosophie comme
l'attitude, l'attente, la contrainte,
moyennant lesquelles quelqu'un,
parfois, pense sa vie ou vit sa pensée, dans une sorte d'équivalence, ou d'état réversible, entre
l'être et *le connaître,* — essayant

*C'est remettre en
question les va-
leurs premièrement
données de notre
pensées, — en agis-
sant sur les durées
d'existence
consciente de ces
données.*

*Toute pensée exige
que l'on prenne une
chose pour une
autre : une* seconde
pour une année.

de suspendre toute expression conventionnelle pendant qu'il pressent que s'ordonne et va s'éclairer une combinaison, beaucoup plus précieuse que les autres, du réel qu'il se sent offrir et de celui qu'il peut recevoir.

Mais la nature du langage est toute contraire à l'heureux succès de ce grand effort à quoi tous les philosophes se sont essayés. Les plus puissants se sont consumés dans la tentative de *faire parler leur pensée*. C'est en vain qu'ils ont créé ou transfiguré certains mots ; ils ne sont point parvenus à nous transmettre leurs états. Qu'il s'agisse des Idées, de la Dunamis, de l'Être, du Noumène, du Cogito ou du Moi, ce sont des *chiffres*, uniquement déterminés par un contexte, et c'est donc enfin par une sorte de création personnelle que leur lecteur, — comme il arrive du lecteur de poètes, — donne force de vie à des œuvres où le discours ordinaire est ployé à exprimer des choses que les hommes ne peuvent échanger entre eux, et qui n'existent pas dans le milieu où sonne la parole.

Il n'est pas un seul problème en philosophie qu'on ait pu énoncer de manière qu'aucun doute ne subsistât sur son existence.

On voit que de fonder toute philosophie sur l'expression ver-

bale et de lui refuser en même
temps les libertés, et même... les
gênes qui conviennent aux arts,
on risque de la réduire aux
divers modes de *faire oraison* de
quelques solitaires admirables.
D'ailleurs, on n'a jamais constaté,
et on ne peut même imaginer,
deux philosophes compatibles
l'un avec l'autre ; ni une doctrine
dont l'interprétation soit unique
et constante.

Il y a autre chose encore à
observer sur la relation de l'activité philosophique et de la parole :
ce n'est qu'un fait que je relève.

Regardons simplement autour
de nous où nous voyons de jour
en jour l'importance du langage
décroître en tous les domaines
dans lesquels nous voyons aussi
un accroissement de précision se
prononcer. Sans doute, le langage commun servira-t-il toujours
d'instrument initial et général de
la vie de relation extérieure et
intérieure ; il enseignera toujours
les autres langages consciemment créés ; il ajustera aux esprits
non encore spécialisés ces mécanismes puissants et nets. Mais il
prend peu à peu par contraste le
caractère d'un moyen de première et grossière approximation. Son rôle s'amincit devant le

*Encore   faut-il
observer   que   cet
ajustement est sou-
vent fort loin d'être
satisfaisant. Cf. dé-
finitions du* point,
de la *ligne, du* rap-
port, *etc.*

développement de systèmes de notations plus purs et plus adaptés chacun à un seul usage. Mais encore, à chaque degré de ce resserrement correspond une restriction de l'antique horizon de la philosophie... Tout ce qui se précise dans un monde où tout tend à se préciser échappe à ses moyens primitifs d'expression.

Il arrive, aujourd'hui, que dans certains cas très remarquables, toute expression par des signes discrets arbitrairement institués soit remplacée par des traces des choses mêmes, ou par des transpositions ou inscriptions qui dérivent d'elles directement. La grande invention de rendre les lois sensibles à l'œil et comme lisibles à vue s'est incorporée à la connaissance, et *double* en quelque sorte le monde de l'expérience d'un monde visible de courbes, de surfaces, de diagrammes, qui transposent les propriétés en figures dont, en suivant de l'œil les inflexions, nous éprouvons, par la conscience de ce mouvement, le sentiment des vicissitudes d'une grandeur. Le *graphique* est capable du continu dont la parole est incapable; il l'emporte sur elle en évidence et en précision. C'est elle, sans doute, qui lui commande d'exister, qui lui donne un

sens, qui l'interprète; mais ce
n'est plus par elle que l'acte de
possession mentale est consommé.
On voit se constituer peu à peu une
sorte d'idéographie des relations
figurées entre qualités et quantités, langage qui a pour grammaire
un ensemble de conventions préliminaires (échelles, axes, réseaux,
etc.); pour logique, la dépendance
des figures ou des portions de
figures, leurs propriétés de situation, etc.

et de plus, une « analogique ».

Un ordre tout différent de représentation, (quoique lié à celui-ci
par certaines analogies), nous est
offert par l'art musical. On sait
comme les ressources de « l'univers des sons » sont profondes, et
quelle *présence* de toute la vie
affective, quelles intuitions des dé-
dales, des croisements et des
superpositions du souvenir, du
doute, des impulsions; quelles
forces, quelles vies et quelles
morts fictives nous sont communiquées, imposées par les artifices du compositeur. Parfois, le
dessin et la modulation sont si
conformes aux lois intimes de nos
changements d'état qu'ils font
songer d'en être des *formules
auditives* exactes, et qui pourraient servir de modèles pour une
étude objective des phénomènes
subjectifs les plus subtils. Aucune

Il y aurait beaucoup à dire sur l'arbitraire.

Tout ce que nous faisons d'arbitraire (à nos propres yeux) — comme de griffonner au hasard sur un feuillet, résulte de l'activité séparée d'un organe. On ferme les yeux pour extraire au hasard un billet d'un chapeau. À de tels actes (analogues à des détentes) s'opposent nos activités surveillées.

Tout ceci s'exprimerait assez simplement en remarquant que le nombre des conditions indépendantes imposées à un acte mesure le degré de conscience qu'il exige.

description verbale ne peut approcher dans ce genre de recherches des images produites à l'ouïe, — car elles sont des transformations et des restitutions des faits vitaux eux-mêmes qu'elles transmettent, — quoiqu'elles se donnent — *puisqu'il s'agit d'un art* — pour des créations arbitraires de quelqu'un.

On voit par ces exemples comme des figures et des enchaînements de sensations auditives peuvent se raccorder aux modes supposés les plus «profonds» — c'est-à-dire : les plus éloignés du langage — de la pensée philosophique. On voit comment ce qu'elle peut contenir, ou percevoir de plus précieux, et qu'elle ne peut communiquer que si imparfaitement, est sinon transmis, du moins suggéré, par des voies qui ne sont pas du tout ses voies traditionnelles.

Cependant la philosophie a constamment cherché, et cherchera toujours de plus en plus, à s'assurer contre le *danger de paraître poursuivre un but purement verbal*. La «conscience de soi», qui est (sous divers noms) son moyen principal d'existence, (comme elle lui est aussi une occasion toujours prochaine de scepticisme et de perdition), lui remontre, d'une part, sa vigueur et sa nécessité intérieures et, d'autre part, toute la faiblesse que lui inflige sa dépendance du discours. C'est pourquoi presque tous les philosophes se trouvent conduits, chacun selon sa nature, à distinguer leur pensée de toutes conventions ; et les uns, particulièrement sensibles aux productions et aux transformations continuelles de leur monde intérieur, regardent *en deçà du langage,* où ils observent cette forme intime naissante qui peut se qualifier «d'intuition», car notre spontanéité apparente ou réelle comprend, parmi ses apports, des *lumières* immédiates, des solutions instantanées, des impulsions et des décisions inattendues. Les autres, moins enclins à se représenter le changement qu'attentifs, au contraire, *à ce qui se conserve,* entendent raffermir dans le langage même les positions de leur pensée. Ils placent leur confiance dans les lois formelles ; ils y découvrent la structure propre de l'intelligible, auquel ils estiment que tout langage emprunte sa discontinuité et le type de ses propositions.

Les premiers, le développement de leur tendance les conduirait

Toutefois ils ne l'ont jamais fait (à ma connaissance) à partir d'une analyse du langage qui le réduise à sa nature statistique — et permette de ne pas attribuer à « l'essence des choses » des créations verbales, (et par conséquence, — des «problèmes ») qui ont pour origine la naïveté, le sentiment poétique, les expédients et tâtonnements des générations.

L'oubli de ces humbles commencements est sans doute la condition de plus d'un pro-

blème philosophique.

En particulier, l'existence de « notions » non concertées, ou la coexistence accidentelle de termes créés indépendamment les uns des autres, donne lieu à des antinomies ou à des paradoxes, très favorables à un riche développement de malentendus et de subtilités assez « philosophiques »...

aisément, selon quelque pente insensible, vers l'art du temps et de l'ouïe : ce sont des philosophes musiciens. Les seconds, qui posent au langage une armure de raison et une sorte de plan bien défini ; qui en contemplent, dirait-on, toutes les implications comme simultanées, et qui tentent de reconstruire en sous-œuvre, ou de parfaire comme œuvre de quelqu'un cet ouvrage de tout le monde et de personne, — sont assez comparables à des architectes...

Je ne vois pas pourquoi les uns et les autres n'adopteraient pas notre Léonard auquel la peinture tenait lieu de philosophie ?

« *La Peur des Morts* »

Cet essai a été écrit pour servir de préface à la traduction française de l'ouvrage de Sir James Frazer : The Fear of the Dead.

L'animal, sans doute, ne rumine pas l'idée de la mort. Il ne craint que contraint de craindre. Le péril disparu, la puissance du pressentiment funeste s'évanouit : la mort n'a plus d'aiguillon et ne joue plus aucun rôle.

C'est que rien d'inutile, rien de disproportionné n'apparaît dans la conduite de l'Animal. Il n'est à chaque instant que ce qu'il est. Il ne spécule pas sur des valeurs imaginaires, et il ne s'inquiète pas de questions auxquelles ses moyens ne lui permettent de répondre.

Il en résulte que le spectacle de la mort de ses semblables, qui peut, dans le moment même, l'émouvoir ou l'irriter quelquefois, ne lui cause pas de tourments illimités et ne modifie en rien son système tout positif d'existence. Il semble qu'il ne possède pas ce qu'il faut pour conserver, entretenir et approfondir cette impression.

Mais chez l'Homme, qui est doué de plus de mémoire, d'attention et de facultés de combinaison ou d'anticipation qu'il n'est nécessaire, l'idée de la mort, déduite d'une expérience constante et, d'autre part, absolument incompatible avec le sentiment de l'être et l'acte de la conscience, joue un rôle remar-

quable dans la vie. Cette idée excite au plus haut
degré l'imagination qu'elle défie. Si la puissance, la
perpétuelle imminence, et, en somme, la *vitalité de
l'idée de la mort*, s'amoindrissaient, on ne sait ce
qu'il adviendrait de l'humanité. *Notre vie organisée a
besoin des singulières propriétés de l'idée de la mort.*

L'idée de la mort est le ressort des lois, la mère
des religions, l'agent secret ou terriblement manifeste de la politique, l'excitant essentiel de la gloire
et des grandes amours, — l'origine d'une quantité
de recherches et de méditations.

Parmi les produits les plus étranges de l'irritation
de l'esprit humain par cette idée, (ou plutôt par ce
besoin d'idée que nous impose la constatation de la
mort des autres), figure l'antique croyance que les
morts ne sont pas morts, ou ne sont pas tout à fait
morts.

Rechercher les formes primitives de cette conviction, (qui ne peut guère s'exprimer, comme je viens
de le faire, qu'en termes contradictoires), est l'objet
de l'œuvre la plus récente de Sir James Frazer : *La
Peur des Morts.*

*

« Les hommes, pour la plupart, croient que la
mort n'abolit pas leur existence consciente, mais
que celle-ci se poursuit pendant une durée indéterminée ou infinie, après que la frêle enveloppe corporelle qui avait logé quelque temps cette conscience
a été réduite en poussière. »

Telle est la proposition initiale de laquelle procède le dessein de l'auteur, qui est de nous représenter, au moyen d'une quantité d'exemples, ce qu'on
pourrait nommer la politique des primitifs dans
leurs rapports avec les esprits des morts.

Sir James nous montre que les non-civilisés éprouvent à l'égard des esprits des morts presque tous les sentiments que l'homme peut éprouver à l'égard des créatures vivantes : chez les uns, la crainte domine ; chez les autres, l'intérêt ; chez certains, l'affection. On voit, chez ces derniers, une sorte de familiarité s'établir entre les morts et les vivants d'une famille. Les parents défunts ne sont pas redoutés ; mais leurs cadavres sont enterrés dans la maison, et l'on espère que leurs âmes, quelque jour, se réincarneront dans un enfant qui naîtra sous le toit familial.

D'autres peuplades essayent d'exploiter les esprits, d'obtenir leur assistance ou leur faveur dans les travaux agricoles ou bien dans les entreprises de chasse ou de pêche. On s'efforce parfois de leur tirer quelques oracles.

Il arrive assez souvent que les phénomènes accidentels et funestes leur soient imputés : famines, sécheresse, coups de foudre, tremblements de terre sont mis à leur compte, — comme nous-mêmes mettons quelquefois ces redoutables événements à la charge des taches du soleil.

Mais les maux dont on accuse le plus fréquemment les esprits sont les maladies et la mort.

Toutes ces croyances engendrent une quantité correspondante de rites.

*

Quoique chargé et pénétré d'une prodigieuse érudition, et comme tissu de faits, ce livre est d'un grand artiste. Sa savante simplicité est le fruit d'un travail exquis. Rien de plus subtil que le passage presque insensible — analogue à une modulation — d'une croyance à une autre, à peine différente, mais qui s'observe à des milliers de milles de la première, — comme si la distance et l'absence de toute communication permettaient de constater par la similitude des productions psychologiques une certaine identité de la nature humaine.

Peu à peu se dessine dans la pensée du lecteur de *la Peur des Morts* l'idée étrangement poétique d'une Ethnographie des âmes en peine, — une science et une statistique démographique des fantômes flottant par millions ou milliards sur le globe, depuis tant de siècles que l'on meurt. De la Mélanésie à Madagascar, de la Nigeria à la Colombie, chaque peuplade redoute, évoque, nourrit, utilise ses défunts ; entretient un commerce avec eux : leur donne dans la vie un rôle positif, les subit comme des parasites, les accueille comme des hôtes plus ou moins désirables, leur prête des besoins, des intentions et des pouvoirs. Il en résulte cette quantité d'attributions, d'observances et de pratiques qui s'imposent aux vivants et que l'illustre auteur enchaîne et développe dans son ouvrage selon leurs analogies et leurs contrastes, — comme sur une frise intellectuelle où paraîtraient captifs de l'art et de la connaissance des spécimens de toutes les races humaines, saisis dans les attitudes que leur inspire le sentiment de la présence et de la puissance des disparus.

La politique de l'esprit

NOTRE SOUVERAIN BIEN

Conférence prononcée le 16 novembre 1932.

Je me propose d'évoquer devant vous le désordre que nous vivons. J'essayerai de vous montrer la réaction de l'esprit qui constate ce désordre, le retour qu'il fait sur soi-même lorsque, ayant mesuré sa puissance et son impuissance, il s'interroge et tente de se représenter le chaos auquel sa nature veut qu'il s'oppose.

Mais l'image d'un chaos est un chaos. Le désordre est donc mon premier point : c'est à lui que je vous demande de penser. Il y faut un certain effort ; nous finissons par être intimement habitués à lui, nous en vivons, nous le respirons, nous le fomentons, et il arrive qu'il est pour nous un véritable besoin. Nous le trouvons autour de nous comme en nous-mêmes, dans le journal, dans nos journées, dans notre allure, dans nos plaisirs, jusque dans notre savoir. Il nous anime, et ce que nous avons créé nous-mêmes nous entraîne enfin où nous ne savons pas et où nous ne voulons pas aller.

Cet état présent, qui est notre œuvre, amorce nécessairement un certain avenir, mais un avenir qu'il nous est absolument impossible d'imaginer, et c'est là une grande nouveauté. Elle résulte de la nouveauté même du présent que nous vivons. Nous

ne pouvons pas, nous ne pouvons plus, déduire du
passé quelques lueurs, quelques images assez probables du futur, puisque nous avons, en quelques
dizaines d'années, reforgé, reconstruit, organisé
aux dépens du passé, (c'est-à-dire en le détruisant,
en le réfutant, en le modifiant en profondeur), un
état des choses dont les traits les plus remarquables
sont sans précédent et sans exemple.

Jamais transformation si profonde et si prompte,
la terre entièrement reconnue, explorée, équipée, je
dirai même entièrement appropriée ; les événements
les plus éloignés connus dans l'instant même ; nos
idées et nos pouvoirs sur la matière et sur le temps,
sur l'espace, conçus et utilisés tout autrement qu'ils
le furent jusqu'à nous. Quel est donc le penseur, le
philosophe, l'historien même le plus profond, même
le plus sagace et le plus érudit, qui se risquerait
aujourd'hui à prophétiser le moindrement ? Quel est
le politique et quel est l'économiste auxquels nous
ajouterons foi après tant d'erreurs qu'ils ont commises ? Nous ne savons même plus distinguer nettement la guerre de la paix, l'abondance de la disette,
la victoire de la défaite... Et notre économie hésite
à chaque instant entre un développement illimité de
la *symbolique* des *échanges*, et un retour tout à fait
inattendu au système primitif, au système des sau-
vages, au troc.

                              *

Parfois, quand je songe à cet état des choses et des
hommes, à la fois si brillant et si obscur, si actif et si
misérable, il me souvient d'une impression jadis
ressentie en mer. Il m'est arrivé, il y a quelques
années, de faire un voyage d'escadre. L'escadre, qui
venait de Toulon et qui se dirigeait vers Brest, se

trouva tout à coup, au milieu d'un beau jour, saisie
par la brume, dans les parages dangereux de l'île de
Sein, semés de roches : six cuirassés, une trentaine
de bâtiments légers, de sous-marins, tout à coup
aveuglés et stoppant, à la merci du vent et des courants, au milieu d'un champ d'écueils. Le moindre
choc eût pu faire *tourner* ces citadelles chargées
d'armures et d'artillerie ; l'impression était saisis-
sante : ces grands navires prodigieusement machi-
nés, montés par des hommes de science, de courage,
de discipline, disposant de tout ce que la technique
moderne peut offrir de puissance et de précision,
tout à coup réduits à l'impuissance dans l'obnubilation, condamnés à une attente assez anxieuse,
à cause d'un peu de vapeur qui s'était formée sur
la mer.

Ce contraste est bien comparable à celui que
notre époque nous présente : nous sommes aveugles,
impuissants, tout armés de connaissances et chargés de pouvoirs dans un monde que nous avons
équipé et organisé, et dont nous redoutons à présent
la complexité inextricable. L'esprit essaye de pré-
cipiter ce trouble, de prévoir ce qu'il enfantera, de
discerner dans le chaos les courants insensibles, les
lignes dont les croisements éventuels seront les événements de demain.

Tantôt il essaye de préserver ce qui lui semble
essentiel dans ce qui fut, dans ce qu'il connaît et
dont il croit que la vie civilisée ne peut se passer.
Tantôt il se résout à faire table rase, à construire un
nouveau système de l'univers humain.

D'autre part, il faut bien que cet esprit songe à
lui-même, à ses conditions d'existence, (qui sont
aussi des conditions d'accroissement), aux dangers
qui menacent ses vertus, ses forces et ses biens : sa
liberté, son développement, sa profondeur. Voilà

les deux préoccupations dont l'examen suggérait cette dénomination assez vague et mystérieuse de *politique de l'esprit*.

*

Je voudrais seulement vous montrer que ces questions existent. Il ne s'agit point d'approfondir : il ne s'agit même point de prétendre circonscrire un sujet d'une étendue immense et qui, loin de se simplifier et de s'éclaircir par la méditation, ne fait que devenir plus complexe et plus trouble à mesure que le regard s'y appuie. Si l'on explore, même superficiellement, tous les domaines de l'activité, tous les ordres du pouvoir et du savoir humain, on observe dans chacun d'eux les caractères de l'esprit critique : crise de l'économie, crise de la science, crise dans les lettres et dans les arts, crise de la liberté politique, crise dans les mœurs... Je n'entrerai point dans les détails. Je vous indiquerai simplement l'un des traits remarquables de cet état : *le monde moderne dans toute sa puissance, en possession d'un capital technique prodigieux, entièrement pénétré de méthodes positives, n'a su toutefois se faire ni une politique, ni une morale, ni un idéal, ni des lois civiles ou pénales, qui soient en harmonie avec les modes de vie qu'il a créés, et même avec les modes de pensée que la diffusion universelle et le développement d'un certain esprit scientifique imposent peu à peu à tous les hommes.*

Tout le monde, aujourd'hui, plus ou moins instruit des travaux critiques qui ont renouvelé les fondements des sciences, élucidé les propriétés du langage, les origines de l'institution et des formes de la vie sociale, consent qu'il n'y ait pas de notions, de principes, pas de *vérité* comme on disait jadis, qui ne soient sujets à revision, à retouche, à refonte ; pas d'action qui ne soit conventionnelle, pas de loi, écrite ou non, qui ne soit qu'approchée.

Tout le monde consent tacitement que l'homme dont il est question dans les lois constitutionnelles ou civiles, celui qui est le suppôt des spéculations et des manœuvres de la politique, — le *citoyen*, l'*électeur*, l'*éligible*, le *contribuable*, le *justiciable*, — n'est peut-être pas tout à fait le même homme que les idées actuelles en matière de biologie ou de psychologie, voire de psychiatrie, permettraient de définir. Il en résulte un étrange contraste, un curieux dédoublement de nos jugements. Nous regardons les mêmes individus comme responsables et irresponsables, nous les tenons parfois pour irresponsables et nous les traitons en responsables, selon la fiction même que nous adoptons dans l'instant, selon que nous nous trouvons à l'état juridique ou à l'état objectif de notre faculté de penser. De même, voit-on dans quantité d'esprits coexister la foi et l'athéisme, l'anarchie dans les sentiments et quelque doctrine d'ordre dans les opinions. La plupart d'entre nous auront sur le même sujet plusieurs thèses qui se substituent dans leurs jugements sans difficulté, dans une même heure de temps, selon l'excitation du moment.

Ce sont là des signes certains d'une *phase critique*, c'est-à-dire d'une manière de désordre intime que définissent la coexistence de contradictions dans nos idées et les inconséquences de nos actes. Nos esprits sont donc pleins de tendances et de pensées qui s'ignorent entre elles ; et, si l'*âge* des civilisations se doit mesurer par le nombre des contradictions qu'elles accumulent, par le nombre des coutumes et des croyances incompatibles qui s'y rencontrent

et s'y tempèrent l'une l'autre, par la pluralité des
philosophies et des esthétiques qui coexistent et
cohabitent les mêmes têtes, il faut consentir que notre
civilisation est des plus âgées. Ne trouve-t-on pas à
chaque instant, dans une même famille, plusieurs
religions pratiquées, plusieurs races conjointes, plusieurs opinions politiques, et, dans le même individu, tout un trésor de discordes latentes ?

Un *homme moderne*, et c'est en quoi il est
moderne, vit familièrement avec une quantité de
contraires établis dans la pénombre de sa pensée et
qui viennent tour à tour sur la scène. Ce n'est pas
tout : ces contradictions internes ou ces coexis-
tences antagonistes dans notre milieu nous sont
généralement insensibles, et nous ne pensons que
rarement qu'elles n'ont pas toujours existé. Il nous
suffirait cependant de nous souvenir que la tolérance, la liberté des confessions et des opinions est
toujours chose fort tardive, elle ne peut se concevoir et pénétrer les lois et les mœurs que dans une
époque avancée, quand les esprits se sont progressivement enrichis et affaiblis de leurs différences
échangées. L'intolérance, au contraire, serait une
vertu terrible des temps *purs*...

J'ai insisté quelque peu sur ce caractère, car j'y
vois l'essence même du moderne. J'y vois aussi une
des causes de cette grande difficulté, ou plutôt de
cette impossibilité que je trouve, à représenter le
monde actuel sur un seul plan et à une seule échelle.
On ne peut guère raisonner à son sujet sans se
perdre. Et donc il est assez vain d'essayer de conjecturer ce qui va suivre, cet état d'égarement général,
en se fondant sur les connaissances historiques. Je
vous l'ai déjà dit, le nombre et l'importance des nouveautés introduites en si peu d'années dans l'univers humain a presque aboli toute possibilité de

comparer ce qui se passait il y a cinquante ou cent ans avec ce qui se passe aujourd'hui. Nous avons introduit des pouvoirs, inventé des moyens, contracté des habitudes toutes différentes et tout imprévues. Nous avons annulé des valeurs, dissocié des idées, ruiné des sentiments qui paraissaient inébranlables pour avoir résisté à vingt siècles de vicissitudes et nous n'avons, pour exprimer un si nouvel état de choses, que des notions immémoriales.

En somme, nous nous trouvons devant le confus du système social, du matériel verbal et des mythes de toute espèce que nous avons hérités de nos pères, et des conditions toutes récentes de notre vie : conditions d'origine intellectuelle, conditions tout artificielles, et d'ailleurs essentiellement instables, car elles sont sous la dépendance directe de créations ultérieures, toujours plus nombreuses, de l'intellect. Nous voilà donc en proie à une confusion d'*espoirs illimités, justifiés par des réussites inouïes*, et de *déceptions immenses* ou de *pressentiments funestes*, effets inévitables d'échecs et de catastrophes inouïes.

*

Ce n'est ni d'hier ni d'aujourd'hui que cette question me préoccupe. Je ne vous dirai pas ce que j'en ai écrit dès 1895[1], mais voici ce que j'écrivais en 1919, quelques mois après la fin de la guerre, sur ce même sujet :

« ... Nous autres, civilisations, nous savons maintenant que nous sommes mortelles ; nous avions entendu parler de mondes disparus tout entiers, d'empires coulés à pic avec tous leurs hommes et

1. *Une Conquête méthodique.*

tous leurs engins descendus au fond inexplorable
des siècles, avec leurs dieux et leurs lois, leurs aca-
démies et leurs dictionnaires, leurs classiques, leurs
romantiques et leurs symbolistes, leurs critiques et
les critiques de leurs critiques...

« Nous savions bien que toute la terre apparente
est faite de cendres, que la cendre signifie quelque
chose ; nous apercevions, à travers l'épaisseur de
l'Histoire, les fantômes d'immenses navires qui
furent chargés de richesses et d'esprit ; nous ne pouvions pas les compter.

« Mais ces naufrages, après tout, n'étaient pas
notre affaire ; Ninive, Babylone, étaient de beaux
noms vagues, et la ruine totale de ces mondes avait
aussi peu de signification pour nous que leur existence même.

« Nous voyons maintenant que l'abîme de l'Histoire est assez grand pour tout le monde. Nous sentons qu'une civilisation a la même fragilité qu'une
vie. Les circonstances qui enverraient les œuvres de
Keats et celles de Baudelaire rejoindre les œuvres
de Ménandre ne sont plus du tout inconcevables :
elles sont dans les journaux.

« Ce n'est pas tout. La brûlante leçon est plus complète encore : il n'a pas suffi à notre génération d'apprendre par sa propre expérience comment les plus
belles choses et les plus antiques, et les plus formidables, et les mieux ordonnées, sont périssables par
accident : elle a vu, dans l'ordre de la pensée, du
sens commun et du sentiment, se produire des phénomènes extraordinaires, des réalisations brusques
de paradoxes, des déceptions brutales de l'évidence.

« Ainsi, la Persépolis spirituelle n'est pas moins
ravagée que la Suse matérielle. Tout ne s'est pas
perdu, mais tout s'est senti périr. Un frisson extraordinaire a couru la moelle de l'Europe, elle a senti

par tous ses noyaux pensants qu'elle ne se reconnaissait plus, qu'elle cessait de se ressembler, qu'elle
allait perdre conscience, une conscience acquise par
des siècles de malheurs supportables par des milliers d'hommes de premier ordre, par des chances
géographiques, ethniques, historiques innombrables.
Alors, comme pour une défense désespérée de son
être et de son avoir physiologique, toute sa mémoire
lui est revenue confusément. Ses grands hommes
et ses grands livres lui sont remontés pêle-mêle.
Jamais on n'a tant lu ni si passionnément que pendant la guerre : demandez aux libraires... Jamais
on n'a tant prié et si profondément : demandez aux
prêtres.

« On a évoqué tous les sauveurs, les fondateurs,
les protecteurs, les martyrs, les héros, les pères des
patries, les saintes héroïnes, les poètes nationaux ; et
dans le même désordre mental, à l'appel de la même
angoisse, l'Europe cultivée a subi la reviviscence
rapide de ces innombrables pensées : dogmes, philosophies, idéaux hétérogènes ; les trois cents manières
d'expliquer le monde ; les mille et une nuances du
christianisme, les deux douzaines de positivismes ;
tout le spectre de la lumière intellectuelle a étalé
ses couleurs incompatibles, éclairant d'une étrange
lueur contradictoire l'agonie de l'âme européenne.
Tandis que des inventeurs cherchaient fiévreuse-
ment dans leurs images, dans les annales des guerres
d'autrefois, les moyens de se défaire des fils de fer
barbelés, de déjouer les sous-marins ou de paralyser les vols d'avions, l'âme invoquait à la fois toutes
les incantations qu'elle savait, considérait sérieusement les plus bizarres prophéties.

« Elle se cherchait des refuges, des indices, des
consolations dans le registre entier des souvenirs,
des actes antérieurs, des attitudes ancestrales.

« Et ce sont là les produits connus de l'anxiété, les entreprises désordonnées du cerveau qui court du réel au cauchemar et retourne du cauchemar au réel, affolé comme le rat tombé dans la trappe.

« La crise militaire est peut-être finie ; la crise économique est visible dans toute sa force.

« Mais la crise intellectuelle, plus subtile et qui, par sa nature même, prend les apparences les plus trompeuses, (puisqu'elle se passe dans le royaume même de la dissimulation), cette crise laisse difficilement saisir son véritable point, sa *phase*.

« Personne ne peut dire ce qui, demain, sera mort ou vivant, en littérature, en philosophie, en esthétique ; nul ne sait encore quelles idées et quels modes d'expression seront inscrits sur la liste des pertes, quelles nouveautés seront proclamées.

« L'espoir, certes, demeure, mais l'espoir n'est que la méfiance de l'être à l'égard des prévisions précises de son esprit. Il suggère que toute conclusion défavorable à l'être *doit être* une erreur de son esprit. Les faits pourtant sont clairs et impitoyables : il y a des milliers de jeunes écrivains et de jeunes artistes qui sont morts ; il y a l'illusion perdue d'une culture européenne et la démonstration de l'impuissance de la connaissance à sauver quoi que ce soit ; il y a la science atteinte mortellement dans ses ambitions morales et comme déshonorée par la cruauté de ses applications ; il y a l'idéalisme difficilement vainqueur, profondément meurtri, responsable de ses rêves ; le réalisme déçu, battu, accablé de crimes et de fautes ; la convoitise et le renoncement également bafoués, les croyances confondues dans les temps, croix contre croix, croissant contre croissant ; il y a les sceptiques eux-mêmes désarçonnés par des événements si soudains, si violents, si émouvants et qui jouent avec nos pensées comme le chat avec la souris : les sceptiques perdent leurs doutes, les retrouvent, les reperdent, et ne savent plus se servir des mouvements de leurs esprits.

« L'oscillation du navire a été si forte que les lampes les mieux suspendues se sont à la fin renversées[1]... »

*

Les choses depuis 1919 n'ont pas excessivement changé, et je crois bien que les pages que j'avais écrites alors représentent encore assez exactement l'incertitude et l'anxiété actuelles. Mais il faut à présent que je complète ce tableau du désordre et cette composition du chaos, en vous représentant celui qui le constate et qui l'alimente, celui qui ne peut ni le souffrir ni le renier, celui qui ne cesse, par essence, de se diviser contre soi-même. Il s'agit de l'*esprit*.

Par ce nom d'esprit, je n'entends pas du tout une entité métaphysique ; j'entends ici, très simplement, une *puissance de transformation* que nous pouvons isoler, distinguer de toutes les autres, en considérant simplement certains effets autour de nous, certaines modifications du milieu qui nous entoure et que nous ne pouvons attribuer qu'à une action très différente de celle des énergies connues de la nature ; car elle consiste au contraire à opposer les unes aux autres ces énergies qui nous sont données ou bien à les conjuguer.

Cette opposition ou cette coercition est telle qu'il en résulte ou bien un gain de temps, ou une économie de nos forces propres, ou un accroissement de puissance, ou de précision, ou de liberté, ou de

---

1. *La Crise de l'Esprit (Variété I).*

durée pour notre vie. Vous voyez qu'il y a une manière de définir l'esprit qui ne met en jeu aucune métaphysique, mais qui donne simplement à ce mot le sens irréprochable d'une constatation, qui en fait, en quelque sorte, le symbole d'un ensemble d'observations tout objectives.

*

Certaines des transformations qu'accomplit cette puissance définissent un domaine plus élevé. L'esprit ne s'applique pas seulement à satisfaire des instincts et des besoins indispensables, mais encore il s'exerce à spéculer sur notre sensibilité. Est-il prodige de transformation plus remarquable que celui qui s'accomplit chez le poète ou chez le musicien quand ils transposent leurs affections et jusqu'à leurs tristesses et leur détresse, en ouvrages, en poèmes, en compositions musicales, en moyens de préserver et de répandre leur vie sensitive totale par le détour des artifices techniques ? Et, comme il sait changer ses douleurs en œuvres, l'esprit a su changer les loisirs de l'homme en des jeux. Il change l'étonnement naïf en curiosité, en passion de connaissance. L'amusement des combinaisons le conduit à édifier des sciences profondément abstraites. Les premiers géomètres étaient sans doute des hommes que leurs calculs et leurs figures divertissaient à l'écart, et qui ne pensaient point qu'un jour les résultats de leurs passe-temps rigoureux serviraient à quelque chose : à élucider le système du monde et à découvrir les lois de la nature.

De même, c'est par une singulière exploitation des ressources de cet esprit transformateur que la crainte elle-même a pu enfanter d'étonnantes productions. La crainte a élevé des temples, la crainte

s'est enfin changée en ces merveilleuses supplica-
tions de pierre, en édifices magnifiquement significatifs, qui sont peut-être la plus haute expression
humaine de beauté et de volonté. Ainsi, des affections de l'âme, des loisirs et des rêves, l'esprit fait
des valeurs supérieures ; il est une véritable pierre
philosophale, un agent de transmutation de toutes
choses matérielles ou mentales.

*

Ce caractère que j'ai pris pour le définir, ces
exemples que je viens de donner, me permettent
donc de dire que l'esprit de l'homme l'a engagé dans
une *aventure*, aventure d'une espèce qui semble
s'évertuer à s'éloigner de plus en plus de ses conditions de vie initiales, comme si cette espèce était
douée d'un instinct paradoxal tout opposé à l'allure
de tous les autres instincts qui tendent au contraire
à ramener sans cesse l'être vivant au même point et
au même état.

C'est lui, cet instinct étrange, qui tend à refaire
en quelque sorte le milieu de notre existence, à
nous donner des occupations parfois excessivement
éloignées de celles que nous impose le souci pur et
simple de la vie animale ; il crée des besoins nouveaux, il multiplie les besoins artificiels, il introduit
à côté des instincts naturels dont je parlais, à côté
des quelques aiguillons de nécessité vitale, (instinct
signifie *aiguillon*), quantité d'autres impulsions. Il
a créé, en particulier, ce besoin si remarquable de
capitaliser les expériences, de les réunir, de les fixer,
d'en former des édifices de pensée, et même de les
projeter hors du présent, comme pour essayer de
saisir la vie là où elle n'est pas encore, de la tirer
de là où elle n'est plus.

Permettez-moi de vous indiquer au passage une des plus extraordinaires inventions de l'humanité, (j'ajoute qu'elle ne date pas d'aujourd'hui). Je songe tout simplement à l'invention du *passé* et du *futur*. Ce ne sont pas là des notions toutes naturelles : l'homme naturel vit dans l'instant comme l'animal. Plus un homme est près de la nature, moins le passé et l'avenir se construisent en lui. L'animal, sans doute, ne se sent être qu'entre un minimum de passé et un minimum d'avenir : le peu qu'il faut de passé et d'avenir pour conserver un désir jusqu'à la sensation qui le satisfait, ou la sensation du besoin jusqu'à l'acte qui le remplit. Sa durée est réduite aux intervalles de tension ou d'action qui ont pour origine l'impression d'une excitation et pour fin une réponse organique prochaine. Sans doute, divers incidents peuvent s'intercaler entre ces bornes de sa durée ; mais c'est toujours *par le plus court* que la sensibilité irritée va exciter l'acte qui l'apaise.

Il en est autrement chez l'homme : par un accroissement, par une généralisation imaginaire de l'instant, par une sorte d'abus, l'homme, *créant le temps*, non seulement construit des perspectives en deçà et au-delà de ses intervalles de réaction, mais, bien plus, *il ne vit que fort peu* dans l'instant même. Son établissement principal est dans le passé ou dans le futur. Il ne se tient jamais dans le présent que contraint par la sensation : plaisir ou douleur. On peut dire de lui *qu'il lui manque indéfiniment ce qui n'existe pas*. C'est là une condition qui n'est point animale, qui est tout artificielle, puisqu'en somme elle n'est pas absolument nécessaire à l'être. Sans doute, ce développement du «temps» peut souvent lui être utile. Mais cette utilité est elle-même contraire, en quelque manière, à la nature. La nature ne se soucie pas des individus. Si l'homme prolonge ou adoucit son existence, il agit donc *contre nature*, et son action est de celles qui opposent l'*esprit* à la *vie*.

Or, le travail mental de prévision est une des bases essentielles de la civilisation. Prévoir est à la fois l'origine et le moyen de toutes les entreprises, grandes ou petites. C'est aussi le fondement présumé de toute la politique. C'est en somme, dans la vie humaine, un élément psychique devenu inséparable de son organisation. Un observateur extérieur à l'humanité verrait donc l'homme agir le plus souvent sans objet visible de son action comme si un autre monde lui était présent, comme s'il obéissait aux actions de choses invisibles ou à des êtres cachés. *Demain* est une puissance cachée. Voilà des exemples... La prévision est comme l'âme de tous ces mouvements indéchiffrables pour l'observateur dont je vous parlais, et qui serait réduit à ne voir que ce qu'il voit.

Davantage : non seulement l'homme a acquis cette propriété de s'écarter de l'instant même, et par là de se diviser contre soi-même, mais il a acquis du même coup une remarquable propriété, quoique inégalement développée dans les divers individus. Il a acquis à différents degrés la *conscience de soi-même*, cette conscience qui fait que, s'écartant par moments de *tout ce qui est*, il peut même s'écarter de sa propre personnalité ; le *moi* peut quelquefois considérer sa propre personne comme un objet presque étranger. L'homme peut s'observer (ou croit le pouvoir) ; il peut se critiquer, il peut se contraindre ; c'est là une création originale, une tentative pour créer ce que j'oserai nommer l'*esprit de l'esprit*.

Ajoutons à cette description sommaire de l'esprit conçu dans le sens que je vous ai dit, à ces remarques immédiates, à cette création du *temps*, à cette création du *moi pur*, du moi qui s'oppose même à l'identité, à la mémoire même, à la personnalité du sujet, ajoutons la notion de ce que l'homme a pu discerner de plus riche en soi-même : l'universalité qu'il se sent posséder et de laquelle dépend toute sa vie spéculative, toute sa vie philosophique, ou scientifique, ou esthétique. Même dans l'ordre pratique, l'extension de son activité et de ses convoitises, les occasions qu'il y a à saisir, la partie qu'il a à jouer, le chemin qu'il doit suivre, les précautions qu'il doit observer, tout cela demande une acquisition, un exercice, une gymnastique du *possible*. Le possible est une sorte de faculté.

L'homme spécule : il fait des projets et des théories. Qu'est-ce qu'une théorie, si ce n'est précisément l'*usage du possible* ? La prévision dont je vous parlais tout à l'heure n'est-elle pas une application remarquable de cette faculté ? Mais il est un genre de prévision particulier que je dois signaler au passage : non seulement l'esprit s'essaye à prévoir dans l'ordre des phénomènes et des événements extérieurs, mais il tâche de se prévoir lui-même, de devancer ses propres opérations. Il tâche d'épuiser toutes les conséquences des données que son attention rassemble et d'en saisir la loi. C'est qu'il y a dans l'esprit je ne sais quelle horreur (j'allais dire *phobie*) de la *répétition*. *Ce qui se répète en nous n'appartient jamais à l'esprit même.* L'esprit tend à ne se répéter jamais ; il répugne à la redite, quoiqu'il lui arrive de se redire par accident. Mais, au contraire, il tend toujours à trouver la loi d'une

suite, à passer à la limite, (comme disent les mathématiciens), c'est-à-dire à dominer, à surmonter, à
épuiser en quelque sorte la répétition prévue. Il
tend à réduire à une *formule* l'infinité dont il iden-
tifie les éléments. La science mathématique n'est,
au fond, pour une grande part, qu'une science de la
répétition pure. Elle résume la répétition dont elle
a saisi le mécanisme.

Ainsi l'esprit semble abhorrer et fuir le procédé
même de la vie organique profonde, qui exige, au
contraire, la répétition des actes élémentaires desquels dépendent les échanges vitaux. *Nous reposons
sur le retour de quelques actes réflexes...* Mais, en
revanche, la connaissance comporte une volonté
contraire à la particularité, à la singularité des instants. Elle tend à absorber le cas particulier dans la
loi générale, la redite dans la formule, les différences
dans les moyennes et dans les grands nombres.
L'esprit, par là, s'oppose donc bien à l'allure de la
machine à vivre.

Vivre, remarquez-le, en dépit de l'opinion assez
répandue, en dépit de l'impression que nous donnent
de la vie les journaux, les théâtres et les romans,
vivre est une pratique essentiellement monotone.
C'est à tort que l'on dit d'un spectacle ou d'un livre
qu'il est *vivant* quand il est assez désordonné, qu'il
présente de l'imprévu, de la spontanéité, des éclats,
des effets qui émeuvent... Ce ne sont là que des
caractères superficiels, des fluctuations de la sensibilité ; mais le support de ces apparences, la substance de ces accidents est un système de périodes
ou de cycles de transformations, qui s'accomplissent hors de notre conscience et généralement à
l'ombre de notre sensibilité.

Dans l'esprit, la mémoire, les habitudes, les automatismes de tout genre, représentent cette vie pro-

fonde et stationnaire ; mais la variété infinie des circonstances extérieures trouve en lui des ressources d'ordre supérieur. En particulier, l'esprit crée l'ordre et crée le désordre, car son affaire est de provoquer le changement. Par là, il développe, dans un domaine de plus en plus vaste, la loi fondamentale, (ou du moins ce que je crois être la loi fondamentale), de la sensibilité, qui est d'introduire dans le système vivant un élément d'imminence, d'instabilité toujours prochaine.

Notre sensibilité a cet effet de rompre en nous à chaque instant cette sorte de sommeil qui s'accorderait à la monotonie profonde des fonctions de la vie. Nous devons être secoués, avertis, réveillés à chaque instant, par quelques inégalités, par quelques événements du milieu, quelques modifications dans notre allure physiologique ; et nous avons des organes, nous possédons tout un système spécialisé qui nous rappelle inopinément et très fréquemment au *nouveau*, qui nous presse de trouver l'adaptation qui convient à la circonstance, l'attitude, l'acte, le déplacement ou la déformation, qui annuleront ou accentueront les effets de la nouveauté. Ce système est celui de nos sens.

L'esprit emprunte donc à la sensibilité qui lui fournit ses étincelles initiales, ce caractère d'instabilité nécessaire qui met en train sa puissance de transformation.

L'animal couché et paisible entend un bruit insolite, c'est l'*événement*. Il dresse l'oreille, puis le cou ; l'inquiétude le gagne ; la *puissance de transformation* s'étend à l'étendue de son corps, le dresse sur ses pattes ; son oreille l'oriente et il fuit. *Il a suffi d'une faible rumeur.* C'est de même qu'un esprit très attentif aux phénomènes, un esprit chez lequel l'accoutumance n'a pas usé la sensibilité, est éveillé, *accroché*, par un événement banal (comme la chute d'un corps) ; l'inquiétude intellectuelle le gagne et se communique à tout son système virtuel de questions et de conditions… Newton demeure pendant vingt ans dans la forêt de ses combinaisons…

Autre remarque : par les travaux que suscite l'esprit, par les modifications qu'il imprime aux choses qui l'entourent, (qu'il s'agisse de la nature matérielle ou des êtres vivants), il tend à communiquer à ces êtres, à cette nature, précisément les mêmes caractères qu'il reconnaît en lui. Avez-vous remarqué que toutes nos inventions tendent soit à l'économie de nos forces, soit à l'économie des répétitions (comme je vous l'ai dit) ; soit encore à conduire notre corps loin de ses états naturels, par exemple, à lui imprimer des vitesses dont l'ordre de grandeur se rapproche toujours davantage de la vitesse propre de perception et de conception de l'esprit ?

On disait souvent autrefois : « Aussi vite que la pensée. » La rapidité semblait être le propre de la perception. Mais nous connaissons aujourd'hui nombre de vitesses plus grandes que celle-ci. Dans le temps qui s'écoule entre la vue d'un objet et le souvenir qu'il évoque, ou la reconnaissance de l'objet, la lumière a franchi des milliers de kilomètres et notre voiture a fait trois mètres sur la route. La pensée semble donc s'être ingéniée à trouver le moyen de mouvoir les choses aussi promptement qu'elle-même. C'est bien là une influence des propriétés ou des caractères fonctionnels de l'esprit sur l'orientation des inventions.

*

Mais mon objet n'est pas seulement de caractériser l'esprit ; il est surtout de vous montrer ce qu'il a

fait du monde et comment il a fait en particulier le
monde social moderne dont l'ordre et le désordre,
également et au même titre, sont l'œuvre de cet
esprit. Plongé dans l'univers humain, l'esprit se
trouve environné d'esprits ; chacun est comme le
centre d'un peuple de semblables, il est l'*unique*, et
il n'est cependant que quelque unité de ce nombre
indéterminé ; *il est à la fois incomparable et quelconque*. Ses relations avec le reste des êtres sont
une de ses occupations les plus importantes. Ces
relations participent à la contradiction que je viens
de signaler. D'une part, l'esprit s'oppose au nombre :
il veut être soi ; et même étendre sans limite le
domaine où le *moi est maître*. D'autre part, il est
contraint de reconnaître un monde social, un univers de volontés, d'espérances humaines, qui se
limitent, mais dont il tente tantôt de parfaire, tantôt
de détruire l'ordre qu'il y trouve.

L'esprit abhorre les groupements ; il n'aime pas
les partis ; il se sent diminué par l'accord des
esprits : il lui semble au contraire qu'il gagne
quelque chose à son désaccord avec eux. Un homme
qui a besoin de penser comme ses semblables a
peut-être *moins d'esprit* que celui qui répugne à la
conformité. D'ailleurs, on sait très bien que tout
accord est instable. On sait que la division guette
tous les groupes : le schisme, l'objection, la distinction, sont pour l'esprit des actes de vitalité qui ne
tardent jamais à se produire après l'accord intervenu. L'esprit reprend donc dans l'arrière-pensée sa
liberté ; il se redresse même contre les faits, contre
l'évidence ; il est par excellence le rebelle, même
quand il ordonne. C'est qu'il a d'abord conçu *ce qui
est* comme un désordre à faire cesser. Mais, dans
le monde actuel, il n'a pas de grands efforts à
dépenser pour trouver à quoi employer son instinct

constructeur. Le théâtre politique lui offre des sujets
infinis.

*

Toute politique implique quelque idée de l'homme.
On a beau limiter les objectifs politiques, les prendre
aussi simples, aussi grossiers qu'on le voudra, toute
politique implique toujours une idée de l'homme
et de l'esprit, et une représentation du monde. Or,
comme je l'ai fait pressentir, dans le monde moderne
la distance entre l'idée de l'homme que la science
et la philosophie proposent, et celle à laquelle s'appliquent les législations et les notions politiques,
morales ou sociales, est une distance croissante. Il y
a déjà un abîme entre elles...
Si l'on traduisait en termes précis de l'usage
scientifique les choses d'ordre social et moral, la
discordance éclaterait entre ces idées : l'une qui
serait le produit des recherches objectives récentes
et fondées sur des éléments *vérifiables* ; (c'est là
le sens exact du mot : *scientifique*) ; l'autre, indécise
et confuse notion, où les croyances très anciennes,
les habitudes de tout âge, des abstractions d'origine millénaire, les expériences économiques, politiques de plus d'un peuple, les sentiments plus ou
moins vénérables, sont bizarrement engagés et com-
binés. Donnons un exemple : si l'on voulait appliquer dans l'ordre politique les idées sur l'homme
que nous proposent les doctrines scientifiques
actuelles, la vie deviendrait probablement insupportable pour la plupart d'entre nous. Il y aurait
une révolte du sentiment général devant cette
application rigoureuse des données les plus rationnelles. On arriverait, en effet, à classer chaque individu, à pénétrer dans l'intimité de son existence ;

parfois, à supprimer ou à mutiler certains êtres
tarés ou diminués[1]...

Je ne sais si l'homme consentira jamais à se plier
à une organisation aussi purement rationnelle, mais
je n'ai choisi cet exemple exagéré à dessein que
pour montrer le remarquable contraste qui existe
déjà entre des conceptions concurrentes et coexistantes dans notre esprit, chacune douée de ses
forces propres, se référant à la tradition ou au progrès. Voici d'ailleurs une assez grande nouveauté :
cette antinomie entre le *vrai* scientifique et le *réel*
politique. L'écart n'a pas toujours existé. Il y a eu
des époques où la conception de l'homme que l'on
trouvait chez le magistrat, chez l'homme d'État,
dans les lois, dans les mœurs, et celle que la philosophie du temps formulait, n'étaient pas contradictoires.

Avant d'achever par un dernier trait le tableau de
cette incohérence et de cette incoordination que je
vous décris, je vais vous lire encore quelques pages
du même essai dont je vous ai parlé. J'y ai résumé,
en forme de monologue, l'état de l'esprit européen
devant son propre désarroi.

« ... Maintenant, sur une immense terrasse qui va
de Bâle à Cologne, qui touche aux sables de Nieuport,
aux bords de la Somme, aux grès de Champagne, au
granit d'Alsace, l'Hamlet européen regarde des millions de spectres. Mais il est un Hamlet intellectuel,
il médite sur la vie et la mort des vérités ; il a pour
fantôme tous les objets de nos controverses, il a
pour remords tous les titres de notre gloire.

« Il est accablé sous le poids des découvertes des
connaissances, incapable de se reprendre à cette

---

1. Une législation étrangère toute récente réalisant cette
prévision prescrit des mesures de cette rigueur raisonnée.

activité illimitée ; il songe à l'ennui de recommencer le passé, à la folie de vouloir innover toujours.

« Il chancelle entre les deux abîmes, car deux dangers ne cessent de menacer le monde : l'ordre et le désordre.

« S'il saisit un crâne, c'est un crâne illustre : celui-ci fut Léonard de Vinci, qui inventa l'homme volant ; mais l'homme volant n'a pas précisément servi les intentions de l'inventeur. Nous savons que l'homme volant monté sur son grand cygne a de nos jours d'autres emplois que d'aller prendre de la neige à la cime des monts pour la jeter pendant les jours de chaleur sur le pavé des villes.

« Et cet autre crâne est celui de Leibniz, qui rêva de la paix universelle.

« Hamlet ne sait trop que faire de tous ces crânes, mais, s'il les abandonne, va-t-il cesser d'être lui-même ?... Son esprit affreusement clairvoyant contemple le passage de la guerre à la paix : ce passage est plus obscur, plus dangereux que le passage de la paix à la guerre ; tous les peuples en sont troublés...

« — Et moi, se dit-il, moi l'intellectuel européen, que vais-je devenir et qu'est-ce que la paix ?... La paix est peut-être l'état de choses dans lequel l'hostilité des hommes entre eux se manifeste par des créations au lieu de se traduire par des destructions comme fait la guerre.

« C'est le temps d'une concurrence créatrice et de la lutte des productions ; mais moi, ne suis-je pas fatigué de produire ?... N'ai-je pas épuisé le désir des tentatives extrêmes, et n'ai-je pas abusé des savants mélanges ?... Faut-il laisser de côté mes devoirs difficiles et mes ambitions transcendantes ?... Dois-je suivre le mouvement et faire comme Polonius, qui dirige maintenant un grand journal ; comme Laërte,

qui est quelque part dans l'aviation ; comme Rosen-
crantz, qui fait je ne sais quoi sous un nom russe ?…
Adieu, fantômes, le monde n'a plus besoin de vous
ni de moi.

« Le moi qui baptise du nom de progrès sa tendance à une précision fatale cherche à unir aux
bienfaits de la vie les avantages de la mort.

« Une certaine confusion règne encore ; mais,
encore un peu de temps, et tout s'éclaircira, nous
verrons enfin apparaître le miracle d'une société
animale, une parfaite et définitive fourmilière[1]… »

Je vous ai dit tout à l'heure que l'esprit est caractérisé par une puissance de transformation dont la
tendance est d'altérer les conditions initiales et ani-
males de l'espèce et qu'il est parvenu à se construire
ainsi tout un monde fort différent du monde primitif
donné. Il n'est donc pas étonnant qu'il se trouve en
proie à une quantité d'énigmes dues aux antagonismes, aux contrastes qui ne manquent point de
se déclarer entre les développements dont je viens
de parler et la nature fondamentale de l'homme, sa
nature de départ. À côté des énigmes réelles qui
nous sont proposées par les choses, nous trouvons
d'autres énigmes qui nous sont proposées par nos
propres œuvres, par nos créations accumulées.

Une grande partie des difficultés actuelles tient à
la survivance puissante d'une sorte de mystique ou
de mythologie qui est de moins en moins en accord
avec des faits, mais dont on ne sait comment se
défaire. À chaque instant, on en ressent le poids
mort et la nécessité. Il y a en nous un combat entre
la veille, le *passé* qui est représenté par cette mythologie, et un certain *lendemain* qui nous travaille.

1. *La Crise de l'Esprit (Variété I).*

Jamais ce combat de la veille et du lendemain n'a eu lieu plus furieusement qu'aujourd'hui. Vous en trouveriez sans doute de faibles images, des *préfigures* dans l'histoire ; par exemple, à la fin du monde antique, au commencement du christianisme, au moment de la Renaissance, au moment de la Révolution.

Mais l'échelle des phénomènes a singulièrement changé. Plus nous allons, plus se fait sentir l'intervalle croissant qui se produit entre les deux aspects de l'activité de l'esprit, son aspect de transformation et son aspect de conservation.

Je dirai tout d'abord que toute la structure sociale est fondée sur la *croyance* ou sur la *confiance*. Tout pouvoir s'établit sur ces propriétés psychologiques. On peut dire que le *monde social*, le *monde juridique*, le *monde politique*, sont essentiellement des *mondes mythiques*, c'est-à-dire des mondes dont les lois, les bases, les relations qui les constituent, ne sont pas données, proposées par l'observation des choses, par une constatation, par une perception directe ; mais, au contraire, reçoivent de nous leur existence, leur force, leur action d'impulsion et de contrainte ; *et cette existence et cette action sont d'autant plus puissantes que nous ignorons davantage qu'elles viennent de nous, de notre esprit.*

Croire à la parole humaine, parlée ou écrite, est aussi indispensable aux humains que de se fier à la fermeté du sol. Certes, nous en doutons çà et là ; mais nous ne pouvons en douter que dans des cas particuliers.

Le serment, le crédit, le contrat, la signature, les rapports qu'ils supposent, l'existence du passé, le pressentiment de l'avenir, les enseignements que nous recevons, les projets que nous formons, tout cela est de nature entièrement mythique, en ce sens que tout cela s'appuie entièrement sur la propriété cardinale de nos esprits *de ne pas traiter comme choses de l'esprit des choses qui ne sont* QUE DE L'ESPRIT.

Or, le caractère essentiel de cette mythique indispensable est le suivant : elle permet l'*inégalité* dans les échanges, échange de paroles ou d'écritures contre des marchandises ; échange du *tiens* contre le *tu l'auras* ; échange du présent et du certain contre le futur et l'incertain ; échange, plus remarquable encore, de la confiance contre l'obéissance, de l'enthousiasme contre le renoncement et le sacrifice, du sentiment contre l'action.

En somme, échange du présent, du sensible, du pondérable, du réel, contre des avantages imaginés. Mais le progrès du sens positif, progrès qui est imposé, comme vous le savez, par l'organisation de plus en plus serrée d'un monde où les grandeurs mesurables dominent de plus en plus, où les *choses vagues* font de plus en plus sentir leur vague, ce progrès-là entame les antiques fondements de l'univers social.

Il faut avouer que les plus grands esprits ont précipité cette ruine, (Voltaire, par exemple). Même dans les sciences, la tâche de la critique a été singulièrement pressante et féconde. Les plus grands esprits sont toujours des esprits sceptiques. Ils croient cependant à quelque chose : *ils croient à tout ce qui peut les rendre plus grands*. C'est le cas, par exemple, de Napoléon, qui croyait à son étoile, c'est-à-dire à soi-même. Or, ne pas croire aux croyances communes, c'est évidemment croire à soi, et souvent à soi seul...

*

Mais, pour préciser cet aperçu de la *vie fiduciaire* du monde et de sa structure fondée sur la croyance dans l'homme et dans le lendemain et vous faire sentir toute l'importance réelle de l'imaginaire, je voudrais vous montrer comment le *pouvoir* lui-même, qui passe pour un effet de la force, est essentiellement une valeur spirituelle.

Le pouvoir n'a que la force qu'on veut bien lui attribuer ; même le plus brutal est fondé sur la croyance. *On lui prête comme devant agir en tout temps et en tout point la puissance qu'il ne peut, en réalité, dépenser que sur un point et à un certain moment.* En somme, tout pouvoir est exactement dans la situation d'un établissement de crédit dont l'existence repose sur la seule probabilité (d'ailleurs très grande), que tous les clients à la fois ne viendront pas le même jour réclamer leurs dépôts. *Si, à chaque instant, à un moment quelconque, un pouvoir quelconque était sommé de produire ses forces réelles sur tous les points de son empire, ce pouvoir serait en tous ces points à peu près égal à zéro...*

Remarquez aussi (considération plus intéressante encore) que, *si tous les hommes étaient également éclairés, également critiques, et surtout également courageux, toute société serait impossible !...*

La confiance ou la crédulité, l'inégalité intellectuelle et la crainte sous mille formes lui sont également indispensables. À ces éléments essentiels, s'ajoutent la cupidité et la vanité, — et autres vertus, — qui sont les condiments, les compléments psychiques de ces bases psychiques de la société et de la politique.

*

Mais je veux vous donner une image assez saisis-
sante, (quoique purement fantastique), de cette
structure fiduciaire qu'exige tout l'édifice de la civilisation et qui est l'œuvre de l'esprit.

Supposez, (et cette supposition n'est pas de moi,
elle a été faite, je crois, par un écrivain anglais ou
américain dont j'ai oublié le nom, dont je n'ai pas
lu le livre ; je n'en prends que l'idée que j'ai trouvée, il y a fort longtemps, dans quelque compte
rendu)… l'auteur en question suppose qu'une sorte
de maladie mystérieuse attaque et détruit rapidement tout le papier qui existe dans le monde. Point
de défense, point de remède ; impossible de trouver
le moyen d'exterminer le microbe ou de s'opposer
au phénomène physico-chimique qui attaque la cel-
lulose. Le rongeur inconnu pénètre les tiroirs et les
coffres, réduisant en poudre le contenu de nos por-
tefeuilles et de nos bibliothèques ; tout ce qui fut
écrit s'évanouit.

Le papier, vous le savez, joue le rôle d'un accu-
mulateur et d'un conducteur ; il conduit non seulement d'un homme à un autre, mais d'un temps à un
autre, une *charge très variable d'authenticité ou de
crédibilité*.

Imaginez donc le papier disparu : billets de banque,
titres, traités, actes, codes, poèmes, journaux, etc.
Aussitôt, toute la vie sociale est foudroyée et, de
cette ruine du passé, l'on voit émerger de l'avenir,
du virtuel et du probable, le *réel pur*.

Chacun se sent aussitôt réduit à sa sphère immédiate de perception et d'action. L'avenir et le passé
de chacun se resserrent prodigieusement ; nous
sommes réduits au rayon de nos sens et de nos
actions directes.

Voilà un exemple facile à concevoir du rôle
immense joué par les valeurs verbales et fiduciaires.

Rien ne fait mieux saisir la fragilité du monde organisé et la *spiritualité* du monde social que cette hypothèse fantastique.

Mais je fais maintenant une autre hypothèse bien moins fantastique, et donc qui devrait être plus impressionnante : au lieu de cette désagrégation, de cette maladie, de cette tuberculose du papier, fragile support de tant de choses, supposez à présent que s'affaiblisse, que s'effondre le *support de ce support* : la croyance, la confiance, le crédit que nous accordons à ce papier écrit et qui lui donne toute sa valeur. Le fait s'est déjà produit, mais jamais avec le caractère universel que nous devons malheureusement lui reconnaître de nos jours. Nous ne sommes plus dans l'hypothèse. Nous avons vu des traités solennels foulés aux pieds, d'autres perdre de jour en jour toute leur force ; nous voyons des États, *tous les États* manquer à leurs engagements, renier leur signature, opposer ou offrir à leurs créanciers l'horreur du vide.

Nous avons vu le législateur être contraint de délier des particuliers eux-mêmes des obligations que leur imposaient des contrats privés.

J'ose dire — chose extraordinaire ! — que l'*or* lui-même, l'or n'est plus en pleine possession de son immémoriale et mythique souveraineté ; lui, qui semblait contenir dans son atome très précieux et très pesant la confiance à l'état pur !...

Il s'agit donc d'une crise générale des valeurs. Rien n'y échappe, ni dans l'ordre économique, ni dans l'ordre moral, ni dans l'ordre politique. La liberté elle-même cesse d'être de mode. Les partis les plus *avancés* qui la réclamaient furieusement, il y a cinquante ans, la renient et l'immolent aujourd'hui !... Cette crise s'étend à tout : les sciences, le Code civil, la mécanique de Newton, les traditions

diplomatiques, tout en est affecté. Je ne sais même
pas si l'amour lui-même n'est pas en voie d'être
évalué tout autrement qu'il ne l'était depuis une
demi-douzaine de siècles…

En somme, crise de confiance, crise des conceptions fondamentales, c'est bien une crise de tous les
rapports humains, c'est-à-dire une crise des valeurs
données ou reçues par les esprits.

Ce n'est pas tout encore ; il faut envisager maintenant (et c'est par quoi je terminerai), une crise de
l'esprit lui-même. Je laisse de côté la crise singulière des sciences, qui semblent désespérer maintenant de conserver leur antique idéal d'unification,
d'explication de l'univers. L'univers se décompose,
perd tout espoir d'une image unique. Le monde de
l'extrême petitesse semble étrangement différent
de celui qu'il compose par son agglomération. Même
l'identité des corps s'y perd, et je ne parlerai pas
non plus de la crise du déterminisme, c'est-à-dire
de la causalité…

Mais je vise les dangers qui menacent très sérieusement l'existence même de toutes les valeurs supérieures de l'esprit.

Il est clair que l'on peut concevoir un état d'humanité presque heureux ; du moins un état stable,
pacifié, organisé, confortable (je ne dis pas que nous
en soyons fort près) ; mais on peut concevoir cet
état, et concevoir en même temps qu'il s'accommode ou s'accommoderait d'une température intellectuelle fort tiède : en général, *les peuples heureux
n'ont pas d'esprit*. Ils n'en ont pas grand besoin.

Si donc le monde suit une certaine pente sur
laquelle il est déjà assez engagé, il faut dès aujour-
d'hui *considérer comme en voie de disparition rapide
les conditions dans lesquelles, et grâce auxquelles, ce*

*que nous admirons le plus, ce qui a été fait de plus
admirable jusqu'ici a été créé et a pu produire ses
effets.*

Tout concorde à diminuer les chances de ce qui
pourrait être ou plutôt de ce qui aurait pu être de
plus noble et de plus beau. Comment se peut-il ?

J'observe d'abord très facilement qu'il y a chez
nous une diminution, une sorte d'obnubilation générale de la sensibilité. Nous autres modernes, nous
sommes fort peu sensibles. L'homme moderne a les
sens obtus, il supporte le bruit que vous savez, il
supporte les odeurs nauséabondes, les éclairages
violents et follement intenses ou contrastés ; il est
soumis à une trépidation perpétuelle ; il a besoin
d'excitants brutaux, de sons stridents, de boissons
infernales, d'émotions brèves et bestiales.

Il supporte l'incohérence, il vit dans le désordre
mental. D'autre part, ce travail de l'esprit auquel
nous devons tout nous est parfois devenu trop facile.
Le travail mental coordonné est muni aujourd'hui
de moyens très puissants qui le rendent plus aisé,
parfois au point de le supprimer. On a créé des symboles, il existe des machines qui dispensent de l'attention, qui dispensent du travail patient et difficile
de l'esprit ; plus nous irons, plus les méthodes de
symbolisation et de graphie rapide se multiplieront.
Elles tendent à supprimer l'effort de raisonner.

Enfin, les conditions de la vie moderne tendent
inévitablement, implacablement, à égaliser les individus, à égaliser les caractères ; et c'est malheureusement et nécessairement *sur le type le plus bas* que
la moyenne tend à se réduire. La mauvaise monnaie chasse la bonne.

Autre danger : je remarque que la crédulité et la
naïveté sont en voie de développement inquiétant.
J'observe depuis quelques années un nombre nou-

veau de superstitions qui n'existaient pas il y a vingt
ans, en France, et qui s'introduisent peu à peu,
même dans les salons. On voit des personnes fort
distinguées frapper le bois des fauteuils et pratiquer des actes conjuratoires et fiduciaires. D'ailleurs, un des traits les plus frappants du monde
actuel est la *futilité* ; je puis dire, sans risquer d'être
trop sévère : nous sommes partagés entre la futilité
et l'inquiétude. Nous avons les plus beaux jouets
que l'homme ait jamais possédés : nous avons
l'auto, nous avons le yo-yo, nous avons la T.S.F. et le
cinéma ; nous avons tout ce que le génie a pu créer
pour transmettre, avec la vitesse de la lumière, des
choses qui ne sont pas toujours de la plus haute qualité. Que de divertissements ! Jamais tant de joujoux ! Mais que de préoccupations ! Jamais tant
d'alarmes !

Que de devoirs enfin ! Devoirs dissimulés dans
le confort lui-même ! Devoirs que la commodité, le
souci du lendemain multiplient de jour en jour, car
l'organisation toujours plus parfaite de la vie nous
capte aussi dans un réseau, de plus en plus serré,
de règles et de contraintes, dont beaucoup nous
sont insensibles ! Nous n'avons pas conscience de
tout ce à quoi nous obéissons. Le téléphone sonne,
nous y courons ; l'heure sonne, le rendez-vous nous
presse... Songez à ce que sont, pour la formation
de l'esprit, les horaires de travail, les horaires de
transport, les commandements croissants de l'hygiène, jusqu'aux commandements de l'orthographe
qui n'existaient pas jadis, jusqu'aux passages clou-
tés... Tout nous commande, tout nous presse, tout
nous prescrit ce que nous avons à faire, et nous
prescrit de le faire automatiquement. L'examen des
réflexes devient le principal des examens d'aujour-
d'hui.

Il n'est pas jusqu'à la mode qui n'ait introduit une discipline de la fantaisie, une *police de l'imitation* qui soumet à de secrètes combinaisons commerciales l'esthétique d'un jour...

Enfin, de toutes façons, nous sommes circonscrits, dominés par une réglementation occulte ou sensible, qui s'étend à tout, et nous sommes ahuris par cette incohérence d'excitations qui nous obsède et *dont nous finissons par avoir besoin.*

Ne sont-ce pas là des conditions détestables pour la production ultérieure d'œuvres comparables à celles que l'humanité a faites dans les siècles précédents ? Nous avons perdu le *loisir de mûrir*, et, si nous rentrons en nous-mêmes, nous autres artistes, nous n'y trouvons plus cette autre vertu des anciens créateurs de beauté : le dessein de durer. Entre tant de croyances mourantes dont j'ai parlé, il en est une qui a déjà disparu : c'est la croyance à la postérité et à son jugement.

*

Nous voici maintenant au terme de cette revue du désordre que j'ai dû faire très rapide et que nécessairement je n'ai pas ordonnée. Peut-être attendez-vous de moi une conclusion ? Nous aimons que la pièce finisse bien ou du moins qu'elle finisse. Vous aurez prompte satisfaction sur ce dernier point Sur l'autre, je vous répète que j'ai précisément pour objet l'impossibilité de conclure. Le besoin d'une conclusion est si puissant en nous que nous l'introduisons irrésistiblement et absurdement dans l'Histoire et même dans la politique. Nous découpons la suite des choses en tragédies bien déterminées, nous voulons qu'une guerre achevée soit une affaire nettement finie. Je n'ai pas besoin de vous dire que ce

sentiment est malheureusement illusoire. Nous
croyons aussi qu'une révolution est une solution
nette, et nous savons que cela non plus n'est pas
exact. Ce sont là des simplifications grossières des
choses...

La seule conclusion d'une étude comme celle-ci,
d'un regard sur le chaos, la seule qu'une étude de
ce genre fasse désirer, serait une anticipation ou
un pressentiment de quelque avenir. Mais j'ai horreur des prophéties. Il y a quelque temps, on est
venu me demander ce que j'augurais de la vie et ce
que je croyais qu'elle serait dans cinquante ans.
Comme je haussais les épaules, le questionneur
diminua ses prétentions ; il abaissa ses prix et il
me dit : «Et dans vingt ans, où en serons-nous ?»
Je lui ai répondu : *«Nous entrons dans l'avenir
à reculons...»* et j'ai ajouté : «Que pouvait-on, en
1882, en 1892, prévoir de ce qui s'est passé depuis
cette époque ? En 1882, il y a cinquante ans, il
était impossible de prévoir les événements et les
découvertes qui ont profondément modifié le
visage du monde.» Et j'ai encore ajouté : «Monsieur, en 1892, auriez-vous prévu qu'en 1932, pour
traverser une rue de Paris, il faudrait demander
la protection d'un bébé de six mois et passer le
gué clouté à l'abri d'un enfant en bas âge ?...» Il
m'a répondu : «Je n'aurais pas prévu ça, *moi non
plus.*»
  En somme, il devient de plus en plus vain, et
même de plus en plus dangereux, de prévoir à partir de données empruntées à la veille ou à l'avant-
veille ; mais il demeure sage, et ce sera ma dernière
parole, de se tenir prêt à tout, ou à presque tout. Il
faut conserver dans nos esprits et dans nos cœurs
la volonté de lucidité, la netteté de l'intellect, le sen-

timent de la grandeur et du risque, de l'aventure extraordinaire dans laquelle le genre humain, s'éloignant peut-être démesurément des conditions premières et naturelles de l'espèce, s'est engagé, allant je ne sais où !

Inspirations méditerranéennes

Conférence prononcée le 24 novembre 1933.

Il faut, aujourd'hui, vous faire des confidences, il faut vous parler de moi-même! Ne craignez pas que je m'aventure à vous dire de ces secrets que tout le monde sait par soi : ce que je vous dirai ne concernera que les rapports de ma vie ou de ma sensibilité dans sa période de formation avec cette mer Méditerranée qui n'a cessé, depuis mon enfance, de m'être présente soit aux yeux, soit à l'esprit. Ce ne seront que quelques impressions particulières, et quelques idées — peut-être générales.

*

Je commence par mon commencement.

Je suis né dans un port de moyenne importance, établi au fond d'un golfe, au pied d'une colline, dont la masse de roc se détache de la ligne générale du rivage. Ce roc serait une île si deux bancs de sable — d'un sable incessamment charrié et accru par les courants marins qui, depuis l'embouchure du Rhône, refoulent vers l'ouest la roche pulvérisée des Alpes — ne le reliaient ou ne l'enchaînaient à la côte du Languedoc. La colline s'élève donc entre la mer et un étang très vaste, dans lequel com-

mence — ou s'achève — le canal du Midi. Le port
qu'elle domine est formé de bassins et des canaux
qui font communiquer cet étang avec la mer.

Tel est mon site originel, sur lequel je ferai cette
réflexion naïve que je suis né dans un de ces lieux
où j'aurais aimé de naître. Je me félicite d'être né
en un point tel que mes premières impressions
aient été celles que l'on reçoit face à la mer et au
milieu de l'activité des hommes. Il n'est pas de
spectacle pour moi qui vaille ce que l'on voit d'une
terrasse ou d'un balcon bien placé au-dessus d'un
port. Je passerais mes jours à regarder ce que
Joseph Vernet, peintre de belles marines, appelait
les différents travaux d'un port de mer. L'œil, dans
ce poste privilégié, possède le large dont il s'enivre
et la simplicité générale de la mer, tandis que la vie
et l'industrie humaines, qui trafiquent, construisent, manœuvrent tout auprès, lui apparaissent
d'autre part. L'œil peut se reporter, à chaque instant, à la présence d'une nature éternellement primitive, intacte, inaltérable par l'homme, constamment
et visiblement soumise aux forces universelles, et il
en reçoit une vision identique à celle que les premiers êtres ont reçue. Mais ce regard, se rappro-
chant de la terre, y découvre aussitôt, d'abord,
l'œuvre irrégulière du temps, qui façonne indéfiniment le rivage, et puis l'œuvre réciproque des
hommes, dont les constructions accumulées, les
formes géométriques qu'ils emploient, la ligne
droite, les plans ou les arcs s'opposent au désordre
et aux accidents des formes naturelles, comme les
flèches, les tours et les phares qu'ils élèvent opposent aux figures de chute et d'écroulement de la
nature géologique la volonté contraire d'édification, le travail volontaire, et comme rebelle, de
notre race.

L'œil ainsi embrasse à la fois l'humain et l'inhumain. C'est là ce qu'a ressenti et magnifiquement exprimé le grand Claude Lorrain, qui, dans le style le plus noble, exalte l'ordre et la splendeur idéale des grands ports de la Méditerranée : Gênes, Marseille ou Naples transfigurées, l'architecture du décor, les profils de la terre, la perspective des eaux, se composant comme la scène d'un théâtre où ne viendrait agir, chanter, mourir parfois, qu'un seul personnage : LA LUMIÈRE !

*

Sur la colline dont je parlais, à mi-hauteur, se trouvait mon collège. J'y ai appris : *rosa, la rose*, sans trop d'ennui, et je l'ai quitté à regret, à la fin de ma quatrième. Le très petit nombre des élèves nous donnait de grandes satisfactions d'orgueil. Nous étions quatre dans ma classe, et, par le simple jeu des probabilités, j'étais premier une fois sur quatre, sans le moindre effort. Les philosophes, plus heureux encore, n'étaient que deux. L'un, nécessairement, avait le premier prix d'excellence, et l'autre le second. Comment s'y serait-on pris pour qu'il en fût autrement ? Mais l'équilibre exigeait que le second prix d'excellence obtînt le premier prix de dissertation, et l'autre (évidemment) le deuxième. Et ainsi de suite... Ils redescendaient l'un et l'autre chargés de couronnes et de livres dorés, au son de la musique militaire, de l'estrade de distribution des prix...

Corneille prétend qu'il n'y a point de gloire sans péril :

> À *vaincre sans péril, on triomphe sans gloire !*

Mais Corneille se trompe, et c'est là une erreur
naïve. La gloire ne dépend pas de l'effort, lequel est
généralement invisible : elle ne dépend que de la
mise en scène.

*

Ce collège avait des charmes sans pareils. Les
cours dominaient la ville et la mer. C'étaient trois
terrasses d'élévation croissante ; les *petits*, les
moyens, les *grands* jouissaient d'horizons de plus en
plus vastes, ce qui n'est pas si vrai dans la vie ! Les
spectacles ne manquaient donc pas à nos récréa-
tions, car il se passe tous les jours quelque chose
sur les frontières de la vie terrestre et de la mer.

Un certain jour, du haut de ces cours bien pla-
cées, nous vîmes s'élever dans le ciel une fumée prodigieuse, bien plus épaisse et étendue que les fumées
accoutumées des paquebots et des cargos qui fré-
quentaient le port. À peine la cloche sonnée qui
nous ouvrait à midi les portes des études, les
externes, en masse hurlante, coururent vers le môle,
d'où la foule, depuis quelques heures, regardait brûler un assez grand navire, déjà retiré des bassins
et abandonné à son sort contre une jetée assez écar-
tée. Les flammes, tout à coup, s'élevèrent jusqu'aux
hunes, et les mâts, sapés à la base par le feu qui
agissait furieusement dans les cales, s'effondrèrent
aussitôt, avec tout leur gréement, comme fauchés,
dérobés, abolis, tandis qu'un immense bouquet
d'étincelles jaillissait et qu'un fracas sinistre et
sourd venait sur le vent jusqu'à nous. Vous pensez
bien que plus d'un élève manqua la classe de
l'après-midi. Vers le soir, ce beau trois-mâts était
réduit à une coque sombre et d'apparence intacte,
mais pleine, comme un creuset, d'une masse incan-

descente, dont l'ardent éclat s'accusait avec le progrès de la nuit. On finit par remorquer au large cette
épave d'enfer et l'on parvint à la couler.

D'autres fois, nous guettions de notre collège
l'arrivée des escadres qui venaient chaque année
mouiller à un mille de la côte. C'étaient d'étranges
navires que les cuirassés de ce temps-là, les *Riche-*
lieu, les *Colbert*, les *Trident*, avec leur éperon en soc
de charrue, leur crinoline de tôle à l'arrière et, sous
le pavillon, le balcon de l'amiral, qui nous faisait
tant envie. Ils étaient laids et imposants, ils portaient encore une mâture considérable, et leurs bas-
tingages étaient, à la mode du vieux temps, bordés
de tous les sacs de l'équipage. L'escadre envoyait à
terre des embarcations merveilleusement tenues,
parées et armées. Les canots-majors volaient sur
l'eau ; six ou huit paires d'avirons, rigoureusement
synchrones, leur donnaient des ailes brillantes qui
jetaient au soleil, toutes les cinq secondes, un éclair
et un essaim de gouttes lumineuses. Ils traînaient
à l'arrière, dans l'écume, les couleurs de leur drapeau et les pans du tapis bleu à bordure écarlate,
sur lequel des officiers noirs et dorés étaient assis.

Ces splendeurs engendraient bien des vocations
maritimes ; mais, entre la coupe et les lèvres, entre
l'état de collégien et la glorieuse fonction de l'aspi-
rant de marine s'élevaient des obstacles très sérieux :
les figures incorruptibles de la géométrie, les pièges
et les énigmes systématiques de l'algèbre, les tristes
logarithmes, les sinus et leurs cosinus fraternels
décourageaient plus d'un, qui voyait avec désespoir,
entre la mer et soi, entre la marine rêvée et la
marine vécue, s'abaisser (comme un rideau de fer
infranchissable) l'inexorable plan d'un tableau noir.
Il fallait bien, alors, se contenter de tristes regards
sur le large, ne jouir que des yeux et de l'imagina-

tion, et dériver cette passion marine malheureuse vers les lettres ou vers la peinture, car il semble d'abord que le désir suffise à ouvrir ces carrières qui séduisent par leur facilité apparente. Ce ne sont que les prédestinés qui en soupçonnent de bonne heure et en exigent d'eux-mêmes toutes les difficultés indéterminées. Il n'est pas de programme ni de concours.

Ces rêveurs se satisfaisaient, poètes ou peintres naissants, des impressions que prodigue la mer si riche en événements, la mer, génératrice de formes et de projets extraordinaires, mère d'Aphrodite et donnant l'âme à tant d'aventures. On pouvait dire, au temps de ma jeunesse, que l'Histoire vivait encore sur ses eaux. Nos barques de pêcheurs, dont la plupart portent toujours à la proue des emblèmes que portaient les barques phéniciennes, ne sont pas différentes de celles qu'utilisaient les navigateurs de l'antiquité et du Moyen Âge. Parfois, au crépuscule, je regardais rentrer ces fortes barques de pêche, lourdes des cadavres des thons, et une étrange impression m'obsédait l'esprit. Le ciel absolument pur, mais pénétré d'un feu rose à sa base, et dont l'azur verdissait vers le zénith ; la mer, très sombre déjà, avec des brisants et des éclats d'une blancheur extraordinaire ; et vers l'est, un peu au-dessus de l'horizon, un mirage de tours et de murs, qui était le fantôme d'Aigues-Mortes. On ne voyait d'abord de la flottille que les triangles très aigus de leurs voiles latines. Quand elles approchaient, on distinguait l'entassement des thons énormes qu'elles rapportaient. Ces puissants animaux, dont beaucoup ont la taille d'un homme, luisants et ensanglantés, me faisaient songer à des hommes d'armes dont on eût ramené les cadavres au rivage. C'était là un tableau d'une grandeur assez épique, que je baptisais volontiers : « Retour de la croisade. »

Mais ce spectacle noble en engendrait un autre, d'une affreuse beauté, que vous me pardonnerez de vous décrire.

Un matin, lendemain d'une pêche très fructueuse, où des centaines de grands thons avaient été pris, j'allai à la mer pour me baigner. Je m'avançai d'abord, pour jouir de la lumière admirable, sur une petite jetée. Tout à coup, abaissant le regard, j'aperçus à quelques pas de moi, sous l'eau merveilleusement plane et transparente, un horrible et splendide chaos qui me fit frémir. Des *choses* d'une rougeur écœurante, des masses d'un rose délicat ou d'une pourpre profonde et sinistre, gisaient là… Je reconnus avec horreur l'affreux amas des viscères et des entrailles de tout le troupeau de Neptune que les pêcheurs avaient rejeté à la mer. Je ne pouvais ni fuir ni supporter ce que je voyais, car le dégoût que ce charnier me causait le disputait en moi à la sensation de beauté réelle et singulière de ce désordre de couleurs organiques, de ces ignobles trophées de glandes, d'où s'échappaient encore des fumées sanguinolentes, et de poches pâles et tremblantes retenues par je ne sais quels fils sous le glacis de l'eau si claire, cependant que l'onde infiniment lente berçait dans l'épaisseur limpide un frémissement d'or imperceptible sur toute cette boucherie.

L'œil aimait ce que l'âme abhorrait. Divisé entre la répugnance et l'intérêt, entre la fuite et l'analyse, je m'efforçai de songer à ce qu'un artiste d'Extrême-Orient, un homme ayant les talents et la curiosité d'un Hokusaï, par exemple, eût pu tirer de ce spectacle.

Quelle estampe, quels motifs de corail, il eût pu concevoir ! Puis ma pensée se reporta vers ce qu'il y a de brutal et de sanglant dans la poésie des anciens. Les Grecs ne répugnaient pas à évoquer les scènes les plus atroces… Les héros travaillaient comme des bouchers. La mythologie, la poésie épique, la tragédie sont pleines de sang. Mais l'art est comparable à cette limpide et cristalline épaisseur à travers laquelle je voyais ces choses atroces : il nous fait des regards qui peuvent tout considérer.

*

Je n'en finirais plus de mes impressions marines de jeunesse !… Je ne puis m'attarder à vous communiquer tout ce qui m'amusait, m'attachait, me fascinait sur les quais du port ; à vous décrire, par exemple, quelques-uns de ces bateaux comme il n'en existe plus guère, ces types séculaires que la vapeur et le pétrole ont exterminés, les étranges chébecs, par exemple, aux formes d'une élégance orientale, qui avaient la proue grêle et bizarrement dessinée, qui portaient de très longues antennes, d'un jet vif comme un trait de plume, et qui devaient être identiques aux navires des Sarrasins et des Barbaresques, au temps que ces visiteurs redoutables venaient piller et enlever des dames et des demoiselles sur nos côtes. Mes chébecs se bornaient au transport d'excellents produits. Ils avaient des coques peintes de jaune et de vert intense, (triomphe du ton pur), et sur leurs ponts les citrons du Portugal ou les oranges de Valence s'entassaient en pyramides fortement colorées. Autour d'eux, sur le plan de l'eau calme et verte, flottaient quantité de ces fruits jaunes ou rouges, tombés du bord ou rejetés.

Et je n'essayerai pas de célébrer ici l'enivrement complexe de ces senteurs incohérentes qui font de l'atmosphère des quais une encyclopédie ou une symphonie olfactive : le charbon, le goudron, les alcools, la soupe de poisson, la paille et le coprah, qui fermentent, se disputent la puissance et l'empire de nos associations d'idées...

Mais je procède, dans ces confidences relatives, du concret vers l'abstrait, des impressions aux pensées, — et je dois, à présent, vous évoquer des sensations plus simples, plus profondes et plus complètes, ces sensations de l'ensemble de l'être, qui sont aux couleurs et aux odeurs ce que les formes et la composition d'un discours sont à ses ornements, à ses images et à ses épithètes.

Quelles sont ces sensations générales?

Je m'accuse devant vous d'avoir connu une véritable folie de lumière, combinée avec la folie de l'eau.

Mon jeu, mon seul jeu, était le jeu le plus pur: la nage. J'en ai fait une manière de poème, un poème que j'appelle *involontaire*, car il n'a pas été jusqu'à se former et à s'achever en vers. Mon intention, quand je l'ai fait, n'était pas de chanter l'état de nage, mais de le décrire, — ce qui est fort différent, — et il n'a effleuré la forme poétique que parce que le sujet par lui-même, la nage toute seule, se soutient et se meut en pleine poésie.

NAGE

« Il me semble que je me retrouve et me reconnaisse quand je reviens à cette eau universelle. Je ne connais rien aux moissons, aux vendanges.

« Rien pour moi dans *Les Géorgiques*.

« Mais se jeter dans la masse et le mouvement, agir jusqu'aux extrêmes, et de la nuque aux orteils; se retourner dans cette pure et profonde substance; boire et souffler la divine amertume, c'est pour mon être le jeu comparable à l'amour, l'action où tout mon corps se fait tout signes et tout forces,

comme une main s'ouvre et se ferme, parle et agit.
Ici, tout le corps se donne, se reprend, se conçoit,
se dépense et veut épuiser ses possibles. Il *la*
brasse, il *la* veut saisir, étreindre, il devient fou de
vie et de sa libre mobilité, il l'aime, il *la* possède, il
engendre avec *elle* mille étranges idées. Par elle, je
suis l'homme que je veux être. Mon corps devient
l'instrument direct de l'esprit, et cependant l'auteur
de toutes ses idées.

« Tout s'éclaire pour moi. Je comprends à l'extrême
ce que l'amour pourrait être. Excès du réel ! Les
caresses sont connaissance. Les actes de l'amant
seraient les modèles des œuvres.

« Donc, nage ! donne de la tête dans cette onde
qui roule vers toi, avec toi se rompt et te roule !

« Pendant quelques instants, j'ai cru que je ne
pourrais jamais ressortir de la mer. Elle me rejetait,
reprenait dans son repli irrésistible. Le retrait de la
vague énorme qui m'avait vomi sur le sable roulait
le sable avec moi. J'avais beau plonger mes bras
dans ce sable, il descendait avec tout mon corps.

« Comme je luttais encore un peu, une vague
beaucoup plus forte vint, qui me jeta comme une
épave au bord de la région critique.

« Je marche enfin sur l'immense plage, frisson-
nant et buvant le vent. C'est un coup de S. W. qui
prend les vagues par le travers, les frise, les froisse,
les couvre d'écailles, les charge d'un réseau d'ondes
secondaires qu'elles transportent de l'horizon jusqu'à la barre de rupture et d'écume.

« Homme heureux aux pieds nus, je marche ivre
de marche sur le miroir sans cesse repoli par le flot
infiniment mince. »

. . . .

*

C'est à présent que j'élèverai un peu le ton de ces confidences.

Le port, les navires, les poissons et les parfums, la nage, ce n'était qu'une manière de prélude. Il me faut essayer, maintenant, de vous montrer une action plus profonde de la mer natale sur mon esprit. La précision est très difficile en ces matières. Je n'aime guère le mot *influence*, qui ne désigne qu'une ignorance ou une hypothèse, et qui joue un rôle si grand et si commode dans la critique. Mais je vous dirai ce qui m'apparaît.

Certainement, rien ne m'a plus formé, plus imprégné, mieux instruit — ou construit — que ces heures dérobées à l'étude, distraites en apparence, mais vouées dans le fond au culte inconscient de trois ou quatre déités incontestables : la Mer, le Ciel, le Soleil. Je retrouvais, sans le savoir, je ne sais quels étonnements et quelles exaltations de primitif. Je ne vois pas quel livre peut valoir, quel auteur peut édifier en nous ces états de stupeur féconde, de contemplation et de communion que j'ai connus dans mes premières années. Mieux que toute lecture, mieux que les poètes, mieux que les philosophes, certains regards, sans pensée définie ni définissable, certains arrêts sur les purs éléments du jour, sur les objets les plus vastes, les plus simples, le plus puissamment simples et sensibles de notre sphère d'existence, l'habitude qu'ils nous imposent de rapporter inconsciemment tout événement, tout être, toute expression, tout détail, — aux plus grandes choses visibles et aux plus stables, — nous façonnent, nous accoutument, nous induisent à ressentir sans effort et sans réflexion la véritable proportion de notre nature, à trouver en nous, sans difficulté, le passage à notre degré le plus élevé, qui est aussi le plus « humain ». Nous possédons, en quelque sorte, une mesure de toutes choses et de nous-mêmes. La parole de Protagoras, que *l'homme est la mesure des choses*, est une parole caractéristique, essentiellement méditerranéenne.

Que veut-il dire ? Qu'est-ce que mesurer ?

N'est-ce point substituer à l'objet que nous mesurons le symbole d'un acte humain dont la simple répétition épuise cet objet ? Dire que l'homme est mesure des choses, c'est donc opposer à la diversité du monde l'ensemble ou le groupe des pouvoirs humains ; c'est opposer aussi à la diversité de nos instants, à la mobilité de nos impressions, et même à la particularité de notre individu, de notre personne singulière et comme spécialisée, cantonnée dans une vie locale et fragmentaire, un MOI qui la résume, la domine, la contient, comme la loi contient le cas particulier, comme le sentiment de notre force contient tous les actes qui nous sont possibles.

Nous nous sentons ce moi universel, qui n'est point notre personne accidentelle, déterminée par la coïncidence d'une quantité infinie de conditions et de hasards, car (entre nous) que de choses en nous semblent avoir été tirées au sort !... Mais nous sentons, vous dis-je, *quand nous méritons de le sentir*, ce MOI universel qui n'a point de nom, point d'histoire, et pour lequel notre vie observable, notre vie reçue et conduite ou subie par nous n'est que l'une des vies innombrables que ce moi identique eût pu épouser...

*

e m'excuse. Je me suis laissé entraîner... Mais n'allez pas croire que ce soit là de la « philosophie »... Je n'ai pas l'honneur d'être philosophe...

Si je me suis laissé entraîner, c'est qu'un regard sur la mer, c'est un regard sur le possible... Mais un regard sur le possible, si ce n'est pas encore de la philosophie, c'est sans doute un germe de philosophie, de la philosophie à l'état naissant.

Demandez-vous un peu comment put naître une pensée philosophique. Quant à moi, je ne tente de me répondre, si je me pose cette question, que mon esprit aussitôt ne me transporte au bord de quelque mer merveilleusement éclairée. Là, les ingrédients sensibles, les éléments (ou les aliments) de l'état d'âme au sein duquel va germer la pensée la plus générale, la question la plus compréhensive, sont réunis : de la lumière et de l'étendue, du loisir et du rythme, des transparences et de la profondeur... Ne voyez-vous pas que notre esprit ressent alors, découvre alors, dans cet aspect et dans cet accord des conditions naturelles, précisément toutes les qualités, tous les attributs de la connaissance : clarté, profondeur, vastitude, mesure !... Ce qu'il voit lui représente ce qu'il est dans son essence de posséder ou de désirer. Il lui arrive que son regard sur la mer engendre un plus vaste désir que tout désir qu'une chose particulière obtenue puisse satisfaire.

Il est comme séduit, comme initié à la pensée universelle. Ne croyez pas que je vous engage ici dans des subtilités. Il est connu que toutes nos abstractions ont de telles expériences personnelles et singulières pour origine ; tous les mots de la pensée la plus abstraite sont des mots tirés de l'usage le plus simple, le plus vulgaire, que nous avons débauchés pour philosopher avec eux. Savez-vous que le mot latin dont nous avons tiré le mot *monde* signifie simplement «parure»? Mais vous savez certainement que les mots d'*hypothèse*, ou de *substance*, d'*âme* ou d'*esprit*, ou d'*idée*, les mots de *penser* ou de *com-*

prendre, sont les noms d'actes élémentaires comme
de *poser*, de *mettre*, de *saisir*, de *souffler* ou de *voir*,
qui, peu à peu, se sont chargés de sens et de résonances extraordinaires, ou bien qui se sont, au
contraire, dépouillés progressivement jusqu'à perdre
tout ce qui eût empêché de les combiner avec une
liberté pratiquement illimitée. La notion de *peser*
n'est plus présente dans la notion de penser, et la
respiration n'est plus suggérée par les termes d'esprit et d'âme. Ces créations d'abstractions que l'histoire du langage nous fait connaître se retrouvent
dans nos expériences personnelles, et c'est par le
même procédé que ce ciel, cette mer, ce soleil, — ce
que j'appelais tout à l'heure les purs éléments du
jour, — ont suggéré ou imposé aux esprits contempla-
tifs ces notions d'infini, de profondeur, de connaissance, d'univers, qui sont toujours des sujets de
spéculation métaphysique ou physique, et dont je
vois l'origine très simple dans la présence d'une
lumière, d'une étendue, d'une mobilité surabon-
dantes, dans l'impression constante de majesté et de
toute-puissance, et parfois de caprice supérieur,
de colère sublime, de désordre des éléments qui
s'achèvera toujours en triomphe et en résurrection
de la lumière et de la paix.

Je viens de parler du soleil. Mais avez-vous jamais
regardé le soleil ? Je ne vous le conseille pas. Je m'y
suis risqué quelquefois, dans mes temps héroïques,
et j'ai pensé perdre la vue. Mais, je vous répète,
avez-vous jamais songé à l'importance immédiate
du soleil ? Je ne parle pas ici du soleil de l'astrophy-
sique, du soleil des astronomes, du soleil agent
essentiel de la vie sur la planète, mais simplement
du *soleil sensation, phénomène souverain*, et de son
action sur la formation de nos idées. Nous ne pensons jamais aux effets de ce corps insigne... Imagi-

nez l'impression que la présence de cet astre a pu produire sur les âmes primitives. Tout ce que nous voyons est *composé* par lui, et j'entends par composition un ordre de choses visibles et la transformation lente de cet ordre qui constitue tout le spectacle d'une journée : le soleil, maître des ombres, à la fois partie et moment, partie éblouissante et moment toujours dominant de la sphère céleste, a dû imposer aux premières réflexions de l'humanité le modèle d'une puissance transcendante, d'un maître unique. D'ailleurs, cet objet sans pareil, cet objet qui se cache dans son éclat insoutenable, a joué également, dans les idées fondamentales de la science, un rôle évident et capital. La considération des ombres qu'il projette a dû servir de première observation à toute une géométrie, celle qu'on nomme *projective*. Sous un ciel éternellement voilé, on n'y eût pas songé, sans doute ; pas plus qu'on n'eût pu instituer la mesure du temps, autre conquête primitive qui s'est d'abord pratiquée au moyen du déplacement de l'ombre d'un style, et il n'est pas d'instrument physique plus antique ni plus vénérable qu'une pyramide ou un obélisque, gnomons gigantesques, monuments dont le caractère était à la fois religieux, scientifique et social.

Le soleil introduit donc l'idée d'une toute-puissance suréminente, l'idée d'ordre et d'unité générale de la nature.

Vous voyez comme la pureté du ciel, l'horizon clair et net, une noble disposition des côtes peuvent non seulement être des conditions générales d'attraction pour la vie et de développement pour la civilisation, mais encore des éléments excitateurs de cette sensibilité intellectuelle particulière qui se distingue à peine de la pensée.

*

J'en viens, maintenant, à l'idée dominante, qui résumera tout ce que je vous ai dit, qui me représente à moi-même la conclusion de ce que j'appellerai «mon expérience méditerranéenne». Il me suffira de préciser une notion qui est, en somme, généralement répandue, celle du rôle ou de la fonction que la Méditerranée a rempli en raison de ses caractères physiques particuliers dans la constitution de l'esprit européen, ou de l'Europe historique, en tant que l'Europe et son esprit ont modifié le monde humain tout entier.

La nature méditerranéenne, les ressources qu'elle offrait, les relations qu'elle a déterminées ou imposées sont à l'origine de l'étonnante transformation psychologique et technique qui, en peu de siècles, a si profondément distingué les Européens du reste des hommes, et les temps modernes des époques antérieures. Ce sont des Méditerranéens qui ont fait les premiers pas certains dans la voie de la précision des méthodes, dans la recherche de la nécessité des phénomènes par l'usage délibéré des puissances de l'esprit, et qui ont engagé le genre humain dans cette manière d'aventure extraordinaire que nous vivons, dont nul ne peut prévoir les développements, et dont le trait le plus remarquable — le plus inquiétant, peut-être — consiste dans un éloignement toujours plus marqué des conditions initiales ou naturelles de la vie.

Le rôle immense joué par la Méditerranée dans cette transformation qui s'est étendue à l'humanité s'explique, (dans la mesure où quelque chose s'explique), par quelques observations toutes simples.

Notre mer offre un bassin bien circonscrit dont un point quelconque du pourtour peut être rejoint à partir d'un autre en quelques jours, au maximum, de navigation en vue des côtes et, d'autre part, par voie de terre.

Trois «parties du monde», c'est-à-dire trois mondes fort dissemblables, bordent ce vaste lac salé. Quantité d'îles dans la partie orientale. Point de marée sensible, ou qui, sensible, ne soit à peu près négligeable. Un ciel qui rarement reste longtemps voilé, circonstance heureuse pour la navigation.

Enfin, cette mer fermée, qui est en quelque sorte à l'échelle des moyens primitifs de l'homme, est tout entière située dans la zone des climats tempérés : elle occupe la plus favorable situation du globe.

Sur ses bords, quantité de populations extrêmement différentes, quantité de tempéraments, de sensibilités et de capacités intellectuelles très diverses se sont trouvés en contact. Grâce aux facilités de mouvements que l'on a dites, ces peuples entretinrent des rapports de toute nature : guerre, commerce, échanges, volontaires ou non, de choses, de connaissances, de méthodes ; mélanges de sang, de vocables, de légendes ou de traditions. Le nombre des éléments ethniques en présence ou en contraste, au cours des âges ; celui des mœurs, des langages, des croyances, des législations, des constitutions politiques ont, de tout temps, engendré une vitalité incomparable dans le monde méditerranéen. La concurrence, (qui est l'un des traits les plus frappants de l'ère moderne), a atteint de très bonne heure, en Méditerranée, une intensité singulière : concurrence des négoces, des influences, des religions. En aucune région du globe, une telle variété de conditions et d'éléments n'a été rapprochée de si près, une telle richesse créée et maintes fois renouvelée.

Or, tous les facteurs essentiels de la civilisation européenne sont les produits de ces circonstances, c'est-à-dire que des circonstances locales ont eu des effets (reconnaissables) d'intérêt et de valeur universels.

En particulier, l'édification de la personnalité humaine, la génération d'un idéal du développement le plus complet ou le plus parfait de l'homme, ont été ébauchées ou réalisées sur nos rivages. L'homme, mesure des choses ; l'homme, élément politique, membre de la cité ; l'homme, entité juridique définie par le droit ; l'homme égal à l'homme devant Dieu et considéré *sub specie æternitatis*, ce sont là des créations presque entièrement méditerranéennes dont on n'a pas besoin de rappeler les immenses effets.

*

Qu'il s'agisse des lois naturelles ou des lois civiles, le type même de la loi a été précisé par des esprits méditerranéens. Nulle part ailleurs, la puissance de la parole, consciemment disciplinée et dirigée, n'a été plus pleinement et utilement développée : la parole ordonnée à la logique, employée à la découverte de vérités abstraites, construisant l'univers de la géométrie ou celui des relations qui permettent la justice ; ou bien maîtresse du forum, moyen politique essentiel, instrument régulier de l'acquisition ou de la conservation du pouvoir.

Rien de plus admirable que de voir, en quelques siècles, naître de quelques peuples riverains de cette mer les inventions intellectuelles les plus précieuses et, parmi elles, les plus pures : c'est ici que la science s'est dégagée de l'empirisme et de la pratique, que l'art s'est dépouillé de ses origines sym-

boliques, que la littérature s'est nettement différen-
ciée et constituée en genres bien distincts, et que la
philosophie, enfin, a essayé à peu près toutes les
manières possibles de considérer l'univers et de se
considérer elle-même.

Jamais, et nulle part, dans une aire aussi restreinte et dans un intervalle de temps si bref, une
telle fermentation des esprits, une telle production
de richesses, n'ont pu être observées.

Le bilan de l'intelligence

Conférence prononcée le 16 janvier 1935.

Il y a un peu plus de deux ans, à cette même place, j'ai eu l'honneur de vous entretenir de ce que j'appelais *La Politique de l'Esprit*. Il vous souvient peut-être que, sous ce titre, (qui n'est pas particulièrement précis), je m'inquiétais de l'état actuel des choses de ce monde et j'interrogeais les faits dont nous sommes les témoins et les agents, en me préoccupant, non tant de leur caractère politique ou économique que de l'état dans lequel ils mettent les choses de l'esprit. J'ai insisté (peut-être trop longuement) sur cet état critique, et je vous disais en substance qu'un désordre dont on ne peut imaginer le terme s'observe à présent dans tous les domaines. Nous le trouvons autour de nous comme en nous-mêmes, dans nos journées, dans notre allure, dans les journaux, dans nos plaisirs, et jusque dans notre savoir. L'interruption, l'incohérence, la surprise sont des conditions ordinaires de notre vie. Elles sont même devenues de véritables besoins chez beaucoup d'individus dont l'esprit ne se nourrit plus, en quelque sorte, que de variations brusques et d'excitations toujours renouvelées. Les mots « sensationnel », « impressionnant », qu'on emploie couramment aujourd'hui, sont de

ces mots qui peignent une époque. Nous ne sup-
portons plus la durée. Nous ne savons plus fécon-
der l'ennui. Notre nature a horreur du vide, — ce
vide sur lequel les esprits de jadis savaient peindre
les images de leurs idéaux, leurs Idées, au sens de
Platon. Cet état que j'appelais «chaotique» est l'effet composé des œuvres et du travail accumulé des
hommes. Il amorce sans doute un certain avenir,
mais un avenir qu'il nous est absolument impossible d'imaginer; et c'est là, entre les autres nouveautés, l'une des plus grandes. Nous ne pouvons
plus déduire de ce que nous savons quelques
figures du futur auxquelles nous puissions attacher
la moindre créance.

Nous avons, en effet, en quelques dizaines d'années, bouleversé et créé tant de choses aux dépens
du passé; en le réfutant, en le désorganisant, en
réorganisant les idées, les méthodes, les institutions
qu'il nous avait léguées, que le présent nous apparaît un état sans précédent et sans exemple. Nous
ne regardons plus le passé comme un fils regarde
son père, duquel il peut apprendre quelque chose,
mais comme un homme fait regarde un enfant...
Nous aurions parfois l'envie d'instruire et d'émerveiller les plus grands de nos aïeux, les ayant ressuscités pour nous donner ce plaisir.

Souvent, il m'amuse d'imaginer ceci: je m'abandonne à rêver la résurrection de quelqu'un de nos
grands hommes de jadis. Je m'offre à lui servir de
guide; je me promène avec lui dans Paris; je l'entends qui me presse de questions, qui s'exclame; et
je ressens, par ce moyen naïf qui m'oblige à m'étonner de ce que je vois sans étonnement tous les jours,
l'immense différence que la suite des temps a créée
entre la vie d'avant-hier et celle d'aujourd'hui. Mais
je m'embarrasse bientôt dans mon rôle de cicerone.

Songez à tout ce qu'il faudrait savoir pour expliquer à Descartes ou à Napoléon ressuscités notre système actuel d'existence, pour lui faire comprendre comment nous pouvons arriver à vivre dans des conditions si étranges, dans un milieu qu'il trouverait certainement assez effrayant, et même hostile. Cet embarras est la mesure du changement intervenu.

*

Je ne puis ici qu'effleurer l'immense question de ces changements dépassant toute prévision, qui ont profondément modifié le monde et l'ont, en quelques années, rendu méconnaissable aux yeux des observateurs qui avaient assez vécu pour l'avoir vu bien différent. Je vais insister sur le peu de temps qu'il a fallu pour amener de si énormes conséquences, et surtout arrêter un peu vos esprits sur les causes les plus puissantes de cette brusque mutation. Je pense à tous les faits nouveaux, entièrement nouveaux, prodigieusement nouveaux, qui se sont révélés à partir du commencement du siècle dernier.

*

La science, jusque-là, n'avait poursuivi ses recherches que sur des phénomènes connus *sensibles depuis toujours, et immédiatement sensibles*. Sans doute, la notion de l'univers s'était profondément modifiée, en même temps que celle de la science elle-même, et corrélativement ; mais les phénomènes observables, d'une part, les pouvoirs d'action de l'homme, d'autre part, ne s'étaient pas sensiblement accrus. Or, en 1800 (je crois), la découverte du courant électrique, par l'invention admi-

rable de la pile, ouvre cette ère des faits nouveaux
qui vont changer la face du monde. Il n'est pas sans
intérêt de s'arrêter sur cette date : de songer qu'il
n'y a que cent trente-cinq ans que cette révélation a
eu lieu. Vous en savez les suites merveilleuses : tout
le domaine de l'électrodynamique et de l'électromagnétisme ouvert à la curiosité passionnée des
savants, toutes les applications qui se multiplient,
les relations aperçues de l'électricité avec la lumière,
les conséquences théoriques qui s'ensuivirent ; le
rayonnement enfin, dont l'étude vient remettre en
question toutes nos connaissances physiques, et jusqu'à nos habitudes de pensée.

Envisagez, maintenant, le nombre de ces faits
radicalement nouveaux, impossibles à prévoir, qui,
en moins d'un siècle et demi, sont venus surprendre
les esprits, depuis le courant électrique jusqu'aux
rayons X et aux diverses radiations qui se découvrent depuis Curie ; ajoutez-y la quantité des applications, depuis le télégraphe jusqu'à la télévision, et
vous concevrez par la réflexion de cette nouveauté
toute vierge, offerte en si peu de temps au monde
humain, (et dont l'accroissement semble sans limite),
quel effort d'adaptation s'impose à une race si long-
temps enfermée dans la contemplation et l'utilisation
des mêmes phénomènes immédiatement observables,
depuis l'origine.

*

Je vous ferai ici un petit conte pour bien accuser
la pensée que je vous propose, et qui est, en somme,
l'entrée du genre humain dans une phase de son
histoire où toute prévision devient — par cela seul
qu'elle est prévision — une chance d'erreur, une
production suspecte de notre esprit.

Veuillez donc supposer que les plus grands savants qui ont existé jusque vers la fin du XVIIIᵉ siècle, les Archimède et les Newton, les Galilée et les Descartes, étant assemblés en quelque lieu des Enfers, un messager de la Terre leur apporte une dynamo et la leur donne à examiner à loisir. On leur dit que cet appareil sert aux hommes qui vivent à produire du mouvement, de la lumière ou de la chaleur. Ils regardent ; ils font tourner la partie mobile de la machine. Ils la font démonter, en interrogent et en mesurent toutes les parties. Ils font, en somme, tout ce qu'ils peuvent… Mais le courant leur est inconnu, l'induction leur est inconnue ; ils n'ont guère l'idée que de transformations mécaniques. «À quoi servent ces fils embobinés ?» disent-ils. Ils doivent conclure à leur impuissance. Ainsi, tout le savoir et tout le génie humain réunis devant ce mystérieux objet échouent à en découvrir le secret, et à deviner le fait nouveau qui fut apporté par Volta, et ceux que révélèrent Ampère, Œrsted, Faraday, et les autres…

(N'omettons pas, ici, de remarquer que tous ces grands hommes qui viennent de se déclarer incapables de comprendre la dynamo tombée de la Terre aux Enfers ont fait exactement ce que nous-mêmes faisons quand nous interrogeons un cerveau, le pesant, le disséquant, le débitant en coupes minces et soumettant ces lamelles fixées à l'examen histologique. Ce transformateur naturel nous demeure incompréhensible…)

Remarquez aussi que j'ai choisi, dans mon exemple de la dynamo, des esprits de première grandeur qui se trouvent réduits à l'impuissance, à l'impossibilité radicale de s'expliquer un appareil dont la conduite et l'usage sont familiers aujourd'hui à tant d'hommes, et qui, d'ailleurs, sont devenus indispensables à la vie sociale.

En somme, nous avons le privilège — ou le malheur très intéressant — d'assister à une transformation profonde, rapide, irrésistible de toutes les conditions de l'action humaine.

Ne croyez pas du tout que les hommes venus avant nous aient pu être les témoins de variations si sensibles et si extraordinaires dans le cours de leur vie. Un de mes amis, il y a quelque quarante ans, se moquait un jour, devant moi, de l'expression bien connue : «époque de transition», et il me disait que c'était là un cliché absurde. «Toute époque est transition», disait-il. Je pris alors un morceau de sucre, (car ceci se passait après le dîner), je le lui montrai, le mis dans ma tasse de café, et je lui dis :

— Pensez-vous que ce morceau de sucre qui, depuis un temps assez long, se trouvait dans le sucrier, assez tranquille en somme, n'est pas en train d'éprouver des sensations d'une espèce toute nouvelle ? N'est-il pas, à présent, dans une époque qu'il peut appeler «de transition» ? Pensez-vous qu'une femme qui attend un bébé ne se sente pas dans un état assez différent de celui dans lequel elle était auparavant et qu'elle ne puisse pas nommer cette période de sa vie une période de transition ? Je l'espère pour elle et pour le bébé.

Et je dis, à présent :

— Pensez-vous qu'un homme qui aurait vécu les années entre 1872, par exemple, et 1890, et qui aurait vécu ensuite les années 1890 à 1935, n'aurait pas senti quelque différence d'allure entre ces deux périodes de sa vie ?

*

Je ne veux pas vous énumérer tout ce qui a été profondément modifié, altéré, remplacé, depuis une trentaine d'années, puisque je vous ai déjà, il y a deux ans, montré l'essentiel du tableau de cette transformation. Je vous dirai seulement, pour résumer ma pensée et m'introduire dans le sujet que je traite aujourd'hui, je vous dirai que l'on pouvait encore, il y a quelque trente ans, examiner les choses de ce monde *sous un aspect historique*, c'est-à-dire qu'il était alors dans l'esprit de tous de chercher, dans le présent d'alors, la suite et le développement assez intelligibles des événements qui s'étaient produits dans le passé. La continuité régnait dans les esprits. On trouvait, sans grande difficulté, des modèles, des exemples, des précédents, des causes, dans les documents, les souvenirs, les ouvrages historiques. Ceci était général ; et à part quelques nouveautés dans l'ordre industriel, tout le reste des éléments de la civilisation se raccordait assez facilement au passé. Mais, pendant les trente ou quarante ans que nous venons de vivre, trop de nouveautés se sont introduites, dans tous les domaines. Trop de surprises, trop de créations, trop de destructions, trop de développements considérables et brusques sont venus interrompre assez brutalement cette tradition intellectuelle, cette continuité dont je vous parlais. Et des problèmes chaque jour plus nombreux, des problèmes parfaitement neufs et inattendus, se sont déclarés de toutes parts, soit dans la politique, soit dans les arts, soit dans les sciences ; dans toutes les affaires humaines, toutes les cartes ont été brouillées. *L'homme se trouve assailli par une quantité de questions auxquelles aucun homme, jusqu'ici, n'avait songé*, philosophe ou non, savant ou non ; tout le monde est comme surpris. *Tout homme appartient à deux ères.*

Dans le passé, on n'avait guère vu, en fait de nouveautés, paraître que des solutions ou des réponses à des problèmes ou à des questions très anciennes, sinon immémoriales. Mais notre nouveauté, à nous, consiste dans l'inédit des questions elles-mêmes, et non point des solutions ; dans les énoncés, et non dans les réponses.

De là cette impression générale d'impuissance et d'incohérence qui domine dans nos esprits, qui les dresse, et les met dans cet état anxieux auquel nous ne pouvons ni nous accoutumer, ni prévoir un terme. D'un côté, un passé qui n'est pas aboli ni oublié, mais un passé duquel nous ne pouvons à peu près rien tirer qui nous oriente dans le présent et nous donne à imaginer le futur. De l'autre, un avenir sans la moindre figure. Nous sommes, chaque jour, à la merci d'une invention, d'un accident, matériel ou intellectuel.

Il suffit de reprendre une collection de journaux vieille à peine de quelques mois pour voir avec quelle constance les événements confondent en peu de jours les pronostics des hommes les plus compétents. Faut-il oser ajouter ici qu'un homme compétent devient un homme qui se trompe, mais qui se trompe dans toutes les règles ? Je ne puis m'empêcher de songer à ce trust des cerveaux qui fut assemblé en Amérique et qui s'évanouit en discutant, au bout de quelques semaines.

Nous ne voyons de toutes parts, sur l'univers, que tentatives, plans, expériences, essais, tâtonnements, précipités, dans tous les ordres.

La Russie, l'Allemagne, l'Italie, les États-Unis sont comme de vastes laboratoires où se poursuivent des recherches d'une ampleur inconnue jusqu'ici ; où l'on tente de façonner un homme nouveau, de faire une économie, des mœurs, une vie, et même des religions nouvelles. Et il en est de même dans les sciences, dans les arts et en toutes choses humaines.

Mais, en présence de cet état si angoissant d'une part, si excitant de l'autre, la question même de l'intelligence humaine se pose ; la question de l'intelligence, de ses bornes, de sa préservation, de son avenir probable, se pose à elle-même et lui apparaît la question capitale du moment.

*

En effet, le désordre dont je vous ai parlé, les difficultés dont je vous entretiens ne sont que les conséquences évidentes du développement intellectuel intense qui a transformé le monde. C'est le capitalisme des idées et des connaissances et le travaillisme des esprits qui sont à l'origine de cette crise. Nous trouvons facilement à la racine des phénomènes politiques et économiques de notre époque, — de la pensée, des études, des raisonnements, des travaux intellectuels. Un seul exemple : l'introduction de l'hygiène au Japon a fait que la population de cet empire a doublé en trente-cinq ans !... Quelques notions ont créé en trente-cinq ans une pression politique énorme.

Ainsi l'action de l'esprit, créant furieusement, et comme dans l'emportement le plus aveugle, des moyens matériels de grande puissance, a engendré d'énormes événements, d'échelle mondiale, et ces modifications du monde humain se sont imposées sans ordre, sans plan préconçu et, surtout, sans égard à la nature vivante, à sa lenteur d'adaptation et d'évolution, à ses limites originelles. On peut dire que *tout ce que nous savons*, c'est-à-dire *tout ce que nous pouvons*, a fini par s'opposer à *ce que nous sommes*.

Et nous voici devant une question : il s'agit de savoir si ce monde prodigieusement transformé,

mais terriblement bouleversé par tant de puissance
appliquée avec tant d'imprudence, peut enfin recevoir un statut rationnel, peut revenir rapidement,
ou plutôt peut arriver rapidement à un état d'équilibre supportable ? En d'autres termes, l'esprit peut-
il nous tirer de l'état où il nous a mis ? (Notez que
le mot *rationnel* que je viens d'employer est, au
fond, l'équivalent du mot *rapidement*, car il est certain que l'équilibre renaîtra fatalement, comme
l'équilibre s'est rétabli après la ruine de l'empire
romain, mais il ne s'est rétabli qu'au bout de plusieurs siècles. Il s'est rétabli *par les faits*, tandis que
la question que je pose est celle de savoir si l'esprit,
agissant directement et immédiatement, pourra
rétablir *rationnellement*, c'est-à-dire *rapidement*, un
certain équilibre en quelques années.)

*

Donc, toute la question que je posais revient à
celle-ci : si l'esprit humain pourra surmonter ce que
l'esprit humain a fait ? si l'intellect humain peut sauver d'abord le monde, et ensuite soi-même ? C'est
donc une sorte d'examen de la valeur actuelle de
l'esprit et de sa prochaine valeur, ou de sa valeur
probable, qui fait l'objet du problème que je me
pose, — et que je ne résoudrai pas.

Non ! Ne vous attendez pas que je puisse même
songer à le résoudre : il n'en est pas question. Et je
ne me flatte pas davantage de vous l'énoncer complètement, ni clairement, ni simplement. Plus cette
question s'est produite à mon esprit, plus j'ai aperçu
sa complexité. Mais, sans chercher à simplifier ce
qui est le contraire du simple, à éclaircir ce qui a
pour fonction d'éclaircir et qui est en soi si obscur,
je veux essayer de vous donner une impression de

la question elle-même ; et il me suffira, je l'espère, pour atteindre ce but, de vous représenter la manière dont la vie moderne, la vie de la plupart des hommes, traite, influence, excite ou fatigue leur esprit. Je dis que la vie moderne traite les esprits de telle sorte que l'on peut raisonnablement concevoir de grandes craintes pour la conservation de la valeur dans l'ordre intellectuel.

Les conditions du travail de l'esprit ont, en effet, subi le même sort que tout le reste des choses humaines, c'est-à-dire qu'elles participent de l'intensité, de la hâte, de l'accélération générales des échanges, ainsi que tous les effets de l'incohérence, de la scintillation fantastique des événements. Je vous avoue que je suis si effrayé de certains symptômes de dégénérescence et d'affaiblissement que je constate (ou crois constater) dans l'allure générale de la production et de la consommation intellectuelle, que je désespère parfois de l'avenir ! Je m'excuse (et je m'accuse) de rêver quelquefois que l'intelligence de l'homme, et tout ce par quoi l'homme s'écarte de la ligne animale, pourrait un jour s'affaiblir et l'humanité insensiblement revenir à un état instinctif, redescendre à l'inconstance et à la futilité du singe. Elle serait gagnée peu à peu à une indifférence, à une inattention, à une instabilité que bien des choses dans le monde actuel, dans ses goûts, dans ses mœurs, dans ses ambitions manifestent, ou permettent déjà de redouter. Et je me dis (sans trop me croire) :

— Toute l'histoire humaine, en tant qu'elle manifeste la pensée, n'aura peut-être été que l'effet d'une sorte de crise, d'une poussée aberrante, comparable à quelqu'une de ces brusques variations qui s'observent dans la nature et qui disparaissent aussi bizarrement qu'elles sont venues. Il y a eu des espèces

instables, et des monstruosités de dimensions, de
puissance, de complication, qui n'ont pas duré. Qui
sait si toute notre culture n'est pas une hypertro-
phie, un écart, un développement insoutenable,
qu'une ou deux centaines de siècles auront suffi à
produire et à épuiser ?

C'est là, sans doute, une pensée bien exagérée
que je n'exprime ici que pour vous faire sentir, sous
des traits un peu gros, toute la préoccupation que
l'on peut avoir au sujet du destin de l'intellect. Mais
il est trop facile de justifier ces craintes. Il me suffira, pour vous en montrer le germe réel, de vous
désigner plusieurs points, quelques-uns des points
noirs de l'horizon de l'esprit.

*

Commençons par l'examen de cette faculté qui
est fondamentale et qu'on oppose à tort à l'intelligence, dont elle est, au contraire, la véritable puissance motrice ; je veux parler de la sensibilité. Si la
sensibilité de l'homme moderne se trouve fortement compromise par les conditions actuelles de sa
vie, et si l'avenir semble promettre à cette sensibilité un traitement de plus en plus sévère, nous
serons en droit de penser que l'intelligence souf-
frira profondément de l'altération de la sensibilité.
Mais comment se produit cette altération ?

Notre monde moderne est tout occupé de l'exploitation toujours plus efficace, plus approfondie des
énergies naturelles. Non seulement il les recherche
et les dépense, pour satisfaire aux nécessités éternelles de la vie, mais il les prodigue, et il s'excite
à les prodiguer au point de créer de toutes pièces
des besoins inédits, (et même que l'on n'eût jamais
imaginés), à partir des moyens de contenter ces

besoins qui n'existaient pas. Tout se passe dans notre état de civilisation industrielle comme si, ayant inventé quelque substance, on inventait d'après ses propriétés une maladie qu'elle guérisse, une soif qu'elle puisse apaiser, une douleur qu'elle abolisse. On nous inocule donc, pour des fins d'enrichissement, des goûts et des désirs qui n'ont pas de racines dans notre vie physiologique profonde, mais qui résultent d'excitations psychiques ou sensorielles délibérément infligées. L'homme moderne s'enivre de dissipation. Abus de vitesse, abus de lumière, abus de toniques, de stupéfiants, d'excitants... Abus de fréquence dans les impressions ; abus de diversité ; abus de résonance ; abus de facilités ; abus de merveilles ; abus de ces prodigieux moyens de déclenchement, par l'artifice desquels d'immenses effets sont mis sous le doigt d'un enfant. Toute vie actuelle est inséparable de ces abus. Notre système organique, soumis de plus en plus à des expériences mécaniques, physiques et chimiques toujours nouvelles, se comporte, à l'égard de ces puissances et de ces rythmes qu'on lui inflige, à peu près comme il le fait à l'égard d'une *intoxication insidieuse*. Il s'accommode à son poison, il l'exige bientôt. Il en trouve chaque jour la dose insuffisante.

L'œil, à l'époque de Ronsard, se contentait d'une chandelle, — si ce n'est d'une mèche trempée dans l'huile ; les érudits de ce temps-là, qui travaillaient volontiers la nuit, lisaient, (et quels grimoires !), écrivaient sans difficulté, à quelque lueur mouvante et misérable. L'œil, aujourd'hui, réclame vingt, cinquante, cent bougies. L'oreille exige toutes les puissances de l'orchestre, tolère les dissonances les plus féroces, s'accoutume au tonnerre des camions, aux sifflements, aux grincements, aux ronflements des machines, et parfois les veut retrouver dans la musique des concerts.

Quant à notre sens le plus central, ce sens intime de la distance entre le désir et la possession de son objet, qui n'est autre que le sens de la durée, ce sentiment du temps, qui se contentait jadis de la vitesse de la course des chevaux, il trouve aujourd'hui que les rapides sont bien lents, et que les messages électriques le font mourir de langueur. Enfin, les événements eux-mêmes sont réclamés comme une nourriture, jamais assez relevée. S'il n'y a point, le matin, quelque grand malheur dans le monde, nous sentons un certain vide : « Il n'y a rien, aujourd'hui, dans les journaux ! » disons-nous. Nous voilà pris sur le fait, nous sommes tous empoisonnés. Je suis donc fondé à dire qu'il existe pour nous une sorte d'intoxication par l'énergie, comme il y a une intoxication par la hâte, et une autre par la dimension.

Les enfants trouvent qu'un navire n'est jamais assez gros, une voiture ou un avion jamais assez vite, et l'idée de la supériorité absolue de la grandeur quantitative, idée dont la naïveté et la grossièreté sont évidentes, (je l'espère), est l'une des plus caractéristiques de l'espèce humaine moderne. Si l'on recherche en quoi la manie de la hâte (par exemple) affecte les vertus de l'esprit, on trouve bien aisément autour de soi et en soi-même tous les risques de l'intoxication dont je parlais.

J'ai signalé, il y a quelque quarante ans, comme un phénomène critique dans l'histoire du monde la disparition de la terre libre, c'est-à-dire l'occupation achevée des territoires par des nations organisées, la suppression des biens qui ne sont à personne. Mais, parallèlement à ce phénomène politique, on constate la disparition du temps libre. L'espace libre et le temps libre ne sont plus que des souvenirs. Le temps libre dont il s'agit n'est pas le loisir, tel qu'on l'entend d'ordinaire. Le loisir apparent existe encore, et même ce loisir apparent se défend et se généralise au moyen de mesures légales et de perfectionnements mécaniques contre la conquête des heures par l'activité. Les journées de travail sont mesurées et ses heures comptées par la loi. Mais je dis que le loisir intérieur, qui est tout autre chose que le loisir chronométrique, se perd. Nous perdons cette paix essentielle des profondeurs de l'être, cette absence sans prix, pendant laquelle les éléments les plus délicats de la vie se rafraîchissent et se réconfortent, pendant laquelle l'être, en quelque sorte, se lave du passé et du futur, de la conscience présente, des obligations suspendues et des attentes embusquées... Point de souci, point de lendemain, point de pression intérieure ; mais une sorte de repos dans l'absence, une vacance bienfaisante, qui rend l'esprit à sa liberté propre. Il ne s'occupe alors que de soi-même. Il est délié de ses devoirs envers la connaissance pratique et déchargé du soin des choses prochaines : il peut produire des formations pures comme des cristaux. Mais voici que la rigueur, la tension et la précipitation de notre existence moderne troublent ou dilapident ce précieux repos. Voyez en vous et autour de vous ! Les progrès de l'insomnie sont remarquables et suivent exactement tous les autres progrès. Que de personnes dans le monde ne dorment plus que d'un sommeil de synthèse, et se fournissent de néant dans la savante industrie de la chimie organique ! Peut-être de nouveaux assemblages de molécules plus ou moins *barbituriques* nous donneront-ils la méditation que l'existence nous interdit de plus en plus d'obtenir naturellement. La pharmacopée, quelque jour, nous offrira de la profondeur. Mais, en attendant, la fatigue et la confusion mentale sont parfois telles que l'on se prend à regretter naïvement les Tahiti, les paradis de simplicité et de paresse, les vies à forme lente et inexacte que nous n'avons jamais connues. Les primitifs ignorent la nécessité d'un temps finement divisé.

*

Il n'y avait pas de minute ni de seconde pour les anciens. Des artistes comme Stevenson, comme Gauguin, ont fui l'Europe et gagné des îles sans horloges. Le courrier ni le téléphone ne harcelaient Platon. L'heure du train ne pressait pas Virgile. Descartes s'oubliait à songer sur les quais d'Amsterdam. Mais nos mouvements d'aujourd'hui se règlent sur des fractions exactes du temps. Le vingtième de seconde lui-même commence à n'être plus négligeable dans certains domaines de la pratique.

Sans doute, l'organisme est admirable de souplesse. Il résiste jusqu'ici à des traitements de plus en plus inhumains, mais, enfin, soutiendra-t-il toujours cette contrainte et ces excès ? Ce n'est pas tout. Dieu sait ce que nous subissons, ce que notre malheureuse sensibilité doit compenser comme elle peut !… Elle supporte les vacarmes que vous savez ; elle souffre les odeurs nauséabondes, les éclairages follement intenses et violemment contrastés. Notre corps est soumis à une trépidation perpétuelle ; il a besoin, désormais, d'excitants brutaux, de boissons infernales, d'émotions brèves et grossières, pour ressentir et pour agir.

Je ne suis pas éloigné, en présence de tous ces faits, de conclure que la sensibilité chez les modernes est en voie d'affaiblissement. Puisqu'il faut une excitation plus forte, une dépense plus grande d'énergie

pour que nous sentions quelque chose, c'est donc
que la délicatesse de nos sens, après une période
d'affinement, se fait moindre. Je suis persuadé que
des mesures précises des énergies exigées aujour-
d'hui par les sens des civilisés montreraient que les
seuils de leur sensibilité se relèvent, c'est-à-dire
qu'elle devient plus obtuse.

*

Cette atténuation de la sensibilité se marque assez
par l'indifférence croissante et générale à la laideur
et à la brutalité des aspects.

Nous avons, en vue de la culture artistique, développé nos musées ; nous avons introduit une manière
d'éducation esthétique dans nos écoles. Mais ce ne
sont là que des mesures spécieuses, qui ne peuvent
aboutir qu'à répandre une érudition abstraite, sans
effets positifs. Tout se borne à distribuer un savoir
sans profondeur vivante, puisque nous admettons
que nos voies publiques, nos rues, nos places soient
déshonorées par des monuments qui offensent la
vue et l'esprit ; que nos villes se développent dans
le désordre, que les constructions de l'État ou des
particuliers s'élèvent sans le moindre souci des exigences les plus simples du sentiment de la forme.

Mais j'effleure ici le domaine des choses morales.
Notre décadence dans l'ordonnance des bâtiments
et des perspectives tient, en grande partie, à l'exa-
gération de la manie du contrôle, qui est elle-même
un symptôme de la dégénérescence du goût de la
responsabilité.

Cette ordonnance des constructions et des créations urbaines ne peut être qu'une action volontaire
bien déterminée. Elle est une œuvre d'art. Elle
ne doit donc pas résulter des délibérations d'un

conseil, d'un comité, d'une commission, d'un corps constitué quelconque, aussi bien composé qu'on le voudra. Construire, c'est ici réaliser un certain souhait de l'œil, souhait que l'esprit peu à peu précise, approfondit, rapproche de son exécution, par les actes, et dans la matière. Mais une des marques de la défaillance du caractère dans notre temps est de subordonner l'action au contrôle de l'action et de placer la défiance et la délibération un peu partout.

Je reviendrai sur cela tout à l'heure.

Abordons, à présent, un des objets capitaux de notre examen. Le plus important, peut-être.

Tout l'avenir de l'intelligence dépend de l'éducation, ou plutôt des enseignements de tout genre que reçoivent les esprits. Les termes d'éducation et d'enseignement ne doivent pas être pris ici dans un sens restreint. On songe généralement, quand on les prononce, à la formation systématique de l'enfant et de l'adolescent, par les parents ou par des maîtres. Mais n'oublions pas que notre vie tout entière peut être considérée comme une éducation non plus organisée, ni même organisable, mais, au contraire, essentiellement désordonnée, qui consiste dans l'ensemble des impressions et des acquisitions bonnes ou mauvaises que nous devons à la vie même. L'école n'est pas seule à instruire les jeunes. Le milieu et l'époque ont sur eux autant et plus d'influence que les éducateurs. La rue, les propos, les spectacles, les fréquentations, l'air du temps, les modes qui se succèdent, (et, par mode, je n'entends pas seulement celles du vêtement et des manières, mais celles qui s'observent dans le langage), agissent puissamment et constamment sur leur esprit.

Mais donnons d'abord notre attention à l'éducation organisée, celle qui se dispense dogmatiquement dans les écoles. Je ferai une remarque préliminaire qu'exige, à mon avis, la caractéristique la plus manifeste de notre temps. J'estime qu'on ne peut plus traiter une question quelconque qui concerne la vie humaine sans tenir compte des diverses formes qu'elle revêt dans l'ensemble du monde civilisé. En toute matière, notre époque exige de nous ou nous impose un regard plus étendu qu'il ne le fut jadis. On ne peut plus restreindre l'étude d'un problème humain à ce qui se passe dans une certaine nation. Il faut étendre son investigation aux peuples voisins, parfois à des peuples très éloignés. Les relations humaines sont devenues si étroites et si nombreuses, et les répercussions si rapides, et souvent si surprenantes, que l'examen des phénomènes de tous ordres qui s'observent dans un canton restreint ne peut suffire à nous renseigner sur les conditions et les possibilités d'existence dans ce même cercle restreint, même locales. Toute connaissance est, aujourd'hui, nécessairement une connaissance comparée.

Eh bien, les hommes de demain en Europe, c'est-à-dire les enfants et les adolescents d'aujourd'hui, se divisent en groupes fort différents. Ces groupes seront demain en regard l'un de l'autre, ils seront en concurrence, en liaison ou en opposition entre eux. Il faut donc bien observer comparativement ce que nous faisons de nos enfants, et ce qu'en font les autres nations, et songer aux conséquences possibles de ces éducations dissemblables. Je n'y insisterai pas beaucoup. Mais je ne puis ne pas vous rappeler que, dans trois ou quatre grands pays, la jeunesse tout entière est, depuis quelques années, soumise à un traitement éducatif de caractère essentiellement politique. *Politique d'abord*, tel est le principe des programmes et des disciplines scolaires dans ces nations. Ces programmes et ces disciplines sont ordonnés à la formation uniforme des jeunes esprits, et des intentions politiques et sociales remarquablement précises l'emportent ici sur toutes considérations de culture. Les moindres détails de la vie scolaire, les manières inculquées, les jeux, les lectures offertes aux jeunes gens, tout doit concourir à en faire des hommes adaptés à une structure sociale et à des desseins nationaux ou sociaux parfaitement déterminés. La liberté de l'esprit est résolument subordonnée à la doctrine d'État, doctrine qui, sans doute, varie suivant les nations dans ses principes, mais qui est, on peut le dire, identique partout, quant à l'objectif d'uniformité souhaité. *L'État se fait ses hommes.*

Notre jeunesse trouvera donc très prochainement en face d'elle des jeunesses homogènes, façonnées, dressées et, pour ainsi dire, *étatisées*. L'État moderne de ce type ne souffre aucune discordance dans l'enseignement, et cet enseignement, qui commence dans l'âge le plus tendre, ne lâche plus sa proie, en continue et en parachève l'éducation par des systèmes postscolaires d'allure militaire.

Je ne veux et je ne puis aller plus loin dans cette observation, et je me borne à poser la question qui m'importe ici, question à laquelle l'avenir seul peut répondre :

— Qu'en résultera-t-il pour la valeur de la culture ? Que deviendront l'indépendance des esprits, celle des recherches, et surtout celle des sentiments ? Que deviendra la liberté de l'intelligence ?

*

Laissons cela, mais revenons à la France et considérons un peu notre système d'éducation et d'enseignement.

Je suis bien obligé de constater que ce système, ou plutôt ce qui en tient lieu, (car, après tout, je ne sais pas si nous avons un système, ou si ce que nous avons peut se nommer *système*), je suis obligé de constater que notre enseignement participe de l'incertitude générale, du désordre de notre temps. Et même il reproduit si exactement cet état chaotique, cet état de confusion, d'incohérence si remarquable, qu'il suffirait d'observer nos programmes et nos objectifs d'études pour reconstituer l'état mental de notre époque et retrouver tous les traits de notre doute et de nos fluctuations sur toute valeur. Notre enseignement n'est pas, comme dans les pays dont je viens de parler, nettement dominé par une politique. Il est mêlé de politique, ce qui est fort différent ; et il est mêlé de politique de manière irrégulière et inconstante. On peut dire qu'il est libre, mais comme nous-mêmes sommes libres, d'une liberté tempérée à chaque instant par la crainte de ses excès, mais ravivée, dès l'instant suivant, par la crainte de l'excès contraire. À peine sommes-nous rassurés par l'énergie qui s'annonce et qui va se montrer, que nous nous hérissons contre cette démonstration esquissée.

L'enseignement montre donc son incertitude et la montre à sa façon. La tradition et le progrès se partagent ses désirs. Tantôt il s'avance résolument, esquisse des programmes qui font table rase de bien des traditions littéraires ou scientifiques ; tantôt le souci respectable de ce qu'on nomme les *humanités* le rappelle à elles, et l'on voit s'élever, une fois de plus, la dispute infinie que vous savez entre les morts et les vivants, où les vivants n'ont pas toujours l'avantage. Je suis bien obligé de remarquer que, dans ces discussions et dans cette alternative, les questions fondamentales ne sont jamais énoncées.

Je sais que le problème est horriblement difficile. La quantité croissante des connaissances d'une part, le souci de conserver certaines qualités que nous considérons, à tort ou à raison, non seulement comme supérieures en soi, mais comme caractéristiques de la nation, se peuvent difficilement accorder. Mais si l'on considérait le sujet lui-même de l'éducation : *l'enfant*, dont il s'agit de faire un homme, et si l'on se demandait ce que l'on veut au juste que cet enfant devienne, il me semble que le problème serait singulièrement et heureusement transformé, et que tout programme, toute méthode d'enseignement, comparés point par point, à l'idée de cette transformation à obtenir et du sens dans lequel elle devrait s'opérer, seraient par là jugés. Supposons, par exemple, que l'on dise :

— Il s'agit de donner à cet enfant (pris au hasard) les notions nécessaires pour qu'il apporte à la nation un homme capable de gagner sa vie, de vivre dans le monde moderne où il devra vivre, d'y apporter un élément utile, un élément non dangereux, mais un élément capable de concourir à la prospérité générale. D'autre part, capable de jouir des acquisitions de toute espèce de la civilisation, de les accroître ; en somme, de coûter le moins possible aux autres et de leur apporter le plus...

Je ne dis pas que cette formule soit définitive ni complète, ni même du tout satisfaisante. Je dis que c'est dans cet ordre de questions qu'il faut, avant toute chose, fixer son esprit quand on veut statuer sur l'enseignement. Il est clair qu'il faut d'abord inculquer aux jeunes gens les conventions fondamentales qui leur permettront les relations avec leurs semblables, et les notions qui, éventuellement, leur donneront les moyens de développer leurs forces ou de parer à leurs faiblesses dans le milieu social.

Mais quand on examine ce qui est, on est frappé de voir combien les méthodes en usage, si méthodes il y a, (et s'il ne s'agit pas seulement d'une combinaison de routine, d'une part, et d'expérience ou d'anticipation téméraire, d'autre part), négligent cette réflexion préliminaire que j'estime essentielle. Les préoccupations dominantes semblent être de donner aux enfants une culture disputée entre la tradition dite *classique*, et le désir naturel de les initier à l'énorme développement des connaissances et de l'activité modernes. Tantôt une tendance l'emporte, tantôt l'autre ; mais jamais, parmi tant d'arguments, jamais ne se produit la question essentielle.

— *Que veut-on et que faut-il vouloir ?*

C'est qu'elle implique une décision, un parti à prendre. Il s'agit de se représenter l'*homme de notre temps*, et cette *idée de l'homme* dans le milieu probable où il vivra doit être d'abord établie. Elle doit résulter de l'observation précise, et non du sentiment et des préférences des uns et des autres, — de leurs espoirs politiques, notamment. Rien de plus coupable, de plus pernicieux et de plus décevant que la politique de parti en matière d'enseignement. Il est cependant un point où tout le monde s'entend, s'accorde déplorablement. Disons-le : l'enseignement a pour objectif réel, le *diplôme*.

Je n'hésite jamais à le déclarer, le diplôme est l'ennemi mortel de la culture. Plus les diplômes ont pris d'importance dans la vie, (et cette importance n'a fait que croître à cause des circonstances économiques), plus le rendement de l'enseignement a été faible. Plus le contrôle s'est exercé, s'est multiplié, plus les résultats ont été mauvais.

Mauvais par ses effets sur l'esprit public et sur l'esprit tout court. Mauvais parce qu'il crée des espoirs, des illusions de droits acquis. Mauvais par

tous les stratagèmes et les subterfuges qu'il suggère ; les recommandations, les préparations stratégiques, et, en somme, l'emploi de tous expédients
pour franchir le seuil redoutable. C'est là, il faut
l'avouer, une étrange et détestable initiation à la vie
intellectuelle et civique.

D'ailleurs, si je me fonde sur la seule expérience
et si je regarde les effets du contrôle en général, je
constate que le contrôle, en toute matière, aboutit à
vicier l'action, à la pervertir… Je vous l'ai déjà dit :
dès qu'une action est soumise à un contrôle, le but
profond de celui qui agit n'est plus l'action même,
mais il conçoit d'abord la prévision du contrôle, la
mise en échec des moyens de contrôle. Le contrôle
des études n'est qu'un cas particulier et une démonstration éclatante de cette observation très générale.

*

Le diplôme fondamental, chez nous, c'est le baccalauréat. Il a conduit à orienter les études sur un
programme strictement défini et en considération
d'épreuves qui, avant tout, représentent, pour les
examinateurs, les professeurs et les patients, une
perte totale, radicale et non compensée, de temps et
de travail. Du jour où vous créez un diplôme, un
contrôle bien défini, vous voyez aussitôt s'organiser
en regard tout un dispositif non moins précis que
votre programme, qui a pour but unique de conqué-
rir ce diplôme par tous moyens. Le but de l'enseignement n'étant plus la formation de l'esprit, mais
l'acquisition du diplôme, c'est le minimum exigible
qui devient l'objet des études. Il ne s'agit plus d'apprendre le latin, ou le grec, ou la géométrie. Il s'agit
d'emprunter, et non plus *d'acquérir*, d'emprunter ce
qu'il faut pour passer le *baccalauréat*.

Ce n'est pas tout. Le diplôme donne à la société un fantôme de garantie, et aux diplômés des fantômes de droits. Le diplômé passe officiellement pour savoir : il garde toute sa vie ce brevet d'une science momentanée et purement expédiente. D'autre part, ce diplômé au nom de la loi est porté à croire qu'on lui doit quelque chose. Jamais convention plus néfaste à tout le monde, à l'État et aux individus, (et, en particulier, à la culture), n'a été instituée. C'est en considération du diplôme, par exemple, que l'on a vu se substituer à la lecture des auteurs l'usage des résumés, des manuels, des comprimés de science extravagants, les recueils de questions et de réponses toutes faites, extraits et autres abominations. Il en résulte que plus rien dans cette culture adultérée ne peut aider ni convenir à la vie d'un esprit qui se développe.

Je ne veux pas examiner en détail les diverses matières de cet enseignement détestable : je me bornerai à vous montrer à quel point l'esprit se trouve choqué et blessé par ce système dans ses parties les plus sensibles.

Laissons la question du grec et celle du latin, c'est une dérision que l'histoire des vicissitudes de ces enseignements. On remet, ou on retire, selon le flux ou le reflux, un peu plus de grec ou un peu plus de latin dans les programmes. Mais quel grec et quel latin ! La querelle dite des «humanités» n'est que le combat des simulacres de culture. L'impression qu'on éprouve devant l'usage que l'on fait de ces malheureuses langues deux fois mortes est celle d'une étrange falsification. Ce ne sont plus véritablement des langues ni des littératures dont on s'occupe, ces langages semblent n'avoir jamais été parlés que par des fantômes. Ce sont, pour l'immense majorité de ceux qui font semblant de les étudier,

des conventions bizarres dont l'unique fonction
est de constituer les difficultés d'un examen. Sans
doute le latin et le grec ont beaucoup changé depuis
un siècle. Actuellement, l'antiquité n'est plus du tout
celle de Rollin, pas plus que les chefs-d'œuvre de la
sculpture antique ne sont, depuis cent ans, ni l'*Apollon du Belvédère* ni *le Laocoon* ; et sans doute on ne
sait plus ni le latin des jésuites ni celui des docteurs
en philologie. On sait un latin, ou, plutôt, on fait
semblant de savoir un latin, dont la version du baccalauréat est la fin dernière et définitive. J'estime,
pour ma part, que mieux vaudrait rendre l'enseignement des langues mortes entièrement faculta-
tif, sans épreuves obligatoires, et dresser seulement
quelques élèves à les connaître assez solidement,
plutôt que de les contraindre en masse à absorber
des parcelles inassimilables de langages qui n'ont
jamais existé… Je croirai à l'enseignement des
langues antiques quand j'aurai vu, en chemin de fer,
un voyageur sur mille tirer de sa poche un petit Thucydide ou un charmant Virgile, et s'y absorber, foulant aux pieds journaux et romans plus ou moins
policiers.

*

Mais passons au français. Il me suffira, sur ce
point, de vous apprendre une chose immense : la
France est le seul pays du monde où l'on ne puisse
absolument pas apprendre à parler le français.
Allez à Tokio, à Hambourg, à Melbourne, il n'est
pas impossible que l'on vous y enseigne à prononcer correctement votre langue. Mais faites, au
contraire, le tour de France, c'est-à-dire le tour des
accents, et vous connaîtrez Babel. Rien de moins
étonnant : on ne prononce spontanément le véri-

table français que dans les régions où le français s'est formé. Mais ce qui, au contraire, peut étonner l'observateur, — mais qui semble ne pas étonner les éducateurs, — c'est que ces diverses prononciations françaises : accent marseillais, picard, lyonnais, limousin, corse ou germanique, ne soient, dans une nation dont on connaît les goûts très vifs pour l'unification, réformés, corrigés, de manière que tous les Français puissent reconnaître leur langue, en tous les points du territoire.

Ici se placent les méfaits de l'orthographe. Parcourons donc les provinces de notre pays. Nous trouverons dans les divers parlers locaux que les voyelles du français sont généralement altérées selon les provinces. Mais, au contraire, nous observerons que la *figure* des mots, cette figure articulée qui est en quelque sorte construite ou dessinée par les *consonnes*, est rigoureusement, beaucoup trop rigoureusement, formée par toutes ces bouches selon la criminelle orthographe. On constate, par exemple, que toutes les lettres doublées dans l'écriture et que le français ne devrait pas faire sentir sont terriblement fortifiées dans la parole. Tout se prononce. On dira, par exemple, som*p*tueux ou dom*p*ter…. au lieu de *sontueux* ou *donter*… Et, dans le Midi, nous disons fort bien : *La valeur n'attend pas le nombre des an-nées.*

Ce n'est pas ici le lieu de faire le procès complet de l'orthographe. L'absurdité de notre orthographe, qui est, en vérité, une des fabrications les plus cocasses du monde, est bien connue. Elle est un recueil impérieux ou impératif d'une quantité d'erreurs d'étymologie artificiellement fixées par des décisions inexplicables. Laissons ce procès de côté, (non sans observer à quel point la complication orthographique de notre langue la met en état d'infériorité vis-à-vis de certaines autres. L'italien est parfaitement phonétique, cependant que le français, qui est riche, possède deux manières d'écrire *f*, quatre manières d'écrire *k*, deux d'écrire *z*, etc.).

*

Mais je reviens à la langue parlée. Croyez-vous que notre littérature, et singulièrement notre poésie, ne pâtisse pas de notre négligence dans l'éducation de la parole ? Que voulez-vous que devienne un poète, un véritable poète, un homme pour qui les sons du langage ont une importance égale *(égale, vous m'entendez bien !)* à celle du sens, quand, ayant calculé de son mieux ses figures rythmiques, la valeur de la voix et des timbres, il lui arrive d'entendre cette musique si particulière qu'est la poésie, interprétée, ou plutôt massacrée, selon l'un des divers accents que je vous ai énumérés ? Mais même lorsque l'accent est celui du véritable français, la diction scolaire telle qu'elle est pratiquée est tout bonnement criminelle. Allez donc entendre du La Fontaine, du Racine, récité dans une école quelconque ! La consigne est littéralement d'ânonner, et, d'ailleurs, jamais la moindre idée du rythme, des assonances et des allitérations qui constituent la substance sonore de la poésie n'est donnée et démontrée aux enfants. On considère sans doute comme futilités ce qui est la substance même de la poésie. Mais, en revanche, on exigera des candidats aux examens une certaine connaissance de la poésie et des poètes. Quelle étrange connaissance ! N'est-il pas étonnant que l'on substitue cette connaissance purement abstraite, (et qui n'a d'ailleurs qu'un rapport lointain avec la poésie), à la sensation même du poème ? Cependant qu'on exige le respect de la par-

tie absurde de notre langage, qui est sa partie orthographique, on tolère la falsification la plus barbare
de la partie phonétique, c'est-à-dire de la langue
vivante. L'idée fondamentale semble ici, comme en
d'autres matières, d'instituer des moyens de contrôle
faciles, car rien n'est plus facile que de constater
la conformité de l'écriture d'un texte, ou sa non-
conformité, avec l'orthographe légale, aux dépens
de la véritable connaissance, c'est-à-dire de la sensation poétique. L'orthographe est devenue le cri-
térium de la belle éducation, cependant que le
sentiment musical, le nombre et le dessin des phrases
ne jouent absolument aucun rôle dans les études ni
dans les épreuves...

*

L'éducation ne se borne pas à l'enfance et à l'adolescence. L'enseignement ne se limite pas à l'école.
Toute la vie, notre milieu est notre éducateur, et un
éducateur à la fois sévère et dangereux. Sévère, car
les fautes ici se paient plus sérieusement que dans
les collèges, et dangereux, car nous n'avons guère
conscience de cette action éducatrice, bonne ou
mauvaise, du milieu et de nos semblables. Nous
apprenons quelque chose à chaque instant ; mais
ces leçons immédiates sont en général insensibles.
Nous sommes faits, pour une grande part, de tous
les événements qui ont eu prise sur nous ; mais nous
n'en distinguons pas les effets qui s'accumulent et se
combinent en nous. Voyons d'un peu plus près comment cette éducation de hasard nous modifie.
    Je distinguerai deux sortes de ces leçons acciden-
telles de tous les instants : les unes, qui sont les
bonnes, ou, du moins, qui pourraient l'être, ce sont
les *leçons de choses*, ce sont les expériences qui nous

sont imposées, ce sont les faits qui sont directement observés ou subis par nous-mêmes. Plus cette observation est directe, plus nous percevons directement les choses, ou les événements, ou les êtres, sans traduire aussitôt nos impressions en clichés, en formules toutes faites, et plus ces perceptions ont de valeur. J'ajoute — ce n'est pas un paradoxe — qu'une perception directe est d'autant plus précieuse que nous savons moins l'exprimer. Plus elle met en défaut les ressources de notre langage, plus elle nous contraint à les développer.

Nous possédons en nous toute une réserve de formules, de dénominations, de locutions toutes prêtes, qui sont de pure imitation, qui nous délivrent du soin de penser, et que nous avons tendance à prendre pour des solutions valables et appropriées.

Nous répondrons le plus souvent à ce qui nous frappe par des paroles dont nous ne sommes pas les véritables auteurs. Notre pensée — ou ce que nous prenons pour notre pensée — n'est alors qu'une simple réponse automatique. C'est pourquoi il faut difficilement se croire soi-même *sur parole*. Je veux dire que la parole qui nous vient à l'esprit, généralement n'est pas de nous.

*

Mais d'où vient-elle ? C'est ici que se manifeste le second genre de leçons dont je vous parlais. Ce sont celles qui ne nous sont pas données par notre expérience personnelle directe, mais que nous tenons de nos lectures ou de la bouche d'autrui.

Vous le savez, mais vous ne l'avez peut-être pas assez médité, à quel point l'ère moderne est *parlante*. Nos villes sont couvertes de gigantesques écritures. La nuit même est peuplée de mots de feu. Dès le matin, des feuilles imprimées innombrables sont aux mains des passants, des voyageurs dans les trains, et des paresseux dans leurs lits. Il suffit de tourner un bouton dans sa chambre pour entendre les voix du monde, et parfois la voix de nos maîtres. Quant aux livres, on n'en a jamais tant publié. On n'a jamais tant lu, ou plutôt tant parcouru !

Que peut-il résulter de cette grande débauche ?

Les mêmes effets que je vous décrivais tout à l'heure ; mais, cette fois, c'est notre sensibilité verbale qui est brutalisée, émoussée, dégradée... Le langage s'use en nous.

L'épithète est dépréciée. L'inflation de la publicité a fait tomber à rien la puissance des adjectifs les plus forts. La louange et même l'injure sont dans la détresse ; on doit se fatiguer l'esprit à chercher de quoi glorifier ou insulter les gens !

D'ailleurs, la quantité des publications, leur fréquence diurne, le flux des choses qui s'impriment ou se diffusent, emportent du matin au soir les jugements et les impressions, les mélangent et les malaxent, et font de nos cervelles une substance véritablement grise, où rien ne dure, rien ne domine, et nous éprouvons l'étrange impression de la monotonie de la nouveauté, et de l'ennui des merveilles et des extrêmes.

Que faut-il conclure de ces constatations ?

Si incomplètes qu'elles soient, je pense qu'elles suffisent à faire concevoir des craintes sérieuses sur les destins de l'intelligence telle que nous la connaissions jusqu'ici. Nous sommes en possession d'un modèle de l'esprit et de divers étalons de valeur intellectuelle qui, quoique fort anciens, — pour ne pas dire : immémoriaux, — ne sont peut-être pas éternels.

Par exemple, nous n'imaginons guère encore que

le travail mental puisse être collectif. L'individu semble essentiel à l'accroissement de la science la plus élevée et à la production des arts. Quant à moi, je m'en tiens énergiquement à cette opinion ; mais j'y reconnais mon sentiment propre, et je sais que je dois douter de mon sentiment : plus il est fort, plus j'y retrouve ma personne, et je me dis qu'il ne faut pas essayer de lire dans une personne les lignes de l'avenir. Je m'oblige à ne pas me prononcer sur les grandes énigmes que nous propose l'ère moderne. Je vois qu'elle soumet nos esprits à des épreuves inouïes.

Toutes les notions sur lesquelles nous avons vécu sont ébranlées. Les sciences mènent la danse. Le temps, l'espace, la matière, sont comme sur le feu, et les catégories sont en fusion.

Quant aux principes politiques et aux lois économiques, vous savez assez que Méphistophélès en personne semble aujourd'hui les avoir engagés dans la troupe de son sabbat.

Enfin, la question si difficile et si controversée des rapports entre l'individu et l'État se pose : l'État, c'est-à-dire l'organisation de plus en plus précise, étroite, exacte, qui prend à l'individu toute la portion qu'il veut de sa liberté, de son travail, de son temps, de ses forces et, en somme, de sa vie, pour lui donner… Mais quoi lui donner ? Pour lui donner de quoi jouir du reste, développer ce reste ?… Ce sont des parts bien difficiles à déterminer. Il semble que l'État actuellement l'emporte et que sa puissance tende à absorber presque entièrement l'individu.

Mais l'individu, c'est aussi la liberté de l'esprit. Or, nous avons vu que cette liberté (dans son sens le plus élevé) devient illusoire par le seul effet de la vie moderne. Nous sommes suggestionnés, harcelés, abêtis, en proie à toutes les contradictions, à toutes les dissonances qui déchirent le milieu de la civilisation actuelle. L'individu est déjà compromis, avant même que l'État l'ait entièrement assimilé.

Je vous ai dit que je ne conclurai pas, mais je terminerai sur une manière de conseil.

Parmi tous les traits de l'époque, il en est un dont je ne dirai pas de mal. Je ne suis pas ennemi du sport… J'entends du sport qui ne dérive pas de la seule imitation et de la mode, ni de celui qui fait trop grand bruit dans les journaux. Mais j'aime l'idée sportive. Et je la transporte volontiers dans le domaine de l'esprit. Cette idée conduit à porter au point le plus élevé quelqu'une de nos qualités natives en observant cependant l'équilibre de toutes, car un sport qui déforme son sujet est un mauvais sport. Enfin, tout sport sérieusement pratiqué exige des épreuves, des privations parfois sévères, une hygiène, une tension et une constance mesurables par les résultats, — en somme, une véritable morale de l'action qui tend à développer le type humain par un dressage fondé sur l'analyse de ses facultés et leur excitation raisonnée. On pourrait le caractériser par cette formule d'apparence paradoxale en disant qu'il consiste dans l'éducation réfléchie des réflexes.

Mais l'esprit, tout esprit qu'il est, peut se traiter par des méthodes analogues. Le fonctionnement de notre esprit peut se considérer comme une suite très irrégulièrement constituée de productions inconscientes et d'interventions de la conscience. Nous sommes mentalement une succession de transformations dont les unes, les conscientes, sont plus complexes que les autres, les inconscientes. Tantôt nous rêvons, tantôt nous veillons : voilà le fait grossement exprimé. Or, tous les progrès positifs, incontestables de la puissance humaine, sont dus à

l'utilisation de ces deux modes d'existence psychique, avec accroissement de la conscience, c'est-à-
dire : accroissement de l'action volontaire intérieure.
Si le civilisé pense d'une manière si différente du
primitif, c'est par conséquence de la prédominance
des réactions conscientes sur les produits incons-
cients. Sans doute, ces derniers sont la matière
indispensable, et parfois du plus haut prix, de nos
pensées, mais leur valeur durable dépend finalement de la conscience.

Le sport intellectuel consiste donc dans le développement et le contrôle de nos actes intérieurs.
Comme le virtuose du piano ou du violon arrive à
accroître artificiellement, par études sur soi-même,
la conscience de ses impulsions et à les posséder
distinctement de manière à acquérir une liberté
d'ordre supérieur, ainsi faudrait-il, dans l'ordre de
l'intellect, acquérir un art de penser, se faire une
sorte de psychologie dirigée... C'est la grâce que je
vous souhaite.

VARIÉTÉ IV

Remerciement

À L'ACADÉMIE FRANÇAISE

Discours prononcé le 23 juin 1927.

Les premiers mots qu'on vous adresse sont toujours d'une vérité particulière. Il est bien remarquable qu'un discours dicté par l'usage, un remerciement de cérémonie qui pourrait se réduire à une apparence gracieuse, engendre nécessairement dans celui qui parle le même sentiment qu'il vous exprime, et un état de pure et parfaite sincérité. En ce point singulier d'une existence où l'on paraît un instant devant votre Compagnie avant que de s'y confondre, toutes nos raisons d'être modestes, qui sont assez souvent paresseuses et profondément retirées, se font vives et puissantes. Nous sommes inspirés d'être pour nous plus sévères et plus difficiles que ne le fut l'Académie. Notre poids nous semble léger. Nos ouvrages nous sont une pincée de cendre; et sur le seuil de votre audience, éprouvant invinciblement ce que l'on doit à votre faveur, on éprouve ce que l'on est et l'on se dit que tout arrive.

Vous m'avez facilement accordé de prendre parmi vous une de ces places si honorables que tant d'hommes du premier ordre ont dû longuement

désirer, et qu'il n'est pas sans exemple qu'avec tous
les mérites du monde quelques-uns des plus grands
aient attendue toute leur vie. Il ne serait pas
humain, Messieurs, que cette réflexion inévitable
ne produisît en moi je ne sais quelle comparaison
des destinées. Le passé saisit le présent, et je me
sens environné d'une foule d'ombres que je ne puis
écarter de mon discours. Les morts n'ont plus que
les vivants pour ressource. Nos pensées sont pour
eux les seuls chemins du jour. Eux qui nous ont
tant appris, eux qui semblent s'être effacés pour
nous et nous avoir abandonné toutes leurs chances,
il est juste et digne de nous qu'ils soient pieusement
accueillis dans nos mémoires et qu'ils boivent un
peu de vie dans nos paroles. Il est juste et naturel
que je sois à présent sollicité de mes souvenirs, et
que mon esprit se sente assisté d'une troupe mystérieuse de compagnons et de maîtres disparus, dont
les encouragements et les lumières que j'en ai reçus
m'ont conduit insensiblement devant vous. Je dois
à bien des morts d'être tel que vous ayez pu me
choisir ; et à l'amitié, je dois presque tout.

Parmi tant de chers et tant d'admirables absents
dont la présence m'est si certaine, vous ne serez
point étonnés que je distingue ici la figure charmante et grave de votre confrère très aimé, M. René
Boylesve, l'un de ceux de l'Académie qui m'ont persuadé qu'il fallait songer à vous joindre, et qui se
sont intéressés, avec une efficace évidente, à disposer pour moi vos esprits et à me préparer ce jour
même.

Entre Boylesve et moi, il arrivait assez souvent
que l'on s'entretînt de nos commencements littéraires. Nous unissions nos réminiscences diverses
du temps où nous nous étions rencontrés. Nos admi-
rations primitives, nos idéaux, nos grands hommes,

nos sujets de merveille et d'amour, s'étaient trouvés assez différents, car Boylesve, toujours, fut un sage. Nous revenions avec amitié sur nos anciennes différences, comme jadis, avec amitié, nous les avions reconnues. Mais nous nous accordions enfin, selon l'usage éternel des personnes qui se font moins jeunes, dans le regret des jours consumés. Quoique rien ne soit plus ordinaire, toutefois il ne fut jamais plus raisonnable de gémir sur ce qui n'est plus. C'est que le temps de notre jeunesse et celui de notre vigueur ne s'est pas évanoui insensiblement et par une altération imperceptible : il a péri d'une mort violente ; il ne peut plus s'apercevoir qu'au travers d'immenses événements. Le monde au sein duquel nous nous sommes formés à la vie et à la pensée est un monde foudroyé. Nous vivons comme nous pouvons dans le désordre de ses ruines, ruines elles-mêmes inachevées, ruines qui menacent ruine, et qui nous entourent de circonstances pesantes et formidables, au milieu desquelles le visage pâlissant du passé nous apparaît plus doux et plus délicieux que si le cours indivisible des choses n'eût fait que nous ravir paisiblement quelques dizaines d'années.

Au sortir d'une crise si violente, après un si grand bouleversement et une tension si prolongée des esprits, la littérature s'est faite bien différente de ce qu'elle fut. On trouvait autour de soi, vers 1890, une disposition tout autre et beaucoup plus simple des ambitions et des pensées. Ce peuple d'écrivains qui dresse et agite devant chaque époque une quantité de miroirs divergents n'a plus les mêmes coutumes ni la même constitution qu'il avait. On observait alors une variété de confessions et de sectes plus nettement séparées qu'il ne s'en trouve aujourd'hui. L'adolescent qui s'essayait aux lettres et qui s'égarait tout d'abord, quelque peu

ébloui d'œuvres et d'idées, ne tardait pas à discerner les partis et les doctrines qui se divisaient le
présent ou se disputaient l'avenir. Bientôt, sur les
degrés de l'amphithéâtre intellectuel qui s'élève de
l'obscurité jusqu'à la gloire, il pouvait aisément choisir le côté de ses préférences. Toutes les factions de
la politique littéraire avaient alors leurs quartiers
généraux et leurs places d'armes. Il y avait encore
deux rives à la Seine ; sur ces bords ennemis, les
salons dissertaient, les cafés résonnaient ; quelques
ateliers bouillonnaient du mélange écumant des
arts. Même un grenier devint illustre ; et le seul
grenier au monde capable d'une telle fécondité, il
enfanta une Académie excellente qui s'accorde
aimablement avec son aînée, et dont il vous plaira,
Messieurs, que je salue les gloires et les talents au
passage.

Je ne vois pas à présent d'aussi claires catégories
qu'il s'en voyait au temps de notre ingénuité. Les
volontés et les systèmes s'opposaient plus exactement. Toute la nation littéraire s'ordonnait en un
petit nombre de tribus, selon les lois naïves des
contrastes que l'on croyait exister entre l'art et la
nature, le beau et le vrai, la pensée et la vie, le vieux
et le neuf. Chacune de ces tribus avait son chef
incontestable, je veux dire qu'il n'était contesté que
par quelqu'un du même drapeau.

Le naturalisme triomphait sous Émile Zola. Autour
de la noble figure de Leconte de Lisle rimaient exactement les poètes du Parnasse. On remarquait aussi,
souriants ou pensifs, un petit groupe de grande
influence, philosophes ou moralistes, dont les uns
plutôt sévères, et même soucieux, les autres qui
se faisaient de l'ironie une méthode universelle,
jugeaient, disséquaient ou raillaient toutes choses
divines et humaines.

Je crois bien que de ces auteurs idéologues, critiques, théoriciens, humanistes, nourris de philologie, d'histoire et d'exégèse, qui se réclamaient des grands noms de Renan et de Taine, il n'en est point que la Compagnie n'ait accueilli dans ses fauteuils.

Zola, Leconte de Lisle, Taine ou Renan, il suffisait alors de quelques noms pour s'y reconnaître assez vite dans la mêlée des doctrines et des personnes. C'est en quoi de grands hommes sont fort utiles. Comme les noms illustres s'inscrivent au coin des rues et nous enseignent où nous sommes, ils s'inscrivent aussi aux carrefours et aux points multiples de notre mémoire intellectuelle. La gloire cesse d'être vaine, la gloire sert à quelque chose, si elle consiste à devenir symbole et convention commode dans les esprits.

Mais ces écoles triomphantes, ces constellations d'écrivains si hautes sur l'horizon commençaient à manquer dans leur triomphe des forces qu'elles avaient consumées pour l'obtenir. Leurs vertus et leurs arguments s'épuisaient, car il n'est guère de vertus que combatives : qui gagne, les perd. Et quant à nos arguments, ce ne sont, pour la plupart, que des armes de jet qui ne peuvent servir deux fois. Le naturalisme et le Parnasse étant au plus haut période, ils devenaient la proie passive de l'inertie ; ils se trouvaient sans le savoir dans toute la faiblesse des apogées. Un jeune homme tenté par les lettres ne pouvait douter, c'eût été douter de soi-même, qu'il ne se préparât dans les têtes les plus actives de son âge je ne sais quelles nouveautés extraordinaires. La jeunesse prophétise par son existence même, étant ce qui sera.

On commençait de saisir dans l'air intellectuel la rumeur d'une diversité de voix surprenantes et de chansons encore inouïes, le murmure d'une forêt très mystérieuse dont les frémissements, les échos, et parfois les ricanements pleins de présages et de menaces, inquiétaient vaguement, persiflaient nettement les puissances du jour, qu'ils pénétraient peu à peu d'une sourde persuasion de leur ruine. Les lacunes et les vices de ce qui existe nous sont merveilleusement sensibles à l'âge où nous-mêmes nous n'existons presque pas encore. Une foule de publications éphémères, de libelles singuliers, d'opuscules où l'œil, l'oreille, l'esprit trouvaient des surprises extrêmes, paraissaient et disparaissaient. Des groupes naissaient, mouraient, renaissaient, s'absorbaient l'un l'autre ou se divisaient à chaque instant, témoignant d'une vitalité océanique dans les profondeurs de la littérature imminente. Je ne dissimulerai pas que le plaisir de rompre avec la coutume, l'intention parfois de choquer, n'étaient pas absents de toutes les âmes. On assumait assez volontiers le rôle de démons littéraires tout occupés dans leurs ténèbres de tourmenter le langage commun, de torturer le vers, de lui arracher ses belles rimes ou ses majuscules initiales, de l'étirer jusqu'à des longueurs démesurées, de pervertir ses mœurs régulières, de l'enivrer de sonorités inattendues.

Mais si sévèrement que l'on ait pu, jadis, apprécier ces attentats, ces étranges sévices, il faut prendre garde qu'ils répondaient à quelque nécessité. Les hommes n'inventent rien qu'ils n'y soient contraints par les circonstances. Les damnations ne sont que des expédients qui répondent à des expédients. Elles n'émanent que de juges extérieurs qui ne sentent pas ce que nous sentons. La sévérité est nécessairement superficielle.

Comment eussions-nous pu n'être pas habités de l'esprit de notre temps, de cet esprit d'un temps si fertile en découvertes, si audacieux dans ses entreprises, où l'on a vu la science passer à l'action, l'attitude contemplative ou descriptive le céder à la volonté de puissance, à la création d'immenses moyens ? L'époque étonne à chaque instant les habitudes des hommes, change leurs mœurs en quelques années, transforme leur sensibilité. Elle exige, elle obtient de nous une perpétuelle adaptation à de nouvelles réalités dont vous savez avec quelle promptitude et quelle énergie elles s'imposent et agissent sur tous les rythmes de notre vie, sur ses relations extérieures avec le temps et l'espace, et sur nos goûts comme sur nos desseins. Ce qui se passe un certain jour dans un coin de laboratoire retentit presque aussitôt et agit sur toute l'économie humaine.

Il n'est pas de tradition qui puisse subsister autrement que par artifice dans cette mêlée de nouveautés. Un temps qui interroge tout, qui vit de tout essayer, de tout regarder comme perfectible et donc provisoire ; qui ne peut plus rien concevoir qu'à titre d'essai et de valeur de transition, ne saurait être un temps de repos pour les lettres ni pour les arts. La poursuite des perfectionnements exclut la recherche de la perfection. Perfectionner s'oppose à parfaire. D'ailleurs c'est bien peu de chose que de changer la physionomie d'une page d'écriture quand celle de la terre et des cités subit des altérations si extraordinaires et si profondes.

Le romantisme déjà avait fortement remué le monde intellectuel ; mais les insurgés romantiques s'appareillaient aux mouvements de violence politique du dix-neuvième siècle ; ils empruntaient dans leur allure et dans leur langage quelque chose de la chaleur et de la fureur dramatique de nos révolutions. On revendiquait alors une liberté totale pour les formes de l'art et ses expressions.

Mais les jeunes gens que j'ai connus, ou du moins ceux d'entre eux qui avaient dans l'âme de quoi oser et approfondir, ressentaient plutôt cette ardeur expérimentale, cette volonté d'innovations réfléchies, de combinaisons et de solutions audacieuses qui ont fait notre science et notre technique si grandes et si étonnantes que les créations imaginaires pâlissent auprès des leurs, et, envieuses des prodiges positifs, s'en inspirent de plus en plus.

Il fallait bien que les expériences les plus hardies fussent tentées et que ce qui demeurait de traditionnel ou de conventionnel dans les arts fût soumis à des épreuves impitoyables. On s'inquiéta, parmi nous, de restituer les lois naturelles de la musique poétique, d'isoler la poésie même de tous les éléments étrangers à son essence, de se faire une idée plus précise des moyens et des possibilités de l'art par une étude et une méditation nouvelles du vocabulaire, de la syntaxe, de la prosodie et des figures. Les uns poursuivant cette analyse, les autres se confiant à leur sensibilité dont ils développaient les expressions à l'infini, ils composaient ensemble le mouvement littéraire le plus tourmenté de philosophie, le plus curieux de science, le plus raisonneur, et cependant le plus possédé de la passion mystique de la connaissance et de la beauté que l'histoire de nos lettres ait enregistré. Il était inévitable que des recherches si spéciales et généralement si téméraires fussent souvent parentes d'ouvrages difficiles ou déconcertants.

C'est alors que se produisit le phénomène très remarquable d'une division profonde dans le peuple cultivé. Entre les amateurs d'une beauté qui n'offre pas de résistance et les amants de celle qui exige d'être conquise, entre ceux qui tenaient la littérature pour un art d'agrément immédiat, et ceux qui poursuivaient sur toute chose une expression exquise et extrême de leur âme et du monde, obtenue à tout prix, il se creusa une sorte d'abîme, mais abîme traversé dans les deux sens de quolibets et de risées, qui sont des signaux que tous entendent. On blâmait, on raillait les adeptes. On s'élevait contre l'idée d'une poésie essentiellement réservée. On traitait les initiés d'initiés, et ils ne refusaient point cette épithète.

Les uns avaient oublié, les autres pouvaient répondre qu'à l'origine de toutes les fermentations humaines, à la naissance de toutes les écoles, et même des plus grandes religions, il y a toujours de très petites coteries, d'imperceptibles groupes longtemps fermés, longtemps impénétrables ; bafoués, fiers de l'être, et avares de leurs clartés séparées. Au sein de ces secrètes sociétés, germe et se concentre la vie des très jeunes idées et se passe le temps de leur première fragilité. L'amitié, la sympathie, la communauté des sentiments, l'échange immédiat des espoirs et des découvertes, la résonance des sentiments analogues qui se renforcent par leur reconnaissance réciproque, et jusqu'à l'admiration mutuelle, sont des conditions précieuses, et peut-être essentielles, de renouvellement intellectuel. Ces petites églises où les esprits s'échauffent, ces enceintes où le ton monte, où les valeurs s'exagèrent, ce sont de véritables laboratoires pour les lettres. Il n'y a point de doute, Messieurs, que le public, dans son ensemble, n'ait droit aux produits réguliers et éprouvés de l'industrie littéraire, mais l'avancement de l'industrie exige de nombreuses tentatives, d'audacieuses hypothèses, des imprudences même ; et les seuls laboratoires permettent de réaliser les températures très élevées, les réactions rarissimes, les degrés d'enthousiasme sans

quoi les sciences ni les arts n'auraient qu'un avenir
trop prévu.

Tels étaient nos cénacles il y a quelque quarante
ans. Le jeune homme d'alors, séduit aux enchantements de poètes purs et maudits, hésitant sur le
seuil de cette littérature inquiétante dont tout
le monde lui enseignait les périls et lui dénonçait
les folies, pressentait dans l'air de son temps cette
excitante émotion, cette disposition intime que l'on
éprouve au concert cependant que l'orchestre s'essaie, et que chaque instrument cherche pour soi-
même, et pousse librement sa note. C'est tout
un désordre musical délicieusement déchirant, un
chaos d'espérances, un état primitif qui ne peut
être qu'éphémère ; mais ce trouble vivant a quelque
chose de plus universel, et peut-être de plus philosophique, que toute symphonie possible, car il les
contient dans son mélange, il les suggère toutes. Il
est une présence simultanée de tous les avenirs.
Il prophétise.

Enivré, ébranlé de toutes ces promesses, le poète
naissant s'apprivoisait aux étrangetés de son temps,
et se laissait, comme Parsifal immobile, transporter
par une succession d'enchantements jusque dans le
temple illimité du Symbolisme.

*

Cependant les divinités sages et constantes qui
prennent garde que nos lettres ne soient jamais
brusquement et totalement altérées, ni qu'elles s'as-
soupissent trop longtemps dans l'ennui de la perfection, avaient déjà formé, et déjà fait paraître avec
honneur dans la carrière, celui-là même qu'il fallait
pour ranimer, au milieu de la confusion des langages,
quelques-unes des grâces des plus purs auteurs

d'autrefois. Ces grâces fort délaissées n'en étaient pas moins incorruptibles. L'on vit avec plaisir, et sans trop de surprise, quelqu'un les reconduire au jour ; quelqu'un qui vint bientôt se placer sans effort au premier rang des écrivains de son époque ; quelqu'un, Messieurs, qui, n'ignorant du tout ni les charmes ni les mérites, encore moins les faiblesses, les excès et les défauts des entreprises du moment, se distinguait par une sorte de prudence, par une modération rare et même téméraire en ce temps-là, par un tempérament fort habile des moyens consacrés de l'art. Il prenait insensiblement la figure et l'importance d'un classique, entre tant d'inventeurs et de fauteurs de beautés audacieuses dont il représentait la négation la plus élégante.

Le public sut un gré infini à mon illustre prédécesseur de lui devoir la sensation d'une oasis. Son œuvre ne surprit que doucement et agréablement par le contraste rafraîchissant d'une manière si mesurée avec les styles éclatants ou fort complexes qui s'élaboraient de toutes parts. Il sembla que l'aisance, la clarté, la simplicité revenaient sur la terre. Ce sont des déesses qui plaisent à la plupart. On aima tout de suite un langage qu'on pouvait goûter sans trop y penser, qui séduisait par une apparence si naturelle, et de qui la limpidité, sans doute, laissait transparaître parfois une arrière-pensée, mais non mystérieuse ; mais au contraire toujours bien lisible, sinon toujours toute rassurante. Il y avait dans ses livres un art consommé de l'effleurement des idées et des problèmes les plus graves. Rien n'y arrêtait le regard, si ce n'est la merveille même de n'y trouver nulle résistance.

Quoi de plus précieux que l'illusion délicieuse de la clarté qui nous donne le sentiment de nous enrichir sans effort, de goûter du plaisir sans peine, de comprendre sans attention, de jouir du spectacle sans payer ?

Heureux les écrivains qui nous ôtent le poids de la pensée et qui tissent d'un doigt léger un lumineux déguisement de la complexité des choses ! Hélas ! Messieurs, certains, dont il faut bien déplorer l'existence, se sont engagés dans une voie toute contraire. Ils ont placé le travail de l'esprit sur le chemin de ses voluptés. Ils nous proposent des énigmes. Ce sont des êtres inhumains.

Votre grand confrère, Messieurs, moins ignorant des hommes, n'avait point cette confiance exagérée dans les vertus de son lecteur, dans son zèle et dans sa patience. Il était d'ailleurs d'une courtoisie dont le premier effet devait être de ne jamais séparer les idées que l'on ose émettre du sourire qui les détache du monde. Il était bien naturel que sa gloire ne souffrît point de cette élégance. Vous savez à quelle hauteur prodigieuse elle atteignit en quelques années. On s'aperçut bientôt que cette gloire, insinuée si doucement, en arrivait à balancer la gloire des plus célèbres, et l'on se prit à admirer comme ce génie assez malicieux s'était élevé en se jouant jusqu'à la stature des colosses des lettres européennes de ce temps-là. Il avait su mêler et opposer aux œuvres massives et parfois brutales de ces hommes alors si puissants, les Tolstoï, les Zola, les Ibsen, ses ouvrages légers qui ne prétendaient qu'à effleurer dangereusement ce qu'ils empoignaient et ébranlaient de toutes leurs forces : l'ordre social et l'édifice de nos mœurs.

Je ne me flatte pas, Messieurs, de vous peindre heureusement un homme si considérable que je n'ai fait qu'entrevoir un jour, tandis que sa mémoire est toute vivante dans la plupart d'entre vous.

Toutes les chances d'erreur sur la personne, et même d'inintelligence de l'œuvre, sont avec moi. Vous sentez, du reste, combien peut m'imposer une substitution si inégale de talents et quelle audace je me trouve de m'essayer à ce portrait. Quand le devoir de composer cette oraison de louange m'est apparu avec précision, je n'ai pas laissé de le trouver bien redoutable. « *Quel beau sujet !* » me disait-on. Et je pensais qu'il est des écueils admirables !

Messieurs, quoiqu'un éloge ne soit, par essence, que fait de la fleur d'une vie, et quoique la vérité qu'il travaille n'y doive paraître que contenue et comme discrètement maîtrisée, toutefois, il s'introduit toujours et nécessairement dans le travail de sa préparation, un sentiment assez puissant et presque solennel de justice.

Nous ne pouvons, en méditant ce que nous prononcerons ici sur celui dont nous héritons le fauteuil, que nous ne soyons assez tourmentés dans nos consciences par ce jugement particulier du mort que nous devons délibérer en nous-mêmes avant que d'en extraire et de mettre en forme ses plus belles conclusions et ses motifs les plus admirables. Nous disposons assurément de la lumière qui éclaire notre modèle : mais lui-même, comment le saisir ? Comment s'en former une idée exacte ? Et sur quoi fonderai-je une opinion équitable d'une personne que je n'ai point connue ?

Certes, ce ne sont les rapports, les avis et les témoignages qui nous manquent. Tout le monde parle à la fois. À peine expiré le grand homme, déjà, comme sa chair, s'altère assez brusquement l'idée qu'il donnait de soi-même. Les forces de la présence vivante manquent aussitôt. La mort laisse le mort sans défense contre ce qu'il parut être. Les craintes révérencielles s'évanouissent. Les langues se délient.

Les souvenirs (et vous pensez bien que ce ne sont pas toujours les souvenirs les plus dignes) sortent des mémoires malicieuses ; ils fourmillent, ils dévorent ce qu'ils peuvent atteindre de la valeur, des mérites, du caractère de l'absent. Il se fait une sorte d'abus de la vérité dont il n'est rien de plus trompeur que les parcelles. Chaque fragment du vrai ensemence l'esprit et l'excite à produire un personnage faux. Ne pouvant être intacte ni entière dans la tête des hommes, la vérité n'est jamais si pure ni si détachée des rancunes ou de l'amusement de ceux qui nous disent la posséder, qu'elle ne soit presque toujours d'une pieuse infidélité ou d'une fidélité calomnieuse.

Il n'est pas sans exemple qu'un illustre défunt soit livré à une nuée de dangereux amis et de démons anecdotiers qui nous instruisent de ce qu'il a fait de périssable. C'est en quoi les malheureux grands hommes, leur gloire, Messieurs, les fait deux fois mortels : une fois ils le sont comme tous les hommes, et une autre fois comme grands. On dirait que ce qui importe à quelques-uns, c'est qu'un homme ait été moindre qu'on ne pensait. Mais considérons, au contraire, que ce qui importe à tous, c'est seulement ce qui augmente notre sentiment de la dignité des esprits et des lettres. Ne savons-nous pas qu'un homme est un homme et que si tout fût exactement mis à nu, personne n'oserait regarder personne, et par l'équivalence évidente des faiblesses, tout le monde en silence se contenterait tristement des siennes ?

Laissons donc, Messieurs, laissons s'apaiser peu à peu cette agitation inévitable qui s'empresse quelque temps autour des tombeaux, et distinguons tout l'or qui subsiste et étincelle dans une cendre.

Par les diverses perfections de ses ouvrages, par la variété et l'étonnante étendue de sa culture, par la suprême liberté de son esprit, votre confrère s'est avancé d'une condition modeste à la situation la plus éclatante, et d'une aube assez grise qui éclaira ses premiers temps, ses travaux, ses talents, son destin, le conduisirent enfin à un crépuscule magnifique.

Comme je songeais à cette existence si heureuse dans son progrès, à cette carrière parcourue si sûrement, d'une démarche tranquille et comme divertie par toutes choses sur la route, je me pris à comparer involontairement une vie si bien réussie à quelques-unes de ces vies fortunées qui se trouvaient possibles il y a fort longtemps, quand presque tous les hommes de pensée et même les hommes d'esprit étaient hommes d'Église, et que l'on voyait de prodigieuses élévations à partir des origines les plus simples par la seule vertu d'une prudente et savante intelligence. Des humanistes consommés, des métaphysiciens à peine voilés de théologie, de grands amateurs de Platon, de Lucrèce ou de Virgile, des personnages semi-littéraires, semi-voluptueux, dévotement artistes, philosophiquement sacerdotaux, s'établissaient enfin dans la pourpre, entourés des plus beaux débris de l'antiquité païenne : singulières et séduisantes figures d'une époque disparue, où l'Église pouvait souffrir de tels prélats d'une excessive délicatesse, et même d'une liberté incroyable dans les pensées.

Notre temps n'offre plus de ces facilités de développer à loisir les dons les plus délicats de l'esprit, à l'abri des misères du siècle, à l'ombre d'une immense institution. Il n'est plus de prébendes, plus d'abbayes. Il n'est plus de loisir dans la dignité. Notre société, toute exacte et matérielle, est au contraire assez

remarquable par l'impuissance où elle se trouve de
donner aux hommes de l'esprit une place nette et
supportable dans la gigantesque et grossière économie.

   La situation était peut-être plus difficile encore à
l'époque où votre confrère fit ses débuts dans la vie.
Le siècle se montrait aussi incapable de renoncer à
la multiplication des lettrés que de leur assigner des
moyens d'existence. Que d'amertumes alors! Que de
tristesses! Que de vies manquées! Appelées à la plus
haute culture et vouées du même coup au dénuement ou aux besognes les plus basses. Il arrivait que
les diplômes fussent des garanties de malheur et
des recommandations à la détresse. Jules Vallès
Alphonse Daudet nous ont laissé des livres véridiques et terribles sur ces misères cultivées. On dres-
sait une quantité de jeunes hommes à ne savoir autre
chose que ce dont presque personne n'avait besoin.
On élevait de jeunes pauvres à des connaissances de
pur luxe. On leur faisait sentir assez durement que
les éléments les plus conscients d'une société en
sont aussi les plus négligeables. Voilà ce que le futur
auteur de Jean Servien a pu observer autour de soi
au sortir de l'adolescence et qu'il a pu légitimement
craindre pour soi-même. Il a pu redouter le sort
d'un Vingtras ou d'un Petit Chose. Mais il était
trop diversement doué, trop riche de connaissances
générales, et d'ailleurs trop informé des choses de la
vie par une sorte d'instinct qu'il en avait, pour ne
pas céder comme distraitement à ce qu'il devait être
un jour. Sa philosophie, qui était sa nature même,
le préservait, d'ailleurs, des résolutions trop nettes
comme des résignations prématurées. Il n'engage
pas son avenir. Il ne s'enchaîne ni à une profession
définitive, ni à une école; et s'il se laisse une fois
lier, ce ne sera que des liens les plus aimables.

C'est qu'il y avait en lui une souplesse et une diversité essentielles. Il y avait du spirituel et du sensuel, du détachement et du désir, une grande et ardente curiosité traversée de profonds dégoûts, une certaine complaisance dans la paresse ; mais paresse songeuse, paresse aux immenses lectures et qui se distingue mal de l'étude, paresse tout apparente, pareille au repos d'une liqueur trop enrichie de substance, et qui, dans ce calme, se fait mère de cristaux aux formes parfaites. Tant de connaissances accumulées, tant d'idées qu'il avait acquises n'étaient pas quelquefois sans lui nuire extérieurement. Il étonnait, il scandalisait sans effort des personnes moins variées. Il concevait une quantité de doctrines qui se réfutaient l'une l'autre dans son esprit. Il ne se fixait que dans les choses qu'il trouvait belles ou délicieuses, et il ne retenait en soi que des certitudes d'artiste. Ses habitudes, ses pensées, ses opinions, la politique enfin qu'il a suivie se composaient dans une harmonie assez complexe qui n'a pas laissé d'émerveiller ou d'embarrasser quelques-uns. Mais qu'est-ce qu'un esprit de qui les pensées ne s'opposent aux pensées, et qui ne place son pouvoir de penser au-dessus de toute pensée ? Un esprit qui ne se déjoue, et ne s'évade vivement de ses jugements à peine formés, et ne les déconcerte de ses traits, mérite-t-il le nom d'esprit ? Tout homme qui vaut quelque chose dans l'ordre de la compréhension, ne vaut que par un trésor de sentiments contradictoires, ou que nous croyons contradictoires. Nous exprimons si grossièrement ce qui nous apparaît des autres humains qu'à peine nous semblent-ils plus divers et plus libres que nous-mêmes, aussitôt nos paroles, qui essaient de les décrire, se contrarient, et nous attribuons à des êtres vivants une monstrueuse nature que nos faibles expressions viennent de nous construire.

Admirons au contraire cette grande capacité de
contrastes. Il faut considérer avec une attention
curieuse cette nature d'oisif, ce liseur infini, produire une œuvre considérable ; ce tempérament
assez voluptueux s'astreindre à l'ennui d'une tâche
constante ; cet hésitant, qui s'avance comme à
tâtons dans la vie, procéder de sa modestie première, s'élever au sommet par des mouvements
indécis ; ce balbutiant, en venir à déclarer même
violemment les choses les plus hardies ; cet homme
d'esprit, et d'un esprit si nuancé, s'accommoder
d'être simplifié par la gloire et de revêtir dans l'opinion des couleurs assez crues ; ce modéré et ce tem-
péré par excellence, prendre parti, avec une si
grande et étonnante vigueur, dans les dissensions de
son temps ; cet amateur si délicat, faire figure d'ami
du peuple, et davantage, l'être de cœur et tout à fait
sincèrement.

Je sais bien ce que l'on dit. On ne s'est pas privé
de murmurer — et même d'articuler assez nettement — qu'il dut beaucoup de ses vertus actives,
qui n'étaient point, semble-t-il, dans sa nature assez
facile et négligente, à une tendre et pressante
volonté, à une présence impérieusement favorable
à sa gloire, qui veilla longtemps sur son travail, qui
animait, dit-on, protégeait son esprit, le défendait
d'être dissipé aux divertissements du monde, et qui
obtint de lui qu'il tirât de soi-même tous les trésors
qu'il eût aisément ignoré qu'il possédât, ou qu'il eût
négligés de jour en jour, pour se réduire avec délices
à jouir des beautés qui se trouvent tout accomplies
aux bibliothèques et aux musées. Mais quand il
serait vrai, et quand on pourrait établir qu'une assez
grande partie de son œuvre fût demeurée en puissance sans la douce fermeté de cette affectueuse

discipline, ce n'est que la malice toute seule qui pourrait en tirer avantage.

C'est le privilège des talents très précieux que d'exciter un tel instinct de leur défense, une affection aussi énergique, un zèle si soutenu pour une œuvre qui pourrait être, et qu'on sent profondément qu'il faut solliciter d'exister. N'est-ce donc rien que de s'attirer ce dévouement, si exact et si absolu qui n'eut enfin, pour sa suprême récompense, que le sentiment d'avoir servi à l'accomplissement d'une très belle destinée ?

C'est pourquoi, Messieurs, c'est vers l'œuvre accomplie qu'il faut diriger nos regards.

Cette œuvre existe et subsiste. Ses mérites sont aussi clairs qu'elle-même. Tout le monde connaît, tout le monde apprécie les perfections d'un art accompli jusqu'à l'exquise simplicité.

Mais voici cette circonstance singulière dans la fortune de cette œuvre, qu'elle a obtenu la gloire si répandue que vous savez ; et davantage, une gloire presque populaire, par l'éminente séduction d'une forme très pure. Ceci est presque incroyable. C'est un phénomène sans exemple dans les lettres modernes, où l'on doit s'attendre toujours à ne voir accueillir par un immense public que les livres dont le fond dévore la forme, et dont les effets sont indépendants de la délicatesse des moyens.

Cette manière de prodige s'explique sans doute par les vertus de notre langage, profondément possédé, légèrement écrit par un auteur si expert. Il a démontré qu'il demeurait encore possible, dans notre langue, de faire sentir tout le prix d'une culture prolongée, et de combiner les héritages d'une suite ininterrompue d'écrivains admirables. Nos grands écrivains, Messieurs, ne sont pas chez nous de grands isolés, comme il arrive en d'autres contrées ; mais il existe en France une sorte d'atmosphère pour les lettres qui ne se trouve pas ailleurs, et qui fut toute favorable à votre confrère.

Lui-même n'était possible et guère concevable qu'en France, dont il a pris le nom. Sous ce nom difficile à porter, et qu'il fallait tant d'espoirs pour oser le prendre, il a conquis la faveur de l'univers. Il lui présentait, à la vérité, une France ayant les qualités spécieuses dont l'univers souffrirait qu'elle se contentât ; qui lui plaisent, et qui ne le gênent ni ne l'inquiètent. Le monde ne hait point que nous nous réduisions à une fonction de pur agrément. Il nous supporterait comme un ornement de la terre. Il admet assez généreusement que nous représentions, dans un temps qui manque de grâce, un culte particulier des choses exquises, et que nous fassions figure d'un peuple d'artistes et d'amateurs satisfaits de leur sort, de leur ciel, de leur pays plein de beautés, comme si notre histoire toute récente, tout le sang répandu, toutes les marques de l'énergie la plus soutenue et d'une inébranlable et victorieuse volonté, un consentement général au sacrifice, d'immenses moyens improvisés en pleine tempête, ne donnaient pas à cette nation le droit de parler aux puissances les plus avantageuses sur le ton le plus noble, le plus net, et même, le plus raisonnable.

Mais c'est d'une France assez différente, de la douce, distraite et délicate France, et presque d'une France un peu lasse et apparemment désabusée, que son illustre homonyme a peint élégamment l'image véritable et trompeuse. De cette France charmante, son esprit était une émanation très composée. Il avait fallu bien des traditions acquises et dissipées, bien des révolutions politiques ou morales, une acquisition accumulée d'expériences contradictoires pour former une tête si compréhensive et si incertaine. Un être de cette liberté suppose une antique et presque défaillante civilisation qui l'ait produit à l'extrême de son âge ; qui lui ait donné à cueillir toutes les plus belles choses que les hommes ont faites et préservées. Il avait longuement respiré dans les livres les essences de la vie passée qui s'y mêlent à l'odeur de mort, et sa substance s'était imprégnée peu à peu du meilleur de ce que les siècles avaient déjà distillé de plus excellent. On le voit au jardin des racines françaises attirant à soi la plus odorante et la plus rare, et quelquefois la plus naïve des fleurs ; combinant ses bouquets et ciselant ses haies ; grand amateur de culture, pour qui l'art de la taille et de la greffe n'a point de secrets. Ainsi nourri de miel, visitant légèrement les vastes trésors de l'histoire et de l'archéologie, comme il faisait ceux de la littérature, mais ne haïssant pas les douceurs, les facilités, les libertés de son temps, recevant les suffrages du public et des femmes, disposant à sa guise des amusements de la société, et ne se faisant faute, au milieu de tant d'avantages, en dépit de tant de délices, d'observer les contradictions, de saisir et de tourmenter les ridicules, il composait à l'aise ses ouvrages où circulait, sous les beautés d'un agrément perpétuel, un jugement assez sinistre ; et il vivait supérieurement.

Ce n'était point un ingénu que mon illustre prédécesseur. Il ne s'attendait point que l'humanité fût dans l'avenir bien différente de ce qu'il paraît qu'elle fût jusqu'à nous-mêmes ; ni que des merveilles tout inédites naquissent à présent de la ferveur des êtres et de la recherche de l'absolu. Il n'y avait pas en lui une foi invincible dans l'aventure

de l'esprit ; mais il avait tant lu et si bien lu qu'il
s'était fait comme indépendant du présent et du
futur par cette connaissance générale et intime de
ce qu'il y a de lisible dans le passé, et même d'illi-
sible.

Il est né dans les livres, élevé dans les livres, toujours altéré de livres. Il connaît tout des livres,
papier, type, formats, reliures, ce que l'on sait de
l'imprimeur, de l'écrivain, des éditions, de leurs
sources, de leur destin. Sa vie le fait successivement
libraire, bibliothécaire, juge des livres, auteur ; il est
l'homme des livres.

En vérité, Messieurs, je ne sais pas comment une
âme peut garder son courage, à la seule pensée des
immenses réserves d'écriture qui s'accumulent
dans le monde. Quoi de plus vertigineux, quoi de
plus confondant pour l'esprit que la contemplation
des murs cuirassés et dorés d'une vaste bibliothèque ; et qu'y a-t-il aussi de plus pénible à considérer que ces bancs de volumes, ces parapets
d'ouvrages de l'esprit qui se forment sur les quais
de la rivière, ces millions de tomes, de brochures
échoués sur les bords de la Seine, comme des
épaves intellectuelles rejetées par le cours du temps
qui s'en décharge et se purifie de nos pensées ? Le
cœur défaille en présence du nombre des œuvres,
que dis-je ? du nombre même des chefs-d'œuvre…
L'idée d'écrire s'assimile à l'idée d'ajouter à l'infini, et le goût de la cendre vient aux lèvres.

Dans cette vallée de Josaphat, dans cette multitude confrontée, le génie le plus rare trouve ses pairs,
se confond à la foule de ses émules, de ses précur-
seurs, de ses disciples. Toute nouveauté se dissout
dans les nouveautés. Toute illusion d'être original se
dissipe. L'âme s'attriste et imagine, avec une douleur toute particulière mêlée d'une profonde et iro-

nique pitié, ces millions d'êtres armés de plumes,
ces innombrables agents de l'esprit, dont chacun
se sentit, à son heure, créateur indépendant, cause
première, possesseur d'une certitude, source unique
et incomparable, et que voici maintenant avili par le
nombre, perdu dans le peuple toujours accru de ses
semblables, lui qui n'avait vécu si laborieusement
et consumé ses meilleurs jours que pour se distinguer éternellement. Par l'effet de cette écrasante
présence, tout s'égalise ; tout se détruit dans une
coexistence insupportable. Il n'est point de thèse
qui n'y trouve son antithèse, point d'affirmation qui
n'y soit réfutée, point de singularité non multipliée,
point d'invention qui ne soit effacée d'une autre
et dévorée par une suivante, de sorte que tout enfin
semble se passer comme si, les combinaisons de nos
syllabes devant toutes se produire, l'acte final de ces
myriades d'êtres libres et autonomes équivalait à
l'opération d'une machine.

Votre docte et subtil confrère, Messieurs, n'a pas
ressenti ce malaise du grand nombre. Il avait la tête
plus solide. Pour se préserver de ces dégoûts et de ce
vertige statistique, il n'eut pas besoin de lire fort
peu. Loin de se trouver opprimé, il était excité de
cette richesse, dont il tirait tant d'enseignements et
des conséquences excellentes pour la conduite et la
nourriture de son art.

On n'a pas manqué de le reprendre assez durement et naïvement d'être informé de tant de choses
et de ne pas ignorer ce qu'il savait. Comment veut-
on qu'il fît ? Que faisait-il qui ne s'est toujours fait ?
Il n'est rien de plus neuf que l'espèce d'obligation
d'être entièrement neufs que l'on impose aux écrivains. Il faut une bien grande et intrépide humilité,
de nos jours, pour oser s'inspirer d'autrui. On observe
plutôt assez souvent une contrainte, une volonté

trop sensible de priorité, et, en somme, je ne sais
quelle affectation d'une virginité qui n'est pas toujours délicieuse. Ni Virgile, ni Racine, ni Shakespeare, ni Pascal ne se sont privés de nous laisser
voir qu'ils avaient lu. Mais dédaignant l'opinion
récente et regardant de plus près, il est facile d'éclaircir cette petite question, qui n'est point question
d'esthétique, mais tout au plus question d'éthique,
car c'est une question de vanité. On n'a jeté tant de
discrédit sur l'antique et respectable usage de combiner le mien et le tien que par la confusion des deux
idées.

Un livre est un instrument de plaisir ; il veut l'être
du moins. Il a le plaisir pour objet. Ce plaisir du lecteur est entièrement indépendant du mal que nous
avons pris à lui faire un livre. Que si l'on m'offre un
mets très savoureux, je ne m'inquiète pas, en jouis-
sant de cette viande délicate, si celui qui l'a préparée en a inventé la recette. Que me fait le premier
inventeur ? Ce n'est point la peine qu'il prit qui me
touche. Je ne me nourris pas de son nom, et je ne
jouis point de son orgueil. Je consomme un instant
parfait. Pour penser autrement il ne faut rien de
moins que se placer au point de vue des dieux, car
c'est prétendre juger le mérite. Mais nous autres,
humains, nous n'avons heureusement des mérites
qu'une connaissance tout imparfaite. Cette notion
du mérite exige une métaphysique très hardie : elle
nous mène à concevoir une certaine quantité du
pouvoir d'être cause première que nous supposons
et que nous prêtons à quelqu'un.

Nous faisons d'ailleurs, en ces matières difficiles
et sublimes, des raisonnements si légers que nous
assignons, avec une inconséquence remarquable, la
dignité la plus élevée aux auteurs que nous décla-
rons inspirés. Nous croyons de ceux-ci qu'ils sont

de purs instruments d'un certain souffle étranger à eux-mêmes et presque à la nature ; nous en faisons des roseaux parlants, par quoi nous leur accordons tout ensemble les honneurs du premier mérite et les immenses avantages de l'irresponsabilité.

Au contraire, Messieurs, et malgré la superstition récente, je reconnais un principe particulier de gloire à celui qui choisit, qui ne fait mine d'ignorer les beautés acquises, ou qui reprend, dans son heureuse connaissance des trésors que le temps a formés, les moyens de sa perfection. Le mystère du choix n'est pas un moindre mystère que celui de l'invention, en admettant qu'il en soit bien distinct. Et puis, nous ne savons absolument rien sur le fond de l'un ni de l'autre.

Le jardinier du Jardin d'Épicure, qui unissait ce grand don de choisir à sa prodigieuse lecture, ne pouvait manquer, en tout point de ses créations, de faire sentir une conscience très éveillée de tous les prestiges du discours et une présence prochaine des plus beaux et des plus purs modèles de notre art. Sa puissante mémoire en était toute ornée. Ce que nous avons de plus musical, de plus léger, de plus limpide dans notre langue, lui était tout à fait intime. Il n'était pas moins imprégné de ce que nous avons aussi de plus vif, de plus offensif dans nos monuments littéraires, de plus alerte et redoutable, et de plus délicatement mortel. Ses romans, qui sont bien plutôt des chroniques d'un monde dont il n'a pas laissé de faire paraître tout le mépris qu'il en concevait facilement, sont écrits dans le ton de l'ironie classique qui lui était une manière naturelle et comme instinctive de s'exprimer, si constante chez lui que dans les endroits, qui sont rares, où il dépose un instant le sourire, il a l'air d'être moins soi-même ; il n'a pas l'air d'être sérieux.

Il faut avouer que la société de ce temps-là, qui se prolonge dans le nôtre, lui offrait une riche et favorable matière. Il trouvait en soi et autour de soi un mélange des plus impurs de circonstances et d'idées, qui pouvait inspirer les jugements les plus sceptiques.

Je crois bien, Messieurs, que l'âge d'une civilisation se doit mesurer par le nombre des contradictions qu'elle accumule, par le nombre des coutumes et des croyances incompatibles qui s'y rencontrent et s'y tempèrent l'une l'autre ; par la pluralité des philosophies et des esthétiques qui coexistent et cohabitent si souvent la même tête. N'est-ce point notre état ? Nos esprits ne sont-ils pleins de tendances et de pensées qui s'ignorent entre elles ? Ne trouve-t-on pas à chaque instant dans une même famille plusieurs religions pratiquées, plusieurs races conjointes, plusieurs opinions politiques, et dans le même individu tout un trésor de discordes latentes ? Un homme moderne, et c'est en quoi il est moderne, vit familièrement avec une quantité de contraires établis dans la pénombre de sa pensée.

J'observerai ici que la tolérance, la liberté des opinions et des croyances est toujours chose fort tardive ; elle ne peut se concevoir, et pénétrer les lois et les mœurs, que dans une époque avancée, quand les esprits se sont progressivement enrichis et affaiblis de leurs différences échangées.

Mais, en même temps, ces personnes mentales, par la combinaison des hérédités et des cultures désordonnées qui les constituent, deviennent des composés d'une instabilité dangereuse. Il arrivera qu'un incident fasse éclater soudain quelqu'une de ces profondes contradictions qui étaient toutes préparées, mais dormantes et insensibles dans les cœurs. Souvenez-vous, Messieurs ! Oublions aussitôt !

Il suffisait à l'auteur de l'*Histoire contemporaine* de prendre conscience d'un état si incohérent des êtres et des choses pour se confirmer dans ce scepticisme qui lui fut tant reproché.

Un sceptique est difficile à réduire. Il peut se borner à nous opposer que nos propres sentiments sur le doute sont curieusement divisés contre eux-mêmes. Nous prescrivons le doute dans les sciences ; nous l'exigeons dans les affaires. Mais voici tout à coup qu'on lui montre ses bornes, et qu'on lui refuse ce qu'on veut.

On oublie que chaque doctrine nous instruit d'abîmer les autres, et nous anime et nous enseigne à les ruiner. On nous prie que nous ne fassions point de comparaisons, que nous ne poussions nos raisonnements jusqu'à leur terme ; cependant qu'ils s'opèrent et se développent d'eux-mêmes dans nos esprits. On ne prend garde que le doute naît des choses mêmes. Il n'est dans son principe qu'un phénomène naturel, une réaction involontaire pour la défense du réel et du corporel contre des images insupportables ; et nous le voyons bien par ce qui arrive à une personne endormie, quand le songe qu'elle fait est si absurde qu'en l'absence même de la raison, cette absurdité à soi seule engendre une résistance merveilleuse, une réponse, une négation, un acte libérateur, un réveil, qui nous jette hors d'un monde impossible, qui nous rend aux choses probables, et nous fournit en même temps une sorte de définition physique et instinctive de l'absurdité.

Ce n'est donc point le sceptique qu'il faut tant accuser, mais la cause et l'occasion de son doute ; c'est l'inconsistance de ce qu'il touche et qu'il renverse, c'est aussi l'impression inévitable de ces rap-

prochements qui se produisent quand on assemble
ce qu'on sait.

Sceptique et satirique devait être un esprit que
distinguait son extrême avidité de tout connaître.
Son immense culture lui fournissait abondamment
les moyens de désenchanter. Il rendait aisément
mythique et barbare toute forme sociale. Nos usages
les plus respectables, nos convictions les plus sacrées,
nos ornements les plus dignes, tout était invité, par
l'esprit érudit et ingénieux, à se placer dans une collection ethnographique, à se ranger avec les tabous,
les talismans, les amulettes des tribus; parmi les
oripeaux et les dépouilles des civilisations déjà surmontées et tombées au pouvoir de la curiosité. Ce
sont des armes invincibles que l'esprit de satire
trouve dans les collections et les vestiges. Il n'est de
doctrine, d'institution, de sociétés ni de régimes sur
qui ne pèse une somme de gênants souvenirs, de
fautes incontestables, d'erreurs, de variations embar-
rassantes; et parfois, des commencements injustes
ou des origines peu glorieuses que n'aiment point
les grandeurs et les prétentions ultérieures.

Les lois, les mœurs, les institutions sont l'ordinaire et délectable proie des critiques du genre
humain. Ce n'est qu'un jeu de tourmenter ces entités considérables et imparfaites que poursuit d'âge
en âge la tradition de les harceler. Il est doux, il est
facile, périlleux quelquefois, de les obséder d'ironies.
Le plaisir de ne rien respecter est le plus enivrant
pour certaines âmes. Un écrivain qui le dispense
aux amateurs de son esprit les associe et les ravit à
sa lucidité impitoyable, et il les rend avec délices
semblables à des dieux, méprisant le bien et le mal.

Ces éternelles victimes pouvaient répondre, par
leur existence même, à l'esprit érudit et libre qui les
tourmentait, qu'il y aurait dans le monde sans elles

infiniment peu de liberté et point du tout d'érudition. La connaissance et la liberté, ce ne sont point des produits de la nature. Le peu que les hommes en ont, ils les obtinrent par effort et les préservent par artifice. La nature n'est pas libérale, et il n'y a pas de raison de penser qu'elle s'intéresse à l'esprit. L'esprit lutte et fonde contre elle. Les hommes se groupent pour agir contre leur destin, contre le hasard, contre l'imprévu, qui sont les plus immédiates des choses. Il n'est rien de plus naturel que le hasard, ni de plus constant que l'imprévu.

L'ordre, en somme, est une immense entreprise antinaturelle dont on peut critiquer toutes les parties à la condition que l'ensemble subsiste, et qu'il protège, sustente, abrite son critique, et lui fournisse ce qu'il faut de sécurité, de loisir et de connaissances pour critiquer.

La littérature elle-même exige tout un système de conventions qui se superposent aux conventions du langage.

Or, dans ce domaine des lettres, voici que notre penseur semble, au premier regard, cesser de s'accorder avec soi.

Les dogmes, les lois formelles qu'il respecte si modérément dans le monde moral et politique, lui sont agréables et adorables quand ils ordonnent les ouvrages et consolident les fictions. Il place au-dessus de tout les chefs-d'œuvre de la plus grande rigueur que l'on ait observée en poésie.

Il n'est rien de plus connu que l'espèce de passion qu'il nourrissait pour Racine.

Je ne sais en vérité quel eût été le sentiment de Monsieur Racine sur son enthousiaste zélateur. Il est vain de s'interroger si le janséniste et le courtisan eussent goûté l'esprit de l'incrédule et du libertaire : mais ce peut être un amusement de l'esprit que d'imaginer la rencontre. J'avais songé un instant, Messieurs, de faire un peu dialoguer ces Ombres à votre intention ; mais j'ai craint qu'elles n'en vinssent assez vite aux propos les plus opposés, — je n'ose dire les plus vifs, — et je les ai laissées en paix.

Dans la seule entrevue, toute fortuite, qu'il m'a été donné d'avoir avec notre grand amateur de Racine, Racine fut l'unique objet de l'unique entretien. J'étais fort loin de penser qu'après un peu de temps, il m'appartiendrait de rendre à votre confrère l'hommage d'un éloge, et je n'ai pas eu l'inspiration de lui demander ce qu'il faudrait un jour que je dise de lui dans cette chapelle où je ne songeais pas d'entrer. Je n'étais point sans appréhension. J'entrevoyais bien des sujets qui n'auraient pu se développer entre nous sans dissonance. Peut-être aurais-je été tenté de lui faire entendre quelques plaintes de vieille date. Il avait, dans son âge mûr, été critique ; critique des plus distingués par le style et par le savoir, mais un peu moindre sous le rapport de la prescience. Il ne fut pas de ceux qui tendent leurs attentions vers les choses qui pourraient être, qui espèrent en celles qui naissent, et dont l'oreille extrêmement sensible veut entendre l'herbe qui pousse. Ce désir engendre parfois quelque hallucination de l'ouïe...

Mais lui, — que son Ombre m'excuse, — il ne s'est pas montré si anxieux de pressentir. Comme il ne croyait pas aux prophètes, il n'obtint pas le don de prophétie, ou du moins ne fut-il qu'un «prophète du passé».

Jadis, en certaines pages de la *Vie littéraire*, il ne se montra pas excessivement tendre pour les poètes qui s'essayaient alors, ni pour les maîtres qu'ils s'étaient choisis. Il n'en concevait point de grandes

espérances. Il disait qu'il ne se sentait attaché à eux
par aucun lien, et qu'il n'attendait rien de bon de
l'avenir. Tantôt il les comparait à des ascètes, ce
qui, même dans sa bouche, était en somme, à demi
supportable. Mais d'autres fois, il ne les distinguait
pas des Hottentots. Il écrivit aussi que les belles
choses naissent facilement, ce qui n'était pas un
bon conseil ; c'est un conseil qui engendre les Hottentots. Il est vrai qu'il a dit aussi le contraire.

Cet homme de tant d'esprit ne pouvait ni ne voulait s'inquiéter comment et pourquoi un assez grand
nombre de jeunes gens comprenaient et aimaient ce
qu'il ne concevait pas.

Souvent je me suis dit, Messieurs, que si la critique avait le pouvoir magique d'effacer, d'abolir ce
qu'elle condamne, et que si ces arrêts, s'exécutant
à la rigueur, pouvaient annihiler ce qu'elle juge
déplorable ou nuisible, les destins de la littérature
en seraient fâcheusement affectés. Rayez de l'existence ces poètes confondants, ces hérésiarques, ces
démoniaques ; ôtez ces précieux, ces lycanthropes
et ces grotesques ; replongez les beaux ténébreux
dans la nuit éternelle, purgez le passé de tous les
monstres littéraires, gardez-en l'avenir, et n'admet-
tez enfin que les parfaits, contentez-vous de leurs
miracles équilibre, alors, je vous le prédis, vous
verrez promptement dépérir le grand arbre de
nos Lettres ; peu à peu s'évanouiront toutes les
chances de l'art même que vous aimez avec tant de
raison.

Mais enfin, Messieurs, dans cette unique entrevue, nous avons parlé de Racine, grande ressource.
Racine, de tous les auteurs, celui qu'il a le plus
constamment, le plus précisément, le plus utilement admiré ; Racine, dont il avait le même culte et
la même pratique qu'en avait eus jadis quelqu'un

d'assez différent, Joseph de Maistre ; Racine, enfin,
que j'admirais aussi à ma façon.

Je l'admirais comme je pouvais, en homme qui en
avait fait la découverte trente ans après ses études, à
l'occasion de quelques minuscules et immenses problèmes de l'art des vers. Ce compositeur incomparable n'était apparu à ma jeunesse que comme un
instrument de l'éducation publique, laquelle heureusement en ce temps-là se gardait de nous enseigner
à aimer. Je ne regrette pas cette longue méconnaissance et cette reconnaissance tardive. Jamais nous
n'estimons plus exactement le grand homme que
par une comparaison immédiate de sa force avec
nos faiblesses. Si les circonstances nous proposent
telle difficulté dont il a vaincu la pareille, nous
nous émerveillons comme il a dénoué le nœud, fait
s'évanouir l'obstacle, et nous mesurons avec la plus
grande et la plus sensible précision, cette puissance
qui a triomphé, par la nôtre, qui est demeurée sans
effet.

Une heure se consuma insensiblement dans cette
conversation unique et racinienne. Comme j'allais
me retirer, mon futur prédécesseur me fit compliment. Il me dit que j'avais bien parlé de Racine, et
je partis content de lui, c'est-à-dire content de moi.
Il ne me souvient pas de ces belles raisons que son
aménité voulut que j'eusse exposées. Sans doute
n'avais-je fait que d'articuler à ma façon la commune pensée de tous ceux que délecte la musique
et que touche la perfection. Je suis bien sûr que j'ai
célébré cette étonnante économie des moyens de
l'art qui est le propre de Racine, et qui se compense
d'une possession si entière du petit nombre de ces
moyens qu'il se réserve. Peu de personnes conçoi-
vent nettement combien il faut d'imagination pour
se priver d'images et pour rejoindre un idéal si

dégagé. Dans les lettres comme dans les sciences, une image, sans doute remplace quelquefois un certain calcul qui serait laborieux. Mais Racine préférait accomplir. Je le vois tout d'abord dessiner, définir, déduire enfin, d'une pensée longtemps reprise et retenue, ces périodes pures, où même la violence chante, où la passion la plus vive et la plus véritable sonne et se dore, et ne se développe jamais que dans la noblesse d'un langage qui consomme une alliance sans exemple d'analyse et d'harmonie.

Il faut sentir, pour en jouir entièrement, les profondes raisons qui ont fait Racine rejeter tout ce qui fut tant recherché après lui, et dont l'absence dans son œuvre lui a été si souvent reprochée. Tel vers qui nous semble vide a coûté le sacrifice de vingt vers magnifiques pour nous, mais qui eussent rompu une ligne divine et troublé l'auguste durée d'une phase parfaite du mouvement de l'âme.

Au sortir de la petite maison où je venais d'être reçu avec tant de grâce, ces questions agitées inquiétaient encore mon esprit.

Dans ces états de résonance intellectuelle qui suivent et prolongent un entretien où l'on s'est intéressé, il se produit en nous une infinité de combinaisons des idées qui furent émises et non point épuisées.

Pendant quelque temps, nos pensées s'accélèrent, élargissent en quelque sorte leur jeu, illuminent l'imprévu qui est en nous, avant que nous revenions à nous-mêmes, c'est-à-dire aux choses minimes.

Le dialogue qui venait de se terminer se reprenait en moi. Il se transformait dans un échange intérieur d'hypothèses de plus en plus risquées. L'esprit mis en mouvement et livré à soi seul ne se refuse rien. Il produit mécaniquement des idées vives qui s'enhardissent l'une l'autre.

Je songeai à la singularité de cet art que l'on
nomme classique ; je remarquai qu'il commence de
paraître aussitôt que l'expérience acquise commence
d'intervenir dans la composition et dans le jugement des œuvres. Il est inséparable de la notion de
préceptes, de règles et de modèles...

Bientôt j'en vins à m'interroger comment il se faisait que cet art se fût prononcé et particulièrement
imposé en France. La France, me disais-je est le seul
pays du monde où la considération de la forme,
l'exigence et le souci de la forme en soi aient existé
dans les temps modernes. Ni la force des pensées, ni
l'intérêt des passions décrites, ni la génération merveilleuse des images, ni les éclats mêmes du génie
ne suffisent à satisfaire une nation assez difficile
pour ne pas goûter entièrement ce qu'elle ne peut
goûter après réflexion. Elle ne sépare pas volontiers
ce qui fut spontané de ce qui sera réfléchi. Elle
n'admire tout à fait que lorsqu'elle a trouvé des raisons solides et universelles de son plaisir ; et la
recherche de ces raisons l'a conduite jadis, comme
il arriva d'abord aux anciens, à distinguer très soigneusement l'art de dire, du dire même.

Il n'est pas étonnant (me soufflait encore ma rêverie) que dans un pays assez peu crédule, ce discernement se soit imposé. Le sentiment et le culte de la
forme m'apparurent alors des passions de l'esprit
qui ne se dégagent que de ses résistances. *Le doute
mène à la forme*, me disais-je en raccourci...

Repensant alors à celui que je quittais, et dont
rien n'est plus connu que son amour de l'art classique, si ce n'est le scepticisme extrême qu'il profes-
sait (car il était le doute en personne), il me vint un
soupçon qu'il existât quelque liaison assez cachée,
mais fort séduisante, entre ce culte de la forme et
cette tournure critique et sceptique de l'esprit.

La crédulité, pensai-je, n'est pas difficile. Elle consiste à ne pas l'être. Il lui suffit d'être ravie. Elle s'emporte dans les impressions, les enchantements, et toute dans l'instant même, elle appelle la surprise, le prodige, l'excès, la merveille et la nouveauté. Mais un temps vient, quoiqu'il ne vienne pas pour tout le monde, que l'état plus délié des esprits leur suggère d'être exigeants. De même que les doctrines et les philosophies qui se proposent sans preuves trouvent dans la suite des temps plus de mal à se faire croire, et suscitent plus d'objections, tellement qu'à la fin on ne retienne plus pour vrai que ce qui est véritable, ainsi va-t-il dans l'ordre des arts. Au doute philosophique ou scientifique, vient à correspondre une manière de doute littéraire.

Mais comment assurer les ouvrages contre les retours de la réflexion, et comment les fortifier contre le sentiment de l'arbitraire ? Par l'arbitraire même, par l'arbitraire organisé et décrété. Contre les écarts personnels, contre la surabondance et la confusion, et en somme, contre la fantaisie absolue, de sceptiques créateurs, créateurs à leur manière, ont institué le système des conventions. Les conventions sont arbitraires, ou du moins se donnent pour telles ; or, il n'y a pas de scepticisme possible à l'égard des règles d'un jeu.

Ce mot peut scandaliser. Faire entendre que l'art classique est un art qui s'oriente vers l'idéal du jeu, tant il est conscient de soi-même, et tant il préserve à la fois la rigueur et la liberté, c'est sans doute choquer : mais ce n'est, je l'espère, que choquer un instant, le temps même qu'il vous souvienne que la perfection chez les hommes ne consiste et ne peut consister qu'à remplir exactement une certaine attente que nous nous sommes définie.

L'art classique dit au poète : tu ne sacrifieras

point aux idoles, qui sont les beautés de détail. Tu ne
te serviras point de tous les mots, dont il en est de
rares et de baroques qui tirent à eux toute l'attention
et qui brillent vainement aux dépens de ta pensée.
Tu n'éblouiras pas à peu de frais et tu ne spéculeras
pas sur l'insolite. Tu ne chercheras point à fou-
droyer, car tu n'es pas un dieu, quoique tu penses ;
mais, seulement, communique aux hommes, si tu
peux, l'idée d'une perfection d'homme.

L'art classique dit encore bien des choses, mais il
est de plus savantes voix que la mienne pour le faire
parler. Je me borne à redire après tout le monde ce
qu'il fut, que je résume en peu de mots : il est admirable, il fut réservé à la France, que, sous l'empire
de l'intelligence volontaire, un art qui fut le comble
de la grâce fût créé ; et qu'une aisance supérieure
dans le style, une intimité continue des formes avec
les pensées, une pudeur délicieuse aient été les
fruits étonnants d'une contrainte extraordinaire.

Considérons encore un peu comment ceci s'obtint.
On augmenta cruellement le nombre des entraves
des Muses. On édicta une restriction très redoutable
du nombre de leurs pas et de leurs mouvements
naturels. On chargea le poète de chaînes. On l'acca-
bla de défenses bizarres et on lui intima des prohibi-
tions inexplicables. On lui décima son vocabulaire.
On fut atroce dans les commandements de la prosodie.

Ceci fait, des règles strictes, et quelquefois
absurdes, ayant été promulguées, des conventions
tout artificielles ayant été arrêtées, il arriva, Messieurs, ce qui nous émerveille encore, que par l'opération d'une demi-douzaine d'hommes du premier
ordre, et par la grâce de quelques salons, naquirent
et grandirent ces miracles de pureté, de puissance
précise et de vie, ces œuvres incorruptibles, qui

nous inclinent malgré nous devant leurs figures parfaites, et qui atteignent en déesses un degré de naturel surnaturel.

*

Messieurs, je ne vous donne point mes déductions
imaginaires pour de solides ni de profondes pensées.
Ce n'est ici qu'un arrangement de quelques idées
que j'eusse désiré tout autre. J'aurais voulu vous
composer plus habilement les différents visages de
mon illustre prédécesseur et former plus heureusement le tableau de ses grands titres à l'attention de
la postérité.

*

*Esprit délicieux et délié jusqu'à l'excès, amant pas-
sionné de ce qui fut de plus beau en tous les genres,
et toutefois ami des hommes, il restera dans l'histoire de nos Lettres celui qui a rappelé à notre temps
la relation remarquable et singulière que j'ai essayé
de vous exprimer, entre l'indépendance de la pensée,
le système d'art le plus rigoureux et le plus pur qui
jamais ait été conçu, et notre nation même, libre et
créatrice.*

*Réponse au remerciement
du maréchal Pétain*

À L'ACADÉMIE FRANÇAISE

Discours prononcé le 22 janvier 1931.

À la mort de l'illustre Foch, il n'y eut aucun doute, ni parmi nous, ni dans le public, sur la personne qui dût ici prendre la place d'un tel chef.

Vous fûtes élu dans nos esprits avant même que vous ayez pu songer à vous présenter à nos suffrages.

D'immenses services rendus à la France ; les mérites les plus solides couronnés par les dignités les plus relevées ; la confiance inspirée aux troupes, celle de la nation tout entière qui vous retient dans la paix à la tête de ses forces, tout vous portait au fauteuil vacant du grand capitaine, même le contraste le plus sensible, et sans doute le plus heureux pour le bon succès de la guerre, dans le caractère, dans les conceptions, dans la conduite des idées.

Nul ne pouvait nous composer un éloge plus véritable du maréchal Foch, nous en représenter les travaux et les actes avec plus de lucidité, de rigueur et de connaissance immédiate des choses que vous n'étiez en possession de le faire.

C'est là, Monsieur, ce que vous venez d'accom-

plir. Nous venons d'entendre de votre bouche la
raison expliquer l'imagination, la fermeté circonscrire le feu, le calme mesurer la tempête ; et un
admirable tacticien, un parfait artiste dans l'art de
la force nous a développé en maître les desseins et
les entreprises du poète enthousiaste de l'énergie
stratégique.

Nous vous avons écouté avec une attention toute
particulière que nous commandaient non seulement votre personne et le grand sujet de votre discours, mais encore certaines circonstances dont on
ne peut se défendre de ressentir du regret.

Cette guerre si proche encore, et toujours si
présente, est déjà imparfaitement connue dans
quelques-unes de ses parties. Il est des points qui
s'obscurcissent sous nos yeux ; des jugements
qui furent simples se nuancent, et il se produit je ne
sais quels troubles et quels doutes dans l'opinion.
Ce qui fut fait, ce qu'on eût pu faire ; les vrais ressorts des décisions qui furent prises ; le rôle de chacun dans la victoire, tout ceci se ranime et se
discute ; et voici que nous assistons au pénible
enfantement de ce qui sera la vérité, et que nous
sommes les témoins assez divisés de la formation
difficile de l'histoire. C'est en quelque sorte l'avenir
du passé qui est en question, et qui se trouve dis-
puté, même entre grandes ombres. Ceux qui s'uni-
rent et qui s'admiraient dans le péril se font
éternels adversaires. Des morts illustres parlent, et
les paroles d'outre-tombe sont amères.

Mais vous, Monsieur, renfermé dans ce grand
calme, presque légendaire, qui atteste la confiance
dans la durée ; préservé par cette raison vigilante
qui vous distingue, par cette prudence et cette prévoyance qui ont fait de vous la Sagesse de l'armée ;

vous qui gardez, comme une frontière de vos pensées, un silence que l'on sent fortifié de faits, solidement organisé en profondeur, vous êtes du moins l'homme rare que les critiques les plus difficiles, les polémistes les plus aigres, ceux même qui exercent sans relâche la fonction de diminution des renommées et qui se donnent pour emploi de ruiner dans l'esprit public toute grandeur qui s'y dessine, aient dû à peu près épargner. La politique même semble vous respecter, — elle qui vit de choses injustes.

C'est que votre attitude froide et nette, la réserve dans les propos, l'économie de promesses et de pronostics séduisants, votre règle constante d'accepter le réel, de vous tenir au vrai, de le dire à tout risque, ont fait que l'on gardât la mesure avec vous, et que vous puissiez demeurer assez impassible, ne redoutant ni les révélations tardives, ni le retour sur vos actes, ni l'analyse des événements. Tous vos ordres sont là, qui attendent l'histoire. L'histoire y trouvera des modèles de la plus grande précision, des avis toujours nets, des exhortations parfaitement simples et humaines, des commandements toujours exigibles et exécutables, étant conçus et rédigés par un chef qui eût pu les exécuter, comme s'il eût dû les exécuter soi-même. Mais vous vous gardez de l'excès de porter vos prescriptions jusqu'à la minutie, car c'est le plus sage de vos préceptes que de laisser chacun, à tous les degrés de la hiérarchie et dans toutes les spécialités d'une armée, maître de faire ce qui n'appartient qu'à son grade ou à son métier.

Sur toute chose, vous vouliez être compris de tous, chacun devant développer par ses propres lumières la part qui lui incombait de votre dessein. Votre esprit fort critique et prompt à l'ironie, jugeant des autres par soi-même, répugnait à leur demander une

confiance aveugle ou conventionnelle qu'il n'eût pas
soi-même accordée. Vous préférez communiquer
l'espoir par des actes de prévoyance et des préparations positives que de l'exciter par le discours. Pendant une épreuve si longue qu'elle parut parfois
infinie, la parole, de jour en jour, perdait de sa
valeur fiduciaire. Mais l'on vous voyait ordonnant
des travaux, organisant et réorganisant vos unités,
vous inquiétant de la nourriture, du repos, de l'esprit
des soldats ; et enfin pénétré de l'importance essentielle de l'exécution au point de vous attacher constamment à reprendre et à refaire l'instruction des
troupes et des cadres ; l'exercice et le combat profi-
tant l'un de l'autre, l'expérience constante dominant toutes vos pensées. Vos actes sont parlants, vos
paroles sont actes.

Ainsi, de grade en grade, au milieu des tâtonnements d'une guerre sans exemple, vous ne cessez
de vouloir obtenir entre le conseil et l'action, entre
l'idée, les moyens et les hommes, une sorte d'harmonie ou de dépendance réciproque, hors de laquelle
vous sentez qu'il n'y a ni continuité dans les avantages, ni ressource dans les revers.

Serviteur toujours prêt à servir, instruit de tout
ce qui importe à la guerre, vous vous montrez en
quelques mois capable par la compétence de commander une immense armée aussi clairement qu'une
division ; mais fort capable, par le caractère, d'accepter une division après avoir commandé une armée :
ce qui prouve à la fois une possession complète de
votre art et une personnalité de première force ; car
il n'est qu'une personnalité de première force pour
s'accommoder de tous les postes et y porter ses perfections avec soi.

C'est par quoi votre élévation s'est imposée. Vous
êtes celui d'entre nos chefs qui, parti devant six

mille hommes pour la guerre, l'avez achevée à la tête de trois millions de combattants.

Qu'aviez-vous fait? Pour ne parler ici que des deux choses les plus grandes, vous avez préservé Verdun, vous avez sauvé l'âme de l'armée.

Comment l'avez-vous fait? Que supposent en vous ces services insignes?

Le salut de Verdun, le redressement prompt et prodigieux de l'esprit de nos troupes, ce ne furent point — ce ne pouvait être — de ces actes inspirés, de ces hauts faits qui procèdent d'un éclair de lumière intellectuelle et d'énergie, de ces bonheurs saisis et exploités qui transforment soudain une situation, emportent tout à coup le destin d'une armée. Le temps n'est plus de ces miracles. Dans une guerre à forme lente, où les coups les plus éclatants qui soient portés s'amortissent en quelques jours contre la masse et les ressorts de grandes et puissantes nations tout entières ordonnées à la lutte, animées à la résistance totale, — la foudre, le génie, l'événement sublime, ne peuvent pas suffire à anéantir l'adversaire.

Je ne sais si vous l'aviez pressenti; mais vous étiez fait pour le pressentir. Vous étiez heureusement parmi nous l'un des hommes les plus aptes en soi et des mieux préparés par une orientation instinctive de leurs pensées, à saisir, — ou plutôt: à ne pas refuser de saisir, — le caractère stationnaire, dilatoire, en quelque sorte, d'une guerre de peuples, caractérisée par un équilibre, à durée indéterminée, de puissances et de résistances profondes. La doctrine de l'offensive pure ne vous avait jamais conquis. Vous n'aimâtes jamais les théories inflexibles. Vous n'oubliez jamais que le réel n'est fait que d'une infinité assez désordonnée de cas particuliers dont il faut chaque fois considérer l'espèce et refaire l'ana-

lyse ; et vous avez agi, à Verdun contre l'ennemi, en
1917 contre la crise intime, avec des méthodes spécialement imaginées et exactement adaptées à la
nature du danger et aux circonstances du moment.
Vous n'avez improvisé, dans ces terribles conjonctures, ni l'admirable jugement tactique, ni la profonde connaissance des hommes, qui furent la
substance de l'un et l'autre succès.

Vos triomphes difficiles ont été les effets et les
fruits longuement mûris de toute une vie réfléchie,
dominée par un souci tout scientifique de précision
dans le regard et de prudence dans les inductions.

Les grandes épreuves ne pouvaient rien changer
à cette méthode irréprochable. Un homme nouveau
suscité par la guerre ne surgit point en vous. Vous
vous bornez à laisser l'expérience remplir un esprit
qui l'attendait, et il vous suffit de demeurer celui
qui avait compris une fois pour toutes que la vraie
valeur d'une intelligence consiste dans la faculté de
se laisser instruire par les faits.

C'est pourquoi, je puis bien vous dire, Monsieur,
que rien ne vous peint plus fidèlement que ce que
vous avez fait de plus beau. Toutes vos qualités
constantes y paraissent. Toutes les acquisitions, non
scolaires, mais personnelles, que votre esprit avait
faites depuis la jeunesse s'y emploient. J'y vois au
premier rang une connaissance essentielle, qui est
celle du soldat.

Au début de votre carrière, lieutenant sur la frontière des Alpes, vous menez la vie même de vos chas-
seurs dans leurs manœuvres de montagne. Vous
savez vous entretenir avec eux ; vous vous faites une
idée juste, et qui sera un jour bien précieuse, du soldat français, ce soldat qui ressemble assez peu aux
autres. Vous observez en lui sa nature facilement

conquise, son antipathie pour la hauteur et pour les contraintes qui lui paraissent de pur caprice, son amour-propre qui l'anime à tenter tout exploit dont on le défie, et ce fond de raison par quoi il tempère l'excès de sa vivacité. Il ne supporte guère la sensation de l'inutilité des efforts. Sans doute, il est des exigences que l'on ne peut toujours expliquer, des obligations à longue portée, des circonstances où la passivité doit s'imposer. Mais il n'est point d'un véritable chef de se borner à dicter des ordres sans nul égard à leurs effets sur les esprits : ils ne seraient obéis que d'une obéissance cadavérique. Il doit arriver assez souvent qu'une troupe vaille exactement ce que vaut le chef à ses yeux.

Notre soldat a le défaut singulier de vouloir comprendre. Nos armées ont toujours été des armées d'individus, avec toutes les conséquences bonnes et mauvaises qui découlent de cette constitution particulière. On ne peut songer à obtenir d'une race vive et critique cette discipline formelle, cette tenue toute rigoureuse, cette perfection des cadences et des rythmes qui font si grand effet dans les parades. L'automatisme ne fut jamais le fort de nos armées. Il peut être précieux à la guerre ; il peut s'y montrer fatal, si les chefs ont perdu le sang-froid ou la vie.

L'avenir, — s'il est permis de l'inventer un instant, — nous serait donc assez favorable dans l'hypothèse où la puissance militaire reposerait bien moins sur l'énormité des effectifs et sur l'action des grands nombres d'hommes que sur la valeur individuelle, l'audace et l'agilité intelligente du personnel. L'aviateur, les servants d'une mitrailleuse donnent déjà l'idée de ce que pourront être les agents humains des conflits. Les engins nouveaux tendent à supprimer indistinctement toute vie dans une aire toujours plus grande. Toute concentration est un danger, tout rassemblement attire la foudre ; on verra, sans doute, se développer les entreprises de peu d'hommes choisis, agissant par équipes, produisant en quelques instants, à une heure, dans un lieu imprévu, des événements écrasants. Voilà ce qui est possible, et qui donnerait aux qualités personnelles une valeur incomparable.

Mais nous ne sommes point encore dans une ère si avancée. Vous commandez dans quelque paisible ville de garnison, un peloton ou une compagnie. Je vous imagine fort bien dans ce petit commandement. Vous connaissez les noms de tous vos hommes, — ce qui, d'ailleurs, est un devoir, — et je m'assure que vous savez quelque chose de leur vie et de leurs caractères. J'ai dit que le soldat français aime de comprendre, il n'aime pas moins d'être compris. Il en résulte que les relations de l'officier avec ses hommes sont en France plus humaines, et donc plus intéressantes qu'ailleurs. C'est peut-être par ces rapports entre les chefs et les soldats, par le plus ou moins de compréhension et de divination mutuelles que se distinguent le plus les différentes armées les unes des autres. Un jeune Français, qui demeure pendant quelques années dans les fonctions d'officier subalterne, peut y trouver d'incomparables leçons. Il peut, s'il sait observer, voir vivre et considérer dans leur mélange les types très divers de la nation, regarder comme se comportent dans l'égalité momentanée de la condition militaire, les individus de complexion, de culture, de fortune, de profession les plus variées. Ce n'est pas tout que d'étudier sur la carte et sur le terrain la figure de son pays ; il faut en apprendre les hommes. Qu'on relise alors notre histoire… Je ne vois véritablement pas de profession qui serait plus propice à mûrir un bon esprit,

— s'il se trouvait en nous toujours autant d'esprit que l'occasion de s'en servir est plus précieuse.

Voilà, Monsieur, comme j'aime de vous concevoir dans votre carrière du temps de paix, vous formant, à la faveur des droits et des devoirs de votre grade, ces idées justes sur l'homme dans le rang, et sur ses réactions, dont vous tirerez beaucoup plus tard de si utiles conséquences.

Mais cette observation de la vie ne vous empêchait point de vous instruire des parties les plus spéciales de votre métier. Tout en remplissant avec zèle les devoirs assez monotones de votre état, menant cette existence toute régulière et laborieuse de l'officier de troupe, auquel il faut tant de foi ou de résignation pour accomplir comme indéfiniment le cycle liturgique de l'année militaire, — l'accueil de la classe, son dressage, les tirs, l'inspection, les manœuvres, — cependant vous appliquiez votre esprit à approfondir ce qui vous paraissait de plus positif et de plus précis dans la science de la guerre. Au tout de quelques années, vous deveniez une manière d'autorité dans l'art de la conduite du feu.

Vous considérez ces questions problématiques d'un œil exigeant et net. Les idées des autres ne semblent point vous en imposer beaucoup. Vous faites bientôt une grande découverte, qui, pour le profane, n'eût offert que naïveté. Mais nous savons, par l'exemple de la science et de la philosophie, que ce qui est évidence au regard ingénu disparaît quelquefois aux yeux des connaisseurs par la fixité même et le raffinement de leurs attentions. Il ne faut alors rien de moins qu'un homme de génie pour apercevoir quelque vérité essentielle et fort simple qu'ont offusquée les travaux et l'application d'une quantité de têtes profondes.

Vous avez découvert ceci : *Que le feu tue...*

344   *Variété IV*

Je ne dirai pas qu'on l'ignorât jusqu'à vous. On
inclinait seulement à désirer de l'ignorer. Comment se pouvait-il ? C'est que les théories ne se peuvent jamais construire qu'aux dépens du réel, et
qu'il n'est point de domaine où les théories soient
plus nécessaires que dans le domaine de la préparation à la guerre, où il faut bien imaginer la pratique pour pouvoir établir le précepte.

Il vous parut, Monsieur, que les règlements tac-
tiques en vigueur ne donnaient point de ce *feu qui
tue* une idée très importante. Les auteurs y voyaient
surtout quantité de balles perdues, et de temps
perdu à les perdre. On enseignait un peu partout
que le feu retarde l'offensive, que l'homme qui tire
se terre, que l'idéal serait d'avancer sans tirer ; qu'il
fallait bien sans doute, faire brûler quelques car-
touches, mais que ce n'était que pour soulager les
nerfs du soldat. C'était un feu calmant, ordonné à
regret, par pure complaisance. On arrivait ainsi à
cette conclusion bien remarquable que l'arme à feu
n'a pour fonction, pour effet, sinon pour excuse, que
d'agir sur le moral de ceux qui s'en servent... Quant
à l'ennemi, c'est par l'approche précipitée, par la
menace croissante du choc des hommes mêmes que
l'on fait naître en lui une âme de défaite et que la
décision est obtenue. *Vaincre, c'est avancer*, disait-
on. On eût pu dire : *Vaincre, c'est convaincre*.

L'Histoire, qui, par essence, contient des exemples
de tout, qui permet de munir toute thèse et qui arme
de *faits* tous les partis, fournissait largement les
apôtres de cette tactique. Les progrès des engins
les touchaient peu. Mais vous, Monsieur, qui ne
pouviez vous empêcher de considérer autre chose
que ce désordre d'enseignements contradictoires
que nous propose le passé, il vous apparaissait que
dans la guerre, comme en toute chose, l'accroisse-

ment prodigieux de la puissance du matériel tend à réduire de plus en plus la part physique de l'action de l'homme. On pourrait déduire hardiment de cette remarque si simple *que tout événement de l'Histoire dans lequel la technique et les engins jouèrent le moindre rôle ne peut plus désormais servir de modèle ou d'exemple à quoi que ce soit…*

Le feu tue, disiez-vous… Votre formule à présent paraît bien modérée. Elle est d'un temps où la mitrailleuse n'est pas encore dans toute sa gloire ; elle est jeune et méconnue, tenue pour une machine trop peu *rustique*, bonne tout au plus pour battre les glacis et les fossés d'un ouvrage ; mais qui se détraquera en campagne aux mains d'un maladroit, et qui épuisera en pure perte, en dix minutes, les coffrets d'un bataillon. Cette opinion était fondée sur le bon sens. Le bon sens nous a coûté cher. Nous vivons dans une époque magique et paradoxale qui se joue à mettre en défaut les jugements les plus sensés. En vérité, ce qui a paru de plus indispensable dans la dernière guerre, ce fut, *en dépit du bon sens*, l'intervention affreusement efficace d'un matériel de plus en plus compliqué. La mitrailleuse, au premier rang, quoique peu rustique et dévorante, a transformé toutes les possibilités et décimé les prévisions comme les êtres.

C'était donc peu de dire que le feu tue. Le feu moderne fauche ; il supprime ; il interdit le mouvement et la vie de toute zone qu'il bat. Quatre hommes résolus tiennent mille hommes en respect, couchent morts ou vifs tous ceux qui se montrent. On arrive à cette conclusion surprenante que la puissance de l'arme, son *rendement*, augmente comme le nombre même de ses adversaires. Plus il y en a, plus elle tue. C'est par quoi elle a eu raison du mouvement, elle a enterré le combat, embarrassé la

manœuvre, paralysé en quelque sorte, toute stratégie.

Ayant fait votre découverte, Monsieur, vous ne
pouvez que vous n'en tiriez les conséquences. Vous
vous faites une tactique séparée ; bien différente de
celle que l'on enseigne, et dont les formules que vous
en donnez s'opposent nettement aux préceptes qui
commandaient le mouvement sans conditions.

Vous résumez votre pensée en des maximes sai-
sissantes : *l'offensive*, dites-vous, *c'est le feu qui
avance ; la défensive, c'est le feu qui arrête*. Vous dites
enfin : *le canon conquiert, l'infanterie occupe*.

La progression n'est donc plus une héroïque
panacée. L'homme n'est plus un projectile supposé
irrésistible dont on prodigue les émissions jusqu'à la
victoire ou à l'épuisement total ; mais l'homme complète l'œuvre du feu, et la marche en avant n'est
plus une cause, elle est une conséquence. Vous aviez
bien prévu qu'il fallait une tactique nouvelle à une
guerre nouvelle, dont le trait essentiel devait être
l'emploi massif et précoce du canon, l'engagement
à grande distance, comme l'action *à toute distance,
sera peut-être le trait essentiel des guerres de l'avenir*.

Mais par là, Monsieur, vous voici dans un état
d'esprit qu'il faut bien nommer *hérétique*. Confes-
sons que le chemin de l'hérésie vous a conduit très
haut, — jusqu'au sommet de la carrière, jusqu'à la
gloire, et finalement jusqu'ici, Monsieur, où parfois
conduit l'hérésie même littéraire.

Vous choquiez si franchement les idées qui étaient
alors souveraines que les doctrinaires de l'armée
eussent pu vous tenir rigueur. Il n'en fut presque
rien. En dépit de vos opinions téméraires et de l'empire du dogme assez intolérant, on constate à l'honneur de vos chefs que toute la liberté, — joignons-y
la causticité, — de votre esprit ne les empêcha pas

de reconnaître vos talents, et même de vous confier les fonctions de professeur de tactique à l'École supérieure de Guerre, — c'est-à-dire au centre même d'élaboration et de prédication de la doctrine dont vous doutiez ouvertement.

Je crois bien que c'est en ce point de votre carrière qu'elle croise pour la première fois celle de votre illustre prédécesseur. Foch, devenu directeur de la célèbre École, vous laissa entièrement libre d'y enseigner une doctrine qui n'était pas tout à fait la sienne. J'aime beaucoup ce petit trait qui ne peut être que d'une grande âme.

Vos idées à présent sont bien arrêtées ; les positions de votre esprit, les bases de vos jugements solidement assises.

D'une part, notion juste et toujours présente de l'homme ; sentiment de ses forces réelles que vous ferez toujours figurer dans vos calculs ; importance capitale de la connaissance intime du soldat.

D'autre part, idée précise d'une tactique expérimentale ; image nette du combat tel que l'armement à grande puissance exige qu'on le conçoive.

Mais le combat est l'élément de la bataille générale ; l'exécution tient la conception en état. Si la stratégie veut ignorer la tactique, la tactique ruine la stratégie. La bataille d'ensemble gagnée sur la carte est perdue en détail sur les coteaux. Ici, comme dans tous les arts, — que dis-je, comme dans tous nos actes, jusqu'aux plus simples, — la vision, qui est prévision, et le geste qui exécute ne valent que l'un par l'autre.

Précisions de vos idées, connaissances longuement acquises, conclusions claires et nettes, aurez-vous quelque jour l'occasion de les voir à l'épreuve ?

La guerre éclatera-t-elle quelque jour ?

Quelle phase étrange de l'Histoire, que cette

phase que l'on peut appeler l'ère de la Paix armée, et dont je voudrais pouvoir dire, et ne le puis du tout, qu'elle n'est plus qu'un souvenir !

Pendant quarante ans, l'Europe est suspendue dans l'attente d'un conflit dont on sait qu'il sera d'une violence et d'un ordre de grandeur sans exemple. Nulle nation n'est sûre de ne pas s'y trouver engagée. Tout homme dans ses papiers conserve un ordre de rejoindre. La date seule y manque. Quelque jour inconnu, les accidents de la politique y pourvoiront. Pendant quarante années, le retour du printemps se fait craindre. Les bourgeons font songer les hommes d'une saison favorable aux combats. L'explosion, parfois, paraît inconcevable : on en démontre l'impossibilité. La paix armée pèse d'ailleurs si lourdement sur les peuples, grève à ce point les budgets, impose aux individus de si sensibles gênes dans un temps de liberté morale et politique croissante ; elle contraste si évidemment avec la multiplication des échanges, l'ubiquité des intérêts, le mélange des mœurs et des plaisirs internationaux, qu'il semble à bien des esprits tout à fait improbable que cette paix contradictoire, ce faux équilibre, ne se change insensiblement dans une véritable paix, une paix sans armes et surtout, sans *arrière-pensées*. On ne peut croire que, l'édifice de la civilisation européenne, si riche de rapports internes si divers, si étroits, puisse jamais être brutalement disloqué et éclater en mêlée de nations furieuses.

La politique bien des fois a reculé devant la détestable échéance, qu'elle sait cependant devoir être la conséquence la plus probable de son activité fatale et de la naïve bestialité de ses mobiles. On vit, on crée, on prospère même, sous le régime pesant de la Paix armée, sous le coup toujours imminent de cette fameuse *Prochaine Guerre*, qui doit être le Jugement dernier des Puissances et le règlement définitif des querelles historiques et des antagonismes d'intérêts. Dans l'ensemble, un système de tensions, de suspicions, de précautions ; un malaise toujours accru, composé de la persistance des amertumes, de l'inflexibilité des orgueils, de la férocité des concurrences, combiné à la crainte des horreurs que l'on imagine et des conséquences que l'on ne peut imaginer, constitue un équilibre instable et durable, qui est à la merci d'un souffle, et qui se conserve pendant près d'un demi-siècle.

Il y avait, certes, en Europe, quantité de situations explosives ; mais le nœud de cette vaste composition de dangers se trouvait dans l'état des relations franco-allemandes créé par le Traité de Francfort. Ce traité de paix était le modèle de ceux qui n'ôtent point tout espoir à la guerre. Il plaçait la France sous une menace latente qui ne lui laissait, au fond, que le choix entre une vassalité perpétuelle à peine déguisée et quelque lutte désespérée.

En conséquence, de 1875 à 1914, des deux côtés de la nouvelle frontière, une concurrence de forces symétriques se déclare. Le préambule de toute histoire de la Grande Guerre est nécessairement l'histoire de cette guerre singulière des prévisions et des craintes : guerre des armements, des doctrines, des plans d'opérations ; guerre des espionnages, des alliances, des ententes ; guerre des budgets, des voies ferrées, des industries ; guerre constante et sourde. Des deux côtés de la frontière, cependant que les créations de la culture, les arts, les sciences, les lettres composaient la brillante apparence d'une civilisation toujours plus ornée et plus éloignée de la violence, — des hommes profondément dévoués à leur devoir sévère, qui connaissent la fragilité des supports du splendide édifice de la paix, la charge énorme des antagonismes et des antipathies, — des hommes qui doivent, au jour critique, se trouver brusquement investis de pouvoirs et de responsabilités immenses, se préparent à ce jour solennel, qui, peut-être, ne luira jamais. Ils travaillent parallèlement et jalousement. Les états-majors calculent, croisent leurs desseins opposés, qu'ils devinent ou pénètrent. Ils forment toutes les hypothèses ; répondent à toute amélioration du système rival, chacun cherchant à organiser à son profit l'inégalité décisive. Des deux côtés de la frontière, encore imperceptibles et bien éloignés de l'éclat et de l'importance capitale que les événements leur donneront, les Kluck, les Falkenhayn, les Hindenburg, les Ludendorf, là-bas ; ici, les Joffre, les Castelnau, les Fayolle, les Foch, les Pétain, chacun selon sa nature, sa race, son arme ou son emploi, vivent dans l'avenir et se tiennent aux ordres du destin.

Jamais, dans aucun temps, rien de comparable à cette longue guerre, absente et présente, ardente et imaginaire, sorte de corps à corps technique et intellectuel, avec ses surprises et ses ripostes virtuelles, ses créations d'engins et de moyens, dont la nouveauté trouble parfois les théories en vogue, modifie un instant l'équilibre des forces, déconcerte les routines.

Toute une littérature spéciale, et toute une littérature de fantaisie, parfois plus heureuse que l'autre dans ses prévisions, donnent à imaginer ce que sera l'événement du cataclysme dont l'Europe est grosse. Quelle étrangeté, quel trait nouveau que cette extrême conscience, cette longue et lucide veille !...

La *Guerre de demain* ne sera point une de ces catastrophes auxquelles on n'a jamais pensé.

Mais des deux côtés de la frontière, les conditions de ce travail préparatoire sont bien différentes.

Tout le favorise en Allemagne : la forme du gouvernement, d'essence militaire, et dont la victoire a fondé le prestige ; une population surabondante et naturellement disciplinée ; une sorte de mysticisme ethnique ; et chez de nombreux esprits, une foi dans le recours à la force, qu'ils estiment le seul fondement scientifique du droit.

Chez nous, rien de pareil. Un tempérament national à la fois critique et modéré ; une population moins que stationnaire dans un pays de vie facile et douce ; une nation politiquement des plus divisées ; un régime, dont la sensibilité aux moindres mouvements de l'opinion faisait le vice et la vertu. Ces conditions rendaient assez laborieuse toute préparation méthodique et continue à une guerre que nul ne voulait, ni ne pouvait vouloir ; et que chacun, quand il y pensait, ne concevait que comme un acte de défense, une réponse à quelque agression. On peut affirmer que l'idée de déclarer la guerre à quelqu'une des nations voisines ne s'est jamais présentée à un esprit français depuis 1870...

Cependant notre armée, souvent critiquée, exposée tantôt à des suspicions, tantôt à des tentations politiques ; profondément troublée en quelques circonstances, sut, en dépit de toutes ces difficultés, accomplir un travail immense. Elle a pu se tromper quelquefois ; mais gardons-nous d'oublier qu'après tout, ses erreurs comme sa valeur ne sont que les nôtres. Elle est indivisible de la nation qu'elle reflète exactement. Le pays peut se mirer dans son bouclier.

Vous alliez quitter cette armée, Monsieur, abandonner la carrière qui avait séduit votre jeunesse et rempli votre vie ; et goûter les mélancoliques douceurs de la retraite, puisque vous avez cinquante-

huit ans, quand l'heure sonne. Le sang de l'archi-
duc a coulé. Les derniers moments de la paix sont
venus.

Mais les peuples insouciants jouissent d'une
splendide saison. Jamais le ciel plus beau, la vie plus
désirable et le bonheur plus mûr. Une douzaine de
personnages puissants échangent, sans doute, des
télégrammes ou des visites. C'est leur métier. Le
reste songe à la mer, à la chasse, aux campagnes.

Tout à coup, entre le soleil et la vie, passe je ne
sais quelle nue d'une froideur mortelle. L'angoisse
générale naît. Toute chose change de couleur et de
valeur. Il y a de l'impossible et de l'incroyable dans
l'air. Nul ne peut fixement et solitairement considérer ce qui existe, et l'avenir immédiat s'est altéré
comme par magie. Le règne de la mort violente est
partout décrété. Les vivants se précipitent, se séparent, se reclassent ; l'Europe, en quelques heures,
désorganisée, aussitôt réorganisée ; transfigurée,
équipée, ordonnée à la guerre, entre tout armée
dans l'imprévu.

Là-bas, la guerre est accueillie dans l'ensemble
comme une opération grandiose, nécessaire pour
briser un système inquiétant de nations hostiles, et
pour permettre à la prospérité prodigieuse de l'empire de nouveaux développements. Il règne une
confiance immense. Il semble impossible qu'une
telle préparation, un tel matériel, une telle volonté
de victoire n'emportent point toute résistance. La
guerre sera brève. On dictera la paix à Paris dans
six semaines. Le ciel lavé par l'orage inévitable ;
l'Europe émerveillée, domptée, disciplinée ; l'Angle-
terre réduite ; l'Amérique contenue dans son progrès ; la Russie et l'Extrême-Orient dominés...
Quelles perspectives, et que de chances pour soi !
Observons qu'il n'y avait rien dans tout ceci qui fût

tout à fait impossible, et que ces vues d'apparence
déraisonnable se pouvaient fort bien raisonner.

Chez nous… Mais est-il besoin que l'on nous rappelle la suprême simplicité de nos sentiments ? Il ne
s'agit pour nous que d'être ou de ne plus être. Nous
savons trop le sort qui nous attend. On nous a assez
dit que nous étions un peuple en décadence, qui ne
fait plus d'enfants, qui n'a plus de foi en soi-même,
qui se décompose assez voluptueusement sur le territoire admirable dont il jouit depuis trop de siècles.

Mais cette nation énervée est aussi une nation
mystérieuse. Elle est logique dans le discours ; mais
parfois surprenante dans l'acte.

La guerre ? dit la France, — *Soit.*

Et c'est alors le moment le plus poignant, le plus
significatif — disons, — le plus adorable de son histoire. Jamais la France frappée à la même heure du
même coup de foudre, apparue, convertie à elle-
même, n'avait connu, ni pu connaître une telle illu-
mination de sa profonde unité. Notre nation, la plus
diverse, et d'ailleurs, l'une des plus divisées qui soit,
se figure à chaque Français tout *une* dans l'instant
même. Nos dissensions s'évanouissent, et nous nous
réveillons des images monstrueuses qui nous représentent les uns aux autres. Partis, classes, croyances,
toutes les idées fort dissemblables que l'on se forme
du passé ou de l'avenir se composent. Tout se résout
en France pure. Il naît pour quelque temps une
sorte d'amitié inattendue, de familiarité générale et
sacrée, d'une douceur étrange et toute nouvelle,
comme doit l'être celle d'une initiation. Beaucoup
s'étonnaient dans leur cœur d'aimer à ce point leur
pays ; et, comme il arrive qu'une douleur surprenante nous éveille une connaissance profonde de
notre corps et nous éclaire une réalité qui était naturellement insensible, ainsi la fulgurante sensation

de l'existence de la guerre fit apparaître et reconnaître à tous la présence réelle de cette Patrie, chose
indicible, entité impossible à définir à froid, que
ni la race, ni la langue, ni la terre, ni les intérêts, ni
l'histoire même ne déterminent ; que l'analyse peut
nier ; mais qui ressemble par là même, comme par
sa toute-puissance démontrée, à l'amour passionné,
à la foi, à quelqu'une de ces possessions mystérieuses qui mènent l'homme où il ne savait point
qu'il pouvait aller, — au-delà de soi-même. Le sentiment de la Patrie est peut-être de la nature d'une
douleur, d'une sensation rare et singulière, dont
nous avons vu, en 1914, les plus froids, les plus philosophes, les plus libres d'esprit être saisis et boule-
versés.

Mais encore, ce sentiment national s'accommode
aisément chez nous d'un sentiment de l'humanité.
Tout Français se sent homme ; c'est peut-être par là
qu'il se distingue le plus des autres hommes. Beaucoup rêvaient que l'on allait en finir une bonne fois
avec la coutume sanglante et primitive, avec l'atrocité des solutions par les armes. On marchait à la
dernière des guerres.

Vous partez colonel, commandant une brigade.
Sur la ligne même du feu, commence votre expérience des combats. Vous allez en personne disposer, animer, diriger votre monde.

On devrait ici vous blâmer, Monsieur, d'avoir
exposé sans nécessité la vie précieuse du chef, si
cette témérité, dans un homme aussi réfléchi et
maître de soi que vous l'êtes, ne signifiait tout autre
chose et bien autre chose qu'un emportement de
bravoure et une impatience d'agir. Vous aviez soif
du réel, danger ou non, vous dont le scepticisme est
dur aux théories. Il vous fallait le feu et l'homme
observés de tout près. Le professeur de tactique

hétérodoxe ne se tenait pas de relever et de saisir sur le fait les naïves erreurs des systèmes du temps de paix. Il faisait au milieu des points de chute, sa provision de vérité.

Surtout, il vous paraissait de première importance qu'un chef eût par soi-même éprouvé les puissantes émotions du soldat, ressenti dans sa propre chair les ébranlements, les réflexes, les brusques variations d'énergie, l'effet réel des ordres sur la troupe, et enfin observé tout ce qui fait que le possible n'est pas le même, vu du quartier général, et vu de l'escouade.

Vous constatez que vos idées de la veille étaient bien orientées, que vos appréhensions au sujet de nos règlements étaient malheureusement fondées. Nous cédons largement le terrain. Une tactique supérieure permet à la stratégie ennemie de développer son plan grandiose. Bientôt l'univers nous croit perdus; et en vérité, nous le sommes. Nos boulevards de l'Est sont largement tournés. Nous ne pouvons tenir au Nord ni en Lorraine. À Guise, Lanrezac (jadis votre collègue à l'École de Guerre), a beau porter un coup sensible au poursuivant, la grande aile ennemie ne s'en ferme pas moins sur notre gauche, frôle Paris. Le triomphe de l'art va s'accomplir. Une stratégie du plus grand style, empreinte du mépris de l'adversaire, une tactique à peu près parfaite, un armement écrasant, des troupes incomparables, comment sur tout ceci ne pas fonder l'assurance d'une victoire prochaine? A-t-on jamais vu une armée battue, qui se retire dans son désordre, et qui doit s'affaiblir, se dissoudre un peu plus, à chaque pas qu'elle fait en arrière, confuse et sous la poussée du vainqueur, brusquement faire face; et soudain, devenir si ferme, et bientôt si pressante, bientôt si inquiétante, si mordante, et transfigurée comme par miracle, qu'il faut soi-même se fixer, se défendre, et puis craindre, et puis rompre ; et se terrer enfin, pour échapper au pire, dans cette terre même où l'on va demeurer quatre ans, jusqu'à la défaite, jusqu'à la conclusion désastreuse de l'opération toute-puissante qui devait s'accomplir en *Trente-trois jours* ? Quelle ruine d'un magnifique calcul !...

C'est qu'il était né aux Français, à l'insu de tous et d'eux-mêmes, une vertu toute nouvelle, une ténacité incroyable, sans exemple dans leurs annales : une merveilleuse solidité. On les verra, peuple léger, peuple mobile, pendant quatre années éternelles, en dépit des pertes les plus lourdes, des déceptions les plus douloureuses, non seulement tenir, non seulement multiplier les plus dures attaques ; mais bien plus, animer, susciter, raffermir leurs alliés, qu'ils confortent, qu'ils munissent, qu'ils instruisent, sans que l'on puisse concevoir d'où ils tirent eux-mêmes tant de ressources, tant d'esprit, tant de cœur, tant d'argent, tant de héros, dépensant de tout ceci en une seule guerre, plus, peut-être, qu'ils n'en avaient dépensé au long de l'histoire de France tout entière.

Joffre, à la Marne, représente cette neuve fermeté de la France. Il l'exige, il l'obtient, il l'incarne.

Il est remarquable que notre nation, cette fois, oppose à l'étrange nervosité des chefs ennemis le calme extraordinaire, la pondération, le jugement simple et décisif de notre général. Il sait que les bourrasques passent, qu'il ne faut pas s'obstiner, mais persévérer ; il recule ; il a la force d'attendre le jour que ses chances soient les plus grandes. Alors, il donne le signe, abat ses cartes, et gagne.

La Marne se prolonge et s'achève par l'Yser, qui est peut-être le chef-d'œuvre de Foch. L'idée straté-

gique allemande se brise à ce ruisseau, expire à
Ypres. Là, Foch, arrivé après cette course éperdue
où il gagne l'ennemi de vitesse, recueille le Belge,
l'Anglais, les convainc de tenir dans les ruines et les
dunes ; les gagne à son mode de se défendre qui est
d'attaquer sans répit, fixe enfin le combat. Victoire
d'une importance singulière, et dernier moment de
la stratégie classique dans l'Ouest. Il est à noter que
ce coup fatal lui est porté par Foch, qu'il était
réservé au grand stratège de fermer toute issue à la
stratégie, de l'exterminer. Désormais, plus de décision à espérer, plus d'*événement*, plus de coups de
foudre. Adieu, les Austerlitz et les Sedan dont on
avait rêvé !… Mais le règne de la durée, l'empire de
la défensive invincible, et toutes les hérésies s'imposent : il n'y a plus d'objectifs que géographiques,
et un développement inouï du matériel le plus
compliqué commence. C'est qu'il ne s'agit plus de
convaincre l'adversaire de sa défaite, de l'envelopper ni de lui assener un certain coup mortel ; ce
n'est plus sur le dispositif d'une armée que l'on doit
agir, mais sur un front fermé, doué des propriétés
d'une forme d'équilibre vivante, qui se ploie, qui
ondule ; mais qui se reforme, se répare, et ne cesse
d'envelopper, de limiter, et de paralyser toujours
l'acte qui la veut rompre.

La guerre ne peut plus être le drame précipité et
convergent qu'elle fut une fois et que l'on pensait
qu'elle serait encore. Il va falloir épuiser l'adversaire en détail, division par division ; et viser dans
la profondeur des nations, derrière les lignes, le
dernier homme, le dernier sou, le dernier atome
d'énergie. La guerre n'est plus une action ; elle est
un état, une manière de régime terrible ; et elle
est domiciliée, mais, hélas, elle l'est chez nous !

Nul moment, nul incident de cette formidable et neuve expérience, Monsieur, qui n'excite vos réflexions et ne vous enseigne quelque vérité. Chaque affaire où vous paraissez vous grandit : en Artois, vous commandez un corps ; en Champagne, une armée. Mais chacune de ces épreuves vous convainc un peu plus de l'illusion de ceux qui pensent encore qu'une percée des fronts et une bataille en terrain libre achèveront la guerre ; illusion qui ne cesse de hanter les esprits uniquement formés par l'histoire, et plus attachés à de beaux modèles que prompts à discerner dans le présent ce que le présent repousse et ce qu'il exige.

Mais il faut avouer que le problème pour les deux partis était identique et identiquement insoluble, les situations affreusement stationnaires. Tandis que les moyens deviennent de plus en plus puissants, l'impuissance ne fait que croître. La déception devient la règle. Offensives et défensives se succèdent pour chaque camp, comme selon un roulement régulier ; c'est un échange alternatif des rôles. La guerre de décembre 1914 à juillet 1918 se résume en tâtonnements sanglants, dans une confusion de nouveautés et de traditions, au milieu de conditions jusque-là inconnues, qui déconcertaient les plus habiles. Napoléon fût sorti de sa tombe qu'il n'eût pas tiré meilleur parti des circonstances.

En somme, l'immensité des armées, l'engagement total des nations, la fixation des fronts, l'emploi d'obstacles et d'armes qui interdisent le mouvement, la durée qui en résulta, et qui obligeait le commandement à se préoccuper de plus en plus de l'arrière, de la politique, de l'opinion, de la vie économique, tout enfermait les esprits directeurs des armées opposées dans les mêmes alternatives d'impulsions et d'objections, d'essais et de renoncements.

C'est pourquoi il n'y a pas à rechercher trop profondément les raisons de la grande attaque de Verdun. Celles que les Allemands en ont données ne sont pas invincibles, n'étant pas d'ailleurs concordantes. La vérité semble fort simple. Il suffit de se mettre un instant à la place des hommes. On ne sait que faire, et il faut faire quelque chose. Grande et irrésistible raison. Rien ne s'impose. La stratégie est ligotée dans les réseaux. Jusqu'ici, toutes les offensives ont échoué. L'imagination défaillante ne sait plus suggérer que ce qu'elle a déjà conçu ; mais cette fois, on frappera beaucoup plus fort. C'est à une échelle démesurée que l'on va monter cette attaque, 400 000 hommes ; une artillerie incroyable, accumulée sur un point du front ; l'héritier de la couronne, pour chef ; une place forte de premier ordre, déjà illustre dans l'histoire, pour objectif, — et c'est la bataille de Verdun.

Bataille ?... Mais Verdun, c'est bien plutôt une guerre tout entière, insérée dans la grande guerre, qu'une bataille au sens ordinaire du mot. Verdun fut autre chose encore. Verdun, ce fut aussi une manière de duel devant l'univers, une lutte singulière, et presque symbolique, en champ clos, où vous fûtes le champion de la France face à face avec le prince héritier. Le monde entier contemple. Le combat, que chacun tour à tour engage ou soutient, durera presque toute une année. Je n'en retracerai les épisodes ni les phases, et je ne ferai point l'histoire de votre rôle qui fut de tous les instants. Je n'en tirerai que quelques traits, — les uns, de votre esprit, car c'est ici que votre conception tout expérimentale de la guerre s'éprouve et triomphe ; les autres, de votre caractère ; et je n'oublierai point votre cœur.

Monsieur, vous avez à Verdun assumé, ordonné, incarné cette résistance immortelle, qui, peu à peu, sous vos mains, comme par une savante et surprenante modulation, s'est renversée en réaction offensive, et changée pour l'étonnement du monde et la confusion de l'ennemi, en puissance pressante, en reprise des lieux perdus, en contre-attaque victorieuse.

Le soir du 25 février 1916, à peine désigné, vous courez aussitôt, par la neige et la nuit, prendre contact avec les états-majors de la défense. Vous dictez à minuit un ordre essentiel qui répudie la tactique purement instinctive d'une défense locale qui disputait isolément, pied à pied, chaque pouce de terrain. Vous répartissez à chaque unité sa fonction dans un plan d'ensemble. Vous savez que l'ennemi poursuit notre usure, et que l'on ne peut durer qu'en fixant toute la résistance sur une position forte par elle-même et fortement organisée. L'assaut est contenu. Mais les attaques sont si puissantes et si obstinément répétées que les unités exposées fondent en quelques jours au feu furieux de milliers de pièces de tout calibre. Ce feu, d'ailleurs, bat si énergiquement l'arrière de vos lignes que la défense est en danger de succomber par manque de munitions, de vivres, de secours de toute espèce.

C'est alors que vous créez cette Voie véritablement Sacrée, que les roues, que les pas, que les pluies, que les coups perpétuellement ruinent; mais perpétuellement rechargée des pierres mêmes du pays par une armée de travailleurs; perpétuellement tassée et foulée par les troupes et les convois qui vont et viennent entre le feu et la vie. Vous aviez demandé le renouvellement incessant des défenseurs, et fait adopter le système de la succession à Verdun de tous les corps de notre armée. Ils s'y

sont succédé. Ils en redescendaient boueux, bri-
sés, hagards et vénérables. Tous vinrent à Verdun,
comme pour y recevoir je ne sais quelle suprême
consécration ; comme s'il eût fallu que toutes les
provinces de la patrie eussent participé à un sacrifice d'entre les sacrifices de la guerre, particulièrement sanglant et solennel, exposé aux regards
universels. Ils semblaient, par la Voie Sacrée, monter, pour un offertoire par exemple, à l'autel le plus
redoutable que jamais l'homme eût élevé. Il a
consumé, Français et Allemands, 500 000 victimes
en quelques mois.

Qu'on ne nous parle plus des héros de l'Antiquité,
ni même des grands soldats de l'Empereur ! Ils
n'avaient que quelques heures à soutenir, des ennemis qu'ils voyaient et abordaient ; ils avaient le
grand air et le mouvement ; et point de gaz, point
de vagues de flamme, point d'ensevelissement dans
la boue, point d'écrasements par le ciel, point de
nuits affreusement éblouies ; et l'on ne savait point
alors, pendant des heures, couvrir un champ de carnage d'épouvantables nuées, de millions d'éclats et
de balles.

En vérité, l'homme moderne, l'homme quelconque, vêtu en soldat, en dépit de tout ce que l'on
pensait et disait de la diminution de son caractère,
de son amollissement par la vie plus artificielle ou
plus délicate, par le scepticisme ou par le plaisir, a
rejoint pendant cette guerre, le point le plus haut
où l'homme d'aucun temps soit jamais parvenu, en
fait d'énergie, de résignation, de consentement aux
misères, aux souffrances et à la mort.

C'est ainsi que Verdun fut sauvé. Votre nom est
inséparable de ce grand nom. Mais vos angoisses
furent immenses. Cependant que vous inspiriez à

tous une confiance que nul autre chef ne leur eût donnée, que tous se reposaient sur vous, que votre présence rassurait à la fois les soldats, le pouvoir, la nation, le commandement et les alliés, vous, Monsieur, témoin trop lucide des formidables efforts de l'ennemi, des pertes et des épreuves inouïes de nos troupes ; vous, toujours incertain de conserver votre ligne suprême, vous refusez jusqu'à la fin de chanter victoire. Vous ressentîtes même une sorte de malaise, en constatant que l'opinion à l'arrière devançait l'événement, estimait victorieuse une résistance qui n'était encore qu'invaincue. C'est là un trait qui est bien de vous. Vous n'avez nulle complaisance pour ce qui n'est assuré ni démontrable. Vous êtes dur pour les apparences.

Mais quelle tendresse en vous pour ces hommes dont les peines inexprimables, les fatigues, les souffrances, les mutilations, les cadavres furent la substance du salut !

Votre attitude froide, et presque sévère, est assez trompeuse, Monsieur. Elle ne trahit pas l'admiration, la sollicitude, l'affection paternelle qui sont en vous pour vos soldats. Mais il n'y eut point de chef plus instruit de leurs besoins, plus ménager de leurs forces, plus ennemi des excès de rigueur et des exigences superflues ; et surtout, plus avare de leur sang. Le soldat peu à peu apprit à vous connaître : il trouva l'homme en vous, l'homme qui, si éloigné de lui qu'il soit par le grade, ne se fait pourtant pas un personnage inaccessible, inabordable, un être d'une tout autre espèce.

D'ailleurs, votre pensée serre de trop près la réalité de la guerre ; elle est trop convaincue de l'importance de l'exécution, par la négligence de laquelle les plus belles combinaisons ne sont que de vaines épures, pour que l'idée du combattant et de son état ne soit toujours présente et agissante dans vos desseins. Car, qu'est-ce que le commandement, si ce n'est le gouvernement des forces par la pensée, joint au tempérament de la pensée par la connaissance exacte des forces ? Comme l'esprit, quand il a fortement et distinctement conscience de son corps et de ses membres, se sent plus maître du réel et de soi-même, ainsi en est-il du commandement. Vous n'avez pu souffrir de commander abstraitement sans participer de l'âme et de l'être de ceux qui devaient exécuter vos ordres. Voilà, Monsieur, ce qui, dans une circonstance très cruelle et très redoutable, vous a donné les moyens et la gloire de préserver non seulement notre force, mais l'honneur, et peut-être l'existence même du pays.

Verdun formidablement assailli, formidablement défendu, n'avait exigé de vous que le déploiement de vos magnifiques qualités militaires, dans une action de guerre particulièrement laborieuse ; mais vous n'aviez affaire qu'à l'ennemi étranger. Vers la fin du printemps suivant, surgit le danger des dangers. Notre armée engagée dans une immense opération qui devait être décisive ; nourrie, presque enivrée, des plus grands espoirs, tout à coup se voit arrêtée au milieu de la lutte dont le vaste objet apparaît impossible à atteindre. Elle retombe de toute la hauteur de son élan. Elle est épuisée, elle a subi des pertes sérieuses, que la rumeur exagère. Surtout, elle est amèrement déçue. L'insuffisance des préparations, les imprudences commises qui n'avaient pas échappé à de si vieux soldats, les indiscrétions inexcusables, toutes ces causes de l'échec qui sont sensibles à tous, reviennent aux esprits et s'y combinent aux motifs les plus divers de mécontentement : promesses non tenues, repos insuffisants, excès de fatigues et d'exercices inutiles…

Des murmures s'élèvent, (et non point seulement dans la troupe), contre le haut commandement. Des incidents alarmants çà et là se produisent. Pénétrée de rumeurs sinistres, offerte sans défense à toutes les suggestions, voici bientôt frémir cette héroïque armée. Elle commence d'écouter des voix inquiétantes, de ces voix qui propagent dans les foules anxieuses ce qu'il faut pour en définir les colères et en orienter les mouvements. On lui souffle l'abandon du devoir, et même la rébellion déclarée...

Irons-nous à l'extrême du péril ? Qui nous tirera de ce pas ? Qui nous va ranimer ces régiments qu'on voit comme empoisonnés d'une brusque décomposition de leur volonté de combattre et de vaincre ? Tant d'espérance, tant de vaillance et d'efforts dilapidés tournent en fermentation menaçante, en troubles, en actes violents, presque en révolte. N'oublions point qu'en France, les mouvements révolutionnaires les plus énergiques furent déchaînés par l'indignation patriotique.

Qui nous tirera de ce pas ? C'est alors un seul nom que l'on prononce. Un seul homme est capable de parer au danger le plus grand que nous ayons couru, dans une époque où nous en avons traversé d'inouïs.

Le péril, la raison, le pouvoir le désignent. Le Ministre heureusement inspiré le nomme ; et sur l'heure, comme au jour de Verdun, le seul bruit que l'on vous appelle soulage les esprits angoissés. Quel honneur, Monsieur, que de recevoir dans des conjonctures si formidables, la plénitude du commandement, que de s'imposer à tous comme celui dont les circonstances proclament qu'il faut ou le prendre ou périr !

Votre illustre prédécesseur connut une gloire pareille quand toute l'autorité du désastre imminent, en l'an 18, le mit en quelques heures à la tête des quatre armées.

Vous voici donc chef suprême, maître de nos destins, commandant de toute l'armée française. Vous paraissez aussitôt dans toute votre sagesse ; bientôt, dans toute votre humanité.

Hélas, il faut, avant toute chose, vivre à présent les heures les plus pénibles de votre vie. Il faut frapper. «*Mais ce sont nos soldats*, écrivez-vous, *qui sont, depuis trois ans, avec nous dans les tranchées.*»

L'Histoire, un jour, chiffres et pièces en mains, notera toute la modération de votre rigueur. En peu de semaines, vous avez, sans haine et sans crainte, réprimé la mutinerie, puni la faiblesse dans les chefs, les actes criminels dans la troupe ; et vous vous attaquez en personne aux causes profondes du mal. Vous interrogez çà et là dans les cantonnements. Vous parlez d'homme à homme, apportant avec vous la justice dans les récompenses, l'équité dans les tours de service, de tranchée et de permission. Discernant dans l'amertume et l'irritation des esprits leurs causes physiques et leurs causes morales, vous vous souciez de la nourriture, du repos, du divertissement des hommes ; et vous les assurez, d'autre part, des espérances de nos armes ; et vous seul le pouviez, sans être suspect de rhétorique ou d'illusion. Surtout, vous exigez que leur vie, en aucun cas, ne soit risquée à la légère dans des opérations sans conséquence, ou insuffisamment préparées.

Enfin le miracle est accompli, devant lequel il faut bien que tous s'inclinent, de reprendre tous ces cœurs mécontents, de ressaisir tous nos héroïques rebelles pour les rendre à la patrie.

Victoire unique dans les fastes militaires ; reprise singulière pour laquelle il n'eût pas suffi des talents d'un grand capitaine : il y fallait une âme d'homme juste et grande.

Je ne puis m'empêcher de relever ici que c'est au même général dont on a dit parfois qu'*il voyait noir*, qu'il inclinait à présager le pire, qu'il fut unanimement demandé de restaurer l'espoir et de ranimer l'ardeur dans nos rangs.

L'armée réconfortée, vous la remettez tout entière à l'instruction à quelques pas de l'ennemi. Ce ne fut pas une des moindres étrangetés de cette guerre que la nécessité d'apprendre à la faire dans le même temps qu'on la faisait. Vous tenez à cœur d'inspirer à tous l'esprit de votre tactique, vous entendez que tous les enseignements que vous n'avez cessé de recueillir depuis l'entrée en campagne imprègnent jusqu'au moindre détail les exercices qui se poursuivent en marge des combats.

En quelques mois, entre vos mains expertes, l'armée française se fait un instrument de puissance, de précision et de résistance incomparable, qui va, pendant l'année critique et décisive, entre l'armée anglaise, bientôt terriblement éprouvée, et l'armée américaine, lentement croissante, lentement dressée, être l'agent essentiel de la défense et de la victoire communes.

Quel tableau que celui de cette dernière année !... Tout le monde sent bien que la fin approche, mais approche encore voilée. Il n'est pas encore impossible de s'inquiéter sur l'issue. L'énormité des conséquences redoutées de chaque parti les fait se roidir sous les armes. La Russie disparue, les Allemands sont en force. Mais, si le moment leur est favorable, le temps travaille pour nous. Tout les engage donc à entretenir l'illusion d'en finir par un coup de suprême violence. Ils attaquent en maîtres ; emportent en quelques heures d'épouvantables succès.

Ils imposent ainsi aux alliés consternés ce que la sagesse leur conseillait dès l'origine.

Foch alors sort de l'ombre, où depuis la Somme on le tient. Jusqu'ici il n'a pu donner sa mesure. Ce grand chef n'a jamais commandé en chef. D'ailleurs, point de guerre moins faite pour lui que cette guerre de détails et de longueur. Il est né pour les actes du plus grand style, et il ne se sent être lui-même que dans le mouvement et la manœuvre à large envergure. L'action l'habite, et commande chacune de ses pensées. C'est un Français qui a la tête épique.

Ce qui frappait d'abord en lui, c'était cette promptitude extraordinaire des idées, que marquait sa parole invincible à la course, — comme pressée de percer le discours de ses interlocuteurs et de les devancer d'un mot au point stratégique de la question. Il ne pouvait visiblement souffrir de retarder sur l'étincelle même qui venait de briller à son esprit. Il volait d'instinct à l'essentiel ; sa pensée se précipitait à peine formée vers l'acte décisif, concevait aussitôt l'événement de première grandeur ; sacrifiant le détail ; parfois, défiant le possible.

Il usait volontiers d'images, qui sont le moyen de transport le plus prompt, sinon le plus sûr, entre deux éclats de l'esprit. On l'accusait d'obscurité, reproche que s'attirent toujours les esprits les plus clairs, qui ne trouvent pas ordinairement leur clarté dans l'expression commune. Il me souvient, cependant, que dans l'une des dernières séances de l'Académie à laquelle il ait assisté, comme nous agitions, — paisiblement, — le projet de notre grammaire française, Foch, à son tour consulté, nous dit : « *Qu'elle soit courte et simple.* » Il n'aimait que ce qui va droit au but. Mais ce ne sont pas du tout les

mêmes trajectoires que les divers esprits admettent
comme *lignes droites*. Chaque manière de penser a
ses plus courts chemins.

Foch était l'homme de l'énergie toute vive. Un
homme de ce type est un homme invariablement,
invinciblement attiré par la décision qui exige le
plus d'énergie dans la conception et dans l'acte ;
qualité inestimable dans un métier qui ne consiste
qu'à produire ou à éviter un événement sans retour.

On eût dit quelquefois que Foch, refusant le présent, rejetant ce que tous voyaient, bousculant le
réel comme une apparence, aimât d'opposer aux
circonstances son vouloir pur et simple. Il semblait
assuré que tout doit plier devant une volonté tendue, qui se sent étrangement supérieure aux réalités
momentanées, qui se fait inaccessible, sourde, absolue, presque indifférente à l'inégalité matérielle des
forces et des moyens. Ce qu'il voit le touche moins
que ce qu'il veut.

Il arrive qu'une telle puissance d'impulsion ne
soit pas sans induire en témérités, et que de redoutables coups d'arrêt quelquefois ne la brisent. Mais
une réflexion fort simple la justifie dans tous les cas
où la situation est des plus graves, qui sont les cas de
beaucoup les plus importants à la guerre. S'il paraît
donc que tout soit en perdition, que tout ce qui se
produit, tout ce qui visiblement se prépare est clairement menaçant, et presque à désespérer, où faut-
il donc placer son dernier espoir, où trouver le seul
point incertain qui subsiste, dans un ensemble de
circonstances et d'événements qui se composent,
d'heure en heure, en désastre ? Ce point dernier,
cette suprême chance est et ne peut être que dans
le cœur même de l'adversaire. Au milieu des plus
grands avantages, l'âme du presque vainqueur
conserve de quoi faiblir. Le peu de doute qui lui

reste sur sa victoire prochaine, ou bien le trop de confiance en elle qui l'enivre, ce sont les ultimes chances d'un parti qui se sent périr.

Voilà ce que Foch ne cessait de penser et qui nous a sauvés. Aux jours les plus critiques, il lit le désespoir dans les fureurs, et jusque dans les progrès effrayants de l'ennemi. Il y voit leur point noir ; il y voit si distinctement poindre sa victoire que les très durs événements qui se précipitent, la bataille jusque sous Amiens, la bataille vers Compiègne, la formidable surprise de Château-Thierry lui font à peine différer le projet de sa grande offensive.

Mais enfin le temps vient qu'il peut être lui-même. La moitié de l'année, rien que revers, s'achève. L'été commence. Foch prend en mains la victoire. Il la mène de toutes parts. L'automne apporte le triomphe.

Quel moment dans son cœur dût être ce moment où le salut de sa patrie, l'accomplissement du vœu de toute sa vie, le couronnement du travail de toute sa pensée, la certitude d'une immortelle gloire sur son nom lui vinrent offerts à la fois par quelques hommes défaits et consternés portant la honte et la fureur sur le visage, une amertume infinie dans l'âme ; et dans les mains, ce qu'abandonne leur pays !

Je ne me risquerai pas, Monsieur, à parler de ces événements après vous, qui les avez vécus, subis, ou créés, dans une constante et très heureuse liaison avec le maréchal Foch. L'extrême sud, l'extrême nord de la France ont confondu leurs natures et leurs différentes vertus pour le service et le salut de la nation une et indivisible, pour la réunion au corps national des Français qui en avaient été séparés.

Hélas, il faut bien confesser que tous les buts de guerre n'ont pas été atteints.

L'espoir essentiel de voir s'évanouir l'état de contrainte anxieuse qui pesait sur l'Europe depuis tant d'années n'a pas été rempli. Mais peut-être ne faut-il pas demander à la guerre, — ni même à la politique, — de pouvoir jamais instaurer une véritable paix ?

Le ciel, treize ans après, est fort loin d'être pur ; et le monde, Monsieur, ne se hâte point de vous accorder le loisir que vous avez magnifiquement mérité. La France, à grand regret, ne peut point vous laisser cultiver à votre aise vos fleurs ni votre vigne, qui sont au pied des Alpes, un peu au-dessus de la mer. Elle entend cultiver en paix ses campagnes, aux dépens de la vôtre. Vous inspectez et inspirez constamment son armée ; vous visitez ses troupes, vous redressez les uns, vous animez les autres ; vous veillez aux travaux de sa défense ; vous avez parcouru toute la ligne de sa frontière, en compagnie du disciple le plus cher et de l'ami le plus ardent du maréchal Foch, et vous avez étudié de vos yeux tous les points de cette ligne sacrée.

Il le faut bien. Les uns nous trouvent trop d'or ; les autres, trop de canons ; les autres, trop de territoires ; et nous voici provocateurs de l'univers, non certes, par la parole, moins encore par l'intention ; mais pour être ce que nous sommes, et pour avoir ce que nous avons.

Mais comment, sans avoir perdu l'esprit, peut-on songer encore à la guerre, entretenir quelque illusion sur ses effets, et penser à lui demander ce que la paix ne peut obtenir ?

Ne parlons que raison. Une guerre jadis pouvait, après tout, se justifier par ses résultats. Elle pouvait se considérer, quoique d'un œil atroce, comme le passage, par la voie des armes, d'une situation définie à une situation définie. Elle pouvait faire l'objet d'un calcul. Elle était entre deux partis une affaire qui se réglait entre deux armées. Le débat était limité ; les pièces du jeu, dénombrables ; et le vainqueur enfin prenait son gain, s'agrandissait, s'enrichissait, jouissait longtemps de son avantage.

Mais l'univers politique a bien changé ; et la froide raison qui, dans le passé, pouvait spéculer sur les bénéfices d'une sanglante entreprise, doit admettre aujourd'hui qu'elle ne peut que s'égarer dans ses prévisions. C'est qu'il ne peut plus être de conflits localisés, de duels circonscrits, de systèmes belligérants fermés. Celui qui entre en guerre ne peut plus prévoir contre qui, avec qui, il l'achèvera. Il s'engage dans une aventure incalculable, contre des forces indéterminées, pour un temps indéfini. Que si même l'issue lui est favorable, à peine la victoire saisie, il devra en disputer les fruits avec le reste du monde, et subir peut-être la loi de ceux qui n'auront pas combattu. Ce dont il est assuré, ce sont des pertes immenses en vies humaines et en biens, qu'il devra éprouver sans compensation ; car, dans une époque dont les puissants moyens de production se changent en quelques jours en puissants moyens de destruction, dans un siècle où chaque découverte, chaque invention vient menacer le genre humain aussi bien que le servir, les dommages seront tels que tout ce qu'on pourra exiger du vaincu épuisé ne rendra qu'une infime fraction des énormes ressources consumées. Voilà des certitudes. Il s'y ajoute une forte et redoutable probabilité, qui est celle de désordres et de bouleversements intérieurs incalculables.

Je crois que je n'ai rien dit que nous ne venions de voir : deux groupes de nations essayer de se dévorer l'un l'autre jusqu'à l'extrême épuisement des principaux adversaires ; toutes les prévisions écono-

miques et militaires en défaut ; des peuples qui se
croyaient par leur situation et leurs intentions fort
éloignés de prendre part à la lutte, contraints de s'y
engager ; des dynasties antiques et puissantes détrô-
nées ; le primat de l'Europe dans le monde compromis, son prestige dissipé ; la valeur de l'esprit et
des choses de l'esprit profondément atteinte ; la vie
bien plus dure et plus désordonnée ; l'inquiétude et
l'amertume un peu partout ; des régimes violents ou
exceptionnels s'imposer en divers pays.

Que personne ne croie qu'une nouvelle guerre
puisse mieux faire et radoucir le sort du genre
humain.

Il semble cependant que l'expérience n'est pas
suffisante. Quelques-uns placent leurs espoirs dans
une reprise du carnage. On trouve qu'il n'y eut pas
assez de détresse, de déceptions ; pas assez de ruines
ni de larmes ; pas assez de mutilés, d'aveugles, de
veuves et d'orphelins. Il paraît que les difficultés
de la paix font pâlir l'atrocité de la guerre, dont on
voit cependant interdire çà et là les effrayantes
images.

Mais est-il une seule nation, de celles qui ont déses-
pérément combattu, qui ne consentirait que la grande
mêlée n'eût été qu'un horrible rêve, qui ne voudrait
se réveiller frémissante, mais intacte ; hagarde, mais
assagie ? Est-il une seule nation, de celles que peut
tenter encore la sanglante aventure, qui ose ferme-
ment considérer son vœu, peser le risque inconnu,
entrevoir, non même la défaite toujours possible,
mais toutes les conséquences réelles d'une victoire,
— si l'on peut parler de victoire réelle dans une
époque où la guerre, s'élevant à la puissance des cata-
clysmes naturels, saura poursuivre la destruction
indistincte de toute vie, des deux côtés d'une frontière, sur l'entière étendue de territoires surpeuplés.

Quelle étrange époque !... ou plutôt, quels étranges esprits que les esprits responsables de ces pensées !... En pleine conscience, en pleine lucidité, en présence de terrifiants souvenirs, auprès de tombes innombrables, au sortir de l'épreuve même, à côté des laboratoires où les énigmes de la tuberculose et du cancer sont passionnément attaquées, des hommes peuvent encore songer à essayer de jouer au jeu de la mort.

Balzac, il y a juste cent ans, écrivait : «*Sans se donner le temps d'essuyer ses pieds qui trempent dans le sang jusqu'à la cheville, l'Europe n'a-t-elle pas sans cesse recommencé la guerre.*»

Ne dirait-on pas que l'humanité, toute lucide et raisonnante qu'elle est, incapable de sacrifier ses impulsions à la connaissance et ses haines à ses douleurs, se comporte comme un essaim d'absurdes et misérables insectes invinciblement attirés par la flamme ?

Discours en l'honneur de Goethe

Prononcé le 30 avril 1932 en Sorbonne à l'occasion de la commémoration du centenaire de la mort de Goethe.

Quelques hommes donnent l'idée, — ou l'illusion, — de ce que le Monde, et particulièrement l'Europe, eût pu devenir, si la puissance politique et la puissance de l'esprit eussent pu se pénétrer l'une l'autre, ou, du moins, entretenir des rapports moins incertains. Le réel eût assagi les idées; et l'on ne trouverait pas, entre la culture des hommes et la conduite de leurs affaires, l'étrange et le détestable contraste qui confond tous ceux qui le voient. Mais ce sont, peut-être, des grandeurs incommensurables que ces deux puissances; et sans doute faut-il qu'il en soit ainsi.

De ces quelques hommes dont je parlais, les uns m'apparaissent au XIIᵉ et au XIIIᵉ siècle. D'autres ont produit l'ardeur et la splendeur de la Renaissance. Les derniers, qui sont nés dans le XVIIIᵉ siècle, s'éteignent avec les dernières espérances d'une certaine civilisation principalement fondée sur le Mythe de la Beauté, et sur celui de la Connaissance, l'un et l'autre, créatures ou inventions des anciens Grecs.

Goethe est l'un d'eux. Je dis aussitôt que je n'en

*vois point après lui. On ne trouve après lui que des
circonstances de moins en moins favorables à la
grandeur singulière et universelle des individus.*

*C'est pourquoi ce Centenaire a peut-être une signi-
fication particulière, et pourrait-il marquer une
époque du monde, car l'inquiétude et l'activité de la
transformation de ce monde, entre tant de choses
qu'elles ébranlent et tant de valeurs qu'elles remet-
tent en question, — éprouvent ou menacent, de bien
des manières, la vie propre de l'intelligence, et les
valeurs essentiellement personnelles.*

*

MESSIEURS,

On ne peut trop louer l'Université de Paris de
considérer que les grands hommes de Lettres ou
de Sciences de toutes nations ont leur place chez
Elle, et d'avoir voulu rendre un hommage solennel
au Premier Poète de l'Allemagne, dans cette Sorbonne qui compta parmi ses élèves un Dante, un
Villon, et maint autre écolier d'illustre avenir. Toutefois, Messieurs, la vérité m'oblige à vous faire
moins de compliment sur le choix que vous avez
fait de celui qui doit prendre ici la parole. L'honneur est grand, mais je me sens toutes les raisons
du monde de redouter ce que je vais dire. Un des
génies les plus vastes et les plus complets qui aient
paru ; une œuvre immense, écrite dans une langue
que j'ai le malheur d'ignorer ; une puissance poétique dont je ne puis soupçonner les mouvements et
l'harmonie qu'au travers du voile des traductions ;
un discours à tenir sur ce héros et sur cette œuvre,
devant une assistance où je ne vois que des personnes plus capables que moi de la tâche qui m'a

été confiée, et où il ne manque point de profonds connaisseurs de ce qui m'est presque étranger, — voilà d'abord ce que je trouve et qui me défie d'entreprendre.

Mais encore, la circonstance la plus inquiétante à mes yeux, et celle où je m'embarrasse peut-être le plus péniblement, est cette abondance insurmontable des écrits que l'occasion a fait produire, la quantité éblouissante de documents et de jugements, le nombre des idées et des thèses qui paraissent de toutes parts, et qui viennent à chaque instant enrichir l'image de Goethe, déjà formée depuis un siècle, et agiter ce qui reposait dans l'eau du miroir du Temps.

On y voyait déjà la figure la plus complexe du monde, et cependant les nouvelles recherches ne trouvent point de limite à leur effort. Toutes les peines sont payées. Chaque regard de plus accroît l'intérêt de l'objet. Quelle merveille, après cent ans de mort, que de donner encore aux hommes, que d'occuper tant de pensées, de raviver dans les esprits bien des problèmes négligés, et qu'on redevienne le foyer de tant de réflexions et de subtiles difficultés !

Mais pour moi, c'est un événement étrange que de me trouver assez brusquement en présence du devoir ambigu de me faire une idée, assez nette pour être expliquée, assez vague pour n'être point toute fausse, d'un personnage transfiguré par la renommée, et comme absorbé dans sa gloire. Il faut craindre toujours de définir quelqu'un. Ses ouvrages, les propos mêmes que l'on a recueillis de sa bouche, ce ne sont pas les moins trompeuses des données, ni celles qui nous conduiront assurément au secret qui fait notre envie. Je sais, de science certaine, quelles erreurs sont pour nous séduire dans la

recherche de la génération des œuvres, et comme
l'on s'égare dans la naïve ambition de reconstituer
l'être même d'un auteur. Est-ce bien dans ses productions, dans ses papiers, dans les reliques de ses
amours, dans les événements éminents de sa vie
que nous découvrirons ce qui nous importerait
de connaître, et qui le distingue entièrement des
autres hommes, — c'est-à-dire : la véritable opération de son esprit ; et, en somme, ce qu'il est avec
soi-même quand il est profondément et utilement
seul ? Je vais jusqu'à rêver que ce qu'il y a de
remarquable, et de plus sensible dans une existence, compte pour assez peu de chose dans ce qui
fait le prix de sa production. La saveur des fruits
d'un arbre ne dépend pas de la figure du paysage
qui l'environne, mais de la richesse invisible du terrain.

Comment démêler dans les livres ce qui tient à
l'essence de l'homme, ce qui vient de l'instant, ce qui
procède d'une intention particulière, ce qui naît du
hasard ? La substance et l'accident s'y combinent.
Le spontané et le réfléchi, le nécessaire et l'arbitraire, tout ceci est fondu dans l'expression extérieure, comme le cuivre et l'étain dans le bronze ;
et le créateur que nous supposons à une œuvre,
comme une cause qui ne pouvait engendrer que cet
effet, en est au contraire une créature, de même que
l'ensemble d'une existence est une illusion qui ne se
construit que par une loi de chronologie perspective. Il faut bien se dire que les œuvres de quelqu'un
pourraient être d'autres œuvres, comme la mémoire
de chacun de nous pourrait être formée de tout
autres souvenirs. Essayer de reconstituer un auteur,
c'est essayer de reconstituer une capacité d'œuvres
tout autres que les siennes, mais telles cependant
que LUI SEUL eût pu les produire.

Il faut donc désespérer, — et je désespère, — c'est-à-dire : que je ne m'attacherai qu'à mon sentiment. Je sens que nous pouvons considérer les grands hommes qui nous dominent comme des êtres qui sont *seulement* bien plus familiers que nous avec ce que nous avons de plus profond. Peut-être ne pouvons-nous rien faire de plus raisonnable, pour nous imaginer de les connaître, que de descendre en nous-mêmes et d'y observer ce qui nous fait le plus d'envie dans l'ordre des désirs les plus relevés. C'est là supposer que le plus grand homme ne fait que remplir certaines lacunes dont la forme pourtant existe chez tous. Il existe dans chacun (c'est mon hypothèse), la place qui attend quelque génie.

Ainsi : *Goethe* soit-il : *notre soif de plénitude de l'intelligence*, de *regard universel* et de *production très heureuse*. Il nous représente, *Messieurs les humains*, un de nos meilleurs essais de nous rendre semblables à des dieux. Cette très vieille promesse, dont il semble qu'il ait rendu à Celui qui l'avait faite l'insigne hommage de le mettre en scène, il l'a prise comme un conseil.

L'idée qu'il donne de soi est bien celle d'une puissance de revêtir une étonnante quantité d'aspects. L'inépuisable est dans sa nature, et c'est pourquoi, au lendemain de sa mort, aussitôt il se place parmi les déités et les héros de la Fable Intellectuelle, parmi ceux dont les noms sont devenus symboles. On dit : GOETHE, comme on dit : ORPHÉE — et son nom sur-le-champ impose, enfante à l'esprit une Figure prodigieuse, — un monstre de compréhension et de force créatrice, — monstre de vitalité, monstre de mobilité, monstre de sérénité, — qui, ayant saisi, ayant dévoré, ayant transformé en ouvrages immortels tout ce qu'une expérience humaine a pu, dans sa carrière, accueillir ou étreindre, et métamorpho-

ser, — est lui-même à la fin métamorphosé en
Mythe, car il contraint la postérité de créer, d'exalter à jamais cet incomparable GOETHE dont nous
observons le retour, au bout d'un siècle, au plus
haut du Ciel de l'Esprit.

En vérité, sur le tapis du monde, ce grand homme
est un des coups les plus heureux que le destin du
genre humain ait amenés.

Mais dans le jeu mystérieux de l'Intelligence et
du Hasard, comme dans toutes les parties, il faut
examiner un peu les chances du joueur ; et, sans se
flatter de venir à bout et de comprendre ce qui fut,
par l'analyse de ce qui pouvait être, on peut tenter,
du moins, de noter les circonstances les plus évidentes.

Ce qui me frappe dans Goethe, avant toute chose,
c'est cette vie fort longue. L'homme du développement, le théoricien des actions lentes et des accrois-
sements successifs (qui se combine curieusement en
lui avec le créateur de Faust, qui est l'impatience
même), a vécu tout le temps qu'il fallut pour éprouver maintes fois chacun des ressorts de son être ;
pour qu'il se fît de soi-même plusieurs différentes
idées, et qu'il s'en dégageât et se connût toujours
plus vaste. Il obtint de se trouver, de se perdre, de
se reprendre et reconstruire, d'être diversement le
Même et l'Autre ; et d'observer en soi-même son
rythme de changement et de croissance. Un changement d'amplitude presque séculaire, par la substitution insensible des goûts, des désirs, des opinions,
des pouvoirs de l'être, fait songer qu'un homme qui
vivrait assez obstinément éprouverait successivement toutes les attractions, toutes les répulsions,
connaîtrait, peut-être, toutes les vertus ; à coup sûr,
tous les vices ; épuiserait enfin, à l'égard de toute

chose, le total des affections contraires et symétriques qu'elle peut exciter. Le Moi répond, après tout, à tout appel ; et la Vie n'est au fond que possibilité.

Mais cette quantité de durée qui forme Goethe abonde en événements de première grandeur, et pendant cette longue présence, le monde lui offre à contempler, à méditer, à subir, et parfois à écarter de son esprit, un grand nombre de faits considérables, une catastrophe générale, la fin d'un Temps et le commencement d'un Temps.

Il naît dans une époque, dont nous savons aujourd'hui qu'elle fut délicieuse. Il s'élève dans ce siècle de plaisirs et d'encyclopédie, où, pour la dernière fois, les conditions les plus exquises de la vie civilisée se sont trouvées réunies. L'élégance, le sentiment, le cynisme s'y voient à demi confondus. On voit s'y développer à la fois ce qu'il y a de plus sec et de plus tendre dans l'âme. Les salons mêlent aux dames les géomètres et les mystes. On remarque un peu partout la curiosité la plus vive et déjà la plus libre, l'irritation joyeuse des idées, la délicatesse dans les formes. Goethe prit assurément sa bonne part de douceur de vivre.

Tout ceci brille, flambe et périt. Les sans-culottes rondement vont visiter les capitales. Guerre pendant vingt-trois ans. Guerre toute nouvelle : ce n'est plus la guerre de Louis XV et de Monsieur de Thorane, la guerre qui apprend au petit Goethe le français, et qui lui révèle nos tragédies. Mais guerre qui va tout changer dans le monde ; guerre non plus de princes, mais de principes, c'est-à-dire : *désordre en profondeur*, où les dynasties menacées, les nations éveillées et prenant conscience de leurs forces totales ; et enfin un génie extraordinaire suscité, déchaîné, qui veut refondre l'Europe à l'image de

son esprit, composent l'Ouverture à grand fracas
des Temps Nouveaux.

Cette tourmente, peut-être, n'est pas ce qui émeut
le plus intimement Goethe, qui l'a vue naître et
s'apaiser. C'est une sorte de problème pour certains
que celui de l'attention que doivent porter les grands
esprits aux événements de l'histoire externe, s'ils
doivent s'y attacher, ou s'y mêler, ou bien les ignorer autant qu'ils le peuvent. Quant à Goethe, certes
il n'ignore pas la Révolution, ni les vicissitudes qui
la suivent. Il accompagne en France un corps d'in-
vasion ; il revoit les Français en Allemagne. Mais il
semble que sa pensée fut moins émue et agitée par
tout ceci que par les révolutions et les batailles
idéales, auxquelles il assistait et prenait part dans le
domaine de la culture.

Il voit s'évanouir l'empire classique et analytique
que la France de Louis XIV et celle de Louis XV
exerçaient. La tyrannie des types littéraires définis
et bien raisonnés, l'élégance tout abstraite, la séduction savante exercée par la pureté des artifices, la
très noble rigueur des exigences formelles sont
condamnées. Shakespeare, duquel Voltaire fait un
auteur européen, extermine la tragédie, rend fantôme Racine, annule tout le théâtre de Voltaire
même. Herder fait sortir de l'oubli les traditions
germaniques, dénonce l'épuisement de l'art français, arrête Goethe sur les marches de l'Ouest.

Dans le même temps, une étonnante production
philosophique et musicale naît du sein de l'Allemagne. Ceux qui seront les Pères profonds de la
pensée du siècle XIXe, Kant, Fichte, Hegel, et ceux
qui seront les Pères sublimes de la Musique, vivent
et travaillent non loin de Goethe. Et, dans l'ordre
des arts plastiques comme dans celui de l'érudition,
les publications de l'Institut d'Égypte, les décou-

vertes d'Herculanum renouvellent la connaissance de l'Antiquité. Pompéi est rendue au jour l'année même de la naissance de Goethe.

Enfin, pendant la durée de cette même vie, et dans l'ordre des sciences, Newton régnant toujours, et même ne cessant d'accroître sa puissance prodigieuse, qui pénètre par les travaux de Laplace jusqu'aux moindres inégalités du Système du Monde, voici que l'électricité, de Volta à Ampère, se dévoile et s'accuse comme le phénomène substantiel de l'Univers. La Chimie se fonde. Tout présage que le pouvoir de l'homme sur l'énergie va prodigieusement s'accroître.

Mais la science de la nature vivante n'est pas moins anxieuse de s'agrandir. La métaphysique, proscrite du ciel et de tous les domaines où l'expérience, la mesure, le calcul peuvent se répondre exactement, s'attache, et veut en quelque sorte se confondre, aux mystérieux phénomènes de la vie. Une grande controverse commence, qui sur bien des points dure encore, et qui n'est pas sans avenir.

Telle est, en peu de mots, la table des événements et des conditions extérieures les plus visibles qui ont pu solliciter Goethe entre son adolescence et sa fin.

Il faut y joindre l'infini des incidents et des circonstances privées, les rencontres, les occasions, l'amitié du souverain, les femmes, les rivalités littéraires ; et tenter de considérer comment ce héros, ce très bel homme, ce vivant terriblement vivant, ce voluptueux assez effréné, mais cet esprit qui se découvre toujours plus vaste, va s'arranger des complications de l'existence, dégager son destin, et s'établir enfin dans l'immortalité.

Mais comment ne point se perdre dans la variété de ce fantastique Goethe ?

Je remarque qu'il semble précisément doué au

plus haut degré des mêmes propriétés qu'il a si bien reconnues aux êtres vivants, dans ses belles et profondes recherches biologiques.

Rien ne l'a plus frappé que l'aptitude des vivants à s'accommoder et à se donner les formes qui conviennent aux circonstances.

Or, je trouve qu'il faut à lui-même reconnaître une sorte de génie de cette espèce. C'est par ce don qu'il réagit avec tant de variété, d'opportunité, de grâce, et parfois de vigueur, contre tant d'impressions, de désirs, de lectures, qui le sollicitent ; même contre les conséquences de ses actes, et parfois contre celles de la séduction même qu'il exerce.

Ce génie de transformations est d'ailleurs essentiellement poétique, puisqu'il préside aussi bien à la formation des métaphores et des figures, par lesquelles le poète joue de la multiplicité des expressions, qu'à la création des personnages et des situations du théâtre. Mais dans le poète ou dans la plante, c'est le même principe naturel : tous les êtres ont une aptitude à s'accommoder, et cette aptitude variable mesure leur aptitude à vivre, c'est-à-dire à demeurer ce qu'ils sont, en possédant plus d'une manière d'être ce qu'ils sont.

Goethe, Poète et Protée, vit une quantité de vies au moyen d'une seule. Il assimile tout, il en fait sa substance. Il transforme même le milieu où il s'implante et prospère. Weimar lui doit un culte et le lui rend. Il y trouve une terre excellente où il s'adapte, et qu'il illustre. Quoi de plus propice que ce petit terrain de culture pour y grandir et y pousser tant de rameaux que l'on voit dans tout l'univers ? Là, courtisan, confident, ministre, fonctionnaire ponctuel, et poète ; collectionneur et naturaliste, — il y trouve aussi le loisir assez agité de diriger avec zèle et passion le théâtre, cependant qu'il surveille les

boutures ou les semis de plantes rares qu'il étudie,
et peut-être quelques cocons de vers à soie dont il
soigne l'éclosion. Mais là, il peut aussi observer à
son aise, comme dans un verre de montre, une
miniature de vie politique et diplomatique ; et, se
pliant très aisément à toutes les observations céré-
monielles et à l'étiquette, il respire une atmosphère
d'aimable liberté. Il est peut-être le dernier homme
qui ait joui de la perfection de l'Europe.

Ce n'est pas tout que d'assembler tant d'avantages. Trop favorisés par les choses, il nous arrive
que cette faveur ait ses périls. Une vie envahie de
douceur est une vie intimement menacée. Si le
cœur est atteint, Protée perd sa ressource. Il lui
faut donc se garder de son cœur ; il lui faut préserver ce qu'il a d'unique sous tant de formes qu'il sait
revêtir. Et si le Dieu a pu, pour ses plaisirs, se changer en taureau, en cygne ou en pluie d'or, il ne faut
point qu'il y demeure à jamais enchaîné, pris au
piège de quelqu'une de ses figures de séduction,
— et en somme, transformé à jamais en bête.
Mais Goethe ne se laisse jamais prendre. Son
génie de métamorphoses par quoi il entre dans tant
de compositions que lui offre l'instant ou la pensée,
s'accompagne nécessairement d'un génie de déga-
gement et de fuite. À peine sent-il la durée d'un attachement excéder ce temps divin, pendant lequel elle
est insensible, il sent aussi toutes les forces de l'impatience l'envahir, et il n'est de tendresse, d'habitude, d'intérêt qui le tienne un peu plus captif qu'il
ne faudrait. Il n'est pas d'homme possédé plus que
lui par l'instinct de la liberté. Il traverse la vie, les
passions, les circonstances, *sans consentir jamais
que quelque chose vaille tout ce qu'il est*. Et je sais
bien ce qu'il emporte, quand il fuit et se dérobe

comme si son Démon l'enlevait. Il arrache un trésor
sans prix aux heures les plus douces. Il préserve en
fuyant la cassette mystérieuse où tout le possible est
enfermé, toute une richesse imperceptible de prochaine aventure et d'arrière-pensée. Il ravit brusquement aux autres l'avenir, son avenir jaloux. Et
qu'y a-t-il en nous de plus vivant et de plus instant ?
Notre égoïsme n'est au fond qu'une injonction et
qu'une appropriation indéfinie de l'avenir.

   Le sentiment tout-puissant d'être une fois pour
toutes possède Goethe. Il lui faut tout, il faut qu'il ait
tout connu, tout éprouvé, tout créé. Et c'est en quoi
il est prodigue de tout ce qu'il est ; il prodigue ses
apparences et ses produits de variété ; mais il retient
jalousement *ce qu'il pourrait être* : il est avare de son
lendemain. La vie, après tout, ne se résume-t-elle
pas dans cette formule de paradoxe : *la conservation
du futur* ?

   Par là s'explique assez la liberté de Goethe avec
l'amour. On sait bien qu'il montrait aisément une
curieuse magnificence dans l'indépendance du cœur.
Ce grand lyrique est le moins fou des hommes ;
ce grand amant en est le moins égaré. Son Démon
très lucide lui commande *d'aimer* ; mais aimer, c'est
pour lui : tirer de l'amour tout ce que l'amour peut
offrir à l'esprit, tout ce que la volupté personnelle,
les émotions et les énergies intimes qu'elle excite,
peuvent enfin livrer à la faculté de comprendre,
au désir supérieur de s'édifier, à la puissance de
produire, d'agir et d'éterniser. *Il sacrifie donc toute
femme à l'Éternel Féminin.*

   L'amour, moyen. L'amour de toute femme immolé
à l'idéal de l'amour. L'amour, serpent, dont il faut
bien se défier pour le décrire ou pour le peindre.
Qu'est-ce que Don Juan, pauvre esprit qui ne laisse
rien après soi, au prix de ce génie bien plus profon-

dément voluptueux, et suprêmement libre, qui semble
ne séduire et n'abandonner que pour extraire de la
diversité des expériences de la tendresse, *l'essence
unique qui enivre l'intellect*?

Il faut donc tout à Goethe. *Tout*, et de plus, *être
sauvé*. Car Faust DOIT être sauvé. Et en effet, ne
vaut-il pas de l'être? Ceux-là seuls ne sont pas sauvés, et ne peuvent pas l'être, qui n'ayant rien à
perdre, ne peuvent même être perdus.

Mais à Celui qui offre le contraste des dons les
plus rares, rien ne témoigne plus la destination
immortelle de son être, que le *nombre de sa nature*,
la pluralité de ses attentions et de ses dons indépendants. L'idée qu'il doit se faire nécessairement
de soi-même est donc des plus détachées de tout. Il
est comme contraint de placer son point d'existence absolue, son centre de solitude et d'identité
profonde si haut, que sa raison toujours maîtresse
et reine, sa raison qui doit admettre et veut circonscrire le *Démonisme* qu'elle observe dans ce
Goethe chatoyant et insaisissable, s'en explique
avec elle-même, et trouve un sens nouveau et universel à cette existence exceptionnelle. L'orgueil
d'être une si brillante réussite, d'être un maître
en toutes choses merveilleuses, l'orgueil croissant
s'épure et s'élève à ce degré métaphysique qui le
rend équivalent à une modestie infinie. Il n'y a
point d'orgueil dans un cèdre à se reconnaître le
plus grand arbre des arbres; et ce mystérieux *Démonisme*, par le moyen duquel Goethe reporte sur un
principe de la Nature le mérite ou l'apparent démé-
rite de ses attitudes, lui signifie sans doute que
chaque tendance toute-puissante, *bonne ou mauvaise*, qui est en nous, qui vient de nous, et nous
étonne, nous doit faire soupçonner quelque dessein
d'origine universelle, puisque nous ne trouvons

rien dans notre cœur qui nous en fasse prévoir et nous en éclaire les mouvements prétendus spontanés. Et c'est par quoi l'être de Goethe, dès qu'il a reconnu comme source de ses passions, de ses réactions d'indépendance et de libération, une loi dont la nature est la génératrice, il s'y confie entièrement. Il met sa complaisance entière, et c'est là une des perfections de sa gloire, dans une entière soumission aux choses qui *sont, en tant qu'elles sont* — c'est-à-dire : *en tant qu'elles paraissent.* Il professe une obéissance totale, et comme un abandon aux enseignements du monde sensible. «*J'ai toujours pensé*, a-t-il dit, *que le monde était plus génial que mon génie.*»

Il ne veut consentir qu'il existe dans le *sujet* quoi que ce soit de plus significatif et de plus important que ce qui s'observe dans le moindre *objet*. La moindre feuille, pour lui, a plus de sens que toute parole ; et presque à son dernier jour il dit encore à Eckermann qu'il n'est pas de discours qui vaille un dessin, même tracé au hasard par la main. Ce poète déprise les mots.

Mais le salut, la rédemption finale, ne seraient-ils pas, dans la pensée de Goethe, achetés par ce consentement singulier à l'apparence, par cette mystique étrange de l'objectivité ? Une scène imaginaire que je compose, ou plutôt qui s'imposé d'elle-même à mon esprit, me représente assez bien cette attitude par un contraste facile.

Je songe à Shakespeare, qui déborde de vie et toutefois de désespoir. Hamlet (rappelez-vous), soupèse un crâne : il en respire avec horreur le vide, et son cœur se soulève... Il le rejette avec dégoût. Mais Faust ramasse froidement cet objet funeste, et qui peut confondre toute pensée. Il sait bien qu'une méditation ne mène à rien ; et qu'il n'est pas dans les voies directes de la nature que l'on se perde par l'esprit dans ce passé futur : la mort. Il examine donc, il déchiffre avec le plus grand soin ce crâne ; il compare lui-même cet effort d'attention à celui que jadis il faisait pour déchiffrer de très anciens manuscrits...

Au terme de son examen, ce n'est point un monologue tout inspiré par le néant qui sort de ses lèvres. Mais il dit : *la tête des mammifères se compose de six vertèbres* : « *trois, pour la partie postérieure qui enferment le trésor cérébral et les terminaisons de la vie, divisées en réseaux ténus qu'il envoie à l'intérieur et à la surface de l'ensemble. Trois composent la partie antérieure qui s'ouvre en présence du monde extérieur qu'elle saisit, qu'elle embrasse et QU'ELLE COMPREND.* » Et il se fortifie, il se confirme dans son être, par l'attitude parfaitement nette et singulière qu'il prend à l'égard de la connaissance.

Il porte toute sa volonté d'observation, toute la maîtrise de sa vaste faculté imaginative dans l'étude et la représentation du monde sensible. Il vit, comme ce Lyncée dont il chante si gracieusement dans le Second Faust, les voluptés visuelles, il vit par les yeux, et ses grands yeux jamais ne se lassent de s'imprégner de figures et de couleurs. Il s'enivre de tout objet qui lui répète la lumière ; il vit de voir.

Ce qui se voit s'oppose en lui si fortement à ce qui demeure dans le monde instable et indescriptible de la vie intérieure, qu'il déclare formellement ne s'être jamais inquiété d'explorer cette dimension de notre conscience : « *Je n'ai jamais pensé à la pensée* », dit-il. Et il ajoute, une autre fois : « *Ce que l'homme observe et sent à l'intérieur de soi-même me paraît constituer la partie la moindre de son existence. Il aperçoit alors bien plutôt ce qui lui manque que ce qu'il possède.* »

Goethe est le grand apologiste de l'Apparence. Il

donne à ce qui passe pour la surface des choses un intérêt et une valeur où je trouve une franchise et un parti pris des plus importants.

Il a compris que si nous percevons une infinité de sensations qui sont inutiles par soi, c'est d'elles toutefois, tout indifférentes qu'elles sont, que nous avons tiré par une curiosité toute gratuite et une attention de pur luxe, toutes nos sciences et nos arts. Je pense quelquefois qu'il existe, pour certains, comme pour lui, une *vie extérieure* d'intensité et de profondeur au moins égales à celles que nous prêtons aux ténèbres intimes et aux secrètes découvertes des ascètes et des soufis. Quelle révélation doit être, pour un aveugle-né, les premiers, les douloureux et merveilleux accents du jour sur la rétine ! et quels progrès, fermes et sans retour, il se sent faire peu à peu vers la connaissance limite, — la netteté des formes et des corps !

Mais, au contraire, le monde intérieur est toujours menacé d'une confusion de sensations obscures, de souvenirs, de tensions, de paroles virtuelles, où ce que nous désirons observer et saisir, altère, déprave en quelque sorte l'observation elle-même. À peine si nous pouvons concevoir et ébaucher ce que c'est que de penser la pensée, et dès ce second degré, dès que nous tentons d'élever à cette *seconde puissance* notre conscience, aussitôt tout se trouble...

Goethe observe, contemple, et tantôt dans les œuvres de l'art plastique, tantôt dans la Nature, poursuit la forme, essaie de lire le dessein de ce qui a tracé ou modelé l'œuvre ou l'objet qu'il examine. Le même homme, qui est capable de tant de passion, de tant de liberté, des caprices du sentiment et des créations imprévues de l'esprit poétique, se fait avec délices un observateur d'une patience inépuisable ; il se consacre à des études minutieuses de botanique et d'anatomie, dont il rapporte les résultats dans la langue la plus simple et la plus précise.

C'est là une preuve de plus que la diversité, et presque l'incompatibilité ordinaire des dons, est essentielle aux esprits de l'ordre le plus relevé.

Mais l'amour des formes ne se borne pour Goethe à la délectation contemplative ; toute forme vivante est un élément d'une transformation, et toute partie de quelque forme est peut-être une modification de quelque autre. Goethe passionnément s'attache à l'idée de métamorphose qu'il entrevoit dans la plante et dans le squelette des vertébrés. Il recherche les *forces* sous les *formes*, il décèle les modulations morphologiques ; la continuité des causes lui apparaît sous la discontinuité des effets. Il découvre que la feuille se fait pétale, étamine, pistil ; qu'il y a identité profonde entre la graine et le bourgeon. Il décrit avec la plus grande exactitude les effets de l'adaptation, et quelques-uns des tropismes qui régissent la croissance des plantes, l'équilibre de puissances qui s'établit et se rétablit, heure par heure, entre une loi intime de développement et le lieu et les circonstances accidentelles. Il est un des fondateurs du transformisme.

Il dit de la plante « *qu'elle joint à une fixité originelle, générique et spécifique, une souplesse et une heureuse mobilité qui lui permet de se plier en se modifiant à toutes les conditions variées que présente la surface du globe* ». Il essaye de comprendre toutes les espèces végétales dans une notion commune ; il se persuade, dit-il, « *que cette conception peut être rendue plus sensible*, — et cette idée se présente à ses yeux, *sous la forme visible d'une plante unique, type idéal de toutes les autres* ». Il faut qu'il voie.

C'est là une combinaison bien remarquable d'un archétype botanique et d'une conception d'évolution.

Peut-être n'est-il pas téméraire de voir ici un des nœuds profonds de ce grand esprit. Tout se tient dans une intelligence ; plus elle est vaste, plus elle est reliée : ou plutôt, son amplitude n'est que le haut degré de sa connexion. Peut-être donc ce pressentiment, ce désir de découvrir et de suivre dans les êtres vivants une volonté de métamorphose, dérivent-ils du commerce qu'il avait jadis entretenu avec certaines doctrines à demi poétiques, à demi ésotériques, qui furent en honneur chez les anciens et que les initiés de la fin du xviiie siècle s'étaient repris à cultiver. L'idée assez enchanteresse et fort imprécise de l'Orphisme, l'idée magique de supposer en toute chose, vivante et même inanimée, je ne sais quel principe caché de vie, et quelle tendance vers une vie plus élevée ; l'idée qu'un esprit fermente dans tout élément de la réalité, et qu'il n'est donc pas impossible d'agir par les voies de l'esprit sur toute chose et sur tout être, en tant qu'ils enferment des esprits, est de celles qui témoignent à la fois de la persistance d'une sorte de raisonnement primitif et d'un instinct essentiellement générateur de poésie ou de personnification.

Goethe semble profondément pénétré du sentiment de cette puissance, qui satisfait en lui le poète et excite le naturaliste. Il voit en somme dans la plante une sorte de phénomène inspiré, une volonté de métamorphose qui « *monte*, dit-il, *graduellement agissante, en faisant éclore une forme d'une autre, COMME SUR UNE ÉCHELLE IDÉALE, jusqu'au point le plus élevé de la nature vivante, la propagation par les deux sexes* ».

La découverte de cette métamorphose lui est un

grand titre de gloire. Elle est des exemples les plus nets du passage de la pensée poétique à la théorie scientifique, ou de la mise en lumière d'un fait, par conséquence d'une harmonie exigée par l'intuition. L'observation vérifie ce que l'artiste intérieur a deviné. L'arbre porte des fruits de science.

Et de même, si Goethe trouve l'os intermaxillaire, c'est pour l'avoir déjà trouvé...

Mais ce grand don d'analogie s'oppose en lui à la faculté logique. Il lui inspire même de l'éloignement pour ce mode fermé de métamorphose abstraite. Il a trop le génie de l'Apparence pour suivre le raisonnement déductif, dont l'effet précieux et périlleux est de nous conduire souvent fort loin des apparences, dans un monde, parfois appelé *imaginaire*, pour être impossible à imaginer. La mathématique manque peut-être à cette tête si bien faite. Goethe n'est pas géomètre. Il dit qu'il est « *absolument incapable d'opérer par des signes et des chiffres, de quelque manière que ce soit* ». Il ne sent pas que l'Algèbre est aussi une *Morphologie*, et une génération en quelque sorte organique du nombre, dont elle définit les espèces, les transformations, la structure.

Et cependant, je le saisis en flagrant délit d'intention géométrique : je trouve un appel singulier à quelque secours mathématique, et même d'ordre assez élevé, dans son Mémoire même qui traite de la Métamorphose des Plantes : il pense que les transformations qui s'observent dans les plantes pourraient s'expliquer en combinant les forces élémentaires et les liaisons qui agissent dans la production végétale, et il dit en propres termes : « *Je suis convaincu qu'en suivant cette marche, on parviendrait à expliquer les formes si variées des fleurs et des fruits. Seulement il faudrait que les notions d'extension, de contraction, de compression et d'anastomose fussent bien fixées, et qu'on pût les manier comme des formules algébriques, pour les employer comme elles peuvent l'être. »*

Il est impossible de souhaiter et de définir plus nettement une variété de Calcul symbolique, analogue à quelqu'un de ceux que la dynamique et la physique modernes instituent et utilisent si couramment.

Si j'ai insisté sur l'aspect scientifique de l'esprit de Goethe, c'est que je pense qu'il importe assez de s'arrêter sur les sujets favoris de réflexion dans un homme que l'on considère. Goethe mettait peut-être plus de soi-même et de son orgueil dans ses recherches de cet ordre que dans ses travaux purement littéraires. Il a joui de l'étonnement qui se produisit lorsqu'un poète (ce sont ses termes) *« occupé ordinairement des phénomènes intellectuels qui sont du ressort du sentiment et de l'imagination, s'étant un instant détourné de sa route, fit EN PASSANT une découverte de cette importance ».*

C'est ici, d'autre part, un remarquable trait de l'ambiguïté caractéristique et des ambitions très hautes de ce grand homme.

Il réagit avec Rousseau, dont l'exemple l'incite à s'attacher à l'étude de la vie, contre la mode analytique du temps de sa jeunesse. L'algèbre domine, comme la tragédie. Les déductions de la Loi de Newton occupent et émerveillent le monde savant. Newton, aux mains habiles de Clairaut, de d'Alembert, de Lagrange et de Laplace, explique tout. Voltaire le vulgarise et le chante. La mécanique analytique est la reine des sciences.

Mais les sciences de la vie commencent d'appeler les attentions. Les mathématiques qui sont un art de la conséquence et de la connexion dans un système de propriétés rigoureusement clos, une sorte de poésie de la répétition pure, ne satisfont pas tout le monde. Il y a du romantisme à cette époque à s'en écarter.

En somme, Goethe nous offre un système presque complet de contrastes, combinaison rare et féconde. C'est un *classique* et un *romantique* alternatifs. C'est un philosophe, qui répugne au principal moyen de la philosophie, — l'analyse du sujet ; c'est un *savant* qui ne peut ou qui ne veut user de l'instrument le plus puissant de la science positive ; c'est aussi un *mystique*, mais un mystique d'espèce singulière, entièrement voué à la contemplation de l'extériorité. Il essaye de se faire une conception de la nature qui ne tienne ni de Newton ni de Dieu, — du moins du Dieu que les religions proposent. Il refuse la création, dont il voit dans l'évolution des organismes une réfutation invincible. Il repousse, d'autre part, l'explication de la vie par les seules forces physico-chimiques.

Ses idées, sur ce point, ne sont pas infiniment éloignées des nôtres. Nous avons sur lui l'avantage d'une foule de faits, découverts depuis son époque. Mais l'idée que nous pouvons nous former de la vie, n'a gagné que de s'exprimer en contradictions plus précises et en énigmes plus nombreuses et plus composées.

C'est en quoi les propriétés de la vie et les caractères de l'être de Goethe se conviennent si bien.

C'est que Goethe est tout espoir ; il repousse, il écarte de soi tout ce qui peut affaiblir la volonté de vivre et de comprendre. Il ne recule devant aucune contradiction apparente, si la contradiction l'enrichit. Il brise vivement tous les liens, même les plus tendres ; il veut ignorer tous les maux, même les plus proches, si ces liens, si ces maux lui font craindre de donner plus de vie qu'il n'en recevra de

ces impressions. Il se tourne constamment, comme
une de ces plantes qu'il aime, vers le plus lumineux
et le plus chaud de l'instant…

Les anciens, peut-être, l'eussent figuré sous les
espèces ambiguës de ce dieu monstrueux que Rome
révérait ; dieu du passage, dieu de la transition, qui
contemplait toutes choses possibles par deux visages
opposés, JANUS. De Goethe, IANVS BIFRONS,
un visage s'oppose au siècle qui s'achève ; l'autre,
vers nous, regarde. Et de même, il pourrait offrir un
visage de beauté classique vers l'Allemagne, et
un autre d'expression toute romantique, offert à la
France.

Mais la même statue étrange peut aussi bien
considérer cent autres dualismes ; et fixer d'un
double front une étonnante quantité de perspectives
symétriques, de profondeurs conjuguées, de visions
et d'attentions complémentaires. Car tous les Ianus
de Rome ne suffiraient pas à représenter toutes les
oppositions, tous les contrastes — ou si l'on veut,
toutes les synthèses qu'il y a dans Goethe. C'est
presque un jeu de les trouver en lui, et ce jeu fait
même douter s'il ne s'était pas fait un système de
cultiver exactement les contraires.

L'âme lyrique en lui alterne avec l'âme tranquille
et patiente d'un botaniste. Il est amateur, il est créateur ; il est savant et galant ; il combine la noblesse et
la candeur à un cynisme que Méphistophélès tient
peut-être de Rameau-le-Neveu ; il sait joindre une
liberté suprême à la ponctualité et au zèle dans ses
fonctions publiques. Enfin, il compose à son gré
Apollon et Dionysos, le gothique et l'antique, l'Enfer
et les Enfers, Dieu et le Diable ; comme il compose
dans sa pensée l'Orphisme et la Science expérimentale, Kant et le Démonique, et toute chose en général, avec une autre qui la réfute.

Toutes ces contradictions le surélèvent. Fort de
sa puissance vitale ; fort de sa puissance poétique ;
maître de ses moyens ; libre, comme un stratège, de
ses manœuvres intérieures, — libre contre l'amour,
libre contre les doctrines, libre contre la tragédie,
libre contre la pensée pure et contre la pensée de la
pensée ; libre contre Hegel, libre contre Fichte, libre
contre Newton, — Goethe prend sans effort, sans
rival, sa place unique et souveraine dans le monde
de l'esprit ; et il l'occupe si manifestement, ou plutôt, il la crée, il en définit les conditions par son être
même, si évidemment, qu'il faut bien qu'en 1808 se
produise, comme par une nécessité astrologique,
cet appel et cette rencontre presque trop désirable,
trop faite pour être merveille, et comme trop heureusement commandée par la fatalité poétique, l'appel et la rencontre de Napoléon.

Il faut bien (songent, peut-être, dans leur mystérieuse absence), les *Mères*, ces « Déesses inconnues
aux mortels et que nous ne nommons qu'à regret »,
*— il faut bien que ces grandes lignes se rencontrent, et
que de leur rencontre un grand événement pour l'Esprit soit créé. Il faut que ces deux êtres uniques s'attirent, et qu'il arrive qu'ils se soient vus. Il importe que
les yeux admirables et vastes du Poète aient reçu le
regard impérial, et que l'homme qui dispose de tant
de vies, et l'homme qui dispose de tant d'esprits, se
connaissent — ou se reconnaissent.*

Goethe n'a jamais oublié cette entrevue ; certainement son plus grand souvenir et le diamant de
son orgueil…

La scène, pourtant, fut très simple ; nous y observons avec intérêt la présence du prince de Talleyrand, et le grand soin que prit ce personnage, si fort
considéré par Balzac, d'en noter et d'en contrôler
les moindres détails.

La facilité de faire valoir littérairement un tel sujet me fait hésiter à m'arrêter sur lui. Napoléon lui-même conseille de ne pas se faire, comme il dit, de *tableaux*, c'est-à-dire de ces compositions imaginaires de circonstances, qui se construisent comme d'elles-mêmes, en illusions et en situations trop significatives.

Et cependant, comment ne pas songer ici, et comment ne pas faire leur part au romantisme et à la rhétorique de jadis ? La Sorbonne, d'ailleurs, ni l'Académie n'y répugnent. Il se peut, après tout, que l'antithèse et le parallèle correspondent à quelque nécessité de l'esprit.

Comment ne pas songer ? disais-je.

L'empire qui s'est fondé sur l'intelligence en action et l'empire de l'intelligence à l'état libre se contemplent et s'entretiennent UN MOMENT... Quel Moment !... Quel moment que celui où le Héros de la Révolution organisée, le Démon de l'Ouest, le Fort armé, le Séducteur de la Victoire, celui que Joseph de Maistre disait annoncé par l'Apocalypse, mande Goethe à Erfurt ; — le mande, et le traite d'*homme*, — c'est-à-dire d'*égal* !

Quel moment !... C'est l'heure même, 1808, l'instant sans prix où culmine l'Étoile.

C'est un moment qui dit de lui-même à l'Empereur les mots fatals du pacte : ARRÊTE-MOI. JE SUIS SI BEAU. Il est si beau que tous les monarques de l'Europe sont à Erfurt aux pieds de ce Faust couronné. Mais Lui, n'ignore pas que son véritable destin n'est pas, pour le grand avenir, le destin des batailles. Certes le sort du monde est en ses belles mains ; mais le sort de son Nom est aux mains qui tiennent la plume ; et toute sa grandeur à lui, qui ne rêve que de la postérité ; à lui, qui craint sur toute chose les libelles et l'ironie, il sait qu'elle dépend enfin de l'humeur de quelques hommes de talent. Il veut s'assurer les poètes ; et, dans une pensée politique, il assemble autour de soi, à côté des princes de la terre, les plus illustres écrivains de l'Allemagne.

On parle littérature. Werther et la tragédie française sont utilisés pour remplir le temps convenable. Mais il s'agit de bien autre chose. Quoique rien ne fasse sentir dans les propos tout le poids de la coïncidence, de la conjonction d'événements qui met en présence l'Empereur Corse, et l'Homme qui rattache la pensée allemande à la source solaire du classicisme et qui a deviné le secret voluptueux de la pureté formelle, — tout un monde de faits, d'idées, de possibilité charge cette conjoncture... Mais la coquetterie est essentielle à un tel entretien. Chacun veut paraître à l'aise et choisit son sourire. Ce sont deux Enchanteurs qui tentent de se charmer l'un l'autre. Napoléon se fait empereur de l'Esprit, et même des Lettres. Goethe se fait ici figurer l'Esprit même. Peut-être l'Empereur a-t-il, de la véritable substance de son pouvoir, une conscience plus exacte que Goethe ne l'imaginait ?

Napoléon savait mieux que personne que son pouvoir, plus encore que tous les pouvoirs du monde ne le sont, était un pouvoir rigoureusement *magique,* — un pouvoir de l'esprit sur des esprits, — un prestige.

Il dit à Goethe : Vous êtes un *Homme.* (Ou bien, il dit de Goethe : Voilà un Homme.) Goethe se rend. Goethe est flatté jusque dans le fond de l'âme. Il est pris. Ce génie captif d'un autre génie ne se déliera jamais. Il sera tiède en 1813 au moment que toute l'Allemagne s'échauffe et que l'empire reflue.

— Vous êtes un Homme. Un HOMME ?... C'est-à-dire : *une mesure de toutes choses,* et c'est-à-dire :

un être auprès duquel les autres ne sont que des
ébauches, des fragments d'hommes, — des hommes,
à peine, car ils ne mesurent point toutes choses,
— comme nous faisons, VOUS ET MOI. Il y a en
nous, Monsieur Goethe, une étrange vertu de plénitude, et une fureur, ou une fatalité de faire, de devenir, de transformer, de ne point laisser après nous
le monde semblable à ce qu'il était…

Et Goethe (ceci n'est plus de ma fantaisie), Goethe
songe, et se réfère à son étrange conception du
Démonique.

Et en effet, quel personnage que Bonaparte pour
un troisième Faust !

En vérité, il existe entre ces deux Augures, ces
deux Prophètes des Temps Nouveaux, une curieuse
analogie, qui ne se découvre qu'à distance, et une
symétrie qui m'apparaît sans que je veuille le moins
du monde la solliciter. J'en déduirai peut-être une
conception tout imaginaire : mais jugez comme
d'elle-même elle se propose. Il suffit de regarder
pour l'apercevoir.

L'un et l'autre, ce sont des esprits d'une force et
d'une liberté extraordinaires : Bonaparte, déchaîné
dans le réel, qu'il mène et traite vivement et violemment, conduisant l'orchestre des faits avec un
mouvement furieux, et communiquant à l'allure de
la réalité des choses humaines, la vitesse et l'intérêt
anxieux d'une fiction fantasmagorique… Il est partout, gagne partout ; même le malheur alimente sa
gloire ; il décrète en tout point pour tout point.
D'ailleurs, le type idéal de l'Action complète, c'est-
à-dire de l'acte imaginé, *construit* dans l'esprit
jusque dans le moindre détail, avec une précision
incroyable, — *exécuté* avec la promptitude et l'énergie totale de la détente d'un fauve, l'habile et le
définit exactement. C'est ce caractère, c'est l'orga-

nisation de cet Homme pour l'action complète, qui lui donne, sans doute, cette physionomie antique que l'on a souvent remarquée.

Il nous paraît antique comme César nous semble un moderne, car l'un et l'autre peuvent entrer et agir dans tous les temps. L'imagination puissante et précise ne connaît pas de traditions qui l'embarrassent ; et quant aux nouveautés, elle en fait son affaire. L'action complète trouve toujours et partout matière à dominer. Napoléon est capable de comprendre et de manœuvrer toutes les races. Il eût commandé des Arabes, des Hindous, des Mongols, comme il a conduit des Napolitains à Moscou et des Saxons jusqu'à Cadix. Mais Goethe, dans sa sphère, engage, convoque, manœuvre — Euripide comme Shakespeare, Voltaire et le Trismégiste, Job et Diderot, Dieu lui-même et le Diable. Il est capable d'être Linné et Don Juan, d'admirer Jean-Jacques, et de régler à la Cour du Grand-Duc les difficultés de l'étiquette. Et Goethe et Napoléon, tous deux cèdent parfois, chacun selon sa nature, à la séduction orientale. Bonaparte apprécie dans l'Islam une religion simple et guerrière. Goethe se grise d'Hafiz : tous deux admirent Mahomet. Mais qu'y a-t-il de plus Européen que d'être séduit par l'Orient ?

Tous deux présentent des traits des plus grandes époques ; ils font songer à la fois à l'Antiquité fabuleuse et à l'Antiquité classique. Mais voici un autre point remarquable de ressemblance : *ils professent tous deux le mépris de l'idéologie.* La spéculation pure ne plaît ni à l'un, ni à l'autre. Goethe ne veut pas penser à la pensée. Bonaparte dédaigne ce que l'esprit construit sans exiger sanction, vérification, exécution — effet positif et sensible.

Tous deux enfin observent à l'égard des religions une attitude assez comparable, où il entre de la considération et du mépris; ils entendent en user comme de moyens politiques ou dramatiques, sans distinguer entre elles toutes, et ils n'y voient que des ressorts de leurs théâtres respectifs.

L'un, le plus sage, sans doute; l'autre, peut-être, le plus fou des mortels; mais par là, l'un et l'autre, les plus passionnants personnages du monde.

Napoléon, l'âme des coups de foudre, des concentrations d'hommes et de feux préparées dans le secret, exécutées furieusement, agissant par la surprise plus encore que par la puissance, — à la manière des catastrophes naturelles; — en somme, le *vulcanisme* appliqué à l'*art militaire* et même pratiqué dans la politique, car il s'agit, avec lui, de refaire le monde en dix ans.

Mais c'est ici la grande différence! Goethe n'aime pas les volcans. Sa géologie les condamne comme sa destinée. Il a adopté le système profond des transformations insensibles. Il est convaincu, et comme amoureux, des lenteurs maternelles de la nature. Il vivra longuement. Vie longue, vie pleine, haute et voluptueuse. Les hommes ni les dieux ne lui furent cruels. Il n'y a pas de mortel qui ait su joindre, avec tant de bonheur, les voluptés qui *créent* aux voluptés qui *dépassent et consument*. Il sut donner aux détails de son existence, à ses divertissements, et même à ses moindres ennuis, un intérêt universel. C'est un grand secret que de tout changer en nectar pour les esprits.

Un Sage, — nous dit-on, — Un Sage? — OUI. Avec ce qu'il faut de diable pour être complet, — et ce qu'il faut enfin d'absolu et d'inaliénable dans la liberté de l'esprit pour se servir du diable, — et finalement le duper.

Vers le soir, au cœur de l'Europe, centre lui-même de l'attention et de l'admiration de tout le peuple des esprits, Centre lui-même de la plus vaste curiosité, Maître le plus savant et le plus noble de l'Art de vivre et d'approfondir le goût de la vie, Polyphile de Génie, *Pontifex Maximus*, c'est-à-dire grand constructeur de Ponts entre les siècles et les formes de la culture, il vieillit lumineusement, parmi ses antiques, ses herbiers, ses gravures, ses livres, entre ses pensées et ses confidents. Vers le tard, pas un mot qu'il ne dît qui ne devint oracle. Il exerce une sorte de suprême fonction, une magistrature de l'Esprit Européen, plus vénérée encore, et plus pompeuse que celle de Voltaire, car il a su profiter de bien des destructions que l'autre avaient accomplies, sans assumer les haines, sans exciter les colères que celui-ci avait soulevées.

Il se sent devenir un suprême et lucide Jupiter d'ivoire et d'or, un dieu de lumière qui, sous tant de formes, a visité tant de beautés et créé tant de prestiges ; et il se voit entouré d'un cortège de déités dont les unes sont ses créatures de poète ; les autres, ses très chères et très fidèles *Idées*, sa Métamorphose, ses Couleurs Anti-Newtoniennes, et ses esprits très familiers, ses démons, ses génies...

Quelques égaux lui apparaissent aussi dans les lointains de pourpre de cette apothéose. Napoléon, peut-être son plus grand souvenir, dont le regard demeure encore dans ses yeux ?

Wolfgang Goethe va s'éteindre, un peu plus de dix ans après la mort de l'Empereur, dans ce petit Weimar qui lui est une sorte de Sainte-Hélène délicieuse, puisque le regard du monde est fixé sur sa demeure comme il l'était sur Longwood, et qu'il a, lui aussi, ses Las Cases et ses Montholon, qui se nomment Müller ou Eckermann.

Quel soir auguste ! Quel regard sur la vie pleine et dorée, quand, à l'extrême de l'âge, il contemple,

— que dis-je, — *il compose* encore son propre crépuscule, de la splendeur des immenses richesses
spirituelles que son labeur s'est amassées, et des
immenses richesses spirituelles que son génie a
répandues.

Faust à présent peut dire: *Moment, Tu es si
beau… Je consens à périr…*

Mais appelé par Hélène, il apparaît SAUVÉ,
placé par le consentement universel au premier
rang, entre tous les Pères de la Pensée et les Docteurs de la Poésie: PATER AESTHETICVS IN
AETERNVM.

Discours de l'histoire

PRONONCÉ À LA DISTRIBUTION SOLENNELLE
DES PRIX DU LYCÉE JANSON-DE-SAILLY,
LE 13 JUILLET 1932

Je vous dirai d'abord le souvenir d'un souvenir : Le discours si remarquable et si plein que nous venons d'entendre m'a rappelé une petite scène que m'a contée jadis le grand peintre Degas.

Il me dit qu'étant tout enfant, sa mère, un jour, le conduisit rue de Tournon, faire visite à Mme Le Bas, veuve du fameux conventionnel qui, le neuf thermidor, se tua d'un coup de pistolet.

La visite achevée, ils se retiraient à petits pas accompagnés jusqu'à la porte par la vieille dame, quand Mme Degas tout à coup s'arrêta, vivement émue. Lâchant la main de son fils, elle désigna les portraits de Robespierre, de Couthon, de Saint-Just, qu'elle venait de reconnaître sur les murs de l'antichambre, et elle ne put se tenir de s'écrier avec horreur : « *Quoi !... Vous gardez encore ici les visages de ces monstres !* » — « *Tais-toi, Célestine !* répliqua ardemment Mme Le Bas, *Tais-toi... C'étaient des saints !* »

Voilà, chers jeunes gens, qui se rapporte sans effort à ce que nous disait M. Lanson. Votre maître, en peu de mots, vous a rendu présent et saisissant le contraste des sentiments de quelques historiens du premier ordre sur les hommes et les événements de la Révolution Française. Il vous a montré que ces connaisseurs de la Terreur s'accordaient entre eux précisément comme Danton s'accordait avec Robespierre, — quoique avec des conséquences moins rigoureuses. Je ne dis pas que les mouvements de l'âme ne soient pas aussi absolus chez les écrivains qu'ils le sont chez ceux qui agissent ; mais c'est qu'en temps normal la guillotine, heureusement, n'est pas à la disposition des historiens.

Je ne vous cacherai point cependant, que si le sens profond des querelles spéculatives et des polémiques même littéraires, était recherché, poursuivi dans les cœurs par une analyse assez acharnée, il n'y a pas de doute que l'on trouverait à la racine de nos opinions et de nos thèses favorites, je ne sais quel principe de décisions implacables, je ne sais quelle obscure et aveugle volonté *d'avoir raison* par extermination de l'adversaire. Les convictions sont naïvement et secrètement meurtrières.

Vous avez donc vu, par le rapprochement de citations et de formules précises, comment de différents esprits, procédant de mêmes données, exerçant leurs vertus critiques et leurs talents d'organisation imaginative sur les mêmes documents, — et d'ailleurs animés (je l'espère) d'un désir identique de rejoindre le vrai, — toutefois se divisent, s'opposent, se repoussent, à peu près aussi violemment que des factions politiques.

Historiens ou partisans, hommes d'étude, hommes d'action, se font à demi consciemment, à demi inconsciemment, infiniment sensibles à certains faits ou à certains traits, — parfaitement insensibles à d'autres, qui gênent ou ruinent leurs thèses ; et ni le degré de culture de ces esprits, ni la solidité ou la plénitude de leur savoir, ni même leur loyauté, ni leur profondeur, ne semblent avoir la moindre influence sur ce qu'on peut nommer leur *puissance de dissentiment historique*.

Que nous écoutions Mme Degas ou Mme Le Bas, ou le noble, le pur et le tendrement sévère Joseph de Maistre ; ou le grand et brûlant Michelet ; ou Taine, ou Tocqueville, ou M. Aulard ou M. Mathiez, — autant de personnes, autant de certitudes ; autant de regards, autant de lectures des textes. Chaque historien de l'époque tragique nous tend une tête coupée qui est l'objet de ses préférences.

Quoi de plus remarquable que de tels désaccords persistent, en dépit de la quantité et de la qualité du travail dépensé sur les mêmes vestiges du passé ; et que même ils s'accusent, et que les esprits s'endurcissent de plus en plus, et se séparent les uns des autres, par ce même travail qui les devrait conduire au même jugement ?

On a beau faire croître l'effort ; varier les méthodes, élargir ou resserrer le champ de l'étude, examiner les choses de très haut, ou pénétrer la structure fine d'une époque, dépouiller les archives des particuliers, les papiers de famille, les actes privés, les journaux du temps, les arrêtés municipaux ; ces divers développements ne convergent pas, ne trouvent point une idée unique pour limite. Ils ont chacun pour terme la nature et le caractère de leurs auteurs, et il n'en résulte jamais qu'une évidence, qui est l'impossibilité de séparer l'observateur de la chose observée, et l'histoire de l'historien.

Il est cependant des points dont tout le monde convient. Il est dans chaque livre d'histoire certaines propositions sur quoi les acteurs, les témoins, les historiens et les partis s'accordent. Ce sont des coups heureux, de véritables *accidents* ; et c'est l'en-

semble de ces accidents, de ces exceptions remarquables, qui constitue la partie incontestable de la
connaissance du passé. Ces accidents d'accord, ces
coïncidences de consentements définissent les «faits
historiques», mais ils ne les définissent pas entièrement.

Tout le monde consent que Louis XIV soit mort
en 1715. Mais il s'est passé en 1715 une infinité
d'autres choses observables, qu'il faudrait une infinité de mots, de livres, et même de bibliothèques
pour conserver à l'état écrit. Il faut donc *choisir*,
c'est-à-dire convenir non seulement de *l'existence*,
mais encore de *l'importance* du fait ; et cette convention est capitale. La convention d'existence signifiait que les hommes ne peuvent *croire* que ce qui
leur paraît le moins affecté d'humanité, et qu'ils
considèrent leur accord comme assez improbable
pour éliminer leurs personnalités, leurs instincts,
leurs intérêts, leur vision singulière, — sources d'erreur et puissances de falsification. Mais puisque
nous ne pouvons tout retenir, et qu'il faut se tirer de
l'infini des faits par un jugement de leur utilité ultérieure relative, cette décision sur l'importance introduit de nouveau, et inévitablement, dans l'œuvre
historique, cela même que nous venions de chercher à éliminer. Comme diraient vos camarades de
Philosophie, l'importance est toute subjective. L'importance est à notre discrétion, comme l'est la
valeur des témoignages. On peut raisonnablement
penser que la découverte des propriétés du *Quin-
quina* est plus *importante* que tel traité conclu vers
la même époque ; et, en effet, en 1932, les conséquences de cet instrument diplomatique peuvent
être totalement perdues et comme diffuses dans le
chaos des événements, tandis que la fièvre est toujours reconnaissable, que les régions paludéennes

du globe sont de plus en plus visitées ou exploitées, et que la quinine fut peut-être indispensable à la prospection et à l'occupation de toute la terre, qui est, *à mes yeux*, le fait dominant de notre siècle.

Vous voyez que je fais, moi aussi, mes conventions d'importance.

L'histoire, d'ailleurs, exige et implique bien d'autres *partis pris*. Par exemple, parmi les règles de son jeu, il en est une dont on croit si aisément qu'elle est significative par elle-même, et utilisable sans nulle précaution, qu'il m'est arrivé de faire scandale pour avoir voulu, il y a quelque temps, en chercher l'exacte expression.

Oserai-je vous parler de la *Chronologie*, jadis reine cruelle des examens ? Oserai-je troubler votre jeune notion de la causalité, vous rappeler le vieux sophisme : *Post hoc, ergo propter hoc*, qui joue un beau rôle en histoire ? Vais-je vous dire que la suite des millésimes a la grande et restreinte valeur de l'ordre alphabétique, et que d'ailleurs la succession des événements ou leur simultanéité n'ont de sens que dans chaque cas particulier, et dans les enceintes où ces événements puissent, *au regard de quelqu'un*, agir ou retentir les uns sur les autres ? J'aurais peur d'étonner et de choquer si j'insinuais devant vous qu'un Micromégas, qui vagabonderait au hasard dans le Temps, et qui, de l'antique Alexandrie, prise au moment de son grand éclat, tomberait dans un village africain ou dans tel hameau de la France actuelle, devrait nécessairement supposer que la brillante capitale des Ptolomées est de trois ou quatre mille ans *postérieure* à l'agglomération de cases ou de masures dont les habitants sont nos contemporains.

Toutes ces conventions sont inévitables. Je ne critique que la négligence qui ne les rend pas explicites, conscientes, sensibles à l'esprit. Je regrette que l'on n'ait pas fait pour l'histoire ce que les sciences exactes ont fait sur elles-mêmes, quand elles ont revisé leurs fondements, recherché avec le plus grand soin leurs axiomes, numéroté leurs postulats.

C'est peut-être que l'Histoire est surtout *Muse*, et qu'on préfère qu'elle le soit. Dès lors, je n'ai plus rien à dire… J'honore les Muses.

C'est aussi que le *Passé* est chose toute mentale. Il n'est qu'images et croyance. Remarquez que nous usons d'une sorte de procédé contradictoire pour nous former les diverses figures des différentes époques : d'une part, nous avons besoin de la liberté de notre faculté de feindre, de vivre d'autres vies que la nôtre ; d'autre part, il faut bien que nous gênions cette liberté pour tenir compte des documents, et nous nous contraignons à ordonner, à organiser *ce qui fut* au moyen de nos forces et de nos formes de pensée et d'attention, qui sont choses *essentiellement actuelles*. Observez ceci sur vous-mêmes : Toutes les fois que l'histoire vous saisit, que vous pensez historiquement, que vous vous laissez séduire à revivre l'aventure humaine de quelque époque révolue, l'intérêt que vous y prenez est tout soutenu du sentiment que les choses eussent pu être tout autres, tourner tout autrement. À chaque instant, vous supposez un autre *instant-suivant* que celui qui suivit : à chaque présent imaginaire où vous vous placez, vous concevez un autre avenir que celui qui s'est réalisé.

« *SI Robespierre l'eût emporté ? — SI Grouchy fût arrivé à temps sur le terrain de Waterloo ? — SI Napoléon avait eu la marine de Louis XVI et quelque Suffren…* » *SI*… Toujours *SI*.

Cette petite conjonction *SI* est pleine de sens. En elle réside peut-être le secret de la plus intime liaison de notre vie avec l'histoire. Elle communique à l'étude du passé l'anxiété et les ressorts d'attente qui nous définissent le présent. Elle donne à l'histoire les puissances des romans et des contes. Elle nous fait participer à ce suspens devant l'incertain, en quoi consiste la sensation des grandes vies, celle des nations pendant la bataille où leur destin est en jeu, celle des ambitieux à l'heure où ils voient que l'heure suivante sera celle de la couronne ou de l'échafaud, celle de l'artiste qui va dévoiler son marbre ou donner l'ordre d'ôter les cintres et les étais qui soutiennent encore son édifice...

Si l'on abstrait de l'histoire cet élément de temps vivant, on trouve que sa substance même, l'histoire... *pure*, celle qui ne serait composée que de *faits*, de ces faits incontestés dont j'ai parlé, — serait tout insignifiante, — car les faits, par eux-mêmes, n'ont pas de signification. On vous dit quelquefois : *Ceci est un fait. Inclinez-vous devant le fait.* C'est dire : *Croyez.* Croyez, car l'homme ici n'est pas intervenu, et ce sont les choses mêmes qui parlent. *C'est un fait.*

Oui. Mais que faire d'un *fait* ? Rien ne ressemble plus qu'un fait aux oracles de la Pythie, ou bien à ces rêves royaux que les Joseph et les Daniel, dans la Bible, expliquent aux monarques épouvantés. En histoire, comme en toute matière, ce qui est positif est ambigu. Ce qui est réel se prête à une infinité d'interprétations.

C'est pourquoi un De Maistre et un Michelet sont également possibles ; et c'est pourquoi, peut-être, quand ils spéculent sur le passé, ils s'assimilent à des oracles, à des devins, à des prophètes, dont ils épousent l'envergure et empruntent la sublimité de langage; cependant qu'ils confèrent à *ce qui fut*, toute la vivante profondeur qui n'appartient véritablement qu'à l'avenir.

Ainsi revoir et prévoir, ressaisir dans le passé et pressentir, se ressemblent fort en nous-mêmes, qui ne pouvons qu'osciller entre des images, et de qui l'éternel présent est comme un battement entre des hypothèses symétriques, l'une qui nous suppose le passé, l'autre qui nous propose un avenir.

Vous que j'aperçois devant moi, chers Jeunes Gens, vous me faites également songer à des temps que je ne verrai pas, comme à des temps que je ne verrai plus. Je vous vois, et je me revois, à votre âge, et je suis tenté de prévoir.

Je vous ai tenu trop longuement des propos sur l'histoire, et j'allais oublier de vous dire l'essentiel, et le voici : c'est que la meilleure méthode pour se faire une idée de la valeur et de l'usage de l'histoire, — la meilleure manière d'apprendre à la lire et à s'en servir, — consiste à prendre pour type de la connaissance des événements accomplis, son expérience propre, et à puiser dans le présent le modèle de notre curiosité du passé. Ce que nous avons vu de nos yeux, ce que nous avons éprouvé en personne, ce que nous fûmes, ce que nous fîmes, — voilà qui doit nous fournir le questionnaire, déduit de notre propre vie, que nous proposerons ensuite à l'histoire de remplir, et auquel elle devra s'efforcer de répondre quand nous l'interrogerons sur les temps que nous n'avons pas vécus. *Comment pouvait-on vivre à telle époque?* Voilà, au fond, toute la question. Toutes les abstractions et notions que vous trouvez dans les livres sont vaines, si l'on ne vous donne le moyen de les retrouver à partir de l'individu.

Mais, en considérant Soi-même, historiquement — *sub specie Historiæ*, — on est conduit à un certain problème, de la solution duquel va dépendre immédiatement notre jugement de la valeur de l'Histoire. Si l'Histoire ne se réduit pas à un divertissement de l'esprit, c'est que nous espérons en tirer des enseignements. Nous pensons pouvoir déduire de la connaissance du passé quelque prescience du futur.

Rapportons donc cette prétention à l'Histoire de nous-mêmes, et si nous avons déjà vécu quelques dizaines d'années, essayons-nous à comparer ce qui s'est passé à ce que nous pouvions attendre, l'événement à la prévision.

J'étais en Rhétorique en 1887. (La Rhétorique, depuis lors, est devenue Première : grand changement dont on pourrait déjà tirer une réflexion infinie.)

Eh bien, je me demande à présent ce que l'on pouvait prévoir en 87 — il y a quarante-cinq ans, — de ce qui est advenu depuis lors ?

Remarquez que nous sommes dans les meilleures conditions de l'expérience historique. Nous possédons une quantité peut-être excessive de données : livres, journaux, photographies, souvenirs personnels, témoins encore fort nombreux. L'histoire, en général, ne se construit pas avec un tel luxe de matériaux.

Alors, que pouvait-on prévoir ? Je me borne à poser le problème. Je vous indiquerai seulement quelques traits de l'époque où je faisais ma Rhétorique.

En ce temps-là, il y avait dans les rues quantité d'animaux qui ne se voient guère plus que sur les champs de courses, et nulle machine. (Observons ici que d'après certains érudits l'usage du cheval comme tracteur n'entre dans la pratique que vers

le xiii⁰ siècle, et délivre l'Europe du portage, système qui exige des esclaves. Ce rapprochement
vous fait concevoir l'automobile comme «fait historique».)

En ce même 87, l'air était rigoureusement réservé
aux véritables oiseaux. L'électricité n'avait pas
encore perdu le fil. Les corps solides étaient encore
assez solides. Les corps opaques étaient encore tout
opaques. Newton et Galilée régnaient en paix; la
physique était heureuse, et ses repères absolus. Le
Temps coulait des jours paisibles : toutes les heures
étaient égales devant l'Univers. L'Espace jouissait
d'être infini, homogène, et parfaitement indifférent
à tout ce qui se passait dans son auguste sein. La
Matière se sentait de justes et bonnes lois, et ne
soupçonnait pas le moins du monde qu'elle pût en
changer dans l'extrême petitesse, — jusqu'à perdre,
dans cet abîme de division, la notion même de loi...

Tout ceci n'est plus que songe et fumée. Tout ceci
s'est transformé comme la carte de l'Europe, comme
la surface politique de la planète, comme l'aspect de
nos rues, comme mes camarades de lycée — ceux
qui vivent encore, et qu'ayant laissés plus ou moins
bacheliers, je retrouve sénateurs, généraux, doyens
ou présidents, ou membres de l'Institut.

On aurait pu prévoir ces dernières transformations; mais les autres? Le plus grand savant, le
plus profond philosophe, le politique le plus calcu-
lateur de 1887, eussent-ils pu même rêver ce que
nous voyons à présent, après quarante-cinq misérables années? On ne conçoit même pas quelles
opérations de l'esprit, traitant toute la matière historique accumulée en 87, auraient pu déduire de
la connaissance, même la plus savante, du passé,
une idée, même grossement approximative, de ce
qu'est 1932.

C'est pourquoi je me garderai de prophétiser. Je
sens trop, et je l'ai dit ailleurs, que *nous entrons dans
l'avenir à reculons*. C'est là, pour moi, la plus certaine et la plus importante leçon de l'Histoire, car
l'Histoire est la science des choses qui ne se répètent
pas. Les choses qui se répètent, les expériences que
l'on peut refaire, les observations qui se superposent, appartiennent à la Physique, et dans quelque
mesure, à la Biologie.

Mais n'allez pas croire que ce soit sans fruit que
l'on médite le passé en ce qu'il a de révolu. Il nous
montre, en particulier, l'échec fréquent des prévisions trop précises ; et, au contraire, les grands
avantages d'une préparation générale et constante,
qui, sans prétendre créer ou défier les événements,
lesquels sont invariablement des surprises, ou bien
développent des conséquences surprenantes, — permet à l'homme de manœuvrer au plus tôt contre
l'imprévu.

Vous entrez dans la vie, Jeunes Gens, et vous vous
trouvez engagés dans une époque bien intéressante.
Une époque intéressante est toujours une époque
énigmatique, qui ne promet guère de repos, de
prospérité, de continuité, de sécurité. Nous sommes
dans un âge critique, c'est-à-dire un âge où coexistent nombre de choses incompatibles, dont les unes
et les autres ne peuvent ni disparaître, ni l'emporter. Cet état des choses est si complexe et si neuf que
personne aujourd'hui ne peut se flatter d'y rien
comprendre ; ce qui ne veut pas dire que personne
ne s'en flatte. Toutes les notions que nous tenions
pour solides, toutes les valeurs de la vie civilisée,
tout ce qui faisait la stabilité des relations interna-
tionales, tout ce qui faisait la régularité du régime
économique ; en un mot, tout ce qui limitait assez
heureusement l'incertitude du lendemain, tout ce

qui donnait aux nations et aux individus quelque
confiance dans le lendemain, tout ceci semble fort
compromis. J'ai consulté tous les augures que j'ai pu
trouver, et dans tous les genres ; et je n'ai entendu
que des paroles fort vagues, des prophéties contradictoires, des assurances curieusement débiles.
Jamais l'humanité n'a réuni tant de puissance à tant
de désarroi, tant de souci et tant de jouets, tant de
connaissances et tant d'incertitudes. L'inquiétude et
la futilité se partagent nos jours.

C'est à vous maintenant, chers Jeunes Gens,
d'aborder l'existence, et bientôt les affaires. La
besogne ne manque pas. Dans les arts, dans les
lettres, dans les sciences, dans les choses pratiques,
dans la politique enfin, vous pouvez, vous devez
considérer que tout est à repenser et à reprendre. Il
va falloir que vous comptiez sur vous-mêmes beaucoup plus que nous autres n'avions à le faire. Il faut
donc armer vos esprits ; ce qui ne veut pas dire qu'il
suffit de s'instruire. Ce n'est rien que de posséder ce
qu'on ne songe même pas à utiliser, à annexer à
sa pensée. Il en est des connaissances comme des
mots. Un vocabulaire restreint, mais dont on sait
former de nombreuses combinaisons vaut mieux
que trente mille vocables qui ne font qu'embarrasser les actes de l'esprit. Je ne vais pas vous offrir
quelques conseils. Il ne faut en donner qu'aux personnes très âgées, et la jeunesse s'en charge assez
souvent. Laissez-moi cependant vous prier d'entendre encore une ou deux remarques.

La vie moderne tend à nous épargner l'effort
intellectuel comme elle fait l'effort physique. Elle
remplace, par exemple, l'imagination par les images,
le raisonnement par les symboles et les écritures, ou
par des mécaniques ; et souvent par rien. Elle nous
offre toutes les facilités, tous les *moyens courts* d'ar-

river au but sans avoir fait le chemin. Et ceci est excellent : mais ceci est assez dangereux. Ceci se combine à d'autres causes, que je ne vais pas énumérer, pour produire, — comment dirai-je, — une certaine diminution générale des valeurs et des efforts dans l'ordre de l'esprit. Je voudrais me tromper ; mais mon observation est fortifiée malheureusement par celles que font d'autres personnes. La nécessité de l'effort physique ayant été amoindrie par les machines, l'athlétisme est venu très heureusement sauver et même exalter l'être musculaire. Il faudrait peut-être songer à l'utilité de faire pour l'esprit ce qui a été fait pour le corps. Je n'ose vous dire que tout ce qui ne demande aucun effort n'est que temps perdu. Mais il y a quelques atomes de vrai dans cette formule atroce.

Voici enfin mon dernier mot : l'histoire, je le crains, ne nous permet guère de prévoir ; mais associée à l'indépendance de l'esprit, elle peut nous aider à mieux voir. Regardez bien le monde actuel, et regardez la France. Sa situation est singulière : elle est assez forte et elle est considérée sans grande amitié. Il importe qu'elle ne compte que sur elle-même. C'est ici que l'histoire intervient pour nous apprendre que nos querelles intestines nous ont toujours été fatales. Quand la France se sent unie, il n'y a pas à entreprendre contre elle.

Discours prononcé

À LA MAISON D'ÉDUCATION
DE LA LÉGION D'HONNEUR DE SAINT-DENIS,
LE 11 JUILLET 1932

Monsieur le Grand Chancelier m'ayant fait l'honneur de me donner la présidence de cette cérémonie, je me suis incliné devant l'autorité de sa charge et de sa gloire. Mais tandis que je répondais à son désir par l'obéissance que lui doivent les légionnaires, un grand trouble toutefois s'emparait de mon esprit. Je sentais naître en moi une timidité de jeune fille.

Je sais bien que les jeunes filles ne sont pas en vérité si timides qu'on le prétend, et parfois qu'on le souhaiterait. J'ai observé que le peu de timidité qui subsiste dans le monde ne se rencontre guère plus que chez les membres de l'Institut; et singulièrement, quand ils s'exposent en costume. Dois-je vous confier, Mesdemoiselles, que j'ai vu, du côté de la Coupole, des écrivains célèbres, que dis-je... des maréchaux de France, des hommes qui ont commandé des millions d'hommes, tout déconcertés, tout émus et inquiets à la pensée qu'ils allaient paraître et prendre la parole devant une assemblée presque purement composée de dames...

Mais mon affaire ici m'apparut plus difficile et plus

redoutable, car je sais que les demoiselles sont bien plus à craindre encore que les dames, étant nécessairement plus spontanées, et donc plus moqueuses ; et c'est pourquoi la seule idée d'avoir à vous exhorter dans une circonstance assez solennelle et dans cet appareil majestueux, m'a transformé (intérieurement, s'entend), en une jeune fille tout interdite.

Cette jeune personne ne pouvait même songer à vous adresser des conseils tout empreints de profonde expérience, comme l'a fait, il y a trois ans, mon ami, Monsieur le premier Président Lescouvé ; encore moins vous apporter des enseignements héroïques, tels que ceux que vous a naguère donnés l'illustre et très regretté général Archinard.

Je vous ouvre mon cœur : je me disais que la tâche assez glorieuse de vous faire un petit sermon était la plus délicate que le sort académique jusqu'à présent m'eût assignée.

J'avais beau, pour échauffer un peu mes esprits, me représenter votre antique Maison, de moi tout inconnue, clôture mystérieuse instituée, et comme consacrée par le grand Empereur, à l'ombre de la royale et tombale Basilique, — je ne trouvais ni l'âme ni le ton du discours qu'il fallait vous tenir entre ces vieux et vénérables murs, où tant de jeunesse accueillie apprend (je l'espère) tant de choses —, où tant d'avenir s'édifie —, où, de jour en jour, d'année en année, sous un regard plein de sollicitude, et sous les directions excellentes de celles et de ceux qui vous instruisent, vous devenez insensiblement vous-mêmes.

Je me disais : *Que leur dirai-je ?* — Elles sont plus savantes que moi, puisqu'elles vont à l'École, puisqu'elles préparent des examens, — qui sont les seules occasions qui soient offertes aux mortels de savoir, pendant quelques jours, quelque chose...

C'est ainsi, flottant et misérable, que j'essayais sans aucun succès de déchiffrer dans mes pensées ce dont il serait bon, utile et convenable que je vous entretinsse.

Je songeais vainement que Racine avait écrit deux chefs-d'œuvre pour demoiselles, et que ces divertissements de Saint-Cyr faisaient encore l'admiration de tous ceux qui savent lire, — mais qui savent lire comme on ne sait presque plus lire de nos jours... Lire ?

Lire ? me dis-je... Voilà un trait de lumière... Voilà de quoi parler à mon terrible petit public, de choses essentielles, et qui sont un peu de mon métier. Je vois bien à présent ce que je dirai à Mesdemoiselles de Saint-Denis. Je leur dirai... Et je leur dis : Mesdemoiselles qui êtes des enfants particulièrement Françaises de la France, je ne doute pas que parmi tant d'objets d'étude qui vous sont offerts, vous ne vous intéressiez tout spécialement à la Littérature de notre pays, — qui est le plus littéraire du monde —, et le dernier peut-être, où le souci de la forme demeure, — quoique déjà bien amoindri.

Je ne doute pas que la plupart d'entre vous, même celles qui dissèquent des grenouilles, même celles qui mettent au supplice le trinôme du second degré, — ne donnent quelque préférence à la lecture de nos grands écrivains. Je gage même que certaines dissimulent, (dissimulent plus ou moins), dans un coin de leur pupitre, un cahier mystérieux de leurs productions originales : des essais en prose ou en vers de leurs talents à l'état naissant.

Il faut avouer que rien n'est charmant comme les premiers feux de la révélation poétique dans une âme, — l'éveil de soi, au milieu des beautés et des profondeurs du langage natal. Un certain jour la vertu magique de la parole nous touche, et l'Univers du Verbe nous apparaît.

Tous les mots prennent figure, et les *choses* chantent leurs *noms*. Le dictionnaire le plus morne s'illumine et se fait une forêt d'idées, une présence confuse de toutes les œuvres possibles, de tous les beaux vers qui n'ont pas encore été faits, de toutes les résonances intellectuelles ou musicales encore inouïes ; et il n'est pas jusqu'à la sèche et maigre *Grammaire*, jusqu'à la perfide et fantasque *Syntaxe* qui ne paraissent tout à coup, impérieuses, mais séduisantes par leurs pièges mêmes, escortées de toutes les *Parties du Discours*, bien défendues par les féroces *Participes*, suivies dans l'ordre des préséances par l'immense armée des *Propositions*, les Principales, les Subordonnées, les capricieuses Complétives, les Circonstancielles, et les autres (s'il en est...) — cependant que fort loin, derrière le cortège qui défile en proférant une quantité d'*exemples*, se traîne en bougonnant un malheureux vieillard abandonné de tous, le très noble et infortuné : *Imparfait du Subjonctif*.

Sans doute, Mesdemoiselles, ce n'est point sous les espèces du vocabulaire et de la syntaxe que la Littérature commence de nous séduire. Rappelez-vous tout simplement comme les Lettres s'introduisent dans notre Vie. Dans l'âge le plus tendre, à peine cesse-t-on de nous chanter la chanson qui fait le nouveau-né sourire et s'endormir, l'ère des contes s'ouvre. L'enfant les boit comme il buvait son lait. Il exige la suite et la répétition des merveilles ; il est un public impitoyable et excellent. Dieu sait que d'heures j'ai perdues pour abreuver de magiciens, de monstres, de pirates et de fées, des petits qui criaient : *Encore !* à leur père épuisé !...

Mais enfin le temps vient que l'on sait lire, — événement capital —, le troisième événement capital de notre vie. Le premier fut d'apprendre à *voir*; le second, d'apprendre à *marcher*; le troisième est celui-ci, la *lecture*, et nous voici en possession du trésor de l'esprit universel. Bientôt nous sommes captifs de la lecture, enchaînés par la facilité qu'elle nous offre de connaître, d'épouser sans effort quantité de destins extraordinaires, d'éprouver des sensations puissantes par l'esprit, de courir des aventures prodigieuses et sans conséquences, d'agir sans agir, de former enfin des pensées plus belles et plus profondes que les nôtres et qui ne nous coûtent presque rien; — et, en somme, d'ajouter une infinité d'émotions, d'expériences fictives, de remarques qui ne sont pas de nous, à ce que nous sommes et à ce que nous pouvons être...

De même que, sous le sommeil, il arrive, dit-on, que nous croyons vivre toute une existence, cependant que l'horloge ne compte que quelques secondes, — ainsi, par l'artifice de la lecture, il se peut qu'une heure nous fasse épuiser toute une vie; ou bien, par l'opération mystérieuse d'un poème, quelques instants qui eussent été sans lui des instants sans valeur, tout insignifiants, se changent en une durée merveilleusement mesurée et ornée, qui devient un joyau de notre âme; et parfois, une sorte de formule magique, un talisman —, que conserve en soi notre cœur, et qu'il représente à notre pensée dans les moments d'émotion ou d'enchantement où elle ne se trouve pas d'expression assez pure ou assez puissante de ce qui l'élève ou l'emporte.

Je sais un homme qui, soumis à une cruelle intervention chirurgicale, dont on ne pouvait lui épargner la souffrance par l'anesthésie, trouva quelque adoucissement, ou plutôt quelque relais de ses forces, et de sa patience, à se réciter, entre deux extrêmes de douleur, un poème qu'il aimait.

Telle est la ressource de l'art. Vous la connaissez aussi bien que moi, — Mesdemoiselles —, mais nous ne sommes pas quittes, et je n'en viens qu'à présent où je voulais en venir.

Cette facilité que nous offre la lecture, — c'est-à-dire la Littérature en acte —, de quitter ce qui nous entoure, et même ce que nous sommes, pour suivre le fil d'un conte, ou pour emprunter l'agilité, la solennité, la grâce, l'énergie rythmique de la poésie, est bien remarquable. Elle vaut qu'on y pense un peu.

Comme le serpent suit la flûte du charmeur, comme les loups de la légende suivaient le violon du ménétrier, et comme les fauves, Orphée, — ainsi l'âme suit le discours, et s'attache à quelque puissance secrète qui est en elle, et dont savent jouer —, avec plus ou moins de bonheur, les conteurs, les poètes, voire les philosophes, tous ceux enfin qui s'adonnent à toucher, à divertir, à approfondir les esprits, par les moyens et les artifices du langage.

C'est que la Littérature n'est en vérité qu'une spéculation, un développement de certaines des propriétés du langage ; de celles de ces propriétés qui se trouvent les plus vivantes et agissantes chez les peuples primitifs. Plus la forme est belle, plus elle se sent des origines de la conscience et de l'expression ; plus elle est savante et plus elle s'efforce de retrouver, par une sorte de synthèse, la plénitude, l'indivision de la parole encore neuve et dans son état créateur. Le rythme, les sonorités diverses et bien coordonnées des timbres et des accents, l'abondance des images, l'énergie et l'efficace des traits, des tours et des figures, — voilà ces caractères qui ne se trouvent ou ne se recherchent guère plus que dans la poésie. De vieux civilisés comme nous parlent une langue très abstraite, compliquée à l'excès

par la surcharge des significations, simplifiée à l'excès par le sacrifice des formes, par les notations
abrégées, une langue brutale par l'économie télé-
graphique des mots ; à la fois inhumaine et vulgaire,
vide et surchargée, mêlée d'argot technique, politique ou administratif ; abondante en *clichés* et en
combinaisons monstrueuses ; bonne pour expédier
les affaires, pour jouer, dans la machine du monde
actuel, le rôle que les signaux et les déclenchements
de disques jouent dans la vie automatique d'une
ligne de chemin de fer ; détestable pour l'usage le
plus profond et le plus noble de nous-mêmes.

Par là, Mesdemoiselles, — et d'ailleurs par toutes
les simplifications et les combinaisons qu'exige l'ère
moderne —, par toutes les commodités qu'elle nous
offre de rendre immédiates les relations entre les
hommes, par la hâte qu'elle impose ou suggère à
nos existences, par l'abus des moyens merveilleux
d'agir et de sentir que la science a créés et l'industrie multipliés, et qui tendent à nous épargner tout
effort, à remplacer l'imagination par l'image, la
réflexion par les impressions, la durée par l'instant,
se trouvent menacés des biens très précieux, et les
qualités mêmes dont procèdent toutes ces créations
prestigieuses.

Quels biens ? Quelles qualités ?

Que perdons-nous, — ou du moins, que risquons-
nous de perdre pour avoir acquis tant de connaissances et tant de pouvoirs sur la nature ?

De quoi faut-il enfin payer tant de conquêtes, — car
nous avons conquis l'espace, contracté la durée,
vaincu la nuit, la mer, les airs, asservi la matière et
les diverses énergies. Même nous commençons de
pénétrer et d'agir dans ce que nous ne pouvons imaginer. Tout ce qui se passe sur le globe peut venir
se peindre aussitôt dans notre chambre. Tout ce qui

résonne n'importe où, peut s'y faire entendre. Tout
ce qui fut se peut conserver à l'état d'inscriptions ou
d'impressions matérielles ; et nous en tirons quelquefois la poignante et prodigieuse sensation de
voir riant et d'entendre parlant des êtres disparus.

Ce sont là des miracles, sans doute, — et même
des miracles qui se précipitent et s'accumulent si
rapidement que l'homme ne s'étonne presque plus à
l'annonce de nouveautés plus merveilleuses, et que
les enfants d'aujourd'hui regardent les machines
volantes aussi paisiblement que nous regardions les
voitures à chevaux ; ils tournent les boutons de l'appareil de radiophonie comme nous tournions les
feuillets d'un album d'images, et ils écoutent l'univers comme nous écoutions les paroles des passants
sous nos fenêtres, l'orgue de Barbarie, et l'antique
vacarme de la rue.

Mais l'homme ne vit pas que de miracles et de
surprises. D'ailleurs il est toujours, et sera toujours
à soi-même, le *souverain miracle*, la surprise essentielle ; et tous les prestiges qu'il crée, — sans trop
savoir lui-même ni comment il les crée, ni pourquoi
il s'épuise à les créer —, le laissent inconcevable à
lui-même. Quand cette réflexion le saisit, l'homme
moderne, au milieu de toutes ses inventions, se sent
un grand enfant qui s'est construit quantité de jouets,
de *joujoux* extraordinaires, — parmi lesquels il en
est d'épouvantables. Il s'étonne d'avoir dépensé tant
de génie, tant de travail, tant de ressources pour
adresser enfin d'un bout du monde à l'autre, — avec
la vitesse de la lumière, une chansonnette, ou pour
jeter en quelques heures, d'une extrémité de l'Europe
à l'autre, une carte illustrée, une botte de fleurs, ou
une tonne d'explosif.

Il faut avouer, Mesdemoiselles, que la futilité et
l'inquiétude se partagent l'esprit de ce temps. Songez

à vous fortifier contre ces deux ennemies du genre humain. Vous êtes à l'âge de la préparation à la vie ; c'est à présent, c'est sur les bancs de cette école que vous préparez maintenant la substance de ce que vous penserez plus tard. Vous faites ici de l'avenir ; vous construisez, sans y penser, la demeure de vos futures pensées ; vous assemblez les moyens de vos réflexions. Les femmes que vous serez penseront, jugeront, raisonneront, exprimeront leurs opinions et leurs desseins, dans les formes et le langage que vous aurez acquis une fois pour toutes, pendant ces années d'étude à Saint-Denis.

Eh bien, chères Demoiselles, ces formes et ce langage, cette substance et ces moyens d'expression vous sont communiqués à l'état le plus admirable par l'enseignement de vos Dames et de vos Maîtres, qui vous donnent à observer de très près, à respirer profondément la fleur du labeur séculaire de nos écrivains les plus parfaits. On vous instruit à ce qu'il y a de plus élégant, de plus profond et de plus ferme dans l'immense trésor de notre littérature. Faites-en votre nourriture préférée. N'y voyez pas une vile matière de programmes, une dose amère de médecine pour examens. Lisez-les de tout près, et pesez tous les mots. Vous sentirez alors la vie de l'esprit même, et quand vous aurez cessé votre lecture, il en sera de vous comme si vous aviez pensé et créé vous-mêmes. Je vous dis que chacun, vis-à-vis de soi, se réduit à peu près à ce qu'il se dit, et ce qu'il se dit à ce qu'il sait se dire. Apprenez donc à vous parler à vous-mêmes avec les égards, la précision, la sincérité et la grâce dont est digne une jeune personne si précieuse. Du même coup, vous aurez appris à écrire.

Enfin, laissez-moi vous dire que je vous trouve à Saint-Denis dans des conditions sans pareilles pour cette formation de vos esprits.

Hier, j'ai visité votre domaine, dont je soupçon-
nais le moins du monde l'étendue qui est surprenante, les antiques beautés, et les perfections toutes
modernes d'aménagement. C'est une demeure idéale
pour le travail, et je sais plus d'un écrivain qui s'éta-
blirait volontiers par ici.

Madame la Surintendante guidait mes pas qui se
firent beaucoup plus nombreux que je n'aurais
imaginé. Elle souriait de mes étonnements. Entre
nous, toute bonne qu'elle est, je crois bien qu'elle se
divertissait d'émerveiller et d'essouffler l'académicien qu'elle accueillait avec une bonne grâce dont il
demeure touché.

J'ai eu l'impression de vivre dans une composition de ce qu'il y eut de plus noble dans notre histoire.

À la porte de cette maison, expire le fracas, cesse
le vain désordre et le mouvement de la vie moderne,
qui s'embarrasse de lui-même. Le silence, qui est
devenu une valeur inestimable, une chose du plus
grand luxe ; l'espace magnifiquement ordonné ; la
majesté des plus hautes époques, vous sont réservés
dans cette illustre abbaye, jadis construite par des
hommes qui s'entendaient à se ménager l'intimité
grandiose dont a besoin la méditation et ce genre de
travail qui a l'éternité pour objet. Votre jeunesse,
par les fenêtres vastes de vos salles et de vos dor-
toirs, ne voit, d'un côté que jardins et que les profondeurs d'un parc immense ; de l'autre, que les
faîtes, les pinacles, la grande rose et les verrières
d'une des plus belles constructions du Moyen Âge.
Vous pouvez vous sentir ici merveilleusement loin
d'une époque qui sait faire des œuvres énormes,
mais non grandes ; étonnantes, mais non impo-
santes ; rigoureuses, mais non pures ; et vous gran-
dissez dominées par ce que la France a produit de

plus original et de plus beau : son gothique et son classique.

Laissez-moi vous dire que si le petit discours à vous faire m'avait quelque temps embarrassé, la visite à Saint-Denis m'a ravi. Je vous dirai même qu'elle m'a enorgueilli.

Je vais assez souvent à l'étranger, et je ne manque pas d'être attristé quelquefois de ce que j'y vois, et que je ne vois pas ici. On me montre des universités, des collèges, des musées, qui me font assez souvent songer sans fierté à quelques-uns des nôtres. Je songe à tout ce que la France a fait, à tout ce qu'elle pourrait faire, et je m'interroge sur l'avenir. Pensez-y quelquefois, chères Demoiselles, qui vivez dans cette demeure dont on ne voit pas la pareille à l'étranger, pensez aux grandes œuvres de la France. Vous êtes sa chair et son sang, vous êtes un peu de son avenir. Il vous suffit ici de lever les yeux de votre livre pour apercevoir les monuments de la grandeur de la nation. Vous vivez, vous jouez, vous travaillez en elle. Soyez-en fières, et pour toujours.

Rapport sur les prix de vertu

Lu dans la séance publique annuelle de l'Académie française du jeudi 20 décembre 1934.

Je confesse d'être si neuf dans la matière qu'il m'échoit de traiter aujourd'hui devant vous, qu'il me tente de vous redire pour mon compte, et s'appliquant à la Vertu, un mot qui fut célèbre.

Comme on interrogeait M. de Talleyrand s'il croyait à la Bible, notre illustre confrère des Sciences Morales répondit qu'il avait deux raisons invincibles d'y croire : « Et d'abord, dit-il, parce que je suis évêque d'Autun ; et ensuite, parce que je n'y entends absolument rien. »

Je ne veux pas dire que je n'entende rien à la Vertu : je sais fort bien ce qu'elle n'est pas, — et je n'oserais point, d'ailleurs, prétendre devant vous à une ignorance absolue de ce qu'elle est ; mais enfin, je ne me sens autorisé dans mon grand et vénérable sujet que par la qualité de membre de votre Compagnie.

Il m'a donc fallu penser quelque temps à ce que je pourrais vous exposer ; et, conduisant de mon mieux cette pensée par ordre, comme Descartes nous le conseille, ma réflexion toute méthodique m'a fait remonter nécessairement vers la cause première du devoir que je m'efforce de remplir. Elle s'est enfin arrêtée sur la figure ou sur le fantôme de celui qui se fait rendre en ce lieu, à certain jour de chaque année, un tribut de louanges; et qui sut se greffer (pour ainsi dire), une immortalité sur la nôtre même.

Quel personnage, Messieurs, que ce magnifique Montyon! Et quelle profondeur de génie nous lui devons reconnaître!

Un très grand homme nous avait institués. Riche- lieu, changeant un cénacle d'écrivains en un corps de l'État, — comme s'il eût pressenti qu'il fallait, à l'aurore d'une éclatante époque littéraire, organi- ser enfin la République des Lettres, — décréta notre Académie et lui remit le soin de notre langue et de notre littérature, dans lesquelles il voyait fort justement des affaires d'intérêt public. Mais notre illustre fondateur n'a point poussé son regard dans l'avenir jusqu'à imaginer qu'il appartiendrait un jour à quelqu'un, qui fut Montyon, d'altérer la net- teté de son dessein. On peut admirer aujourd'hui qu'un peu moins de deux cents ans après l'Acadé- mie fondée, il ait été au pouvoir d'un simple parti- culier d'en modifier profondément la fonction, par l'acte, (qui ne lui coûta qu'un peu d'écriture), de nous laisser une certaine somme d'argent que nous dussions, jusqu'à la fin des siècles, dispenser chaque année à la Vertu.

Voilà, Messieurs, un placement tout à fait remar- quable. Cependant qu'il nous faut bien convenir que les noms de la plupart de nos confrères disparus ne sont pas à présent dans toutes les mémoires, le nom de *Montyon* sonnera sous ce dôme, jusqu'à la fin des siècles, chaque année.

C'est là une merveille de calcul qui peut donner à rêver sur son auteur. On peut toujours se perdre dans les motifs d'un homme de vouloir faire du bien

après soi. L'idée de porter secours à la Vertu peut-
elle venir toute pure à un citoyen substantiellement
vertueux ? Et le fait de s'assurer contre l'oubli par la
propagation à l'infini d'une disposition testamen-
taire ne doit-il pas exciter quelque incertitude, sinon
quelque malice conjecturale, à l'égard de l'arrière-
pensée du testateur ?

Un La Rochefoucauld, un Stendhal, un Forain, un
amateur du pire, un impitoyable connaisseur des
ressorts les plus probables de nos actes, exercerait
sans doute ses talents sur cette question naissante et
la livrerait à son intelligence méchamment aiguisée.
Il s'interrogerait si cet argent légué fut de source
bien claire ; si ce don et cette destination n'auraient
point été le rachat d'un enrichissement douteux ou
d'une vie secrètement très divertie ? Ou bien, — car
il n'est point d'esprit plus imaginatif des faiblesses
des autres qu'un esprit qui se pique de clairvoyance,
— notre observateur du cœur humain prêterait-il
à Montyon la vanité d'avoir voulu suborner à sa
propre gloire l'œuvre de Richelieu, et moyennant
les largesses posthumes dont il nous fit les ministres
exacts, transformer d'un trait de plume une société
des esprits en une institution de bienfaisance.

Mais si, pour quelques-uns, et non des moindres,
le mal leur est toujours plus clair que le bien, et si
c'est une nécessité ou une tentation de leur esprit
que de déprécier pour croire comprendre, nous ne
les suivrons pas dans cet abus. L'homme n'est pas si
simple qu'il suffise de le rabaisser pour le connaître.
Faisons donc une autre hypothèse, et prêtons à notre
généreux Montyon quelque dessein plus élégant.

Il m'est arrivé de me demander si la Vertu à
laquelle il songea n'était point tout d'abord la
nôtre même ? Peut-être cet inventeur original d'une
réforme de l'Académie avait-il observé qu'elle avait

insensiblement, et comme distraitement, laissé sa
première ferveur littéraire s'éteindre; qu'elle se
relâchait de l'attention qu'elle consacrait, dans son
premier siècle, aux productions nouvelles de l'esprit; qu'on y entendait de moins en moins des lectures de poèmes et d'essais; et que le dictionnaire
enfin, objet essentiel de nos attentions, ne procédait
vers le Z de ce temps-là, qu'avec une lenteur majes-
tueuse qui paraissait moins tenir aux scrupules
de nos éminents confrères qu'à l'assoupissement de
leur zèle primitif. Voltaire, dans son discours
de réception, osait insinuer à ce sujet: *qu'il était
peut-être à craindre qu'un jour des travaux si honorables se ralentissent.*

Monsieur de Montyon, nous jugeant sur les apparences, comme il arrive encore assez souvent que le
public s'y laisse aller, pensa peut-être que l'Académie ne se sentait plus guère d'autre souci que celui
de sa propre gloire; qu'il fallait la pourvoir d'ouvrage, d'un ouvrage d'un nouveau genre et du plus
noble; et il nous remit cette charge redoutable de
récompenser le Bien, — mais indivisible de celle
de perpétuer son nom. Nous fûmes désormais à
demi littéraires, à demi bienfaisants: un poète, chez
nous, doit venir à son tour faire le moraliste d'une
fois.

Il paraît, cependant, que dans l'ensemble nous
nous acquittions assez bien de notre commission
charitable, que l'on se repose volontiers sur notre
probité, sur notre justice, — et singulièrement, Messieurs, sur notre indépendance, — puisque, depuis
Montyon qui a créé le genre, tant de personnes
généreuses nous ont donné toute leur confiance, et
nous ont pris, sur son modèle, pour agents de leurs
libérales volontés.

Il est même, par-ci par-là, de mauvais esprits qui

nous trouvent bien meilleurs juges en matière de
dévouement, d'abnégation ou d'héroïsme qu'ils ne
pensent que nous le sommes dans notre emploi initial de conseillers d'État de la République des Lettres.
Ces esprits critiques s'adoucissent d'ailleurs, quelquefois, et se détendent assez souvent, au bout d'une
quarantaine de visites qu'ils nous font à l'occasion.

Non, Messieurs, quoi qu'on dise, la recherche ni
la récompense du Bien, ni la comparaison très délicate des mérites, n'affaiblissent ni ne corrompent
dans notre Compagnie la notion ni la pratique de
son premier devoir. Nous demeurons au principal
les gardiens de l'état civil de la Langue Française,
et c'est dans l'exercice même de cet office que je
trouve une surprenante observation à vous soumettre, qui se rapporte étroitement à notre objet de
ce jour : la Vertu.

VERTU, Messieurs, ce mot *Vertu* est mort, ou, du
moins, il se meurt. *Vertu* ne se dit plus qu'à peine.
Aux esprits d'aujourd'hui, il ne vient plus s'offrir de
soi, comme une expression spontanée de la pensée
d'une réalité actuelle. Il n'est plus un de ces éléments immédiats du vocabulaire vivant en nous,
dont la facilité et la fréquence manifestent les véritables exigences de notre sensibilité et de notre
intellect. Il y a, en quelque sorte, fort peu de chances
pour l'appel de ce mot dans notre activité intérieure, et il y a gros à parier que l'on peut vivre et
réfléchir, agir et méditer toute une année, sans que
la nécessité de l'articuler ou de le penser soit une
seule fois ressentie.

Quant à moi, je l'avoue, — je me risque à vous en
faire l'aveu, — je ne l'ai jamais entendu… Ou plutôt, ce qui est bien plus grave, je ne l'ai jamais
entendu que remarquablement rare et toujours iro-

niquement dit, dans les propos du monde ; ce qui
pourrait signifier que je ne hante qu'un monde
assez mauvais, si je n'ajoutais qu'il ne me souvient
pas non plus de l'avoir lu dans les livres de notre
temps les plus généralement lus, et même, dans les
plus estimés. Enfin je ne vois pas de journal qui
l'imprime, ni — je le crains — qui osât l'imprimer
sans se jouer de lui.

Sans doute, l'instruction religieuse en use encore,
dans une acception théologique, et avec une force et
une précision particulières ; et sans doute, l'Académie… Mais, nous-mêmes, Messieurs, je crois bien
que nous ne faisons guère que de l'associer à l'idée
de la présente solennité, des prix que l'on y proclame, du discours qu'il faut prononcer, tellement
que, sans notre secourable Montyon, ce mot, ce
pauvre mot serait tout à l'extrême de sa carrière. Il
est, comme l'on dit, *pratiquement aboli*.

Oserons-nous, Messieurs, sous peu de jours,
quand *vertu*, substantif féminin, viendra par-devant
nous, se proposer à son rang dans la suite du Dictionnaire, dire la vérité ? Oserons-nous mentionner
cet état qui ne laisse que peu d'espoir ? Dirons-nous
que ce nom est moins que rare dans l'usage ; — rarissime, — presque inusité ? Je m'assure que nous ne
l'oserons pas, c'est-à-dire que nous nous sentirions
quelque honte à reconnaître ce qui est.

Cependant le fait est là ; il est incontestable. Interrogez votre expérience. Consultez vos souvenirs.
Faites autour de vous votre statistique. Demandez-
vous à vous-mêmes si *vertu* vous viendrait aux lèvres,
ou sous la plume, sans quelque effort de circonstance ; et, pour tout dire, sans quelque obscure sensation de n'être pas tout à fait sincères, ni tout à fait
de votre temps.

Notre temps est en nous, Messieurs, quoi que

nous en ayons, et il n'est point autre chose que nous. Si je trouve que *Vertu* languit et se meurt dans l'usage de ce temps qui est le nôtre et qui est nôtre, ne faut-il point se reconnaître dans ce fait, interroger cette agonie qui se passe en nous et lui donner toute une profondeur ?

Mais, avant d'y penser de plus près, je ne laisserai point se perdre cette occasion précieuse de redire à notre Compagnie à quel point son ministère d'État, sa fonction d'accueillir ou d'éliminer des éléments du langage, peut instruire l'observateur de bien des phénomènes de la vie sociale assez lents pour être imperceptibles, et pour ne figurer dans aucun instant bien déterminé. Un mot qui paraît, qui s'impose, c'est parfois tout un monde de relations, toute une sphère d'activité qui se dénonce. Un mot qui perd de sa vigueur, ou de son empire, ou de sa fréquence et de sa spontanéité, un mot qui n'est plus honoré que par nous seuls, dans notre dictionnaire assez réservé, par une sorte de pieuse piété, pour mémoire, et comme la cendre d'une idée qui a cessé d'être vivante, ce mot, par son même déclin, nous peut encore enseigner quelque chose : la désuétude elle-même confère à un terme mourant une sorte de suprême signification.

Que faut-il donc penser de l'évanouissement de *vertu*, puisque telle est la tendance irréfutable de la langue vivante, et que telle est la misérable condition où je trouve réduit un mot qui fut des plus puissants et des plus beaux d'entre les mots, — mot qui fut éclatant dans Corneille et dans ses pareils quant au grand style ; mot qui parut en si étonnante, et presque excessive faveur dans le siècle suivant où les *hommes sensibles* le prodiguent, où nous le rencontrons avec stupeur jusque dans les Enfers, j'entends : ceux des bibliothèques ?

Que devient-il encore, et qui va parler de vertu ?
Vous le savez, Messieurs, comme la Révolution sur-
venue l'adopte, le fait sien, le proclame et s'enivre
de lui. Cette époque fut véritablement celle de la
dictature des abstractions dans le délire clair desquelles une foi toute vierge engage les esprits.
Jamais on n'avait vu si prompte et si furieuse transformation d'idées pures en actes immédiats. Jamais
si énergiquement ne fut proposé ou imposé aux
peuples l'*Absolu*. Il fallait bien, semblait-il, que la
Raison prît enfin le pouvoir, que l'empire et l'autorité appartinssent enfin à la Loi toute seule. Mais la
raison n'est rien à l'état idéal ; elle est bientôt trahie
si les caractères ne la supportent. Donc, auprès
d'elle, lui soumettant les desseins et les actes des
hommes publics, doit régner officiellement la *vertu*.
La vertu fit alors son entrée dans la politique.
Robespierre, surtout, la chérissait terriblement.
Quand, à la tribune de la Convention, *vertu* paraissait enfin dans le discours fatal de l'Incorruptible,
on pouvait dire de cet homme extraordinaire que
« de sa bouche » — comme parle l'Apocalypse —
« *sortait un glaive aigu à deux tranchants* ».

Mais vous savez aussi, Messieurs, — nous savons
trop et par une expérience constante —, comme
l'usage politique que l'on fait des plus beaux noms,
des plus nobles intentions du langage, les dégrade ;
et bientôt, les exténue et les épuise. Nous ne savons
que trop ce que deviennent dans la violence des
débats, dans la comédie tragique des luttes de partis,
dans le tourment des discordes, ces valeurs idéales,
toutes ces créatures supérieures de la parole abstraite
et de la pensée la plus détachée, — *l'Ordre, la Raison, la Justice, la Patrie, la Vérité* ou *la Vertu* —, quand
enfin ces augustes verbes, prostitués aux entreprises
des factions, sont vociférés sur la voie publique,

ignoblement hurlés et écartelés par les crieurs, cependant que la majesté de leurs sens vénérables est outragée par le scepticisme de ceux qui s'en servent autant qu'elle est dégradée par la crédule simplicité de ceux qu'ils entraînent. C'est alors que ces grands noms avilis commencent de se perdre. L'honnête homme bientôt — et d'abord, l'homme qui pense —, les abandonne à leur mauvais destin ; ils n'y voient plus que des moyens d'agir sur les passions et sur le grand nombre, et d'exciter indistinctement les esprits traités en troupeau. Ces chefs-d'œuvre des réflexions de l'antique et de la plus pure philosophie finissent mal : ils ne sont plus que des armes déplorables, des mots de passe et de ralliement, des instruments de cette guerre civile permanente dont l'entretien est la plus grande affaire de tant de gens. La pensée se détourne d'eux. Une statue qui devient idole exige le sacrifice de l'intellect, que parfois des sacrifices sanglants viennent à consommer.

Ainsi, de tant d'abus et de la profanation politique, naquirent pour la vertu la défaveur et le dédain. La dignité de ce noble mot, loin de le préserver dans l'ère nouvelle où le langage tend à devenir ce que nous voyons qu'il est devenu, l'isole, l'exile de la vie, qui se fait de plus en plus *positive*, c'est-à-dire de plus en plus dominée par les besoins matériels, par les conditions techniques qui l'organisent et la soumettent étroitement au nombre et au fait ; et donc, de plus en plus brutale. L'homme, désormais, est tenté de nier ce qu'il ne sait pas définir. D'autre part, c'est sans doute une loi du langage que tous les termes qui ont trop figuré dans la comédie sociale, qui ont fait trop de dupes et ont été compromis dans trop de combinaisons intéressées, excitent la défiance et soient notés d'insincérité. Dès 1840, le mot de *vertu* commence d'être suspect. Il se teinte de ridi-

cule. Il semble trop beau pour être vrai sur des
lèvres *modernes*, car le xixᵉ siècle se sent moderne et
se sait xixᵉ siècle. On supporte à peine *vertu* dans
l'éloquence administrative. Il est encore assez bon
pour les couronnements de rosières, qui sont eux-
mêmes sur le point d'être absorbés par le vaude-
ville. Mais on redoute de prononcer ce nom si pur
devant des hommes d'esprit. Devant Beyle, devant
Mérimée, comment parler de vertu que ces connaisseurs raffinés en matière de simulation ne dressent
l'oreille (qu'ils ont très sensible aux fausses notes),
et qu'ils ne vous regardent d'un certain œil, chargé
d'un soupçon de sottise ou de comédie ? C'est que le
milieu du siècle passé est une époque climatérique
pour le style noble, — comme il l'est pour tant
d'autres choses. On y voit dans les livres et les discours, se faire de plus en plus rare et de moins en
moins tolérable, l'aveu explicite des sentiments les
plus élevés. Il semble qu'une sorte de pudeur de
nouvelle espèce leur interdise de plus en plus de se
déclarer, cependant que les sensations, les passions,
les intérêts matériels deviennent, au contraire, les
objets exclusifs de la littérature, qui s'excuse assez
bien sur l'observation des mœurs, d'une part ;
d'autre part, sur l'esthétique et son renouvellement,
de ces préférences significatives.

Même le crime, qu'on ne souffrait jusqu'alors
qu'ennobli par l'appareil de la tragédie et ne se
complotant qu'en alexandrins souvent pauvres,
mais toujours honnêtes ; ou qui ne se trouvait que
relégué dans les complaintes et les brochures de
la foire, paraît dans toute son horreur, parlant sa
propre langue, sur la scène et dans les lettres. Le
drame et le roman-feuilleton saisissent le public
et lui enseignent les rudiments plus ou moins
authentiques de l'argot des voleurs et des forçats.

Je ne sais si *vertu* a quelque équivalent dans ce langage.

Que l'on puisse déterminer, à quelques années près, le moment critique où notre mot ne se rencontre plus guère que dans le catéchisme, et dans les facéties ; à l'Académie, et dans les opérettes, n'est-ce pas là un fait assez remarquable ?

Cette remarque se fortifie de quelques observations du même ordre, toujours limitées au langage. Nous voyons se raréfier divers autres mots, ou diverses locutions, qui qualifiaient ou désignaient jadis ce que l'on jugeait meilleur ou le plus précieux et le plus délicat dans l'être moral. On ne dit plus guère d'un homme qu'il est *homme de bien* ; *honneur*, lui-même, périclite ; la statistique ne lui est guère favorable. *Homme d'honneur, parole d'honneur, affaire d'honneur*, ce sont là des locutions à demi mortes et dont on ne voit pas facilement par quoi la langue de l'usage actuel les remplace. J'entends : la langue de l'usage actuel *vrai*, car il faut avouer que ce que nous nommons entre nous le *bon usage*, n'est guère, hélas, qu'une conception de notre Académie.

Je ne veux pas, Messieurs, faire ici une sorte de contre-épreuve, et rechercher sans désemparer si des termes jadis fort mal notés, qui, pour cause de bassesse ou d'infamie, étaient exclus des conversations de la société et des livres avouables, ne sont pas aujourd'hui articulés fort nettement ou imprimés avec une liberté généralisée, et même une facilité assez étonnante. Les salons, quelquefois, en entendent de belles. Le théâtre lui-même est souvent assez fort.

Mais je ne m'avancerai pas un peu plus, — c'est-à-dire beaucoup trop —, dans cette investigation : je craindrais que cette coupole où ne sonna jamais rien que de digne, ne s'écroulât sur nous.

Mon dessein se réduit à vous représenter l'étrange progrès d'un certain changement du langage dans un certain sens. La pudeur dans la parole semble littéralement *pervertie* ; la réserve change d'objet : ce que l'on louait autrefois n'ose plus s'énoncer : ce que l'on blâmait, ce que l'on voilait, s'expose dans les propos. Nous assistons, nous consentons, nous participons, sans y prendre garde, à un abandon universel de l'expression directe des choses jadis les plus vénérées ou les plus sacrées. Ce délaissement est à mes yeux un de ces phénomènes véritablement historiques que l'histoire du type classique ne relève guère, accoutumée qu'elle est à ne voir que ce qui est immédiatement visible, et même, traditionnellement visible, cependant que l'esprit, s'il ne se contente de ce qu'on lui offre et s'il exerce son pouvoir de s'étonner et sa faculté d'interroger, dispose de *révélateurs* très divers, dont l'action sur les documents et sur les données de l'observation, dénonce des relations et des événements imperceptibles au premier regard. Parmi ces faits dont les contemporains et les agents sont les premiers à ne pas s'apercevoir, et qui, par conséquence, ne figurent pas, ou ne figurent qu'implicitement dans leurs écrits, se trouvent ceux qui distinguent le plus profondément une époque et qui l'opposent le plus nettement aux époques qui la précèdent ou qui la suivent. Je veux parler des valeurs qu'elle donne, ou qui s'imposent à elle, dans l'ordre des idéals ; de la hiérarchie de ces valeurs dans l'opinion ; de leur pouvoir sur les mœurs et sur les apparences sociales, sur les lois, sur la politique ou sur les arts.

Une époque à mes yeux est bien définie quand je sais ce qu'elle prise et ce qu'elle déprise, ou méprise ; ce qu'elle poursuit, ce qu'elle néglige ; ce qu'elle exige, ce qu'elle tolère, ce qu'elle affecte et ce

qu'elle tait. Le corps social a ses penchants et ses
répugnances, ses rigueurs et ses faiblesses, comme
tout être vivant. Mais ce système de tendances et de
réactions du sentiment public est sujet à une sorte
de variation assez lente. Pour insensible qu'elle soit,
cette transmutation des valeurs d'un temps à un
autre, constitue un événement capital qui intéresse
tous les rapports humains. Nous avons vu, par
exemple, la valeur de l'idée de *liberté politique* chan
ger singulièrement en quelques années. Ce fut
naguère un dogme conquérant ; et, c'est aujourd'hui
presque une hérésie, à laquelle ni la raillerie, ni
même la proscription ne sont épargnées.

Mais c'est à présent la valeur *vertu* qui m'occupe.
Pour la déterminer sans rien invoquer qui ne vous
fût aussitôt vérifiable, j'ai consulté le seul langage,
et je n'ai fait que rassembler devant vous ce que chacun peut observer comme moi-même, de manière
que votre impression soit la mienne en présence de
faits évidents, et que la question qui se produit à
mon esprit se produise dans le vôtre, aussi sûrement
qu'elle le fait dans le mien : sans la moindre sollicitation.

Quel est donc ce problème qui résulte si naturellement de la simple considération de la table des nais-
sances et de la mortalité des mots ? Je le formule
ainsi :

Qui sommes-nous ? Ou plutôt : *quels* sommes-nous,
nous autres d'aujourd'hui, qui renonçons, sans même
en avoir conscience, à nommer la *vertu*, et peut-être,
à sentir vivre en nous l'idée auguste que ce nom
rappelait jadis dans toute sa force ? Ce renoncement
que j'ai tâché de vous rendre sensible, marque-t-il
un changement substantiel dans l'homme moral ?
Notre siècle aura-t-il apporté, parmi tant d'autres
nouveautés excessives, et parfois inhumaines, une

modification si grande et si détestable dans ce que je
nommerai la *sensibilité éthique* des individus, dans
l'idée qu'ils se font d'eux-mêmes et de leurs semblables, dans le prix qu'ils attachent à la conduite et
aux conséquences des actes, que l'on doive admettre
que l'âge du bien et du mal est un âge révolu ; que
le vice et la vertu ne sont plus que des cariatides
de musée, des figures symétriques d'une mythologie primitive ; que les scrupules, le désintéressement, le don de soi-même, les sacrifices, ce sont des
délicatesses surannées, des curiosités psychologiques, ou bien des complications et des efforts dont
l'existence des modernes ne peut plus s'embarrasser, et que la formation précise de leurs esprits ne
leur permet même plus de comprendre ?

Davantage, certaines contradictions pourraient
même apparaître entre le système et le train de
notre vie ordonnée par les puissances matérielles
dont elle est la maîtresse et l'esclave, et les exigences
d'une conscience de l'ancien type. D'ailleurs, si le
développement de notre époque aboutissait à une
organisation totale et achevée de la société, qui
conduirait nécessairement à façonner tous les esprits
selon quelque modèle adopté par l'État, il est clair
que des estimations nouvelles dans l'ordre des choses
morales en résulteraient. Certains actes que nous
disons *vertueux* perdraient probablement leur valeur ;
certains autres que nous réprouvons deviendraient
indifférents. On pourrait même imaginer que dans
telle structure sociale possible, ce que nous appelons *moralité privée* n'aurait guère plus de sens, l'individu se trouvant si exactement identifié par une
éducation très serrée, à un élément parfait de communauté organisée que ni l'égoïsme, ni l'altruisme
ne s'y concevraient plus. Et notre antique vertu,
rangée parmi les mythes abolis, serait interprétée

par les savants du moment comme la force d'âme qui engendrait, quelques siècles auparavant, des tentatives individuelles de compenser par des actes beaux et généreux, les vices d'un état social inférieur et surmonté.

Tout ceci, Messieurs, n'est pas imagination pure : même pas une anticipation très hardie. Je ne m'écarte pas de ce que vous connaissez aussi bien que moi. Dans les contrées les plus vastes du globe, et jusque dans une nation dont la population fort nombreuse est aussi, notez-le, la plus instruite du monde, nous voyons avec une curiosité qui n'exclut ni la stupeur, ni l'anxiété, s'annoncer et se poursuivre une transformation d'une audace et d'une ampleur inouïes. On cherche, çà et là, à faire un homme nouveau. Les principes de ces expériences sont divers ; et ils valent ce qu'ils valent. Chez certains, l'exaltation du travail ; chez les autres, l'exaltation de la race ; chez les uns et les autres, une volonté extraordinaire, parfois violemment imposée, s'applique au renversement des évaluations morales que l'on croyait inébranlables, et décrète le dressage systématique des générations grandissantes, en vue de leur adaptation à l'avenir le plus organisé. Il n'est pas impossible que dans une trentaine d'années, près de la moitié du genre humain ait subi une modification dans ses mœurs, dans ses manières, dans ses modes de vie sociale, comparable en nouveauté à celle que le monde matériel a reçue des applications de la science.

Toute politique et toute morale se fondent, en définitive, sur l'idée que l'homme a de l'homme et de son destin. Depuis bien des siècles, l'humanité occidentale n'a cessé de poursuivre l'édification de la personnalité. Lentement, laborieusement, et parfois douloureusement, la valeur civile, politique, juridique et métaphysique de l'individu a été créée, et finalement élevée à une sorte d'absolu, que désignèrent les notions devenues banales et décriées de *liberté* et d'*égalité*. Mais nous avons bientôt perdu le sentiment de la véritable force de ces mots fameux, qui ne devraient point évoquer aux esprits des droits acquis à jamais, que la seule qualité d'homme confère, mais des objets de constante conquête, des fruits d'un effort perpétuel, et cet effort non seulement exercé dans le milieu social et dans la cité politique, mais d'abord, et essentiellement, en nous-mêmes et sur nous-mêmes. Cette devise républicaine est, en vérité, la définition d'une aristocratie. Elle suppose la force d'être libre et la volonté d'être égal. Ce sont là des vertus. Que si ces vertus se dérobent, la facilité se déclare, la liberté tend au désordre, et la volonté d'égalité se distingue mal de l'envie.

Mais voici maintenant que notre idée de la valeur infinie de l'individu, idée que la méditation exalte, cependant que l'observation et la vie même la réfutent à chaque instant, la voici aujourd'hui en contraste et en conflit ouvert avec la conception de la collectivité et celle de l'État qui la représente. Notre génération aura vu en quelques années l'idée de l'homme passer de cette suprême valeur élaborée par tant de siècles à une tout autre représentation. Désormais l'homme est conçu par bien des hommes comme élément qui ne vaut que dans le système social, qui ne vit que par ce système et pour lui ; il n'est qu'un moyen de la vie collective, et toute valeur séparée lui est refusée, car il ne peut rien recevoir que de la communauté et ne peut rien donner qu'à elle.

Si donc nous ne parlons plus de vertu, ne serait-ce point que ce terme doit suivre le destin de l'idée de

l'individu considéré comme fin en soi ? L'évanouissement du nom ne signifie-t-il pas que la chose
même se retire de notre monde nouveau, et que ce
monde une fois rigoureusement organisé, il n'y aura
point de place en lui, point d'occasions en lui, pour
cette puissance non commune, cette rare *virtus*, qui
distingue certains, les redresse contre les forces ins-
tinctives qui sont en tous, leur donne de créer des
actes aussi originaux que des œuvres d'artistes, parfois incroyablement beaux, parfois merveilleusement raffinés dans l'ordre du cœur. Quoi de plus
original que le bien délicatement fait ? N'est-ce point
se distinguer de ses semblables que de les aimer ?
Mais si la justice triomphe et assied son empire,
l'amour n'a plus d'emploi dans la société. Il est assez
remarquable, Messieurs, que le très ancien débat de
la justice et de l'amour dont la théologie, je crois,
s'est profondément occupée, renaisse de nos jours
dans une réflexion sur le mouvement actuel des
choses humaines. Quoi de plus évident que si l'ordonnance sociale est accomplie au point que tous
nos besoins s'y trouvent prévus et satisfaits, ni la
charité, ni la force de surmonter nos impulsions
n'auront plus de causes ; et du reste, bien des
contraintes auront disparu avec les traditions qui
nous les imposent encore, et qui exigeaient de nous
les vertus qu'il fallait pour les observer.

On dirait véritablement que l'homme, sur le tard,
se repent d'avoir choisi, si sottement choisi, dans
le jardin de délices d'Éden, le fruit qui donne la
conscience du Bien et du Mal ; et non pas le fruit de
l'arbre de Vie, qui l'eût rendu immortel et laissé
voluptueusement irresponsable. Adam, peut-être, se
met-il à faire comme s'il eût cueilli celui-ci et non
celui-là. Il veut ignorer désormais le bien et le mal.

Cette nouvelle ignorance, — ou plutôt cette indif-

férence croissante —, se marque bien clairement
dans quantité des traits assez récents de nos mœurs.
Notre indulgence à l'égard de bien des choses qui
naguère eussent fait scandale, notre tolérance générale et agréable ; la facile diversité de nos relations ;
la grande liberté accordée aux écrits et aux spectacles ; et l'habitude prise des expédients en tous
genres, qui, de la politique et des affaires dont ils
sont le régime inévitable, sans doute, et ordinaire,
se sont étendus à l'existence privée, tout ceci n'est
pas pour remettre en faveur le substantif que vous
savez et l'adjectif qui en dérive...

Davantage : nous nous sommes fait une sorte de
philosophie de cet état de choses morales. Il flotte
dans l'atmosphère psychologique de notre époque
quelques idées abstraites, qui, plus ou moins bien
comprises, se combinent curieusement aux complaisances de nos mœurs. Nous parlons volontiers
de *relativité* et d'*objectivité* ; et nous nous accoutu-
mons à penser vaguement de toutes choses comme
si toutes choses pouvaient être traitées en phénomènes, comme si l'on pouvait rechercher pour
toutes choses une expression indépendante des
modalités variables de leur observation. Mais les
événements intérieurs, les perceptions, les injonc-
tions, les diversions incomparables, les attentes, les
sympathies et les antipathies, les récompenses et
les peines immédiates, les trésors de lumière, d'espoir, d'orgueil et de liberté, les enfers que nous portons en nous, et leurs abîmes de démence, de sottise,
d'erreur et d'anxiété, tout cet univers pathétique,
instable et tout-puissant de la vie affective ne se peut
absolument pas séparer de ce qui le perçoit. C'est
ici, peut-on dire, le phénomène qui crée son observateur autant que l'observateur crée le phénomène,
et il faut reconnaître entre eux une liaison réci-

proque aussi complète que celle qui existe entre les
deux pôles d'un aimant...

Messieurs, ici se place un incident qu'il faut bien
que je vous rapporte. Comme j'étais en train de
m'égarer dans ces pensées que je vous destinais
et qui me transportaient à chaque point fort loin de
mon sujet, je fus interrompu et distrait de mes dis-
tractions. On entra m'annoncer un visiteur, dont à
peine le nom prononcé et pas du tout saisi, la personne aussitôt s'inclinait devant moi. Cet inconnu
subit me fut présent tout aussi vite qu'un rayon de
soleil l'est dans une chambre, quand s'ouvrent les
volets. J'hésitais si ce fût un amateur matinal de
fauteuil ou bien quelque poète altéré de conseils...

— Monsieur, me dit l'intrus, je m'excuse d'entrer si vivement chez vous, mais je ne puis aller
qu'à peine un peu moins vite que la lumière. Voici :
je suis chargé d'une certaine enquête...

— Une enquête, lui dis-je, une enquête ? Monsieur,
il est temps de partir. Les chemins sont ouverts.
Usez pour disparaître de votre extrême promptitude, Une enquête ! Sachez-moi des plus fatigués de
rendre des oracles. En huit jours, j'ai vingt fois parlé
avant de penser. J'ai décidé du plus beau vers de
notre langue ; j'ai raconté le plus beau jour de ma vie,
j'ai opiné sur la réforme de l'État, et sur le vote des
dames ; j'ai failli me prononcer sur la virgule ! Vraiment, mon cher Monsieur, je suis vraiment las d'admirer qu'il sorte tant de choses merveilleusement
variées d'un cerveau qui ne les savait pas contenir.
On le frappe d'un mot, et il en dit cent autres.

— Monsieur, dit l'enquêteur, je m'informe sur la
vertu, dont nous avons appris que vous teniez l'emploi d'en parler cette année à l'Académie. Le sujet
bouillonne et fermente dans vos esprits. Souffrez de
m'en dire quelques mots.

— Mais quel journal vous dépêche? Est-il de droite ou bien de gauche? Ma réponse en doit tenir compte, et si je vous dicte quelque chose, je vous définirai le genre de vertu qui conviendra.

— Monsieur, je m'en excuse, il n'y a point de ceci chez nous. Tout le monde là-haut (ou là-bas), tout le monde convient qu'il n'existe qu'une manière, et une seule, de tromper et de se tromper. Le côté n'y fait rien.

— Mais d'où venez-vous donc?

— D'assez loin, Monsieur. Je viens du plus pondéré d'entre les astres. La moindre goutte d'eau, chez nous, pèse environ soixante tonnes de vos tonnes, et nos cervelles sont de la même densité. Je viens, Monsieur, de cette étoile singulière que vous nommez ici le *Compagnon de Sirius*. Monsieur Ernest Renan a fait une immense réputation au Sirius qu'il connaissait. Il en a rapporté un certain *point de vue* dont on fit grand usage; mais qu'il semble assez difficile aux humains d'aujourd'hui d'ajuster à leurs yeux. Votre terre tremble un peu partout, et ce fameux point de vue demande un socle des plus fermes...

(Ces étranges propos commencèrent de m'éclairer. Je soupçonnai que j'avais affaire à quelqu'un de ces personnages délicieusement opportuns, qui jadis apparurent avec grâce, tantôt à Monsieur de Montesquieu, tantôt à Monsieur de Voltaire, aussi souvent que nos admirables confrères avaient besoin d'une naïveté pénétrante et surnaturelle qui s'étonnât de voir ce que tout le monde voit sans s'étonner...)

— Ah! mais je vous connais! lui dis-je, et je vous tiens par là. C'est à vous de parler. Vous venez sûrement de courir le globe en quelques bribes de seconde, et de vous introduire un peu partout. Allons, mon cher Monsieur l'envoyé spécial, avant que d'expédier votre psychogramme au *Compagnon de Sirius*, donnez-m'en la substance. Avez-vous trouvé la vertu ?

— Je suis à vos ordres, mon cher Maître, dit fort poliment le visiteur subtil. C'est un grand honneur pour moi que d'être convié à nourrir un rapport à l'Académie. Mais je n'ai jusqu'ici, sur votre petit sphéroïde, vu que fort peu de choses dont on puisse faire gloire à la vertu. Je sais bien qu'il est de la vertu que l'on fasse secrètement des actions nobles. Il y a beaucoup de lumière sur la terre et une furieuse publicité. La lumière gêne et fane le bien ; le bruit le met en fuite : et donc la véritable vertu se cache bien plus profondément que le vice, jusque-là que le trop de conscience qu'en peut avoir celui qui la pratique ne la met pas du tout à son aise. Il me semble que plus on se connaît soi-même, plus doit-il être difficile de croire faire un acte désintéressé. Celui qui se sent faire le bien se doit d'en ressentir quelque honte et quelque crainte. Songez donc, Monsieur, à toutes les façons qu'il y a de mettre en doute l'excellence d'une intention et la pureté des arrière-pensées qui précèdent ou qui suivent un bon mouvement. Ne croyez-vous pas que de ceux qui font le bien, il en est une proportion qui pensent obscurément que le bien qu'ils font les défend par magie contre un mal qui les pourrait atteindre ; et d'autres qui songent sans doute qu'ils payent par une bonne action une manière de redevance pour les avantages dont ils jouissent, et qui leur causent parfois une sorte de peur. Tous ces vertueux-là ne sont que des superstitieux.

— Mon Dieu comme vous êtes donc savant dans l'âme humaine !

— Ma foi, me répondit le subtil, j'ai lu vos bons auteurs. Avez-vous remarqué, Monsieur de l'Acadé-

mie, qu'il n'en est pas un seul, — j'entends des vraiment bons —, qui se confie à la bonté de votre
espèce ; et les meilleurs sont les plus noirs ?

— C'est que le noir est beau dans la littérature. Il
y a dans la vertu quelque chose de fade au premier
moment. Cela ne se dissipe et ne se change dans une
tout autre impression que si l'on y pense de très
près. D'ailleurs, nos grands auteurs sont tous plus
ou moins moralistes, et c'est l'évidence même que
les moralistes vivent du mal... Mais enfin, qu'avez-
vous observé dans votre tour du monde à la recherche
de la vertu ?

— Votre monde est fort misérable, mon cher
Maître. Il y a un point de malheur où la vertu
devient si difficile à pratiquer qu'il en faut un
second degré pour produire les mêmes effets que
fait le premier en temps ordinaire. Oserai-je vous
dire ce que j'ai vraiment vu ? J'ai vu un peu partout
quantité de voleurs et nombre d'assassins... Ceci
n'est pas tout neuf. Mais ce qui m'a frappé, et dont
je rendrai compte à qui m'envoie, c'est le grand
intérêt que tous ces brigandages excitent chez vous
tous. On ne voit dans vos rues et dans vos lieux
publics que des gens qui, le nez dans des feuilles
fraîchement noircies, semblent avec délices absorber tous les crimes possibles, qu'on croirait perpé-
trés sur commande pour qu'ils en trouvent tous les
jours de tout neufs et de plus abominables. Ils se
perdent dans les forfaits qui se coupent, se soudent,
se croisent d'une page à l'autre ; et tantôt politiques, tantôt dus à l'amour, tantôt inspirés par le
lucre, mais toujours mêlés de portraits, dont on ne
sait si celui-ci est de la victime ou de l'assassin, ou
du juge, tandis que celui-là, qui s'égare dans cette
vilaine affaire, est une malheureuse *célébrité*, une
Altesse, un membre de l'Institut, un digne cente-

naire, que les exigences du papier ont fait repous-
ser parmi les horribles détails. Il n'est pas étonnant
que le nom de la vertu n'ait plus grand emploi dans
votre langage…

— Oui… Je consens qu'il y a là une ignoble curiosité… Mais ne trouvez-vous pas qu'il y a, d'autre
part, sur notre petite planète, un progrès bien marqué vers un état de sincérité générale ? Tout à
l'heure, je balançais entre deux avis : je m'interrogeais si nous étions vraiment devenus pires, ou seulement plus véridiques, et comme plus nus devant
nos esprits, et tels quels.

— Le fait est, murmura l'observateur, que j'ai vu
cet été sur vos plages des foules de Vérités dans la
tenue la plus sincère, devant le soleil.

— Seulement, dis-je, si je consulte l'imposante
collection de l'*Histoire de l'Hypocrisie à travers les
âges* (laquelle, il est vrai, n'est pas encore écrite,
mais je la suppose et la feuillette en esprit), je suis
moins sûr qu'il y ait progrès certain. D'ailleurs,
l'Hypocrisie est éternelle ; elle durera aussi longtemps qu'un idéal quelconque sera en honneur chez
les hommes et qu'il y aura du profit à paraître le servir. Rien n'est plus significatif que les changements
du modèle dont il est bon, à tel moment, de s'inspirer.

— C'est pourquoi, reprit l'envoyé, j'ai beaucoup
admiré certaines démonstrations que j'ai observées
dans mon tour du monde. Il paraît que l'énergie
disciplinée est à la mode. On trouve un peu partout
des cohortes simplement et bizarrement vêtues. Les
uns lèvent la main ; d'autres dressent le poing…

— Et ceci vous parut-il favorable ou contraire au
culte des Vertus ?

— Je n'en ai rien déduit. Favorable, d'abord ; et
tout de suite après, contraire. Favorable d'abord

car il semble que la contrainte fortifie nécessairement l'empire de l'âme sur les instincts, et par là,
soit Vertu. Mais ensuite, je me suis demandé si
la crainte, ou l'imitation, ou la simulation intéressée, ne soutenaient dans la plupart leur discipline
magnifique ? Et puis, n'est-ce pas là dresser et
façonner l'homme comme on fait un animal ? Ces
jeunes êtres, ces enfants, ne les réduit-on pas à ne
vivre et à ne penser que selon ce que l'on veut qu'ils
soient et qu'ils pensent ? Ils seront des instruments
précis et des machines puissantes ; mais quand ces
instruments et ces machines ne devraient accomplir que de bonne besogne et n'agir que pour le
Bien, — qu'importe à la Vertu qu'on la suive en
aveugle et sans l'avoir choisie ? On aura détruit
chez ces gens ce peu de liberté secrète et universelle qui lui importe.

— Vous êtes un philosophe, Monsieur mon
enquêteur...

— Monsieur, je n'en sais rien. Je vois ce que je
vois, et je fais mon métier. Je vous l'ai dit, d'ailleurs,
que je n'ai rien conclu... Que voulez-vous conclure
devant le chaos que vous faites, où le bien, le mal,
l'absurde et l'admirable, les héros, les gredins, les
fous, les créateurs, sont mêlés et brassés dans l'ébullition d'une époque dont la seule loi semble être de
porter le mélange de toutes choses à je ne sais quel
extrême de confusion, d'incohérence et d'irritation
intime, qu'il suffit d'ouvrir une de ces feuilles que
nous disions pour contempler de ses yeux sans nul
effort... Je ne sais que penser devant ce désordre
accéléré, au sein duquel la pensée, d'ailleurs, ne sert
de rien, puisqu'un désordre n'a point d'image, qu'il
n'y a en lui rien qui permette de se reprendre à un
passé, de s'attendre à quelque avenir, de prévoir, de
construire, de donner forme à un dessein... J'ai

consulté, Monsieur, les meilleures têtes du monde. Chacune a ses lumières et toutes prises ensemble composent une totale obscurité… Ah! Monsieur, quel voyage!… J'ai vu un peu partout la misère résulter de la surabondance, la sottise et le crime emprunter des moyens qu'ont créés cent hommes de génie. Et quelles mœurs, et quels amusements!… Tant de futilités, tant de sujets de crainte!… Jamais tant de jouets, jamais tant de menaces et si graves! Vous combinez une hygiène exquise à des périls que vous inventez et prodiguez dans vos rues, dans les airs, dans vos jeux… Vous brûlez, vous jetez, vous dénaturez quantité d'excellents produits de la terre, cependant que des millions d'êtres, çà et là, sont en peine de leur nécessaire. Vous imaginez, vous organisez les moyens les plus prompts de traverser l'espace, mais vous élevez aussitôt des barrières et des obstacles où le voyageur arrêté, semoncé, visité, soupçonné, perd un temps infini avant qu'on lui permette, par une sorte de faveur toujours incertaine, de pénétrer dans une contrée qui n'est pas moins misérable que celle qu'il vient de quitter. La vertu de patience expire en lui. Il maudit ces États dont les bienfaits ne lui apparaissent qu'au prix de longues réflexions, cependant que le poids de leur puissance est des plus sensibles à chaque instant… Ah! mon cher Maître, de toutes les créatures de votre monde, ce sont bien les États que j'ai trouvées les moins vertueuses…

Mon reporter stellaire semblait fort excité. Je lui dis :

— Qu'avez-vous ? Que diable les États vous ont-ils fait ?

— Oh! dit-il, quant à moi, qui ne suis qu'un rayon d'étoile détaché dans le journalisme, je me moque bien des impôts, des paperasses, des guichets, et des

murailles, qui sont les seuls signes auxquels se
connaisse l'existence d'un État... Mais comme je
cherchais un peu partout quelques atomes de Vertu
dont je fisse un petit lingot bien pur et de grand
poids, l'idée me vint, toute jeune et toute absurde,
d'analyser aussi la teneur vertueuse de l'État.

— Voilà une singulière recherche...

— C'est que pour nous, Monsieur, les êtres sensibles et les êtres de raison sont à peu près considé-
rés de même et nous donnons aux uns et aux autres,
le même degré d'existence... ou d'inexistence... Peu
importe... On trouve ainsi qu'il y a de la Vertu, non
seulement chez des hommes ou des femmes, mais
dans toutes les entités. Il y en a dans la Littérature,
— quoiqu'un peu moins qu'autrefois. Il y en a dans
la Médecine, dans la Géométrie ; je m'assure qu'il y
en a beaucoup à l'Académie. Il n'est donc pas extravagant d'en rechercher aussi dans l'État... Rassu-
rez-vous, Monsieur, il ne s'agit point de politique.
Mais concevez un peu quel citoyen détestable nous
offre la personne d'un État... Cet être est bien
étrange. La Vertu, Monsieur, la Vertu le ferait
périr... Il ne subsiste que par les contradictions les
plus marquées. Il pratique à peu près tous les vices,
convoite le bien d'autrui, manque à tous ses engagements, frustre ses créanciers, vend l'opium, fait un
dogme de son injustice, ne connaît que la force, le
nombre et les résultats brutaux, Ah, Monsieur, voilà
bien un personnage que vous n'honorerez jamais du
moindre prix Montyon...

— Nous n'y avons jamais songé... Mais à défaut
d'États nous couronnons souvent de petits organismes du plus pur mérite. Êtes-vous passé, dans
tous vos tours et détours, par la rue Xaintrailles, à
Paris ?

— Rue Xaintrailles ? Connais pas.

— Mais nous, qui ne sommes point si agiles, toutefois nous la connaissons.

— Qu'y voit-on ?

— Vous trouverez là une petite maison où sous le nom de Dominicaines gardes-malades des pauvres, vivent des femmes admirables. Leur affaire est de servir ce qu'il y a de plus pauvre et de plus souffrant dans le plus misérable et le plus sinistre lieu de Paris. On ne respecte pas grand-chose dans ces parages, où le dénuement et la dégradation rendent les gens aussi brutalement positifs que le maniement de l'argent fait les hommes de proie. Mais ces dames sont vénérées et il y a pour elles de la reconnaissance dans les regards, dans la rue, quand elles passent.

— Permettez-moi, mon cher Maître, de prendre quelques notes. Mais vous riez...

— Non, mon ami, je ricane. C'est bien mieux.

— Mais enfin, puis-je savoir si ce rire ou ce ricanement s'adresse à votre serviteur ?

— Mais à qui donc voulez-vous que je le dédie ?

— Mais que vous ai-je fait ?

— Rien. Vous me faites rire. Voyons, mon cher Envoyé très spécial, vous avez parcouru la terre, et je n'ai pas quitté ma chambre. Vous avez transpercé les choses humaines d'un rayon des plus pénétrants, analysé les esprits, pesé les desseins, estimé les valeurs, et vous n'avez pas rapporté grand-chose. Et moi je n'ai pas bougé, et me voici embarrassé de toute la vertu que je devrai célébrer à l'Académie. Tenez... et convenez que vous avez fort mal conduit votre fameuse enquête. Connaissez-vous seulement cette œuvre qui se nomme l'Abri, et s'occupe des loyers ? Et celle-ci, qui nous intéresse de fort près, nous autres, gens de lettres, c'est le Denier des veuves, mon cher Monsieur...

— Pardonnez-moi, Monsieur, et me laissez le

temps d'écrire. Nous disions le Denier des veuves
des Gens de Lettres...

— Et la Tutélaire, pour les enfants; et la Fédéra-
tion des Œuvres maritimes et le Patronage pour la
jeunesse féminine, et...

— Pas si vite, mon cher Maître...

— Mais n'oubliez pas surtout Mademoiselle
Maire... Elle est professeur de dessin. Depuis quarante ans, sa vie est toute dévouée aux aveugles, et
surtout aux aveugles malades. Elle les soigne, les
nourrit, les habille, les divertit, entretient les tombes
de leurs morts, et chose admirable, elle les dresse et
les instruit à se soigner les uns les autres. La charité
devient ici une vertu qui finit par exiger tous les dons
de l'esprit. Le cœur invente, le dévouement imagine,
et une dépense incroyable d'intelligence est exigée
par la divination des moindres besoins de ces pauvres
aveugles et par la volonté d'adoucir leur sort.

— Je confesse à présent, mon cher Maître, que le
Point de vue de Sirius ne fait pas apercevoir toutes
choses.

— J'en aurais encore bien d'autres à vous montrer... Voyez-vous, il n'est encore rien de tel comme
une Vieille Académie pour connaître bien des perfections qui ne se rencontrent pas dans les rues.
N'oubliez point que ce qu'il y a de meilleur est toujours assez caché, et que ce qu'il y a de plus haut et
de plus précieux au monde est toujours niable.

— Adieu, dit le Reporter, je remonte dans le
Compagnon de Sirius. Mais à peine là-haut (ou là-
bas), je fais campagne pour qu'on y fonde une Académie. Nous n'aurons que quarante fois soixante
mille fauteuils, ce qui fera deux millions et quatre
cent mille heureux, et cinq ou six milliards de
grandes espérances.

Discours

Discours prononcé le 13 juillet 1935.

Votre maître de Philosophie vient, en quelques pages excellentes, de nous rappeler la fonction la plus simple, la plus profonde, la plus générale de notre être, qui est de faire de l'avenir. Tout notre être, et non seulement notre esprit, n'est occupé que de ce qui sera, puisqu'il ne procède que par actes, plus ou moins prompts, plus ou moins complexes. Respirer, se nourrir, se mouvoir, c'est anticiper. *Voir, c'est prévoir.* Toutes nos sensations, tous nos sentiments nous engagent dans ce qui n'est pas encore ; et même nos souvenirs et nos regrets : penser qu'une chose *a été*, c'est définir un temps futur qui doit l'exclure. L'avenir se confond en chacun de nous avec l'acte même de vivre. Un être est vivant pour autant qu'il vivra encore, ne fût-ce qu'un instant ; et ceci signifie à la réflexion que les circonstances qui nous entourent ne changeront pas excessivement dans cet instant suivant. La vie, en somme, n'est que la conservation d'un avenir.

Notre esprit, qui est vie, développe devant nous, selon toutes ses ressources de savoir, de logique et d'analogies, l'image toujours changeante du possible. Mais ce que nous savons le mieux et qui constitue la puissance de cette image, c'est ce que nous souhaitons et c'est ce que nous craignons. Notre avenir du moment est une invention de nos vœux, de nos besoins, de nos refus ou de nos répugnances, que nous tentons d'ajuster à la connaissance que nous avons de notre milieu et du monde qui nous entoure. Plus nous connaissons ce milieu, plus notre création perpétuelle de l'avenir, cette poésie intime qui se produit naturellement en tout homme venant en ce monde, se restreint, se réduit en se précisant. C'est pourquoi cette activité intérieure qui dépend de notre époque, de notre culture, de notre situation et de nos forces, dépend si grandement de notre *âge*, comme votre professeur vous l'a si clairement montré tout à l'heure. L'âge réel d'un homme pourrait se mesurer par l'exercice de la *fonction-Avenir* de son esprit.

En somme, nous ne pouvons nous empêcher de prévoir. Notre organisme est comme un système d'appareils de prévision automatiques. Chaque souffle espère. *Spiro, spero.* Chaque acte vital n'a pour ressort que sa conséquence. Et notre esprit ne fait que se transformer constamment en figures de ce qui peut être, de ce qui doit être ou ne doit pas être : il désire, il redoute, il devance : il se meut, en quelque sorte, autour du moment, comme une abeille autour de cette fleur du jour même, qu'Horace conseillait de cueillir : CARPE DIEM.

Mais voici qui est bien remarquable : s'il est de notre essence de prévoir, si notre action l'exige, il n'est pas moins essentiel que nous ne puissions prévoir exactement. Il faut que nous prévoyions ; mais il faut que cette prévision soit incertaine, et que nous la sachions telle. Nous ne pouvons pas nous concevoir privés de l'idée d'un temps suivant, et nous ne pouvons nous concevoir connaissant avec certitude la suite des événements futurs de notre vie, et la vivant, avant que de la vivre, comme on lirait la partition d'un ouvrage de musique avant que de l'entendre. L'idée seule de cette prescience est absurde. Peut-on se figurer un homme sans l'*espoir*, sans l'*hésitation*, sans toutes ces combinaisons du certain avec l'incertain, d'hypothèses, de doutes et des probabilités les plus différentes, qui constituent la plus grande part de notre activité mentale ?

Croyez donc bien, chers Jeunes Gens, que je n'ai pas prévu, bien longtemps avant votre naissance, que je dusse revenir un jour dans ce Collège, sous les apparences brodées d'un Membre de l'Institut.

Je n'avais assurément pas la moindre notion de l'existence de cet illustre Corps de l'État, le deux ou le trois octobre 1878, quand je suis monté jusqu'ici, la main dans la main de mon père ; assez anxieux, mais assez curieux de la suite de cette grande aventure, prêt à rire, et non loin de pleurer. Il me souvient encore des premières sensations de ma vie scolaire ! l'odeur spécifique des cahiers vierges et des moleskines cirées des cartables, le mystère des livres tout neufs, roides et presque impénétrables d'abord dans leur armure de colle et de carton ; mais qui deviennent assez vite des albums où la vie s'inscrit sous forme de taches, de figures étranges, de notes, de marques et de repères, parfois d'imprécations. Je ne prétends pas, Jeunes Gens, qu'il faille salir les livres pour leur donner l'air d'avoir vécu. Je ne tiens pas le moins du monde à me brouiller avec les Bibliophiles. Mais laissez-moi vous dire que rien ne touche plus le cœur d'un écrivain que de trouver couvert de notes — et même d'injurieuses notes, — bordé de traits, le dos rompu, et les pages cornées, quelque exemplaire de l'un de ses ouvrages. Le vrai lecteur, avouons-le, ne respecte que l'esprit.

Je me retrouve donc ici, après *cinquante-sept* ans

que j'y suis entré, et il me semble reconnaître en
moi, non seulement ces sensations du commencement des études organisées, mais plus profondément, les émotions enfantines et les réactions qui
leur répondent dans l'être jeune offert aux incidents de la classe et de la cour. Dès l'entrée, il
reçoit ses premières leçons de psychologie, de politique, de sociologie, dans ce milieu, qui a ses lois,
ses rites, ses coutumes, et une curieuse diversité de
hiérarchies : on y reconnaît, par exemple, une autorité musculaire et une autre intellectuelle, une valeur
qui est attribuée par ses maîtres, et une autre par
l'opinion des camarades. Elles ne coïncident pas
toujours...

Il me souvient aussi de ces tâtonnements entre
les sympathies et les antipathies au milieu de tant
de nouveaux visages, qui sont nos premières expériences dans la connaissance des hommes ; et de
ces impressions très intimes que nous apprenons
à réprimer et qui nous gouvernent si impérieusement. Nous éprouvons les émois de l'infraction, les
angoisses de la concurrence, la torture du problème inintelligible, du texte impénétrable, du mot
qui manque à l'esprit, et toutes les agitations de la
sensibilité par des circonstances dont la puérilité
ne diminue point la puissance.

Même, la vie intérieure s'introduit, (ou du moins
s'introduisait alors), dans l'âme de l'écolier, par
certaine pénalité que l'adoucissement des mœurs a
peut-être fait rayer de vos codes. Je ne vous cacherai pas qu'il m'est arrivé de passer ici quelques
heures, le nez au mur et les bras croisés. Cette cure
de silence et d'immobilité en station verticale, n'est
sans doute plus à la mode, car toutes les bonnes
choses se perdent. *Le Piquet* de jadis avait pourtant
ses vertus. Se taire, quelle leçon !... Contenir les

mouvements et les bonds qui naissent d'une jeune énergie et qu'il faut que l'esprit oblige à se résorber, quelle notion plus immédiate de la *durée*… Et la contemplation des accidents du badigeon de la muraille, quelle occasion de rêverie !…

Ainsi, le Revenant que je suis, sur cette colline, qui m'est chère à cause de vous et qui m'est sacrée à cause des morts, trouverait donc ici ce mélange de permanence et de changement qui nous permet, je vous l'ai dit, de prévoir en quelque mesure, — assez pour pouvoir agir ; pas assez pour nous réduire à l'automatisme.

Mais parmi ce qui a profondément et même terriblement changé, depuis mon temps, je trouve cette condition capitale de la vie des jeunes, qui est précisément l'idée qu'ils peuvent se faire de leur avenir.

Nous revenons par là à la philosophie de tout à l'heure, mais sous un tout autre aspect.

Que faites-vous ici, chers Camarades ? Vous y faites de la préparation à une vie. Mais une préparation suppose une conjecture. Tout enseignement implique une certaine idée de l'avenir et une certaine conception des êtres qui vivront ce lendemain.

C'est ici que les choses s'obscurcissent. Votre situation, je vous le dis, sans joie et sans ménagements, est bien plus difficile que ne le fut la nôtre. Votre destin personnel, d'une part ; le destin de la culture, d'autre part, sont aujourd'hui des énigmes plus obscures qu'ils ne le furent jamais.

Les études, jadis, conduisaient assez régulièrement à des carrières où la plupart arrivaient à s'établir. Entreprendre ses études, c'était, en quelque sorte, prendre un train qui menait quelque part (sauf accidents). On faisait ses classes ; on passait, quitte à s'y reprendre, ses examens ou ses concours. On devenait notaire, médecin, artilleur, avocat ou

fonctionnaire, et les perspectives offraient à qui prenait quelqu'une de ces voies, déjà bien tracées et
jalonnées, un sort à peu près sûr. Les diplômes, en
ce temps-là, représentaient une manière de valeur-
or. On pouvait compter sur le milieu social, dont les
changements étaient lents, et s'effectuaient, d'ailleurs, dans un sens assez facile à pressentir. Il était
possible, alors, de perdre un peu de temps aux
dépens des études : ce n'était point toujours du
temps perdu pour l'esprit, car l'esprit se nourrit de
tout, et même de loisir, pourvu qu'il ait cet appétit
où je vois sa vertu principale.

Hélas ! Jamais l'avenir ne fut si difficile à imaginer. À peine le traitons-nous en esquisse, les traits
se brouillent, les idées s'opposent aux idées, et nous
nous perdons dans le désordre caractéristique du
monde moderne. Vous savez assez que les plus
savants, les plus subtils, ne peuvent rien en dire
qu'ils ne se sentent aussitôt tentés de se rétracter ;
qu'il n'est de philosophe, ni de politique, ni d'économiste qui puisse se flatter d'assigner à ce chaos
un terme dans la durée, et un état final dans l'ordre
et la stabilité. Cette phase critique est l'effet composé de l'activité de l'esprit humain : nous avons,
en effet, en quelques dizaines d'années, créé et bouleversé tant de choses aux dépens du passé, — en le
réfutant, en le désorganisant, en refaisant les idées,
les méthodes, les institutions, — que le présent
nous apparaît comme une conjoncture sans précédent et sans exemple, un conflit sans issue entre des
choses qui ne savent pas mourir et des *choses qui ne
peuvent pas vivre*. C'est pourquoi il m'arrive parfois
de dire sous forme de paradoxe : que la tradition et
le progrès sont les deux grands ennemis du genre
humain.

Le monde est devenu, en quelques années, entièrement méconnaissable aux yeux de ceux qui ont assez vécu pour l'avoir vu bien différent. Songez à tous les faits nouveaux, — entièrement nouveaux, — prodigieusement nouveaux qui se sont révélés à partir du commencement du siècle dernier.

Tenez, je vous ferai ici un petit conte pour bien accuser la pensée que je vous propose, et qui est, en somme, l'entrée du genre humain dans une phase de son histoire où toute prévision devient — par cela seul qu'elle est prévision — une chance d'erreur, une production suspecte de notre esprit.

Veuillez donc supposer que les plus grands savants qui ont existé jusque vers la fin du XVIIIe siècle, les Archimède et les Newton, les Galilée et les Descartes, étant assemblés en quelque lieu des Enfers, un messager de la Terre leur apporte une dynamo et la leur donne à examiner à loisir. On leur dit que cet appareil sert aux hommes qui vivent à produire du mouvement, de la lumière ou de la chaleur. Ils regardent ; ils font tourner la partie mobile de la machine. Ils la font démonter, en interrogent et en mesurent toutes les parties. Ils font, en somme, tout ce qu'ils peuvent... Mais le courant leur est inconnu, l'induction leur est inconnue ; ils n'ont guère l'idée que de transformations mécaniques. «À quoi servent ces fils embobinés ?» disent-ils. Ils doivent conclure à leur impuissance. Ainsi, tout le savoir et tout le génie humain réunis devant ce mystérieux objet, échouent à en découvrir le secret, à deviner le fait nouveau qui fut apporté par Volta, et ceux que révélèrent Ampère, Œrsted, Faraday et les autres...

(N'omettons pas, ici, de remarquer que tous ces grands hommes qui viennent de se déclarer incapables de comprendre la dynamo tombée de la terre aux enfers ont fait exactement ce que nous-mêmes faisons, quand nous interrogeons un cerveau, le pesant, le disséquant, le débitant en coupes minces et soumettant ces lamelles fixées à l'examen histologique. Ce transformateur naturel nous demeure incompréhensible...)

Remarquez aussi que j'ai choisi, dans mon exemple de la dynamo, des esprits de première grandeur, qui se trouvent réduits à l'impuissance, à l'impossibilité radicale de s'expliquer un appareil dont la conduite et l'usage sont familiers aujourd'hui à tant d'hommes et qui, d'ailleurs, sont devenus indispensables à la vie sociale.

Songez quel effort d'adaptation s'impose à une race si longtemps enfermée dans la contemplation, l'explication et l'utilisation des mêmes phénomènes immédiatement observables depuis l'origine !

En somme, nous avons le privilège, — ou le grand malheur, — d'assister à une transformation profonde, rapide, irrésistible, totale de toutes les conditions de la vie et de l'action humaines. Elle amorce sans doute un certain avenir, mais un avenir que nous ne pouvons absolument pas imaginer. C'est là, entre autres nouveautés, la plus grande, sans doute. Nous ne pouvons plus déduire de ce que nous savons, quelque figure du futur à laquelle nous puissions attacher la moindre créance. Nous ne voyons, de toutes parts, sur cette terre, que tentatives, expériences, plans et tâtonnements précipités dans tous les ordres. La Russie, l'Allemagne, l'Italie, les États-Unis sont comme de vastes laboratoires où se poursuivent des essais d'une ampleur jusqu'ici inconnue ; où l'on tente de façonner un homme nouveau ; de faire une économie, des mœurs, des lois et jusqu'à des croyances nouvelles. On voit partout que l'action de l'esprit créant ou détruisant furieusement, multipliant des moyens matériels d'énorme puissance, a engendré des modifications d'échelle mondiale du monde humain, et ces modifications inouïes se sont imposées sans ordre, sans frein ; et surtout sans égard à la nature vivante, à sa lenteur d'adaptation, à ses limites originelles. En un mot, on peut dire que l'homme, s'éloignant de plus en plus, et bien plus rapidement que jamais, de ses conditions primitives d'existence, il arrive que *tout ce qu'il sait*, c'est-à-dire *tout ce qu'il peut*, s'oppose fortement à ce *qu'il est*.

Et alors, que voit-on à présent ? Que constate chacun de nous dans sa propre existence, dans les difficultés qu'il trouve à la soutenir, dans l'incertitude croissante du lendemain ? Chacun de nous sent bien que les conditions se font de plus en plus étroites, de plus en plus brutales, de plus en plus instables, — tellement que, au sein de la civilisation la plus puissamment équipée, la plus riche en matière utilisable et en énergie, la plus savante en fait d'organisation et de distribution des idées et des choses, voici que la vie individuelle tend à redevenir aussi précaire, aussi inquiète, aussi harcelée, et plus anxieuse, que l'était la vie des lointains primitifs. Les nations elles-mêmes ne se comportent-elles point comme des tribus étrangement fermées, naïvement égoïstes ?

Tout ceci rend poignante et pleine de dangers la contradiction qui existe à présent entre les diverses activités de l'homme ; la nature matérielle lui est de plus en plus soumise : il a profondément transformé ses notions du temps, de l'espace, de la matière et de l'énergie. Mais il n'a presque rien su reconstruire dans l'ordre spirituel et social. Le monde moderne, qui a prodigieusement modifié notre vie matérielle, n'a su se faire ni des lois, ni des mœurs, ni une politique, ni une économie, qui fussent en harmonie

avec ces immenses changements, ses conquêtes de
puissance et de précision.

Le malaise actuel me paraît donc être une crise
de l'esprit, une crise des esprits et des choses de
l'esprit. Nos esprits sont pénétrés d'habitudes que
les bouleversements rapides des dernières années
ont déconcertées sans les détruire ; et nous portons
aussi le poids des erreurs sur l'avenir commises par
les hommes qui nous ont précédés et qui peut-être
ne pouvaient guère ne pas les commettre.

En voici un exemple qui me paraît bien significatif.

En 1881, Bismarck est au faîte de sa gloire et de
son autorité. Il est en vérité l'arbitre, presque le
maître de l'univers politique. Il convoque à Berlin
un congrès où tous les ministres des affaires étrangères d'Europe sont appelés. Il s'agit de régler le
sort de l'Afrique et le partage des terres encore libres
ou disputées qui s'y trouvent. *Bismarck n'exige rien
pour son pays.* Il suggère à la France d'étendre sa
domination sur la Tunisie. Il donne le plus riche
morceau de l'Afrique, le Congo, le Katanga, à Léo-
pold II, roi des Belges. Il ne lui vient pas à l'esprit
que dans fort peu d'années l'Allemagne exigera des
colonies et s'engagera bientôt dans une politique
d'expansion mondiale qui conduira fatalement à la
guerre et à la ruine de son œuvre.

C'est que Bismarck, quel que fût son génie et sa
faculté de prévoir, était à son insu dominé par une
vision des choses formée, et comme solidifiée, par
son éducation. Il voyait l'Europe et le monde selon
l'histoire et la science politique et économique qu'il
avait apprises dans la première moitié du xixe siècle.
Il a agi selon sa jeunesse.

Mais cette considération, mes Amis, me ramène
au Collège et à vous. Me sera-t-il permis de songer

un peu à ce que vous faites? Et puis-je faire réflexion sur l'Enseignement?

Que va dire M. le Ministre de l'Éducation si je me mêle de ses affaires? L'ancien élève Roustan est sans doute un vieil ami de l'ancien élève Valéry. Le ministre et l'académicien se rencontrent assez souvent dans les solennités dont la solennité ne les empêche pas de se sourire, — et dans ce sourire, chers Camarades, croyez bien que le souvenir du vieux collège entre pour quelque chose. Nous nous revoyons ici même.

Puis-je donc avancer ici très timidement certaines vues hardies? Puis-je penser tout haut, sans risquer de choquer M. le Recteur, (qui a bien voulu venir de Montpellier assister à cette cérémonie), ni MM. les Doyens, et ni M. le Principal du Collège, ni M. le Maire, qui ont pris l'initiative dangereuse de m'appeler ici pour que j'y prenne la parole?

Mais non… Que tout le monde se rassure. Je ne dirai pas que tout notre enseignement exige une réforme des plus profondes. Ce serait l'opinion d'un profane, d'un amateur, et il faut se garder de ces gens-là. Il ne faut écouter jamais que les hommes compétents, qui sont les hommes qui se trompent dans toutes les règles. Voyez encore Bismarck deux fois nommé.

Je dirai seulement, sur cette question si délicate de l'Enseignement, ce que je pense à l'occasion de toute question actuelle. Tout doit, ou devrait, dépendre de l'idée que l'on peut se faire de l'homme, l'homme d'aujourd'hui, ou plutôt l'homme prochain, l'homme qui est en vous, mes chers Jeunes Gens, qui grandit et se forme en vous. Cette idée, où est-elle? Si elle est, j'avoue ne pas la connaître. Est-elle le principe des programmes en vigueur? Constitue-t-elle l'âme des méthodes? Est-elle, (si

elle est), la lumière de ceux qui forment nos professeurs ? Je le souhaite. Je l'espère. Mais si elle n'est
pas, si, (comme quelques mauvais esprits le prétendent), notre enseignement participe de notre incertitude générale, et n'ose pas considérer qu'il s'agit
de faire de vous des hommes prêts à affronter *ce qui
n'a jamais été*, alors ne faut-il pas songer à cette
réforme profonde dont je parlais tout à l'heure,
— discrètement ?

N'oublions pas que la concurrence la plus pressante est une des dures conditions du temps actuel.
Jusque dans la science, jusque dans les sports les
nations se disputent chaque jour la prééminence.
Cette lutte existe aussi dans la formation de la
jeunesse, et il est hors de doute que cette formation aura les plus grandes conséquences. Or, les
hommes de demain, en Europe, qui sont les enfants
et les adolescents d'aujourd'hui, se divisent en
groupes bien différents. Dans trois ou quatre
grands pays, la jeunesse tout entière est soumise à
un traitement et à un entraînement de caractères
très divers, quant aux doctrines, mais tout à fait
comparables quant au dessein de faire des hommes
adaptés à une structure sociale et à des fins natio-
nales bien déterminées. *L'État se fait ses hommes.*
Je ne crois pas que la culture y gagnera. Mais je
considère que nous ne pouvons pas ne pas observer
que nos enfants se trouveront demain en face de
ces hommes nouveaux ; façonnés, dressés selon des
plans systématiques, et constituant des populations
d'éducation homogène, adaptées à l'économie et
aux conditions de la vie moderne. J'ai grand peur
que la liberté de l'esprit et les productions les plus
délicates de la culture ne pâtissent de ce forcement
des intelligences ; mais c'est là un fait considérable,
que je ne puis m'empêcher de voir, et sur lequel je

crois bon que nous méditions un peu, nous autres Français.

Toutefois ne croyez pas que je désespère le moins du monde. Je connais nos ressources, que nous avons assez montrées, il n'y a pas si longtemps. Je voudrais seulement que nous les mettions en œuvre avec plus de suite, et non seulement sous la pression des dangers.

Je voudrais, Jeunes Gens, que vous sentiez vos forces. Votre éducation aura donné son fruit le plus précieux, si vous parvenez à donner à ces connaissances très diverses que vos excellents maîtres vous enseignent, à ces auteurs que l'on vous explique, quelque valeur toute personnelle. Ce n'est pas tant la quantité du savoir qui importe, que la part que vous lui donnez en vous. Votre affaire et votre intérêt, est de vivifier toute cette matière intellectuelle. Un peu de savoir et beaucoup d'esprit, beaucoup d'activité de l'esprit, voilà l'essentiel.

Et puis, regardez par-dessus les toits : vous avez une grande chance, dans ce Collège. Si vos yeux s'élèvent du livre ou du cahier, ils se posent sur la mer. Quant à moi, je dois beaucoup à ce regard de mes premières années d'élève de ce Collège. J'ai eu, moi aussi, la chance d'avoir, comme à la disposition de ma distraction, la vue de cette mer et de ce port tourné vers l'Orient. Il m'arrive parfois d'en parler fort loin d'ici, dans mes conférences à l'étranger ; et l'on me demande assez souvent : Qu'est-ce que Sète ?

Je suis d'abord assez vexé de la question. Mais je reprends bientôt ce sentiment.

Eh bien, me dis-je, je vais leur enseigner ce que c'est que Sète. Et je commence tout un poème descriptif où je ne leur épargne rien de ce que nous observons et aimons dans notre ville. Je leur dis que nous habitons une Île singulière, qui se rattache tout

juste au continent par deux bandes de sable fin. Que
nous régnons d'une part sur la mer ; de l'autre, sur
un lac salé, que des Phéniciens sans doute bapti-
sèrent THAU, que nous buvons, (quand nous buvons
de l'eau), une eau venue de loin, d'une source dont
le nom est indéchiffrable, personne n'ayant expliqué le mystère de l'Issanka ; que nous avons ici l'art
consommé de produire les meilleurs vins du monde,
par magie, — qu'il n'y a pas dans toute la Méditer
ranée de bateaux de pêche aussi forts, aussi beaux
que les nôtres ; et que rien au monde n'est plus gracieux que la gerbe des antennes de nos bœufs,
quand ils sont tous à quai, bordant le port vieux jusqu'au môle.

Je leur dis bien d'autres choses encore dans le
style d'Hérodote. Mais vous les savez aussi bien que
moi. Vous les savez, mais peut-être n'y songez-vous
pas assez souvent et assez attentivement. J'étais
comme vous. Je ne voyais pas ce que je voyais.
Mais les circonstances m'ayant fixé loin de Sète
depuis nombre d'années, j'ai observé souvent que
ma pensée ne pouvait s'approfondir quelque peu,
que je ne retrouve au fond de moi quelque impression d'origine toute sétoise. Croyez bien, mes
Enfants, que toute pensée a son port d'attache, et
que si vieil académicien qu'on soit, il suffit de réfléchir pour retrouver quelque heure primitive et
décisive de la formation de sa pensée... Je ne veux
pas dire qu'il suffise de réfléchir pour rajeunir... Ce
serait trop beau. Je dis que si, d'événements en événements, et d'idées en idées, je remonte le long de
la chaîne de ma vie, je la retrouve attachée par son
premier chaînon à quelqu'un de ces anneaux de fer
qui sont scellés dans la pierre de nos quais, L'autre
bout est dans mon cœur.

Descartes

Discours prononcé à la Sorbonne pour l'inauguration du IXe Congrès international de Philosophie le 31 juillet 1937.

L'Académie Française ne pouvait manquer de se
rendre à l'invitation que le Comité d'organisation
du IXᵉ Congrès International de Philosophie lui a
gracieusement adressée, et mon premier devoir est
de remercier le Comité en son nom. L'Académie se
devait d'être présente ici, au moment qu'il s'agit de
célébrer Descartes, à l'occasion du Troisième Centenaire de la publication du *Discours de la Méthode*.

La grande influence qu'il semble que Descartes
ait exercée sur nos Lettres ; l'événement dont il est
l'auteur, de la première production en langage français d'un ouvrage de philosophie ; la gloire universelle que ses travaux ont apportée à notre nation
sont trois circonstances qui intéressent de fort près
l'Académie, et qui lui sont autant de raisons émi-
nentes et très précises de joindre son hommage à
tous ceux que recueille aujourd'hui la mémoire de
notre grand homme.

Mais quant à l'honneur que m'a fait notre Compagnie en me chargeant de la représenter devant vous,

je n'ai pas besoin de vous dire que je ne le dois qu'à
l'absence obligée du plus illustre des philosophes de
notre temps. La condition de sa santé empêche
notre confrère, M. Henri Bergson, de tenir ici la
place où tout le monde croit le voir, lui qui vous eût
entretenu de Descartes avec l'autorité enchanteresse, la profondeur naturelle et la beauté d'expression qui lui appartiennent. Mais sa pensée est avec
nous, et vous entendrez tout à l'heure la lettre qu'il a
bien voulu nous écrire.

*

MESSIEURS LES DÉLÉGUÉS ÉTRANGERS,

Le Comité d'organisation veut, dans sa modestie,
qu'il m'appartienne de vous souhaiter la bienvenue
et de vous exprimer sa reconnaissance pour le
concours que vous apportez à l'éclat et à l'importance de ce Congrès.

Le nom de «Descartes» qu'on lui a donné lui
confère une signification bien remarquable. Vous
savez à quel point les caractères les plus nets et les
plus sensibles de l'esprit français sont marqués
dans la pensée de ce grand homme. C'est pourquoi
la célébration de sa gloire prend pour nous la
valeur solennelle d'un acte national, que définit, en
quelque sorte, et que rehausse la présence du Chef
de l'État.

Nous vous remercions, Messieurs, de vous associer à notre hommage, et de venir rendre à Descartes les visites qu'il a faites à plus d'une nation. Il
n'y a pas eu de meilleur Européen que notre héros
intellectuel, qui va et vient si facilement. Il pense où
il peut bien penser : il médite, il invente, il calcule,
un peu partout ; dans une chambre bien chauffée en

Allemagne ; sur les quais d'Amsterdam, et jusqu'en
Suède, où la mort saisit le voyageur, de qui la liberté
d'esprit était le bien très précieux qu'il n'avait cessé
de poursuivre par cette liberté de mouvements.

Je souhaite, Messieurs, que vous vous sentiez en
France entourés de la sympathie que nous aimons
de témoigner à tous les hommes de pensée, et que
vous y soyez aussi favorisés dans votre séjour philosophique que Descartes le fut aux divers lieux où
le conduisit son caprice.

Il me faut à présent discourir quelque peu de l'objet
même qui nous assemble, et traiter, comme je pour-
rai, de Descartes et de la philosophie. Il s'agit d'effleurer des sujets immenses. Les philosophes, qui
sont nécessairement durs, m'ont sans doute appelé
à m'y essayer comme l'on fait une expérience sur le
vivant ; ou bien ont-ils résolu d'immoler une victime
innocente et propitiatoire sur l'Autel de la Raison.

En vérité, à peine me suis-je senti pris et lié par
eux, et me suis-je représenté toute la difficulté et les
risques d'une tâche à laquelle rien ne me désignait,
aussitôt j'ai considéré en esprit l'insurmontable
obstacle d'une quantité prodigieuse d'écrits. Que
dire qui ne doive assurément s'y trouver ? Et même,
quelle erreur inventer, qui soit encore une erreur
toute vierge, et quel abus d'interprétation qui soit
inouï ?

Descartes... Mais depuis trois siècles que sa pensée est repensée par tant d'hommes du premier
ordre ; détaillée, commentée par tant d'exégètes
laborieux ; résumée par tant de maîtres pour tant
d'écoliers, — où est Descartes ? Je n'oserai vous
dire qu'il y a une infinité de Descartes possibles ;
mais vous savez mieux que moi qu'il s'en compte
plus d'un, tous fort bien attestés, textes en mains, et

curieusement différents les uns des autres. La pluralité des Descartes plausibles est un fait. Qu'il
s'agisse de la Méthode ou des développements
métaphysiques qui s'ensuivirent, la diversité des
jugements et la divergence des avis existe et étonne.
Et Descartes est cependant un auteur clair, par
définition.

Comme l'on pourrait s'y attendre, ce sont les points
les plus sensibles, et, en quelque sorte, les plus intérieurs de cette philosophie qui sont le plus disputés
et le plus différemment expliqués.

Les uns, par exemple, ne découvrent chez Descartes qu'un Dieu expédient, qui lui sert de garant
de sa certitude spéculative, et de premier moteur.
Pascal, avec la clairvoyance excessive de la parfaite
antipathie, donnait dans cette opinion de tout son
cœur.

Mais d'autres, au contraire, qui s'y connaissent
autrement, nous enseignent un Descartes sincèrement, et même substantiellement religieux. Ils nous
font voir, dans les fondements mêmes de la Méthode,
sous l'édifice de la connaissance rationnelle, une
crypte creusée, où vint luire, disent-ils, une lueur
qui n'était point de lumière naturelle.

Mais que l'on soit un homme ou un texte, quelle
plus grande gloire que d'exciter les contradictions?
La véritable mort se marque par le consentement
universel. Au contraire, le nombre des différents et
incompatibles visages que l'on peut raisonnablement prêter à quelqu'un manifeste la richesse de
sa composition. Combien de Napoléon n'a-t-on pas
produits? Quant à moi, je ne pense pas que l'on
puisse véritablement circonscrire une existence, l'en-
fermer dans ses idées et dans ses actes, la réduire
à ce qu'elle parut, et comme l'assiéger dans ses
ouvrages. Nous sommes beaucoup plus (et parfois

beaucoup moins) que ce que nous avons fait. Nous savons bien par nous-mêmes que notre identité et notre unité nous sont comme extérieures et presque étrangères, qu'elles résident beaucoup plus dans ce que nous connaissons indirectement de nous que par notre conscience immédiate. Un homme qui ne se serait jamais vu dans un miroir, rien ne lui apprendrait au premier regard que ce visage inconnu qu'il y verrait se rapporte, par la relation la plus mystérieuse du monde, à ce qu'il se sent et qu'il se dit de son côté.

Nous pouvons donc, chacun, nous faire notre Descartes, puisque ceux-là mêmes qui s'appliquent à l'étudier du plus près semblent s'éloigner d'autant plus les uns des autres qu'ils considèrent plus attentivement leur objet. Je vous redis, car cette remarque me paraît assez importante, que ce dissentiment se marque le plus sur le point le plus intime de la pensée de Descartes.

Je vous avoue, Messieurs, que cette division des connaisseurs et des autorités en matière cartésienne m'est agréable. S'ils ne s'accordent pas entre eux, l'amateur aussitôt respire, et se sent un peu plus disposé à écouter soi-même et à suivre sa complaisance.

C'est que je n'ai pour moi dans ces questions qu'une curiosité fort libre, qui s'intéresse plus à l'esprit même qu'aux choses qui se représentent, s'agitent et se déterminent dans ce même esprit. Mon attention la plus naturelle s'excite au vain désir de percevoir le travail propre de la pensée. Le thème, le problème, la portée de cette pensée ne m'importent que par effort. Ce sont les substitutions et les transmutations que j'imagine qui s'y opèrent, les vicissitudes de la lucidité et de la volonté, les interventions et interférences qui s'y produisent, qui enchantent

l'amateur de la vie propre de l'esprit. Ce souci singulier de vouloir observer ce qui observe et imaginer ce qui imagine, n'est pas sans quelque naïveté :
il fait songer à ces vieilles gravures sur bois, comme
on en trouve dans la *Dioptrique* de Descartes, qui
expliquent le phénomène de la vision par un petit
homme posté derrière un gros œil, et occupé à
regarder l'image qui se forme sur la rétine.

Mais c'est une tentation invincible que celle-ci, et
qui n'implique nulle philosophie, nul parti, point de
conclusion, car l'esprit, par soi-même, ne possède
aucun moyen d'en finir avec son activité essentielle, et il n'y a point de pensée qui lui soit une dernière pensée. La mécanique nous enseigne qu'il est
impossible de donner à un corps solide une forme
telle que ce corps, placé sur un plan horizontal, ne
trouve jamais sa position d'équilibre. Mais l'esprit
a résolu le problème, dont il nous fait des démonstrations très pénibles et très fatigantes pendant nos
heures d'inquiétude et nos nuits d'insomnie. L'amateur de l'esprit ne fait pourtant que jouir de ces
combinaisons et des fluctuations de l'intellect, où il
admire bien des merveilles : il y voit, par exemple,
le désordre essentiel engendrer un ordre momentané ; une nécessité naître ou se construire à partir
de quelque disposition arbitraire ; l'incident enfanter la loi ; l'accessoire dissiper le principal. Il y voit
aussi l'orgueil personnel se forger des obstacles
imaginaires contre lesquels il puisse dépenser et
mesurer les puissances d'analyse et d'attention qui
sont en lui.

Et il lui arrive alors de prétendre qu'il n'y a pas de
matière poétique au monde qui soit plus riche que
celle-ci ; que la vie de l'intelligence constitue un univers lyrique incomparable, un drame complet, où
ne manquent ni l'aventure, ni les passions, ni la

douleur (qui s'y trouve d'une essence toute particulière), ni le comique, ni rien d'humain. Il proteste qu'il existe un immense domaine de la sensibilité intellectuelle, sous des apparences parfois si dépouillées des attraits ordinaires que la plupart s'en éloignent comme de réserves d'ennui et de promesses de pénible contention. Ce monde de la pensée, où l'on entrevoit la pensée de la pensée et qui s'étend depuis le mystère central de la conscience jusqu'à l'étendue lumineuse où s'excite la folie de la clarté, est aussi varié, aussi émouvant, aussi surprenant par les coups de théâtre et l'intervention du hasard, aussi admirable par soi-même, que le monde de la vie affective dominé par les seuls instincts. Qu'est-ce donc qui peut être plus spécifiquement humain, et de plus réservé à l'homme le plus homme, que l'effort intellectuel dégagé de toute pratique, et quoi de plus pur et de plus audacieux que son développement dans ces voies abstraites qui s'écartent parfois si étrangement vers les profondeurs de notre possible ?

Peut-être ne serait-il pas inutile, dans une époque où ne manquent ni la futilité ni l'inquiétude, ni la facilité ni l'incohérence, entretenues et constamment pourvues de nouveaux prétextes par les puissants moyens que vous savez, de célébrer ces nobles exercices spirituels.

Mais la littérature jusqu'ici a peu considéré, que je sache, ce trésor immense de sujets et de situations. Les raisons de cette négligence sont évidentes. Il faut cependant que je distingue l'une d'entre elles, que vous connaissez à merveille. Elle consiste dans l'extrême difficulté que nous oppose le langage, quand nous voulons le contraindre à décrire les phénomènes de l'esprit. Que faire de ces termes que l'on ne peut préciser sans les recréer ?

Pensée, esprit lui-même, *raison, intelligence, compréhension, intuition* ou *inspiration*?... Chacun de
ces noms est tour à tour un moyen et une fin, un
problème et un résolvant, un état et une idée ; et
chacun d'eux, dans chacun de nous, est suffisant ou
insuffisant, selon la fonction que lui donne la circonstance. Vous savez qu'alors le philosophe se fait
poète, et souvent grand poète : il nous emprunte la
métaphore, et, par de magnifiques images que nous
lui devons envier, il convoque toute la nature à l'expression de sa profonde pensée.

   Le poète n'est pas si heureux dans ses tentatives
de l'opération réciproque. Toutefois, Messieurs, il
m'arrive de concevoir, de temps à autre, sur le
modèle de la *Comédie humaine,* si ce n'est sur celui
de la *Divine Comédie,* ce qu'un grand écrivain pourrait accomplir d'analogue à ces grandes œuvres
dans l'ordre de la vie purement intellectuelle. La
soif de comprendre, et celle de créer ; celle de surmonter ce que d'autres ont fait et de se rendre égal
aux plus illustres ; au contraire, l'abnégation qui se
trouve chez certains et le renoncement à la gloire.
Et puis, le détail même des instants de l'action mentale : l'attente du don d'une forme ou d'une idée ; du
simple mot qui changera l'impossible en chose
faite ; les désirs et les sacrifices, les victoires et les
désastres ; et les surprises, l'infini de la patience et
l'aurore d'une «vérité» ; et tels moments extraordinaires, comme l'est, par exemple, la brusque formation d'une sorte de solitude qui se déclare tout à
coup, même au milieu de la foule, et tombe sur un
homme comme un voile sous lequel va s'opérer le
mystère d'une évidence immédiate... Que sais-je ?
Tout ceci nous propose bien une poésie aux ressources inépuisables. La sensibilité créatrice, dans
ses formes les plus relevées et ses productions les

plus rares, me paraît aussi capable d'un certain art que tout le pathétique et le dramatique de la vie ordinairement vécue.

Je ne puis cependant vous cacher, Messieurs les Philosophes (à qui du reste, l'on ne pourrait cacher grand-chose), que cette manière de voir l'esprit conduit assez naturellement à regarder la philosophie elle-même comme un exercice de la pensée sur elle-même ; et ce regard qui s'intéresse aux actes intérieurs se satisfait du spectacle des transformations de cette pensée, et en considère volontiers les conclusions comme de simples incidents, de courts repos ou des points d'orgue. Mais c'est ainsi que doit se présenter à l'œil du poète le système du monde spirituel bien isolé, quoique pourvu de toutes les illusions nécessaires ; il n'y manque ni les nébuleuses verbales à résoudre, ni les infinis et les perspectives que nous peint un espace, qui est, peut-être, un *espace courbe*.

Le grand avantage de ce parti pris, c'est qu'il confère la plus grande généralité possible dans le traitement des affaires intellectuelles pures ; et voyez, en particulier, de quel intérêt il peut être pour la Philosophie elle-même, qu'il semble d'abord traiter plus légèrement qu'il ne faut.

Veuillez songer au destin de toutes les doctrines qui nous semblent réfutées, des hypothèses et des thèses que l'avancement de la connaissance, l'accroissement de la précision ou de l'habitude des précisions, la découverte de faits tout nouveaux ont rendues vaines. Pensez à tant d'illustres écrits qui posent des questions que l'on ne peut plus poser ou qui répondent à des questions que l'on ne peut plus entendre. Faut-il les condamner à cette espèce de mort que constate une mention dans l'histoire, et une inscription dans les programmes des écoles ?

On ne discute plus avec ces momies. Leurs noms
étranges ne font plus que passer quelques mauvais
moments dans la mémoire des écoliers. Mais il suffit, pour les voir reprendre, non point leur entière
vigueur, mais quelque chose de la vertu qui les a
fait se produire, de songer à l'acte vivant de leurs
créateurs et à la forme de cet acte, à leur nécessité
vitale de jadis. On trouve alors que la réfutation les
erreurs manifestées, l'abandon — et même la quantité des commentaires, — s'ils peuvent exténuer,
ruiner, épuiser une Philosophie, la rendre inutili-
sable, et même inintelligible pour l'époque qui suit
son époque, cependant lui doivent laisser, quand
une fois elle les a possédés, sa valeur de structure et
sa fermeté d'œuvre d'art.

Je me permettrai peut-être tout à l'heure de vous
dire pourquoi cette considération me paraît devoir
être proposée — ou plutôt murmurée — à un audi-
toire philosophique. La philosophie, — excusez
mon propos sur mon ignorance, — me semble,
comme tout le reste des choses humaines de ce
temps, dans un état critique de son évolution, et
par le même effet des progrès extraordinaires des
sciences de la nature.

Ne croyez pas, Messieurs, que je sois à présent
fort loin de notre Descartes. C'est de lui que je ne
cesse de parler. Cet état des choses humaines, il en
est bien l'un des premiers et des plus entreprenants
auteurs. Dans cette vaste Comédie de l'Esprit à
laquelle je souhaitais un Balzac, si ce n'est un
Dante, Descartes tiendrait une place du premier
rang. Mais, dans une œuvre de cette espèce, la
mort n'achève point du tout l'aventure des personnages. Leur vie n'est quelquefois qu'un prologue de
leur carrière indéfinie : elle est comme l'exposition

de la tragédie de leur pensée. Descartes est l'un de ceux dont le destin posthume est des plus accidentés. Il est le très grand homme des temps modernes qui n'a point de tombeau. Ses os sont quelque part : rien de sûr quant à eux. Son crâne présumé est au Muséum d'Histoire naturelle, où l'on a bien voulu me le communiquer et me le donner à tenir pendant quelques instants. Il n'a point de statue à Paris, non plus que Racine : de quoi je ne me plains point ; mais je ne sais comment les sculpteurs le peuvent supporter.

Quant à son œuvre, l'aventure en est bien diverse.

Tout le monde sait que la partie purement mathématique de cette œuvre a fait bien plus que de survivre par elle-même : elle était si riche de vie, si chargée d'avenir, si lumineusement nécessaire — qu'elle semble moins une invention qu'une découverte, et qu'on ne peut concevoir comment la science ou, plutôt, comment l'esprit humain ait pu ne pas se forger bien avant Descartes un moyen d'importance presque comparable à celle des conventions les plus précieuses, comme le nombre ou le langage. Mais il fallait évidemment que l'algèbre elle-même fût assez constituée pour permettre d'imaginer un système de correspondance réciproque entre le nombre et la grandeur. Rien n'est plus intéressant que les considérations de Descartes à ce sujet, et que la manière dont il expose la psychologie de sa création, qu'il rattache à l'observation minutieuse qu'il avait faite des limites de notre attention. D'ailleurs, l'intention de diminuer l'effort de chaque fois, et de substituer un traitement uniforme (parfois une manière d'automatisme) à l'obligation d'inventer une solution spéciale pour chaque problème, est fondamentale chez Descartes : elle est l'essence de la Méthode. Elle obtient par sa Géométrie le plus heureux succès qu'ait jamais obtenu un homme dont le génie s'applique à réduire le besoin de génie et à réaliser une économie prodigieuse de pensée. Chercher une méthode, c'est chercher un système d'opérations extériorisables qui fasse mieux que l'esprit le travail de l'esprit, et ceci se rapproche de ce qu'on peut obtenir ou concevoir qu'on pourrait obtenir par des mécanismes. Toutes les machines étonnantes qui permettent de calculer, d'intégrer à grande vitesse, dérivent directement de l'invention et de l'intention cartésienne. Descartes était curieusement frappé du fait « qu'un enfant instruit en l'arithmétique, ayant fait une addition selon ses règles, se peut assurer, touchant la somme qu'il examinait, d'avoir trouvé tout ce que l'esprit humain saurait trouver » ; et quand il a montré qu'en opérant par les règles de l'algèbre sur les projections d'un point de l'espace, on trouvait par des écritures bien dirigées tout ce qu'on désirait savoir quant aux figures et à leurs propriétés, et, en outre, quantité d'analogies ou de relations qu'aucune intuition n'aurait décelées, il a du coup enrichi cet heureux enfant, devenu jeune homme, de connaissances que les plus grands géomètres antérieurs n'auraient même pu soupçonner.

Il n'est pas impossible qu'un accès de jalousie très amère ait pu tourmenter l'âme de Pascal devant cette sorte de création de la totalité du possible géométrique. Tout l'art profond qu'il se sentait pour résoudre les questions particulières de géométrie s'en trouvait diminué quant aux résultats.

Descartes lui-même ne pouvait imaginer les développements que recevrait son inépuisable artifice. Sur ces axes illustres, c'est un ensemble indénombrable de découvertes, un transfini d'idées qui s'est livré à la puissance étrange de l'esprit géométrique, lequel s'accroît indéfiniment par l'analyse de plus en plus exquise qu'il fait de lui-même, découvre des trésors cachés dans l'apparente évidence de ses premiers axiomes, dans la structure de ses opérations les plus simples, et démonte jusqu'au mécanisme de ces «groupes» qui constituent l'élément le plus primitif et le plus abstrait de notre intuition de l'espace.

Mais aucun prodige issu de son génie n'étonnerait le magnifique orgueil de notre Descartes. Et si même, lui abandonnant la géométrie, on s'avisait de lui opposer ses erreurs dans la mécanique et dans la physique, je ne serais point trop surpris qu'il trouvât dans l'assurance de son ambitieuse pensée quelque réponse à la Corneille.

«Il fallait bien que quelqu'un se trompât, nous dirait-il, mais se trompât comme moi seul le pouvais faire. Nul avant moi n'avait songé d'un univers tout représenté par la mathématique, un système du monde qui fût un système de nombres. Je n'y ai rien voulu d'obscur; point de forces occultes. Point d'action à distance : je ne sais ce que c'est. Mais il paraît que, dans le dernier état de vos sciences, une géométrie des plus sublimes, arrière-petite-fille de la mienne, vous débarrasse enfin de l'attraction. Ceci est dans l'esprit de mon œuvre. On s'est beaucoup gaussé de mes tourbillons et de ma matière subtile, comme si, un siècle et demi après ma mort on n'expliquait encore les aimants et le mouvement de la lumière par l'activité d'un milieu tout garni de petites toupies en rotation.»

Je m'excuse d'avoir librement fait parler la grande Ombre. Peut-être allait-elle revenir sur la fameuse affaire de la quantité de mouvement. Peut-être a-t-elle préféré s'en taire et nous laisser le soin de lui trouver une manière de défense. N'est-ce pas le devoir d'une pieuse postérité ?

   L'honneur insigne revient à Descartes d'avoir été
le premier constructeur d'un univers entièrement
métrique, au moyen de conceptions, — disons
d'imaginations, — qui permettaient de le traiter en
mécanisme démesuré. Pascal, encore, n'aimait pas
ce dessein, que son esprit plus logique qu'intuitif
repoussait, aussi bien que ses sentiments. Il pariait,
en somme, que le projet n'aboutirait qu'à un échec ;
et il est vrai que les tourbillons et le reste n'ont pas
connu une grande carrière. Mais, au contraire,
l'idée d'une physique universelle n'a cessé de grandir. Si le monde de Descartes n'a pas duré, que
d'autres l'ont rejoint ! L'univers des actions à distance ; les divers éthers, et de Fresnel, et de Maxwell et de lord Kelvin ; le système tout énergétique
d'il y a cinquante ans se sont succédé. Mais chacun
de ces vases rompus, qui n'ont pu contenir le
monde, a laissé quelque beau débris. Il n'est pas
jusqu'à ce paresseux célèbre de Maupertuis qui,
par un retour de fortune non prévu par Voltaire,
n'ait retrouvé quelque emploi pour sa moindre
action. Je ne dis pas qu'il ne serait pas ébahi par la
nouveauté du sens qu'on y donne.
   Mais voici ce que je veux dire encore, à mes risques
et périls, en faveur de notre Descartes. Physicien de
l'univers, qu'il veut assujettir à une représentation
mathématique, il est donc contraint de lui imposer
des conditions qui s'expriment par des équations.
La forme mathématique, à soi seule, lui impose
donc de découvrir quelque grandeur qui demeure
inaltérée sous les transformations des phénomènes.
Il croit la saisir dans le produit de la masse par
la vitesse. Leibniz relève l'erreur. Mais une idée
capitale était introduite dans la science, l'idée de
conservation ; idée qui substituait, en fait, à la notion
confuse de cause, une notion simple, qui peut

paraître assez claire. Cette idée est sans doute déjà infuse dans la géométrie pure, où il faut bien supposer, pour la fonder, que les solides ne s'altèrent pas dans leurs déplacements. On sait quelle fut la destinée changeante de cette idée de constance : on peut dire qu'on n'a fait, depuis Descartes, que de changer de ce qui ne change pas : conservation de la quantité de mouvement, conservation de la force vive, conservation de la masse et celle de l'énergie ; il faut convenir que les transformations de la conservation sont assez rapides. Mais, voici un siècle environ, la découverte fameuse de Carnot contraignit la science à inscrire le signe fatal de l'*inégalité*, qui sembla quelque temps condamner le monde à la ruine inévitable, à côté de l'*égalité*, que le sens purement mathématique de Descartes avait pressentie, sans la désigner exactement. Je ne sais plus très bien ce qui se conserve aujourd'hui... Je pense que l'on peut ajouter à cette défense de Descartes la remarque, peut-être naïve, que je fais, qu'il avait, pour écrire sa formule conservative, composé les constituants du mouvement en forme de *produit* ; or, cette *forme*, mal remplie par lui, devait être la forme, en quelque sorte naturelle, de toutes les expressions de l'énergie.

Quant à la Physiologie, Messieurs, qui semble avoir été sa recherche la plus suivie vers la fin de son existence, elle témoigne de la même volonté de construction qui domine toute son œuvre. Il est facile de railler aujourd'hui ce machinisme, simplification grossière et ingénument détaillée. Mais que pouvait tenter l'homme de cette époque ? Il est incroyable pour nous, et c'est presque une honte pour l'esprit humain, presque une objection contre l'intelligence observatrice de l'homme, que le fait qui nous paraît si manifeste, si facile à découvrir, de la circulation du sang, n'ait été démontré que du temps même de Descartes. Celui-ci n'a pu manquer d'être frappé de ce phénomène mécanique, et d'y trouver un puissant argument pour son idée de l'automate. D'ailleurs, si nous en savons beaucoup plus, la croissance même de ce savoir nous éloigne plutôt, jusqu'ici, d'une représentation satisfaisante des phénomènes de la vie. La biologie, comme le reste, va de surprise en surprise ; car elle va, comme le reste, de moyen nouveau à moyen nouveau d'investigation. Il nous apparaît que nous ne pouvons songer à nous arrêter un moment sur cette pente fatale de découvertes, pour nous faire, tel jour, à telle heure, une idée bien établie de l'être vivant. Personne ne peut aujourd'hui se fixer devant ce dessein et se mettre à l'ouvrage. Mais, du temps de Descartes, il n'était pas absurde de le concevoir. On n'avait contre soi que des raisons métaphysiques, c'est-à-dire *dont on peut faire table rase* ; mais nous, nous avons contre nous la quantité et l'inconnu des possibilités expérimentales. Nous avons donc à résoudre des problèmes dont les données et l'énoncé varient à chaque instant d'une manière imprévue. Supposé donc le projet conçu de se rendre compte du fonctionnement vital, et supposé aussi qu'avec Descartes nous rejetions les forces occultes et les entités (dont on usait déjà si largement en médecine), et nous trouvons, du même coup, qu'il fallait bien qu'il empruntât à la mécanique d'alors tout son matériel de pompes et de soufflets pour se figurer un organisme capable des principales ou des plus apparentes fonctions de la vie.

Mais n'est-ce pas là une considération qu'il faut étendre à toute notre opinion de Descartes : une défense de sa gloire et une méthode pour nous le figurer dignement ? Il nous faut arriver à ressentir les exigences et les moyens de sa pensée d'une telle manière et avec une telle suite que, finalement, penser à lui, ce soit invinciblement penser à nous. Tel serait le plus grand des hommages.

Je me demande donc ce qui me frappe le plus en lui, car c'est précisément cela même qui peut et doit vivre encore. Ce qui, dans son œuvre, me rejette vers moi-même et vers mes problèmes, — cela communique à cette œuvre ma même vie. Ce n'est point, je l'avoue, sa métaphysique que je puisse raviver ainsi ; et ce n'est même point sa Méthode, telle, du moins, qu'il l'énonce dans le *Discours*.

Ce qui m'enchante en lui et me le rend vivant, c'est la conscience de soi-même, et son être tout entier rassemblé dans son attention ; conscience pénétrante des opérations de sa pensée ; conscience si volontaire et si précise qu'il fait de son Moi un instrument dont l'infaillibilité ne dépend que du degré de cette conscience qu'il en a.

On voit aussitôt que cette opinion, que je vous offre sans défense, conduit à des jugements assez particuliers, et à une distribution des valeurs des travaux de Descartes qui n'est pas du tout l'accoutumée.

Je distinguerais, en effet, chez lui, les *problèmes qui naissaient de lui-même*, et dont il a ressenti par soi-même l'aiguillon et la nécessité personnelle, des problèmes *qu'il n'eût pas inventés*, et qui furent, en quelque sorte, des besoins artificiels de son esprit. Cédant, peut-être, à l'influence de son éducation, de son milieu, du souci de paraître un philosophe aussi complet qu'il sied de l'être, et qui se doit de donner réponse à tout, sa volonté se serait, selon moi, employée à donner satisfaction à ces sollicitations secondes, qui semblent assez extérieures ou étrangères à sa vraie nature.

Observez seulement qu'en toute question où il peut répondre par l'acte de son Moi, il triomphe. Son Moi est géomètre. Sans insister sur cette pensée, je dirai, avec réserves, que l'idée mère de sa géométrie est bien caractéristique de sa personnalité tout entière. On dirait qu'il ait pris, en toute matière, ce Moi si fortement ressenti comme le point d'origine des axes de sa pensée.

On voit que je fais assez bon marché de la partie considérable de son œuvre qui est consacrée à tous les sujets dont il a appris l'existence ou l'importance *par les autres*.

Je suis bien assuré, Messieurs, que je me trompe. Tout m'en convainc, et je n'ai pour mon sentiment que l'impossibilité où je me trouve de ne pas le suivre.

Je ne puis ne pas consentir à ce que m'impose, à moi, le personnage de notre héros. Je m'imagine qu'il n'est pas à son aise en certaines matières. Il en raisonne très longuement ; il revient sur ses pas ; il se défait comme il le peut des objections. J'ai l'impression qu'il se sent alors éloigné de son vœu, infidèle à soi-même et qu'il se croit obligé de penser contre le cœur de son esprit.

Qu'est-ce donc que je lis dans le *Discours de la Méthode* ?

Ce ne sont pas les principes eux-mêmes qui nous peuvent longtemps retenir. Ce qui attire mon regard, à partir de la charmante narration de sa vie et des circonstances initiales de sa recherche, c'est la présence de lui-même dans ce prélude d'une philosophie. C'est, si l'on veut, l'emploi du *Je* et du *Moi* dans un ouvrage de cette espèce, et le son de la voix humaine ; et c'est cela, peut-être, qui s'oppose le plus nettement à l'architecture scholastique. Le *Je* et le *Moi* devant nous introduire à des manières de penser d'une entière généralité, voilà mon Descartes.

Empruntant un mot à Stendhal, qui l'a introduit dans notre langue, et le détournant un peu pour mon usage, je dirai que la vraie Méthode de Descartes devrait se nommer l'*égotisme*, le développement de la conscience pour les fins de la connaissance.

Je trouve alors sans difficulté que l'essentiel du *Discours* n'est que la peinture des conditions et des conséquences d'un événement, d'une sorte de coup d'État, qui débarrasse ce *Moi* de toutes les difficultés et de toutes les obsessions ou notions parasites pour lui, dont il est grevé sans les avoir désirées ni trouvées en lui-même. Le doute sur sa propre existence lui paraît, au fond, assez ridicule. Ce doute-là est un état d'âme à la mode du temps. Entre Montaigne et Hamlet, cela se portait. Mais à peine l'esprit veut-il l'exprimer nettement, il découvre sans le moindre effort que le petit verbe être ne possède aucune vertu particulière, que sa fonction n'est que de joindre ; et que, de dire que l'on n'est pas est dire la même chose que de dire que l'on est. Personne ne dit : «Je suis», si ce n'est dans une certaine attitude très instable et généralement apprise, et on ne le dit alors qu'avec quantité de sous-entendus : il y faut parfois un long commentaire.

Descartes n'eût pas inventé de douter de son existence, lui qui ne doutait pas de sa valeur. La valeur de son *Moi* lui était profondément connue, et quand il dit : «Je pense», il entend bien que c'est Descartes qui pense, et non n'importe qui.

Il n'y a pas de syllogisme dans le *Cogito*, il n'y a même point de signification littérale. Il y a un coup de force, un acte réflexe de l'intellect, un vivant et pensant qui crie : *J'en ai assez ! Votre doute n'a point de racine en moi-même. Je m'en ferai un autre, qui*

ne serve pas à rien, je l'appellerai *un doute méthodique*. Vous souffrirez que je l'inflige tout d'abord
à vos propositions. Vos problèmes ne me mènent à
rien ; et que *j'existe*, selon telle philosophie, et que *je
n'existe pas*, dans telle autre, rien n'en est changé,
ni dans les choses, ni dans moi, ni dans mes pouvoirs, ni dans mes passions...

Ce n'est pas là tout ce que l'on pourrait imagi-
nairement tirer de ce fameux *Cogito*, qu'il serait
admirable que Descartes eût trouvé dans quelque
rêve. Ce qui n'est pas impossible, après tout !...

J'ai une impression qui s'ajoute à ce que j'en ai
dit. Stendhal, à qui je reviens, nous conte, je ne sais
où, que Napoléon, dans les instants critiques de son
existence extraordinaire, se disait, — ou devait se
dire : «Alors comme alors !» C'était un coup d'éperon qu'il se donnait.

Le *Cogito* me fait l'effet d'un appel sonné par Descartes à ses puissances égotistes. Il le répète et le
reprend en plusieurs endroits de son œuvre, comme
le thème de son *Moi*, le réveil sonné à l'orgueil et au
courage de l'esprit. C'est en quoi réside le charme,
— au sens magique de ce terme, — de cette formule
tant commentée, quand il suffirait, je crois, de la
ressentir. Au son de ces mots, les entités s'évanouissent ; la volonté de puissance envahit son homme,
redresse le héros, lui rappelle sa mission toute personnelle, sa fatalité propre ; et même sa différence,
son injustice individuelle ; — car il est possible,
après tout, que l'être destiné à la grandeur doive se
rendre sourd, aveugle, insensible à tout ce qui, même
vérités, même réalités, traverserait son impulsion,
son destin, sa voie de croissance, sa lumière, sa
ligne d'univers.

Et, enfin, si le sentiment du *Moi* prend cette
conscience et cette maîtrise centrale de nos pou-

voirs, s'il se fait délibérément système de référence
du monde, foyer des réformes créatrices qu'il oppose
à l'incohérence, à la multiplicité, à la complexité de
ce monde aussi bien qu'à l'insuffisance des explications reçues, il se sent alimenté soi-même par une
sensation inexprimable, devant laquelle les moyens
du langage expirent, les similitudes ne valent plus,
la volonté de connaître qui s'y dirige s'y absorbe
et ne revient plus vers son origine, car il n'y a
plus d'objet qui la réfléchisse. Ce n'est plus de la
pensée...

En somme, Messieurs, le désir véritable de Descartes ne pouvait être que de porter au plus haut
point ce qu'il trouvait en soi de plus fort et de susceptible de généralisation. Il veut sur toute chose
exploiter son trésor de désir et de vigueur intellectuelle, et *il ne peut pas vouloir autre chose*. C'est là
le principe contre lequel les textes mêmes ne prévalent point. C'est le point stratégique, la clé de la
position cartésienne.

Ce grand capitaine de l'esprit trouve sur son chemin des obstacles de deux espèces. Les uns sont les
problèmes naturels qui s'offrent à tout homme qui
vient en ce monde : les phénomènes, l'univers physique, les êtres vivants. Mais il y a d'autres problèmes,
qui sont bizarrement, et, comme arbitrairement,
enchevêtrés avec les premiers, qui sont ces problèmes qu'il n'eût pas imaginés, et qui lui viennent
des enseignements, des livres, des traditions reçues.
Enfin, il y a les convenances, les considérations, les
empêchements, sinon les dangers, d'ordre pratique
et social.

Contre tous ces problèmes et ces obstacles, le *Moi*
et à l'appui de ce *Moi*, telles facultés. L'une d'elles a
fait ses preuves : on peut compter sur elle, sur ses

procédés, infaillibles quand on sait en user, sur l'impérieuse obligation qu'elle impose de tout mettre au
clair, et de rejeter ce qui ne se résout pas en opérations bien séparées : c'est la mathématique.

Et maintenant, l'action peut s'engager. Un discours, qui est d'un chef, la précède et l'annonce. Et
la bataille se dessine.

De quoi s'agit-il ? Et quel est l'objectif ?

Il s'agit de montrer ou de démontrer ce que peut
un *Moi*. Que va faire ce *Moi* de Descartes ?

Comme il ne sent point ses limites, il va vouloir
tout faire, ou tout refaire. Mais d'abord, table rase.
Tout ce qui ne vient pas de *Moi*, ou n'en serait point
venu, tout ceci n'est que paroles. Tout ce qui ne se
résout qu'en paroles, lesquelles ne se résolvent elles-
mêmes qu'en opinions, en doutes, en controverses,
ou en simples vraisemblances, tout ceci ne tient pas
devant ce *Moi* et n'a pas de force qui s'y compare. Et
ce *Moi* se trouvera bien tout seul son Dieu, s'il le
faut ; il se le donnera, et ce sera un Dieu aussi net
et aussi démontré qu'un Dieu le doit être pour être
le Dieu de Descartes. Un Dieu «nécessaire et suffisant», un Dieu qui satisfait Descartes, comme le
sien satisfaisait Bourdaloue : «*Je ne sais si vous êtes
content de moi*, dit cet illustre religieux, *mais pour
moi, mon Dieu, je dois confesser à votre gloire que je
suis content de vous et que je le suis parfaitement.
Car, dire que je suis content de vous, c'est dire que
vous êtes mon Dieu, puisqu'il n'y a qu'un Dieu qui
puisse me contenter.*»

D'autre part, du côté des problèmes que j'ai
appelés naturels, il développe, dans ce combat pour
sa clarté, cette conscience poussée qu'il appelle
sa Méthode, et qui a magnifiquement conquis un
empire géométrique sans limite.

Il veut l'étendre aux phénomènes les plus divers,

il va refaire toute la nature, et le voici qui, pour la rendre rationnelle, déploie une étonnante fécondité d'imagination. Ceci est bien d'un *Moi* dont la pensée ne veut pas le céder à la variation des phénomènes, à la diversité même des moyens et des formes de la vie...

Quel homme! Peut-être aurait-il mieux valu ne pas confier à un poète le devoir difficile de le célébrer?...

Mais enfin, puisqu'il en est ainsi, je conduirais encore cette sorte d'analyse inventive à me demander ce que serait un Descartes qui naîtrait dans notre époque. Ce n'est qu'un jeu.

Mais quelle table aujourd'hui trouverait-il à faire rase? Et comment s'accommoderait-il d'une science qu'il est devenu impossible d'embrasser, et qui dépend désormais si étroitement d'un matériel immense et constamment accru; une science qui est, en quelque manière, à chaque instant, en équilibre mobile avec les moyens qu'elle possède?

Il n'y a point de réponse. Mais il me semble que ces questions ont leur valeur.

L'individu devient un problème de notre temps; la hiérarchie des esprits devient une difficulté de notre temps, où il y a comme un crépuscule des demi-dieux, c'est-à-dire de ces hommes disséminés dans la durée et sur la terre, auxquels nous devons l'essentiel de ce que nous appelons culture, connaissance et civilisation.

C'est pourquoi j'ai insisté sur la personnalité forte et téméraire du grand Descartes, dont la philosophie, peut-être, a moins de prix pour nous que l'idée qu'il nous présente d'un magnifique et mémorable *Moi*.

Discours

PRONONCÉ AU DEUXIEME CONGRÈS
INTERNATIONAL D'ESTHÉTIQUE
ET DE SCIENCE DE L'ART

Discours prononcé à Paris en 1937.

MESSIEURS,

Votre Comité ne craint pas le paradoxe, puisqu'il a décidé de faire parler ici, — comme on placerait une ouverture de musique fantaisiste au commencement d'un grand opéra, — un simple amateur très embarrassé de soi-même devant les plus éminents représentants de l'Esthétique, délégués de toutes les nations.

Mais, peut-être, cet acte souverain, et d'abord assez étonnant, de vos organisateurs, s'explique-t-il par une considération que je vous soumets, qui permettrait de transformer le paradoxe de ma présence parlante à cette place, au moment solennel de l'ouverture des débats de ce Congrès, en une mesure de signification et de portée assez profondes.

J'ai souvent pensé que dans le développement de toute science constituée et déjà assez éloignée de ses origines, il pouvait être quelquefois utile, et presque toujours intéressant, d'interpeller un mortel d'entre les mortels, d'invoquer un homme suffisamment étranger à cette science, et de l'interroger s'il a quelque idée de l'objet, des moyens, des résultats, des applications possibles d'une discipline, dont j'admets qu'il connaisse le nom. Ce qu'il répondrait n'aurait généralement aucune importance; mais je m'assure que ces questions adressées à un individu qui n'a pour lui que sa simplicité et sa bonne foi, se réfléchiraient en quelque sorte sur sa naïveté, et reviendraient aux savants hommes qui l'interrogent, raviver en eux certaines difficultés élémentaires ou certaines conventions initiales, de celles qui se font oublier, et qui s'effacent si aisément de l'esprit, quand on avance dans les délicatesses et la structure fine d'une recherche passionnément poursuivie et approfondie.

Quelque personne qui dirait à quelque autre (par laquelle je représente une science): *Que faites-vous? Que cherchez-vous? Que voulez-vous? Où pensez-vous d'arriver? Et en somme, qui êtes-vous?* obligerait sans doute, l'esprit interrogé à quelque retour fructueux sur ses intentions premières et ses fins dernières, sur les racines et le principe moteur de sa curiosité, et enfin sur la substance même de son savoir. Et ceci n'est peut-être pas sans intérêt.

Si c'est bien là, Messieurs, le rôle d'ingénu à quoi le Comité me destine, je suis aussitôt à mon aise, et je sais ce que je viens faire: je viens ignorer tout haut.

Je vous déclare tout d'abord que le nom seul de l'Esthétique m'a toujours véritablement émerveillé et qu'il produit encore sur moi un effet d'éblouissement, si ce n'est d'intimidation. Il me fait hésiter l'esprit entre l'idée étrangement séduisante d'une «Science du Beau», qui, d'une part, nous ferait discerner *à coup sûr* ce qu'il faut aimer, ce qu'il faut haïr, ce qu'il faut acclamer, ce qu'il faut détruire; et qui, d'autre part, nous enseignerait à produire, *à coup sûr*, des œuvres d'art d'une incontestable valeur ; et en regard de cette première idée, l'idée d'une « Science des Sensations », non moins séduisante, et peut-être encore plus séduisante que la première. S'il me fallait choisir entre le destin d'être un homme qui sait comment et pourquoi telle chose est ce qu'on nomme « belle », et celui de savoir ce que c'est que *sentir*, je crois bien que je choisirais le second, avec l'arrière-pensée que cette connaissance, si elle était possible (et je crains bien qu'elle ne soit même pas concevable), me livrerait bientôt tous les secrets de l'art.

Mais, dans cet embarras, je suis secouru par la pensée d'une méthode toute cartésienne (puisqu'il faut honorer et suivre Descartes, cette année) qui, se fondant sur l'observation pure, me donnera de l'Esthétique une notion précise et irréprochable.

Je m'appliquerai à faire un « dénombrement très entier » et une revue des plus générales, comme il est conseillé par le *Discours*. Je me place (mais j'y suis déjà placé) hors de l'enceinte où s'élabore l'Esthétique, et j'observe ce qui en sort. Il en sort quantité de productions de quantité d'esprits. Je m'occupe d'en relever les sujets ; j'essaye de les classer, et je jugerai que le nombre de mes observations suffit à mon dessein, quand je verrai que je n'ai plus besoin de former de classe nouvelle. Alors je décréterai devant moi-même que l'Esthétique, à telle date, c'est l'ensemble ainsi assemblé et ordonné. En vérité, peut-elle être autre chose, et puis-je rien faire de plus sûr et de plus sage ? Mais ce qui est sûr et qui est sage n'est pas toujours le plus expédient ni le plus clair, et je m'avise que je dois à présent, pour construire une notion de l'Esthétique qui me rende quelque service, tenter de résumer en peu de paroles l'objet commun de tous ces produits de l'esprit. Ma tâche est de consumer cette matière immense... Je compulse ; je feuillette... Qu'est-ce donc que je trouve ? Le hasard m'offre d'abord une page de Géométrie pure ; une autre qui ressortit à la Morphologie biologique. Voici un très grand nombre de livres d'Histoire. Et ni l'Anatomie, ni la Physiologie, ni la Cristallographie, ni l'Acoustique ne manquent à la collection ; qui pour un chapitre, qui pour un paragraphe, il n'est presque de science qui ne paye tribut.

Et je suis loin du compte, encore !... J'aborde l'infini indénombrable des techniques. De la taille des pierres à la gymnastique des danseuses, des secrets du vitrail au mystère des vernis de violons, des canons de la fugue à la fonte de la cire perdue, de la diction des vers à la peinture encaustique, à la coupe des robes, à la marqueterie, au tracé des jardins, — que de traités, d'albums, de thèses, de travaux de toute dimension, de tout âge et de tout format !... Le dénombrement cartésien devient illusoire, devant cette prodigieuse diversité où le *tour-de-main* voisine avec la *section d'or*. Il semble qu'il n'y ait point de limites à cette prolifération de recherches, de procédés, de contributions, qui, toutes, ont cependant quelque rapport avec l'objet auquel je pense, et dont je demande l'idée claire. À demi découragé, j'abandonne l'explication de la quantité des techniques... Que me reste-t-il à consulter ? Deux amas d'inégale importance : l'un me semble formé d'ouvrages où la morale joue un grand rôle. J'entrevois qu'il y est question des rapports intermittents de l'Art et du Bien, et me détourne aussitôt de ce tas, attiré que je suis par un autre bien plus imposant. Quelque chose me dit que mon dernier espoir de me forger en quelques mots une bonne définition de l'Esthétique gît dans celui-ci…

Je rassemble donc mes esprits et j'attaque ce lot réservé, qui est une pyramide de productions méta-physiques.

C'est là, Messieurs, que je crois que je trouverai le germe et le premier mot de votre science. Toutes vos recherches, pour autant qu'on peut les grouper, se rapportent à un acte initial de la curiosité philoso-phique. L'Esthétique naquit un jour d'une remarque et d'un appétit de philosophe. Cet événement, sans doute, ne fut pas du tout accidentel. Il était presque inévitable que dans son entreprise d'attaque géné-rale des choses et de transformation systématique de tout ce qui vient se produire à l'esprit, le philo-sophe, procédant de demande en réponse, s'effor-çant d'assimiler et de réduire à un type d'expression cohérente qui est en lui, la variété de la connais-sance, rencontrât certaines questions qui ne se ran-gent ni parmi celles de l'intelligence pure, ni dans la sphère de la sensibilité toute seule, ni non plus dans les domaines de l'action ordinaire des hommes ; mais qui tiennent de ces divers modes, et qui les combinent si étroitement qu'il fallut bien les consi-dérer à part de tous les autres sujets d'études, leur attribuer une valeur et une signification irréduc-tibles, et donc leur faire un sort, leur trouver une jus-tification devant la raison, une fin comme une nécessité, dans le plan d'un bon système du monde.

L'Esthétique ainsi décrétée, d'abord et pendant fort longtemps, se développa *in abstracto* dans l'es-pace de la pensée pure, et fut construite par assises, à partir des matériaux bruts du langage commun, par le bizarre et industrieux animal dialectique qui les décompose de son mieux, en isole les éléments qu'il croit simples, et se dépense à édifier, en appareillant et contrastant les intelligibles, la demeure de la vie spéculative.

À la racine des problèmes qu'elle avait pris pour siens, la naissante Esthétique considérait un certain genre de *plaisir*.

Le plaisir, comme la douleur (que je ne rapproche l'un de l'autre que pour me conformer à l'usage rhétorique, mais dont les relations, *si elles existent*, doivent être bien plus subtiles que celle de se «faire pendant») ce sont des éléments toujours bien gênants dans une construction intellectuelle. Ils sont indéfinissables, incommensurables, incomparables de toute façon. Ils offrent le type même de cette confusion ou de cette dépendance réciproque de l'observateur et de la chose observée, qui est en train de faire le désespoir de la physique théorique.

Toutefois le plaisir d'espèce commune, le fait purement sensoriel, avait reçu assez aisément un rôle fonctionnel honorable et limité : on lui avait assigné un emploi généralement utile dans le mécanisme de la conservation de l'individu, et de toute confiance dans celui de la propagation de la race ; et je n'y contredis pas. En somme le phénomène *Plaisir* était sauvé aux yeux de la raison, par des arguments de finalité jadis, assez solides...

Mais il y a plaisir et plaisir. Tout plaisir ne se laisse pas si facilement reconduire à une place bien déterminée dans un bon ordre des choses. Il en est qui ne servent à rien dans l'économie de la vie et qui ne peuvent, d'autre part, être regardés comme de simples aberrations d'une faculté de se sentir nécessaire à l'être vivant. Ni l'utilité ni l'abus ne les expliquent. Ce n'est pas tout. Cette sorte de plaisir est indivisible de développements qui excèdent le domaine de la sensibilité, et la rattachent toujours à la production de modifications affectives, de celles qui se prolongent et s'enrichissent dans les voies de l'intellect, et qui conduisent parfois à l'entreprise d'actions extérieures sur la matière, sur les sens et sur l'esprit d'autrui, exigeant l'exercice combiné de toutes les puissances humaines.

Tel est le point. Un plaisir qui s'approfondit quelquefois jusqu'à communiquer une illusion de compréhension intime de l'objet qui le cause ; un plaisir qui excite l'intelligence, la défie, et lui fait aimer sa défaite ; davantage, un plaisir qui peut irriter l'étrange besoin de produire, ou de reproduire la chose, l'événement ou l'objet ou l'état, auquel il semble attaché, et qui devient par là une source d'activité sans *terme certain*, capable d'imposer une discipline, un zèle, des tourments à toute une vie, et de la remplir, si ce n'est d'en déborder, — propose à la pensée une énigme singulièrement spécieuse qui ne pouvait échapper au désir et à l'étreinte de l'hydre métaphysique. Rien de plus digne de la volonté de puissance du Philosophe que cet ordre de faits dans lequel il trouvait le *sentir*, le *saisir*, le *vouloir* et le *faire*, liés d'une liaison essentielle, qui accusait une réciprocité remarquable entre ces termes, et s'opposait à l'effort scholastique, sinon cartésien, de division de la difficulté. L'alliance d'une forme, d'une matière, d'une pensée, d'une action et d'une passion ; l'absence d'un but bien déterminé, et d'aucun achèvement qui pût s'exprimer en notions finies ; un désir et sa récompense se régénérant l'un par l'autre ; ce désir devenant créateur et par là, cause de soi ; et se détachant quelquefois de toute création particulière et de toute satisfaction dernière, pour se révéler désir de *créer pour créer*, — tout ceci anima l'esprit de métaphysique ; il y appliqua la même attention qu'il applique à tous les autres problèmes qu'il a coutume de se

forger pour exercer sa fonction de reconstructeur
de la connaissance en forme universelle.

Mais un esprit qui vise à ce degré sublime, où il
espère s'établir en état de suprématie, façonne le
monde qu'il ne croit que représenter. Il est bien trop
puissant pour ne voir que ce qui se voit. Il est induit
à s'écarter insensiblement de son modèle dont il
refuse le vrai visage, qui lui propose seulement le
chaos, le désordre instantané des choses observables : il est tenté de négliger les singularités et les
irrégularités qui s'expriment malaisément et qui
tourmentent l'uniformité distributive des méthodes.
Il analyse logiquement ce qu'on dit. Il y applique la
question, et tire, de l'adversaire même, ce que celui-
ci ne soupçonnait pas qu'il pensât. Il lui montre une
invisible *substance* sous le visible, qui est *accident* ; il
lui change son réel en *apparence* ; il se plaît à créer
les noms qui manquent au langage pour satisfaire
les équilibres formels des propositions : s'il manque
quelque *sujet*, il le fait engendrer par un *attribut* ;
si la contradiction menace, la distinction se glisse
dans le jeu, et sauve la partie...

Et tout ceci va bien, — jusqu'à un certain point.

Ainsi, devant le mystère du plaisir dont je parle,
le Philosophe justement soucieux de lui trouver une
place catégorique, un sens universel, une fonction
intelligible ; séduit, mais intrigué, par la combinaison de volupté, de fécondité, et d'une énergie assez
comparable à celle qui se dégage de l'amour, qu'il
y découvrait ; ne pouvant séparer, dans ce nouvel
objet de son regard, la nécessité de l'arbitraire, la
contemplation de l'action, ni la matière de l'esprit,
— toutefois ne laissa pas de vouloir réduire par
ses moyens ordinaires d'exhaustion et de division
progressive, ce monstre de la Fable Intellectuelle,
sphinx ou griffon, sirène ou centaure, en qui la sen-

sation, l'action, le songe, l'instinct, les réflexions, le
rythme et la démesure se composent aussi intimement que les éléments chimiques dans les corps
vivants ; qui parfois nous est offert par la nature,
mais comme au hasard, et d'autres fois, formé, au
prix d'immenses efforts de l'homme, qui en fait le
produit de tout ce qu'il peut dépenser d'esprit, de
temps, d'obstination, et en somme, de vie.

La Dialectique, poursuivant passionnément cette
proie merveilleuse, la pressa, la traqua, la força
dans le bosquet des Notions Pures.

C'est là qu'elle saisit l'*Idée du Beau*.

Mais c'est une chasse magique que la chasse dialectique. Dans la forêt enchantée du Langage, les
poètes vont tout exprès pour se perdre, et s'y enivrer
d'égarement, cherchant les carrefours de signification, les échos imprévus, les rencontres étranges ; ils
n'en craignent ni les détours, ni les surprises, ni les
ténèbres ; — mais le veneur qui s'y excite à courre la
« vérité », à suivre une voie unique et continue, dont
chaque élément soit le seul qu'il doive prendre pour
ne perdre ni la piste, ni le gain du chemin parcouru,
s'expose à ne capturer enfin que son ombre. Gigantesque, parfois ; mais ombre tout de même.

Il était fatal, sans doute, que l'application de l'analyse dialectique à des problèmes qui ne se renfer-
ment pas dans un domaine bien déterminé, qui ne
s'expriment pas en termes exacts, ne produisît que
des « vérités » intérieures à l'enceinte conventionnelle d'une doctrine, et que de belles réalités insou-
mises vinssent toujours troubler la souveraineté du
Beau Idéal et la sérénité de sa définition.

Je ne dis pas que la découverte de l'*Idée du Beau*
n'ait pas été un événement extraordinaire et qu'elle
n'ait pas engendré des conséquences positives d'importance considérable. Toute l'histoire de l'Art occi-

dental manifeste ce qu'on lui dut, pendant plus de vingt siècles, en fait de styles et d'œuvres du premier ordre. La pensée abstraite s'est ici montrée non moins féconde qu'elle l'a été dans l'édification de la science. Mais cette idée, pourtant, portait en elle le vice originel et inévitable auquel je viens de faire allusion.

Pureté, généralité, rigueur, logique étaient en cette matière des vertus génératrices de paradoxes, dont voici le plus admirable : l'Esthétique des métaphysiciens exigeait que l'on séparât le *Beau* des *belles choses*!...

Or, s'il est vrai qu'il n'y a point de science du particulier, il n'y a pas d'action ni de production qui ne soit, au contraire, essentiellement particulière, et il n'y a point de sensation qui subsiste dans l'universel. Le réel refuse l'ordre et l'unité que la pensée veut lui infliger. L'unité de la nature n'apparaît que dans des systèmes de signes expressément faits à cette fin, et l'univers n'est qu'une invention plus ou moins commode.

Le plaisir, enfin, n'existe que dans l'instant, et rien de plus individuel, de plus incertain, de plus incommunicable. Les jugements que l'on en fait ne permettent aucun raisonnement, car loin d'analyser leur sujet, au contraire, et en vérité, ils y ajoutent un *attribut d'indétermination* : dire qu'un objet est *beau*, c'est lui donner valeur d'énigme.

Mais il n'y aura même plus lieu de parler d'un bel objet, puisque nous avons isolé le *Beau* des *belles choses*. Je ne sais si l'on a assez observé cette conséquence étonnante : que la déduction d'une Esthétique Métaphysique, qui tend à substituer une connaissance intellectuelle à l'effet immédiat et singulier des phénomènes et à leur résonance spécifique, tend à nous dispenser de l'expérience du *Beau*, en tant qu'il se rencontre dans le monde sensible. L'essence de la beauté étant obtenue, ses formules générales écrites, la nature avec l'art épuisés, surmontés, remplacés par la possession du principe et par la certitude de ses développements, toutes les œuvres et tous les aspects qui nous ravissaient peuvent bien disparaître, ou ne plus servir que d'exemples, de moyens didactiques, provisoirement exhibés.

Cette conséquence n'est pas avouée, — je n'en doute pas — elle n'est guère avouable. Aucun des dialecticiens de l'Esthétique ne consentira qu'il n'a plus besoin de ses yeux ni de ses oreilles au-delà des occasions de la vie pratique. Et davantage, aucun d'eux ne prétendra qu'il pourrait, grâce à ses formules, se divertir à exécuter, — ou du moins à définir en toute précision — d'incontestables chefs-d'œuvre, sans y mettre autre chose de soi que l'application de son esprit à une sorte de calcul.

Tout, d'ailleurs, n'est pas imaginaire dans cette supposition. Nous savons que quelque rêve de ce genre a hanté plus d'une tête, et non des moins puissantes ; et nous savons, d'autre part, combien la critique, jadis, se sentant des préceptes infaillibles, a usé et abusé, dans l'estime des œuvres, de l'autorité qu'elle pensait tenir de ses principes. C'est qu'il n'est pas de tentation plus grande que celle de décider souverainement dans les matières incertaines.

Le seul propos d'une « Science du Beau » devait fatalement être ruiné par la diversité des beautés produites ou admises dans le monde et dans la durée. S'agissant de plaisir, il n'y a plus que des questions de fait. Les individus jouissent comme ils peuvent et de ce qu'ils peuvent ; et la malice de la sensibilité est infinie. Les conseils les mieux fondés sont déjoués par elle, quand même ils soient le fruit des observations les plus sagaces et des raisonnements les plus déliés.

Quoi de plus juste, par exemple, et de plus satisfaisant pour l'esprit que la fameuse règle des unités, si conforme aux exigences de l'attention et si
favorable à la solidité, à la densité de l'action dramatique ?

Mais un Shakespeare, entre autres, l'ignore et
triomphe. Ici, je me permettrai, en passant, d'émettre
une idée qui me vient, et que je donne, comme elle
me vient, à l'état fragile de fantaisie : Shakespeare,
si libre sur le théâtre, a composé, d'autre part,
d'illustres sonnets, faits selon toutes les règles, et
visiblement très soignés ; qui sait si ce grand homme
n'attachait pas bien plus de prix à ces poèmes étudiés qu'aux tragédies et aux comédies qu'il improvisait, modifiait sur la scène même, et pour un public
de hasard ?

Mais le mépris ou l'abandon qui finirent par exténuer la Règle des Anciens, ne signifie point que les
préceptes qui la composent soient dénués de valeur ;
mais seulement, qu'on leur attribuait une valeur qui
n'était qu'imaginaire, celle de conditions absolues
de l'*effet le plus désirable* d'une œuvre. J'entends
par « effet le plus désirable » (c'est une définition de
circonstance) celui que produirait une œuvre dont
l'impression immédiate qu'on en reçoit, le choc
initial, et le jugement que l'on en fait à loisir, à la
réflexion, à l'examen de sa structure et de sa forme,
s'opposeraient entre eux le moins possible ; mais
au contraire, s'accorderaient, l'analyse et l'étude
confirmant et accroissant la satisfaction du premier
contact.

Il arrive à bien des ouvrages (et c'est aussi l'objet
restreint de certains arts) qu'ils ne puissent donner
autre chose que des effets de première intention. Si
l'on s'attarde sur eux, on trouve qu'ils n'existent
qu'au prix de quelque inconséquence, ou de quelque

impossibilité ou de quelque prestige, qu'un regard prolongé, des questions indiscrètes, une curiosité un peu trop développée mettraient en péril. Il est des monuments d'architecture qui ne procèdent que du désir de dresser un décor impressionnant, qui soit vu d'un point choisi ; et cette tentation conduit assez souvent le constructeur à sacrifier telles qualités, dont l'absence et le défaut apparaissent si l'on s'écarte quelque peu de la place favorable prévue. Le public confond trop souvent l'art restreint du décor, dont les conditions s'établissent par rapport à un lieu bien défini et limité, et veulent une perspective unique et un certain éclairage, avec l'art complet dans lequel la structure, les relations, rendues sensibles, de la matière, des formes et des forces sont dominantes, reconnaissables de tous les points de l'espace, et introduisent, en quelque sorte, dans la vision, je ne sais quelle présence du sentiment de la masse, de la puissance statique, de l'effort et des antagonismes musculaires qui nous identifient avec l'édifice, par une certaine conscience de notre corps tout entier.

Je m'excuse de cette digression. Je reviens à cette Esthétique dont je disais qu'elle a reçu de l'événement presque autant de démentis que d'occasions où elle a cru pouvoir dominer le goût, juger définitivement du mérite des œuvres, s'imposer aux artistes comme au public, et forcer les gens d'aimer ce qu'ils n'aimaient pas et d'abhorrer ce qu'ils aimaient.

Mais ce n'est que sa prétention qui fut ruinée. Elle valait mieux que son rêve. Son erreur, à mon sens, ne portait que sur elle-même et sa vraie nature ; sur sa vraie valeur et sur sa fonction. Elle se croyait universelle ; mais au contraire, elle était merveilleusement soi, c'est-à-dire originale. Quoi de plus original que de s'opposer à la plupart des tendances, des

goûts et des productions existantes ou possibles, que
de condamner l'Inde et la Chine, le «gothique» avec
le mauresque, et de répudier presque toute la
richesse du monde pour vouloir et produire *autre
chose* : un objet sensible de délice qui fût en accord
parfait avec les retours et les jugements de la raison,
et une harmonie de l'instant avec ce que découvre à
loisir la durée ?

À l'époque (qui n'est pas révolue), où de grands
débats se sont élevés entre les poètes, les uns tenant
pour les vers que l'on nomme «libres», les autres
pour les vers de la tradition, qui sont soumis à
diverses règles conventionnelles, je me disais parfois que la prétendue hardiesse des uns, la prétendue servitude des autres n'étaient qu'une affaire de
pure chronologie, et que si la liberté prosodique eût
seule existé jusqu'alors, et que l'on eût vu tout à
coup inventer par quelques têtes absurdes la rime
et l'alexandrin à césure, on eût crié à la folie ou à
l'intention de mystifier le lecteur... Il est assez
facile, dans les arts, de concevoir l'interversion des
anciens et des modernes, de considérer Racine
venu un siècle après Victor Hugo...

Notre Esthétique rigoureusement pure m'apparaît donc comme une invention qui s'ignore en tant
que telle, et s'est prise pour déduction invincible de
quelques principes évidents. Boileau croyait suivre
la raison : il était insensible à toute la bizarrerie et
la particularité des préceptes. Quoi de plus capri-
cieux que la proscription de l'hiatus ? Quoi de plus
subtil que la justification des avantages de la rime ?

Observons qu'il n'est rien de plus naturel et peut-
être de plus inévitable que de prendre ce qui paraît
simple, évident et général pour autre chose que le
résultat local d'une réflexion personnelle. Tout ce
qui se croit universel est un effet particulier. Tout

univers que nous formions, il répond à un point unique, et nous enferme.

Mais, fort loin de méconnaître l'importance de l'Esthétique raisonnée, je lui réserve au contraire un rôle positif et de la plus grande conséquence réelle. Une Esthétique émanée de la réflexion et d'une volonté suivie de compréhension des fins de l'art, portant sa prétention jusqu'à interdire certains moyens, ou à prescrire des conditions à la jouissance comme à la production des œuvres, peut rendre et a rendu, en fait, d'immenses services à tel artiste ou à telle famille d'artistes, à titre de participation, de formulaire d'un certain art (et non de tout art). Elle donne des lois sous lesquelles il est possible de ranger les nombreuses conventions et desquelles on peut dériver les décisions de détail qu'un ouvrage assemble et coordonne. De telles formules peuvent, d'ailleurs, avoir dans certains cas, vertu créatrice, suggérer bien des idées que l'on n'eût jamais eues sans elles. La restriction est inventive au moins autant de fois que la surabondance des libertés peut l'être. Je n'irai pas jusqu'à dire avec Joseph de Maistre que tout ce qui gêne l'homme le fortifie. De Maistre ne songeait peut-être pas qu'il est des chaussures trop étroites. Mais, s'agissant des arts, il me répondrait assez bien, sans doute, que des chaussures trop étroites nous feraient inventer des danses toutes nouvelles.

On voit que je considère ce que l'on nomme l'Art classique, et qui est l'Art accordé à l'Idée du Beau, comme une singularité, et point comme la forme d'Art la plus générale et la plus pure. Je ne dis point que ce ne soit point là mon sentiment personnel ; mais je ne donne pas d'autre valeur que d'être mienne à cette préférence.

Le terme de *parti pris* que j'ai employé signifie,

dans ma pensée, que les préceptes élaborés par le théoricien, le travail d'analyse conceptuelle qu'il a accompli en vue de passer du désordre des jugements à l'ordre, du fait au droit, du relatif à l'absolu, et de s'établir dans une possession dogmatique, au plus haut de la conscience du Beau, deviennent utilisables dans la pratique de l'Art, à titre de convention choisie entre d'autres également possibles, par un acte non obligatoire, — et non sous la pression d'une nécessité intellectuelle inéluctable, à laquelle on ne peut se soustraire, une fois que l'on a compris de quoi il s'agissait.

Car ce qui contraint la raison ne contraint jamais qu'elle seule.

La raison est une déesse que nous croyons qui veille, mais bien plutôt qui dort, dans quelque grotte de notre esprit : elle nous apparaît quelquefois pour nous engager à calculer les diverses probabilités des conséquences de nos actes. Elle nous suggère, de temps à autre (car la loi de ces apparitions de la raison à notre conscience est tout irrationnelle), de simuler une parfaite égalité de nos jugements, une distribution de prévision exempte de préférences secrètes, un bel équilibre d'arguments ; et tout ceci exige de nous ce qui répugne le plus à notre nature, — *notre absence*. Cette auguste Raison voudrait que nous essayions de nous identifier avec le réel afin de le dominer, *imperare parendo* ; mais nous sommes réels nous-mêmes (ou rien ne l'est), et le sommes surtout quand nous agissons, ce, qui exige une tendance, c'est-à-dire une inégalité, c'est-à-dire une sorte d'injustice, dont le principe, presque invincible, est notre personne, qui est singulière et différente de toutes les autres, ce qui est contraire à la raison. La raison ignore ou assimile les personnes, qui, parfois, le lui rendent bien. Elle est seulement occupée de types et de comparaisons systématiques, de hiérarchies idéales des valeurs, d'énumération d'hypothèses symétriques, et tout ceci, dont la formation la définit, s'accomplit dans la pensée, et non ailleurs.

Mais le travail de l'artiste, même dans la partie toute mentale de ce travail, ne peut se réduire à des opérations de pensée directrice. D'une part, la matière, les moyens, le moment même, et une foule d'accidents (lesquels caractérisent le réel, au moins pour le non-philosophe) introduisent dans la fabrication de l'ouvrage une quantité de conditions qui, non seulement, importent de l'imprévu et de l'indéterminé dans le drame de la création, mais encore concourent à le rendre rationnellement inconcevable, car elles l'engagent dans le domaine des choses, où il se fait *chose*; et de pensable, devient sensible.

D'autre part, qu'il le veuille ou non, l'artiste ne peut absolument pas se détacher du sentiment de l'arbitraire. Il procède de l'arbitraire vers une certaine nécessité, et d'un certain désordre vers un certain ordre; et il ne peut se passer de la sensation constante de cet arbitraire et de ce désordre, qui s'opposent à ce qui naît sous ses mains et qui lui apparaît nécessaire et ordonné. C'est ce contraste qui lui fait ressentir qu'il crée, puisqu'il ne peut déduire ce qui lui vient de ce qu'il a.

Sa nécessité est par là toute différente de celle du logicien. Elle est toute dans l'instant de ce contraste, et tient sa force des propriétés de cet instant de résolution, qu'il s'agira de retrouver ensuite, ou de transposer ou de prolonger, *secundum artem*.

La nécessité du logicien résulte d'une certaine impossibilité de penser, qui frappe la contradiction: elle a pour fondement la conservation rigoureuse des conventions de notation, — des *définitions* et

des postulats. Mais ceci exclut du domaine dialectique tout ce qui est indéfinissable ou mal définissable, tout ce qui n'est pas essentiellement *langage*,
ni réductible à des expressions par le langage. Il n'y
a pas de contradiction sans *diction*, c'est-à-dire,
hors du discours. Le discours est donc une fin pour
le métaphysicien, et il n'est guère qu'un moyen pour
l'homme qui vise à des actes. Le métaphysicien
s'étant d'abord préoccupé du *Vrai*, en lequel il a
mis toutes ses complaisances, et qu'il reconnaît
à l'absence de contradictions, quand il découvre
ensuite l'*Idée du Beau*, et qu'il veut en développer la
nature et les conséquences, il ne peut qu'il ne lui
souvienne de la recherche de *sa* Vérité ; et le voici
qui poursuit sous le nom du *Beau*, quelque *Vrai* de
seconde espèce : il invente, sans s'en douter, un *Vrai
du Beau* ; et par là, comme je l'ai déjà dit, il sépare le
Beau des moments et des choses, parmi lesquels les
beaux moments et les belles choses...

Quand il revient aux œuvres d'art, il est donc
tenté d'en juger selon des principes, car son esprit
est dressé à chercher la conformité. Il lui faut donc
traduire d'abord son impression en paroles, et il
jugera sur paroles, spéculera sur l'unité, la variété
et autres concepts. Il pose donc l'existence d'une
Vérité dans l'ordre du plaisir, connaissable et
reconnaissable par toute personne : il décrète l'égalité des hommes devant le plaisir, prononce qu'il y
a de vrais plaisirs et de faux plaisirs, et que l'on
peut former des juges pour dire le droit en toute
infaillibilité.

Je n'exagère point. Il n'y a pas de doute que la
ferme croyance à la possibilité de résoudre le problème de la subjectivité des jugements en matière
d'art et de goûts, n'ait été plus ou moins établie
dans la pensée de tous ceux qui ont rêvé, tenté ou

accompli l'édification d'une Esthétique dogmatique.
Avouons, Messieurs, que nul d'entre nous n'échappe
à cette tentation, et ne glisse assez souvent du singulier à l'universel, fasciné par les promesses du
démon dialectique. Ce séducteur nous fait désirer
que tout se réduise et s'achève en termes catégo-
riques, et que le *Verbe* soit à la fin de toutes choses.
Mais il faut lui répondre par cette simple observation : que l'action même du Beau sur quelqu'un
consiste à le tendre *muet*.

Muet, d'abord ; mais nous observerons bientôt
cette suite très remarquable de l'effet produit : Si,
sans la moindre intention de juger, nous essayons de
décrire nos impressions immédiates de l'événement
de notre sensibilité qui vient de nous affecter, cette
description exige de nous l'emploi de la contradiction. Le phénomène nous oblige à ces expressions
scandaleuses : *la nécessité de l'arbitraire ; la nécessité
par l'arbitraire*.

Plaçons-nous donc dans l'état qu'il faut : celui
où nous transporte une œuvre qui soit de celles
qui nous contraignent à les désirer d'autant plus que
nous les possédons davantage (nous n'avons qu'à
consulter notre mémoire pour y trouver, je l'espère,
un modèle d'un tel état). Nous nous trouvons alors
un curieux mélange, ou plutôt, une curieuse alternance de sentiments naissants, dont je crois que la
présence et le contraste sont caractéristiques.

Nous sentons, d'une part, que la source ou l'objet
de notre volonté nous convient de si près que nous
ne pouvons le concevoir différent. Même dans certains cas de suprême contentement, nous éprouvons
que nous nous transformons, en quelque manière
profonde, pour nous faire celui dont la sensibilité
générale est capable de telle extrémité ou plénitude
de délice.

Mais, nous ne sentons pas moins, ni moins fortement, et comme par un autre sens, que le phénomène qui cause et développe en nous cet état, et
nous inflige sa puissance invisible, *aurait pu ne pas
être* ; et même, *aurait dû ne pas être*, et se classe
dans l'improbable. Cependant que notre jouissance
ou notre joie est forte comme un fait, l'existence et
la formation du moyen, de l'instrument générateur
de notre sensation nous semblent *accidentelles*.
Cette existence nous apparaît l'effet d'un hasard
très heureux, d'une chance, d'un don gratuit de la
Fortune. C'est en quoi, remarquons-le, une analogie particulière se découvre entre l'effet d'une
œuvre d'art et celui d'un aspect de la nature, dû à
quelque accident géologique, à une combinaison
passagère de lumière et de vapeur d'eau dans le
ciel, etc.

Parfois, nous ne pouvons imaginer qu'un certain
homme comme nous soit l'auteur d'un bienfait si
extraordinaire, et la gloire que nous lui donnons est
l'expression de cette impuissance.

Or, ce sentiment contradictoire existe au plus
haut degré dans l'artiste : il est une condition de
toute œuvre. L'artiste vit dans l'intimité de *son* arbitraire et dans l'attente de *sa* nécessité. Il demande
celle-ci à tous les instants ; il l'obtient des circonstances les plus imprévues, les plus insignifiantes, et
il n'y a aucune proportion, aucune uniformité de
relation entre la grandeur de l'effet et l'importance
de la cause. Il attend une réponse *absolument précise* (puisqu'elle doit engendrer un acte d'exécution)
à une question *essentiellement incomplète* : il désire
l'effet que produira en lui ce qui de lui peut naître.
Parfois le don précède la demande, et surprend un
homme qui se trouve comblé, sans préparation. Ce
cas d'une grâce soudaine est celui qui manifeste le

plus fortement le contraste dont on a parlé tout à l'heure entre les deux sensations qui accompagnent un même phénomène ; ce qui nous semble *avoir pu ne pas être* s'impose à nous avec la même puissance *de ce qui ne pouvait pas ne pas être*, et *qui devait être ce qu'il est*.

Je vous avoue, Messieurs, que je n'ai jamais pu aller plus avant dans mes réflexions sur ces problèmes, à moins de me risquer au-delà des observations que je pouvais faire sur moi. Si je me suis étendu sur la nature de l'Esthétique proprement philosophique, c'est qu'elle nous offre le type même d'un développement abstrait appliqué ou infligé à une diversité infinie d'impressions concrètes et complexes. Il en résulte qu'elle ne parle pas de ce dont elle croit parler, et dont il n'est pas démontré, d'ailleurs, que l'on puisse *parler*. Toutefois elle fut incontestablement créatrice. Qu'il s'agisse des règles du théâtre, de celles de la poésie, des canons de l'architecture, de la section d'or, la volonté de dégager une Science de l'art, ou du moins, d'instituer des méthodes, et, en quelque sorte, d'organiser un terrain conquis, ou que l'on croit définitivement conquis, elle a séduit les plus grands philosophes. C'est pourquoi il m'est arrivé naguère de confondre ces deux races, et cet égarement n'a pas été sans me valoir quelques reproches assez sévères. J'ai cru voir dans Léonard un penseur ; dans Spinoza, une manière de poète ou d'architecte. Je me suis sans doute trompé. Il me semblait cependant que la forme d'expression extérieure d'un être fût parfois moins importante que la nature de son désir et le mode d'enchaînement de ses pensées.

Quoi qu'il en soit, je n'ai pas besoin d'ajouter que je n'ai pas trouvé la définition que je cherchais. Je ne hais pas ce résultat négatif. Si j'eusse trouvé cette bonne définition, il eût pu m'arriver d'être tenté de nier l'existence d'un objet qui lui corresponde, et de prétendre que l'Esthétique n'existe pas. Mais ce qui est indéfinissable n'est pas nécessairement niable. Personne, que je sache, ne s'est flatté de définir les Mathématiques, et personne ne doute de leur existence. Quelques-uns se sont essayés à définir la vie ; mais le succès de leur effort fut toujours assez vain : la vie n'en est pas moins.

L'Esthétique existe ; et même il y a des esthéticiens. Je vais, en terminant, leur proposer quelques idées ou suggestions, qu'ils voudront bien tenir pour celles d'un ignorant ou d'un ingénu, ou d'une heureuse combinaison des deux.

Je reviens à l'amas de livres, de traités ou de mémoires que j'ai considéré et exploré tout à l'heure, et dans lequel j'ai trouvé la diversité que vous savez. Ne pourrait-on pas les classer comme je vais dire ?

Je constituerais un premier groupe, que je baptiserais : *Esthésique*, et j'y mettrais tout ce qui se rapporte à l'étude des sensations ; mais plus particulièrement s'y placeraient les travaux qui ont pour objet les excitations et les réactions sensibles *qui n'ont pas de rôle physiologique uniforme* et *bien défini*. Ce sont, en effet, les modifications sensorielles dont l'être vivant peut se passer, et dont l'ensemble (qui contient à titre de *raretés*, les sensations indispensables ou utilisables) est notre trésor. C'est en lui que réside notre richesse. Tout le luxe de nos arts est puisé dans ses ressources infinies.

Un autre tas assemblerait tout ce qui concerne la production des œuvres ; et une idée générale de l'*action humaine complète*, depuis ses racines psychiques et physiologiques, jusqu'à ses entreprises sur la matière ou sur les individus, permettrait de subdiviser ce second groupe, que je nommerais *Poé-tique*, ou plutôt *Poïétique*. D'une part, l'étude de l'invention et de la composition, le rôle du hasard, celui de la réflexion, celui de l'imitation ; celui de la culture et du milieu ; d'autre part, l'examen et l'analyse des techniques, procédés, instruments, matériaux, moyens et suppôts d'action.

Cette classification est assez grossière. Elle est aussi insuffisante. Il faut au moins un troisième tas où s'accumuleraient les ouvrages qui traitent des problèmes dans lesquels mon *Esthésique* et ma *Poïétique* s'enchevêtrent.

Mais cette remarque que je me fais me donne à craindre que mon propos ne soit illusoire, et je me doute que chacune des communications qui vont ici se produire en démontrera l'inanité.

Que me reste-t-il donc d'avoir, pendant quelques instants, essayé de la pensée esthétique, et puis-je, du moins, à défaut d'une idée distincte et résolutoire, me résumer la multiplicité de mes tâtonnements ?

Ce retour sur mes réflexions ne me donne guère que des propositions négatives, résultat remarquable en somme. N'y a-t-il pas des nombres que l'analyse ne définit que par des négations ?

Voici donc ce que je me dis :

Il existe une forme de plaisir qui ne s'explique pas ; qui ne se circonscrit pas ; qui ne se cantonne ni dans l'organe du sens où il prend naissance, ni même dans le domaine de la sensibilité ; qui diffère de nature, ou d'occasion, d'intensité, d'importance et de conséquence, selon les personnes, les circonstances, les époques, la culture, l'âge et le milieu ; qui excite à des actions sans cause universellement valable, et ordonnées à des fins incertaines, des individus distribués comme au hasard sur l'en-

semble d'un peuple ; et ces actions engendrent des
produits de divers ordres dont la valeur d'usage et
la valeur d'échange ne dépendent que fort peu de
ce qu'ils sont. Enfin, dernière négative : toutes les
peines que l'on a prises pour définir, régulariser,
réglementer, mesurer, stabiliser ou assurer ce plaisir et sa production ont été vaines et infructueuses
jusqu'ici ; mais comme il faut que tout, dans ce
domaine, soit impossible à circonscrire, elles n'ont
été vaines qu'imparfaitement, et leur insuccès n'a
pas laissé d'être parfois curieusement créateur et
fécond...

Je n'ose pas dire que l'Esthétique est l'étude d'un
système de négations, quoiqu'il y ait quelque grain
de vérité dans ce dire. Si l'on prend les problèmes
de face, et comme corps à corps, problèmes qui sont
celui de la jouissance et celui de la puissance de produire la jouissance, les solutions positives, et même
les seuls énoncés nous défient.

Je tiens, au contraire, à exprimer une tout autre
pensée. Je vois à vos recherches un avenir merveilleusement vaste et lumineux.

Considérons-le : toutes les sciences les plus développées invoquent ou réclament aujourd'hui, même
dans leur technique, le secours ou le concours de
considérations ou de connaissances dont l'étude
propre vous appartient. Les mathématiciens ne parlent que de la beauté de structure de leurs raisonnements et de leurs démonstrations. Leurs découvertes
se développent par la perception d'analogie de
formes. À la fin d'une conférence donnée à l'Institut
Poincaré, M. Einstein disait que pour achever sa
construction idéale des symboles, il avait été obligé
« d'introduire quelques points de vue d'architecture ».

La Physique, d'autre part, se trouve à présent
dans la crise de l'imagerie immémoriale qui, depuis

toujours, lui offrait la matière et le mouvement bien distincts ; le lieu et le temps, bien discernables et repérables à toute échelle ; et elle disposait des grandes facilités que donnent le continu et la similitude. Mais ses pouvoirs d'action ont dépassé toute prévision, et ils débordent tous nos moyens de représentation figurée, ruinent même nos vénérables catégories. La Physique pourtant a nos sensations et nos perceptions pour objet fondamental. Toutefois, elle les considère comme substance d'un univers extérieur sur lequel nous avons quelque action, et elle répudie ou néglige celles de nos impressions immédiates auxquelles elle ne peut faire correspondre une opération qui permette de reproduire dans des conditions «mesurables», c'est-à-dire liées à la permanence que nous attribuons aux corps solides. Par exemple, la couleur n'est au physicien qu'une circonstance accessoire ; il n'en retient qu'une indication grossière de fréquence. Quant aux effets de contraste, aux complémentaires, et autres phénomènes du même ordre, il les écarte de ses voies. On arrive ainsi à cette intéressante constatation : tandis que pour la pensée du physicien l'impression colorée a le caractère d'un accident qui se produit pour telle valeur ou telle autre d'une suite croissante et indéfinie de nombres, l'œil du même savant lui offre un ensemble restreint et fermé de sensations qui se correspondent deux à deux, tellement que si l'une est donnée avec une certaine intensité et une certaine durée, elle est aussitôt suivie de la production de l'autre. Si quelqu'un n'avait jamais vu le *vert*, il lui suffirait de regarder du *rouge* pour le connaître.

Je me suis demandé quelquefois, en songeant aux difficultés nouvelles de la physique, à toutes les créations assez incertaines qu'elle est contrainte de

faire et de remanier tous les jours, mi-entités, mi-
réalités, si, après tout, la rétine n'aurait pas, elle
aussi, ses opinions sur les photons, et sa théorie de
la lumière, si les corpuscules du tact et les merveilleuses propriétés de la fibre musculaire et de
son innervation ne seraient pas des intéressés très
importants dans la grande affaire de la fabrication
du temps, de l'espace et de la matière ? La Physique
devrait revenir à l'étude de la sensation et de ses
organes.

Mais tout ceci, n'est-ce point de l'*Esthésique* ? Et si
dans l'*Esthésique* nous introduisons enfin certaines
inégalités et certaines relations, ne serons-nous pas
très voisins de notre indéfinissable *Esthétique* ?

Je viens d'invoquer devant vous le phénomène
des complémentaires qui nous montre, de la sorte
la plus simple et la plus aisée à observer, une véritable création ? Un organe fatigué par une sensation semble la fuir en émettant une sensation
symétrique. On trouverait, de même, quantité de
productions spontanées, qui se donnent à nous à
titre de compléments d'un système d'impressions
ressenti comme insuffisant. Nous ne pouvons voir
de constellation au ciel que nous ne fournissions
aussitôt les tracements qui en joignent les astres, et
nous ne pouvons entendre des sons assez rapprochés sans en faire une suite, et leur trouver une
action dans nos appareils musculaires qui substitue
à la pluralité de ces événements distincts, un processus de génération plus ou moins compliqué.

Ce sont là autant d'*œuvres* élémentaires. L'Art,
peut-être, n'est fait que de la combinaison de tels
éléments. Le besoin de compléter, de *répondre* ou
par le symétrique, ou par le semblable, celui de remplir un temps vide ou un espace nu, celui de com-
bler une lacune, une attente, ou de cacher le présent

disgracieux par des images favorables, autant de manifestations d'une puissance qui, multipliée par les transformations que sait opérer l'intellect, armé d'une foule de procédés et de moyens empruntés à l'expérience de l'action pratique, a pu s'élever à ces grands ouvrages de quelques individus qui atteignent çà et là le plus haut degré de *nécessité* que la nature humaine puisse obtenir de la possession de son *arbitraire*, comme en réponse à la variété même et à l'indétermination de tout le possible qui est en nous.

VARIÉTÉ V

L'homme et la coquille

S'il y eût une poésie des merveilles et des émotions de l'intellect (à quoi j'ai songé toute ma vie), il n'y aurait point pour elle de sujet plus délicieusement excitant à choisir que la peinture d'un esprit sollicité par quelqu'une de ces formations naturelles remarquables qui s'observent çà et là (ou plutôt qui se font observer), parmi tant de choses de figure indifférente et accidentelle qui nous entourent.

Comme un son pur, ou un système mélodique de sons purs, au milieu des bruits, ainsi un *cristal*, une *fleur*, une *coquille* se détachent du désordre ordinaire de l'ensemble des choses sensibles. Ils nous sont des objets privilégiés, plus intelligibles à la vue, quoique plus mystérieux à la réflexion, que tous les autres que nous voyons indistinctement. Ils nous proposent, étrangement unies, les idées d'ordre et de fantaisie, d'invention et de nécessité, de loi et d'exception; et nous trouvons à la fois dans leur apparence, le semblant d'une *intention* et d'une *action* qui les eût façonnés à peu près comme les hommes savent faire et cependant l'évidence de procédés qui nous sont interdits et impénétrables. Nous pouvons imiter ces formes singulières; et nos mains tailler un prisme, assembler une feinte fleur, tourner ou modeler une coquille ; nous savons même exprimer par une *formule* leurs caractères de symétrie, ou les représenter d'assez près par une construction géométrique. Jusque-là, nous pouvons prêter à la « Nature » : lui donner des dessins, une mathématique, un goût, une imagination, qui ne sont pas infiniment différents des nôtres ; mais voici que, lui ayant concédé tout ce qu'il faut d'*humain* pour se faire comprendre des hommes, elle nous manifeste, d'autre part, tout ce qu'il faut d'inhumain pour nous déconcerter... Nous concevons la *construction* de ces objets ; et c'est par quoi ils nous intéressent et nous retiennent ; nous ne concevons pas leur *formation*, et c'est par quoi ils nous intriguent. Bien que faits ou formés nous-mêmes par voie de croissance insensible, nous ne savons rien créer par cette voie.

*

Ce coquillage que je tiens et retourne entre mes doigts, et qui m'offre un développement combiné des thèmes simples de l'hélice et de la spire, m'engage, d'autre part, dans un étonnement et une attention qui produisent ce qu'ils peuvent : remarques et précisions tout extérieures, questions naïves, comparaisons « poétiques », imprudentes « théories » à l'état naissant... Et je me sens l'esprit vaguement pressentir tout le trésor infus des réponses qui s'ébauchent en moi devant une chose qui m'arrête et qui m'interroge...

*

Je m'essaie d'abord à me décrire cette chose. Elle me suggère le mouvement que nous faisons quand nous faisons un cornet de papier. Nous engendrons ainsi un cône, sur lequel un bord du papier marque une rampe qui s'élève vers la pointe, et s'y termine après quelques tours. Mais le cornet minéral est constitué par un tube, et non par un feuillet simple. Avec un tube fermé à l'un de ses bouts, et supposé souple, je puis, non seulement, reproduire assez bien l'essentiel de la forme d'un coquillage, mais encore en figurer quantité d'autres, dont les uns seraient inscrits dans un cône, comme celui-ci que j'examine; tandis que les autres, obtenus en réduisant le *pas* de l'hélice conique, finiront par se lover et se disposer en ressort de montre.

Ainsi l'idée de *tube*, d'une part; celle de *torsion*, d'autre part, suffisent à une sorte de première approximation de la forme considérée.

*

Mais cette simplicité n'est que de principe. Si je visite toute une galerie de coquilles, j'observe une merveilleuse variété. Le cône s'allonge ou s'aplatit, se resserre ou s'évase; les spirales s'accusent, ou se fondent; la surface se hérisse de saillies ou de pointes, parfois fort longues, qui rayonnent; elle se renfle quelquefois, se gonfle de bulbes successifs que séparent des étranglements ou des gorges concaves sur lesquelles les tracés de courbes se rapprochent. Gravés dans la matière dure, sillons, rides ou stries se poursuivent et se soulignent, cependant qu'alignées sur les génératrices, les saillies, les épines, les bossettes s'étagent, se correspondent de tour en tour, divisant les rampes à intervalles réguliers. L'alternance de ces «agréments» illustre, plus qu'elle ne l'interrompt, la continuité de la *version* générale de la forme. Elle enrichit, sans l'altérer, le motif fondamental de l'hélice spiralée.

*

Sans l'altérer, sans cesser de s'obéir et de se confirmer dans sa loi unique, cette *idée* de progression périodique en exploite toute la fécondité abstraite et expose toute sa capacité de séduction sensible. Elle induit le regard, et l'entraîne à je ne sais quel vertige réglé. Un géomètre, sans doute, lirait facilement ce système de lignes et de surfaces « gauches » et le résumerait en peu de signes, par une relation de quelques grandeurs, car le propre de l'intelligence est d'en finir avec l'infini et d'exterminer la répétition. Mais le langage ordinaire se prête mal à décrire les formes, et je désespère d'exprimer la grâce tourbillonnaire de celles-ci. D'ailleurs, le géomètre à son tour s'embarrasse, quand le tube à la fin, s'évase brusquement, se déchire, se retrousse, et déborde en lèvres inégales, souvent rebordées, ondulées ou striées, qui s'écartent comme faites de chair, découvrant dans le repli de la plus douce nacre, le départ, en rampe lisse, d'une vis intérieure, qui se dérobe et gagne l'ombre.

*

Hélice, spires, développements de liaisons angulaires dans l'espace, l'observateur qui les considère et s'efforce de les traduire dans ses modes d'expression et de compréhension, ne manque pas d'apercevoir un caractère essentiel des formes de ce type. Comme une main, comme une oreille, une coquille ne peut se confondre à une coquille symétrique. Si l'on dessine deux spirales dont l'une soit l'image de l'autre dans un miroir, aucun déplacement de ces courbes jumelles dans leur plan ne les amènera à se

superposer. Il en est de même de deux escaliers
semblables, mais de sens inverse. Tous les coquil-
lages dont la forme dérive de l'enroulement d'un
tube manifestent nécessairement cette *dissymé-*
trie, à laquelle Pasteur attachait une si profonde
importance, et dont il a tiré l'idée maîtresse des
recherches qui l'ont conduit de l'étude de certains
cristaux à celle des fermentations et de leurs agents
vivants.

Mais si chaque coquille est dissymétrique, on
pourrait bien s'attendre que, sur un millier d'exemplaires, le nombre de celles qui tournent leurs spires
«dans le sens des aiguilles d'une montre» fût à peu
près égal au nombre de celles qui tournent dans le
sens opposé. Il n'en est rien. Comme il est peu
de «gauchers» parmi les hommes, il est peu de
coquilles qui, vues par le sommet, montrent une spirale qui s'écarte de ce point en procédant de droite à
gauche. Il y a là une autre sorte de dissymétrie statistique assez remarquable. Dire que cette inégalité
dans les partis pris est *accidentelle*, ce n'est que
redire qu'elle existe...

Le géomètre que j'invoquais tout à l'heure a donc
pu faire trois observations faciles dans son examen
de coquilles.

Il a noté d'abord qu'il pouvait en décrire la figure
générale à l'aide de notions très simples tirées de
son arsenal de définitions et d'opérations. Il a vu
ensuite que des changements assez brusques et
comme imprévus se produisaient dans l'allure des
formes qu'il considérait : les courbes et les surfaces
qui lui servaient à représenter la construction de ses
formes s'interrompaient ou dégénéraient tout à coup :
tandis que le cône, l'hélice, la spirale, vont à «l'infini» sans aucun trouble, la coquille tout à coup se

lasse de les suivre. *Mais pourquoi pas un tour de plus?*

Il constate enfin que la statistique des dextres et des senestres accuse une forte préférence pour les premières.

*

S'étant fait de quelque coquille cette manière de description tout extérieure et aussi générale que possible, un esprit qui eût du loisir et qui se laisserait produire et entendre ce que lui demandent ses impressions immédiates, pourrait se poser une question des plus naïves, celles qui naissent de nous avant qu'il nous souvienne que nous ne sommes pas tout neufs et que nous savons déjà quelque chose. Il faut d'abord qu'on s'en excuse, et qu'on rappelle que notre savoir consiste en grande partie à «croire savoir», et à croire que d'autres savent.

Nous refusons à chaque instant d'écouter l'ingénu que nous portons en nous. Nous réprimons l'enfant qui nous demeure et qui veut toujours voir pour la première fois. S'il interroge, nous éconduisons sa curiosité que nous traitons de puérile parce qu'elle est sans bornes, sous le prétexte que nous **avons** été à l'école, où nous avons appris qu'il existe une science de toute chose, que nous pourrions la consulter; mais que ce serait perdre notre temps que de penser selon nous-mêmes et nous seuls, à tel objet qui nous arrête tout à coup, et nous sollicite d'une réponse. Nous savons trop, peut-être, qu'il existe un capital immense de faits et de théories, et que l'on trouve, en feuilletant les encyclopédies, des centaines de noms et de mots qui représentent cette richesse virtuelle; et nous sommes trop assurés que l'on trouverait toujours quelqu'un, en quelque lieu, qui serait en possession de nous éclairer, si ce n'est de nous éblouir, sur quelque sujet que ce soit. C'est pourquoi nous retirons promptement notre attention de la plupart des choses qui commençaient de l'exciter, songeant aux savants hommes qui ont dû approfondir ou dissiper l'incident qui vient de nous éveiller l'intelligence. Mais cette prudence est parfois paresse ; et d'ailleurs rien ne prouve que tout soit vraiment examiné et sous tous les aspects.

Je pose donc ma question toute naïve. J'imagine facilement que je ne sache des coquilles que ce que j'en vois quand j'en ramasse quelqu'une ; et rien sur son origine, sur sa fonction, sur ses rapports avec ce que je n'observe pas dans le moment même. Je m'autorise de celui qui fit, un jour, *table rase*.

Je regarde *pour la première fois* cette chose trouvée ; j'y relève ce que j'ai dit, touchant sa forme, je m'en embarrasse. C'est alors que je m'interroge : *Qui donc a fait ceci ?*

Qui donc a fait ceci ? me dit l'instant naïf.

Mon premier mouvement d'esprit a été de songer au *Faire*.

L'idée de *Faire* est la première et la plus humaine. « Expliquer », ce n'est jamais que décrire une manière de *Faire* : ce n'est que refaire par la pensée. Le *Pourquoi* et le *Comment*, qui ne sont que des expressions de ce qu'exige cette idée, s'insèrent à tout propos, commandent qu'on les satisfasse à tout prix. La métaphysique et la science ne font que développer *sans limites* cette exigence. Elle peut même conduire à feindre d'ignorer ce que l'on sait, quand ce que l'on sait ne se réduit pas clairement à quelque *savoir faire*... C'est là reprendre la connaissance à sa source.

Je vais donc introduire ici l'artifice d'un doute ; et considérant ce coquillage, dans la figure duquel je crois discerner une certaine « construction » et,

comme l'œuvre de quelque main n'agissant pas
« au hasard », je me demande : *Qui l'a fait ?*

*

Mais bientôt ma question se transforme. Elle
s'engage un peu plus avant dans la voie de ma naïveté, et voici que je me mets en peine de rechercher
à quoi nous reconnaissons qu'un objet donné est ou
non *fait par un homme* ?

On trouvera peut-être assez ridicule la prétention
de douter si une roue, un vase, une étoffe, une table,
sont dus à l'industrie de quelqu'un, puisque nous
savons bien qu'ils le sont. Mais je me dis que nous ne
le savons pas *par le seul examen de ces choses*. Non
prévenus, à quels traits, à quels signes, le pourrions-
nous connaître ? Qu'est-ce qui nous dénonce l'opération humaine, et qu'est-ce qui tantôt la récuse ?
N'arrive-t-il pas quelquefois qu'un éclat de silex
fasse hésiter la préhistoire entre l'homme et le
hasard ?

Le problème, après tout, n'est ni plus vain, ni plus
naïf que celui de discuter *ce qui a fait* un bel ouvrage
de musique ou de poésie ; et s'il nous naquit de la
Muse, ou nous vint de la Fortune, ou si ce fut le fruit
d'un long labeur ? Dire que quelqu'un l'a composé,
qu'il s'appelait ou Mozart ou Virgile, ce n'est pas dire
grand'chose ; cela ne vit pas dans l'esprit, car ce qui
crée en nous n'a point de nom ; ce n'est qu'éliminer
de notre affaire tous les hommes *moins un*, dans le
mystère intime duquel l'énigme intacte se resserre...

*

Je regarde au contraire à l'objet lui seul : rien de
plus concerté et qui s'adresse avec plus de charme à

notre sentiment des figures dans l'espace et à notre
instinct de façonner avec les forces de nos doigts ce
qui nous délecterait à palper, que ce joyau minéral
que je caresse et dont je veux que l'origine et la destination me soient quelque temps inconnues.

Comme on dit : un « Sonnet », une « Ode », une
« Sonate » ou une « Fugue », pour désigner des formes
bien définies, ainsi dit-on : une « Conque », un
« Casque », un « Rocher », un « Haliotis », une « Por-
celaine », qui sont noms de coquilles ; et les uns et les
autres mots donnent à songer d'une action qui vise à
la grâce et qui s'achève heureusement.

Qu'est-ce donc qui peut m'empêcher de conclure
à quelqu'un qui, *pour quelqu'un,* a fait cette coque
curieusement conçue, tournée, ornée, qui me tourmente ?

J'ai ramassé celle-ci sur le sable. Elle s'offrait à
moi pour n'être pas une chose informe, mais bien une
chose dont toutes les parties et dont tous les aspects
me montraient une dépendance, et comme une
suite remarquable, de l'un à l'autre, un tel accord,
que je pouvais, après un seul regard, concevoir et
prévoir la succession de ces apparences. Ces parties, ces aspects sont unis par un autre lien que la
cohésion et la solidité de la matière. Si je compare
cette chose à un caillou, je trouve qu'elle est bien
reconnaissable et qu'il l'est fort peu. Si je les brise
l'un et l'autre, les fragments de la coquille ne sont
pas des coquilles ; mais les fragments du caillou sont
autant d'autres cailloux, comme lui-même l'était
sans doute de quelque autre plus gros. Mais encore,
certains fragments de la coquille me suggèrent la
forme de ceux qui s'y juxtaposaient : ils engagent, en
quelque sorte, mon imagination, et amorcent un
développement de proche en proche ; ils demandent
un tout…

Toutes ces remarques concourent à me faire penser que la fabrication d'une coquille est *possible* ; et
qu'elle ne se distinguerait pas de celle des objets que
je sais produire par le travail de mes mains quand je
poursuis par leurs actes, dans quelque matière
appropriée, un dessein que j'ai tout entier dans l'esprit, l'accomplissant, partie par partie, à la suite.
L'unité, l'intégrité de la forme d'une coquille m'imposent l'idée d'une idée directrice de l'exécution ;
idée préexistante, bien séparée de l'œuvre même,
et qui se conserve, qui veille et domine, pendant
qu'elle s'exécute *d'autre part*, par mes forces successivement appliquées. Je me divise pour créer.

Quelqu'un a donc fait cet objet. Mais *de quoi ? Et
pourquoi ?*

*

Mais que j'essaie à présent de m'y mettre, de
modeler ou ciseler un objet analogue, je suis d'abord
contraint de rechercher quelque manière convenable
pour la pétrir ou la profiler ; et il arrive que j'aie
« l'embarras du choix ». Je puis songer au bronze, à
l'argile, à la pierre : le résultat final de mon opération
sera, quant à la forme, indépendant de la substance
choisie. Je ne requiers de cette substance que des
conditions « suffisantes » mais non strictement
« nécessaires ». Selon la matière employée, mes actes,
sans doute, seront différents ; mais enfin ils obtiendront d'elle, si différents qu'ils soient, et quelle qu'elle
soit, la même figure voulue : j'ai plusieurs voies pour
aller, par la matière, de mon idée à son effigie.

D'ailleurs, je ne sais pas imaginer ou définir une
matière avec une telle précision que je puisse, en
général, être entièrement déterminé dans mon
choix par la considération de la forme.

Davantage : comme je puis hésiter sur la matière, je puis aussi hésiter sur les dimensions que je donnerai à mon ouvrage. Je ne vois point de dépendance qui s'impose entre la forme et la grandeur ; je ne puis concevoir une forme que je ne puisse concevoir plus grande ou moindre, — comme *si l'idée d'une certaine figure exigeât de mon esprit je ne sais quelle puissance de figures semblables.*

*

J'ai donc pu séparer la forme de la matière, et l'une et l'autre, de la grandeur ; et il m'a suffi de penser d'un peu près à mon action projetée, pour voir comme elle se décompose. La moindre réflexion, le moindre retour sur le *comment je m'y prendrais pour façonner une coquille*, m'enseigne aussitôt que je devrais intervenir diversement, de plusieurs manières différentes, et comme à plusieurs titres, car je ne sais pas conduire à la fois, dans mon opération, la multiplicité des modifications qui doivent concourir à former l'objet que je veux. Je les assemble comme par une intervention étrangère ; même, c'est par un jugement extérieur à mon application que je connaîtrai que mon ouvrage est «achevé», et que l'objet est «fait», puisque cet objet n'est, en soi, qu'un état, parmi d'autres, d'une suite de transformations qui pourraient se poursuivre au-delà du but, — *indéfiniment.*

En vérité, je ne *fais* pas cet objet ; je ne fais que substituer certains attributs à certains autres, et une certaine liaison, qui m'intéresse, à une certaine diversité de pouvoirs et de propriétés que je ne puis considérer et utiliser que un à un.

Je sens enfin que si j'ai pu entreprendre de réaliser telle forme, c'est que j'aurais pu me proposer

d'en créer de tout autres. C'est là une condition
absolue : si l'on ne peut faire qu'une chose, et d'une
seule manière, elle se fait comme d'elle-même ; et
donc cette action n'est pas véritablement humaine
(puisque la pensée n'y est point nécessaire), et *nous
ne la comprenons pas*. Ce que nous faisons ainsi
nous fait nous-mêmes plus que nous ne le faisons.
Que sommes-nous, sinon un équilibre instantané
d'une foule d'actions cachées, et qui ne sont pas
spécifiquement humaines ? Notre vie est tissue de
ces actes locaux, où le choix n'intervient pas, et
qui se font incompréhensiblement d'eux-mêmes.
L'homme marche ; il respire ; il se souvient, — mais
en tout ceci, il ne se distingue pas des animaux. Il
ne sait ni comme il se meut, ni comme il se souvient ; et il n'a aucun besoin de le savoir pour
le faire, ni de commencer par le savoir avant de le
faire. Mais qu'il se bâtisse une maison ou un vais-
seau, qu'il se forge un ustensile ou une arme, il faut
alors qu'un dessein agisse d'abord sur lui-même et
se fasse de lui un instrument spécialisé ; il faut
qu'une « idée » coordonne ce qu'il veut, ce qu'il peut,
ce qu'il sait, ce qu'il voit, ce qu'il touche et attaque,
et l'organise expressément pour une action particulière et exclusive à partir d'un état où il était disponible et libre encore de toute intention. Sollicité
d'agir, cette liberté diminue, se renonce ; et l'homme
s'engage pour un temps dans une contrainte au
prix de laquelle il peut imprimer à quelque « réalité » l'empreinte du désir figuré qu'il a dans l'esprit.

En résumé, toute production positivement
humaine, et réservée à l'homme, s'opère par gestes
successifs, bien séparés, bornés, énumérables. Mais
certains animaux, constructeurs de ruches ou de
nids, nous ressemblent assez jusqu'ici. L'œuvre
propre de l'homme se distingue quand ces actes dif-

férents et indépendants exigent sa présence pensante expresse, pour produire et ordonner au but
leur diversité. L'homme alimente en soi la durée du
modèle et du vouloir. Nous savons trop que cette
présence est précaire et coûteuse ; que cette durée
est rapidement décroissante ; que notre attention se
décompose assez vite, et que ce qui excite, assemble,
redresse et ranime les efforts de nos fonctions distinctes, est d'une nature tout autre : c'est pourquoi
nos desseins *réfléchis* et nos constructions ou fabrications *voulues semblent très étrangers à notre activité organique profonde.*

*

Je puis donc faire une coquille assez semblable à
celle-ci, telle que l'examen immédiat me la propose ; et je ne puis la faire que moyennant une
action composée et soutenue comme je viens de la
décrire. Je puis choisir la matière et le moment ; je
puis prendre mon temps, interrompre l'ouvrage et
y revenir ; rien ne me presse, car ma vie n'est pas
intéressée au résultat : elle ne s'y emploie que d'une
manière révocable, et comme latérale ; et si elle
peut se dépenser sur un objet si éloigné de ses exigences, c'est qu'elle peut ne pas le faire. Elle est
indispensable à mon travail ; il ne l'est pas à elle.

En somme, dans les limites que j'ai dites : *j'ai
compris cet objet.* Je me le suis *expliqué* par un système d'actes miens, et j'ai par là épuisé mon problème : toute tentative pour aller plus avant le
modifierait essentiellement, et me conduirait à glisser de l'explication de la coquille à l'explication de
moi-même.

*Par conséquence, je puis jusqu'à présent considérer
encore que cette coquille est une œuvre de l'homme.*

Toutefois, un élément des ouvrages humains me manque. Je ne vois point *l'utilité* de cette chose ; elle ne me fait penser à aucun besoin qu'elle satisfasse. Elle m'a intrigué ; elle amuse mes yeux et mes doigts ; je m'attarde à la regarder comme j'écouterais un air de musique ; je la voue inconsciemment à l'oubli, car nous refusons distraitement l'avenir à ce qui ne nous sert de rien... Et je ne trouve qu'une réponse à la question qui me vient à l'esprit : *Pourquoi cet objet fut-il fait* ? Mais à quoi sert, me dis-je, ce que produisent les artistes ? Ce qu'ils font est d'une espèce singulière : rien ne l'exige, rien de vital ne le prescrit. *Cela ne procède point d'une nécessité*, qui le déterminerait, d'ailleurs, entièrement, *et l'on peut encore moins l'attribuer au « hasard »*.

J'ai voulu jusqu'ici ignorer la vraie génération des coquilles ; et j'ai raisonné, ou déraisonné, en essayant de me tenir au plus près de cette ignorance factice.

C'était là imiter le philosophe, et s'efforcer d'en savoir *aussi peu*, sur l'origine bien connue d'une chose bien définie, que nous en savons sur l'origine du « monde » et sur la naissance de la « vie ».

La philosophie ne consiste-t-elle pas, après tout, à faire semblant d'ignorer ce que l'on sait et de savoir ce que l'on ignore ? Elle doute de l'existence ; mais elle parle sérieusement de l'« Univers »...

Que si je me suis arrêté assez longuement sur l'acte de l'homme qui s'appliquerait à faire une coquille, c'est qu'il ne faut jamais, à mon avis, laisser perdre une occasion qui se présente de comparer avec quelque précision notre mode de fabriquer au travail de ce qu'on nomme *Nature*. *Nature*, c'est-à-dire : la *Produisante* ou la *Productrice*. C'est à elle que nous donnons à produire tout ce que nous ne savons pas *faire*, et qui, pourtant, nous semble *fait*. Il est cependant certains cas particuliers où nous pouvons entrer en concurrence avec elle, et atteindre par nos propres voies ce qu'elle obtient à sa façon. Nous savons faire voler ou naviguer des corps pesants et construire quelques molécules « organiques »...

Tout le reste, — tout ce que nous ne pouvons assigner ni à l'homme pensant, ni à cette Puissance génératrice, — nous l'offrons au « hasard », — ce qui est une invention de mot excellente. Il est très commode de disposer d'un nom qui permette d'exprimer qu'une chose *remarquable* (par elle-même ou par ses effets immédiats) est amenée *tout comme une autre* qui ne l'est pas. Mais dire qu'une chose est *remarquable*, c'est introduire un *homme*, — une personne qui y soit particulièrement sensible, et c'est elle qui fournit tout le remarquable de l'affaire. Que m'importe, si je n'ai point de billet de la loterie, que tel ou tel numéro sorte de l'urne ? Je ne suis pas « sensibilisé » à cet événement. Il n'y a point de hasard pour moi dans le tirage, point de contraste entre le mode uniforme d'extraction de ces numéros et l'inégalité des conséquences. Ôtez donc l'homme et son attente, tout arrive indistinctement coquille ou caillou ; mais le hasard ne *fait* rien au monde, — que de se faire remarquer...

*

Mais il est temps à présent que je cesse de feindre et que je revienne à la certitude, c'est-à-dire : à la surface d'expérience commune.

Une coquille émane d'un mollusque. *Émaner* me semble le seul terme assez près du vrai puisqu'il signifie proprement : *laisser suinter*. Une grotte émane

ses stalactites; un mollusque émane sa coquille. Sur
le procédé élémentaire de cette émanation, les
savants nous redisent quantité de choses qu'ils ont
vues dans le microscope. Ils en ajoutent quantité
d'autres que je ne crois pas qu'ils aient vues : les
unes sont inconcevables, quoiqu'on puisse en fort
bien discourir; les autres exigeraient une observation de quelques centaines de millions d'années, car
il n'en faut pas moins pour changer ce que l'on veut
en ce que l'on peut. D'autres demandent çà et là
quelque accident très favorable...

C'est là, selon la science, ce que réclame le mollusque pour retordre si savamment le charmant
objet qui me retient.

On dit que, dès le germe, ce mollusque, son for-
mateur, a subi une étrange restriction de son développement : toute une moitié de son organisme s'est
atrophiée. Chez la plupart, la partie droite (et chez
le reste, la gauche) a été sacrifiée; cependant que la
masse viscérale gauche (et chez le reste, la droite)
s'est ployée en demi-cercle, puis tordue; et que le
système nerveux, dont la première intention était
de se former en deux filets parallèles, se croise
curieusement et intervertit ses ganglions centraux.
À l'extérieur, la coquille s'exsude et se solidifie...

On a fait plus d'une hypothèse sur ce qui sollicite
tels mollusques (et non point tels autres qui leur
ressemblent beaucoup), à développer cette bizarre
prédilection pour un côté de leur organisme; et
— comme il est inévitable en matière de suppositions — ce que l'on suppose est déduit de ce que
l'on a besoin de supposer : la question est humaine;
la réponse, trop humaine. C'est là tout le ressort de
notre fameux Principe de Causalité. Il nous conduit
à *imaginer*, c'est-à-dire à substituer nos combinaisons à nos lacunes. Mais les plus grandes et les plus

précieuses découvertes sont en général tout inattendues : elles ruinent, plus souvent qu'elles ne confir-
ment, les créations de nos préférences : ce sont des
faits encore tout *inhumains*, qu'aucune imagination n'eût pu prévoir.

Quant à moi, j'admets aisément que j'ignore ce
que j'ignore, et que tout savoir véritable se réduit à
voir et pouvoir. Si l'hypothèse est séduisante ou si
la théorie est belle, j'en jouis sans penser au vrai…

Si l'on néglige donc nos inventions intellectuelles,
parfois naïves, et souvent toutes verbales, nous
sommes obligés de reconnaître que notre connaissance des choses de la vie est insignifiante auprès de
celle que nous avons du monde inorganique. C'est
dire que nos pouvoirs sur celui-ci sont incomparables à ceux que nous possédons sur l'autre, car je
ne vois point d'autre mesure d'une connaissance
que la puissance réelle qu'elle confère. *Je ne sais que
ce que je sais faire.* Il est, d'ailleurs, étrange, et digne
de quelque attention, qu'en dépit de tant de travaux
et de moyens d'une merveilleuse subtilité, nous ayons
jusqu'ici si peu de prise sur cette nature vivante, *qui
est la nôtre.* En y regardant d'un peu plus près, on
trouverait sans doute que notre esprit est défié par
tout ce qui naît, se reproduit et meurt sur la planète,
parce qu'il est rigoureusement borné, dans sa représentation des choses, par la conscience qu'il a de
ses moyens *d'action extérieure*, et du mode dont
cette action procède de lui, *sans qu'il ait besoin d'en
connaître le mécanisme.*

Le type de cette action est, à mon sentiment, le
seul modèle que nous possédions pour résoudre un
phénomène en opérations imaginaires et volontaires qui nous permettent enfin ou de reproduire à
notre gré, ou de prévoir, avec une bonne approximation, quelque résultat. Tout ce qui s'éloigne trop

de ce type se refuse à notre intellect (ce qui se voit bien dans la physique très récente). Que si nous essayons de forcer la barrière, aussitôt les contradictions, les illusions du langage, les falsifications sentimentales se multiplient ; et il arrive que ces productions mythiques occupent, et même ravissent longtemps les esprits.

*

Le petit problème de la coquille suffit à illustrer assez bien tout ceci, et à illuminer nos limites. Puisque l'homme n'est pas l'auteur de cet objet, et que le hasard n'en est point responsable, il faut bien inventer quelque chose que nous avons nommé *Nature vivante*. Nous ne pouvons guère la définir que par la différence de son travail avec le nôtre ; et c'est pourquoi j'ai dû préciser un peu celui-ci. J'ai dit que nous commencions nos ouvrages à partir de diverses *libertés* : liberté de *matière*, plus ou moins étendue ; liberté de *figure*, liberté de *durée*, toutes choses qui semblent interdites au mollusque, — être qui ne sait que sa leçon, avec laquelle son existence même se confond. Son œuvre, sans repentirs, sans réserves, sans retouches, si fantaisiste qu'elle nous paraisse (au point que nous lui empruntons quelques motifs de nos ornements), est une fantaisie qui se répète indéfiniment ; nous ne concevons même pas que quelques originaux d'entre les gastéropodes prennent à gauche ce que les autres prennent à droite. Nous comprenons encore moins à quoi répondent ces complications biscornues, chez certains ; ou ces épines, et ces taches de couleur, auxquelles nous attribuons vaguement quelque utilité qui nous échappe, sans songer que *notre idée de l'utile n'a, hors de l'homme et de sa petite sphère intellectuelle, aucun sens.* Ces bizarreries augmentent notre embarras, car une *machine* ne commet pas de tels écarts; un *esprit* les eût recherchés avec quelque intention; le *hasard* eût égalisé les chances. Ni machine, ni intention, ni hasard… Tous nos moyens sont évincés. Machine et hasard, ce sont les deux méthodes de notre physique; quant à l'intention, elle ne peut intervenir que l'homme lui-même ne soit en jeu, explicitement ou d'une manière déguisée.

Mais la fabrication de la coquille est chose vécue et non faite: rien de plus opposé à notre acte articulé, précédé d'une fin et opérant comme cause.

*

Essayons toutefois de nous présenter cette formation mystérieuse. Feuilletons de savants ouvrages, sans prétendre les approfondir, et sans nous priver le moins du monde des avantages de l'ignorance et des caprices de l'erreur.

J'observe tout d'abord que la « nature vivante » ne sait pas façonner directement les corps solides. Dans cet état, la pierre ni le métal ne lui servent de rien. Qu'il s'agisse de réaliser une pièce résistante, de figure invariable, un appui, un levier, une bielle, une armure; qu'elle produise un tronc d'arbre, un fémur, une dent ou une défense, un crâne ou une coquille, son détour est identique: elle use de l'état liquide ou fluide dont toute substance vivante est constituée, et en sépare lentement les éléments solides de sa construction. Tout ce qui vit ou qui a vécu résulte des propriétés et des modifications de quelques liqueurs. D'ailleurs, tout solide actuel a passé par la phase liquide, fonte ou solution. Mais la « nature vivante » ne s'accommode pas des hautes

températures qui nous permettent de travailler des
« corps purs », et de donner au verre, au bronze, au
fer à l'état liquide ou plastique, les formes que nous
désirons et que le refroidissement fixera. La vie,
pour modeler les organes solides, ne peut disposer
que de solutions, de suspensions ou d'émulsions.

J'ai lu que notre animal emprunte à son milieu
une nourriture où existent des sels de calcium, que
ce calcium absorbé est traité par son foie, et de là,
passe dans son sang. La matière première de la
partie minérale de la coquille est acquise : elle va
alimenter l'activité d'un organe singulier spécialisé
dans le métier de sécréter et de mettre en place les
éléments du solide à construire.

*

Cet organe, masse musculaire qui renferme les
viscères de la bête, et qui se prolonge par le pied
sur lequel elle pose et par lequel elle se déplace, se
nomme le *manteau*, et accomplit une double fonction. La marge de ce manteau émet par son *épi-
thélium* le revêtement externe de la coquille, qui
recouvre une couche de prismes calcaires très
curieusement et savamment appareillés.

Ainsi se constitue l'extérieur de la coquille. Mais
elle s'accroît, d'autre part, en épaisseur, et cet
accroissement comporte une matière, une structure, et des instruments très différents. À l'abri du
rempart solide que bâtit le bord du manteau, le reste
de cet admirable organe élabore les délicatesses de
la paroi interne, le suave lambris de la demeure
de la bête. Pour les songes d'une vie souvent intérieure, rien de trop doux et de trop précieux : des
couches successives de mucus viennent tapisser de
lames aussi minces qu'une bulle de savon, la cavité

profonde et torse où se rétracte et se concentre le solitaire. Mais il ignorera toujours toute la beauté de son œuvre et de sa retraite. Après sa mort, la substance exquise qu'il a formée en déposant alternativement sur la paroi le produit organique de ses cellules à mucus et la calcite de ses cellules à nacre, verra le jour, séparera la lumière en ses longueurs d'onde, et nous enchantera les yeux par la tendre richesse de ses plages irisées.

*

Voilà, nous apprend-on, comme se constitue l'habitacle et le mouvant refuge de cet étrange animal, qu'un muscle vêt, qu'il revêt d'une coque. Mais j'avoue que ma curiosité n'est pas satisfaite. L'analyse microscopique est une fort belle chose : toutefois, pendant que je considère des cellules, que je fais connaissance avec blastomères et chromosomes, je perds mon mollusque de vue. Et si je m'intéresse à ce détail avec l'espoir qu'il m'éclaircisse enfin la formation de l'ordre de l'ensemble, j'éprouve quelque déception... Mais peut-être se trouve-t-il ici une difficulté essentielle — je veux dire : qui tient à la nature de nos sens et de notre esprit ?

Observons que pour nous représenter cette formation, il nous faudrait d'abord écarter un premier obstacle, et ce sera renoncer aussitôt à la conformité profonde de notre représentation. *Nous ne pouvons pas*, en effet, *imaginer une progression assez lente pour amener le résultat sensible d'une modification insensible*, nous qui ne percevons même pas notre propre croissance. Nous ne pouvons imaginer le processus vivant qu'en lui communiquant une allure qui nous appartient, et qui est entièrement indépendante *de ce qui se passe dans l'être observé...*

Mais, au contraire, il est assez probable que dans
le progrès de l'accroissement du mollusque et de sa
coquille, selon le thème inéluctable de l'hélice spiralée, se composent *indistinctement et indivisible-
ment* tous les constituants que la forme non moins
inéluctable de l'acte humain nous a appris à considérer et à définir *distinctement* : les *forces*, le *temps*,
la *matière*, les *liaisons*, et les différents «ordres de
grandeur» entre lesquels nos sens nous imposent
de distinguer. La vie passe et repasse de la molé-
cule à la micelle, et de celle-ci aux masses sensibles, sans avoir égard aux compartiments de nos
sciences, c'est-à-dire de nos moyens d'action.

La vie, sans nul effort, se fait une relativité très
suffisamment «généralisée».

Elle ne sépare pas sa géométrie de sa physique et
elle confie à chaque espèce ce qu'il lui faut d'axiomes
et «d'invariants» plus ou moins «différentiels» pour
maintenir un accord satisfaisant dans chaque individu, entre ce qu'il est et ce qu'il y a...

Il est clair que le personnage assez secret, voué à
l'asymétrie et à la torsion, qui se forme une coquille,
a renoncé depuis fort longtemps aux idoles postula-
toires d'Euclide. Euclide croyait qu'un bâton garde
sa longueur en toute circonstance ; qu'on pût le lan-
cer jusqu'à la lune ou lui faire décrire un moulinet,
sans que l'éloignement, le mouvement ou le changement d'orientation altérassent sa bonne conscience
d'unité de mesure irréprochable. Euclide travaillait
sur un papyrus où il pouvait tracer des figures qui
lui *semblaient semblables* ; et il ne voyait, à la croissance de ces triangles, d'autre obstacle que l'étendue de son feuillet. Il était fort loin — à vingt siècles
lumière — d'imaginer qu'un jour viendrait où un
certain M. Einstein dresserait une pieuvre à capturer et à dévorer toute géométrie ; et non seulement

celle-ci, mais le temps, la matière et la pesanteur, et bien d'autres choses encore, insoupçonnées des Grecs, qui, broyées et digérées ensemble, font les délices du tout-puissant *Mollusque de Référence*. Il suffit à ce monstrueux Céphalopode de compter ses tentacules, et, sur chacun, les suçoirs qu'il porte, pour se sentir «maître de soi comme de l'Univers».

Mais, bien des millions d'années avant Euclide et l'illustre Einstein, notre héros qui n'est qu'un simple gastéropode, et qui n'a point de tentacules, a dû résoudre, lui aussi, quelques problèmes assez ardus. Il a sa coquille à faire et son existence à soutenir. Ce sont deux activités fort différentes. Spinoza faisait des lunettes. Plus d'un poète fut excellent bureaucrate. Et il se peut qu'une indépendance suffisante s'observe entre ces métiers exercés par le même. Après tout, qu'est-ce que *le même*? Mais il s'agit d'un mollusque et nous ne savons rien de son intime unité.

Que constatons-nous? Le travail intérieur de construction est mystérieusement ordonné. Les cellules sécrétoires du manteau et de sa marge font leur œuvre *en mesure*: les tours de spire progressent; le solide s'édifie; la nacre s'y dépose. Mais le microscope ne montre pas ce qui harmonise les divers points et les divers moments de cet avancement périphérique simultané. La disposition des courbes qui, sillons ou rubans de couleur, suivent la forme, et celle des lignes qui les coupent, font songer à des «géodésiques», et suggèrent l'existence de je ne sais quel «champ de forces», que nous ne savons pas déceler, et dont l'action imprimerait à la croissance de la coquille l'irrésistible torsion et le progrès rythmique que nous observons dans le produit. Rien, dans notre conscience de nos actions, ne nous permet d'imaginer ce qui module si gracieusement des surfaces, élément par élément, rangée par rangée, sans moyens extérieurs et étrangers à la chose façonnée, et ce qui raccorde à miracle ces courbures, les ajuste, et achève l'œuvre avec une hardiesse, une aisance, une décision, dont les créations les plus souples du potier, ou du fondeur de bronze ne connaissent que de loin le bonheur. Nos artistes ne tirent point de leur substance la matière de leurs ouvrages, et ils ne tiennent la forme qu'ils poursuivent que d'une application particulière de leur esprit, séparable du *tout* de leur être. Peut-être, ce que nous appelons la *perfection* dans l'art (et que tous ne recherchent pas, et que plus d'un dédaigne), n'est-elle que le sentiment de désirer ou de trouver, dans une œuvre humaine, cette certitude dans l'exécution, cette nécessité d'origine intérieure, et cette liaison indissoluble et réciproque de la figure avec la matière que le moindre coquillage me fait voir ?

*

Mais notre mollusque ne se borne pas à distiller en mesure sa merveilleuse couverte. Il faut alimenter d'énergie et de minéral toujours renouvelés le manteau qui construit ce qui dure, puiser dans les ressources extérieures ce qui, dans l'avenir, sera peut-être une parcelle des assises d'un continent. Il faut donc qu'il délaisse quelquefois sa secrète et subtile émanation, et qu'il se glisse et se risque dans l'espace étranger, portant, comme une tiare ou un turban prodigieux, sa demeure, son antre, sa forteresse, son chef-d'œuvre. Aussitôt, le voici compromis dans un tout autre système de circonstances. Nous sommes ici bien tentés de lui supposer un génie du premier ordre, car selon qu'il se renferme avec soi-même et se consacre, dans une laborieuse absence concentrée, à la coordination du travail de son manteau, ou bien qu'il se hasarde dans le vaste monde, et l'explore, les yeux palpant, les palpes questionnant, le *pied* fondamental supportant, balançant, sur sa large semelle visqueuse, l'asile et les destins du voyageur majestueux, deux groupes de constatations toutes différentes s'imposent à lui. Comment joindre en un seul tableau de principes et de lois, les deux consciences, les deux formes d'espaces, les deux temps, les deux géométries et les deux mécaniques que ces deux modes d'existence et d'expérience lui font tour à tour concevoir ? Quand il est tout intérieur, il peut bien prendre son arc de spire pour sa « ligne droite », aussi naturellement que nous prenons pour la nôtre un petit arc de méridien, ou quelque « rayon lumineux » dont nous ignorons que la trajectoire est relative. Et, peut-être, mesure-t-il son « temps » particulier par la sensation d'éliminer et de mettre à sa place un petit prisme de calcite ? Mais, Dieu sait, parti de son gîte et entreprenant sa vie extérieure, quelles hypothèses et quelles conventions « commodes » sont les siennes !... La mobilité des palpes ; le tact, la vue et le mouvement associés à l'élasticité exquise des tiges infiniment sensibles qui les orientent, la rétractilité totale du corps, dont toute la partie solide est annexe, la stricte obligation de ne rien franchir et d'épouser rigoureusement son chemin, — tout ceci exige certainement d'un mollusque bien doué, quand il se retire et revisse dans son étui de nacre, des méditations profondes et des abstractions de conciliation fort reculées. Il ne peut point se passer de ce que Laplace pompeusement nommait « les ressources de l'analyse la plus sublime », pour ajuster l'expérience de sa vie mondaine à celle de sa vie privée, et découvrir par de

profonds raisonnements «l'unité de la Nature», sous
les deux espèces si différentes que son organisation
l'oblige à connaître et à subir successivement.

                              *

   Mais nous-mêmes, ne sommes-nous point occupés tantôt dans «le monde des corps», tantôt dans
celui des «esprits»; et toute notre philosophie n'est-
elle pas éternellement en quête de la formule qui
absorberait leur différence, et qui composerait deux
diversités, deux «temps», deux modes de transformation, deux genres de «forces», deux tables de
permanences, qui se montrent jusqu'ici d'autant
plus distincts, quoique d'autant plus enchevêtrés,
qu'on les observe avec plus de soin?
   Dans un ordre de faits plus immédiat, et sans la
moindre métaphysique, ne constatons-nous pas que
nous vivons familièrement au milieu des variétés
incomparables de nos sens; que nous nous arran-
geons, par exemple, d'un monde de la vue et d'un
monde de l'ouïe, lesquels ne se ressemblent en rien,
et nous offriraient, si nous y pensions, l'impression
continuelle d'une parfaite incohérence? Nous disons
bien qu'elle est effacée et comme fondue, par l'usage
et l'habitude, et que tout s'accorde à une seule «réalité»... Mais c'est ne pas dire grand'chose.

                              *

   Je vais rejeter ma trouvaille comme on rejette une
cigarette consumée. Cette coquille m'a *servi*, excitant tour à tour ce que je suis, ce que je sais, ce que
j'ignore... Comme Hamlet ramassant dans la terre
grasse un crâne, et l'approchant de sa face vivante,
se mire affreusement en quelque manière, et comme

il entre dans une méditation sans issue, que borne de toutes parts un cercle de stupeur, ainsi, sous le regard humain, ce petit corps calcaire creux et spiral appelle autour de soi quantité de pensées, dont aucune ne s'achève...

Discours aux chirurgiens

Ce discours a été prononcé le Lundi 17 octobre 1938, dans l'Amphithéâtre de la Faculté de Médecine de Paris à la séance inaugurale du Congrès de Chirurgie, tenue sous la présidence de Monsieur Paul Valéry, Président d'Honneur, assisté de Monsieur le Professeur Léon Imbert, Doyen honoraire de la Faculté de Médecine de Marseille, Président du Congrès, et de Monsieur le Professeur Henri Mondor, Secrétaire Général.

L'amitié de quelques-uns d'entre vous et la bien-
veillance de tous m'appellent pour quelques instants à cette place éminente par elle-même, où je
ressens, avec la sensation de l'étrangeté d'y paraître,
tout l'émoi et tout l'embarras d'avoir à vous haran-
guer.

Il est vrai que je n'y trouve d'abord que quelques
devoirs très faciles à remplir. Ils sont évidents, ils
sont agréables. Je ne m'inquiète pas de mon commencement.

Vous pensez bien qu'il m'importe avant toute
chose de vous remercier de l'honneur que vous me
faites; et je vous prie de croire que mon remerciement, pour être rituel, n'en procède pas moins
d'une source authentique. Que voulez-vous qui soit
plus sensible à un homme dont l'occupation est tout
intellectuelle, dont les productions, n'étant sujettes
à aucune vérification ni sanction par les faits, valent
donc ce que l'on veut, que de recevoir ce témoignage
d'estime et de sympathie de votre part, Messieurs,
qui savez quelque chose de certain, qui pouvez
quelque chose de positif, qui pensez et agissez sous

le contrôle perpétuel des conséquences de vos
actes ? Votre profession est l'une des plus entières
qui soient : elle exige l'existence et la dépense de
l'Homme complet. La mienne, — si c'en est une —
me spécialise dans la poursuite de quelques ombres.

Vous seriez à présent assez étonnés si je man-
quais au second de mes devoirs essentiels, qui est
de vous assurer de ma parfaite incompétence en
matière de chirurgie, — comme si vous n'en étiez
pas encore plus sûrs et bien mieux instruits que
moi-même. Ce que l'ignorant en quelque domaine
ignore le plus, c'est nécessairement son ignorance
même, puisqu'il n'a pas les moyens d'en mesurer
l'étendue et d'en sonder la profondeur.

Enfin, vous ayant exprimé ma gratitude et déclaré
mon insuffisance, je me dois encore de célébrer la
puissance toujours plus grande de votre art, les
mérites insignes des artistes que vous êtes, leurs
talents, leurs vertus, les bienfaits qu'ils répandent,
et qui se nommeraient bien souvent des prodiges
aussi justement que des bienfaits. Les chefs-d'œuvre
de vos mains sont les seuls, que je sache, dont la
valeur s'impose sous deux espèces : ils se font admirer des connaisseurs ; ils se font bénir par bien
d'autres.

Tout ceci, Messieurs, en quoi je résume ce que
j'avais de facile à accomplir, croyez que je vous
l'adresse de grand cœur, et que j'ai toutes les raisons du monde de le ressentir beaucoup plus fortement que je ne l'exprime.

Mais ma reconnaissance, mon incompétence,
mon admiration ayant chacune dit leur mot, me
voici devant le silence de votre assemblée, hésitant
sur le seuil de mon propre silence.

Que dire, une fois les paroles qui sont de style pro-
noncées, que dire à des chirurgiens ? Que leur dire
qui touche à la chirurgie, puisque ce sont des chirurgiens ; et qui n'y touche pas, puisque je ne suis
pas chirurgien. Voilà un problème précis.

Mais ce sont là des gens habitués à tous les aveux ;
et même, qui ne s'en contentent pas : ils vont chercher le vrai où il se trouve. Ils mettent les yeux et les
mains dans la substance palpitante de nos êtres.
Élucider la misère des corps, trouver la pauvre
chair atteinte, sous les plus brillantes apparences
sociales, reconnaître le ver qui ronge la beauté, est
leur affaire propre. Dès lors, à quoi bon dissimuler
devant eux ? Pourquoi ne pas leur faire la simple
confession des idées qui me viennent, et qui sont
nécessairement de ces pensées désordonnées dont
on se débarrasse, quand on le peut, pour édifier
enfin un discours de style pur, à lignes nettes, qui
donne l'heureuse impression de la perfection intellectuelle et formelle ?

Je confesse donc que j'ai commencé par me
demander pourquoi vous avez adopté la coutume
assez remarquable de citer un non-chirurgien à
la tribune d'un Congrès de Chirurgie ? Peut-être y
voyez-vous une expérience sur le vif ? Mais peut-
être estimez-vous qu'il puisse être parfois utile, et
presque toujours intéressant, pour des hommes
savants en quelque matière, à laquelle ils ont consa-
cré leur existence, dont ils voient les puissances,
les possibilités, les limites actuelles, les espoirs, de
faire comparaître une personne de bonne foi, qui
ne connaît de leur affaire que ce qu'en imagine le
monde, et de l'interroger quelle idée elle se fait de
leur science et de leur art, et de ceux qui les prati-
quent ?

Ce que peut répondre cette profane personne ne

doit, par définition, avoir aucune importance. Mais je ne suis pas si sûr que ses remarques, pourvu qu'elles soient naïves, ne puissent être de quelque conséquence dans les doctes esprits qui les entendent. Quand on s'avance dans les délicatesses et la structure fine d'une connaissance passionnément poursuivie et approfondie, il arrive, presque nécessairement, que l'on perde de vue certaines difficultés élémentaires, certaines conventions initiales, qu'il n'est pas mauvais que l'ingénuité d'un passant ravive tout à coup.

Vous interpellez ce passant, que je suppose qui me ressemble d'assez près pour que je puisse le faire parler, et vous le sommez d'expliquer ce que lui disent ces mots Chirurgie, Chirurgiens.

Ah ! dit-il, ces mots sonnent bien différemment aux oreilles selon les heures... Tantôt c'est une science, un art, une profession qu'ils signifient à l'esprit. Mais tantôt c'est le pathétique le plus intense qui s'y attache. Vous êtes les ministres les plus entreprenants de la volonté de vivre. Mais aussi vous faites trembler. Il y a tous les jours des regards anxieux vers les vôtres, qui désirent et qui redoutent d'y lire la pensée. C'est une étrangeté de votre condition que de répandre la crainte et de porter le salut. Sans doute, l'évocation de la chirurgie n'est plus aussi terrifiante que jadis : il y a une centaine d'années, l'acte chirurgical était encore un épouvantail, un suprême recours, quand il devait s'attaquer aux viscères et ne pas se borner aux amputations de membres ou aux indispensables réparations de blessures. C'était l'extrême urgence, et presque le désespoir, qui avaient alors l'initiative des opérations. Mais comme la chirurgie a, depuis cette époque, grandi presque démesurément en puissance, en hardiesse, en moyens et en résultats, la fréquence et la sûreté de son intervention ont, dans la même proportion, modifié le sentiment public à son égard. L'opinion a suivi vos étonnants progrès. Si l'histoire s'inquiétait un peu plus qu'elle ne le fait des choses de la vie même, elle noterait cette remarquable évolution des esprits. D'ailleurs, ces progrès mêmes de votre art peuvent avoir des effets considérables sur l'existence même des acteurs principaux du drame historique : le fameux grain de sable qui s'était mis dans l'uretère de Cromwell en serait aujourd'hui promptement évacué ; et quant au nez de Cléopâtre, c'est une affaire de chirurgie esthétique assez banale, en somme. On eût un peu enlaidi cette pernicieuse beauté, et la face du monde y eût peut-être gagné.

Mais une réflexion ingénue ne manque jamais de tourner un regard naïf vers ce qu'elle croit concevoir dans le passé comme racine, germe, premier terme de ce qui est. Que si elle médite sur votre art, dont l'origine est immémoriale, elle se demande s'il n'est point, tout savant qu'il est devenu, le développement d'une sorte d'instinct ; s'il ne procède point de ce mouvement naturel qui porte nos mains à attaquer le mal que nous sentons, à employer nos actes et les mêmes moyens que nous utilisons contre les choses, à modifier le lieu souffrant de notre corps, le traitant comme un ennemi étranger. Il est probable que si la sensibilité ne s'y opposait, l'homme se mutilerait assez fréquemment. C'est là une défense instinctive qui se réalise et atteint la perfection de l'automatisme chez certains êtres vivants, dont le membre blessé ou prisonnier s'ampute et tombe de soi-même.

Vous avez porté à l'extrême de la précision et de l'audace cette impulsion d'agir directement contre le mal et de le combattre à main armée. C'est une chose étrange à penser que l'action appliquée à l'être vivant. Qui sait si la première notion de biologie que l'homme a pu se former n'est point celle-ci : *il est possible de donner la mort*. Première définition de la vie : la vie est une propriété qui peut être abolie par certains actes. D'ailleurs, elle ne se conserve normalement qu'en se dévorant elle-même sous forme végétale ou animale. Tout un torrent de vie est perpétuellement englouti dans un abîme d'autre vie.

Mais s'il est une action toute naturelle qui détruit de la vie, et qui peut devenir criminelle quand elle devient consciente et organisée, il est heureusement arrivé que le génie de l'homme a conçu et créé une tout autre action, tout opposée. Cette mort, qu'il peut produire et répandre si puissamment et largement, il a appris à la combattre ; et en regard de la plaie qui cause la mort, il a osé pratiquer et approfondir la plaie qui sauve la vie. C'est bien là la plus hardie des entreprises humaines, — une pénétration et une modification immédiate des tissus de notre corps, — qui ne se refuse point désormais à toucher aux plus nobles d'entre eux, aux plus susceptibles, — qui ne craint d'aborder par le fer ni le cerveau, ni le cœur, ni l'aorte ; c'est-à-dire, des organes dont le temps est si précieux qu'une fraction de minute perdue par eux peut entraîner la perte brusque de tout l'être.

C'est ainsi que par vos mains le type de l'action et de l'art humain est opposé, pour la conservation de la vie, au type bien différent et presque inconcevable des formations de la nature. Notre action s'exerce par actes distincts sur une matière extérieure, selon quelque idée ou modèle très variable ; et il arrive, dans bien des cas, que ces actes successifs puissent, sans que le résultat en souffre, être séparés par des intervalles de temps quelconques. Mais au contraire, ce que nous appelons *Nature* produit par développement continu et différenciation progressive. *Matière, forme, façon*, sont inséparables en elle ; un système vivant ne se rapporte pas à des variables distinctes, et notre conception analytique qui discerne et compose ce que nous appelons le *temps*, l'*espace*, la *matière*, l'*énergie*, semble être incapable de représenter exactement les phénomènes de cet ordre. Cette nature vivante, par exemple, ne donne jamais à un être le degré de liberté de ses parties que nous pouvons donner à celles de nos mécanismes. La Nature ne connaît pas la roue : tout animal est d'un seul tenant. Et elle n'a donc pas créé non plus d'animal démontable. Cette infériorité de la fabrication naturelle a eu évidemment de grandes conséquences : nous lui devons la plupart des progrès de la Chirurgie. C'est à vous, Messieurs, qu'il appartenait d'appliquer l'intelligence, l'industrie, les facultés d'invention de la race humaine à la réparation des pièces vivantes de l'individu. Et c'est bien là une action contre nature ; mais à laquelle la nature offrait cependant une chance d'heureux succès, qui rendît votre entreprise possible. Elle consent à retisser certains tissus : elle cicatrise ; elle refait de l'os. Pour le reste, nous sommes moins heureux que l'Holothurie, qui, d'un seul coup, peut se débarrasser de ses viscères, dont elle se reforme un jeu nouveau, tout à loisir.

Mais votre action, puisqu'elle doit combiner ses modes et ses moyens, mécaniques avec les errements et les susceptibilités de la substance vivante, qu'elle doit composer le *faire* et le *laissez-faire*, se tenir au-dessous de la surface d'équilibres qui sépare la vie de la mort ; et, comme elle doit aussi avoir

égard à la sensibilité et à l'émotivité des personnes,
est peut-être de toutes les actions concevables, celle
qui embrasse le plus grand nombre de conditions,
indépendantes entre elles, à satisfaire. Votre témérité raisonnée, et si souvent heureuse, exige la
réunion et la coordination dans un homme des vertus les plus diverses et les plus rarement assemblées. Je songe quelquefois à toutes les virtualités
que votre journée de travail doit tenir disponibles en
vous, prêtes à passer de la puissance à l'acte, du
problème inattendu à la décision, de la décision à
l'exécution, sous pression de temps, sous pression
morale, et parfois sociale, et parfois sentimentale.
Puis l'action même : le cas particulier se substituant
sous vos yeux, par vos mains, au type didactique : et
la réalité telle quelle se révélant, confirmant, infir-
mant plus ou moins l'idée que l'on s'était faite par
le diagnostic et les examens variés. Là, l'imprévu ;
les découvertes plus ou moins fâcheuses ; de nouvelles décisions à improviser, suivies de l'acte immédiat.

Tout ceci demande un si riche recueil de facultés,
une mémoire si prompte et si pleine, une science si
sûre, un caractère si soutenu, une présence d'esprit
si vive, une résistance physique, une acuité sensorielle, une précision des gestes si peu communes,
que la coïncidence de tant de ressources distinctes,
dans un individu, fait du chirurgien un cas tout à
fait peu probable à observer, et contre l'existence
duquel il serait prudent de parier.

Et cependant, Messieurs, vous êtes...

Mais vous pensez bien que la personne qui sait de
vous ce que tout le monde en sait, ne manque pas,
quand elle songe à vous, de vous imaginer dans
l'exercice de vos dramatiques fonctions, qui s'accomplissent aujourd'hui avec une solennité quasi

religieuse, dans une sorte de luxe de métal poli et de linge candide, que baigne la lumière sans ombres émise par un soleil de cristal. Un ancien revenu des Enfers, qui vous verrait dans votre grave tâche, revêtus et masqués de blanc, une lampe merveilleuse fixée au front, entourés de lévites attentifs, agissant, comme d'après un rituel minutieux, sur un être plongé dans un sommeil magique, entr'ouvert sous vos mains gantées, croirait assister à je ne sais quel sacrifice, de ceux que l'on célébrait entre initiés, aux mystères des sectes antiques. Mais n'est-ce point le sacrifice du mal et de la mort que vous célébrez dans cette étrange pompe, si savamment ordonnée ?

Je remarquerai, au passage, que cette apparence d'une liturgie, c'est-à-dire d'une opération mystique ou symbolique, décomposée en actes ou en phases, organisée en spectacle, s'est créée d'elle-même autour de votre opération réelle sur la vie, par le souci d'extrême rigueur que l'Asepsie exige. Elle est une divinité jalouse, que les Grecs et les Romains n'eussent pas manqué de personnifier, à laquelle ils eussent élevé des autels et rendu quelque culte. Asepsie, c'est-à-dire éloignement de toute souillure, réalisation et préservation d'une certaine *Pureté*; et l'on ne peut s'empêcher de penser ici au rôle immense que l'idée de *Pureté* a joué dans toutes les religions, à toute époque, et aux développements qu'elle a reçus, selon une sorte de parallélisme remarquable entre la netteté du corps et celle de l'âme. Pasteur lui a donné un sens nouveau...

Cette considération pourrait nous aider à concevoir certains rites dont la valeur pratique s'est évanouie, cependant que leur accomplissement s'est conservé jusqu'à nous.

Mais, je vous l'ai dit, Messieurs, quant à moi, je

ne vous ai jamais vus officiant; et je doute fort que je puisse supporter cette vue, — faiblesse qui est assez commune. Je sais que plus d'un parmi les jeunes élèves de médecine, sont affectés par le spectacle opératoire, au point de se sentir perdre connaissance et de devoir quitter la salle. Cette défaillance réflexe est des plus mystérieuses. Il me souvient d'avoir vu un enfant de trois ans à peine s'évanouir devant quelques gouttes de sang échappées d'une coupure insignifiante que s'était faite une personne auprès de laquelle il jouait. Cet enfant n'avait aucune idée de la signification tragique du sang; et la personne entamée ne montrait que l'ennui d'avoir taché sa robe... Je n'ai jamais pu m'expliquer ce petit effet. Il est vrai que l'explication, en ces matières, n'est peut-être pas à rechercher. On peut toujours, sans doute, interpréter verbalement ces phénomènes de sensibilité, en termes qui font quelque illusion; mais je trouve inutile de prodiguer les illusions et d'abuser des nombreux et subtils moyens que nous avons de *croire comprendre*... [1].

Ce genre de choc, Messieurs, n'a pas de prise sur vous, — par définition. Vous vivez dans le sang, et non seulement dans le sang, mais dans une relation permanente avec l'anxiété, la douleur, la mort, les excitants les plus énergiques de nos résonances affectives. Les états critiques, les expressions extrêmes des autres vies occupent tous les jours de la vôtre, et viennent ranger l'événement exceptionnel, l'accent émouvant qu'ils constituent dans l'existence des gens,

---

1. Depuis ce discours écrit, le hasard d'une lecture me fit trouver dans Restif de la Bretonne le passage suivant: «La vue du sang me faisait tomber sans connaissance, *avant même que l'usage de la raison me donnât une intelligence parfaite de ce qu'on disait.*» Monsieur Nicolas Vol. XI, p. 194. Édition Lisieux 1883.

sous les rubriques, dans les cadres et les statistiques de votre esprit. Enfin vous assumez à chaque instant les responsabilités les plus lourdes dans les circonstances les plus pressantes et les plus délicates.

Tout ceci, au regard naïf du témoin que je vous ai défini, fait de vous des êtres séparés et extraordinaires, que l'on admire plus qu'on ne les conçoit.

Mais je me permettrai d'aller un peu plus avant dans l'analyse des étonnements que vous devez exciter. Et j'irai peut-être un peu trop avant…

Oui, si l'être du chirurgien m'inspire l'admiration que je vous ai dite, par la concentration en quelqu'un de toutes les qualités qui sont indispensables à l'exercice de son art, il y a quelque chose encore qui m'émerveille en vous, une tout autre condition, qui est peut-être moins généralement remarquée que toutes les particularités de votre état que j'ai jusqu'ici relevées. Je me trouve donc dans l'esprit une certaine énigme à votre sujet, quand je viens à vous considérer dans votre nature humaine, rien qu'humaine, c'est-à-dire dans votre vie non chirurgicale.

Dois-je m'enhardir à vous déclarer ma pensée? Oserai-je essayer d'ouvrir le chirurgien? Mais, puisque je vous tiens ici, comment résisterais-je à la tentation d'entreprendre cette biopsie? D'ailleurs, je n'irai pas bien loin dans les voies de ma curiosité: j'ouvre, et je referme.

Vous portez, Messieurs, et vous supportez merveilleusement tout ce que j'ai dit en fait de choses sévères, poignantes, terribles, chargées de perplexité et d'émotions; mais vous portez aussi votre savoir. Vous êtes en possession constante d'une connaissance toujours plus précise des formes profondes, de la structure et des ressorts de l'être humain. Mais rien n'est moins humain…

Cet être ne peut plus être pour vous ce qu'il est pour nous, qui ne savons pas. Il n'est plus pour vous cet objet clos, ce vase fermé, sacré, arcane, dans lequel s'élabore en secret le mystère de la conservation de la vie et celui de la préparation de ses pouvoirs d'action extérieure. Nous vivons sans être obligés de savoir que cela exige un cœur, des viscères, tout un labyrinthe de tubes et de fils, tout un matériel vivant de cornues et de filtres, grâce auquel il se fait en nous un échange perpétuel entre tous les ordres de grandeur de la matière et toutes les formes de l'énergie, depuis l'atome jusqu'à la cellule, et depuis la cellule jusqu'aux masses visibles et tangibles de notre corps. Tout cet appareillage enveloppé ne se fait soupçonner que par les gênes et les douleurs qui s'y engendrent çà et là, qui s'imposent à la conscience, et qui la réveillent en tel ou tel point, interrompant ainsi le cours naturel de notre fonctionnelle ignorance de nous-mêmes...

Fonctionnelle, — j'ai dit *fonctionnelle*, en parlant de notre ignorance de notre corps, à nous autres, simples mortels. Je m'excuse d'avoir emprunté (avec plus ou moins de bonheur) ce terme imposant au vocabulaire que je ne dois point employer. Mais il me semble qu'il fait bien ici, — et même que cette alliance de mots dit quelque chose. Elle dit, je crois, que notre ignorance de notre économie joue un rôle positif dans l'accomplissement de certaines de nos fonctions, qui ne sont pas, ou qui sont peu, compatibles avec une conscience nette de leur jeu ; qui n'admettent guère de partage entre l'*être* et le *connaître*, qui ne répondent par l'acte à l'excitation, que si l'attention intellectuelle est nulle ou presque telle. Il arrive parfois qu'une personne particulièrement consciente soit obligée de distraire son esprit pour obtenir de soi l'accomplissement d'un acte qui doit être réflexe ou ne peut être. On voit alors cette curieuse circonstance se produire : la conscience et la volonté prendre parti pour le réflexe, contre la tendance de la connaissance à observer le phénomène, et par là, à le paralyser dans son cours éminemment naturel.

En somme, il est des fonctionnements qui préfèrent l'ombre à la lumière ; ou tout au moins la pénombre, — c'est-à-dire le minimum de présence de l'esprit qui est nécessaire et suffisant pour préparer ces actes à s'accomplir ou pour les amorcer. À peine de défaillance ou d'arrêt, ils exigent que le cycle de sensibilité et de puissance motrice soit parcouru sans observations ni interruption depuis l'origine jusqu'à la limite physiologique de l'acte. Cette jalousie, cette sorte de pudeur de nos automatismes est bien remarquable ; on en pourrait tirer toute une philosophie que je résumerais ainsi : *Tantôt je pense et tantôt je suis.*

L'esprit ne doit donc pas se mêler de tout, — quoiqu'il se soit découvert cette vocation. On dirait qu'il n'est fait que pour ne s'employer qu'à nos affaires extérieures. Quant au reste, à nos activités de base, une sorte de raison d'État les couvre. Le secret leur est essentiel, et cette considération permettrait peut-être de mesurer l'importance vitale de nos divers fonctionnements, par leur intolérance à l'égard de la conscience attentive. Soyons distraits pour vivre...

Mais comment l'être, comment se distraire du mécanisme de la vie quand on ne fait que l'observer, que d'en manier les pièces, de s'en représenter les rouages, de penser à leur jeu et à leurs altérations ? Comment, Messieurs, me suis-je demandé quelquefois, comment la connaissance si précise que vous avez de l'organisme, les images que vous possédez de ses régions les plus profondes, le contact habi-

tuel, la familiarité, dirai-je, avec ses parties les plus
réservées, et les plus émouvantes par destination,
peut-elle ne pas contrarier en vous l'être naturel,
celui chez qui le trouble doit quelquefois se produire, et l'ignorance, ou plutôt, l'innocence fonctionnelle permettre à l'âme végétative de suivre par
le plus court ses destins, — sa *ligne d'univers*, dirait-
on en empruntant un mot à la physique théorique ?

Mais ma question aussi est toute théorique. Le fait
y répond assez. Je sais, — tout le monde le sait,
— que la science et la nature s'accommodent fort
bien l'une de l'autre en vous. Votre inhumanité
intellectuelle et technique se concilie fort aisément,
et même fort heureusement, avec votre humanité,
qui est des plus compatissantes, et parfois, des plus
tendres. L'observation découvre sans effort dans
votre existence un accord assez parfait entre le
savoir, le pouvoir et le sentir, entre vivre et connaître,
entre la possession lucide de soi-même et l'abandon
éventuel à cette innocence que j'ai qualifiée, plus ou
moins correctement, de fonctionnelle.

Et donc, le problème n'existe pas. Mais la merveille existe, et ce n'est point la seule que l'examen
du chirurgien nous donne à admirer.

Un artiste est en vous à l'état nécessaire. Je ne
parle pas de ceux dont le crayon, ou la plume ou la
gouge s'exerce aux œuvres d'art : il y aurait à dire
sur eux ; et sans doute, à rechercher le profit d'un
commerce réciproque entre des activités qui sont
loin de s'exclure.

Mais à présent, je parle de votre art propre, de
celui dont la matière est la chair vive, et qui constitue le cas le plus net et le plus direct de cette chose
immense et passionnante : l'action de l'homme sur
l'homme.

Qu'est-ce qu'un artiste ? Avant tout, il est un agent d'exécution de sa pensée, quand cette pensée peut se réaliser de plusieurs manières ; et donc, que la personnalité intervient, non plus à l'étage purement psychique où se forme et se dispose l'idée, mais dans l'acte même. L'idée n'est rien, et en somme, ne coûte rien. Si le chirurgien doit être qualifié d'artiste, c'est que son ouvrage ne se réduit pas à l'exécution uniforme d'un programme d'actes impersonnel. Un manuel opératoire n'est pas un chirurgien. Mais il y a, je pense, plus d'une manière de tailler et de recoudre, et chacune appartient à chacun. C'est dire qu'il y a plus d'un style chirurgical. Certes, je n'en sais positivement rien, — mais... j'en suis sûr.

Toute la science du monde n'accomplit pas un chirurgien. C'est le Faire qui le consacre.

Le nom même de votre profession, Messieurs, met ce *faire* en évidence, car Faire est le propre de la main. La vôtre, experte en coupes et en sutures, n'est pas moins habile et instruite à lire, de la pulpe de sa paume et de ses doigts, les textes tégumentaires, qui vous deviennent transparents ; ou, retirée des cavités qu'elle a explorées, elle peut dessiner ce qu'elle a touché ou palpé dans son excursion ténébreuse.

Chirurgie, manuopera, manœuvre, œuvre de main.

Tout homme se sert de ses mains. Mais n'est-il pas significatif que depuis le XIIe siècle, ce terme *Œuvre de main* ait été spécialisé au point de ne plus désigner que le travail d'une main qui s'applique à guérir ?

Mais que ne fait point la main ? Quand j'ai dû penser quelque peu à la chirurgie, en vue de la présente circonstance, je me suis pris à rêver assez longtemps

sur cet organe extraordinaire en quoi réside presque
foute la puissance de l'humanité, et par quoi elle s'oppose si curieusement à la nature, de laquelle cependant elle procède. Il faut des mains pour contrarier
par-ci, par-là, le cours des choses, pour modifier les
corps, les contraindre à se conformer à nos desseins
les plus arbitraires. Il faut des mains, non seulement
pour réaliser, mais pour concevoir l'invention la
plus simple sous forme intuitive. Songez qu'il n'est
peut-être pas, dans toute la série animale, un seul
être autre que l'homme, qui soit mécaniquement
capable de faire un nœud de fil ; et observez, d'autre
part, que cet acte banal, tout banal et facile qu'il est,
offre de telles difficultés à l'analyse intellectuelle
que les ressources de la géométrie la plus raffinée
doivent s'employer pour ne résoudre que très
imparfaitement les problèmes qu'il peut suggérer.

Il faut aussi des mains pour instituer un langage,
pour montrer du doigt l'objet dont on émet le nom,
pour mimer l'acte qui sera verbe, pour ponctuer et
enrichir le discours.

Mais j'irai plus avant. J'irai jusqu'à dire qu'une
relation réciproque des plus importantes doit exister entre notre pensée, et cette merveilleuse association de propriétés toujours présentes que notre
main nous annexe. L'esclave enrichit son maître, et
ne se borne pas à lui obéir. Il suffit pour démontrer
cette réciprocité de services de considérer que notre
vocabulaire le plus abstrait est peuplé de termes qui
sont indispensables à l'intelligence, mais qui n'ont
pu lui être fournis que par les actes ou les fonctions
les plus simples de la main. *Mettre ; prendre ; — saisir ; — placer ; — tenir ; — poser*, et voilà : *synthèse,
thèse, hypothèse, supposition, compréhension... Addition* se rapporte à *donner*, comme *multiplication* et
complexité à *plier*.

Ce n'est pas tout. Cette main est philosophe. Elle est même, et même avant saint Thomas l'incrédule, un philosophe sceptique. Ce qu'elle touche est *réel*. Le réel n'a point, ni ne peut avoir, d'autre définition. Aucune autre sensation n'engendre en nous cette assurance singulière que communique à l'esprit la résistance d'un solide. Le poing qui frappe la table semble vouloir imposer silence à la métaphysique, comme il impose à l'esprit l'idée de la volonté de puissance.

Je me suis étonné parfois qu'il n'existât pas un «Traité de la main», une étude approfondie des virtualités innombrables de cette machine prodigieuse qui assemble la sensibilité la plus nuancée aux forces les plus déliées. Mais ce serait une étude sans bornes. La main attache à nos instincts, procure à nos besoins, offre à nos idées, une collection d'instruments et de moyens indénombrables. Comment trouver une formule pour cet appareil qui tour à tour frappe et bénit, reçoit et donne, alimente, prête serment, bat la mesure, lit, chez l'aveugle, parle pour le muet, se tend vers l'ami, se dresse contre l'adversaire, et qui se fait marteau, tenaille, alphabet?... Que sais-je? Ce désordre presque lyrique suffit. Successivement instrumentale, symbolique, oratoire, calculatrice, — agent universel, ne pourrait-on la qualifier *d'organe du possible*, — comme elle est, d'autre part, *l'organe de la certitude positive*?

Mais parmi toutes les notions qui dérivent de la généralité par laquelle cette main se distingue des organes qui ne savent faire qu'une seule chose, il en est une dont le nom s'associe étroitement à celui de la chirurgie.

La chirurgie est l'art de faire des opérations. Qu'est-ce qu'une opération? C'est une transformation obtenue par des actes bien distincts les uns des autres, et qui se suivent dans un certain ordre vers un but bien déterminé. Le chirurgien transforme l'état d'un organisme. C'est dire qu'il touche à la vie ; il se glisse entre la vie et la vie, mais avec un certain système d'actes, une précision des manœuvres, une rigueur dans leur suite et leur exécution qui donnent à son intervention je ne sais quel caractère *abstrait*. Comme la main distingue l'homme des autres vivants, ainsi les voies abstraites distinguent le procédé de l'intelligence des modes de transformation de la nature.

Ici, Messieurs, permettez-moi d'imaginer... Le poète se donne un instant licence de paraître.

J'imagine l'extrême étonnement, la stupeur de l'organisme que vous violez, dont vous mettez au jour les palpitants trésors, faisant tout à coup pénétrer jusque dans ses profondeurs les plus retirées, l'air, la lumière, les forces et le fer, produisant sur cette inconcevable substance vivante qui nous est si étrangère en soi-même, et qui nous constitue ; le choc du monde extérieur... Quel coup, et quelle rencontre !...

Mais n'est-ce point, à la fois, un cas particulier et une image de ce qui se passe dans toutes les parties du monde actuel ? Tout y montre les effets bouleversants de l'action sur l'homme des moyens créés par l'homme. Quel choc ! et qu'adviendra-t-il de tout cet organisme de relations, de conventions, de notions qui s'est formé et développé si lentement à travers les âges, et qui, depuis quelques dizaines d'années, est soumis, ou plutôt, se soumet soi-même, à l'épreuve des puissances surhumaines et inhumaines qu'il a fini par savoir invoquer ? Notre éminent et cher Président nous a tout à l'heure éloquemment entretenus des rapides vicissitudes de la thérapeutique, et il n'a pu s'en expliquer qu'en nous exposant d'abord l'état particulièrement significatif de la science physique en général. Il me semble que cet état peut se résumer ainsi ; nous avons acquis une connaissance indirecte, qui procède par relais, et qui nous communique, comme par signaux, ce qui se passe dans des ordres de grandeur si éloignés de ceux qui ont quelque rapport avec nos sens, que les notions de toute espèce selon lesquelles nous pensons le monde n'ont plus de prise. La faillite de l'imagerie scientifique est déclarée. À telle échelle, les notions de corps, de positions, de durées, de matière et d'énergie s'échangent en quelque sorte entre elles ; le mot même de phénomène n'a plus de signification et peut-être, le langage lui-même quel que soit celui que l'on adopte, ne peut-il, avec ses substantifs et ses verbes, importer que de l'erreur dans nos esprits. Quant au nombre, sa précision même le condamne. Il recevra le nouvel emploi de substituer une probabilité à une pluralité déterminée et identifiable.

Notre représentation immédiate des choses est en somme pénétrée et troublée par les informations très indirectes qui nous viennent des profondeurs de la petitesse, et grâce auxquelles nous en savons et nous pouvons beaucoup plus, sans doute ; mais nous comprenons beaucoup moins, et, peut-être, de moins en moins. C'est là l'effet des *relais*. Par un *relais*, un enfant peut, d'un acte insensible de son petit doigt, provoquer une explosion ou un incendie sans aucune proportion avec son effort ; un savant, disposant de moyens modernes, peut provoquer, par relais, des effets sensibles, qu'il traduira en disant qu'il a fait *sauter un atome* ; mais il doit avouer que ce n'est là qu'une manière toute provisoire de parler, et reconnaître que le nom d'*électron*, par exemple, ne peut signifier en termes positifs que l'ensemble de tout ce qu'il faut d'appareils et d'actes pour produire à nos sens tels phénomènes observables.

Notre science ne peut donc plus prétendre, comme celle d'hier, à la construction d'un édifice de lois et de connaissances convergentes. Quelques formules, pensait-on, devaient résumer toute notre expérience, et un tableau final de relations d'équilibre et transformations, analogue ou identique à celui que forment les équations de la Dynamique devait être le but et le terme du travail de l'intelligence scientifique.

Mais l'accroissement des moyens a multiplié les faits nouveaux tellement que la science s'est vu modifier par son action sur elle-même, jusque dans son objet. Elle est contrainte de modifier, presque à chaque instant, ses conceptions théoriques pour se tenir en équilibre mobile avec ces faits inédits, qui croissent en nombre et en diversité avec ses moyens. Une somme ordonnée des connaissances, jadis objet essentiel, point précis de la recherche, n'est plus concevable ; le savoir théorique se décompose en théories partielles, instruments indispensables, et souvent admirables, — mais *instruments*, qui se prennent, qui se laissent, qui ne valent que par la commodité et la fécondité plus ou moins provisoires de leur emploi. Il s'ensuit que les contradictions que ces théories peuvent présenter entre elles n'ont plus le caractère de vices rédhibitoires.

C'est là un immense changement des idées et des valeurs. Le savoir est désormais dominé par le pouvoir d'action.

Je m'excuse, Messieurs, d'un si long abus de votre courtoise audience. Je constate que le patient chez vous ne le cède pas à l'opérateur. Je crois bien que j'ai dépassé toutes les bornes ; et, comme j'ai excédé la durée permise, j'ai aussi passé la limite qu'un homme de lettres parlant à des hommes de science ne doit jamais franchir. Nous croyons que nous savons quelque chose, nous qui ne pouvons nous mouvoir que dans l'univers de la parole. Tout le monde n'est pas comme votre dévoué Secrétaire général, qui a un bistouri, une plume et un crayon, et la manière la plus élégante de se servir de ces trois outils très aigus. Vous avez vu quelle greffe de qualités diverses il a pratiquée tout à l'heure sur le Président d'honneur...

J'aurais dû me borner à vous dire que je vois dans la chirurgie moderne un des aspects les plus nobles et les plus passionnants de cette extraordinaire aventure de la race humaine qui s'accélère et semble s'exaspérer depuis quelques dizaines d'années. Si, d'une part, nous devons constater dans les êtres et dans les événements, les symptômes les plus graves ; je ne sais quels délires, quelles manifestations tétaniques, et quelles alternatives rapides d'excitation et de dépression, si l'on se sent trop souvent le témoin des derniers moments d'une civilisation qui semble vouloir finir dans le plus grand luxe des moyens de détruire et de se détruire, il est bon de se tourner vers les hommes qui ne retiennent des découvertes, des méthodes et des progrès techniques que ce qu'ils peuvent appliquer au soulagement et au salut de leurs semblables.

Réflexions simples sur le corps

Le Sang et Nous

1° Comment on supprime l'être vivant en lui donnant *pour rien*, et dans la meilleure qualité ce que
son organisme et ses actes dans son milieu lui fournissent.

2° Je considère le vivant : ce que je vois et qui
occupe d'abord ma vue, c'est cette masse d'un seul
tenant, qui se meut, se ploie, court, bondit, vole ou
nage ; qui hurle, parle, chante, et qui multiplie ses
actes et ses apparences, ses ravages, ses travaux et
soi-même dans un milieu qui l'admet et dont on ne
peut le distraire.

Cette chose, son activité discontinue, sa spontanéité brusquement née d'un état immobile et qui y
retourne toujours, sont curieusement machinées :
on remarque que les appareils visibles de propulsion, jambes, pattes, ailes, forment une partie assez
considérable de la masse totale de l'être, et l'on
découvre plus tard que le reste de son volume est
occupé par des organes du travail intime dont on a
vu quelques effets extérieurs. On conçoit que toute
la durée de cet être est l'effet de ce travail, et que

toute sa production visible ou non se dépense à alimenter un insatiable consommateur de matière qui est cet être même.

3° Mais je sais aussi que ce qui est ainsi continuellement recherché ou élaboré par le système de moyens qui est presque tout l'animal, pourrait lui être fourni par d'autres moyens que les siens propres. Si son sang recevait toutes préparées les substances dont l'élaboration demande tant d'industries coordonnées et un tel appareil directeur, on conçoit que ce matériel et son fonctionnement rendus inutiles étant retranchés, la vie même soit maintenue, et même plus exactement et sûrement maintenue qu'elle ne l'est par les mécanismes naturels. Ce mode de conservation artificiel ferait l'économie d'abord de tous les organes de relation : les sens, les moteurs, les instincts, la « psyché » ; et puis, tout ce qu'exige de broyeurs, malaxeurs, transporteurs, filtres, tubes, brûleurs et radiateurs, le travail à la chaîne qui s'amorce, dès que les signaux des sens ont commandé sa mise en train.

4° Tout l'organisme n'a d'emploi qu'à la reconstitution de son sang, — tout, fors, peut-être, l'entretien et le service du matériel de la reproduction, fonction toute spéciale, et comme latérale, souvent abolie sans dommage vital.

Mais ce sang lui-même n'a d'autre emploi que de reverser à l'appareil qui le régénère ce qui est nécessaire à cet appareil pour qu'il fonctionne. *Le corps fait du sang qui fait du corps qui fait du sang...* D'ailleurs, tous les actes de ce corps sont cycliques relativement à lui, puisqu'ils se décomposent tous en allers et retours, contractions et détentes, cependant que le sang lui-même accomplit ses parcours cycliques et fait continuellement le tour de son monde de chair, en quoi consiste la vie.

5° Il y a quelque chose d'absurde dans cette organisation de conservation réciproque monotone. Cela choque l'esprit, lequel abhorre la répétition, et cesse même de comprendre et de prêter attention aussitôt qu'il a saisi ce qu'il nomme une « loi »; une *loi* est pour lui l'extermination des « retours éternels »...

6° On observe cependant deux échappées au cycle d'existence du corps : d'une part, quoi qu'on fasse, le *corps s'use*; d'autre part, *le corps se reproduit*.

7° Je reviens sur un point. Le sang supposé donc régénéré directement, et l'être conservé comme on le fait aujourd'hui de fragments de tissus, dans un liquide et une température appropriés, l'animal se réduirait à rien, ou peut-être à une « cellule » unique, douée de je ne sais quelle vie élémentaire. Ce que nous appelons sensibilité et action nécessairement abolies, l'esprit doit disparaître avec ce qui lui donne occasion et obligation de paraître, car il n'a d'emploi indispensable à la vie que pour parer à la variété, à l'incertitude et à l'inattendu des circonstances. Il compose des actions qui répondent à l'informe et au multiforme. Mais dans tous les cas où des opérations inconscientes ou des réponses réflexes (c'est-à-dire uniformes) suffisent, l'esprit n'a rien à faire. Il peut tout au plus troubler ou compromettre le fonctionnement correct de l'organisme. Il ne s'en fait pas faute, et en tire de célèbres sujets d'orgueil.

8° Ainsi, toute la valeur de prodige que nous attribuons à ces produits de la vie que sont la mémoire, la pensée, le sentiment, l'invention, etc., doivent, par le raisonnement que je viens d'expliquer, se ravaler au rang d'accessoires de cette vie. Toutes nos passions de l'esprit, toutes nos actions de luxe, nos volontés de connaître ou de créer, nous offrent cependant des développements *incalculables a priori* d'un fonctionnement qui tendait seulement à compenser l'insuffisance ou l'ambiguïté des perceptions immédiates et à lever l'indétermination qui en résulte.

La grande variété des espèces, l'étonnante diversité des figures et des moyens qu'elle manifeste, les ressources de chacune, la quantité des solutions du problème de vivre, donnent à songer que la sensibilité et la conscience pensante auraient pu être remplacées par des propriétés tout autres rendant les mêmes services.

Ce que telle espèce obtient par tâtonnements successifs et comme par voie statistique, telle autre l'obtient par l'intervention d'un *sens* que ne possède pas la précédente ; ou bien... par quelque élaboration intérieure du type «raisonnement».

9° J'observe que nos sens nous procurent seulement un minimum d'indications qui transposent pour notre sensibilité une part infiniment petite de la variété et des variations probables d'un «monde» qui n'est ni concevable ni imaginable pour nous.

10° Ce que j'ai dit plus haut se résume en ceci : si on dépouille ce que nous appelons *notre vie* de tout ce que nous avons considéré pouvoir être suppléé, — organes, formes, fonctions étant remplacés par artifice et relégués ainsi au rang d'accessoires rendus inutiles (ce qui fait songer à ces atrophies qui se sont produites au cours de l'évolution) — cette vie se réduit à rien ou presque rien ; et comme conséquence, sensations, sentiments, pensée, ne lui sont pas essentiels. Ils ne sont que... *per accidens*.

Or, ceci n'est pas sans exemple : cette vie réduite à la vie est celle de l'embryon, si peu de chose au début de sa carrière, et ce peu de chose issu de ce presque rien : un germe.

11° Enfin, une dernière réflexion, qui s'énonce en problème : en quoi l'activité propre de l'esprit est-elle absolument indispensable à la conservation de la vie, dans les circonstances qui laissent à l'être la possibilité d'agir ? Je crois qu'il serait intéressant de préciser ceci. On serait conduit, sans doute, à définir l'esprit comme un « pouvoir de transformation » de ses représentations, qui, appliqué à une situation non résoluble par automatismes ou réflexes simples, et qui excite l'exercice de ce pouvoir, s'essaie à lui faire correspondre l'idée et les impulsions d'action au moyen de laquelle le système vivant sera finalement replacé dans un état de disponibilité de ses ressources, — état qu'on pourrait appeler « liberté ». Quelles que soient les combinaisons, les créations, les modifications intérieures intervenues, — tout ce processus aboutira toujours à restituer le système dans un état d'égale possibilité.

*

Problème des Trois Corps

Le nom Corps répond dans l'usage à plusieurs besoins d'expression très différents. On pourrait dire qu'à chacun de nous correspondent dans sa pensée *Trois Corps*, — *au moins*.

Ce que je vais expliquer.

Le premier est l'objet privilégié que nous nous trouvons à chaque instant, quoique la connaissance que nous en ayons puisse être très variable et sujette à illusions, — comme tout ce qui est inséparable de l'instant. Chacun appelle cet objet *Mon-Corps* ; mais nous ne lui donnons aucun nom *en nous-mêmes* : c'est-à-dire *en lui*. Nous en parlons à des tiers comme d'une chose qui nous appartient ; mais, pour nous, il n'est pas tout à fait une chose ; et il nous appartient un peu moins que nous ne lui appartenons...

Il est à chacun, par essence, l'objet le plus important du monde, qui s'oppose à celui-ci, duquel il se sait dépendre étroitement. Nous pouvons dire avec une égale évidence, mais en changeant simplement le *réglage* de notre vision intellectuelle, que sur lui repose le monde, et que ce monde se réfère à lui ; ou bien qu'il n'est lui-même qu'une sorte d'événement infiniment négligeable et instable de ce monde.

Mais ni le mot « objet » dont je viens de me servir, ni le mot « événement » ne sont ici les mots qui conviendraient. Il n'y a pas de nom pour désigner le sentiment que nous avons d'une substance de notre présence, de nos actions et affections, non seulement actuelles, mais à l'état imminent, ou différé, ou purement possible, — quelque chose de plus reculé, et pourtant de moins intime que nos arrière-pensées : nous nous trouvons une capacité de modifications presque aussi variées que les circonstances environnantes. Cela obéit ou désobéit, accomplit ou entrave nos desseins, il nous en vient des forces et des défaillances surprenantes, associées à cette masse plus ou moins sensible, dans l'ensemble ou par parties, qui tantôt se charge brusquement d'énergies impulsives qui le font «agir» en vertu de l'on ne sait quel mystère intérieur ; tantôt semble devenir en elle-même le poids le plus accablant et le plus immuable...

Cette chose même est informe : nous n'en connaissons par la vue que quelques parties mobiles qui peuvent se porter dans la région voyante de l'espace de ce *Mon-Corps*, espace étrange, asymétrique, et dans lequel les distances sont des relations exceptionnelles. Je n'ai aucune idée des relations spatiales entre «Mon Front» et «Mon Pied», entre «Mon Genou» et «Mon Dos»... Il en résulte d'étranges découvertes. Ma main droite ignore généralement ma main gauche. Prendre l'une dans l'autre, c'est prendre un objet *non-moi*. Ces étrangetés doivent jouer un rôle sous le sommeil et, *si le rêve existe*, lui ordonner et offrir des combinaisons infinies.

Cette chose si mienne, et pourtant si mystérieusement, et parfois, et finalement toujours, notre plus redoutable antagoniste, est la plus instante, la plus constante et la plus variable qui soit : car, toute constance et toute variation lui appartiennent. Rien ne bouge devant nous que par une sorte de modification correspondante qu'elle esquisse et qui suit ou imite ce mouvement aperçu ; et rien ne s'immobilise qu'elle ne se fixe en quelque partie.

Elle n'a point de passé. Ce mot n'a point de sens pour elle, qui est le présent même, tout événements et imminences. Parfois certaines de ses parties ou régions se manifestent, s'illuminent, prennent une importance devant laquelle tout n'est plus rien et qui imposent à l'instant leur douceur ou leur rigueur incomparable.

*

Notre *Second Corps* est celui que nous voient les autres, et qui nous est plus ou moins offert par le miroir et les portraits. Il est celui qui a une forme et que saisissent les arts ; celui sur lequel les étoffes, les parures, les armures s'ajustent. Il est celui que voit l'Amour ou qu'il veut voir, anxieux d'y toucher. Il ignore la douleur dont il ne fait qu'une grimace.

C'est ce Corps même qui fut si cher à Narcisse, mais qui désespère bien des gens, et qui les attriste et assombrit presque tous, le temps venu, quand il nous faut bien consentir que ce vieil être dans la glace a des rapports terriblement étroits, quoique incompréhensibles, avec ce qui le regarde et ne l'accepte pas. On ne se consent pas d'être cette ruine...

*

Mais la connaissance de notre *Second Corps* ne va guère plus loin que la vue d'une surface. On peut vivre sans s'être jamais vu, sans connaître la couleur de sa peau ; c'est le sort des aveugles. Mais toute personne vit sans que la vie lui impose la nécessité de savoir ce que revêt cette peau assez unie de notre *Second Corps*. Il est remarquable que l'être vivant, pensant et agissant, n'a rien à faire avec son organisation intérieure. Il n'est pas qualifié pour la connaître. Rien ne lui fait soupçonner qu'il ait un foie, un cerveau, des reins et le reste : ces informations lui seraient d'ailleurs tout inutiles puisqu'il n'a, dans l'état naturel des choses, aucun moyen d'action sur ces organes. Toutes les facultés d'action sont tournées vers le « monde extérieur », tellement qu'on pourrait nommer « monde extérieur » ce sur quoi nos moyens d'agir ont prise : par exemple, tout ce que *je vois* peut se transformer

mon mouvement : j'agis sur mes environs, mais
je ne sais par quelles machines.

*

Il y a donc un Troisième Corps. Mais celui-ci n'a
d'unité que dans notre pensée, puisqu'on ne le
connaît que pour l'avoir divisé et mis en pièces. Le
connaître, c'est l'avoir réduit en quartiers et en lambeaux. Il s'en est écoulé des liquides écarlates ou
blêmes, ou hyalins, parfois très visqueux. On en
retire des masses de diverses grosseurs, façonnées
pour un emboîtement assez exact : ce sont des
éponges, des vases, des tubes, des fils, des barres articulées... Tout ceci réduit en tranches très minces
ou en gouttelettes, montre, sous le microscope, des
figures de corpuscules qui ne ressemblent à rien.
On essaie de déchiffrer ces cryptogrammes histologiques. On se demande comment cette fibre produisait de la force motrice ? Et quel rapport ces petits
astérismes à fines radicules pouvaient-ils avoir avec
la sensation et la pensée ? Mais que feraient un Descartes, un Newton, ignorants qu'ils seraient de
notre électromagnétisme, de l'induction et de tout
ce qui fut découvert après eux, si l'on soumettait à
leur examen, sans explication, une dynamo, leur
disant seulement ses effets ? Ils feraient ce que nous
faisons d'un cerveau : ils démonteraient l'appareil,
dérouleraient les bobinages, noteraient qu'ils trouvent ici du cuivre, là des charbons, là de l'acier,
et finalement s'avoueraient vaincus, incapables de
deviner le fonctionnement de cette machine, dont
on leur a appris qu'elle accomplit les transformations que nous savons.

*

Entre ces *Trois Corps* que je viens de nous donner, nombre de relations existent nécessairement,
qu'il serait très intéressant, quoique assez laborieux, de tenter de mettre en lumière. J'aime mieux
à présent en venir à quelque fantaisie.

*

Je dis qu'il y a pour chacun de nous un *Quatrième
Corps*, que je puis indifféremment appeler le *Corps
Réel*, ou bien le *Corps Imaginaire*.

Celui-ci est considéré indivisible du milieu inconnu
et inconnaissable que nous font soupçonner les phy-
siciens quand ils tourmentent le monde sensible, et
par le détour *de relais de relais*, font apparaître des
phénomènes dont ils placent l'origine bien au-delà
ou en deçà de nos sens, de notre imagination, et
finalement de notre intellection elle-même.

De ce milieu inconcevable, mon *Quatrième Corps*
ne se distingue ni plus ni moins qu'un tourbillon ne
se distingue du liquide en quoi il se forme. (J'ai
bien le droit de disposer comme je veux de l'inconcevable.)

Il n'est aucun des Trois autres Corps, puisqu'il
n'est pas le Mon-Corps, ni le Troisième, qui est celui
des savants, puisqu'il est fait de ce qu'ils ignorent...
Et j'ajoute que la connaissance par l'esprit est une
production de ce que ce Quatrième Corps *n'est pas*.
Tout ce qui est, pour nous, masque nécessairement
et irrévocablement *quelque chose qui soit*...

Mais pourquoi introduire ici cette notion si parfaitement vaine? c'est qu'une idée, même tout
absurde, n'est jamais sans quelque valeur; et qu'une
expression, un signe vide, n'est jamais sans poindre

l'esprit de quelque aiguillon. D'où me vint ce mot de *Quatrième Corps* ?

Comme je songeais à la notion de Corps en général, et à mes *Trois Corps* de tout à l'heure, les illustres problèmes que ces thèmes ont excités se sont vaguement prononcés dans la pénombre de ma pensée. J'avoue que j'ai coutume de les écarter du point le plus sensible et le plus instant de mon attention. Je ne me demande guère quelle est l'origine de la vie et celle des espèces ; si la mort est un simple changement de climat, de costume et d'habitudes, si l'esprit est ou n'est pas un sous-produit de l'organisme ; si nos actes peuvent parfois être ce qu'on appelle *libres* (sans que personne ait jamais pu dire ce qu'on entend au juste par là) ; etc.

C'est sur ce fond de difficultés fatiguées que vint se dessiner mon idée absurde et lumineuse : « J'appelle *Quatrième Corps*, me dis-je, l'inconnaissable objet *dont la connaissance résoudrait d'un seul coup tous ces problèmes, car ils l'impliquent.* »

Et, comme une protestation s'élevait en moi, la Voix de l'Absurde ajouta : « Penses-y bien : d'où veux-tu donc tirer quelques réponses à ces questions philosophiques ? Tes images, tes abstractions ne dérivent que des propriétés et des expériences de tes *Trois Corps*. Mais le premier ne t'offre que des instants ; le second, quelques visions ; et le troisième, au prix d'actes affreux et de préparations compliquées, une quantité de figures plus indéchiffrables que des textes étrusques. Ton esprit, avec son langage, triture, compose, dispose tout ceci ; je veux bien qu'il en tire, par l'abus de son questionnaire familier, ces problèmes fameux ; mais il ne peut leur donner une ombre de sens qu'en supposant, sans se l'avouer, quelque Inexistence, dont mon Quatrième Corps est une manière d'incarnation. »

Fragments des mémoires d'un poème

Je vivais loin de toute littérature, pur de toute intention d'écrire pour être lu, et donc en paix avec tous les êtres qui lisent, quand, vers 1912, Gide avec Gallimard me demandèrent de réunir et d'imprimer quelques vers que j'avais faits vingt ans avant, et qui avaient paru dans diverses revues de cette époque.

Je fus tout étonné. Je ne pus même pas penser plus d'un instant à cette proposition qui ne s'adressait à rien qui survécût dans mon esprit et qui n'y pouvait rien éveiller qui le séduisît. Le souvenir bien vague de ces petites pièces ne m'était pas agréable : je ne me sentais aucune tendresse pour elles. Si quelques-unes avaient assez plu dans le petit cercle où elles avaient été produites en leur temps, ce temps et ce milieu favorables s'étaient évanouis comme mes propres dispositions d'esprit. D'ailleurs, je n'ignorais pas, quoique je n'eusse pas suivi les destins de la poésie depuis tant d'années, que le goût n'était plus le même : la mode avait changé. Mais fût-elle demeurée celle que j'avais connue, il m'eût fort peu importé, m'étant moi-même rendu comme insensible à quelque mode que ce fût.

C'est que j'avais abandonné la partie, à peine et

négligemment engagée, en homme que les espoirs
de cette espèce n'éblouissent pas, et qui voit d'abord
dans le jeu de viser l'esprit des autres la certitude
de perdre son «âme», — je veux dire la liberté, la
pureté, la singularité et l'universalité de l'intellect.
Je ne dis pas que «j'eusse raison»... Je ne sais rien
de plus fou, et cependant de plus vulgaire, que de
vouloir *avoir raison*.

*

Je m'étais toujours trouvé dans l'esprit un certain
malaise quand je pensais aux Lettres. L'amitié la
plus charmante et la plus enthousiaste m'excitait à
me risquer dans cette carrière étrange où il faut
être soi pour les autres.

Il me semblait que ce fût se vouer à un ambigu
perpétuel que de vivre pour publier. «Comment
plaire et se plaire?» me disais-je ingénument.

À peine le plaisir que me faisaient certaines lectures éveillait-il en moi le démon qui veut qu'on
écrive, quelques réflexions d'égale force et de sens
contraire s'opposaient à la tentation.

J'avoue que je prenais très au sérieux les affaires
de mon esprit, et que je me préoccupais de son salut
comme d'autres font celui de leur âme. Je n'estimais
rien et ne voulais rien retenir de ce qu'il pouvait
produire sans effort, car je croyais que l'effort seul
nous transforme et nous change notre facilité première qui suit de l'occasion, et s'épuise avec elle, en
une facilité dernière qui la sait créer et la domine.
Ainsi, des gestes ravissants de la petite enfance aux
actes purs et gracieusement précis de l'athlète ou
de la danseuse, le corps vivant s'élève dans la possession de soi-même par la conscience, l'analyse et
l'exercice.

Mais quant aux Lettres, c'était là leur donner un emploi extraordinaire et les définir singulièrement. Les œuvres, dans mon système, devenaient un moyen de modifier par réaction l'être de leur auteur, tandis qu'elles sont une fin, dans l'opinion générale ; soit qu'elles répondent à un besoin d'expression ; soit qu'elles visent à quelque avantage extérieur : argent, femmes ou gloire.

*

La Littérature se propose d'abord comme une voie de développement de nos puissances d'invention et d'excitation, dans la plus grande liberté, puisqu'elle a pour substance et pour agent la *parole*, déliée de tout son poids d'utilité immédiate, et subornée à toutes les fictions et à tous les agréments imaginables. Mais la condition d'agir sur un public indistinct vient aussitôt gâter cette belle promesse. L'objet d'un art ne peut être que de produire quelque effet le plus heureux sur des personnes inconnues, qui soient, ou bien le plus nombreuses, ou bien, le plus délicates qu'il se puisse… Quelle que soit l'issue de l'entreprise, elle nous engage donc dans une dépendance d'autrui dont l'esprit et les goûts que nous lui prêtons s'introduisent ainsi dans l'intime du nôtre. Même la plus désintéressée, et qui se croit la plus farouche, nous éloigne insensiblement du grand dessein de mener notre *moi* à l'extrême de son désir de se posséder, et substitue la considération de lecteurs probables à notre idée première d'un témoin immédiat ou d'un juge incorruptible de notre effort. Nous renonçons sans le savoir à tout excès de rigueur ou de perfection, à toute profondeur difficilement communicable, à rien suivre qui ne s'abaisse, à rien concevoir qui ne se puisse impri-

mer, car il est impossible d'aller en compagnie jusqu'au bout de sa pensée, où l'on ne parvient jamais
que par une sorte d'abus de souveraineté intérieure.

*

Tant de remarques, qui étaient spécieuses, ne
signifiaient, sans doute, qu'une répugnance remarquable de ma nature à l'égard d'une forme d'activité
qui peut presque se définir par une confusion perpétuelle entre la vie, la pensée et la profession de celui
qui s'y livre. Palissy ne jetait que ses meubles dans le
feu de son four à faïence. L'écrivain consume tout
ce qu'il est et tout ce qui le touche. Ses plaisirs et ses
maux, ses affaires, son Dieu, son enfance, sa femme,
ses amis et ses ennemis, son savoir et son ignorance,
tout se précipite sur le papier fatal ; il en est qui se
donnent des aventures, irritent quelque plaie, culti-
vent leurs malheurs pour en écrire et depuis que
l'on a inventé « la sincérité » comme valeur d'échange
littéraire (ce qui est assez admirable dans un empire
de la fiction) il n'est de tare, d'anomalie, de réserve,
qui ne soit devenue chose de prix : un aveu vaut une
idée.

Je vais faire le mien, et dénoncer, moi aussi, mon
anomalie. Si l'on traite *d'humain* ce système d'exposer au public ses affaires, je dois me déclarer essentiellement *inhumain*.

Ce n'est pas du tout que les effets littéraires obtenus par le contraste assez facile des mœurs moyennes
avec les mœurs particulières, et des admises avec
les possibles, ne me divertissent pas quand ils se
donnent pour ce qu'ils sont : je préfère, en ce genre,
Restif à Jean-Jacques, et parfois, M. de Seingalt à
M. de Stendhal. L'impudicité n'a aucun besoin de
considérations générales. Je l'aime pure.

Quant aux contes et à l'histoire, il m'arrive de m'y laisser prendre et de les admirer, comme excitants, passe-temps et ouvrages d'art ; mais s'ils prétendent à la «vérité», et se flattent d'être pris au sérieux, l'arbitraire aussitôt et les conventions inconscientes se manifestent ; et la manie perverse des substitutions possibles me saisit.

Ma propre vie n'échappe pas à ce regard. Je me sens étrangement distinct de ses circonstances. Ma mémoire n'est guère que d'idées et de quelques sensations. Mes événements s'évanouissent au plus tôt. Ce que j'ai fait n'est bientôt plus de moi. Les souvenirs qui font revivre me sont pénibles : et les meilleurs, insupportables. Ce n'est pas moi qui m'appliquerais à tenter de recouvrer le temps révolu ! Enfin, les situations, les combinaisons de personnages, les sujets de récits et de drames ne trouvent pas en moi de quoi prendre racine et produire des développements dans une seule direction. Peut-être serait-il intéressant de faire *une fois* une œuvre qui montrerait à chacun de ses *nœuds*, la diversité qui s'y peut présenter à l'esprit, et parmi laquelle il *choisit* la suite unique qui sera donnée dans le texte. Ce serait là substituer à l'illusion d'une détermination unique et imitatrice du réel, celle du *possible-à-chaque-instant*, qui me semble plus véritable. Il m'est arrivé de publier des textes différents de mêmes poèmes : il en fut même de contradictoires, et l'on n'a pas manqué de me critiquer à ce sujet. Mais personne ne m'a dit pourquoi j'aurais dû m'abstenir de ces variations.

*

Je ne sais d'où me vient ce sentiment très actif de l'arbitraire ; si je l'ai toujours eu, si je l'ai acquis ?...

Je tente involontairement de modifier ou de faire
varier par la pensée tout ce qui me suggère une substitution possible dans ce qui s'offre à moi, et mon
esprit se plaît à ces actes virtuels, — à peu près
comme l'on tourne et retourne un objet avec lequel
notre tact s'apprivoise. C'est là une manie ou une
méthode, ou les deux à la fois : il n'y a pas contradiction. Il m'arrive, devant un paysage, que les
formes de la terre, les profils d'horizons, la situation et les contours des bois et des cultures me
paraissent de purs accidents, qui, sans doute, définissent un certain site, mais que je regarde comme
si je pouvais les transformer librement, ainsi qu'on
le ferait sur le papier par le crayon ou par le pin-
ceau. Je ne m'attache pas longuement à des aspects
dont je dispose, et qu'il me suffirait, d'ailleurs, de
me mouvoir pour altérer. Mais au contraire, la *substance* des objets qui sont sous mes yeux, la roche,
l'eau, la matière de l'écorce ou de la feuille, et la
figure des êtres organisés me retiennent. Je ne puis
m'intéresser qu'à ce que je ne puis inventer.

Cette même tentation travaille en moi les œuvres
de l'homme. Il m'est presque impossible de lire un
roman sans me sentir, dès que mon attention active
s'éveille, substituer aux phrases données d'autres
phrases que l'auteur aurait pu écrire tout aussi
bien, sans grand dommage pour ses effets. Par malheur, toute l'apparence de réalité que veut produire
le roman moderne réside dans ces déterminations
si fragiles et ces précisions insignifiantes. Il ne peut
en être autrement : la vie que nous voyons, et la
nôtre même, est tissue de détails qui *doivent être*,
pour remplir telle case du damier de l'entendement ; mais qui *peuvent être ceci ou cela*. La réalité
observable n'a jamais rien de visiblement nécessaire ; et la nécessité ne paraît qu'elle ne manifeste

quelque action de la volonté et de l'esprit. Mais alors, — plus d'illusion! J'avoue que mon sentiment et ma pratique instinctive de substitutions sont détestables : *elles ruinent des plaisirs.* J'admire, j'envie les romanciers qui nous assurent qu'ils croient à «l'existence» de leurs personnages, dont ils prétendent être les esclaves, suivre aveuglément les destins, ignorer les projets, souffrir les maux et ressentir les sensations, — toutes *possessions* très étonnantes qui font songer aux merveilles de l'occultisme, à la fonction de ces «médiums» qui tiennent la plume pour les «esprits», ou qui subissent le transfert de leur sensibilité dans un verre d'eau, et qui crient de douleur, si, dans cette eau, l'on plonge une pointe.

Je n'ai pas besoin d'ajouter que l'histoire elle-même m'excite plus encore que le roman à ce jeu des altérations possibles, lesquelles se mélangent fort bien aux falsifications réelles qui se découvrent de temps à autre dans les documents les plus respectables. Et tout ceci met utilement en évidence la naïve et bizarre structure de notre croyance au «passé».

Même dans les sciences positives, que de choses pourraient être tout autrement énoncées, décrites ou ordonnées qu'elles ne le sont, sans dommage pour la partie inébranlable de ces disciplines, qui n'est que recettes et résultats vérifiables.

Quand mon esprit n'est pas gêné dans sa liberté, et qu'il s'arrête de soi-même sur quelque objet qui le fascine, il croit le voir dans une sorte *d'espace* où, de présent et d'entièrement défini, cet objet retourne au possible...

Et ce qui me vient à la pensée m'apparaît assez vite comme un «spécimen», un cas particulier, un élément d'une variété d'autres combinaisons également concevables. Mes opinions appellent bientôt leurs contraires ou leurs complémentaires ; et je me trouverais misérable de ne pas voir dans l'événement réel, ou dans l'impulsion particulière que j'éprouve, un simple élément de quelque ensemble — une *facette* d'un système d'entre ceux dont je suis capable.

*

J'étais donc assez mal fait pour m'engager à vie dans une occupation qui ne m'intéressait que par ce qu'elle offre de moins « humain ». Je n'y voyais qu'un refuge, un recours ; et, en somme, bien plus un système de séparation ou d'organisation de pensée séparée, qu'un moyen de relation avec inconnus et d'action sur eux. J'y trouvais un *exercice* et la justifiais par là.

Écrire était déjà pour moi une opération toute distincte de l'expression instantanée de quelque « idée » par le langage immédiatement excité. Les idées ne coûtent rien, pas plus que les faits et les sensations. Celles qui paraissent les plus précieuses, les images, les analogies, les motifs et rythmes qui naissent de nous sont des accidents plus ou moins fréquents dans notre existence inventive. L'homme ne fait guère qu'inventer. Mais celui qui s'avise de la facilité, de la fragilité, de l'incohérence de cette génération lui oppose l'effort de l'esprit. Il en résulte cette merveilleuse conséquence que les plus puissantes « créations », les monuments les plus augustes de la pensée, ont été obtenus par l'emploi réfléchi de moyens volontaires de *résistance* à notre « création » immédiate et continuelle de propos, de relations, d'impulsions, qui se substituent sans autre condition. Une production toute spontanée s'accommode fort bien, par exemple, des contradictions et des «cercles vicieux»; la logique y met obstacle. Elle est la plus connue et la plus importante de toutes les conventions formelles et explicites que l'esprit s'est opposées. Méthodes, poétiques bien définies, canons et proportions, règles de l'harmonie, préceptes de composition, formes fixes, ne sont pas (comme on le croit communément) des formules de création restreinte. Leur objet profond est d'appeler l'homme complet et organisé, *l'être fait pour agir, et que parfait, en retour, son action même*, à s'imposer dans la production des ouvrages de l'esprit. Ces contraintes peuvent être tout arbitraires: il faut et il suffit qu'elles gênent le cours naturel et inconséquent de la divagation ou création de proche en proche. De même que nos impulsions, quand elles passent à l'acte, doivent subir les exigences de notre appareil moteur, et se heurtent aux conditions matérielles du milieu, et que nous acquérons par cette expérience, une conscience de plus en plus exacte de notre forme et de nos forces, ainsi l'invention contrariée et bien tempérée...

Écrire me paraissait donc un travail très différent de l'expression immédiate, comme le traitement par l'analyse d'une question de physique diffère de l'enregistrement des observations: ce traitement exige que l'on repense les phénomènes, que l'on définisse des notions qui n'apparaissent pas dans le langage ordinaire; et il arrive que l'on soit obligé de créer des méthodes nouvelles de calcul. Je trouvais de même que les recherches de forme auxquelles devait conduire cette conception de *l'écriture*, demandaient une manière de voir les choses, et une certaine idée du langage, plus subtiles, plus précises, plus conscientes que celles qui suffisent à l'usage naturel.

J'ajoute que les raffinements et les agréments

laborieux que les poètes avaient introduits dans
l'art des vers depuis 1850 environ, l'obligation de
séparer plus qu'on ne l'avait jamais fait l'excitation
et l'intention initiales de l'exécution, me disposaient
à considérer les Lettres sous cet aspect. Je n'y voyais
qu'une combinaison de l'ascèse et du jeu. Leur
action extérieure était sans doute une condition,
plus ou moins étroite, à satisfaire ; mais rien de plus.

*

Je devais aussi reconnaître dans ma nature certaines particularités que j'appellerai *insulaires*. Il
s'agit de curieuses lacunes dans le système de mes
instincts intellectuels, défauts qui me semblent avoir
été de grande conséquence dans le développement
de mes opinions et de mes partis pris, et jusque dans
les sujets et la forme de mes quelques ouvrages.

Je dirai, par exemple, que je ne me suis jamais
connu le souci de faire partager aux autres mes
sentiments sur quelque matière que ce soit. Ma tendance serait plutôt toute contraire. Le goût puissant « d'avoir raison », de convaincre, de séduire ou
de réduire les esprits, de les exciter pour ou contre
quelqu'un ou quelque chose, m'est essentiellement
étranger, si ce n'est odieux. Comme je ne puis souffrir que l'on veuille me changer les idées par les
voies affectives, je suppose à autrui la même intolérance. Rien ne me choque plus que le prosélytisme
et ses moyens, toujours impurs. Je me persuade
que l'apologétique a finalement beaucoup plus nui
aux religions qu'elle ne les a servies, — du moins, si
l'on a égard à la qualité des captures. J'en ai fait ce
conseil : *Cache ton Dieu*, car, comme il est ton fort,
tant qu'il est ton plus grand secret, il est ton faible,
dès que les autres le connaissent.

Que si l'on veut déclarer sa pensée, j'aime qu'on l'article sans chaleur, et en toute transparence, de manière qu'elle s'expose moins comme une production d'un individu que comme un effet de conditions qui se conviennent et se combinent dans un instant, ou comme un phénomène d'un autre monde que celui où l'on trouve des personnes et leur humeur. Il me déplaît d'imaginer, au travers de la page que je lis, quelque visage enflammé ou ricanant, sur lequel se peint l'intention de me faire aimer ce que je hais ou haïr ce que j'aime. C'est la grande affaire des politiques de toute espèce que d'agir sur les nerfs des gens : que deviendraient-ils sans les épithètes ? Ils seraient fort embarrassés si l'on exigeait d'eux qu'ils organisent leur pensée de bout en bout. Mais la véritable force s'impose par la structure et ne demande rien. Elle contraint les hommes sans les voir.

En somme, je regarde bien plus amoureusement aux méthodes qu'aux résultats, et la fin ne me justifie pas les moyens, car — *il n'y a pas de fin*.

Ensuite, comme je ne m'intéresse pas à modifier les sentiments des autres, je me trouve, de mon côté, assez insensible à leur dessein de m'émouvoir. Je ne me sens aucun besoin des passions de mon prochain, et l'idée ne m'est jamais venue de travailler pour ceux qui demandent à l'écrivain qu'il leur apprenne ou leur restitue ce que l'on découvre, ou que l'on éprouve, simplement en vivant. Du reste, la plupart des auteurs s'en chargent, et les plus grands poètes ont accompli à miracle la tâche de nous représenter les émotions immédiates de la vie. Cette tâche est de tradition. Les chefs-d'œuvre abondent en ce genre. Je me demandais s'il y avait autre chose à faire.

*

C'est pourquoi, bien plutôt que dans les Lettres, j'aurais placé mes complaisances dans les arts qui ne reproduisent rien, qui ne feignent pas, qui se jouent seulement de nos propriétés tout actuelles, sans recours à notre faculté de vies imaginaires et à la fausse précision qu'on leur donne si facilement. Ces modes «purs» ne s'embarrassent pas de personnages et d'événements qui empruntent de la réalité observable tout ce qu'elle offre d'arbitraire et de superficiel, car il n'y a que cela qui soit imitable. Ils exploitent, au contraire, ils organisent et composent les valeurs de chaque puissance de notre sensibilité détachée de toute référence et de toute fonction de *signe*. Ainsi réduite à elle-même, la suite de nos sensations n'a plus d'ordre chronologique, mais une sorte d'ordre intrinsèque et instantané qui se déclare de proche en proche... Je ne puis expliquer ici dans le détail ma pensée et ses arguments, ni ses conséquences : mais il suffit de songer aux productions que l'on groupe sous le nom général d'*Ornement*, ou bien à la *musique pure*, pour m'entendre. Le musicien, par exemple, se trouve *comme en présence* d'un ensemble de possibilités dont il lui est loisible de disposer sans aucune référence au monde des choses et des êtres. Par son opération sur les éléments de l'univers de l'ouïe, les affections et émotions «humaines» peuvent être excitées, sans que l'on cesse de percevoir que les formules musicales qui les raniment appartiennent au système général des sons, naissent en lui et s'y résolvent ensuite, pour que leurs unités se recomposent en de nouvelles combinaisons. Par là, *il n'y a jamais confusion possible de l'effet de l'œuvre avec les apparences d'une vie étrangère ; mais bien communion possible avec les ressorts profonds de toute vie.*

Mais je n'avais ni les dons ni les connaissances techniques qu'il eût fallus pour suivre cet instinct formel des productions de la sensibilité développée à l'écart de toute représentation, qui manifestent la structure de ce qui ne ressemble à rien, et qui tendent à s'ordonner en constructions complètes par elles-mêmes. Il s'engendre ainsi un état d'esprit curieusement antihistorique, c'est-à-dire une vive perception de la substance tout actuelle de nos images du «passé» et de notre liberté inaliénable de les modifier aussi facilement que nous pouvons les concevoir, sans aucune conséquence...

*

Certains poèmes que j'ai faits n'ont eu pour germe qu'une de ces sollicitations de sensibilité «formelle» antérieure à tout «sujet», à toute idée exprimable et finie. La «Jeune Parque» fut une recherche, littéralement indéfinie, de ce qu'on pourrait tenter en poésie qui fût analogue à ce qu'on nomme «modulation», en musique. Les «passages» m'ont donné beaucoup de mal; mais ces difficultés me contraignaient à découvrir et à noter quantité de problèmes précis du fonctionnement de mon esprit, et c'est là, au fond, ce qui m'importait. Rien, d'ailleurs, ne m'intéresse plus dans les arts que ces transitions où je vois ce qu'il y a de plus délicat et de plus savant à accomplir, cependant que les modernes les ignorent ou les méprisent. Je ne me lasse pas d'admirer par quelles nuances de formes la figure d'un corps vivant, ou celle d'une plante, se déduit insensiblement et s'accorde avec elle-même, et comme s'ouvre enfin l'hélice d'une coquille, après quelques tours, pour se border d'une nappe de sa nacre intérieure. L'architecte d'une belle époque usait des modénatures les plus exquises et les plus calculées pour raccorder les surfaces successives de son œuvre...

Tel autre poème a commencé en moi par la simple indication d'un rythme *qui s'est peu à peu donné un sens*. Cette production, qui procédait, en quelque sorte, de la «forme» vers le «fond», et finissait par exciter le travail le plus conscient à partir d'une structure vide, s'apparentait, sans doute, à la préoccupation qui m'avait exercé, pendant quelques années, de rechercher les conditions générales de toute pensée, quel que soit son contenu.

Je rapporterai ici une observation assez remarquable que j'ai faite sur moi-même, il y a peu de temps.

J'étais sorti de chez moi pour me délasser, par la marche et la dispersion des regards, de quelque besogne ennuyeuse. Comme je suivais la rue que j'habite, et qui s'élève assez rapidement, je fus *saisi* par un rythme qui s'imposait à moi, et me donna bientôt l'impression d'un fonctionnement étranger. Un autre rythme vint doubler le premier et se combiner avec lui, et il s'établit je ne sais quelles relations *transverses* entre ces lois. Cette combinaison, qui passait de beaucoup tout ce que je pouvais attendre de mes facultés rythmiques, rendit presque insupportable la sensation d'étrangeté dont j'ai parlé. Je me disais qu'il y avait erreur sur la personne, que cette grâce se trompait de tête, puisque je ne pouvais rien faire d'un tel don, qui, dans un musicien, eût, sans doute, pris forme et durée, car ces deux parties m'offraient bien vainement une composition dont la suite et la complexité émerveillaient et désespéraient mon ignorance. Le pres-

tige s'évanouit brusquement, au bout d'une vingtaine de minutes, me laissant sur les bords de la
Seine, aussi perplexe que la cane de la Fable qui
vit éclore un cygne de l'œuf qu'elle avait couvé. Le
cygne envolé, et ma surprise revenant sur elle-
même, j'observai que la marche m'entretient souvent dans une vive production d'idées, avec laquelle
elle manifeste parfois une sorte de réciprocité :
l'allure excitant les pensées, les pensées modifiant
l'allure ; l'une fige le marcheur, l'autre presse son
pas. Mais il arrive, cette fois, que mon mouvement
attaque ma conscience par un système de rythmes
assez savant, au lieu de provoquer ce composé
d'images, de paroles intérieures, d'actes virtuels
que l'on nomme Idée. Mais si nouvelle et inattendue que puisse être une « idée », ce n'est encore
qu'une idée : elle appartient à une espèce qui m'est
familière, que je sais à peu près noter, manœuvrer,
adapter à mon état. Diderot disait : *Mes idées, ce
sont mes catins.* Voilà une bonne formule. Mais
je ne puis en dire autant de mes rythmes inattendus. Que fallait-il en penser ? J'ai imaginé que
la production mentale pendant la marche devait
répondre à une excitation générale qui se dépensait comme elle pouvait du côté de mon cerveau ;
que cette sorte de fonction quantitative pouvait
aussi bien être satisfaite par l'émission d'un certain
rythme que par des figures verbales ou des signes
quelconques ; et qu'il y avait donc un moment de
mon fonctionnement au point duquel idées, rythmes,
images, souvenirs ou inventions n'étaient que des
équivalents. À ce point, nous ne serions *pas encore*
entièrement nous-mêmes. *La personne qui sait qu'elle
ne sait pas la musique* n'était pas encore en vigueur
en moi, quand mon rythme s'est imposé, de même
que la personne qui sait qu'elle ne peut voler n'est

pas encore en vigueur dans celui qui rêve qu'il vole...

Je crois, d'ailleurs (par d'autres considérations), que toute pensée serait impossible si nous étions tout entiers présents à tout instant. Il faut à la pensée une certaine liberté, par abstention d'une partie de nos pouvoirs.

Quoi qu'il en soit, cet incident m'a paru devoir être noté, et pouvoir être utilisé dans une étude sur l'invention. Quant à *l'équivalence* dont je viens de parler, elle est certainement une des principales ressources de l'esprit, auquel elle offre des substitutions très précieuses.

*

Cette bizarrerie de n'aimer dans l'art d'écrire que ce qui est insensible, ou indifférent, ou ennuyeux aux yeux de la plupart des personnes qui lisent, et de trouver précisément les mêmes qualités répulsives à ce qu'elles aiment dans un livre, m'éloignait de plus en plus du désir de fonder quoi que ce fût sur le plaisir incertain d'autrui. Je savais, d'ailleurs, par une expérience précoce que le hasard m'avait procurée, que la magie de la littérature tient nécessairement à «quelque méprise», due à la nature même du langage, laquelle permet souvent de donner plus qu'on ne possède ; et quelquefois, beaucoup moins.

Je craignais si fort de me prendre moi-même à ce piège, que je me suis interdit, pendant quelques années, d'employer dans mes notes qui n'étaient que pour moi, nombre de *mots*... Je ne dis pas lesquels. S'ils me venaient à l'esprit, j'essayais de leur substituer une expression qui ne dit que ce que je voulais dire. Si je ne la trouvais point, je les affectais d'un signe qui marquait qu'ils étaient mis à

titre précaire. Ils me semblaient ne devoir servir
qu'à *l'usage externe*... C'était définir, en quelque
manière, la littérature, en opposant ses moyens à
ceux de la pensée travaillant pour elle-même. La
Littérature (dans le cas général) exige que ce travail soit borné, arrêté à un certain point, et même
finalement dissimulé. Un auteur doit s'efforcer de
faire croire qu'il ne pourrait traiter tout autrement
son ouvrage. Flaubert était convaincu qu'il n'existe
pour une idée qu'une seule forme, qu'il s'agit de la
trouver ou de la construire, et qu'il faut peiner
jusque-là. Cette belle doctrine n'a malheureusement aucun sens. Mais il n'est pas mauvais de la
suivre. Un effort n'est jamais perdu. Sisyphe se faisait des muscles.

*

C'est un état assez délicieux que de vivre et travailler, sans attente ni visée extérieure, sans songer
à un terme placé hors de soi, à un ouvrage fini, à un
but qui se puisse exprimer en peu de paroles ; sans
le souci de quelque effet à produire sur quelqu'un
et du jugement d'autrui, considération qui conduit
inévitablement à faire ce que l'on n'eût pas fait de
soi-même, à retenir sur d'autres points : en somme,
à se comporter comme un autre. Cet autre devient
votre personnage : *l'Homme de Gloire.*

Le «temps» ne me coûtait rien, ne comptait pas ;
et donc, il n'y en avait point de perdu.

Mes amis ne concevaient point cette indifférence
à l'égard de l'avenir. Rien ne sortait d'une existence
qui ne pouvait cependant paraître ni très oisive, ni
détachée des choses de l'esprit. Rien n'en serait
sorti, si des circonstances indépendantes de ma
volonté (comme dit naïvement le Code), n'avaient

fait leur office, qui est de tout faire. Dans mon cas
particulier, elles avaient à résoudre un problème
assez difficile : transformer en écrivain de métier un
amateur d'expériences intellectuelles poursuivies
en vase clos. Je leur offrais cependant cette chance,
que j'avais abandonné depuis toujours au hasard la
direction de ma vie extérieure. Les événements sont
intraitables ; et d'ailleurs, les plus heureux succès ne
sont que de surface ; le calcul, tout illusoire : ce
qu'on prend pour son bon résultat exige l'infini de
conditions qui constitue la « réalité »... Tout mon
vouloir ne s'appliquait à l'extérieur qu'à essayer
de préserver ma liberté intérieure. Que faisais-je de
celle-ci ?

*

Je regrette le temps où je jouissais du souverain
bien (cette liberté de l'esprit). Il se partageait si facilement entre les heures d'une occupation nécessaire
(mais toute séparée de mes entreprises réservées),
et des heures absolues, qui valaient ce qu'elles
valaient, — ce que peut valoir un éternel ébat dans
l'indépendance pure ! L'objet idéal de ma vie pensée
me parut être de ressentir son acte et son effort
propres jusqu'à reconnaître les conditions invisibles
et les bornes de son pouvoir ; de quoi je me faisais
l'image d'un nageur, qui, détaché de tout solide,
et délié dans le plein de l'eau, acquiert au sein
de l'absence d'obstacles le sentiment de ses formes
de puissance et de leurs limites, depuis le nœud de
ses forces distinctes jusqu'aux extrêmes de leur
extension.

Je ne souhaitais que le pouvoir de faire, et non
son exercice dans le monde.

*

Il y avait, j'en ai peur, fort peu de métaphysique
dans mon cas. Ma première et très courte pratique
de l'art des vers m'avait accoutumé à disposer des
mots, et même des «idées» comme de moyens, qui
n'ont que des valeurs instantanées, des effets de
position. Je trouvais idolâtre de les isoler de leur
emploi local, d'en faire des difficultés quand on
venait de s'en servir, familièrement. Mais la métaphysique exige que l'on s'attarde sur ces passerelles
de fortune. «Qu'est-ce que le Temps?» dit-elle,
comme si tout le monde ne le savait fort bien. Elle se
répond par des combinaisons verbales. Il me paraissait donc plus… philosophique de s'intéresser sans
façon et sans autre détour à ces combinaisons elles-
mêmes. Le *faire* remplace alors un prétendu *savoir*,
et le *Vrai* se hausse au rang d'une convention bien
appliquée.

Tout, ceci est horrible à dire. Mais enfin je ne
pouvais me résoudre à épouser les problèmes des
autres, et à ne pas m'étonner qu'ils n'eussent pas
envisagé les miens. Peut-être ai-je l'étonnement
trop facile? Un jour, je me suis étonné que personne n'ait eu l'idée de se divertir à construire une
table de transformation des diverses doctrines philosophiques qui eût permis de traduire l'une dans
l'autre. Un autre jour, que je ne puisse trouver nulle
part une autre table: celle de tous les actes réflexes
observés jusqu'ici… Je pourrais composer un véritable traité de mes étonnements, dont plus d'un
exemple me mettrait moi-même et mes actes en
cause.

En somme, il se faisait en moi, de jour en jour,
une manière de «système», dont le principe essentiel était qu'il ne pût et ne dût convenir qu'à moi

seul. Je ne sais si le mot « Philosophie » peut recevoir un sens qui exclue l'individu et qui implique
quelque édifice de préceptes et d'explications qui
s'impose et qui s'oppose à tous ? Selon moi, une
philosophie est, au contraire, chose assez rigoureusement personnelle ; chose, donc, intransmissible,
inaliénable, et *qu'il faut rendre indépendante des
sciences pour qu'elle le soit*. La science est nécessairement transmissible, mais je ne puis concevoir un
« système » de la pensée qui soit communicable, car
la pensée ne se borne pas à combiner des éléments
ou des états *communs*.

*

Il est presque inutile de dire que je lisais fort peu,
en ce temps-là. J'avais d'abord pris la lecture en
aversion, et même distribué entre quelques amis mes
livres préférés. J'ai dû en racheter quelques-uns, plus
tard, après la période aiguë. Mais je demeure peu
lecteur, car je ne recherche dans un ouvrage que ce
qui peut permettre ou interdire quelque chose à ma
propre activité. Être passif, croire un récit, etc., cela
coûte fort peu, et contre ce peu, de grandes jouissances peuvent être obtenues et l'ennui conjuré.
Mais la sorte de réveil qui suit une lecture prenante
m'est assez désagréable. J'ai l'impression d'avoir
été joué, manœuvré, traité comme un homme
endormi auquel les moindres incidents du régime
de son sommeil font vivre l'absurde, subir des sup-
plices et des délices insupportables.

*

Ainsi ai-je vécu pendant des années, comme si les
années ne passassent point, m'éloignant de plus en

plus de l'état d'esprit dans lequel peut végéter l'idée d'avoir affaire au public. C'est que mes pensées se faisaient de plus en plus leur langage, que je dépouillais le plus possible des termes trop commodes, et surtout de tous ceux qu'un homme seul et s'étudiant de très près à circonscrire et à presser un problème, n'emploie jamais.

S'il m'arrivait, parfois, de songer aux conditions de la littérature dans l'époque qui se modifiait très rapidement autour de moi, je concluais en simple observateur que ce qui exige du lecteur une application même modérée n'était plus de ce temps nouveau, et qu'on ne trouverait pas désormais une personne sur un million pour donner à un ouvrage une quantité et une qualité d'attention qui permît d'espérer la conduire assez loin avec soi, qui valût que l'on pesât ses mots, et que l'on prît des constructions et des ajustements le soin et le souci sans quoi une œuvre ne devient pas pour son auteur un *instrument de la volupté de parfaire*.

Or, d'assez graves inquiétudes étant venues traverser cette vie d'apparence stationnaire, qui n'absorbait ni n'émettait rien ; d'autre part, une certaine lassitude de sa longue persévérance dans des voies assez abstraites se prononçant ; et enfin, *ce-qu'on-ne-peut-savoir* (comme l'âge ou tel point critique de l'organisme) agissant, il se fit ce qu'il fallait pour que la poésie pût reprendre quelque puissance en moi, si l'occasion s'en présentait.

Ceux qui m'avaient demandé de publier mes vers anciens avaient fait copier et assembler ces petits poèmes épars et m'en avaient remis le recueil, que je n'avais pas plus rouvert que je n'avais retenu leur proposition. Un jour de fatigue et d'ennui, le hasard fit (lui qui fait tout) que cette copie égarée dans mes papiers vint à la surface de leur désordre.

J'étais de sombre humeur. Jamais poèmes ne sont
tombés sous des regards plus froids. Ils retrou-
vaient dans leur auteur l'homme du monde qui
s'était fait le plus rebelle à leurs effets. Ce père
ennemi feuilleta le très mince cahier de ses poésies
complètes où il ne découvrait que de quoi se réjouir
d'avoir abandonné le jeu. S'il s'arrêtait sur une
page, il considérait la faiblesse dans la plupart des
vers : *il se sentait je ne sais quelles envies de les renforcer, d'en refondre la substance musicale...* Il y en
avait çà et là, d'assez gracieux, qui ne venaient
qu'accuser les autres, et gâter l'ensemble, car *l'inégalité dans un ouvrage m'apparut alors, tout à
coup, le pire des maux...*

Cette remarque fut un germe. Elle ne fit que passer dans mon esprit de ce jour-là, — le temps d'y
déposer quelque semence imperceptible qui se
développa un peu plus tard, dans un travail de plusieurs années.

D'autres observations m'induisirent à repenser
d'anciennes idées que je m'étais faites de l'art du
poète ; à les remettre au net ; à les exterminer le plus
souvent. Je trouvai bientôt un amusement à essayer
de corriger quelques vers, sans attacher l'ombre d'un
dessein à ce petit plaisir local que procure un travail
libre et léger, que l'on prend, que l'on laisse, qui se
passe en substitutions indéfiniment essayées, où l'on
ne met de soi que ce qui ne prétend à rien. Il faut
avouer qu'il n'est pas sans exemple qu'en effleurant
ainsi, sans se laisser engager, les claviers de l'esprit,
on en tire parfois des combinaisons très heureuses.

*

C'était jouer avec le feu. Mon divertissement me
conduisait où je ne pensais pas d'aller. Quoi de plus

ordinaire dans l'amour ? Un regard à peine appuyé, une concordance de rires, — le philosophe y voit déjà le génie de l'espèce évoqué, et les conséquences les plus vivantes s'ensuivre, d'acte en acte, et du trouble au berceau.

Mais les chemins de l'esprit sont moins frayés ; nul instinct ne les oriente. J'allais à la poésie sans le savoir, par le détour des problèmes qu'on peut trouver, ou introduire en elle, comme en toute chose, et dont la recherche n'importe guère à la pratique de cet art.

Comme je ne songeais pas le moins du monde à m'y reprendre, ma liberté était entière, et je pouvais essayer sur ce sujet l'application d'une certaine «méthode» particulière et privée que je m'étais faite, ou plutôt qui s'était faite de mes observations, de mes refus, des précisions, des analogies que j'avais suivies, de mes besoins réels, de mon fort et de mon faible.

Je n'en dirai que deux mots, et serais bien embarrassé de m'en expliquer davantage. Voici le premier de ces mots : *Le plus de conscience possible*. Et voici le second : *Essayer de retrouver avec volonté de conscience quelques résultats analogues aux résultats intéressants ou utilisables que nous livre (entre cent mille coups quelconques) le hasard mental*.

J'ai scandalisé diverses personnes, il y a quelques années, pour avoir dit que j'aimerais mieux avoir composé une œuvre médiocre en toute lucidité qu'un chef-d'œuvre à éclairs, dans un état de transe… C'est qu'un éclair ne m'avance à rien. Il ne m'apporte que de quoi m'admirer. Je m'intéresse beaucoup plus à savoir produire à mon gré une infime étincelle qu'à attendre de projeter çà et là les éclats d'une foudre incertaine.

Mais il ne s'agissait pas de composer, à cette

heure. Et si je me tenais des propos de cette rigueur, ce n'était point pour me constituer des préceptes et une discipline dont je n'avais que faire ; c'était que je répondais en esprit à certains préjugés qui m'avaient choqué autrefois.

En ce temps-là, régnait une opinion, qui n'est peut-être pas tout à fait sans substance. Plusieurs, ou presque tous, pensaient, quoique assez vaguement, que les analyses et le travail de l'intellect, les développements de volonté et les précisions où il engage la pensée ne s'accordent pas avec je ne sais quelle naïveté de source, quelle surabondance de puissance ou quelle grâce de rêverie que l'on veut trouver dans la poésie, et qui la font reconnaître dès ses premiers mots. On observait que la méditation abstraite de son art, la rigueur appliquée à la culture des roses, ne peuvent que perdre un poète, puisque le principal et le plus charmant effet de son ouvrage doit être de propager l'impression d'un état naissant et heureusement naissant, qui, par la vertu de la surprise et du plaisir, puisse indéfiniment soustraire le poème à toute réflexion critique ultérieure. Ne s'agit-il pas d'émaner un parfum si tendre ou si fort qu'il désarme et enivre le chimiste, et le réduise chaque fois à respirer avec délices ce qu'il allait décomposer ?

*

Je n'aimais pas cette opinion. Il y a trop de choses sur la terre, et dans le ciel surtout, qui nous demandent le sacrifice de l'esprit : la vie et la mort conspirent à gêner ou bien à avilir toute pensée, car la tendance de la pensée me semble être de s'exercer comme si, ni les besoins matériels, ni les passions, ni les craintes, ni rien d'humain, rien de sentimental, de charnel ni de social ne pouvait corrompre ni altérer la suprême fonction de se distinguer indéfiniment de toute chose, et de la personne même qui pense, qui ne lui sont que des moyens, des prétextes, des ressources de mystère et de preuves, qui l'excitent, qui la nourrissent, qui lui répondent ou qui l'interrogent, — car il faut bien, *pour que la lumière soit*, que la puissance vibrante se heurte à des corps d'où elle éclate.

Je ne pouvais donc souffrir (dès 1892) que l'on opposât l'état de poésie à l'action complète et soutenue de l'intellect. Cette distinction est aussi grossière que celle que l'on enseigne exister entre la «sensibilité» et «l'intelligence», deux termes que l'on serait bien en peine de préciser sans se dédire ou se contredire, et qui ne se divisent bien qu'à l'école, où l'on développe jusqu'à la nausée le célèbre contraste de «l'esprit de géométrie» avec celui de «finesse», thème de dissertations infinies et réserve inépuisable de variations didactiques.

En vérité, tout ce qui est de l'esprit s'exprime encore par des mots très vénérables (comme «esprit» lui-même) qui ont pris au cours des âges une quantité de significations dont aucune n'a de référence. Ces vénérables mots se sont formés indépendamment les uns des autres; ils s'ignorent entre eux, comme les mesures anglaises qui n'ont pas de diviseur commun. «Souffle», «Pesée», «choix», «prendre ensemble», etc., voilà nos instruments originels d'analyse et de notation... L'emploi inévitable (jusqu'ici) de ces termes incohérents dans des recherches qui visent à la précision, conduit assez souvent à des conclusions étonnantes, à des oppositions toutes verbales, etc. Mais que faire?

Je m'excuse de m'être égaré vers un sujet tout autre que le mien. Je disais que je n'aimais point

qu'on voulût me contraindre à n'être pas tout ce
que j'étais, et à me diviser contre moi-même. Mon
désir était, au contraire, de m'exercer de mes deux
mains... Personne a-t-il jamais songé à remontrer
au musicien que les longues années qu'il consume
à étudier l'harmonie et l'orchestre exténuent son
démon particulier ? Pourquoi suspendre le poète à
la faveur de l'instant même ?

J'avoue que je me sens parfois au cœur une mor-
sure de l'envie quand je me représente ce musicien
savant aux prises avec l'immense page aux vingt
portées, distribuant sur ce champ réglé son calcul
des temps et des formes, et pouvant véritablement
composer, concevoir et mener l'ensemble avec le
détail de son entreprise, voler de l'un à l'autre, et
observer leur dépendance réciproque. Son action
me semble sublime. Ce genre de travail est malheureusement presque interdit à la poésie par la nature
du langage et par les habitudes que son rôle pratique permanent imprime à l'esprit : nous exigeons,
par exemple, qu'un discours ne puisse recevoir
qu'un sens.

Il me souvient que l'idée seule de composition ou
de construction m'enivrait, et que je n'imaginais pas
d'œuvre plus admirable que le drame de la génération d'une œuvre, quand elle excite et déploie toutes
les fonctions supérieures dont nous pouvons disposer. Je sentais trop vivement l'impuissance des plus
grands poètes devant ce problème d'organisation
complète, qui ne se réduit pas du tout à un certain
ordre des « idées », ni à un certain mouvement... Ni
la passion, ni la logique, ni la chronologie des événements ou des émotions ne suffisent. J'en étais
venu à considérer les ouvrages les plus beaux comme
des monuments mal liés et se désagrégeant sans
résistance en merveilles, en morceaux divins, en

vers isolables. L'admiration même qu'excitaient ces précieux fragments agissait sur le reste du poème comme un acide sur la gangue d'un minéral, et détruisait le *tout* de l'ouvrage ; mais ce *tout* était tout pour moi.

*

On voit que la préoccupation de l'effet extérieur était subordonnée à mes yeux à celle du « travail interne ». Ce que l'on nomme le « contenu », ou le « fond » des œuvres, et que j'appelle volontiers leur partie, ou plutôt, leur aspect « mythique », me paraissait d'intérêt secondaire. Comme, dans une démonstration, on prend un cas particulier « pour fixer les idées », ainsi, selon mes goûts spéculatifs, devait-on faire des « sujets ». Je prétendais réduire au minimum l'*idolâtrie*.

En somme, je me faisais une sorte de définition du « grand art », qui défiait toute pratique ! Cet idéal exigeait impérieusement que l'action de produire fût une action complète qui fît sentir, jusque dans l'ouvrage le plus futile, la possession de la plénitude des pouvoirs antagonistes qui sont en nous : d'une part, ceux, qu'on pourrait nommer « transcendants » ou « irrationnels », qui sont des évaluations « sans cause », ou des interventions inattendues, ou des transports, ou des clartés instantanées, — tout ce par quoi nous sommes à nous-mêmes des foyers de surprises, des sources de problèmes spontanés, de demandes sans réponses, ou de réponses sans demandes ; tout ce qui fait nos espoirs « créateurs » aussi bien que nos craintes, nos sommeils peuplés de combinaisons très rares et qui ne peuvent se produire en nous qu'en notre absence... D'autre part, notre vertu « logique », notre sens de la

conservation des conventions et des relations, qui
procède sans omettre nul degré de son opération,
nul moment de la transformation, qui se développe
d'équilibre en équilibre ; et enfin, notre volonté de
coordonner, de prévoir par le raisonnement les propriétés du système que nous avons le dessein de
construire, — tout le « rationnel ».

*

Mais la combinaison du travail réfléchi et « conser-
vatif » avec ces formations spontanées qui naissent
de la vie sensorielle et affective (comme les figures
que forme le sable ému par des chocs sur une mem-
brane tendue) et qui jouissent de la propriété de propager les états et les émotions, mais non celle de
communiquer les idées, ne laisse pas d'être fort difficile.

Tandis que je m'abandonnais avec d'assez grandes
jouissances à des réflexions de cette espèce, et que je
trouvais dans la poésie un sujet de questions infinies, la même conscience de moi-même qui m'y
engageait me représentait qu'une spéculation sans
quelque production d'œuvres ou d'actes qui la puissent vérifier est chose trop douce pour ne pas devenir, si profonde ou si ardue qu'on la poursuive en
soi, une tentation prochaine de facilité sous des
apparences abstraites. Je m'apercevais que ce qui
désormais m'intéressait dans cet art était la quantité
d'esprit qu'il me semblait pouvoir développer, et
qu'il excitait d'autant plus qu'on se faisait de lui une
idée plus approfondie. Je ne voyais pas moins nettement que toute cette dépense d'analyse ne pouvait
prendre un sens et une valeur que moyennant une
pratique et une production qui s'y rapportât. Mais
les difficultés d'exécution croissaient avec la préci-

sion et la diversité des exigences que j'aimais de me figurer, cependant que le succès de l'effort à accomplir demeurerait nécessairement arbitraire.

Davantage, j'avais pris trop de goût à des recherches beaucoup plus générales. La poésie m'avait captivé ; ou du moins, certaines œuvres de poésie. Son objet me paraissait être de produire *l'enchantement*. Au plus loin de ce que fait et veut la prose, je plaçais cette sensation de ravissement sans référence... C'était l'éloignement de l'homme qui me ravissait. Je ne savais pourquoi on loue un auteur d'être humain, quand tout ce qui relève l'homme est inhumain ou surhumain, et qu'on ne peut, d'ailleurs, avancer dans quelque connaissance ou acquérir quelque puissance, sans se défaire d'abord de la confusion de valeurs, de la vision moyenne et mêlée des choses, de la sagesse expédiente, — en un mot — de tout ce qui résulte de notre relation statistique avec nos semblables et de notre commerce obligatoire et obligatoirement impur avec le désordre monotone de la vie extérieure.

*

Au bout de quelques mois de réflexions et vers la fin de ma vingt et unième année, je me suis senti détaché de tout désir d'écrire des vers et j'ai délibérément rompu avec cette poésie qui m'avait pourtant donné l'a sensation de trésors d'une mystérieuse valeur, et avait institué en moi le culte de quelques merveilles assez différentes de celles que l'on enseignait à admirer dans les écoles et dans le monde... J'aimais que ce que j'aimais ne fut pas aimé de ceux qui se plaisent à parler de ce qu'ils aiment. J'aimais de cacher ce que j'aimais. Il m'était bon d'avoir un secret, que je portais en moi comme une certitude et comme un germe. Mais les germes de cette espèce alimentent leur porteur au lieu d'en être alimentés. Quant à la certitude, elle défend son homme contre les opinions de son milieu, les propos qui s'impriment, les croyances communicables.

Mais, en fait, la poésie n'est pas un culte privé : la poésie est littérature. La littérature comporte, quoi qu'on fasse et qu'on le veuille ou non, une sorte de politique, des compétitions, des idoles en nombre, une infernale combinaison du sacerdoce et du négoce, de l'intime et de la publicité ; tout ce qu'il faut enfin pour déconcerter les premières intentions qu'elle fait naître, et qui sont en général bien éloignées de tout ceci, et nobles, et délicates, et profondes. L'atmosphère littéraire est peu favorable à la culture de cet enchantement dont j'ai parlé : elle est vaine, contentieuse, tout agitée d'ambitions des mêmes appâts, et de mouvements qui se disputent la surface de l'esprit public. Cette soif pressante et ces passions ne conviennent à la formation lente des œuvres, pas plus qu'à leur méditation par les personnes désirables, dont l'attention peut seule récompenser un auteur qui n'attache aucun prix à l'admiration toute brute et impertinente. J'ai cru observer quelquefois que l'art est d'autant plus savant et subtil que l'homme est plus naïf dans la société, et plus distrait de ce qui s'y passe et de ce qu'on dit. Ce ne fut, sans doute, qu'en Extrême-Orient et en Orient, et dans quelques cloîtres du Moyen Âge que l'on put véritablement vivre dans les voies de la perfection poétique, sans mélange.

J'en finirai sur ce point par deux remarques qui illustreront, peut-être, la différence qu'on peut voir, si l'on veut, entre la Littérature et les Lettres.

*

La Littérature est en proie perpétuelle à une activité toute semblable à celle de la Bourse. Il n'y est question que de valeurs, que l'on introduit, que l'on exalte, que l'on rabaisse, comme si elles fussent comparables entre elles, ainsi que le sont en Bourse les industries et les affaires les plus différentes du monde, une fois substituées par des signes. Il en résulte que ce sont les personnes ou les noms, les spéculations que l'on fonde sur eux, les rangs qu'on leur attribue, qui font toute l'émotion de ce marché ; non les œuvres mêmes, que j'estime qu'il faudrait considérer parfaitement isolées les unes des autres, et sans regard vers leurs auteurs. L'anonymat serait la condition paradoxale qu'un tyran de l'esprit imposerait aux Lettres. «Après tout, dirait-il, on n'a pas de nom en soi-même... Nul en soi n'est *Un Tel !* »

Voici une autre conséquence de cet état des choses littéraires, qui les soumet à la concurrence et à l'absurdité de la *comparaison des incomparables* (ce qui exige l'expression en termes simples, et comme homogènes, des produits et des producteurs) : tout nouveau venu se sent contraint d'essayer de *faire autre chose*, oubliant que s'il est lui-même *quelqu'un*, il fera nécessairement cette *autre chose*. Cette condition du nouveau est une cause de perdition, puisqu'elle crée d'abord une sorte d'automatisme. La *contre-imitation* est devenue un véritable réflexe. Elle fait dépendre les œuvres, non de l'état de l'auteur, mais de l'état du milieu. Mais, comme il arrive dans tous les effets de choc, l'amortissement se produit très vite ; j'ai vu, en cinquante ans, je ne sais combien d'originalités surgir, de créations *a contrario* jeter leur éclat, être dévorées par d'autres, résorbées par l'oubli ; s'il en demeurait quelque chose, ce n'était que par des qualités aux-

quelles la volonté de nouveauté n'avait aucune
part. La succession rapide de ces recherches du
neuf à tout prix conduit à un épuisement réel des
ressources de l'art. La hardiesse des idées, du langage, et même des formes, est précieuse; elle est
indispensable pour résoudre les problèmes qu'un
artiste trouve en soi. Il innove alors sans même en
avoir conscience. C'est le *système d'être hardi* qui
est détestable. Il est d'un dangereux effet sur le
public, auquel il inculque le besoin, et ensuite l'ennui du choc, cependant qu'il engendre de faciles
amateurs qui admirent tout ce qu'on leur offre s'ils
se flattent d'être les premiers à l'admirer.

D'ailleurs, les combinaisons ne sont pas en nombre
infini; et si l'on se divertissait à faire l'histoire des
surprises qui furent imaginées depuis un siècle, et
des œuvres produites à partir d'un effet d'étonnement à provoquer, — soit par la bizarrerie, les dévia-
tions systématiques, les *anamorphoses*; soit par les
violences de langage, ou l'énormité des aveux, on
formerait assez facilement le tableau de ces écarts,
absolus ou relatifs, où paraîtrait quelque distribution curieusement symétrique des moyens d'être
original.

*

C'est une impression singulière que celle d'un
retour invincible, mais par de si petits degrés, des
détails si divers, qu'on ne s'en avise qu'à la longue,
vers un état de soi que l'on croyait à jamais dissipé.

Un jour, je me suis senti avoir été reconduit insensiblement, par les circonstances les plus fortuites et
les plus différentes entre elles, dans une région de
l'esprit que j'avais abandonnée, et même fuie. Ce fut
comme si, fuyant un lieu, mais la forme de l'espace

faisant que le point le plus éloigné de ce lieu fût ce lieu même, on s'y retrouvât tout à coup, et qu'on s'y reconnût, et le même, et tout autre, avec une grande surprise.

J'avais fui l'état ingénu de poésie, et j'avais énergiquement développé en moi ce qui, du consentement universel, est le plus opposé à l'existence et aux productions de cet état.

Mais l'univers de l'esprit peut-être a sa courbure, de laquelle, si elle est, nous ne pouvons rien savoir, nous ne savons rien. J'ai observé, en d'autres choses mentales, que si nous pouvons quelquefois parvenir à nos antipodes, nous ne pouvons guère ensuite qu'en revenir. Ce n'est plus qu'une «affaire de temps», car tout nouveau changement ne peut que nous rapprocher de l'origine. Je suis disposé à croire qu'un homme qui vivrait fort longtemps, aurait, vers le terme de son périple, à la condition que sa pensée lui fût demeurée assez active, fait le tour de ses sentiments, et qu'ayant à la fin adoré et brûlé, brûlé et adoré tout ce qui méritait de l'être dans la sphère de sa connaissance, il pourrait mourir achevé. J'en conclus que nous ne voyons, en général, et que nous ne sommes nous-mêmes, que des fragments d'existence, et que notre vie vécue ne remplit pas toute la capacité symétrique de ce qui nous est possible de sentir et de concevoir. Et par conséquence, quand nous imputons à quelqu'un ses goûts, ses opinions, ses croyances ou ses négations, n'accusons-nous que quelque aspect de lui, celui qui fut éclairé jusque-là par les circonstances, et qui, malgré qu'on en ait, est et ne peut être que modifiable, — et même, *le doit être*, par la seule raison qu'il a été. Cette «raison suffisante» est essentielle : *l'esprit*, en ce qu'il a de plus esprit, *ne peut absolument pas se répéter*. Ce qui se répète en lui n'est plus lui : cela est

comme sa matière; cela est devenu ce que sont
devenus les premiers essais de notre main quand
nous apprenions à écrire. Ce qui se confond peu à
peu à nos fonctions et à nos puissances natives,
cesse de nous être sensible en cessant d'être *sans
passé*. C'est pourquoi toute reprise consciente d'une
idée la renouvelle; modifie, enrichit, simplifie ou
détruit ce qu'elle reprend; et si même, dans ce
retour, on ne trouve rien à changer dans ce que l'on
avait une fois pensé, ce jugement qui approuve et
conserve une certaine chose acquise, forme avec
elle un fait qui ne s'était pas encore produit, un événement inédit.

*

Voici donc que je m'amusai de nouveau de syllabes et d'images, de similitudes et de contrastes.
Les formes et les mots qui conviennent à la poésie
redevenaient sensibles et fréquents dans mon esprit,
et je m'oubliais, par-ci par-là, à attendre de lui de
ces groupements remarquables de termes qui nous
offrent tout à coup un heureux composé, se réalisant de soi-même dans le courant impur des choses
mentales. Comme une combinaison définie se précipite d'un mélange, ainsi quelque *figure* intéressante
se divise du désordre, ou du flottant, ou du commun
de notre barbotage intérieur.

C'est un son pur qui sonne au milieu des bruits.
C'est un fragment parfaitement exécuté d'un édifice
inexistant. C'est un soupçon de diamant qui perce
une masse de «terre bleue»: instant infiniment plus
précieux que tout autre, et que les circonstances qui
l'engendrent! Il excite un contentement incomparable et une tentation immédiate; il fait espérer que
l'on trouvera *dans son voisinage* tout un trésor dont

il est le signe et la preuve ; et cet espoir engage parfois son homme dans un travail qui peut être sans bornes.

Plusieurs pensent qu'un certain ciel s'ouvre dans cet instant, et qu'il en tombe un rayon extraordinaire par quoi sont illuminées à la fois telles idées jusque-là libres l'une de l'autre, et comme s'ignorant entre elles ; et les voici unies à merveille, et d'un coup, et qui paraissent faites de toute éternité, l'une pour l'autre ; et ceci, sans préparation directe, sans travail, par cet effet heureux de lumière et de certitude...

Mais le malheur veut que ce soit assez souvent une naïveté, une erreur, une niaiserie, qui nous est ainsi révélée. Il ne faut pas ne compter que les coups favorables : cette manière miraculeuse de produire ne nous assure pas du tout de la valeur de ce qui se produit. L'esprit souffle où il veut ; on le voit souffler sur des sots, et il leur souffle ce qu'ils peuvent.

*

Comme je songeais à loisir à tout ceci, et que je me demandais quelquefois ce qui me plaisait particulièrement à imaginer dans l'ordre des choses poétiques, je pensais à une certaine pureté de la forme, et je revenais par là à mon sentiment sur l'inégalité dans les ouvrages, laquelle me choque, et même m'irrite ; peut-être un peu plus qu'il ne faut. Quoi de plus impur que le mélange si fréquent de l'excellent et du médiocre ?

Je trouve, sans doute, si peu de raisons *d'écrire*, qu'à tant faire qu'à s'y mettre, et à ne pas se contenter de sensations et d'idées qu'on échange avec soi-même, il faut tenir *écrire* pour un problème, se prendre d'une curiosité pour la forme, et s'exciter à quelque perfection. Chacun peut se définir la sienne ; et les uns d'après un modèle ; les autres, par des raisonnements qui leur appartiennent : l'essentiel est de s'opposer à la pensée, de lui créer des résistances, et de se fixer des conditions pour se dégager de l'arbitraire désordonné par l'arbitraire explicite et bien limité. On se donne ainsi l'illusion d'avancer vers la formation d'un « objet » de consistance propre, qui se détache de son auteur bien nettement.

Il est remarquable qu'on ne puisse obtenir cette continuité et cette égalité ou cette plénitude, qui sont pour moi les conditions d'un plaisir sans mélange, et qui doivent envelopper toutes les autres qualités d'un ouvrage, que par un travail nécessairement *discontinu*. L'art s'oppose à l'esprit. Notre esprit ne s'inquiète pas de quelque matière : il admet tout ; il émet tout. Il vit littéralement d'incohérence ; il ne se meut que par bonds, et subit ou produit d'extrêmes écarts qui rompent à chaque instant toute ligne qui s'indique. Ce n'est que par des reprises qu'il peut accumuler hors de soi, dans une substance constante, des éléments de son action, choisis pour s'ajuster de proche en proche et tendre vers l'unité de quelque composition...

*

J'étais bien libre de spéculer ainsi, et de ne pouvoir souffrir ce qui attire et attache à la poésie la plupart de ceux qui l'aiment. Le temps vint que je m'y remis, et qu'il fallut passer à la pratique.

Le prince et la jeune Parque

Je ne sais par quelle reprise mystérieuse, par quel retour vers ma jeunesse, je revins à m'intéresser à la poésie, après plus de vingt ans que je m'en étais détaché.

Peut-être y a-t-il en nous une mémoire périodique et lente, plus profonde que la mémoire des impressions et des objets, une mémoire ou une résonance de nous-mêmes à longue échéance, qui nous rapporte, et vient nous rendre à l'improviste nos tendances, nos puissances, et même nos espoirs très anciens ?

Je m'aperçus que je redevenais sensible à ce qui sonne dans les propos. Je m'attardais à percevoir la musique de la parole. Les mots que j'entendais ébranlaient en moi je ne sais quelles dépendances harmoniques et quelle présence implicite de rythmes imminents. Des syllabes se coloraient. Certains tours, certaines formes du langage se dessinaient parfois d'eux-mêmes sur les frontières de l'âme et de la voix et semblaient demander à vivre.

Ces commencements de l'état chantant, ces printemps intimes de l'invention expressive sont délicieux, comme est délicieux le balbutiement préalable de l'orchestre, quelques instants avant qu'il s'ordonne et s'assemble et qu'il obéisse, et quand il n'enfante encore qu'une variété vivante et contrariée de timbres qui s'essaient, qui s'enhardissent, s'interrompent, se contredisent, et préparent, chacun selon sa nature, leur prochaine et miraculeuse unité.

Peu à peu, je m'accoutumai, je m'apprivoisai à revivre mon adolescence. Je me surpris versifiant. Je reconnus en moi les soucis et les soins du poète. Je me laissai faire avec plaisir. Je confesse que j'étais las d'agiter depuis bien longtemps des questions assez difficiles. Mon esprit, occupé de certains sujets qu'il s'était donnés et dont il n'était pas aisé de se défaire en les épuisant, se trouvait s'être construit des cercles infernaux ; il repassait indéfiniment par les mêmes états de lumière et de ténèbres, de puissance et d'impuissance complémentaires.

Mais comme je me remettais à la poésie, cet esprit, toutefois, ne me quittait point ; et je ne tardai pas à reconnaître, sous les premières fleurs de ma nouvelle saison, bien des problèmes et des énigmes d'ordre abstrait. On en trouve où l'on veut ; et la poésie n'en manque point ; c'est une affaire d'exigences. Après les bonheurs de l'esquisse et les promesses des belles choses qui s'entrevoient, après que l'on a été séduit à ces divins murmures de la voix intérieure, et que déjà de purs fragments se sont d'eux-mêmes détachés de ce qui n'existe pas, il faut enfin en venir au travail, articuler ces rumeurs, rejoindre des morceaux, interroger tout l'intellect, se parcourir l'esprit, — et — attendre…

J'entrai dans ce travail. Mon dessein était de composer une sorte de discours dont la suite des vers fût développée ou déduite de telle sorte que l'ensemble de la pièce produisit une impression analogue à celle des *récitatifs* d'autrefois. Ceux qui se trouvent dans Gluck, et particulièrement dans l'*Alceste*, m'avaient beaucoup donné à songer. J'enviais cette ligne.

Bientôt, je me heurtai à des difficultés éternelles. Un jour presque entier consumé à faire, à défaire et à refaire quelque partie de mon poème, j'en ai pris ce dégoût désespéré que connaissent tous les artistes. L'artiste serait peu de chose, s'il n'était le jouet de ce qu'il fait. Je décidai d'abandonner la partie ; je m'assurai qu'il fallait renoncer ; et voulant rompre par un acte le triste enchantement qui m'enchaînait à mes ébauches, je me suis contraint de sortir. J'ai marché assez furieusement dans les rues, à demi ébloui par les lumières désordonnées, et j'ai erré, comme une pensée brusquement jetée dans le tumulte de la Ville, égaré par le mouvement des êtres et des ombres, confondu volontairement à l'agitation générale et indistincte de la foule dans le soir. Je me sentais encore ressaisi et, par instants, obsédé, au milieu de tous ces vivants en marche, des mêmes essais et des mêmes refus que je venais de fuir, et dont je cherchais à dissoudre le tourment dans cette multitude d'inconnus. J'étais une mauvaise mère qui va, loin de chez elle, perdre un enfant qu'elle ne peut souffrir.

Après une marche fort longue, je suis entré tans un café désert. Les journaux traînaient sur le marbre. Je parcourus distraitement le monde entier, dont l'image de l'incohérence de ses événements sous les divers cieux se substituait en moi au désordre des hommes dans la rue. Mes yeux, fuyant les crimes, les Parlements, la Bourse et les nouvelles qui sont statistiquement toujours les mêmes, descendirent au bas du *Temps*.

Je ne suis pas grand amateur de prémonitions ; je résiste à croire à ces attractions mystérieuses par

lesquelles on se flatte d'expliquer tant de coïncidences remarquables qui s'observent dans toutes
les vies, les modifient ou les orientent avec une
sorte d'intelligence. Mais quelque chose me faisait
m'attarder dans ce numéro et pressentir que j'y
trouverais une substance précieuse. J'effleurai du
regard le feuilleton d'Adolphe Brisson... Je lus. Je
relus. Je reconnus ma voie.

C'était un article d'été. Les théâtres fermés, le
critique sans proie avait pris pour sujet de son
feuilleton du jour la tragédienne Rachel.

Voici le commencement de cet article :

*Comment l'artiste composait-elle, jouait-elle ses
rôles? Quels étaient ses procédés, sa manière, sa
mimique, le timbre de sa voix, sa façon de se mouvoir et de porter le costume? Rachel n'apparaît pas
très vivante à travers la prose lyrique de Gautier et la
prose diffuse de Janin; leurs jugements donnent une
idée générale de son jeu, mais, quelquefois, ils sont
contradictoires! ils manquent de précision. Nous
voudrions qu'une vigoureuse et sincère analyse, que
des indications détaillées, méticuleuses, eussent fixé
ces choses fugitives: la physionomie de l'actrice,
l'émotion éveillée chez ceux qui l'écoutent. Or, ce
document existe. Une circonstance assez singulière
me l'a mis entre les mains. Durant un séjour à Ems,
j'eus, naguère, l'honneur d'être présenté à un personnage considérable, apparenté à la famille royale de
Prusse, le prince Georges, petit-cousin de l'Empereur
Guillaume Ier. Il m'entretint de Rachel, dont, sans
doute, — je crus le discerner à ses confidences, — il
avait été amoureux. Il gardait d'elle, de ses intona-
tions, de ses attitudes, de ses gestes, des impressions,
des images d'une incroyable fidélité. Soucieux de ne
les point laisser perdre il s'était appliqué à les fixer*

sur le papier. *Il m'offrit un exemplaire de cette bro-
chure anonyme, imprimée pour ses amis. Ce précieux
petit ouvrage renferme le commentaire, vers par vers,
la description photographique, la notation musicale,
le procès-verbal, si l'on peut dire, des interprétations
de l'illustre artiste. La première page est un hymne en
son honneur, et c'est aussi un portrait.*

   *Rachel! Génie incomparable, artiste sublime, vous
resterez dans notre souvenir comme une flamme dans
une nuit profonde. La sobriété, l'énergie et la grâce du
geste, la magie du regard, la pureté de la diction, le
son grave et métallique d'une voix sans égale, elle
avait tout, tout ce qui charme, tout ce qui entraîne,
tout ce qui exalte. Voir Rachel, c'était une des grandes
émotions de la vie. Elle était pâle et mince, elle avait
toute l'apparence d'une personne très délicate. Ses
mains étaient d'une grande distinction; ses yeux
bruns, très brillants, avaient une profondeur inouïe.
Sa voix de contralto descendait jusqu'au* fa *dans ce
vers de* Bajazet :

N'aurais-je tout tenté que pour une rivale ?

   Que *était dit sur le* fa *grave, puis sa voix montait.
Quand elle disait, dans* Andromaque :

Va, cours, mais crains encor d'y trouver Hermione,

cours *était dit sur la note* ut *avec la plus grande
force. Le cri qu'elle poussait dans le cinquième acte
d'Adrienne Lecouvreur, après les vers d'Andromaque,
était un* fa *aigu. Elle disposait donc de deux octaves.*

   *Le plus souvent, elle restait, en parlant, dans cette
étendue du* fa dièse *au* mi *naturel. Dans* Valéria,
*drame d'Auguste Maquet et de Jules Lacroix, elle
jouait le rôle de l'impératrice Messaline avec une*

voix grave, celui de Lycisca avec une voix plus élevée.
Sans être très grande, elle le paraissait sur la scène.
Sa surexcitation nerveuse se communiquait aux spec-
tateurs; on frissonnait en suivant ces scènes émou-
vantes; souvent, il semblait que la force de l'émotion
allait la briser. Qui l'a vue dans Marie Stuart *se sou-*
viendra certainement de l'énergie terrible, sauvage,
avec laquelle elle disait:

Malheur, malheur à vous, quand, d'une vie austère
Vous venant quelque jour arracher le manteau,
La Vérité sur vous fait luire son flambeau!

   Le mot arracher *était prononcé avec une fureur*
inconcevable. Elle était hors d'elle, frémissante de
rage. Aucune actrice ne s'est agenouillée devant la
reine Elisabeth avec cette fière raideur. Je la vois
encore au cinquième acte de Marie Stuart, *avec son*
beau costume de velours noir, son bonnet blanc his-
torique dont la pointe touchait le front, son long
voile blanc et ses antiques dentelles.

   Le prince mentionne jusqu'aux plus insignifiantes
particularités de la diction de Rachel; il évalue la
durée de ses silences; il note ses «respirations».

Je voudrais assister à ta dernière aurore,
Voir sombrer dans les flots ton sanglant météore.

(Respirant largement.)

   Et seule

(Respirant) au bord des mers

                    (Respirant) respirer la fraîcheur

(Respirant)

De l'éternelle nuit.

Elle respirait à pleins poumons avant de parler,
comme une personne qui se trouve au bord de la mer
et qui se livre avec joie à la fraîcheur de l'élément.
C'était admirable.
Etc.

*

Je ne sais expliquer à quel point cette lecture me
toucha. Les remarques naïves et précises du prince
allemand, l'attention tout amoureuse qu'il avait
concentrée sur la diction de la grande artiste, le
sentiment du vers, l'intelligence des rapports du
souffle, du rythme, de la syntaxe et des accents,
tout ceci que j'y trouvais m'intéressait directement
m'éclairait indirectement, me venait, à l'instant
même qu'il fallait, apporter le secours désirable par
la voie la plus imprévue... Quand j'y songe, je
songe à cet incident qui s'est produit à Rome, au
XVIe siècle, et qui est rapporté je ne sais où. On dres-
sait, en présence du pape et de toute sa cour, l'obélisque qui est sur la place Saint-Pierre. Les machines
mal calculées, le monolithe s'arrêta dans son mouvement entre l'horizontale et la verticale. Les câbles,
à bout de tension, menaçaient de se rompre, et la
masse de retomber et de se fracasser sur le sol. C'est
alors qu'une voix naquit du grand silence imposé
sous peine de mort et cria : *Mouillez les cordes !* et
qu'une idée mit la pierre debout...

Que l'article d'Adolphe Brisson et les notes du
prince Georges de Hohenzollern me soient venus si
opportunément suggérer quelque solution à mes

difficultés poétiques, on pourrait n'y voir, et moi-même je n'y aurais vu, qu'un événement *subjectif*, — c'est-à-dire à peu près indépendant de la qualité de ces textes, et presque entièrement dépendant de mon état d'un soir. Mais il advint, quelques années après, mon ouvrage étant achevé ou sur le point de l'être, comme je le communiquais à Pierre Louÿs, excellent juge en matière de poésie, que je lui contai cette même petite histoire. Pierre s'exclama, et, courant aux cartons où il entassait tant de documents, il en tira une grande coupure du feuilleton du *Temps* du 1er décembre 1913, toute marquée, bordée, soulignée au crayon rouge...

Poésie et pensée abstraite

On oppose assez souvent l'idée de Poésie à celle de Pensée, et surtout de «Pensée abstraite». On dit «Poésie et Pensée abstraite» comme on dit le Bien et le Mal, le Vice et la Vertu, le Chaud et le Froid. La plupart croient, sans autre réflexion, que les analyses et le travail de l'intellect, les efforts de volonté et de précision où il engage l'esprit, ne s'accordent pas avec cette naïveté de source, cette surabondance d'expressions, cette grâce et cette fantaisie qui distinguent la poésie, et qui la font reconnaître dès ses premiers mots. Si l'on trouve de la profondeur chez un poète, cette profondeur semble d'une tout autre nature que celle d'un philosophe ou d'un savant. Certains vont jusqu'à penser que même la méditation sur son art, la rigueur du raisonnement appliquée à la culture des roses, ne peuvent que perdre un poète, puisque le principal et le plus charmant objet de son désir doit être de communiquer l'impression d'un état naissant (et heureusement naissant) d'émotion créatrice, qui, par la vertu de la surprise et du plaisir, puisse indéfiniment soustraire le poème à toute réflexion critique ultérieure.

Il est possible que cette opinion contienne quelque part de vérité, quoique sa simplicité me fasse soup-

çonner qu'elle est d'origine scolaire. J'ai l'impression que nous avons appris et adopté cette antithèse
avant toute réflexion, et que nous la trouvons tout
établie en nous, à l'état de contraste verbal, comme
si elle représentait une relation nette et réelle entre
deux notions bien définies. Il faut avouer que le personnage toujours pressé d'en finir que nous appelons *notre esprit* a un faible pour les simplifications
de ce genre, qui lui donnent toutes les facilités de
former quantité de combinaisons et de jugements,
de déployer sa logique et de développer ses ressources rhétoriques, de faire, en somme, son métier
d'esprit aussi brillamment que possible.

Toutefois ce contraste classique, et comme cris-
tallisé par le langage, m'a toujours paru trop brutal, en même temps que trop commode, pour ne
pas m'exciter à examiner de plus près les choses
mêmes.

Poésie, Pensée abstraite. Cela est vite dit, et nous
croyons aussitôt avoir dit quelque chose de suffisamment clair, et de suffisamment précis pour pouvoir aller de l'avant, sans besoin de retour sur nos
expériences ; pour construire une théorie ou instituer une discussion, dont cette opposition, si séduisante par sa simplicité, sera le prétexte, l'argument
et la substance. On pourra même bâtir toute une
métaphysique — tout au moins une «psychologie» — sur cette base, et se faire un système de la
vie mentale, de la connaissance, de l'invention et
de la production des œuvres de l'esprit, qui devra
nécessairement retrouver comme sa conséquence
la même dissonance terminologique qui lui a servi
de germe...

Quant à moi, j'ai la manie étrange et dangereuse
de vouloir, en toute matière, commencer par le
commencement (c'est-à-dire, par *mon* commence-

ment individuel), ce qui revient à recommencer, à refaire toute une route, comme si tant d'autres ne l'avaient déjà tracée et parcourue...

Cette route est celle que nous offre ou que nous impose le *langage*.

En toute question, et avant tout examen sur le fond, je regarde au langage ; j'ai coutume de procéder à la mode des chirurgiens qui purifient d'abord leurs mains et préparent leur champ opératoire. C'est ce que j'appelle le *nettoyage de la situation verbale*. Pardonnez-moi cette expression qui assimile les mots et les formes du discours aux mains et aux instruments d'un opérateur.

Je prétends qu'il faut prendre garde aux premiers contacts d'un problème avec notre esprit. Il faut prendre garde aux premiers mots qui prononcent une question dans notre esprit. Une question nouvelle est d'abord à l'état d'enfance en nous ; elle balbutie : elle ne trouve que des termes étrangers, tout chargés de valeurs et d'associations accidentelles ; elle est obligée de les emprunter. Mais par là elle altère insensiblement notre véritable besoin. Nous renonçons sans le savoir, à notre problème originel, et nous croirons finalement avoir choisi une opinion toute nôtre, en oubliant que ce choix ne s'est exercé que sur une collection d'opinions qui est l'œuvre, plus ou moins aveugle, du reste des hommes et du hasard. Il en est ainsi des programmes des partis politiques, dont aucun n'est (et ne peut être) celui qui répondrait exactement à notre sensibilité et à nos intérêts. Si nous en choisissons un, nous devenons peu à peu l'homme qu'il faut à ce programme et à ce parti.

Les questions de philosophie et d'esthétique sont si richement obscurcies par la quantité, la diversité, l'antiquité des recherches, des disputes, des solutions qui se sont produites dans l'enceinte d'un vocabulaire très restreint, dont chaque auteur exploite les mots selon ses tendances, que l'ensemble de ces travaux me donne l'impression d'un quartier, spécialement réservé à de profonds esprits, dans les Enfers des anciens. Il y a là des Danaïdes, des Ixions, des Sisyphes qui travaillent éternellement à remplir des tonneaux sans fond, à remonter la roche croulante, c'est-à-dire à redéfinir la même douzaine de mots dont les combinaisons constituent le trésor de la Connaissance Spéculative.

Permettez-moi d'ajouter une dernière remarque et une image à ces considérations préliminaires. Voici la remarque : vous avez certainement observé ce fait curieux, que tel *mot*, qui est parfaitement clair quand vous l'entendez ou l'employez dans le langage *courant*, et qui ne donne lieu à aucune difficulté quand il est engagé dans le train rapide d'une phrase ordinaire, devient magiquement embarrassant, introduit une résistance étrange, déjoue tous les efforts de définition aussitôt que vous le retirez de la circulation pour l'examiner à part, et que vous lui cherchez un sens après l'avoir soustrait à sa fonction momentanée ? Il est presque comique de se demander ce que signifie au juste un terme que l'on utilise à chaque instant avec pleine satisfaction. Par exemple : je saisis au vol le mot Temps. Ce mot était absolument limpide, précis, honnête et fidèle dans son service, tant qu'il jouait sa partie dans un propos, et qu'il était prononcé par quelqu'un qui voulait dire quelque chose. Mais le voici tout seul, pris par les ailes. Il se venge. Il nous fait croire qu'il a plus de sens qu'il n'a de fonctions. Il n'était qu'un *moyen*, et le voici devenu *fin*, devenu l'objet d'un affreux désir philosophique. Il se change en énigme, en abîme, en tourment de la pensée...

Il en est de même du mot Vie, et de tous les autres.

Ce phénomène facilement observable a pris pour moi une grande valeur critique. J'en ai fait d'ailleurs une image qui me représente assez bien cette étrange condition de notre matériel verbal.

Chaque mot, chacun des mots qui nous permettent de franchir si rapidement l'espace d'une pensée, et de suivre l'impulsion de l'idée qui se construit elle-même son expression, me semble une de ces planches légères que l'on jette sur un fossé, ou sur une crevasse de montagne, et qui supportent le passage de l'homme en vif mouvement. Mais qu'il passe sans peser, qu'il passe sans s'arrêter — et surtout, qu'il ne s'amuse pas à danser sur la mince planche pour éprouver sa résistance !... Le pont fragile aussitôt bascule ou se rompt, et tout s'en va dans les profondeurs. Consultez votre expérience ; et vous trouverez que nous ne comprenons les autres, et que nous ne nous comprenons nous-mêmes, que grâce à la *vitesse de notre passage par les mots*. Il ne faut point s'appesantir sur eux, sous peine de voir le discours le plus clair se décomposer en énigmes, en illusions plus ou moins savantes.

Mais comment faire pour penser — je veux dire : pour *repenser*, pour approfondir ce qui semble mériter d'être approfondi — si nous tenons le langage pour essentiellement provisoire, comme est provisoire le billet de banque ou le chèque, dont ce que nous appelons la « valeur » exige l'oubli de leur vraie nature, qui est celle d'un morceau de papier généralement sale ? Ce papier a passé par tant de mains... Mais les mots ont passé par tant de bouches, par tant de phrases, par tant d'usages et d'abus que les précautions les plus exquises s'imposent pour éviter une trop grande confusion dans nos esprits, entre ce que nous pensons et cherchons à penser, et ce que le dictionnaire, les auteurs et, du reste, tout le genre humain, depuis l'origine du langage, veulent que nous pensions...

Je me garderai donc de me fier à ce que ces termes de *Poésie* et de *Pensée abstraite* me suggèrent, à peine prononcés. Mais je me tournerai vers moi-même. J'y chercherai mes véritables difficultés et mes observations réelles de mes véritables états ; j'y trouverai mon rationnel et mon irrationnel ; je verrai si l'opposition alléguée existe, et comment elle existe à l'état vivant. Je confesse que j'ai coutume de distinguer dans les problèmes de l'esprit ceux que j'aurais inventés et qui expriment un besoin réellement ressenti par ma pensée, et les autres, qui sont les problèmes d'autrui. Parmi ceux-ci, il en est plus d'un (mettons 40 p. 100) qui me semblent ne pas exister, n'être que des apparences de problèmes : *je ne les sens pas*. Et quant au reste, il en est plus d'un qui me semble mal énoncé... Je ne dis pas que j'aie raison. Je dis que je regarde en moi ce qui se passe quand j'essaie de remplacer les formules verbales par des valeurs et des significations non verbales, qui soient indépendantes du langage adopté. J'y trouve des impulsions et des images naïves, des produits bruts de mes besoins et de mes expériences personnelles. *C'est ma vie même qui s'étonne*, et c'est elle qui me doit fournir, si elle le peut, mes réponses, car ce n'est que dans les réactions de notre vie que peut résider toute la force, et comme la nécessité, de notre vérité. La pensée qui émane de cette vie ne se sert jamais avec elle-même de certains mots, qui ne lui paraissent bons que pour l'usage extérieur ; ni de certains autres, dont elle ne voit pas le fond, et qui ne peuvent que la tromper sur sa puissance et sa valeur réelles.

J'ai donc observé en moi-même tels états que je puis bien appeler *Poétiques*, puisque quelques-uns d'entre eux se sont finalement achevés en poèmes. Ils se sont produits sans cause apparente, à partir d'un accident quelconque ; ils se sont développés selon leur nature, et par là, je me suis trouvé écarté pendant quelque temps de mon régime mental le plus fréquent. Puis, je suis revenu à ce régime d'échanges ordinaires entre ma vie et mes pensées, mon cycle étant achevé. Mais il était arrivé qu'un *poème avait été fait*, et que le cycle, dans son accomplissement, laissait quelque chose après soi. Ce cycle fermé est le cycle d'un acte qui a comme soulevé et restitué extérieurement une puissance de poésie...

J'ai observé d'autres fois qu'un incident non moins insignifiant causait — ou semblait causer — une excursion toute différente, un écart de nature et de résultat tout autre. Par exemple, un rapprochement brusque d'idées, une analogie me saisissait, comme un appel de cor au sein d'une forêt fait dresser l'oreille, et oriente virtuellement tous nos muscles qui se sentent coordonnés vers quelque point de l'espace et de la profondeur des feuillages. Mais, cette fois, au lieu d'un poème, c'était une analyse de cette sensation intellectuelle subite qui s'emparait de moi. Ce n'étaient point des vers qui se détachaient plus ou moins facilement de ma durée dans cette phase ; mais quelque proposition qui se destinait à s'incorporer à mes habitudes de pensée, quelque formule qui devait désormais servir d'instrument à des recherches ultérieures...

Je m'excuse de m'exposer ainsi devant vous ; mais j'estime qu'il est plus utile de raconter ce que l'on a éprouvé, que de simuler une connaissance indépendante de toute personne et une observation sans observateur. En vérité, il n'est pas de théorie qui ne soit un fragment, soigneusement préparé, de quelque autobiographie.

Ma prétention ici n'est pas de vous apprendre quoi que ce soit. Je ne vous dirai rien que vous ne sachiez; mais je vous le dirai peut-être dans un autre ordre. Je ne vous apprendrai pas qu'un poète n'est pas toujours incapable de raisonner une *règle de trois*; ni qu'un logicien n'est pas toujours incapable de considérer dans les mots autre chose que des concepts, des classes et de simples prétextes à syllogismes.

J'ajouterai même sur ce point cet avis paradoxal: que si le logicien ne pouvait jamais être que logicien, il ne serait pas et ne pourrait pas être un logicien; et que si l'autre ne fût jamais que poète, sans la moindre espérance d'abstraire et de raisonner, il ne laisserait après soi aucune trace poétique. Je pense très sincèrement que si chaque homme ne pouvait pas vivre une quantité d'autres vies que la sienne, il ne pourrait pas vivre la sienne.

Mon expérience m'a donc montré que le même *moi* fait des figures fort différentes, qu'il se fait abstracteur ou poète, par des spécialisations successives, dont chacune est un écart de l'état purement disponible et superficiellement accordé avec le milieu extérieur, qui est l'état moyen de notre être, l'état d'indifférence des échanges.

Voyons d'abord en quoi peut consister l'ébranlement initial et *toujours accidentel* qui va construire en nous l'instrument poétique, et surtout quels sont ses effets. Le problème peut se mettre sous cette forme: la Poésie est un art du Langage; certaines combinaisons de paroles peuvent produire une émotion que d'autres ne produisent pas, et que nous appellerons *poétique*. Quelle est cette espèce d'émotion?

Je la connais en moi à ce caractère que tous les objets possibles du monde ordinaire, extérieur ou intérieur, les êtres, les événements, les sentiments et les actes, demeurant ce qu'ils sont d'ordinaire quant à leurs apparences, se trouvent tout à coup dans une relation indéfinissable, mais merveilleusement juste avec les modes de notre sensibilité générale. C'est dire que ces choses et ces êtres connus — ou plutôt les idées qui les représentent — changent en quelque sorte de valeur. Ils s'appellent les uns les autres, ils s'associent tout autrement que selon les modes ordinaires ; ils se trouvent (permettez-moi cette expression) *musicalisés*, devenus résonnants l'un par l'autre, et comme harmoniquement correspondants. L'univers poétique ainsi défini présente de grandes analogies avec ce que nous pouvons supposer de l'univers du rêve.

Puisque ce mot de *rêve* s'est introduit dans ce discours, je dirai au passage qu'il s'est fait dans les temps modernes, à partir du romantisme, une confusion assez explicable entre la notion de rêve et celle de poésie. Ni le rêve ni la rêverie ne sont nécessairement poétiques ; ils peuvent l'être : mais des figures formées *au hasard* ne sont que *par hasard* des figures harmoniques.

Toutefois nos souvenirs de rêves nous enseignent, par une expérience commune et fréquente, que notre conscience peut être envahie, emplie, entièrement saturée par la production d'une *existence*, dont les objets et les êtres paraissent les mêmes que ceux qui sont dans la veille ; mais leurs significations, leurs relations et leurs modes de variation et de substitution sont tout autres et nous représentent sans doute, comme des symboles ou des allégories, les fluctuations immédiates de notre sensibilité *générale*, non contrôlée par les sensibilités de nos sens *spécialisés.* C'est à peu près de même que l'*état poétique* s'installe, se développe, et enfin se désagrège en nous.

C'est dire que cet *état de poésie* est parfaitement irrégulier, inconstant, involontaire, fragile, et que nous le perdons, comme nous l'obtenons *par accident*. Mais cet état ne suffit pas pour faire un poète, pas plus qu'il ne suffit de voir un trésor en rêve pour le retrouver, au réveil, étincelant au pied de son lit.

Un poète — ne soyez pas choqué de mon propos — n'a pas pour fonction de ressentir l'état poétique : ceci est une affaire privée. Il a pour fonction de le créer chez les autres. On reconnaît le poète — ou du moins, chacun reconnaît le sien — à ce simple fait qu'il change le lecteur en « inspiré ». L'inspiration est, positivement parlant, une attribution gracieuse que le lecteur fait à son poète : le lecteur nous offre les mérites transcendants des puissances et des grâces qui se développent en lui. Il cherche et trouve en nous la cause merveilleuse de son émerveillement.

Mais l'effet de poésie, et la synthèse artificielle de cet état par quelque œuvre, sont choses toutes distinctes ; aussi différentes que le sont une sensation et une action. Une action suivie est bien plus complexe que toute production instantanée, surtout quand elle doit s'exercer dans un domaine aussi conventionnel que celui du langage. Ici vous voyez poindre dans mes explications cette fameuse PENSÉE ABSTRAITE, que l'usage oppose à la POÉSIE. Nous y reviendrons tout à l'heure. Je veux en attendant vous raconter une histoire vraie, afin de vous faire sentir comme je l'ai sentie moi-même, et de la manière la plus curieusement nette, toute la différence qui existe entre l'état ou l'émotion poétique, même créatrice et originale, et la production d'un ouvrage. C'est une observation assez frappante que j'ai faite sur moi-même, il y a environ un an.

J'étais sorti de chez moi pour me délasser, par la marche et les regards variés qu'elle entraîne, de quelque besogne ennuyeuse. Comme je suivais la rue que j'habite, je fus tout à coup *saisi* par un rythme qui s'imposait à moi, et qui me donna bientôt l'impression d'un fonctionnement étranger. Comme si quelqu'un se servait de ma *machine à vivre*. Un autre rythme vint alors doubler le premier et se combiner avec lui ; et il s'établit je ne sais quelles relations *transversales* entre ces deux lois (je m'explique comme je puis). Ceci combinait le mouvement de mes jambes marchantes et je ne sais quel chant que je murmurais, ou plutôt qui se murmurait *au moyen de moi*. Cette composition devint de plus en plus compliquée, et dépassa bientôt en complexité tout ce que je pouvais raisonnablement produire selon mes facultés rythmiques ordinaires et utilisables. Alors, la sensation d'étrangeté dont j'ai parlé se fit presque pénible, presque inquiétante. Je ne suis pas musicien ; j'ignore entièrement la technique musicale ; et voici que j'étais la proie d'un développement à plusieurs parties, d'une complication à laquelle jamais poète ne peut songer. Je me disais donc qu'il y avait erreur sur la personne, que cette grâce se trompait de tête, puisque je ne pouvais rien faire d'un tel don — qui, dans un musicien, eût sans doute pris valeur, forme et durée, tandis que ces parties qui se mêlaient et déliaient m'offraient bien vainement une production dont la suite savante et organisée émerveillait et désespérait mon ignorance.

Au bout d'une vingtaine de minutes le prestige s'évanouit brusquement ; me laissant sur le bord de

la Seine, aussi perplexe que la cane de la Fable qui
vit éclore un cygne, de l'œuf qu'elle avait couvé. Le
cygne envolé, ma surprise se changea en réflexion.
Je savais bien que la marche m'entretient souvent
dans une vive émission d'idées, et qu'il se fait une
certaine réciprocité entre mon allure et mes pensées, mes pensées modifiant mon allure ; mon allure
excitant mes pensées — ce qui, après tout, est bien
remarquable, mais est relativement compréhen-
sible. Il se fait, sans doute, une harmonisation de
nos divers «temps de réaction», et il est bien intéressant de devoir admettre qu'il y a une modification réciproque possible entre un régime d'action
qui est purement musculaire et une production
variée d'images, de jugements et de raisonnements.

Mais dans le cas dont je vous parle, il arriva que
mon mouvement de marche se propagea à ma
conscience par un système de rythmes assez savant,
au lieu de provoquer en moi cette naissance d'images,
de paroles intérieures et d'actes virtuels que l'on
nomme *idées*. Quant aux idées, ce sont choses d'une
espèce qui m'est familière ; ce sont choses que je
sais noter, provoquer, manœuvrer… *Mais je ne puis
en dire autant de mes rythmes inattendus.*

Que fallait-il en penser ? J'ai imaginé que la production mentale pendant la marche devait répondre
à une excitation générale qui se dépensait du côté de
mon cerveau ; cette excitation se satisfaisait, se sou-
lageait comme elle pouvait, et, pourvu qu'elle dissi-
pât de l'énergie, il lui importait peu que ce fussent
des idées, ou des souvenirs, ou des rythmes fredon-
nés distraitement. Ce jour-là, elle s'est dépensée en
intuition rythmique qui s'est développée avant que
se soit éveillée, dans ma conscience, la *personne qui
sait qu'elle ne sait pas la musique.* Je pense que c'est
de même que la *personne qui sait qu'elle ne peut po* .

voler n'est pas encore en vigueur dans celui qui rêve qu'il vole.

Je vous demande pardon de cette longue histoire vraie — du moins aussi vraie qu'une histoire de cet ordre peut l'être. Notez que tout ce que j'ai dit ou cru dire se passe entre ce que nous appelons le *Monde extérieur*, ce que nous appelons *Notre Corps*, et ce que nous appelons *Notre Esprit* — et demande une certaine collaboration confuse de ces trois grandes puissances.

Pourquoi vous ai-je conté ceci? Pour mettre en évidence la différence profonde qui existe entre la production spontanée par l'esprit — ou plutôt, par *l'ensemble de notre sensibilité*, et la fabrication des œuvres. Dans mon histoire, la substance d'une œuvre musicale me fut libéralement donnée; mais l'organisation qui l'eût saisie, fixée, redessinée me manquait. Le grand peintre Degas m'a souvent rapporté ce mot de Mallarmé qui est si juste et si simple. Degas faisait parfois des vers, et il en a laissé de délicieux. Mais il trouvait souvent de grandes difficultés dans ce travail accessoire de sa peinture. (D'ailleurs, il était homme à introduire dans n'importe quel art toute la difficulté possible.) Il dit un jour à Mallarmé: «Votre métier est infernal. Je n'arrive pas à faire ce que je veux et pourtant, je suis plein d'idées…» Et Mallarmé lui répondit: «Ce n'est point avec des idées, mon cher Degas, que l'on fait des vers. C'est avec des *mots*.»

Mallarmé avait raison. Mais quand Degas parlait d'idées, il pensait cependant à des discours intérieurs ou à des images, qui, après tout, eussent pu s'exprimer en *mots*. Mais ces mots, mais ces phrases intimes qu'il appelait ses idées, toutes ces intentions et ces perceptions de l'esprit — tout cela ne fait pas des vers. Il y a donc autre chose, une modification, une transformation, brusque ou non, spontanée ou non, laborieuse ou non, qui s'interpose nécessairement entre cette pensée productrice d'idées, cette activité et cette multiplicité de questions et de résolutions intérieures ; et puis, ces discours si différents des discours ordinaires que sont les vers, qui sont bizarrement ordonnés, qui ne répondent à aucun besoin, *si ce n'est au besoin qu'ils doivent créer eux-mêmes* ; qui ne parlent jamais que de choses absentes ou de choses profondément et secrètement ressenties ; étranges discours, qui semblent faits par un *autre* personnage que celui qui les dit, et s'adresser à un *autre* que celui qui les écoute. En somme, c'est un *langage dans un langage*.

Regardons un peu ces mystères.

La poésie est un art du langage. Le langage, cependant, est une création de la pratique. Remarquons d'abord que toute communication entre les hommes n'a quelque certitude que dans la pratique, et par la vérification que nous donne la pratique. *Je vous demande du feu. Vous me donnez du feu :* vous m'avez compris.

Mais, en me demandant du feu, vous avez pu prononcer ces quelques mots sans importance, avec un certain ton, et dans un certain timbre de voix — avec une certaine inflexion et une certaine lenteur ou une certaine précipitation que j'ai pu remarquer. J'ai compris vos paroles, puisque, sans même y penser, je vous ai tendu ce que vous demandiez, ce peu de feu. Et voici, cependant que l'affaire n'est pas finie. Chose étrange : le son, et comme la figure de votre petite phrase, revient en moi, se répète en moi ; comme si elle se plaisait en moi ; et moi, j'aime à m'entendre la redire, cette petite phrase qui a presque perdu son sens, qui a cessé de servir, et qui pourtant veut vivre encore, mais d'une tout autre vie. Elle a pris une valeur ; et elle l'a prise *aux dépens de sa signification finie.* Elle a créé le besoin d'être encore entendue... Nous voici sur le bord même de l'état de poésie. Cette expérience minuscule va nous suffire à découvrir plus d'une vérité.

Elle nous a montré que le langage peut produire deux espèces d'effets tout différents. Les uns, dont la tendance est de provoquer ce qu'il faut pour annuler entièrement le langage même. Je vous parle, et si vous avez compris mes paroles, ces paroles mêmes sont abolies. Si vous avez compris, ceci veut dire que ces paroles ont disparu de vos esprits, elles sont remplacées par une contrepartie, par des images, des relations, des impulsions ; et vous posséderez alors de quoi retransmettre ces idées et ces images dans un langage qui peut être bien différent de celui que vous avez reçu. *Comprendre* consiste dans la substitution plus ou moins rapide d'un système de sonorités, de durées et de signes par tout autre chose, qui est en somme une modification ou une réorganisation intérieure de la personne à qui l'on parle. Et voici la contre-épreuve de cette proposition : c'est que la personne qui n'a pas compris *répète*, ou *se fait répéter* les mots.

Par conséquence, la perfection d'un discours dont l'unique objet est la compréhension consiste évidemment dans la facilité avec laquelle la parole qui le constitue se transforme en tout autre chose, et le *langage*, d'abord en *non-langage* ; et ensuite, si nous le voulons, en une forme de langage différente de la forme primitive.

En d'autres termes, dans les emplois pratiques ou abstraits du langage, la forme c'est-à-dire le physique, le sensible, et l'acte même du discours ne se conserve pas ; elle ne survit pas à la compréhension ;

elle se dissout dans la clarté ; elle a agi ; elle a fait son office ; elle a fait comprendre : elle a vécu.

Mais au contraire, aussitôt que cette forme sensible prend par son propre effet une importance telle qu'elle s'impose, et se fasse, en quelque sorte, respecter ; et non seulement remarquer et respecter, mais désirer, et donc reprendre — alors quelque chose de nouveau se déclare : nous sommes insensiblement transformés, et disposés à vivre, à respirer, à penser selon un régime et sous des lois qui ne sont plus de l'ordre pratique — c'est-à-dire que rien de ce qui se passera dans cet état ne sera résolu, achevé, aboli par un acte bien déterminé. Nous entrons dans l'univers poétique.

Permettez-moi de fortifier cette notion *d'univers poétique* en faisant appel à une notion semblable, mais plus facile encore à expliquer étant beaucoup plus simple, la notion *d'univers musical*. Je vous prie de faire un petit sacrifice : de vous réduire pour un instant à votre faculté d'entendre. Un simple sens, comme celui de l'ouïe, nous offrira tout ce qu'il nous faut pour notre définition, et nous dispensera d'entrer dans toutes les difficultés et subtilités auxquelles nous conduiraient la structure conventionnelle du langage ordinaire et ses complications historiques. Nous vivons par l'oreille dans le monde des bruits. C'est un ensemble généralement incohérent et irrégulièrement alimenté par tous les incidents mécaniques que cette oreille peut interpréter à sa façon. Mais l'oreille même détache de ce chaos un autre ensemble de bruits particulièrement remarquables et simples — c'est-à-dire bien reconnaissables par notre sens, et qui lui servent de repères. Ce sont des éléments qui ont des relations entre eux qui nous sont aussi sensibles que ces éléments eux-mêmes. L'intervalle de deux de ces bruits privilégiés nous est aussi net que chacun d'eux. Ce sont là les *sons*, et ces unités sonores sont aptes à former des combinaisons claires, des implications successives ou simultanées, des enchaînements et des croisements que l'on peut dire *intelligibles* : c'est pourquoi il existe en musique des possibilités abstraites. Mais je reviens à mon objet.

Je me borne à remarquer que le contraste entre le bruit et le son est celui du pur et de l'impur, de l'ordre et du désordre ; que ce discernement, entre des sensations pures et les autres a permis la constitution de la musique ; que cette constitution a pu être contrôlée, unifiée, codifiée grâce à l'intervention de la science physique, qui a su adapter la mesure à la sensation et obtenir le résultat capital de nous apprendre à produire cette sensation sonore de manière constante et identique au moyen d'instruments qui sont, en réalité, des *instruments de mesure*.

Ainsi le musicien se trouve en possession d'un système parfait de moyens bien définis qui font correspondre exactement des sensations à des actes. Il résulte de tout ceci que la musique s'est fait un domaine propre absolument sien. Le monde de l'art musical, monde des sons, est bien séparé du monde des bruits. Tandis qu'un *bruit* se borne à éveiller en nous un événement isolé quelconque — un chien, une porte, une voiture — *un son qui se produit évoque, à soi seul, l'univers musical*. Dans cette salle où je vous parle, où vous entendez le bruit de ma voix, si un diapason ou un instrument bien accordé se mettait à vibrer, aussitôt, à peine affectés par ce bruit exceptionnel et pur, qui ne peut pas se mêler avec les autres, vous auriez la sensation d'un commencement, le commencement d'un monde ; une atmosphère tout autre serait sur-le-champ créée, un ordre nouveau s'annoncerait, et vous-mêmes, vous vous *organiseriez* inconsciemment pour l'accueillir. L'univers musical était donc en vous, avec tous ses rapports et ses proportions — comme, dans un liquide saturé de sel, un univers cristallin attend le choc moléculaire d'un tout petit cristal pour s'*affirmer*. Je n'ose dire : l'idée cristalline de tel système…

Et voici la contre-épreuve de notre petite expérience : si dans une salle de concert, pendant que résonne et domine la symphonie, il arrive qu'une chaise tombe, qu'une personne tousse, qu'une porte se ferme, aussitôt nous avons l'impression de je ne sais quelle rupture. Quelque chose d'indéfinissable, de la nature d'un charme ou d'un verre de Venise, a été brisé ou fendu…

L'Univers poétique n'est pas si puissamment et si facilement créé. Il existe, mais le poète est privé des immenses avantages que possède le musicien. Il n'a pas devant soi, tout prêt pour un usage de beauté, un ensemble de moyens fait exprès pour son art. Il doit emprunter le *langage* — la voix publique, cette collection de termes et de règles traditionnels et irrationnels, bizarrement créés et transformés, bizarrement codifiés, et très diversement entendus et prononcés. Ici, point de physicien qui ait déterminé les rapports de ces éléments ; point de diapasons, point de métronomes, point de constructeurs de gammes et de théoriciens de l'harmonie. Mais au contraire, les fluctuations phonétiques et sémantiques du vocabulaire. Rien de pur ; mais un mélange d'excitations auditives et psychiques parfaitement incohérentes. Chaque mot est un assemblage instantané d'un *son* et d'un *sens*, qui n'ont point de rapport entre eux. Chaque phrase est un acte si complexe que personne, je crois, n'a pu jusqu'ici en donner une définition supportable. Quant à l'usage de ce moyen, quant aux modalités de cette action, vous savez quelle diversité est celle de ses emplois, et quelle confusion quelquefois en résulte. Un discours peut être logique, il peut être chargé de sens, mais sans rythme et sans nulle mesure. Il peut être agréable à l'oreille, et parfaitement absurde ou insignifiant ; il peut être clair et vain ; vague et délicieux. Mais il suffit, pour faire concevoir son étrange multiplicité, qui n'est que la multiplicité de la vie même, d'énumérer toutes les sciences qui se sont créées pour s'occuper de cette diversité et en étudier chacune quelqu'un des aspects. On peut analyser un texte de bien des façons différentes, car il est tour à tour justiciable de la phonétique, de la sémantique, de la syntaxe, de la logique, de la rhétorique, de la philologie, sans omettre la métrique la prosodie et l'étymologie...

Voilà le poète aux prises avec cette matière verbale, obligé de spéculer sur le son et le sens à la fois ; de satisfaire non seulement à l'harmonie, à la période musicale, mais encore à des conditions intellectuelles et esthétiques variées, sans compter les règles conventionnelles...

Voyez quel effort exigerait l'entreprise du poète s'il lui fallait résoudre *consciemment* tous ces problèmes...

Il est toujours intéressant d'essayer de reconstituer une de nos activités complexes, une de ces actions complètes qui exigent de nous une spécialisation à la fois mentale, sensorielle et motrice, en supposant que nous soyons obligés, pour accomplir cette action, de connaître et d'organiser toutes les fonctions que nous savons y jouer leur partie. Même si cette tentative à la fois imaginative et analytique est grossière, elle nous apprend toujours quelque chose. Quant à moi, qui suis, je l'avoue, beaucoup plus attentif à la formation ou à la fabrication des œuvres qu'aux œuvres mêmes, j'ai l'habitude ou la manie de n'apprécier les ouvrages que comme des actions. Un poète est, à mes yeux, un homme qui, à partir de tel incident, subit une transformation cachée. Il s'écarte de son état ordinaire de disponibilité générale, et je vois en lui se construire un agent, un système vivant producteur de vers. Ainsi que chez les animaux on voit tout à coup se révéler un chasseur habile, un constructeur de nid, un bâtisseur de ponts, un perceur de tunnels et de galeries, on voit se déclarer en l'homme telle ou telle organisation composée qui applique ses fonctions à quelque ouvrage déterminé. Pensez à un très petit enfant : cet enfant que nous avons été portait en soi mainte possibilité. Au bout de quelques mois de vie, il a appris dans le même temps, ou presque dans le même temps, à parler et à marcher. Il a acquis deux types d'action. C'est dire qu'il possède maintenant deux espèces de possibilités, dont les circonstances accidentelles de chaque instant tireront ce qu'elles pourront, en réponse à ses besoins ou à ses imaginations diverses.

Ayant appris à se servir de ses jambes, il découvrira qu'il peut non seulement marcher, mais courir ; et non seulement marcher et courir, mais danser. Ceci est un grand événement. Il a inventé et découvert du même coup une sorte *d'utilité du second ordre* pour ses membres, une généralisation de sa formule de mouvement. En effet, tandis que la marche est en somme une activité assez monotone et peu perfectible, cette nouvelle forme d'action, la Danse, permet une infinité de créations et de variations ou de figures.

Mais, du côté de la parole, ne trouvera-t-il pas un développement analogue ? Il s'avancera dans les possibilités de sa faculté de parler; il découvrira qu'il y a bien plus à faire avec elle qu'à demander de la confiture et à nier les petits crimes que l'on a commis. Il se saisira du pouvoir du raisonnement; il se fera des fictions qui l'amuseront quand il est seul; il se répétera des mots qu'il aimera pour leur étrangeté et leur mystère.

Ainsi, parallèlement à la *Marche* et à la *Danse*, se placeront et se distingueront en lui les types divergents de la *Prose* et de la *Poésie*.

Ce parallèle m'a frappé et séduit depuis longtemps; mais quelqu'un l'avait vu avant moi. Malherbe, selon Racan, en faisait usage. Ceci, à mon avis, est plus qu'une simple comparaison. J'y vois une analogie substantielle et aussi féconde que celles que l'on trouve en physique quand on remarque l'identité des formules qui représentent la mesure de phénomènes bien différents en apparence. Voici, en effet, comment se développe notre comparaison.

La marche, comme la prose, vise un objet précis. Elle est un acte dirigé vers quelque chose que notre but est de joindre. Ce sont des circonstances actuelles, comme le besoin d'un objet, l'impulsion de mon désir, l'état de mon corps, de ma vue, du terrain, etc., qui ordonnent à la marche son allure, lui prescrivent sa direction, sa vitesse, et lui donnent un *terme fini*. Toutes les caractéristiques de la marche se déduisent de ces conditions instantanées et qui se combinent *singulièrement* chaque fois. Il n'y a pas de déplacements par la marche qui ne soient des adaptations spéciales, mais qui chaque fois sont abolies et comme absorbées par l'accomplissement de l'acte, par le but atteint.

La danse, c'est tout autre chose. Elle est, sans doute, un système d'actes; mais qui ont leur fin en eux-mêmes. Elle ne va nulle part. Que si elle poursuit quelque objet, ce n'est qu'un objet idéal, un état, un ravissement, un fantôme de fleur, un extrême de vie, un sourire — qui se forme finalement sur le visage de celui qui le demandait à l'espace vide.

Il s'agit donc, non point d'effectuer une opération finie, et dont la fin est située quelque part dans le milieu qui nous entoure ; mais bien de créer, et d'entretenir en l'exaltant, un certain *état*, par un mouvement périodique qui peut s'exécuter sur place ; mouvement qui se désintéresse presque entièrement de la vue, mais qui s'excite et se règle par les rythmes auditifs.

Mais, si différente que soit cette danse de la marche et des mouvements utilitaires, veuillez noter cette remarque infiniment simple, qu'elle se sert des mêmes organes, des mêmes os, des mêmes muscles que celle-ci, autrement coordonnés et autrement excités.

C'est ici que nous rejoignons la prose et la poésie dans leur contraste. Prose et poésie se servent des mêmes mots, de la même syntaxe, des mêmes formes et des mêmes sons ou timbres, mais autrement coordonnés et autrement excités. La prose et la poésie se distinguent donc par la différence de certaines liaisons et associations qui se font et se défont dans notre organisme psychique et nerveux, cependant que les éléments de ces modes de fonctionnement sont identiques. C'est pourquoi il faut se garder de raisonner de la poésie comme on fait de la prose. Ce qui est vrai de l'une n'a plus de sens, dans bien des cas, quand on veut le trouver dans l'autre. Mais voici la grande et décisive différence. Quand l'homme qui marche a atteint son but — je vous l'ai dit — quand il a atteint le lieu, le livre, le fruit, l'objet qui faisait son désir et dont le désir l'a tiré de son repos, aussitôt cette possession annule définitivement tout son acte ; l'effet dévore la cause, la fin a absorbé le moyen ; et quel que fût l'acte, il n'en demeure que le résultat. Il en est tout à fait de même du langage utile : le langage qui vient de me servir à exprimer mon dessein, mon désir, mon commandement, mon opinion, ce langage qui a rempli son office, s'évanouit à peine arrivé. Je l'ai émis pour qu'il périsse, pour qu'il se transforme radicalement en autre chose dans votre esprit ; et je connaîtrai que je fus *compris* à ce fait remarquable que mon discours n'existe plus : il est remplacé entièrement par son *sens* — c'est-à-dire par des images, des impulsions, des réactions ou des actes qui vous appartiennent : en somme, par une modification intérieure de vous.

Il en résulte que la perfection de cette espèce de langage, dont l'unique destination est d'être, compris, consiste évidemment dans la facilité avec laquelle il se transforme en toute autre chose.

Au contraire, le poème ne meurt pas pour avoir vécu : il est fait expressément pour renaître de ses cendres et redevenir indéfiniment ce qu'il vient d'être. La poésie se reconnaît à cette propriété qu'elle tend à se faire reproduire dans sa forme : elle nous excite à la reconstituer identiquement.

C'est là une propriété admirable et caractéristique entre toutes.

Je voudrais vous en donner une image simple. Pensez à un pendule qui oscille entre deux points symétriques. Supposez que l'une de ces positions extrêmes représente la forme, les caractères sensibles du langage, le son, le rythme, les accents, le timbre, le mouvement — en un mot, la *Voix* en action. Associez, d'autre part, à l'autre point, au point conjugué du premier, toutes les valeurs significatives, les images, les idées ; les excitations du sentiment et de la mémoire, les impulsions virtuelles et

les formations de compréhension — en un mot, tout
ce qui constitue le *fond*, le sens d'un discours. Observez alors les effets de la poésie en vous-mêmes. Vous
trouverez qu'à chaque vers, la signification qui se
produit en vous, loin de détruire la forme musicale
qui vous a été communiquée, redemande cette
forme. Le pendule vivant qui est descendu du *son*
vers le *sens* tend à remonter vers son point de départ
sensible, comme si le sens même qui se propose à
votre esprit ne trouvait d'autre issue, d'autre expression, d'autre réponse que cette musique même qui
lui a donné naissance.

Ainsi, entre la forme et le fond, entre le son et le
sens, entre le poème et l'état de poésie, se manifeste
une symétrie, une égalité d'importance, de valeur
et de pouvoir, qui n'est pas dans la prose ; qui s'oppose à la loi de la prose — laquelle décrète l'inégalité des deux constituants du langage. Le principe
essentiel de la mécanique poétique — c'est-à-dire
des conditions de production de l'état poétique par
la parole — est à mes yeux cet échange harmonique
entre l'expression et l'impression.

Introduisons ici une petite remarque que j'appellerai « philosophique », ce qui veut dire simplement
que nous pourrions nous en passer.

Notre pendule poétique va de notre sensation vers
quelque idée ou vers quelque sentiment, et revient
vers quelque souvenir de la sensation et vers l'action
virtuelle qui reproduirait cette sensation. Or, ce qui
est sensation est essentiellement *présent*. Il n'y a
pas d'autre définition du présent que la sensation
même, complétée peut-être par l'impulsion d'action
qui modifierait cette sensation. Mais au contraire,
ce qui est proprement pensée, image, sentiment est
toujours, de quelque façon, *production de choses
absentes*. La mémoire est la substance de toute pen-

sée. La prévision et ses tâtonnements, le désir, le projet, l'esquisse de nos espoirs, de nos craintes, sont la principale activité intérieure de nos êtres.

La pensée est, en somme, le travail qui fait vivre en nous ce qui n'existe pas, qui lui prête, que nous le voulions ou non, nos forces actuelles, qui nous fait prendre la partie pour le tout, l'image pour la réalité, et qui nous donne l'illusion de voir, d'agir, de subir, de posséder indépendamment de notre cher vieux corps, que nous laissons, avec sa cigarette, dans son fauteuil, en attendant de le reprendre brusquement, à l'appel du téléphone ou sur l'ordre, non moins étranger, de notre estomac qui réclame quelque subside...

Entre la Voix et la Pensée, entre la Pensée et la Voix, entre la Présence et l'Absence, oscille le pendule poétique.

Il résulte de cette analyse que la valeur d'un poème réside dans l'indissolubilité du son et du sens. Or, c'est là une condition qui paraît exiger l'impossible. Il n'y a aucun rapport entre le son et le sens d'un mot. La même chose s'appelle HORSE en anglais, IPPOS en grec, EQVVS en latin, et CHEVAL en français; mais aucune opération sur aucun de ces termes ne me donnera l'idée de l'animal en question; aucune opération sur cette idée ne me livrera aucun de ces mots — sans quoi nous saurions facilement toutes les langues à commencer par la nôtre.

Et cependant c'est l'affaire du poète de nous donner la sensation de l'union intime entre la parole et l'esprit.

Il faut considérer que c'est là un résultat proprement merveilleux. Je dis *merveilleux*, quoiqu'il ne soit pas excessivement rare. Je dis: *merveilleux* au sens que nous donnons à ce terme quand nous pensons aux prestiges et aux prodiges de l'antique magie. Il ne faut pas oublier que la forme poétique a été pendant des siècles affectée au service des enchantements. Ceux qui se livraient à ces étranges opérations devaient nécessairement croire au pouvoir de la parole, et bien plus à l'efficacité du son de cette parole qu'à sa signification. Les formules magiques sont souvent privées de sens; mais on ne pensait pas que leur puissance dépendît de leur contenu intellectuel.

Mais écoutons à présent des vers comme ceux-ci:
Mère des Souvenirs, Maîtresse des maîtresses…
ou bien:
Sois sage, ô ma douleur, et tiens-toi plus tranquille…

Ces paroles agissent sur nous (du moins, sur quelques-uns d'entre nous) sans nous apprendre grand'chose. Elles nous apprennent peut-être qu'elles n'ont rien à nous apprendre; qu'elles exercent, par les mêmes moyens qui, en général, nous apprennent quelque chose, une tout autre fonction. Elles agissent sur nous à la façon d'un accord musical. L'impression produite dépend grandement de la résonance, du rythme, du nombre de ces syllabes; mais elle résulte aussi du simple rapprochement des significations. Dans le second de ces vers, l'accord des idées vagues de Sagesse et de Douleur, et la tendre solennité du ton produisent l'inestimable valeur d'un charme: l'*être momentané* qui a fait ce vers, n'eût pu le faire s'il eût été dans un état où la forme et le fond se fussent proposés séparément à son esprit. Il était au contraire dans une phase spéciale de son domaine d'existence psychique, phase pendant laquelle le son et le sens de la parole prennent ou gardent une importance égale — ce qui est exclu des habitudes du langage pratique comme des besoins du langage abstrait. L'état dans lequel l'indivisibilité du son et du sens, le désir, l'attente, la possibilité de leur combinaison intime et indissoluble sont requis et demandés ou donnés et parfois anxieusement attendus, est un état relativement rare. Il est rare, d'abord parce qu'il a contre lui toutes les exigences de la vie; ensuite parce qu'il s'oppose à la simplification grossière et à la spécialisation croissante des notations verbales.

Mais cet état de modification intime, dans lequel toutes les propriétés de notre langage sont indistinctement mais harmoniquement appelées, ne suffit pas à produire cet objet complet, cette composition de beautés, ce recueil de bonnes fortunes pour l'esprit que nous offre un noble poème.

Nous n'en obtenons ainsi que des fragments. Toutes les choses précieuses qui se trouvent dans la terre, l'or, les diamants, les pierres qui seront taillées, s'y trouvent disséminés, semés, avarement cachés dans une quantité de roche ou de sable, où le hasard les fait parfois découvrir. Ces richesses ne seraient rien sans le travail humain qui les retire de la nuit massive où elles dormaient, qui les assemble, les modifie et les organise en parures. Ces parcelles de métal engagées dans une matière informe, ces cristaux de figure bizarre doivent prendre tout leur éclat par le labeur intelligent. C'est un labeur de cette espèce qu'accomplit le véritable poète. On sent bien devant un beau poème qu'il y a peu de chances pour qu'un homme, aussi bien doué que l'on voudra, ait pu improviser sans retours, sans autre fatigue que celle d'écrire ou de dicter, un système suivi et complet d'heureuses trouvailles. Comme les traces de l'effort, les reprises, les repentirs, les quantités de temps, les mauvais jours et les dégoûts ont disparu, effacés par le suprême retour de l'esprit sur son œuvre, certains, qui ne voient que la perfection du résultat, le regarderont comme dû à une sorte de prodige qu'ils appellent INSPIRATION. Ils font donc du poète une manière de *médium* momentané. Si l'on se plaisait à développer rigoureusement la doctrine de l'inspiration pure, on en déduirait des conséquences bien étranges. On trouverait, par exemple, que ce poète qui se borne à transmettre ce qu'il reçoit, à livrer à des inconnus ce qu'il tient de l'inconnu, n'a donc nul besoin de comprendre ce qu'il écrit, dicté par une voix mystérieuse. Il pourrait écrire des poèmes dans une langue qu'il ignorerait...

En vérité, il y a bien chez le poète une sorte d'énergie spirituelle de nature spéciale : elle se manifeste en lui et le révèle à soi-même dans certaines minutes d'un prix infini. Infini pour lui... Je dis : *infini pour lui* ; car l'expérience, hélas, nous enseigne que ces instants qui nous semblent de valeur universelle sont parfois sans avenir, et nous font enfin méditer cette sentence : *ce qui vaut pour un seul ne vaut rien.* C'est la loi d'airain de la Littérature.

Mais tout véritable poète est nécessairement un critique de premier ordre. Pour en douter, il faut ne pas concevoir du tout ce que c'est que le travail de l'esprit, cette lutte contre l'inégalité des moments, le hasard des associations, les défaillances de l'attention, les diversions extérieures. L'esprit est terriblement variable, trompeur et se trompant, fertile en problèmes insolubles et en solutions illusoires. Comment une œuvre remarquable sortirait-elle de ce chaos, si ce chaos qui contient tout ne contenait aussi quelques chances sérieuses de se connaître soi-même et de choisir en soi ce qui mérite d'être retiré de l'instant même et soigneusement employé ?

Ce n'est pas tout. Tout véritable poète est bien plus capable que l'on ne le sait en général, de raisonnement juste et de pensée abstraite.

Mais il ne faut pas chercher sa philosophie réelle dans ce qu'il dit de plus ou moins philosophique. À mon avis, la plus authentique philosophie n'est pas dans les objets de notre réflexion, tant que dans l'acte même de la pensée et dans sa manœuvre. Enlevez à la métaphysique tous ses termes favoris ou spéciaux, tout son vocabulaire traditionnel, et peut-être constaterez-vous que vous n'avez pas appauvri la pensée. Peut-être l'aurez-vous au contraire soulagée, rajeunie, et vous serez-vous débarrassé des problèmes des autres, pour n'avoir plus affaire qu'à vos propres difficultés, à vos étonnements qui ne doivent rien à personne, et dont vous ressentez véritablement et immédiatement l'aiguillon intellectuel.

Il est cependant arrivé bien des fois, comme nous l'apprend l'histoire littéraire, que la poésie s'est employée à énoncer des thèses ou des hypothèses, et que le langage *complet* qui est le sien, le langage dont la *forme*, c'est-à-dire l'action et la sensation de la *Voix*, est de même puissance que le *fond*, c'est-à-dire la modification finale d'un *esprit* ait été utilisé à communiquer des idées «abstraites», qui sont au contraire des idées indépendantes de leur forme — ou que nous croyons telles. De très grands poètes s'y sont parfois essayés. Mais, quel que soit le talent qui se dépense dans ces entreprises très nobles, il ne peut faire que l'attention portée à suivre les idées ne soit pas en concurrence avec celle qui suit le chant. Le DE NATVRA RERVM est ici en conflit avec la nature des choses. L'état du lecteur de poèmes n'est pas l'état du lecteur de pures pensées. L'état de l'homme qui danse n'est pas celui de l'homme qui s'avance dans un pays difficile dont il fait le levé topographique et la prospection géologique.

J'ai dit cependant que le poète a sa pensée abstraite, et, si l'on veut, sa philosophie ; et j'ai dit qu'elle s'exerçait dans son acte même de poète. Je l'ai dit parce que je l'ai observé, et sur moi et sur quelques autres. Je n'ai, ici comme ailleurs, d'autre référence, d'autre prétention ou d'autre excuse, que mon recours à ma propre expérience, ou bien à l'observation la plus commune.

Eh bien, j'ai remarqué, aussi souvent que j'ai travaillé en poète, que mon travail exigeait de moi, non seulement cette présence de l'univers poétique dont je vous ai parlé, mais quantité de réflexions, de décisions, de choix et de combinaisons, sans lesquelles tous les dons possibles de la Muse ou du Hasard demeuraient comme des matériaux précieux sur un chantier sans architecte. Or un architecte n'est pas nécessairement lui-même construit en matériaux précieux. Un poète, en tant qu'architecte de poèmes, est donc assez différent de ce qu'il est comme producteur de ces éléments précieux dont toute poésie doit être composée, mais dont la composition se distingue, et exige un travail mental tout différent.

Un jour, quelqu'un m'apprit que le lyrisme est enthousiasme, et que les odes des grands lyriques furent écrites sans retour, à la vitesse de la voix du délire et du vent de l'esprit soufflant en tempête…

Je lui répondis qu'il était tout à fait dans le vrai ; mais que ce n'était pas là un privilège de la poésie, et que tout le monde savait que pour construire une locomotive, il est indispensable que le constructeur prenne l'allure de 80 milles à l'heure pour exécuter son travail.

En vérité, un poème est une sorte de machine à produire l'état poétique au moyen des mots. L'effet de cette machine est incertain, car rien n'est sûr, en matière d'action sur les esprits. Mais, quel que soit le résultat et son incertitude, la construction de la machine exige la solution de quantité de problèmes. Si le terme de machine vous choque ; si ma comparaison mécanique vous semble grossière, veuillez observer que la durée de composition d'un poème même très court pouvant absorber des années, l'action du poème sur un lecteur s'accomplira en quelques minutes. En quelques minutes, ce lecteur recevra le choc de trouvailles, de rapprochements, de lueurs d'expression, accumulés pendant des mois de recherche, d'attente, de patience et d'impatience. Il pourra attribuer à l'inspiration beaucoup plus qu'elle ne peut donner. Il imaginera le personnage qu'il faudrait pour créer sans arrêts, sans hésitations, sans retouches, cet ouvrage puissant et parfait qui le transporte dans un monde où les choses et les êtres, les passions et les pensées, les sonorités et les significations procèdent de la même énergie, s'échangent et se répondent selon des lois de résonance exceptionnelles, car ce ne peut être qu'une forme exceptionnelle d'excitation qui réalise l'exaltation simultanée de notre sensibilité, de notre intellect, de notre mémoire et de notre pouvoir d'action verbale, si rarement, accordés dans le train ordinaire de notre vie.

Peut-être dois-je faire remarquer ici que l'exécution d'une œuvre poétique — si on la considérait comme l'ingénieur de tout à l'heure peut considérer la conception et la construction de sa locomotive — c'est-à-dire en rendant explicites les problèmes à résoudre — nous apparaîtrait impossible. Dans aucun art, le nombre des conditions et des fonctions indépendantes à coordonner n'est plus grand. Je ne vous infligerai pas une démonstration minutieuse de cette proposition. Je me borne à vous rappeler ce que j'ai dit au sujet du son et du sens, qui n'ont entre eux qu'une liaison de pure convention, et qu'il s'agit pourtant de faire collaborer aussi efficacement que possible. Les mots me font souvent songer, à cause de leur double nature, à ces quantités complexes que les géomètres manœuvrent avec tant d'amour.

Par bonheur, je ne sais quelle vertu réside dans certains moments de certains êtres qui simplifie les choses et réduit les difficultés insurmontables dont je parlais à la mesure des forces humaines.

Le poète s'éveille dans l'homme par un événement inattendu, un incident extérieur ou intérieur : un arbre, un visage, un « sujet », une émotion, un mot. Et tantôt, c'est une volonté d'expression qui commence la partie, un besoin de traduire ce que l'on sent ; mais tantôt, c'est, au contraire, un élément de forme, une esquisse d'expression qui cherche sa cause, qui se cherche un sens dans l'espace de mon âme… Observez bien cette dualité possible d'entrée en jeu : parfois quelque chose veut s'exprimer, parfois quelque moyen d'expression veut quelque chose à servir.

Mon poème « le Cimetière marin » a commencé en moi par un certain rythme, qui est celui de vers français de 10 syllabes, coupé en 4 et 6. Je n'avais encore aucune idée qui dût remplir cette forme. Peu à peu des mots flottants s'y fixèrent, déterminant de proche en proche le sujet, et le travail (un très long travail) s'imposa. Un autre poème, « la Pythie », s'offrit d'abord par un vers de 8 syllabes dont la sonorité se composa d'elle-même. Mais ce vers supposait une phrase, dont il était une partie, et cette phrase supposait, si elle avait existé, bien d'autres phrases.

Un problème de ce genre admet une infinité de solutions. Mais en poésie les conditions métriques et musicales restreignent beaucoup l'indétermination. Voici ce qui arriva : mon fragment se comporta comme un fragment vivant, puisque, plongé dans le milieu (sans doute nutritif) que lui offraient le désir et l'attente de ma pensée, il proliféra et engendra tout ce qui lui manquait : quelques vers au-dessus de lui, et beaucoup de vers au-dessous.

Je m'excuse d'avoir choisi mes exemples dans ma petite histoire ; mais je ne pouvais guère les prendre ailleurs.

Peut-être trouvez-vous ma conception du poète et du poème assez singulière ? Mais essayez de vous figurer ce que suppose le moindre de nos actes. Songez à tout ce qui doit se passer dans l'homme qui émet une petite phrase intelligible, et mesurez tout ce qu'il faut pour qu'un poème de Keats ou de Baudelaire vienne se former sur une page vide, devant le poète.

Songez aussi qu'entre tous les arts, le nôtre est peut-être celui qui coordonne le plus de parties ou de facteurs indépendants : le son, le sens, le réel et l'imaginaire, la logique, la syntaxe et la double invention du fond et de la forme... et tout ceci au moyen de ce moyen essentiellement pratique, perpétuellement altéré, souillé, faisant tous les métiers, le *langage commun*, dont il s'agit pour nous de tirer une Voix pure, idéale, capable de communiquer sans faiblesses, sans effort apparent, sans faute contre l'oreille et sans rompre la sphère instantanée de l'univers poétique, une idée de quelque *moi* merveilleusement supérieur à Moi.

Cantiques spirituels

Je propose aux amateurs des beautés de notre langage de considérer désormais l'un des plus parfaits poètes de France dans le R. P. Cyprien de la Nativité de la Vierge, carme déchaussé, jusqu'ici à peu près inconnu.

J'en ai fait, il y a bien trente ans, la découverte : petite découverte sans doute, mais semblable à plus d'une grande, pour avoir été, comme l'on dit, due au hasard. Un assez gros livre s'est trouvé sous ma main, qui n'était point de ceux que j'aie coutume de lire ou besoin de consulter. C'était un vieil in-quarto, à la tranche d'un rouge fort pâle, vêtu de parchemin grisâtre, un de ces livres massifs dont on présume trop aisément qu'ils ne contiennent que le vide des phrases mortes, de ceux qui font pitié dans les bibliothèques dont ils composent les murs de leurs dos tournés à la vie. Il m'arrive cependant, de loin en loin, d'entr'ouvrir, dans une pieuse intention, quelqu'une de ces tombes littéraires. En vérité le cœur de l'esprit se serre à la pensée que personne, jamais plus, ne lira dans ces milliers de tomes que l'on garde soigneusement pour le ver et le feu.

Mais à peine vu le titre de celui-ci, ce titre excita mon regard. Il annonçait : LES ŒUVRES SPIRI-

TUELLES DU B. PÈRE IEAN DE LA CROIX, *premier carme déchaussé de la Réforme de N. D. du Mont Carmel, et coadjuteur de la Saincte Mère Térèse de Iésus, etc., etc. Le tout traduit en français par le R. P. Cyprien de la Nativité de la Vierge, Carme déchaussé, 1641.*

Je ne suis pas grand lecteur d'ouvrages mystiques. Il me semble qu'il faut être soi-même dans la voie qu'ils tracent et jalonnent, et même assez avancé sur elle, pour donner tout son sens à une lecture qui ne souffre pas d'être «courante», et qui ne peut valoir que par la pénétration profonde, et comme illimitée, de ses effets. Elle exige une participation vitale qui est tout autre chose qu'une simple compréhension de texte. La compréhension y est, sans doute, nécessaire : elle est fort loin d'être suffisante.

C'est pourquoi je n'aurais fait qu'ouvrir et refermer le vieux livre, si le nom illustre de l'Auteur ne m'eût séduit à m'y attarder. J'y trouvai d'heureuses surprises.

Le thème favori de saint Jean de la Croix est un état qu'il nomme la «Nuit obscure». La foi exige ou se crée cette nuit, qui doit être l'absence de toute lumière naturelle, et le règne de ces ténèbres que peuvent seules dissiper des lumières toutes surnaturelles. Il lui importe donc, sur toute chose, de s'appliquer à conserver cette précieuse obscurité, à la préserver de toute clarté figurée ou intellectuelle. L'âme doit *s'absenter de tout ce qui convient à son naturel, qui est le sensible et le raisonnable.* Ce n'est qu'à cette condition qu'elle pourra être conduite à *très haute contemplation.* Demeurer dans la Nuit obscure et l'entretenir en soi doit donc consister à ne rien céder à la connaissance ordinaire — car *tout ce que l'entendement peut comprendre, l'imagination forger, la volonté goûter, tout cela est fort dissemblable et disproportionné à Dieu.*

Vient ensuite une analyse des plus déliées, que j'ai été bien étonné de trouver parfaitement claire ou de croire comprendre. Elle expose et définit les difficultés, les chances d'erreur, les confusions, les dangers, les «appréhensions naturelles ou imaginaires» qui peuvent altérer la ténébreuse pureté de cette phase et dégrader la perfection de ce vide mystique où rien ne doit se produire ou se propager qui provienne du monde sensible ou des facultés abstraites qui s'y appliquent.

Enfin sont décrits les signes qui feront connaître que l'on passe sans illusion ni équivoque de l'état de méditation, que l'on doit quitter, et qui est pénétré de lumières intérieures, dans l'état de contemplation.

Il ne m'appartient pas de connaître de ces matières si relevées. C'est là une doctrine essentiellement différente de toute «philosophie», puisqu'elle doit se vérifier par une expérience, et cette expérience aussi éloignée que possible de toutes les expériences exprimables et comparables; cependant qu'une philosophie ne peut viser qu'à représenter celles-ci à l'intelligence par un système aussi compréhensif et expressif que possible, et se restreint à se mouvoir entre le langage, le monde et la pensée réfléchie, dont elle organise l'ensemble des échanges, selon quelqu'un, *le Philosophe.*

Toutefois le lecteur très imparfait que j'étais de ces pages d'ordre sublime put s'émerveiller des observations sur les paroles intérieures et sur la mémoire, qu'il lut dans les *Traités de la Montée au Mont Carmel* et de *La Nuit obscure de l'Âme.* Là se

trouvent les témoignages d'une conscience de soi et
d'une puissance de description des choses non sensibles, dont la littérature, même la plus spécialement vouée à la «psychologie», offre peu d'exemples.
Il est vrai, je l'ai dit, que ma connaissance des
ouvrages mystiques et de la mystique elle-même est
des plus réduites; je ne puis comparer ces analyses
de saint Jean de la Croix à d'autres du même genre,
et je puis parier que je me trompe.

J'en viens maintenant à ce qui m'apparut la singularité de ces Traités: ils sont l'un et l'autre, des
commentaires de poèmes. Ces poèmes sont trois
Cantiques spirituels: l'un chante l'heureuse aventure de l'âme de «passer par l'obscure Nuit de la
Foy, en nudité et purgation, à l'union de son Bien-
Aimé; l'autre est celui de l'Âme et de son époux
Jésus-Christ; vient enfin celui qui célèbre l'âme en
intime union avec Dieu». Cela fait en tout 264 vers,
si j'ai bien compté, et ces vers de sept ou dix syllabes, distribués en strophes de cinq. En revanche,
le commentaire qui les entoure est largement développé, et les gloses qui le constituent nourrissent ce
gros volume dont j'ai parlé. L'expression poétique
sert donc ici de texte à interpréter, de programme
à développer, aussi bien que d'illustration symbolique autant que musicale à l'exposé de théologie
mystique que j'ai effleuré plus haut. La mélodie
sacrée s'accompagne d'un savant contrepoint qui
tisse autour du chant tout un système de discipline
intérieure.

Ce parti pris, très neuf pour moi, m'a donné à
penser. Je me suis demandé quels effets produirait,
en poésie profane, ce mode remarquable qui joint
au poème son explication par l'auteur, en admettant
que l'auteur ait quelque chose à dire de son œuvre,

ce qui manquerait bien rarement d'être interprété contre lui. Il y aurait cependant des avantages, et peut-être tels qu'il en résultât des développements jusqu'ici impossibles ou très aventureux de l'art littéraire. La substance ou l'efficace poétique de certains sujets ou de certaines manières de sentir ou de concevoir ne se manifestent, pas immédiatement à des esprits insuffisamment préparés ou informés, et la plupart des lecteurs, même lettrés, ne consentent pas qu'une œuvre poétique exige pour être goûtée un vrai travail de l'esprit ou des connaissances non superficielles. Le poète qui suppose ces conditions remplies, et le poète qui tente de les inscrire dans son poème s'exposent aux redoutables jugements qui frappent, d'une part, l'obscurité ; d'autre part, le didactisme.

Platon, sans doute, mêle une poésie très délicate à ses argumentations socratiques ; mais Platon n'écrit pas en vers et joue de la plus souple des formes d'expression, qui est le dialogue. Le vers ne souffre guère ce qui se borne à signifier quelque chose, et qui ne tente pas plutôt d'en créer la valeur de sentiment. Un objet n'est qu'un objet, et son nom n'est qu'un mot d'entre les mots. Mais qu'il s'y attache une vertu de souvenir ou de présage, c'est là déjà une résonance qui engage l'âme dans l'univers poétique, comme un son pur au milieu des bruits lui fait pressentir tout un univers musical. C'est pourquoi cet homme qui prétendait que « son vers *bien ou mal*, dit toujours quelque chose », n'a dit qu'une sottise, aggravée de cet abominable « bien ou mal », Quand on songe que cette sentence a été, plus d'un siècle durant, inculquée à la jeunesse française, pendant que les puissances de charme du langage étaient rigoureusement méconnues, la diction des vers ignorée ou proscrite, ou confondue avec la

déclamation, on ne s'étonne plus que la poésie
authentique n'ait pu se manifester, au cours de cette
période vouée à l'absurde, que par des rébellions
successives qui s'élevèrent non seulement contre les
arbitres du goût public, mais contre la majorité de
ce public, devenu d'autant plus insensible aux
grâces essentielles de la poésie qu'il avait été plus
instruit aux Lettres, pompeusement et ridiculement
qualifiées «d'Humanités».

Il n'est pas interdit, en somme, de penser que le
mode adopté par saint Jean de la Croix pour communiquer ce qu'on peut nommer les harmoniques
de sa pensée mystique, tandis que cette pensée
elle-même s'exprime à découvert dans le voisinage
immédiat, pourrait être employé au service de toute
pensée abstraite ou approfondie, de celles qui peuvent cependant exciter une émotion. Il est de telles
pensées, et il existe une sensibilité des choses intellectuelles : la pensée pure a sa poésie. On peut
même se demander si la spéculation se passe jamais
de quelque lyrisme, qui lui donne ce qu'il lui
faut de charme et d'énergie pour séduire l'esprit à
s'y engager.

À l'entour des Cantiques spirituels, le commentaire s'imposait, car ces pièces sont assez claires par
elles-mêmes à la première lecture, mais ne révèlent
immédiatement pas leur signification seconde qui
est mystique. L'apparence de ces poèmes est d'un
chant très tendre, qui suggère d'abord quelque ordinaire amour et je ne sais, quelle douce aventure pas-
torale légèrement dessinée par le poète en termes
comme furtifs et parfois mystérieux. Mais il ne faut
pas se prendre à cette première clarté : il faut, grâce
à la glose, revenir vers le texte et prêter à son
charme une profondeur de passion surnaturelle et

un mystère infiniment plus précieux que tout secret d'amour vivant au cœur humain.

Le modèle du genre est, sans doute, le «Cantique des Cantiques», qui ne se passe point, non plus que ceux de saint Jean de la Croix, d'une explication. Oserai-je avouer ici que toutes les beautés de ce richissime poème me laissent un peu trop repu de métaphores, et que tant de joyaux qui le chargent indisposent finalement mon âme occidentale et quelque tendance abstraite de mon esprit? Je préfère le style pur de l'œuvre dont je parle.

Laissons mon goût: il importe fort peu. Je retiens seulement que le Cantique attribué à Salomon a créé un genre allégorique particulièrement approprié à l'expression de l'amour mystique, qui se range parmi les autres genres littéraires créés ou répandus par l'Ancien Testament. Les Psaumes, par exemple, participent de l'hymne et de l'élégie, combinaison qui accomplit une alliance remarquable des sentiments collectifs lyriquement exprimés avec ceux qui procèdent du plus intime de la personne et de sa foi.

C'est à présent que je peux introduire le Père Cyprien de la Nativité de la Vierge, traducteur admirable des ouvrages de saint Jean de la Croix, duquel il a bien fallu que je dise d'abord quelques mots. Je n'aurais, sans doute, jamais lu bien avant dans ce vieux volume que je feuilletais, si mes yeux ne fussent distraitement tombés sur des vers qu'ils y aperçurent, en regard d'un texte espagnol. Je vis, je lus, je me murmurai aussitôt:

> *À l'ombre d'une obscure Nuit*
> *D'angoisseux amour embrasée,*
> *Ô l'heureux sort qui me conduit*
> *Je sortis sans être avisée,*

> *Le calme tenant à propos*
> *Ma maison en un doux repos...*

Oh!... me dis-je, mais ceci chante tout seul!...

Il n'y a point d'autre certitude de poésie. Il faut et il suffit, pour qu'il y ait poésie certaine (ou, du moins, pour que nous nous sentions en péril prochain de poésie) que le simple ajustement des mots, que nous allions lisant comme l'on parle, oblige notre voix, même intérieure, à se dégager du ton et de l'allure du discours ordinaire, et la place dans un tout autre mode et comme dans un tout autre *temps*. Cette intime contrainte à l'impulsion et à l'action rythmée transforme profondément toutes les valeurs du texte qui nous l'impose. Ce texte, sur-le-champ, n'est plus de ceux qui sont offerts pour nous apprendre quelque chose, et pour s'évanouir devant cette chose comprise ; mais il agit pour nous faire vivre quelque différente vie, respirer selon cette vie seconde, et suppose un état ou un monde dans lequel les objets et les êtres qui s'y trouvent, ou plutôt leurs images, ont d'autres libertés et d'autres liaisons que celles du monde pratique. Les noms de ces images jouent un rôle désormais dans leur destin : et les pensées suivent souvent le sort que leur assigne la sonorité ou le nombre des syllabes de ces noms ; elles s'enrichissent des similitudes et des contrastes qu'elles éveillent ; tout ceci donne enfin l'idée d'une nature enchantée, asservie, comme par un charme, aux caprices, aux prestiges, aux puissances du langage.

Ces vers lus et relus, j'eus la curiosité de regarder à l'espagnol, que j'entends quelque peu quand il est excessivement facile. La strophe charmante que j'ai citée transpose celle que voici :

> *En una moche oscura*
> *Con ansias en amores inflamadas,*
> *O dichosa ventura!*
> *Sali sin ser notada*
> *Estanda mia casa sosegada*

Il n'est pas possible d'être plus fidèle. Le Père traducteur a modifié le type de la strophe, sans doute.
Il a adopté notre octosyllabe au lieu de suivre les
variations du mètre proposé. Il a compris que la
prosodie doit suivre la langue, et il n'a pas tenté,
comme d'autres l'ont fait (en particulier au xvie et
au xixe siècle) d'imposer au français ce que le français n'impose ou ne propose pas de soi-même à
l'oreille, française. C'est là véritablement *traduire*,
qui est de reconstituer au plus près l'*effet* d'une certaine *cause*, — ici un texte de langue espagnole au
moyen d'une *autre cause*, — un texte de langue française.

Ce faisant, le Père Cyprien a enrichi notre poésie,
quoique de la manière la plus discrète (jusqu'ici
presque imperceptible) d'un très mince recueil, mais
de la plus certaine et de la plus pure qualité.

La suite me combla. Je lus avec délice :

> *À l'obscur, mais hors de danger,*
> *Par une échelle fort secrette*
> *Couverte d'un voile estranger*
> *Je me dérobay en cachette,*
> *(Heureux sort, quand tout à propos*
> *Ma maison estoit en repos).*
> *En secret sous le manteau noir*
> *De la Nuict sans estre apperceuë*
> *Ou que je peusse apercevoir*
> *Aucun des objects de la veuë...*

Ceci ne ressemblait à rien, était fait de fort peu de chose, et me ravissait essentiellement, sans que je pusse démêler la composition de ce charme, dans lequel la plus grande simplicité et la plus exquise «distinction» s'unissaient en proportion admirable.

Je pensai : Comment se peut-il que ce moine ait acquis une telle légèreté du tracé, du phrasé de la forme, et saisi tout à coup le fil de la mélodie de ses mots ? Il n'y a rien de plus sûr, de plus libre, de plus naturel, et donc de plus savant, en poésie française. Est-il, dans La Fontaine même, ou dans Verlaine, chant plus fluide, fluide, mais non lâche, évadé plus heureusement au silence ?

> *Dans mon sein parsemé de fleurs*
> *Qu'entier soigneuse je lui garde,*
> *Il dort...*

Et encore :

> *Morte bise, arrête ton cours :*
> *Lève-toi, ô Sud qui resveilles*
> *Par tes souffles les saincts amours...*

Ou bien, ce fond de paysage doucement peint par le son :

> *Allons...*
> *Au mont d'où l'eau plus pure sourd,*
> *Au bois plus épais et plus sourd...*

En matière de poésie, mon vice est de n'aimer (si ce n'est point de ne souffrir) que ce qui me donne le sentiment de la perfection. Comme tant d'autres vices, celui-ci s'aggrave avec l'âge. Ce qu'il me semble

que je puisse changer à peu de frais dans un ouvrage
est l'ennemi de mon plaisir, c'est-à-dire ennemi de
l'ouvrage. On a beau m'éblouir ou me surprendre
en quelques points, si le reste ne les enchaîne et me
laisse libre de l'abolir, je suis fâché, et d'autant plus
fâché que ces bonheurs épars étaient d'un plus grand
prix. Il m'irrite que des beautés soient des accidents, et que je trouve devant moi le contraire d'une
œuvre.

Même de grands effets, accumulés, des images et
des épithètes toujours étonnantes et tirées merveilleusement du plus loin, faisant que l'on admire,
avant l'ouvrage même, l'auteur et ses ressources,
offusquent le *tout* du poème, et le génie du père
est funeste à l'enfant. Trop de valeurs diverses, des
apports trop nombreux de connaissances trop rares,
des écarts et des surprises trop fréquents et systématiques nous donnent l'idée d'un homme enivré
de ses avantages et les développant par tous moyens,
non dans le style et l'ordre d'un seul dessein, mais
dans l'espace libre de l'incohérence inépuisable de
tout esprit. Cette idée excitante s'oppose à l'impression que produirait une composition unie avec elle-
même, créant un charme inconcevable, *et comme
sans auteur*. Du reste, une, œuvre doit inspirer le
désir de la reprendre, de s'en redire les vers, de les
porter en soi pour un usage intérieur indéfini ; mais,
dans cette persistance et par ces reprises, les attraits
de contraste et d'intensité s'évanouissent : la nouveauté, l'étrangeté, la puissance de choc épuisent
leur efficace toute relative, et il ne demeure, s'il
demeure quelque chose, que ce qui résiste à la redite
comme y résiste notre propre expression intérieure,
ce avec quoi nous pouvons vivre, nos idéaux, nos
vérités et nos expériences choisies, — enfin tout
ce que nous aimons de trouver en nous-mêmes, à

l'état le plus intime, c'est-à-dire le plus durable. Il
me semble que l'âme bien seule avec elle-même, et
qui se parle, de temps à autre, entre deux silences
absolus, n'emploie jamais qu'*un petit nombre
de mots*, et *aucun d'extraordinaire*. C'est à quoi
l'on connaît *qu'il y a âme* en ce moment-là, si l'on
éprouve aussi la sensation que tout le reste (tout ce
qui exigerait un plus vaste vocabulaire) n'est que
purement possible...

Je préfère donc les poèmes qui produisent (ou
paraissent produire) leurs beautés comme les fruits
délicieux de leur cours d'apparence naturelle, production quasi nécessaire de leur unité ou de l'idée
d'accomplissement qui est leur sève et leur substance.
Mais cette apparence de prodige ne peut jamais s'obtenir qu'elle n'absorbe un travail des plus sévères
et d'autant plus soutenu qu'il doit pour s'achever,
s'appliquer à l'effacement de ses traces. Le génie le
plus pur ne se révèle jamais qu'à la réflexion : il ne
projette point sur son ouvrage l'ombre laborieuse et
excessive de quelqu'un. Ce que je nomme *Perfection*
élimine la personne de l'auteur ; et par là, n'est pas
sans éveiller quelque résonance mystique, — comme
le fait toute recherche dont on place délibérément le
terme « à l'infini ».

Rien de moins moderne, car il ne s'agit guère
plus aujourd'hui que de *se faire connaître* : ce but
fini s'atteint par tous moyens, et les imperfections
de l'homme et de son œuvre, convenablement traitées et exploitées, n'y nuisent pas le moins du
monde.

La personne du Père Cyprien est singulièrement
imperceptible, et cette œuvre de lui dont je tente
d'établir les mérites, encore moins soupçonnée que
lui-même. Elle est demeurée si voilée jusqu'à nos
jours que même mon ami très regretté Henri Bre-

mond semble l'avoir absolument ignorée, et ne parle de notre Carme qu'incidemment à propos d'autres ouvrages, traductions et biographies, auxquels il donne quelques lignes dans sa vaste *Histoire du Sentiment religieux en France*. Bremond, qui ressentait et manifestait si vivement une profonde dilection pour la Poésie, n'eût pas manqué de distinguer et d'aimer celle dont je m'occupe, si elle n'eût inexplicablement échappé à son regard d'amateur passionné de belles-lettres. Il eût dû appartenir au créateur de valeurs littéraires qu'il était de mettre en lumière les *Cantiques* du Père Cyprien : son ouvrage capital constitue, en effet, une véritable et très précieuse anthologie, un choix d'admirables fragments dus à des écrivains que personne ne lit, mais qui n'en sont pas moins des maîtres comme il ne s'en voit plus (et comme il n'est plus possible qu'il s'en voie aujourd'hui) dans l'art supérieur de construire en termes simples et comme organiques les formes et les membres de la pensée abstraite, en matière de religion.

Quelques vers des *Cantiques* n'eussent pas déparé cette exposition de nobles morceaux de prose.

Mais voici ce que l'on peut savoir du Père Cyprien et que m'apprend une notice qu'a bien voulu rédiger pour moi M. Pierre Leguay, de la Bibliothèque Nationale, dont j'ai invoqué l'obligeance et l'érudition. Notre auteur, né à Paris le 25 novembre 1605, s'appelait dans le siècle André de Compans. Il eut d'abord une charge de finances *in regio œrario præfectus*. Il apprit plusieurs langues et voyagea en Orient. C'est en 1632, à l'âge, de 27 ans, et alors qu'il paraissait avoir bien établi sa carrière, *in sæculo fortunam constituisse videbatur* qu'il entra chez les Carmes déchaussés. Il fit profession à Paris, le 18 septembre de l'année suivante. Il s'adonna à la prédication, et composa quantité d'ouvrages. Il mourut à Paris le 16 septembre 1680.

Il se trouve, *à présent* — ou, du moins, je le trouve, — que ce contemporain de Richelieu et de Descartes, cet ancien inspecteur des Finances ou haut fonctionnaire du Trésor, devenu Carme, ait été un artiste consommé dans le bel art de faire des vers à l'état pur. Je dis : *faire des vers à l'état pur*, et j'entends par là qu'il n'y a de lui dans l'œuvre dont je parle, exactement que la façon de la forme. Tout le reste, idées, images, choix des termes, appartient à saint Jean de la Croix. La traduction étant d'une extrême fidélité, il ne restait donc au versificateur que la liberté des plus étroites que lui concédaient jalousement notre sévère langue et la rigueur de notre prosodie. C'est là devoir danser étant chargé de chaînes. Plus ce problème se précise devant l'esprit, plus on admire la grâce et l'élégance avec lesquelles il a été résolu : il y fallait les dons poétiques les plus exquis s'exerçant dans les conditions les plus adverses. Je dois expliquer un peu ceci, qui expliquera mon admiration pour autant qu'une admiration s'explique.

Un poète, en général, ne peut accomplir son œuvre que s'il peut disposer de sa pensée première ou directrice, lui imposer toutes les modifications (parfois très grandes) que le souci de satisfaire aux exigences de l'exécution lui suggère. La pensée est une activité immédiate, provisoire, toute mêlée de parole intérieure très diverse, de lueurs précaires, de commencements sans avenir ; mais aussi, riche de possibilités, souvent si abondantes et séduisantes qu'elles embarrassent leur homme plus qu'elles ne le rapprochent du terme. S'il est un vrai poète, il sacrifiera presque toujours à la forme (qui, après tout, est la fin et l'acte même, avec ses nécessités organiques) cette pensée qui ne peut se fondre en poème si elle exige pour s'exprimer qu'on use de mots ou de tours étrangers au ton poétique. Une alliance intime du son et du sens, qui est la caractéristique essentielle de l'expression en poésie ne peut s'obtenir qu'aux dépens de quelque chose, — qui n'est autre que la pensée. Inversement, toute pensée qui doit se préciser et se justifier à l'extrême se désintéresse et se délivre du rythme, du nombre, des timbres, — en un mot, de toute recherche des qualités sensibles de la parole. Une démonstration ne chante pas...

Notre Père Cyprien nous offre donc un cas vraiment singulier. Il ne disposait pas le moins du monde des facilités que donnent les variations possibles de la pensée, et qui permettent de dire un peu autrement ce qu'on voulait dire, de le différer ou de l'abolir. Il ne s'accordait pas la joie de trouver en lui-même les beautés inattendues que fait surgir le débat de l'idée et de l'esprit. Au contraire... Son originalité est de n'en admettre aucune, et toutefois, il fait une manière de chef-d'œuvre en produisant des poèmes dont la substance n'est pas de lui, et dont chaque mot est prescrit par un texte donné. Je me retiens à peine de prétendre que le mérite de venir si heureusement à bout d'une telle tâche est plus grand (et il est plus rare) que celui d'un auteur complètement libre de tous ses moyens. Ce dernier chante ce qu'il veut selon ce qu'il peut, tandis que notre moine est réduit à créer de la grâce au plus près de la gêne.

Que je lise, par exemple, ceci :

> *Combien suave et plein d'amour*
> *Dedans mon sein tu te réveilles*
> *Où est en secret ton séjour...*

Ou bien :

> *En solitude elle vivoit,*
> *Son nid est dans la solitude,*
> *En solitude la pourvoit*
> *L'Auteur seul de sa quiétude...*

et je ne puis ne pas percevoir l'extrême sensibilité
de l'artiste. Il faut cependant une certaine réflexion
pour apprécier tout à fait les valeurs délicates de
cette espèce. On trouve que ni le «canon» de la
strophe, dont le quatrain est en rimes croisées et le
distique en rimes plates, ni la rime elle-même, ni
l'obligation de traduire de très près ne gênent en
rien le mouvement très doux du discours, que le
mètre mesure aussi aisément que si ce fût la nature
elle-même qui divisât ce chant selon le sens en même
temps que selon la voix, — ce qui est, en vérité, une
merveille d'accord, quand un tel accord se prolonge, et il ne cesse point durant ces poèmes. On
s'avise ensuite que si rien ne paraît plus facile que
cette suite, plus séduisant à entendre, plus désirable à reprendre et à mieux goûter, rien ne dût
être plus difficile à obtenir. C'est le comble de l'art
qui se révèle quand on y pense un peu, et que ce qui
vient d'être si naturel se découvre si savant.

Pour modeste qu'ait été le Père Cyprien, il n'a
pas voulu laisser croire à son lecteur que sa traduction poétique ne lui avait rien, coûté. Il dit dans sa
préface :

> *Pour les vers des* Cantiques, *on a beaucoup tra-*
> *vaillé pour vous les donner en l'estat qu'ils sont à*
> *présent, à cause de la suiection qu'il y a eu à suivre*
> *le sens et l'esprit que l'Autheur y a compris, veu*

qu'ils contiennent le subiect et la substance de ses
livres; et partant on ne pouvoit gueres faire d'obmis-
sions qu'elles ne fussent notables. Quand au travail
que j'y ay employé, je vous en diray peu de chose
pour ne manquer à la charité, ni contrevenir à l'hu-
milité... néanmoins... je rendray cet hommage, à la
vérité, qui est que le travail dont vous jouyssez à pré-
sent en l'estat que vous avez la version de ces œuvres,
est une chose cachée, et qui ne peut jamais estre
cogneuë que de ceux qui prendront la peine de
confronter l'original entier avec le Françoys...

Et il ajoute que : *principalement le* Cantique Spirituel... *pourroit bien passer pour une œuvre nou-*
velle...

Voici exactement trois cents ans que cette « œuvre
nouvelle » est demeurée dans une ombre qui l'a
conservée à l'état d'œuvre encore assez nouvelle,
car sa première réédition en 1917, par l'Art Catho-
lique, qui fut rapidement épuisée, ne pouvait toucher qu'un petit nombre, et il ne semble pas, en
dépit de la quantité des Anthologies de notre poésie
qui ont été publiées depuis, que les *Cantiques* du Père
Cyprien aient obtenu la moindre mention de leur
existence. J'ai dit le cas que j'en faisais. Il se peut
dire que je m'abuse et que d'autres yeux ne voient
point dans ces quelques petites strophes ce que je
crois y voir. Pour moi, la Poésie devrait être le Paradis du Langage, dans lequel les différentes vertus
de cette faculté *transcendante*, conjointes par leur
emploi, mais aussi étrangères l'une à l'autre que le
sensible l'est à l'intelligible, et que la puissance
sonore immédiate l'est à la pensée qui se développe,
peuvent et doivent se composer et former pendant
quelque temps une alliance aussi intime que celle

du corps avec l'âme. Mais cette perfection d'union, dont on ne peut se dissimuler qu'elle a contre elle la convention même du langage, est bien rarement réalisée et assurée pendant plus de quelques vers. Je crains fort que l'on puisse compter sur ses doigts le nombre des poètes chez lesquels le délice de la mélodie continue commence avec le poème et ne cesse qu'avec lui. C'est pourquoi l'étonnant succès du Père Cyprien dans son entreprise m'a ravi au point que j'ai dit.

Sur Phèdre femme

L'ouvrage lu, le rideau refermé, il me demeure de *Phèdre* l'idée d'une certaine femme, l'impression de la beauté du discours, — effets et valeurs durables, valeurs d'avenir en moi.

C'est que l'esprit rendu à son naturel, qui est la variété courante de sa débauche de sensations et de pensées, retient sans le savoir, parmi le trésor de ses modèles éventuels et de ses étalons de beauté, ce qui lui importera désormais d'une œuvre révolue. Cela se dégage insensiblement, infailliblement, en lui, de tous les prétextes et combinaisons d'accidents qui durent être assemblés pour que la pièce fût. La trame, l'intrigue, les faits pâlissent promptement et l'intérêt de l'appareil purement dramatique de l'affaire se dissout. Ce ne fut là qu'un crime : inceste désiré et meurtre perpétré par personne interposée, avec un dieu sans doute pour agent d'exécution... Mais que faire d'un crime, une fois l'horreur amortie, la justice apaisée, la mort également étendue à l'innocent et aux coupables, la mort qui se referme comme la mer, sur un système momentané d'événements et d'actes ? L'émotion née de la présence et de la condensation du drame s'évanouit avec le décor, tandis que les yeux fixés longtemps, le cœur saisi se divertissent de la contrainte qu'exerçait sur tout l'être la scène lumineuse et parlante.

Tous, moins la reine ; le misérable Hippolyte, à peine fracassé sur la rive retentissante, le Théramène, aussitôt son rapport déclamé, le Thésée, Aricie, Œnone, et Neptune lui-même, l'Invisible, se fondent au plus vite dans leur absence : ils ont cessé de faire semblant d'être n'ayant été que pour servir le principal dessein de l'auteur. Ils n'avaient point substance de durée et leur histoire les épuise. Ils ne vivent que le temps d'exciter les ardeurs et les fureurs, les remords et les transes d'une femme typiquement *aliénée* par le désir : ils s'emploient à lui faire tirer de son sein racinien les plus nobles accents de concupiscence et de remords que la passion ait inspirés. Ils ne survivent pas, mais Elle survit. L'œuvre se réduit dans le souvenir à un monologue ; et passe en moi de l'état dramatique initial à l'état lyrique pur, — car le lyrisme n'est que la transfiguration d'un monologue.

*

L'Amour, dans Phèdre exaspéré, n'est point du tout celui qui est si tendre en Bérénice. Seule, ici, la chair règne. Cette voix souveraine appelle impérieusement la possession du corps aimé et ne vise qu'un but : l'extrême accord des jouissances harmoniques. Les images les plus intenses sont alors maîtresses d'une vie, déchirent ses jours et ses nuits, ses devoirs et ses mensonges. La puissance de l'ardeur voluptueuse renaissante sans cesse et non assouvie agit à l'égal d'une lésion, source intarissable de douleur qui s'irrite elle-même, car une douleur ne peut que croître tant que la lésion subsiste. C'est là sa loi. Il est de son essence affreuse que l'on ne puisse s'accoutumer à elle, qu'elle se fasse une atroce présence toujours nouvelle. Ainsi d'un amour intraitable établi dans sa proie.

*

En Phèdre, rien ne voile, n'adoucit, n'ennoblit, n'orne, ni n'édifie l'accès de la rage du sexe. L'esprit, ses jeux profonds, légers, subtils, ses échappées, ses lueurs, ses curiosités, ses finesses, ne se mêlent point de distraire ou d'embellir cette passion de l'espèce la plus simple. Phèdre n'a point de lecture. Hippolyte est peut-être un niais. Qu'importe ? La Reine incandescente n'a besoin d'esprit que comme instrument de vengeance, inventeur de mensonges, esclave de l'instinct. Et quant à l'âme, elle se réduit à son pouvoir obsédant, à la volonté dure et fixe de saisir, d'induire à l'œuvre vive sa victime, de geindre et de mourir de plaisir avec elle.

*

Cet amour sans métaphysique est celui que décrit ou que suppose la littérature des époques où quelque âme ne paraissait guère que dans des spéculations de philosophes, où l'on ne voyait point des amants invoquer l'univers, et s'inquiéter du «Monde comme volonté et représentation» sur le bord de leur couche, entre un baiser et l'autre.

Il est vrai que les dieux de ce temps-là aimaient sans plus de profondeur que les humains. Ils s'intéressaient, d'ailleurs, à nos entreprises, les favorisaient, les contrariaient, s'y engageaient aussi et s'y mêlaient en simples mortels ; mais seulement plus puissants, sans plus de tête que nous, mais moins de cœur, avec moins de scrupules, des instincts mieux armés, des caprices mieux servis, des perversions, des ardeurs que rien ne tempérait, des excès de fureur voluptueuse qui ne pouvaient épuiser ni détruire leurs substances incorruptibles. Il arrivait que ces amants sublimes fécondassent nos femelles, ce qui est une manière de prodige et qui soulève un problème de méta-biologie tout à fait comparable à celui que propose un singulier verset de la *Genèse*, dont il existe plusieurs solutions.

C'est justement que Racine n'a point baigné de tendresse ce désir à l'état brut qu'exhale et chante Phèdre. Minos et Pasiphaé, ses auteurs, n'avaient pu guère léguer à leur enfant ce qui n'était pas dans leur nature. Ils ignoraient ce don si doux, cette naissance en nous d'une suavité profuse qui détend trop délicieusement toutes les forces de l'âme quand elle s'abandonne sans défense à la faiblesse de chérir. C'était un couple d'êtres durs. L'amour archaïque, tel qu'il apparaît dans la plupart des mythes, ne manifeste que son implacable essence instinctive. Il n'est encore qu'une «force de la nature», subie et reconnue comme telle. Sa fin n'est point l'exaltation de l'union la plus intime possible de l'Unique avec l'Unique, au-delà, au moyen, au-dessus de leur plus vif émoi charnel commun: elle n'est que ce choc voluptuaire même, car la nature n'a besoin que d'un éclair. Dans l'amour simple, tout écart du terme du plaisir est contre nature. Cet amour nécessaire et suffisant considère fort peu les délicatesses singulières du cœur de la personne dont la prise de corps lui importe: il aura ce qu'il veut par ruse ou par contrainte. Le dol, le viol, le rapt ne l'embarrassent point. Les dieux d'alors, qui ne figurent que les pouvoirs de réaliser ce qui s'ébauche vainement

dans les désirs de l'homme, accomplissent à leur
aise ce dont les hommes ne peuvent que rêver : ils
se jouent des sentiments, comme ils se jouent des
lois naturelles, et forçant, trompant, corrompant s'il
le faut, tirent à leur plaisir. La Fable est bestiale.
Zeus se fait cygne, aigle, taureau, pluie d'or, nuage,
et donc, consent à ne pas plaire par lui-même. Il lui
suffit de vaincre : il ne fait pas qu'on songe de lui.
Mais ces métamorphoses ne sont peut-être que des
symboles de la variété des tours et stratagèmes dont
se servent les hommes pour parvenir à leurs fins
sensuelles, usant, selon l'occurrence et leurs facultés, de prestiges divers, de grimaces choisies, jouant
de leur vigueur visible, de leur argent, de leur renom,
de leur esprit, — et même des contraires de tout
ceci, puisqu'il est des infortunés dont le malheur, la
laideur, jusqu'à l'infirmité même, peuvent exciter
une pitié de pente amoureuse, et toucher quelque
cœur au point qu'il livre tout, car rien n'est impossible en fait de goût, et j'ai vu les succès les plus
étranges.

*

De sa Phèdre assez animale, Racine donne les formules de constitution les plus élégantes, que développe la conduite de l'action. Le cas particulier que
sa tragédie expose semble, du reste, plus déplorable
qu'exceptionnel. Un amour repoussé crie vengeance.
Aime-moi, nous dit Dieu lui-même, *aime-moi, ou je
te tue éternellement*. Et nous lisons dans la Bible que
« Joseph étant beau de taille et de visage, il arriva
que la femme de son maître porta les yeux sur lui, et
lui dit : *Couche avec moi.* » Honnêtement refusée, cette
femme de Putiphar le dénonce et le charge d'avoir
voulu lui faire violence, tout comme la femme de

Thésée accuse Hippolyte et le voue à l'exécration paternelle, puissante auprès du dieu. Je crains donc qu'il ne faille voir Phèdre des mêmes yeux impitoyables de l'esprit que Rembrandt a vu la Putiphar, quand il l'a gravée sur le cuivre, furieusement torse et tendue vers le Joseph fuyard. Il en a fait une eauforte d'une vigueur d'impudicité extraordinaire. La femelle biblique, tout le ventre exposé, nu, gras, éclatant de blancheur, se cramponne au manteau de Joseph qui s'arrache à cette démente grande ouverte, dont le mouvement d'emportement entraîne, avec la lourde chair, toute la masse molle de son lit dévasté, déversant le désordre de ses linges. Ce basventre en délire porte, absorbe et émet toute la puissance lumineuse de la composition. Jamais le désir effréné ne fut si brutalement peint, avec un sens plus intense de la force d'espèce ignoble qui presse une chair de s'offrir comme s'offre une gueule de monstre. La dame égyptienne n'est pas belle, et il ne faut point qu'elle le soit. Elle montre par sa laideur sa certitude que son sexe aux abois doit suffire et va vaincre. Ce n'est pas une erreur des plus rares ; ce n'est pas toujours une erreur. Mais je ne puis me figurer une Phèdre que fort belle, et même dans une plénitude de beauté, dans sa beauté, dont il sera question tout à l'heure.

*

Il se sécrète dans la passion de l'amour un venin de destruction tout d'abord imperceptible, vaguement agissant, aisément dissipé. Mais un rien après un rien le ravive, et il peut tout à coup se faire plus énergique que toute force de la raison et que toute crainte des hommes et des dieux.

C'est qu'on ne vient à aimer fortement que l'on

n'attache, sans le savoir, à ce qu'on aime, un pouvoir de faire souffrir infiniment plus grand que celui que l'on prête et que l'on demande à cet objet aimé de vous ravir à l'extrême du bonheur. Et si la possession de quelqu'un s'impose à la vie profonde de quelque autre comme sa condition indispensable (ce qui est la loi même de l'amour absolu), cette affection devenue vitale fait bon marché de toute vie quand le désespoir la déchire. L'idée du meurtre devient familière. Celle du suicide s'y mélange assez vite : ce qui est absurde, et donc naturel.

Phèdre, quand elle désespère, tue. Ayant tué, elle se tue.

*

Phèdre ne peut pas être une très jeune femme. Elle est dans l'âge où celles qui sont véritablement, et comme spécialement, nées pour l'amour, ressentent dans toute sa force leur puissance d'aimer. Elle est à cette période que la vie se connaît pleine et non remplie. À l'horizon, la décadence du corps, les dédains et la cendre. Alors cette vie éclatante éprouve le sentiment de tout son prix. Ce qu'elle vaut engendre ce qu'elle veut dans les ombres de sa conscience, et voici qu'insensiblement tous ces trésors trop lourds se destinent virtuellement à quelque ravisseur indéterminé qui les surprenne, les exalte, les consume, et qui s'orne, déjà, sans avoir paru, de tous les dons qu'une attente anxieuse, une soif de plus en plus ardente lui confère. Le travail intime de la substance vivante ne se borne plus à cette heure à assurer la conservation de proche en proche de l'organisme. Le corps voit plus loin, plus avant que soi. Il produit de la surabondance d'être, et toute l'inquiétude mystérieuse que cause ce surcroît se dépense en rêves, en tentations, en risques, en alternances d'esprit absent et de regards trop vifs. Toute la chair se fait proposition. Comme une plante qu'accable le poids du fruit qu'elle a formé, penche et semble implorer le geste qui la cueille, la femme s'offre.

Peut-être faut-il penser ici à quelque obscur conflit entre les forces si bizarrement coexistantes en nous dont les unes ne cessent de nous produire, ce qui est nous conserver, les autres ne tendent qu'à nous reproduire. L'individu subit l'espèce. La promesse qu'est celle-ci agit insidieusement sous la pleine présence, et lui impose les effets, sur la sensibilité et l'économie générale, des énergies étrangères de l'ovule imperceptible qui mûrit, se déclare à la fois le produit, l'adversaire, le facteur de déséquilibre, et bientôt le maître de tout le système vivant. L'injonction de survivre lutte et s'élève contre l'importance du vivre. Les sensations indéfinissables qu'un germe incomplet excite modifient à *distance* toute la nature mentale. Elle est prête à donner une valeur infinie dont elle a accumulé toute la puissance à l'aventure qui doit être. La *vénus* tient la *psyché* en état.

Phèdre est dans l'âge de cette puberté seconde dont elle porte toute l'étrangeté et tout l'ennui.

*

Tout ce que je viens de dire peut passer pour une préparation à entendre pleinement cette épithète très digne de remarque qui s'inscrit dans le vers fameux :

C'est Vénus tout entière...

Ce sera donc bien Vénus la coupable, et Vénus *tout entière*. Comment traduire ce nom *Vénus* en langage non allégorique, et comment interpréter ce *tout entière*, où je vois une expression admirable, si parfaitement venue que j'hésite à m'y appesantir ? Mais Racine pouvait se contenter de cette perfection et procéder aussitôt, cependant que les mots cités éveillent à présent plus d'une idée que son temps ne formait pas distinctement encore. Nous pouvons aujourd'hui y découvrir plus de richesse et de profondeur que l'auteur ne pensait y mettre, et observer qu'il y a du pressentiment dans ces termes. Ceci est dû à la physiologie de la question, dans laquelle je n'entrerai pas, faute de science ; mais je crois avoir fait soupçonner le développement qu'un plus docte que moi en tirerait, et je me bornerai au peu que je puis en dire, d'assez loin.

*

Phèdre dans cette phase instable que j'ai décrite, toutes les conditions d'un orage nerveux sont assemblées. Tout à coup l'événement se produit. Quelqu'un paraît, qui paraît aussitôt celui-là qui devait paraître. Pourquoi pas quelque autre ? On peut toujours douter si quelque autre capitaine de belle mine n'eût pas tout aussi bien déterminé la décision ? Mais ce fut Hippolyte. Il attire sur soi toute la charge du désir qui pesait sur l'âme inquiète. Tout, dans l'instant, se fait tout autre, et en elle ; et autour d'elle. Le jour change de couleur ; le cours même du temps cesse d'être uniforme. Toutes les régularités de l'organisme sont touchées. Le cœur, le souffle sont pris : un regard, un retard, un soupçon, un pas, une ombre les hâte ou les suspend. Les actes essentiels de l'existence ont trouvé leur maître, qui est un

fantôme, un souci. Il s'installe des superstitions
inouïes. La plus grande attention, les plus étonnantes négligences, les plus folles créations se produisent, et il y a des heures, des jours de stupeur
sans pensée déclarée, mais avec un arrêt de l'esprit
semblable à l'immobilité du blessé qui attend une
immense douleur du moindre mouvement. Tous ces
vains ornements, ces voiles qui pèsent tant à la reine
ne font sentir leur poids qu'à une femme déjà écra-
sée par l'amour. Toute sa vie est comme réorganisée par une idée anxieuse fondamentale, toutes les
valeurs sont à la merci d'un caprice étranger, subordonnées à la valeur infinie qui s'est attachée à un
Autre, à la promesse qu'il parut être. Que si la résistance et le refus répondent à ce don total où l'être
entier s'est engagé et a compromis déjà ses équilibres organiques, psychiques et sociaux, alors tout
le miel de la promesse de délices extrêmes, tout le
suc d'espérance d'amour dont les puissances surex-
citaient la vitalité profonde, tourne en poison d'une
violence incomparable. Il n'est rien que n'attaque,
ne ronge, ne désagrège cette essence de haine et de
fureur, tout ce qui constitue l'établissement de l'être
dans sa vie est atteint : échanges vitaux, fonctions
naturelles, habitudes, lois morales ou civiles... *C'est
Vénus tout entière à sa proie attachée.* Vénus s'y attacha d'abord avec cet effet premier que le goût de
vivre, la volonté de jouissance exaltée au plus haut
point dussent transfigurer l'amoureuse, et son désir
de plus en plus ardent tendre dans sa substance
même à la rendre de plus en plus désirable. Phèdre,
belle par soi, mais belle avant l'amour, comme
toutes les belles, atteint à la splendeur de sa beauté
au moment qu'elle déclare sa passion. Je dis *splendeur*, car le feu d'une action décisive brille sur son
visage, brûle dans ses regards, anime toute sa forme.

Mais ensuite, ce front de déesse s'altère : l'expression pathétique l'envahit. Ce front se charge, et ces yeux s'obscurcissent. La douleur, la rupture de l'âme improvisent une tout autre, une affreuse beauté : les narines se pincent, le masque se déforme et devient celui d'une Furie... Vénus enfin abandonne sa proie. Le venin de l'amour a fait son office. Une femme a parcouru les états successifs de la passion ; elle n'a plus rien à faire en ce monde. Un peu d'un autre poison, le vulgaire produit d'une officine, l'enverra au plus tôt s'expliquer aux Enfers.

*

Quant au langage, que dire de cette œuvre qui ne soit ou tellement sensible ou si souvent et si bien déjà dit qu'il ne soit vain de faire lire ? Je ne louerai pas, tout le monde l'a fait, cette forme qui accomplit la synthèse de l'art et du naturel, semble ignorer ses chaînes prosodiques dont elle se crée, au contraire, un ornement, et comme une draperie sur le nu de la pensée. Toute la discipline de notre grand vers ici conserve et développe une liberté de qualité supérieure, imprime au discours une facilité dont il faut quelque réflexion pour concevoir la science et le travail de transmutations qu'elle a dû coûter. J'oserai conter ce qui m'advint naguère et qui se raccorde tout uniment dans mon esprit à ce que je viens d'écrire. J'espère qu'on ne verra pas de la vanité dans cet aveu. Il y a peu d'années, j'ai composé le livret d'une cantate, et l'ai dû faire assez vite, en alexandrins. J'ai laissé ce travail, un jour, pour me rendre à l'Académie, et, la tête encore occupée du mouvement d'une période, me suis trouvé distraitement arrêté devant une vitrine du quai où était exposée une belle page de vers, en grand format et beaux caractères. Il se fit alors un singulier échange entre moi-même et ce morceau de noble architecture. J'eus l'impression d'être encore devant mon ébauche, et je me mis inconsciemment, pendant une longue fraction de minute, à essayer, sur le texte affiché, des changements de termes... J'étais comme un sculpteur qui mettrait ses mains sur un marbre, rêvant qu'il remaniât une terre encore humide et molle.

Mais le texte ne se laissait pas ressaisir. *Phèdre* me résistait. Je connus par expérience directe et sensation immédiate ce que c'est que la perfection d'un ouvrage. Ce ne fut pas un bon réveil.

La tentation de (saint) Flaubert

J'avoue un faible pour la *Tentation de saint Antoine*.

Pourquoi ne pas déclarer tout d'abord que ni *Salammbô*, ni la *Bovary* ne m'ont jamais séduit, l'une à son imagerie érudite, atroce et somptueuse, l'autre à sa «vérité» de médiocrité minutieusement reconstituée?

Flaubert, avec son temps, croyait à la valeur du «document historique» et à l'observation du présent toute crue. Mais c'étaient là de vaines idoles. Le seul réel dans l'art, c'est l'art.

Le plus honnête homme du monde, et le plus respectable des artistes, mais sans trop de grâce ni de profondeur dans l'esprit, Flaubert fut sans défense contre la formule si simple que propose le Réalisme et contre l'autorité naïve qui veut se fonder sur d'immenses lectures et la «critique des textes».

Ce Réalisme à la mode de 1850 distinguait fort mal entre l'observation précise à la manière des savants et la constatation brute et sans choix des choses, selon la vision commune; il les confondait, et sa politique les opposait identiquement à la passion d'embellir et d'exagérer qu'il dénonçait et

condamnait dans le Romantisme. Mais l'observation «scientifique» exige des opérations définies
qui puissent transformer les phénomènes en produits intellectuels utilisables : il s'agit de changer
les choses en nombres et les nombres en lois. La
Littérature, au contraire, qui vise à des effets immédiats et instantanés, veut un tout autre «vrai», un
vrai pour tous, qui ne peut donc s'éloigner de la
vision de tous, de ce que sait exprimer le langage
ordinaire. Mais le langage ordinaire est dans la
bouche de tous et la vision commune des choses est
sans valeur, comme l'air que tous respirent, cependant que l'ambition essentielle de l'écrivain est
nécessairement de se distinguer. Cette opposition
entre le dogme même du Réalisme — l'attention au
banal — et la volonté d'exister en tant qu'exception
et personnalité précieuse eut pour effet d'exciter
les réalistes au soin et aux recherches du style. Ils
créèrent le style artiste. Ils employèrent à décrire
les objets les plus ordinaires, parfois les plus vils,
des raffinements, des égards, un travail, une vertu
assez admirables ; mais sans s'apercevoir qu'ils
entreprenaient par là hors de leur principe, et
qu'ils inventaient un autre «vrai», une vérité de
leur fabrication, toute fantastique. Ils plaçaient, en
effet, des personnages des plus vulgaires, incapables
de s'intéresser aux couleurs, de jouir des formes des
choses, dans des milieux dont la description avait
exigé un œil de peintre, une émotivité d'individu
sensible à tout ce qui échappe à un homme quelconque. Ces paysans, ces petits bourgeois vivaient
donc et s'agitaient dans un monde qu'ils étaient
aussi incapables de voir que l'est l'illettré de déchiffrer une écriture. S'ils parlaient, leurs niaiseries
et leurs propos clichés s'inséraient dans le système
étudié d'un langage rare, rythmé, pesé, mot par

mot, et qui sentait ce respect de lui-même et ce souci d'être remarqué. Le Réalisme aboutissait curieusement à donner l'impression de l'artifice le plus voulu.

Une de ses applications les plus déconcertantes est celle à laquelle j'ai fait allusion tout à l'heure et qui consiste à prendre pour «réalité» les données que nous offrent les «documents historiques» sur quelque époque plus ou moins lointaine, et à tenter de construire sur cette base d'écritures une œuvre qui donnât la sensation du «vrai» de ce temps-là. Rien ne m'est plus pénible que de me figurer la quantité de travail dépensée à bâtir un conte sur le fondement illusoire d'une érudition toujours plus vaine que toute fantaisie. Toute fantaisie pure prend sa source dans ce qu'il y a de plus authentique au monde, le désir de se plaire, et trouve sa voie dans les dispositions cachées des diverses sensibilités qui nous composent. On n'invente que ce qui s'invente et veut être inventé. Mais les produits forcés de l'érudition sont nécessairement impurs, puisque le hasard qui donne ou refuse les textes, la conjecture qui les interprète, la traduction qui les trahit, se mêlent à l'intention, aux intérêts, aux passions de l'érudit, sans parler de celles du chroniqueur, du scribe, de l'évangéliste ou des copistes. Ce genre de production est le paradis des intermédiaires…

Voilà ce qui pèse sur *Salammbô*, et me pèse à sa lecture. J'ai beaucoup plus de plaisir à lire des contes d'antiquité fabuleuse toute libre, comme *La Princesse de Babylone*, ou bien l'*Akédysseril* de Villiers, livres qui ne font pas songer à d'autres livres.

(Ce que j'ai dit du vrai dans les Lettres peut se penser aussi bien à propos de ces ouvrages qui prétendent à une «vérité» dans l'observation intérieure. Stendhal se flattait de connaître le cœur humain, c'est-à-dire de ne pas l'inventer. Mais ce qui nous intéresse en lui ce sont, au contraire, les produits de Stendhal. Quant à les faire entrer dans une connaissance organique de l'homme en général, cette intention supposerait ou une exigence bien modeste relativement à ce savoir, ou une confusion analogue à celle que l'on ferait entre la jouissance actuelle que procure un mets délicieux, préparation d'une exquise cuisine, et l'acquisition définitive que constitue une exacte et impersonnelle analyse chimique.)

Il n'est pas impossible que le soupçon des difficultés qu'entraîne la volonté de réalisme dans l'art, et des contradictions qui se développent dès qu'il se fait impératif, ait favorisé dans l'esprit de Flaubert l'idée d'écrire une *Tentation de saint Antoine*. Cette «Tentation» — tentation de toute sa vie — lui était comme un antidote intime opposé à l'ennui (qu'il confesse) d'écrire ses romans de mœurs modernes et d'élever des monuments stylistiques à la platitude provinciale et bourgeoise.

Un autre aiguillon put le presser. Je ne songe pas au tableau de Breughel qu'il vit au palais Balbi, à Gènes, en 1845. Cette peinture naïve et compliquée, combinaison de détails monstrueux — démons cornus, bêtes hideuses, dames trop tendres, toute cette imagination superficielle et parfois amusante — lui éveilla peut-être une envie de diableries, de descriptions d'êtres impossibles : de péchés incarnés, de toutes les formations aberrantes de la peur, du désir, du remords ; mais l'impulsion même qui lui fit concevoir et aborder l'ouvrage me paraît plutôt avoir été excitée par la lecture du *Faust* de Goethe. Entre *Faust* et la *Tentation*, il y a similitude d'origines et parenté évidente des sujets : origine populaire et première, existence foraine des deux légendes, qui pourraient se disposer en «pendants», sous l'exergue commun : l'homme et le diable. Dans la *Tentation*, le diable s'attaque à la foi du solitaire dont il sature les nuits de visions désespérantes, de doctrines et de croyances contradictoires, de corruptrices et luxurieuses promesses. Mais Faust a déjà tout lu, tout connu, déjà brûlé tout ce qui peut s'adorer. Il a épuisé par lui-même ce que le Démon propose ou démontre par images à Antoine, et il ne reste d'abord que l'amour le plus juvénile qui puisse le séduire (ce que je trouve assez surprenant). Il en arrive enfin à se donner, comme prétexte extrême du désir de vivre, une sorte de passion esthétique, une soif suprême du Beau, une fois que le néant de la puissance politique et de l'illusionnisme de la finance lui a été révélé par l'expérience méphistophélique qu'il en a faite. Faust en est à chercher ce qui pourrait bien le tenter ; Antoine voudrait bien ne pas être tenté.

Flaubert me semble n'avoir fait qu'entrevoir ce que le sujet de la *Tentation* offrait de motifs, de prétextes et de chances à une œuvre véritablement supérieure. Rien que ses scrupules d'exactitude et de références montrent ce qui lui manquait d'esprit décisionnaire et de volonté de composition pour la conduite de la fabrication d'une machine littéraire à grande puissance.

Trop de souci d'émerveiller, par la multiplicité des épisodes, des apparitions et des changements à

vue, des thèses, des voix diverses, engendre chez le
lecteur une sensation croissante d'être la proie d'une
bibliothèque soudain vertigineusement déchaînée,
dont tous les tomes eussent vociféré leurs millions
de mots en même temps, et tous les cartons en
révolte vomi leurs estampes et leurs dessins à la fois.
« Il a trop lu », se dit-on de l'auteur, comme l'on dit
d'un homme saoul qu'il a trop bu.

Mais Goethe, dans *Eckermann*, parlant de sa
« Nuit de Valpurgis », dit ceci :
« Un nombre infini de figures mythologiques se
pressent pour y entrer ; mais je prends garde à moi.
Et je n'accepte que celles qui présentent aux yeux
les images que je cherche. »

Cette sagesse n'apparaît pas dans la *Tentation*.
Flaubert fut toujours hanté par le Démon de la
connaissance encyclopédique, dont il a essayé de
s'exorciser en écrivant *Bouvard et Pécuchet*. Il ne lui
a pas suffi, pour alimenter Antoine de prestiges,
de feuilleter les gros recueils de seconde main, les
épais dictionnaires du genre Bayle, Moreri, Trévoux
et consorts ; il a exploré le plus de textes originaux
qu'il a pu consulter. Il s'est rendu positivement ivre
de fiches et de notes. Mais tout ce que lui prenait de
travail le torrent de figures et de formules qui désole
la nuit de l'anachorète, tout ce qu'il dépensait d'esprit
aux innombrables entrées de ce ballet démoniaque,
les thèmes des dieux et des déités, des hérésiarques,
des monstres allégoriques, il le retirait ou refusait
au héros lui-même, qui demeure une pauvre et
piteuse victime, au centre de l'infernal tourbillon de
phantasmes et d'erreurs.
Antoine, il faut en convenir, existe peu.
Ses réactions sont d'une déconcertante faiblesse.

On s'étonne qu'il ne soit ni plus séduit, ni plus ébloui ; ni plus irrité ou indigné par ce qu'il voit et entend ; qu'il ne trouve ni invectives, ni railleries, ni même d'oraison violemment éjaculée à proférer contre l'immonde mascarade et le flux des fort belles phrases révoltantes ou blasphématoires qui le persécutent. Il est mortellement passif ; il ne cède ni ne résiste ; il attend la fin du cauchemar, pendant lequel il n'aura su que s'exclamer assez médiocrement, de temps à autre. Ses répliques sont des défaites, et l'on a constamment, comme la reine de Saba, une furieuse envie de le pincer.

(Peut-être est-il ainsi plus « vrai », c'est-à-dire plus semblable à la plupart des hommes ? Ne vivons-nous pas un rêve assez effroyable et tout absurde, et que faisons-nous ?)

Flaubert a été comme enivré par l'accessoire aux dépens du principal. Il a subi le divertissement des décors, des contrastes, des précisions « amusantes » de détails, cueillis çà et là dans des livres peu ou mal fréquentés : donc, Antoine lui-même (mais un Antoine qui succombe), il a perdu son âme — je veux dire l'âme de son sujet, qui était la vocation de ce sujet à devenir chef-d'œuvre. Il a manqué l'un des plus beaux drames possibles, un ouvrage du premier ordre qui demandait à être. En ne s'inquiétant pas sur toute chose d'animer puissamment son héros, il a négligé la substance même de son thème : il n'a pas entendu l'appel à la profondeur. De quoi s'agissait-il ? De rien de moins que de figurer ce qu'on pourrait nommer la physiologie de la tentation, toute cette mécanique essentielle dans laquelle les couleurs, les saveurs, le chaud et le froid, le silence et le bruit, le vrai et le faux, le bien

et le mal jouent le rôle de forces et s'établissent en
nous en forme d'antagonismes toujours imminents.
Il est clair que toute «tentation» résulte de l'action
de la vue ou de l'idée de quelque chose qui éveille
en nous la sensation qu'elle nous manquait. Elle
crée un besoin qui n'était pas ou qui dormait, et
voici que nous sommes modifiés sur un point, sollicités dans une de nos facultés, et tout le reste de
notre être est entraîné par cette partie surexcitée.
Dans Breughel, le cou du gourmand s'allonge,
s'étire vers la pâtée que ses yeux fixent, que ses
narines hument, et l'on pressent que toute la masse
du corps va joindre la tête, qui aura joint l'objet du
regard. Dans la nature, la racine pousse vers l'humide, la sommité vers le soleil, et la plante se fait
de déséquilibre en déséquilibre, de convoitise en
convoitise. L'amibe se déforme vers sa minuscule
proie, obéit à ce qu'il va trans-substantifier, puis se
hale à son pseudopode aventuré et s'y rassemble.
Ce mécanisme est celui de toute la nature vive; le
Diable, hélas! est la nature même, et la tentation
est la condition la plus évidente, la plus constante,
la plus inéluctable de toute vie. Vivre est à chaque
instant manquer de quelque chose — se modifier
pour l'atteindre — et, par là, tendre à se replacer
dans l'état de manquer de quelque chose. Nous
vivons de l'instable, par l'instable, dans l'instable:
c'est toute l'affaire de la Sensibilité, qui est le ressort diabolique de la vie des êtres organisés. Quoi
de plus extraordinaire à essayer de concevoir, et
que peut-il y avoir de plus «poétique» à mettre en
œuvre que cette puissance irréductible qui est tout
pour chacun de nous, qui coïncide exactement avec
nous-mêmes, qui nous meut, qui nous parle et se
parle en nous, qui se fait plaisir, douleur, besoin,
dégoût, espoir, force ou faiblesse, dispose des

valeurs, nous rend anges ou bêtes, selon l'heure ou le jour ? Je songe à la variété, aux intensités, à la versatilité de notre substance sensible, à ses infinies ressources virtuelles, à ses innombrables relais, par les jeux desquels elle se divise contre elle-même, se trompe elle-même, multiplie ses formes de désir ou de refus, se fait intelligence, langage, symbolismes, qu'elle développe et combine pour en composer d'étranges mondes abstraits. Je ne doute pas que Flaubert ait eu conscience de la profondeur de son sujet ; mais on dirait qu'il a eu peur d'y plonger jusqu'à ce point où tout ce qui peut s'apprendre ne compte plus... Il s'est donc égaré dans trop de livres et de mythes ; il y a perdu la pensée stratégique, je veux dire l'unité de sa composition qui ne pouvait résider que dans un Antoine dont Satan eût été l'une des âmes... Son ouvrage demeure une diversité de moments et de morceaux ; mais il en est qui sont écrits pour toujours. Tel qu'il est, je le regarde avec révérence, et je ne l'ouvre jamais que je n'y trouve des raisons d'admirer son auteur plus que lui.

Une vue de Descartes

René Descartes est né le dernier jour de mars 1596 à la Haye en Touraine. Sa maison était noble et des plus anciennes.

On y avait suivi le métier des armes jusqu'à son père, Joachim, qui se fit pourvoir d'une charge de Conseiller au Parlement de Bretagne. Sa mère mourut peu de jours après sa naissance, succombant sans doute à une affection tuberculeuse. Il héritait d'elle « une toux sèche et une couleur pâle qu'il a gardée jusqu'à l'âge de plus de vingt ans ». Les médecins le condamnaient à mourir jeune [1].

Cette fragilité le fit garder longtemps chez lui, aux soins des femmes. Mais son père veillait aussi au développement de son esprit dont il avait pressenti de bonne heure ce qu'il pourrait être. Il appelait *son Philosophe* cet enfant qui le questionnait sans cesse. Quand ce philosophe eut dix ans, l'excellent et clairvoyant Joachim Descartes, qui entendait lui faire donner la meilleure éducation possible, le mit au Collège de La Flèche qui venait d'être fondé par

---

1. Baillet, *Vie de Descartes*. 1691. Livre excellent où j'ai puisé, comme tout le monde, la plupart des faits biographiques ici retenus.

Henri IV et attribué par lui aux Jésuites auxquels le
Roi confiait le soin de former la jeunesse noble de
France. Dans tout le cours de ses Humanités, Descartes fut un élève modèle. Mais quand il passa de
l'Étude des Lettres à celles de la Logique, de la Physique et de la Métaphysique, il se trouva choqué par
l'incertitude et l'obscurité des doctrines non moins
que par la diversité étonnante des opinions : il
observait qu'il n'était rien de si étrange et de si peu
croyable qui n'ait été enseigné par quelque philosophe. Ce choc intellectuel est un événement capital
de la vie de son esprit. Il l'éprouve vers l'âge de seize
ans, âge critique où bien souvent se décide le sort de
la liberté et de la personnalité de la pensée. Toute sa
carrière peut être considérée comme l'évolution de
cette reprise de soi-même, qui devait se transformer
en réaction puissamment créatrice sous le coup
d'un second événement intérieur intervenu sept ans
après, et dont je parlerai tout à l'heure.

Dans le même temps qu'il se mettait en état de
défense contre la Philosophie, il se livra avec un zèle
et un plaisir extrêmes à l'étude des Mathématiques :
il s'étonnait pourtant que si solides et si fermes
qu'elles étaient, on n'eût rien bâti sur elles de plus
relevé que leur application aux diverses techniques
qui les utilisent. Ainsi, l'ensemble des connaissances
qu'il trouve constituées et qui lui sont transmises
par ses maîtres lui offre le contraste de l'importance
universellement accordée à une Philosophie dont
l'autorité ne compense ni la faiblesse des prémisses
ni l'extravagance des déductions, avec une science
fondée sur l'évidence et la rigueur, qui est cependant reléguée dans les emplois que lui procurent les
besoins de la pratique.

Descartes lui-même fait alors le bilan des besoins,
des désirs, des ressources propres de son esprit, en

regard d'une évaluation générale des valeurs intellectuelles offertes par son époque. *Il doit raisonner ainsi :* «On m'a fait croire dès l'enfance que je trouverais dans mes études tout ce qui est utile à savoir ; ce savoir serait d'ailleurs clair et certain. Je m'y suis mis avec ardeur. J'ai été l'élève des meilleurs maîtres de l'Europe, dans le collège le plus célèbre. J'y ai appris tout ce que l'on y enseignait, et lu, en outre, tous les livres de science que j'ai pu obtenir. Je passais, enfin, pour n'être inférieur à aucun de mes condisciples. Or, mathématiques à part, je constate que tout le reste n'est qu'amusement ou n'est absolument rien.»

*

Que faire ? Il quitte sans regret son Collège, ses livres de Lettres où il n'a trouvé que verbiage et déceptions. Il se donne à l'équitation et surtout à l'Escrime, à laquelle il s'intéresse au point d'en écrire un petit Traité. Son père, qui le destine à la profession militaire, mais qui tient à lui faire voir d'abord le «grand monde», l'envoie alors à Paris. Il y vient en fils de famille avec son valet et ses laquais, fréquente moins le grand monde que le monde où l'on s'amuse, et perd ou gagne quelques mois dans les divertissements, les parties et surtout le jeu.

Mais les plaisirs selon tout le monde cessèrent bientôt de lui faire plaisir. Il se détacha de son mieux de ses compagnons de vie facile, pour se donner de nouveaux amis et de tout autres passe-temps. Il se lia en particulier avec M. Mydorge, alors réputé le premier mathématicien de France, dans lequel «il trouvait je ne sais quoi qui lui revenait extrêmement, soit pour l'humeur, soit pour le caractère d'esprit» ; et il reprit contact avec un homme qu'il avait connu très jeune au Collège, et qui devait tenir dans sa vie une place de première importance, Martin Mersenne. Mersenne, au sortir de La Flèche, était entré en religion dans l'ordre des Minimes. Il fut pour Descartes l'ami le plus constant et le plus utile, le représentant presque officiel de sa pensée, tenant auprès de lui le rôle infiniment précieux de confident, de défenseur, d'informateur et de correspondant. Ce genre de personnage se rencontre assez souvent dans le voisinage des grands hommes. Mais le Père Mersenne doit être placé, sans doute, au premier rang de ces acolytes du génie.

Descartes a vingt et un ans. Le temps est venu pour lui d'entrer dans la carrière des armes. Il songe d'abord à rejoindre les troupes du Roi ; mais les circonstances le déterminent à aller s'instruire de la guerre sous le Prince Maurice de Nassau. Sa campagne de Hollande semble ne pas avoir été bien batailleuse ni bien pénible. Il s'y distingua surtout comme mathématicien et éblouit quelques savants de Bréda par les solutions presque immédiates qu'une méthode de son invention permettait de donner aux problèmes dont ils croyaient l'embarrasser. Il écrit entre-temps un Traité de Musique en Latin ; puis, menant en amateur et en curieux des choses humaines une vie militaire libre d'engagement, il passe en Allemagne, assiste au couronnement de l'Empereur Ferdinand, et va se joindre ensuite, en qualité de volontaire, à l'armée bavaroise qui allait opérer contre l'Électeur Palatin.

Quelques mois s'écoulèrent avant que l'on en vint aux actions de guerre. C'est pendant cette période d'attente et de négociations que se produisit en lui un travail extraordinaire de l'esprit qui fit en quelques semaines de ce jeune homme d'épée l'auteur de la révolution intellectuelle la plus auda-

cieuse et la plus énergiquement conduite qu'on ait
vue. Le second semestre de l'an 1619 et les premiers mois de 1620 doivent compter parmi les
époques du monde des idées. Descartes, ayant pris
son quartier d'hiver, se trouvait à Ulm, et c'est là,
sans doute (ou non loin de là) que s'est précipitée
dans sa pensée la résolution de se prendre soi-
même pour source et pour arbitre de toute valeur
en matière de connaissance. Nous sommes devenus
si familiers avec cette attitude que nous ne ressen-
tons guère plus l'effort et l'unité de puissance volontaire qu'il fallut pour la concevoir dans toute sa
netteté et pour la prendre une première fois. La
brusque abolition de tous les privilèges de l'autorité, la déclaration de nullité de tout l'enseignement
traditionnel, l'institution du nouveau pouvoir intérieur fondé sur l'évidence, le doute, le «bon sens»,
l'observation des faits, la construction rigoureuse
des raisonnements, ce nettoyage impitoyable de la
table du laboratoire de l'esprit, c'était là, en 1619,
un système de mesures extraordinaires qu'adoptait
et édictait dans sa solitude hivernale un garçon de
vingt-trois ans, fort de ses réflexions, sûr de leur
vertu, à laquelle il donnait et trouvait la même force
qu'au sentiment même de sa propre existence ; aussi
forte par soi et aussi sûr de soi que pût l'être, dans
sa chambre de Valence, un petit lieutenant de vingt
ans, cent soixante-dix ans plus tard. Mais Descartes
faisait à la fois sa Révolution et son Empire.

*

Tout ceci appartient à l'ordre de l'action, car la
pensée est, par essence, impuissante à se tirer de ses
propres combinaisons. Un homme qui rêve est pris
dans le groupe des transformations de son rêve, et il

n'en peut sortir que par l'intervention d'un fait
étranger et extérieur au monde du rêve. Descartes a
pu considérer l'ensemble des doctrines et des thèses
de la Philosophie antique et scolastique, et le chaos
de leurs contradictions, auxquelles il semblait que
l'on fût devenu insensible et desquelles l'enseignement s'accommodait si bien, comme un être qui
s'éveille se résume le cauchemar dont il vient de
subir le désordre, et qu'il annule d'un coup d'œil sur
les objets stables et bien terminés qui se distinguent
de lui-même et s'accordent à ses mouvements. Éga-
ler à zéro tout ce fatras dogmatique était bien une
sorte d'acte, — presque un réflexe.

Mais cette réaction si énergique, qui est le second
événement auquel j'ai fait allusion ci-dessus, fût
demeurée sans doute un épisode personnel sans
plus de conséquences que la première, si elle ne se
fût accompagnée (sourdement sollicitée, ou exigée,
peut-être) par la formation du projet d'une Science
admirable, dont l'idée lui apparut le 10 novembre
1619, dans une telle lumière qu'il put à peine en
supporter l'éclat.

Ce moment créateur avait été précédé d'un état
de concentration et d'agitations violentes. «*Il se
fatigua de telle sorte*, dit Baillet, *que le feu lui prit au
cerveau, et qu'il tomba dans une espèce d'enthousiasme, qui disposa de telle manière son esprit déjà
abattu, qu'il le mit en état de recevoir les impressions
des songes et des visions.*» S'étant couché, il fit trois
songes dont il nous a laissé le récit. Il nous apprend
même que le Génie qui le possédait lui avait prédit
ces songes, et que *l'esprit humain n'y avait aucune
part*. Il fut tellement frappé de tout ceci qu'il entra
en prières et fit un vœu de pèlerinage «pour recommander cette affaire, qu'il jugeait *la plus importante de sa vie, à la Sainte Vierge*».

*

L'ensemble de ce jour du 10 novembre et de la nuit qui le suivit constitue un drame intellectuel extraordinaire. Je suppose que Descartes ne nous a pas abusés et que le rapport qu'il nous a fait est aussi vrai que peut l'être un souvenir comportant des songes ; nous n'avons aucune raison de douter de sa sincérité. Je connais plusieurs autres exemples de ces illuminations de l'esprit, succédant à de longues luttes intérieures, à des tourments analogues aux douleurs de l'enfantement. Tout à coup la vérité de quelqu'un se fait et brille en lui. La comparaison lumineuse s'impose, car rien ne donne une image plus juste de ce phénomène intime que l'intervention de la lumière dans un milieu obscur où l'on ne pouvait se mouvoir qu'à tâtons. Avec la lumière apparaît la marche en ligne droite et la relation immédiate des coordinations de la marche avec le désir et le but. Le mouvement devient une fonction de son objet. Dans les cas dont je parlais, comme dans celui de Descartes, c'est toute une vie qui s'éclaire, dont tous les actes seront désormais ordonnés à l'œuvre qui sera leur but. La ligne droite est jalonnée. Une intelligence a découvert ou a projeté ce pour quoi elle était faite : elle a formé, une fois pour toutes, le modèle de tout son exercice futur.

Il ne faut pas confondre, je crois, ces coups d'État intellectuels avec les conversions dans l'ordre de la foi qui leur ressemblent d'assez près par les tourments préliminaires et par la déclaration subite du « nouvel homme ». Je trouve, en effet, une différence assez remarquable entre ces modes de transformation transcendante. Tandis que dans l'ordre mystique, la modification peut se produire à tout âge,

elle semble dans l'ordre intellectuel avoir lieu généralement entre dix-neuf et vingt-quatre ans : il en fut
ainsi, du moins, dans les quelques « espèces » de moi
connues.

*

Mais le cas Descartes est peut-être le plus étrange
qui se puisse imaginer. Revenons sur les événements du 10 novembre 1619. Ils sont précédés
par une période d'attention et d'excitation intense
pendant laquelle la lumière et la certitude se déclarent, le projet merveilleux (*mirabilis scientiæ fun-
damenta*) éblouit son auteur. Ivre de fatigue et
d'enthousiasme, il se couche, et fait trois songes. Il
les attribue à un Génie « un Daîmon » qui aurait
créé en lui. Enfin, il recourt à Dieu et à la Sainte
Vierge, implorant leur assistance pour être rassuré
sur la valeur de sa découverte. Mais quelle est cette
découverte ? C'est ici le plus étonnant de cet épisode. Il demande au Ciel d'être confirmé dans son
idée d'une méthode pour bien conduire sa *raison*,
et cette méthode implique une croyance et une
confiance fondamentales *en soi-même*, conditions
nécessaires pour détruire la confiance et la croyance
en l'autorité des doctrines transmises. Je ne dis
point qu'il y ait là contradiction ; mais il y a certainement un contraste psychologique des plus sensibles entre ces états successifs si rapprochés. C'est
ce contraste même qui rend le récit poignant,
vivant et vraisemblable. Je ne sais rien de plus véritablement poétique à concevoir que cette modulation extraordinaire qui fait parcourir à un être,
dans l'espace de quelques heures, les degrés inconnus de toute sa puissance nerveuse et spirituelle,
depuis la tension de ses facultés d'analyse, de cri-

tique et de construction, jusqu'à l'enivrement de la victoire, à l'explosion de l'orgueil d'avoir trouvé ; puis, *au doute* (car le gain est si beau qu'il semble impossible qu'on l'ait en mains : on doit se faire illusion sur sa réalité) ; enfin, après tant de foi en soi-même, un recours à la foi que l'on a reçue de l'Église et de la grâce.

*

Je ne suis point philosophe, et je n'ose écrire sur Descartes, sur lequel on a tant travaillé, que des impressions toutes premières, mais c'est là ce qui me permet de trouver à la méditation de ces instants si précieux et si dramatiques, un intérêt plus réel et une importance *actuelle*, ou plutôt d'éternelle actualité, plus grande, que je n'en sais trouver à l'examen et à la discussion de la Métaphysique cartésienne. Celle-ci, comme beaucoup d'autres, n'a plus et ne peut plus avoir qu'une signification historique, c'est-à-dire que nous sommes obligés de lui prêter ce qu'elle ne possède plus, de faire semblant d'ignorer des choses que nous savons et qui furent acquises depuis, de céder passagèrement un peu de notre chaleur à des disputes définitivement refroidies, — en un mot, de faire effort de simulation, sans espoir de vérification finale, pour reconstituer artificiellement les conditions de production d'un certain système de formules et de raisonnement constitué, il y a trois cents ans, dans un monde prodigieusement différent du nôtre, que les propres effets de ce même système ont grandement contribué à nous rendre de plus en plus étranger.

*

Mais tout système est une entreprise de l'esprit contre lui-même. Une œuvre exprime non *l'être* d'un auteur, mais sa *volonté de paraître*, qui choisit, ordonne, accorde, masque, exagère. C'est-à-dire qu'une intention particulière traite et travaille l'ensemble des accidents, des jeux du hasard mental, des produits d'attention et de durée consciente, qui composent l'activité réelle de la pensée ; mais celle-ci ne veut pas paraître ce qu'elle est : elle veut que ce désordre d'incidents et d'actes virtuels ne compte pas, que ses contradictions, ses méprises, ses différences de lucidité et de sentiments soient résorbées. Il en résulte que la restitution d'un être pensant uniquement fondée sur l'examen des textes conduit à l'invention de monstres, d'autant plus incapables de vie que l'étude a été plus soigneusement et rigoureusement élaborée, qu'il a fallu opérer des conciliations d'opinions qui ne se sont jamais produites dans l'esprit de l'auteur, expliquer des obscurités qu'il supportait en lui, interpréter des termes dont les résonances étaient des singularités de cet esprit, impénétrables à lui-même. En somme, le système d'un Descartes n'est Descartes même que comme manifestation de son ambition essentielle et de son mode de la satisfaire. Mais en soi, il est une représentation du monde et de la connaissance qui ne pouvait absolument que vieillir comme vieillit une carte géographique. Au contraire, ni la passion de comprendre et de se soumettre par une voie toute nouvelle les mystères de la nature, ni l'étrange combinaison de l'orgueil intellectuel le plus décisionnaire et le plus convaincu de son autonomie avec les sentiments de la plus sincère dévotion, ni la quasi-coexistence ou la succession immédiate d'un état qui veut ne reconnaître que la raison et d'un état qui donne la plus grande importance à des songes, ne peuvent jamais perdre tout l'intérêt qu'excite la vie mentale même, — je veux dire cette fluctuation qui ne tend qu'à conserver le possible, et qui s'y efforce, à chaque instant, par tous moyens.

Quoi de plus saisissant que de voir le Protée intérieur passer de la rigueur au délire, demander à la prière l'énergie de persévérer dans la voie des constructions rationnelles, aux personnes divines de le soutenir dans l'entreprise la plus orgueilleuse, et vouloir enfin que des rêves excessivement obscurs lui soient des témoignages en faveur de son système des idées claires? C'est là le trait le plus frappant de la personnalité forte et complète de Descartes, et ce trait le distingue de la plupart des autres philosophes : il n'en est pas dont le caractère, c'est-à-dire la réaction de l'homme tout entier, paraisse plus énergiquement dans la production spéculative. Toute sa philosophie, — et j'oserai presque dire sa science, sa géométrie comme sa physique, — avoue, suppose explicitement et utilise son Moi. J'y reviendrai. Mais comment ne pas observer dès maintenant que le texte fondamental, le *Discours de la Méthode*, est un monologue dans lequel les passions, les notions, les expériences de la vie, les ambitions, les réserves pratiques du héros sont de la même voix indistinctement exprimées? On ne peut s'empêcher, en replaçant ce texte mémorable dans l'atmosphère spirituelle de son époque, de remarquer que cette époque fait suite à celle de Montaigne, que les monologues de celui-ci n'ont pas été ignorés du Prince Hamlet, qu'il y avait du doute dans l'air de ce temps tout remué de controverses, et que ce doute, réfléchi dans une certaine tête à tendances et habitudes mathématiques avait des chances de prendre forme de système, et enfin de trouver sa limite dans la constatation de l'acte même qui l'exprime.

Je doute, donc j'ai cette certitude, au moins, que je doute.

*

Pour le reste de la biographie de Descartes, je prie le lecteur de se reporter aux ouvrages qui en traitent spécialement, et auxquels je ne saurais qu'emprunter. J'essaie de faire à ma manière un croquis de son personnage intellectuel. Si je l'ai pris à ses premières années, c'est que l'état naissant de l'homme de l'esprit, c'est-à-dire l'âge où l'adolescent se fait homme, est celui des ambitions qui se fixent, des perspectives qui se dessinent. On y sent le plus vivement ce qui doit devenir la qualité maîtresse qu'on pourra manifester et que l'on devra développer, utiliser le plus possible. Or, *en toute matière*, Descartes se sent géomètre dans l'âme. La géométrie lui est un modèle. Elle lui est aussi le plus intime excitant de la pensée, — et non seulement de la pensée, mais de la volonté de puissance. Il y a chez les géomètres-nés, et que l'on observe dans leur jeunesse, un orgueil étonnamment simple, sincère et le moins déguisé du monde, qui résulte naturellement d'une supériorité qu'ils ont éprouvé posséder dans l'art de comprendre et de résoudre quantité de questions auxquelles la plupart des gens exercent en vain leur esprit. Le sentiment d'une supériorité de cette espèce est à l'origine de la décision du jeune Descartes de s'élever au-dessus de tout ce qui pensait à son époque, et de voir plus avant qu'aucun d'eux dans l'avenir de la connaissance. Il dit lui-même: «Ce que je donne... touchant la nature et les propriétés des lignes courbes... est, ce me semble, autant au-delà de la géométrie ordinaire que la rhétorique de

Cicéron est au-delà de l'A.B.C. des enfants.» Il conçoit de très bonne heure la possibilité d'une invention qui permettra de traiter systématiquement *tous* les problèmes de la géométrie en les réduisant à des problèmes d'algèbre, ce qui est chose faite si l'on trouve le moyen de faire correspondre les opérations de géométrie aux opérations d'arithmétique. Il le trouve. Par la correspondance réciproque qu'il établit entre les nombres et les figures, il délivre la recherche de l'obligation de soutenir l'image et de s'y reporter pendant que l'esprit procède par le discours logique. Il enseigne à écrire les relations géométriques dans un langage homogène, entièrement composé de relations entre grandeurs, qui offre à l'exécutant non seulement le tableau le plus précis de la question proposée, mais encore la perspective des développements qu'elle peut recevoir. Il introduit l'idée admirable de déduire les solutions de la supposition du problème résolu. «On doit, dit-il, parcourir la difficulté sans considérer aucune différence entre ces lignes connues et inconnues», et il donne l'artifice très simple qui réalise cette idée et qui permet de construire par la combinaison indistinctement formée de quantités connues et inconnues, la machine dont le fonctionnement tirera de sa structure même tout ce qu'on peut savoir d'un système de données.

Sans doute, la Géométrie de Descartes présente au lecteur moderne un aspect bien différent de celui d'un Traité de Géométrie analytique de notre temps. Mais la voie y est ouverte, le principe établi, qui ne cesse, depuis trois siècles, de «permettre la solution d'un nombre illimité de problèmes» et d'en suggérer une infinité auxquels on n'aurait jamais songé. De plus, l'invention cartésienne constituait un excitant et un instrument si puissant de la pensée qu'elle ne pouvait demeurer restreinte à s'employer dans le domaine des mathématiques pures. Elle conquit bientôt la mécanique, puis la physique ; et, en intime liaison avec le calcul infinitésimal, est devenue aussi indispensable à nos représentations du monde que l'est, par exemple, la numération décimale. C'est un spectacle intellectuel assez fantastique que ce développement extraordinaire peut offrir à l'esprit. On voit les «quelques lignes droites» «mues l'une par l'autre» que Descartes utilise comme organe universel de relation métrique, devenir le système d'axes de coordonnées où tantôt le phénomène lui-même comme la trajectoire d'un mobile, tantôt la loi du phénomène, vient se représenter ; puis, ce système s'enrichir par l'adjonction d'une variable de plus, qui est le temps ; enfin, subir une modification prodigieuse qu'exige la théorie relativiste, et qui substitue aux droites de Descartes le *n-uple* ondoyant des coordonnées curvilignes de Gauss, et le continu non-euclidien à son espace à trois dimensions.

Ce n'est pas tout. La représentation cartésienne de toutes sortes de variations mesurables a pris une importance toujours plus grande dans la pratique. Qu'il s'agisse des cours de la Bourse, de la température dans une maladie fébrile, de la répartition des observations statistiques, des fluctuations météorologiques, etc., la traduction des chiffres relevés en figures de courbe qui permet d'apprécier d'un coup d'œil la marche d'une transformation est devenue familière et presque indispensable à un état d'organisation du monde humain ou la prévision rapide est exigée par la complication extrême de l'organisme social. Descartes est certainement l'un des hommes les plus responsables de l'allure et de la physionomie de l'ère moderne, que l'on peut trouver particulièrement caractérisée par ce que je

nommerai la «quantification de la vie». La substitution du nombre à la figure, le fait de soumettre toute
connaissance à une comparaison de grandeurs, et la
dépréciation qui s'ensuivait de *toutes celles qui ne
peuvent se traduire en relations arithmétiques* a été
de la plus grande conséquence en tous domaines.
D'un côté, tout le mesurable ; de l'autre, tout ce qui
échappe à la métrique. Il suffit d'observer une journée de notre existence pour concevoir comme elle
est divisée, évaluée, commandée, préordonnée par
les indications ou mentions de quelques appareils
de mesure.

*

Ainsi notre Descartes se trouve à vingt-trois ans
merveilleusement sûr de son pouvoir mathématique, et, convaincu de la puissance de la méthode
par ses grands succès en géométrie, il «*se promet de
l'appliquer aussi utilement aux difficultés des autres
sciences qu'il l'avait fait à celles de l'algèbre*». Rien
ne lui paraît dans la connaissance ne pouvoir être
élucidé, conquis, transformé en savoir utilisable et
solide par l'admirable science de cette méthode qui
l'enivre. Une méthode n'est pas une doctrine : elle
est un système d'opérations qui fasse mieux que l'esprit livré à lui-même le travail de l'esprit. Ce sont
donc nécessairement des opérations quasi matérielles, c'est-à-dire que l'on peut concevoir, sinon
réaliser, au moyen d'un mécanisme. Une doctrine
peut prétendre nous enseigner quelque chose dont
nous ne savions absolument rien ; cependant qu'une
méthode ne se flatte que d'opérer des transformations, sur ce dont nous savons déjà quelque partie pour en extraire ou en composer tout ce que
nous pouvons en savoir. C'est là ce que Descartes

exprime quand il écrit : «*qu'un enfant instruit en arithmétique, ayant fait une addition suivant ces règles, se peut assurer d'avoir trouvé, touchant la somme qu'il examinait, tout ce que l'esprit humain saurait trouver*». Cet enfant s'est donc fait une machine à transformer plusieurs nombres en un seul, et le plus grand savant du monde n'en pourrait faire davantage, car une machine, en principe et par définition, en vaut une autre de même structure. Mais les objets de l'arithmétique ou de la géométrie sont simples auprès de tous les autres qu'on peut se proposer d'examiner, et même les plus simples possibles, puisqu'ils se résolvent en actes des plus simples : le nombre, en l'acte de compter ; une ligne, en l'acte de tracer.

*

C'est ici que se place le moment métaphysique de Descartes, et sa résolution d'entreprendre sa grande aventure intellectuelle puisqu'il ne veut pas se réduire à n'être que le premier géomètre de son temps.

Il ne s'agit de rien de moins que de se faire un *regard sur toutes choses*, qui les rende propres à être traitées selon la méthode, et telles qu'on en puisse raisonner, aussi sûrement et hardiment qu'un géomètre peut le faire, une fois ses définitions bien terminées, ses axiomes et postulats bien isolés et énoncés, et donc, les voies d'une vérité comme préétablies ouvertes devant lui. Les êtres et les actes mathématiques n'ont besoin pour vivre dans l'esprit et s'y développer «à l'infini» que de quelques conventions que l'on peut toujours tenir pour aussi arbitraires, et par là, aussi inattaquables que les règles d'un jeu. Ici, la méthode crée son objet et se confond avec lui.

Mais l'ensemble des choses et des existences données, mais l'univers de la perception, le monde physique, le monde vivant, l'homme, le monde moral! C'est là une matière dont la diversité et la complexité opposent à l'intellect et à sa volonté de représentation et de domination par des symboles l'obstacle invincible du réel: l'indivisible et l'indéfinissable. La science y puise des pouvoirs d'action qu'elle retourne contre lui; mais l'esprit ne peut se tirer de la relation réciproque qu'il finit toujours par constater entre ce qu'il peut connaître et ce qu'il est.

Cependant l'idée de créer et d'imposer à tout ce qui est du domaine de la connaissance un traitement uniforme et méthodique qui fasse de toute question une sorte de figure particulière de l'espace intelligible, comme l'invention de la correspondance entre les lignes et les nombres transforme toute courbe en propriété particulière de l'espace de la géométrie, inspire toute la vie pensante de Descartes. Il n'est pas le seul qui ait rêvé de tout rapporter à un système de règles une fois fixées « *grâce auxquelles tous ceux qui les observent exactement ne supposeront jamais vrai ce qui est faux, et parviendront sans se fatiguer en efforts inutiles… à la connaissance vraie de ce qu'ils peuvent atteindre* » (Regulæ). On peut songer, par exemple, à Lulle et à Leibniz. La scolastique elle-même ne prétend pas nous offrir moins de facilité et de certitude; et, d'ailleurs, toute philosophie n'est-elle pas, une entreprise qui a pour fin l'accomplissement de la connaissance en tant qu'on peut la réduire aux fonctions et combinaisons du langage?

*

Le voici donc, à trente-deux ans, devant le problème démesuré d'instituer une méthode universelle. Mais une tâche de cette grandeur, qui, malgré toute l'assurance qu'on a et une confiance en soi bien justifiée par de très brillants succès de mathématique, demeure une aventure où l'on compte engager tout son avenir. Il importe que l'esprit qui doit risquer toutes ses forces dans cette affaire essentielle soit délié des obligations du monde, préservé des soucis et des ennuis que les autorités de divers genres peuvent créer, même au plus séparé et au plus méditatif des êtres. Descartes se fait donc une politique de prudence, de réserve et de retraite, et même de défiance à l'égard des hommes. À l'égard de soi-même, il s'exhorte au renoncement ; il s'interdit de désirer ; il veut se convaincre que rien n'est en son pouvoir que ses pensées ; et il prend enfin la résolution d'aller vivre en Hollande dont il ignore la langue, où il n'aura que les relations qu'il aura désirées et créées, au milieu de gens qui s'occupent de marchandise, et qui sont «plus soigneux de leurs propres affaires que curieux de celles d'autrui». Il se met une bonne fois en garde contre tout ce qui pourrait le divertir de son grand dessein ; il sera en règle avec les lois, respectueux des coutumes, de la religion, de l'opinion et des opinions *se réservant de changer les siennes selon son humeur ou selon les circonstances*. Ce qui est *probabilisme* ou, dans le jargon moderne : *conformisme* et *opportunisme*. Il se constitue donc une sagesse à la faveur de laquelle pourra se développer sa témérité abstraite. Tout le monde n'est pas d'accord sur la conduite que doit tenir, à l'égard du milieu social qui l'environne, le tente, le persécute, le sollicite, un «homme de l'esprit». La vanité attaque son orgueil. Les plaisirs corrompent ses délices internelles. Les nécessités matérielles traversent sa pensée de leurs soucis et lui prennent ses forces et son temps. Le pouvoir et les partis ne peuvent le regarder que comme un être ou dangereux, ou inutile, ou utilisable, n'ayant pas d'autre manière de voir les gens.

En somme, l'instinct de poursuivre une œuvre longue et rigoureuse de l'esprit est nécessairement contrarié par tout ce qui fait qu'un homme n'est pas seulement un esprit et ne peut se nourrir que d'esprit. Mais il arrive que ces contrariétés parfois engendrent à ce même esprit des puissances ou des lueurs inattendues. L'accident extérieur excite quelquefois l'événement accidentel intime qui sera ce qu'on nomme un « trait de génie », de sorte qu'il faut enfin, à la Leibniz et à la Pangloss, consentir que tout est pour le mieux, même dans le pire des mondes.

*

Descartes a réglé ses comptes avec la philosophie, — celle des autres. Il a défini ou déterminé son système de vie. Il a pleine confiance dans son armement de modèles et d'idéaux mathématiques, et il peut à présent, sans retour vers aucun passé, sans égard à aucune tradition, s'engager dans la lutte qui sera celle de sa volonté de clarté et d'organisation de la connaissance contre l'incertain, l'accidentel, le confus et l'inconséquent qui sont les attributs les plus probables de la plupart de nos pensées.

Il se façonne une première certitude ; il se dit « qu'il fallait qu'il rejetât comme absolument faux tout ce en quoi il pourrait imaginer le moindre doute, afin de voir s'il ne resterait point après cela quelque chose en sa créance qui fût entièrement indubitable ». Et il allègue, se fondant sur l'expérience que nous avons des songes, que tout n'est peut-être que rêve. Seule cette fameuse proposition : *Je pense, donc je suis*, lui semble une vérité inébranlable, qu'il faut prendre pour premier principe, et qui lui révèle, en outre, qu'il est une substance dont toute l'essence est de penser, entièrement indépendante du corps, du lieu, de toute chose matérielle.

*

Cette position est de tous points remarquable. Je veux dire qu'elle l'est aussi sous certains aspects qui n'ont peut-être pas été remarqués. Elle a donné naissance à une infinité de commentaires, et à un certain nombre d'interprétations assez différentes. Chacune d'elles consiste à traiter cette formule : « Je pense, donc je suis » comme une proposition dont le sens est indiscutable, et dont il ne reste plus qu'à établir la fonction logique : les uns y voient une sorte de postulat ; les autres, la conclusion d'un syllogisme.

Je vais ici me risquer beaucoup. Je dis qu'on peut la considérer d'un tout autre regard et prétendre que cette brève et forte expression de la personnalité de l'auteur *n'a aucun sens*. Mais je dis aussi qu'elle a *une très grande valeur*, toute caractéristique de l'homme même.

Je dis que « Cogito ergo sum » n'a aucun sens, car ce petit mot Sum n'a aucun sens. Personne n'a, ni ne peut avoir, l'idée ou le besoin de dire : « Je suis », à moins d'être pris pour mort, et de protester qu'on ne l'est pas ; encore dirait-on : Je suis vivant. Mais il suffirait d'un cri ou du moindre mouvement. Non : « Je suis » ne peut rien apprendre à personne et ne répond à aucune question intelligible. Mais ce mot répond ici à autre chose, dont je m'expliquerai tout à l'heure. D'ailleurs, quel sens attribuer à une proposition dont la négative exprimerait le contenu aussi bien qu'elle-même? Si le «Je suis» dit quoi que ce soit, le «Je ne suis pas» ne nous en dit ni plus ni moins.

Descartes lui-même revenant sur ces mots, dix ans après les avoir tirés de soi et fixés dans le *Discours de la Méthode*, les redit avec quelque embarras, nie qu'ils procèdent d'un syllogisme; mais affirme qu'ils énoncent une chose connue par elle-même *«simplici mentis intuitu»* (Entretien avec Burman). Mais il touche par là au point même de soudure du langage avec ce qui se passe, sans doute, en deçà de lui, et en provoque et détermine une émission particulière. Cela peut être une représentation; mais cela peut être une sensation, ou quelque événement de sensibilité analogue. Dans ce dernier cas, la parole, se produisant comme conséquence immédiate, l'insignifiance et la valeur d'un réflexe, comme on le voit par l'exclamation, l'interjection, le juron, le cri de guerre, les formules votives ou imprécatoires, sur lesquelles la pensée ne peut revenir que pour constater qu'elles ne signifient rien par elles-mêmes, mais qu'elles ont joué un rôle *instantané* dans une brusque modification de l'attente ou de l'orientation intime d'un système vivant. C'est bien là ce que je crois voir dans le Cogito. Ni syllogisme, ni même signification selon la lettre; mais un acte réflexe de l'homme, ou plus exactement l'éclat d'un acte, d'un coup de force. Il y a dans un penseur de cette puissance une politique intérieure et une extérieure de la pensée, et il se fait une sorte de raison d'État contre laquelle rien ne prévaut, et qui finit toujours par débarrasser énergiquement le Moi de toutes les difficultés ou notions parasites dont il est grevé *sans les avoir trouvées en soi-même*. Descartes n'eût pas inventé de douter de son existence, lui qui ne doutait pas de sa valeur. Si le Cogito revient si souvent dans son œuvre, se trouve et se retrouve dans le *Discours*, dans les *Méditations*, dans les *Principes*, c'est qu'il sonne pour lui un appel à son essence d'*égotisme*. Il le reprend comme le thème de son Moi lucide, le réveil crié à l'orgueil et aux ressources de son être. Jamais, jusqu'à lui, philosophe ne s'était si délibérément exposé sur le théâtre de sa pensée, payant de sa personne, osant le *Je* pendant des pages entières ; et, comme il le fait surtout, et dans un style admirable, quand il rédige ses *Méditations*, s'efforçant de nous communiquer le détail de sa discussion et de ses manœuvres intérieures, de le rendre nôtre, de nous faire semblables à lui, incertains, et puis certains comme lui, après que nous l'aurons suivi et comme épousé de doute en doute jusqu'à ce *Moi* le plus pur, le moins personnel, qui doit être le même en tous, et l'universel en chacun.

Je viens de dire : style admirable. Que l'on relise ceci :

« Prenons pour exemple ce morceau de cire qui vient d'être tiré de la ruche ; il n'a pas encore perdu la douceur du miel qu'il contenait, il retient encore quelque chose de l'odeur des fleurs dont il a été recueilli ; sa couleur, sa figure, sa grandeur sont apparentes ; il est dur ; il est froid ; on le touche, et si vous le frappez, il rendra quelque son. Enfin, toutes les choses qui peuvent distinctement faire connaître un corps se rencontrent en celui-ci.

« Mais voici que, cependant que je parle, on l'approche du feu… » etc.

Ces quelques lignes sont accomplies. Aucune sollicitation étrangère à ce qu'elles doivent dire ne les tourmente ; aucune intention d'effet n'altère la pureté de leur accent et la sage simplicité de leur mouvement retenu. Il n'y est pas un mot qui n'y soit inévitable, et qui ne semble cependant avoir été délicatement choisi. J'y vois un modèle d'adaptation de la parole à la pensée, dans lequel se compose la manière égale et détachée qui appartient au géomètre qui énonce, avec une certaine grâce discrètement poétique que rendent plus sensible le rythme, le nombre, la structure bien mesurée de ce petit fragment.

Si l'on avisait de juger des philosophes par leur langage, peut-être y trouverait-on des clartés particulières sur leur pensée et ses modes de se présenter à leur attente, de se déclarer, de se faire accepter et aimer au point d'être fixée. Mais je ne veux pas insister sur cette insinuation hérétique et paradoxe qui fera un peu mieux comprendre ce que j'ai avancé touchant le Cogito, et même que je l'aie avancé. Ce motif me semble revenir dans toute l'œuvre de Descartes, laquelle, en vérité, est un monologue où sa personne et presque le timbre de sa voix ne cesse de se faire sentir, comme un thème de certitude qui ne lui apprend rien et ne peut rien lui apprendre ; mais qui rappelle à lui et suscite chaque fois en lui l'énergie initiale de son grand dessein.

*

Assuré d'exister, Descartes croit devoir imaginer qu'il n'a pas d'autre certitude. Il en a cependant bien d'autres, dès qu'il cesse de méditer. Mais il juge, tout novateur qu'il est, qu'il lui faut épouser l'attitude, traditionnelle en métaphysique, d'un doute universel qui se prend à volonté, en entrant dans la chambre où l'on pense et que l'on y laisse à la sortie. C'est un acte professionnel. Le voici donc aux prises avec un problème vénérable. L'expé-

rience du rêve, les erreurs de la perception, les illusions du tact et de la vue, les hallucinations de
divers genres ont engendré, de temps immémorial,
cette question théorique, — si positivement *théorique* que l'on peut se demander à part soi si elle
n'est pas purement *verbale*. On se donne beaucoup
de mal pour se convaincre qu'on rêve alors qu'on
ne rêve pas ; mais il s'agit d'étendre à la totalité de
notre connaissance le soupçon qu'elle soit tout
entière aussi vaine et trompeuse que les fantasma-
gories du sommeil et les autres productions aberrantes de notre esprit. On ne se prive pas d'en
conclure que nous vivons dans un monde d'apparences, et il s'ensuit bien des déductions qui ne sont
d'ailleurs d'aucune conséquence positive dans
notre vie. Trompés, rêvant ou non, cela ne change
rien à nos sensations ni à nos actes. Il paraît cependant que cette position est essentielle à la philosophie : elle permet au philosophe de décréter *réalité*
ce qu'il lui plaît et que la fantaisie de sa réflexion
lui suggère. Mais ce malheureux nom n'a de sens
que comme l'un des termes d'un contraste. C'est
abolir le contraste que de tout réduire en songe ;
dès lors *il n'est plus de songe*, et la réaction contre
le songe qui lui opposait une «réalité» s'évanouit
du même coup.

*

Il faut cependant réduire ce doute artificiel,
résidu de la tradition, et que je qualifie d'artificiel,
car il exige un acte de volonté comme il exige d'être
introduit par les voies du langage. Il suppose enfin
que nous avons l'idée d'une opération ou transformation qui, appliquée à notre connaissance des
choses, lui substituerait un réel de second ordre, et

changerait en souvenir de rêve ce que nous tenions pratiquement, naturellement, et communément pour réalité. La statistique en faveur de la réalité du sens commun est écrasante. Il est sans doute permis de penser qu'une sorte de réveil pourrait dissiper, comme se dissipe un songe, tout ce que nos sens, notre entendement, notre expérience nous donnent pour milieu, agent, moyens, détermination de nos actions, probabilité d'accomplissement de nos prévisions, mais cet hyperphénomène n'a jamais été observé, et je crains bien que toutes les tentatives que l'on pourrait faire pour l'imaginer avec quelque précision ne soient vaines.

*

Descartes est donc conduit à feindre. Il fait des suppositions assez étranges. Il feint qu'il y ait «non point un vrai Dieu, mais un certain mauvais génie, non moins rusé et trompeur que puissant, qui a employé toute son industrie à le tromper». Et, pour se garder de l'être, il décide d'interrompre son jugement et «de préparer si bien son esprit à toutes les ruses de ce grand trompeur que, pour puissant et rusé qu'il soit, il ne puisse jamais rien imposer».

Socrate avait son Daîmon. Descartes se donne un Diable, pour les besoins de son raisonnement. Si l'on forme, en effet, toutes les hypothèses concevables pour expliquer qu'un monde d'apparences nous produise l'impression de réalité, l'existence d'un Démon peut bien figurer parmi elles, et coûte, d'ailleurs, fort peu. J'observerai ici, sans en tirer la moindre conséquence, que dans le récit qu'il nous a laissé des songes de la fameuse Nuit du 10 novembre 1619, figure aussi un Génie «qui lui prédit ces songes avant qu'il ne se mette au lit» et un mauvais

Génie auquel il attribue une douleur qui l'éveille et le dessein de le séduire.

Comment se défaire d'un doute si absolu et si inventif ? En ce qui concerne sa propre existence, il a déjà déjoué et défié le Trompeur par sa formule magique de conjuration : *Je suis, j'existe.* Mais il s'agit à présent de faire que tout le reste, son corps même et le monde, soit ou puisse être reconnu aussi existant que lui. Il s'agit même de sauver les démonstrations de mathématique, puisque Dieu a pu vouloir nous égarer jusque par nos raisonnements de géométrie.

Il procède vers la « vérité » par un détour étonnamment subtil. Il n'a de sûreté qu'en sa pensée. Elle peut s'employer, sans rien invoquer qu'elle-même, à sa propre analyse : cette analyse lui donnera les éléments purs d'une synthèse de la certitude.

*

Il avance d'abord que « rien ne lui est plus facile à connaître que son propre esprit ». Il en examine les idées, qu'il divise en deux classes : les unes, qui lui viennent des sens, et que l'on peut toujours tenir pour illusoires, quoique « tant que l'on ne pense pas qu'il y a quelque chose hors de soi qui soit semblable à ces idées » on est « hors de danger de s'y méprendre » ; les autres, qui sont dans l'âme, lui représentent des « substances », terme scolastique, par quoi il désigne les choses qui existent par elles-mêmes : celles-ci contiennent une « réalité objective ». Il veut dire par là que ces idées substantielles ne peuvent pas ne pas représenter quelque chose de réel hors de lui. Mais quel est le réel par excellence, et même la seule pleine et absolue réalité ?

*

C'est ici que se place le célèbre raisonnement qui fait paraître Dieu dans la philosophie de Descartes. Il a connu par le doute que son être n'était pas tout parfait, et «que c'était une plus grande perfection de connaître que de douter». Mais d'où cette idée d'une plus grande perfection peut-elle venir? Ne pouvant la tenir des choses ni de soi, car le plus parfait ne peut procéder du moins parfait, il déduit l'existence de Dieu de la présence dans son esprit de cette idée de la perfection. J'abrège et je mutile atrocement cette déduction qu'il refait et corrige ou développe dans ses grands ouvrages successifs; et parfois, la remanie sous l'aiguillon des critiques et des objections qui n'ont pas manqué de s'en prendre à cette clef de voûte de son système. Il serait intéressant de se demander ce que pourrait devenir dans un esprit de notre temps cette argumentation, et, en particulier, de s'interroger si la notion capitale de perfection y subsisterait avec cette force et cette nécessité.

Je relève dans l'un des textes relatifs à l'existence de Dieu, une considération quantitative remarquable. Il classe les substances selon leur réalité objective, c'est-à-dire selon les degrés d'être ou de perfection que les idées qui les représentent impliquent, échelle qui va du néant à l'idée d'un «Dieu souverain, éternel, infini, tout-puissant et connaissant et Créateur universel de toutes les choses qui sont hors de lui». C'est là progresser du zéro à l'infini positif. Chacun des termes de cette suite ordonnée reçoit ce qu'il tient de réalité objective du terme supérieur, qui lui cède quelque part de sa perfection, comme un corps plus chaud cède de sa chaleur au moins chaud qui le touche.

*

La certitude désormais est fondée sur l'existence
d'un Parfait qui ne peut être trompeur. De plus, la
théorie de la réalité objective opposée à la réalité
actuelle démontre que nous ne pouvons attribuer à
notre corps le pouvoir de penser, car tout ce qui est
du corps et des choses autour de lui se résout en
étendue, en figure, en situation et mouvement local,
et que «dans leur concept clair et distinct, il y a bien
quelque sorte d'extension qui se trouve contenue,
mais point du tout d'intelligence».

Le raisonnement se résume ainsi : Ma pensée est
faite d'idées qui ne proviennent pas toutes de l'expérience. Il en est qui sont d'une autre source. Elles se
classent selon leur richesse. «Notre lumière naturelle nous montre que nous connaissons d'autant
mieux une chose ou substance que nous remarquons en elle davantage de propriétés.» L'idée de
perfection, d'infini de perfection, et la nécessité
de l'existence d'un être qui le réalise, puisque l'existence est une condition imposée par l'idée, s'en-
suivent.

Cette déduction peut soulever bien des difficultés.
Comme toute métaphysique, elle glisse sur le problème de la valeur des résultats que peut donner
l'emploi du langage quand il s'applique à exprimer les choses mêmes de la pensée, c'est-à-dire ces
choses sur lesquelles les différents esprits ne peuvent
s'accorder au moyen d'objets communs et sensibles
et faire leurs conventions. On est donc conduit à
donner des «définitions» de termes déjà créés et
évalués par l'usage courant, lequel n'a besoin que
d'une monnaie d'échange immédiatement transfor-
mée en actes qui n'exigeaient que des signaux ins-

tantanés : et ces tentatives de transformer en instruments de précision et en ressources de connaissances à exploiter jusqu'à l'extrême de leur contenu
supposé, des mots qui sont des produits incertains
et instables de tâtonnements séculaires, ne sont
jamais satisfaisantes que pour leurs auteurs. Descartes, par exemple, définit la connaissance claire et
distincte : *claire*, celle qui est présente et manifeste à
un esprit, attentif. « *Distincte*, celle qui est tellement
précise et différente des autres qu'elle ne comprend
en soi que ce qui paraît manifestement à celui qui la
considère comme il faut. »

Lui-même, dans son usage du mot *Doute*, qui est
si important chez lui, ne distingue pas entre le doute
naturel et spontané, qui nous vient de ne savoir quel
nom ou quel attribut donner à une chose insuffisamment connue, et le doute artificiel ou philosophique
que l'on place, comme un signe algébrique, sur
quoi l'on veut, — et, en particulier, sur ce que l'on
connaît le mieux...

*

Toutefois le développement de cette Métaphysique
obtint de tout autres effets que ceux des constructions abstraites antérieures.

La notion de Méthode mise en pleine lumière ; la
distinction capitale du monde de l'esprit et de celui
de l'étendue ; par là, le renoncement à la vaine
recherche qui tend à découvrir par voie d'analyse
logique ce que l'expérience seule peut révéler ; puis,
une considération entièrement mécanique de l'univers et des êtres vivants, et une esquisse d'un système tout mathématique du monde ; d'autre part,
la référence du Tout au Moi, l'esprit de chacun,
son « évidence », pris pour origine des axes de sa

connaissance ; en un mot une sorte de division très
féconde du chaos d'observations et de déductions
que lui présentait l'état du savoir et des moyens de
savoir qu'il avait trouvé en naissant à la vie réfléchie, — tels sont les fruits presque immédiats de son
acte intellectuel délibérément accompli.

Cette philosophie se développe par un ensemble
d'applications qu'il poursuit comme parallèlement
dans les domaines de l'esprit et de l'étendue : dioptrique, mécanique, passions de l'âme.

Mais, à partir d'un certain âge, c'est l'étude de
l'être vivant qui semble l'emporter dans l'emploi
de son temps et de ses recherches. La machine de la
vie l'intéresse sur toute chose. Il semble assez dépris
de la géométrie et de la physique, et il se plaît à imaginer (car ce raisonneur est singulièrement enclin à
imaginer) le fonctionnement de l'organisme. Même,
il a eu beau séparer Psyché du corps et de l'étendue,
il s'ingénie du moins à lui trouver une localisation
cérébrale et à démontrer que cette situation lui est
indispensable pour sentir. Il remarque qu'il y a dans
le cerveau une petite glande qui lui paraît ce siège
de l'âme, et la raison qu'il en donne est que les
autres parties du cerveau sont toutes doubles, comme
sont doubles les yeux, les oreilles, et qu'il faut bien
« qu'il y ait quelque lieu où les deux images qui viennent par les deux yeux se puissent assembler en
une avant qu'elles parviennent à l'âme » et il ne voit
aucun autre endroit dans le corps où elles puissent
être unies si ce n'est en cette glande. Ceci est fort
ingénieux. Nous avons de tout autres idées sur les
fonctions de l'hypophyse, qui semble d'ailleurs être
un organe directeur de première importance ; mais
quant à la coordination des images, je crains que
nous n'en sachions pas beaucoup plus. Il en est de
même pour le fonctionnement du système nerveux :

Descartes nous peuple «d'un vent très subtil» qu'il nomme «les esprits animaux», qui lui rend compte de toutes les énergies de la vie, va de la glande pinéale au cerveau et du cerveau en tous les points du corps dont il veut expliquer les modifications, les actions ou réactions. Nos mouvements, nos images, nos souvenirs, nos passions résultent du pouvoir de l'âme sur la distribution et le débit de cette matière subtile que le sang transporte où il faut et qui se meut aussi sur nos conducteurs nerveux. Nous en sommes toujours à nous demander ce qui circule le long de nos nerfs, courant électrique, propagation de nature chimique? Le problème demeure, posé avec beaucoup plus de précision, mais enfin, il demeure. Quant aux relations de l'organisme avec les «faits de conscience» ou la sensibilité subjective, rien de nouveau, depuis 1650.

*

Ce qui frappe et excite le plus le public, quand il vient à connaître l'existence d'un penseur et de son œuvre, c'est toujours et nécessairement quelque formule ou affirmation détachée, qui prend la puissance de choc d'un paradoxe ou la force comique d'une simplification par l'absurde. Tout le travail de Darwin ne pèse que ces mots: *l'homme descend du singe*, dans la foule des esprits qui savent son nom, pendant le dernier tiers du siècle dernier. Au xviie, le nom de Descartes fait songer bien des gens à «l'animal-machine». On proteste, on s'en moque, on dispute de ceci, dont plus d'un est séduit, cependant que certains ne se privent ni ne tardent de passer de la bête à l'homme. Le siècle suivant n'hésite pas à mettre en circulation et à la portée de tous une conception d'homme-machine.

Que valent aujourd'hui l'analyse et la conclusion
de Descartes? Je suis bien embarrassé de le dire. Je
me borne à quelques remarques.

D'abord, j'observerai que le sens du mot «machine» a beaucoup changé, tandis que la notion
animal s'est singulièrement compliquée. Il s'est
introduit dans nos machines bien des dispositifs
comparables à ceux que suggère la production des
réflexes des êtres vivants; et le nombre des formes
d'énergie simultanément utilisées dans une même
machine, quand il n'y en avait qu'une ou deux du
temps de Descartes, s'est élevé jusqu'à devenir
comparable à celui que l'on trouve nécessairement
en jeu dans le processus de transformations qui
constitue l'aspect physique de la vie. Descartes, en
somme, pourrait encore conclure au machinisme
vital. Du reste, nous ne pouvons raisonner sur l'animal que dans la mesure où nous le réduisons à un
système qui se répète et qui puise dans un milieu
quelque chose dont la transformation est essentielle à cette reprise. Ceci ressemble fort à une
machine. De plus, nous ne pouvons étudier les
choses de la vie animale que par les mêmes
méthodes, les mêmes moyens physiques ou intellectuels que ceux qui nous servent à comprendre
ou à inventer des machines. Si même notre étude
est celle du comportement des animaux, nous les
soumettons à des épreuves, à des réactifs, nous
essayons de troubler des instincts ou de créer des
habitudes, c'est-à-dire de déranger une certaine
répétition qui devait se produire, ou d'en introduire
une qui n'existait pas. Mais tout ceci n'est qu'une
spéculation expérimentale sur l'idée de machine
(laquelle, d'ailleurs — ne l'oublions pas — dérive
d'une sorte d'imitation de l'action des êtres vivants,
et des organes de cette action). Nous ne pouvons

enfin nous penser nous-mêmes que dans la mesure où nous pensons nous répéter. Notre propre identité est une probabilité de restitution. Nous ne pouvons former un projet, par exemple, que ce projet ne suppose la mise en œuvre de quantité de cycles d'action que nous croyons pouvoir accomplir parce que nous les avons déjà accomplis. Mais ce projet ne se réduit pas à son exécution. Ici les difficultés insurmontables se manifestent. Il n'est pas jusqu'ici de machine qui fasse un projet. Enfin, je crois bien que l'animal blessé souffre, et ne se borne pas à mimer tout ce qu'il faut pour nous faire penser qu'il souffre. Un coup de pied agit sans doute dans deux mondes, et *fait mal*, d'une part ; crier ou fuir, de l'autre. Mais à la vérité, je n'en sais rien, et personne avec moi.

*

Je dirai à présent quelques mots de la conception physique cartésienne, avec l'intention de montrer rapidement l'importance de deux idées très neuves et très fécondes qu'il a introduites au milieu d'une quantité d'imaginations, aujourd'hui, et depuis longtemps déjà, exclues et oubliées. Ces idées et ces erreurs procèdent de la même pensée et de la même volonté de construire un modèle d'explication du monde par la seule mathématique. Si tout ce qui est des corps se réduit à la figure et au mouvement, figure et mouvement se traduisent en grandeurs et relations de mesures. Mais les grandeurs de figures sont par sa Méthode de Géométrie traduisibles, à leur tour, en équations. L'Algèbre tient le monde parmi ses possibilités. Ceci est un pas énorme dans la voie de la représentation de l'univers mesurable. Personne encore n'avait pu concevoir qu'un sys-

tème de référence pût permettre d'exprimer tous les
phénomènes matériels dans un langage homogène
ou plutôt restreint à la diversité fondamentale : Longueur, Temps, Masse. C'était un renoncement radi-
cal à la foison de qualités qui constituait la physique
scolastique. Au cours de près de trois siècles, la
science n'a cessé de poursuivre l'œuvre rêvée et
grossement ébauchée par Descartes. Les progrès
de l'Analyse ont permis de faire successivement la
représentation cartésienne des progrès de la Mécanique et de la Physique, jusqu'à la théorie incluse de
la Relativité, qui est en somme un développement
quasi monstrueux de la soumission des phénomènes
à la Géométrie du continu. Il semble cependant que
la méthode ait trouvé sa borne à l'époque toute
récente où des faits tout inédits et imprévus, révélés
par de nouveaux moyens d'investigation, sont venus
donner à penser, sinon à concevoir, que le continu
expire au seuil de l'excessivement petit. La physique
intra-atomique essaye de voir, comme par un trou
d'aiguille, ce qui se passe dans un monde qui ne ressemble plus à notre monde d'expérience immémoriale. Je me trompe : il ne s'agit pas de voir : *voir* n'a
plus de sens ; l'espace avec le temps, la notion du
corps et de situation unique à une époque donnée,
s'évanouissent quand il devient impossible de démêler la chose observée de l'influence qu'exerce sur
elle le moyen de l'observation.

Le sort de l'univers cartésien a été celui de toutes
les images du monde ou de sa constitution intime.
Ce sont des moyens momentanés de concevoir, plus
ou moins d'accord avec les moyens d'observer et
d'éprouver que possède une époque ou instant de
la science. L'éther a rejoint les tourbillons ; et les
modèles d'atomes, de notre temps, ne durent guère
plus de dix ans, en moyenne. Mais les imaginations

de Descartes n'en demeurent pas moins le premier essai d'une synthèse physico-mécanique assujettie à des conditions mathématiques portant sur l'ensemble d'un système. Dire que ce sont des conditions mathématiques, c'est dire qu'elles s'expriment par des égalités, et imposent à l'esprit la recherche de « ce qui se conserve » pendant l'évolution du système qu'il s'est efforcé de considérer. Descartes a cru trouver dans la « quantité de mouvement » la constante universelle qui demeure inaltérée sous les transformations des phénomènes. Leibniz relève l'erreur. Mais une idée capitale était introduite dans la science, cette idée de conservation, qui substitue, en fait, à la notion confuse de cause, une notion simple, et quantitative.

Cette idée est sans doute déjà infuse dans la géométrie pure, où il faut bien supposer, pour la fonder, que les solides ne s'altèrent pas dans leurs déplacements. On sait quelle fut la destinée changeante de cette idée de constance : on peut dire qu'on n'a fait, depuis Descartes, que changer de ce qui ne change pas : *conservation de la quantité de mouvement, conservation de le force vive, conservation de la masse* et *celle de l'énergie* ; il faut convenir que les transformations de la conservation sont assez rapides. Mais, voici un siècle environ, la découverte fameuse de Carnot contraignit la science à inscrire le signe fatal de l'inégalité, qui sembla quelque temps condamner le monde à l'éternel repos, à côté de l'égalité, que le sens, purement mathématique de Descartes avait pressentie, sans la désigner exactement. On ne sait pas très bien ce qui se conserve aujourd'hui... Je pense que l'on peut ajouter à cette défense de Descartes la remarque (peut-être naïve) que je fais, qu'il avait, pour écrire sa formule conservatrice, composé les constituants du mouvement en forme de *produit*; or, cette forme, mal remplie par lui, devait être la forme, en quelque sorte naturelle, de toutes les expressions de l'énergie.

Quant à la Physiologie qui semble avoir été sa recherche la plus suivie vers la fin de son existence, elle témoigne de la même volonté de construction qui domine toute son œuvre. Il est facile de railler aujourd'hui ce machinisme, simplification grossière et ingénument détaillée. Mais que pouvait tenter l'homme de cette époque? Il est incroyable pour nous, et c'est presque une honte pour l'esprit humain, presque une objection contre l'intelligence observatrice de l'homme, que le fait qui nous paraît si manifeste, si facile à découvrir, de la circulation du sang, n'ait été démontré que du temps même de Descartes. Celui-ci n'a pu manquer d'être frappé de ce phénomène mécanique et d'y trouver un puissant argument pour son idée de l'automate. D'ailleurs, si nous en savons beaucoup plus, la croissance même de ce savoir nous éloigne plutôt, jusqu'ici, d'une représentation satisfaisante des phénomènes de la vie. La biologie, comme le reste, va de surprise en surprise; car elle va, comme le reste, de moyen nouveau à moyen nouveau d'investigation. Il nous apparaît que nous ne pouvons songer à nous arrêter un moment sur cette pente fatale de découvertes, pour nous faire, tel jour, à telle heure, une idée bien établie de l'être vivant. Personne ne peut aujourd'hui se fixer devant ce dessein et se mettre à l'ouvrage. Mais, du temps de Descartes, il n'était pas absurde de le concevoir. On n'avait contre soi que des raisons métaphysiques, c'est-à-dire: *dont on peut faire table rase*; mais nous, nous avons contre nous la quantité et l'inconnu des possibilités expérimentales. Nous avons donc à résoudre des problèmes dont les données et l'énoncé varient à chaque instant d'une manière imprévue. Supposé donc le projet conçu de se rendre compte du fonctionnement vital, et supposé aussi qu'avec Descartes nous rejetions les forces occultes et les entités (dont on usait déjà si largement en médecine), et nous trouvons, du même coup, qu'il fallait bien qu'il empruntât à la mécanique d'alors tout son matériel de pompes et de soufflets pour se figurer un organisme capable des principales ou des plus apparentes fonctions de la vie.

Mais n'est-ce pas là une considération qu'il faut étendre à toute notre opinion de Descartes : une défense de sa gloire et une méthode pour nous le figurer dignement ? Il nous faut arriver à ressentir les exigences et les moyens de sa pensée d'une telle manière et avec une telle suite que, finalement, penser à lui, ce soit invinciblement penser à nous. Tel serait le plus grand des hommages.

Je me demande donc ce qui me frappe le plus en lui, car c'est précisément cela même qui peut et doit vivre encore. Ce qui, dans son œuvre, nous rejette vers nous-mêmes et vers nos problèmes, — cela communique à cette œuvre notre même vie. Ce n'est point, je l'avoue, sa métaphysique que l'on puisse raviver ainsi ; et ce n'est même point sa Méthode, telle, du moins qu'il l'énonce dans son *Discours*.

Ce qui enchante en lui et nous le rend vivant, c'est la conscience de soi-même, de son être tout entier rassemblé dans son attention ; conscience pénétrante des opérations de sa pensée ; conscience si volontaire et si précise qu'il fait de son *Moi* un instrument dont l'infaillibilité ne dépend que du degré de cette conscience qu'il en a.

Cette opinion, qui m'est toute personnelle, conduit à des jugements assez particuliers, et à une distribution des valeurs des travaux de Descartes qui n'est pas du tout l'accoutumée.

Je distinguerais, en effet, chez lui, les problèmes qui naissaient de lui-même, et dont il a ressenti par soi-même l'aiguillon et la nécessité personnelle, des problèmes qu'il n'eût pas inventés, et qui furent, en quelque sorte des besoins artificiels de son esprit. Cédant, peut-être, à l'influence de son éducation, de son milieu, du souci de paraître un philosophe aussi complet qu'il sied de l'être et qui se doit de donner réponse à tout, sa volonté se serait, selon moi, employée à donner satisfaction à ces sollicitations secondes, qui semblent assez extérieures ou étrangères à sa vraie nature.

Observez seulement qu'en toute question où il peut répondre par l'acte de son Moi, il triomphe. Son Moi est géomètre et je dirai (avec réserves) que l'idée mère de sa géométrie est bien caractéristique de sa personnalité tout entière. On dirait qu'il ait pris, en toute matière, ce Moi si fortement ressenti comme origine des axes de sa pensée : ce qui est de l'esprit et ce qui est du corps sont les deux dimensions qu'il démêle dans la connaissance.

On voit que je fais assez bon marché de la partie considérable de son œuvre qui est consacrée à tous les sujets dont il a appris l'existence ou l'importance par les autres.

Je m'abuse, peut-être, mais je ne puis ne pas consentir à ce que m'impose, à moi, le personnage de notre héros. Je m'imagine qu'il n'est pas à son aise en certaines matières. Il en raisonne très longuement ; il revient sur ses pas ; il se défait comme il le peut des objections. J'ai l'impression qu'il se sent alors éloigné de son vœu, infidèle à soi-même et qu'il se croit obligé de penser contre le cœur de son esprit.

Qu'est-ce donc que je lis dans le *Discours de la Méthode* ?

Ce ne sont pas les principes eux-mêmes qui nous peuvent longtemps retenir. Ce qui attire mon regard, à partir de la charmante narration de sa vie et des circonstances initiales de sa recherche, c'est la présence de lui-même dans ce prélude d'une philosophie. C'est, si l'on veut, l'emploi du Je et du Moi dans un ouvrage de cette espèce, et le son de sa voix humaine ; et c'est cela, peut-être, qui s'oppose le plus nettement à l'architecture scolastique. Le Je et le Moi explicitement évoqués devant nous introduire à des manières de penser d'une entière généralité, voilà mon Descartes.

Empruntant un mot à Stendhal, qui l'a introduit dans notre langue, et le détournant un peu pour mon usage, je dirai que la vraie Méthode de Descartes devrait se nommer l'*égotisme*, le développement de la conscience pour les fins de la connaissance.

Je trouve alors sans difficulté que l'essentiel du *Discours* n'est que la peinture des conditions et des conséquences d'un événement, qui débarrasse ce Moi de toutes les difficultés et de toutes les obsessions ou notions parasites pour lui, dont il est grevé sans les avoir désirées ni trouvées en lui-même.

Comme je l'ai dit plus haut, le Cogito me fait l'effet d'un appel sonné par Descartes à ses puissances égotistes. Il le répète comme le thème de son Moi, le réveil sonné à l'orgueil et au courage de l'esprit. C'est en quoi réside le charme, — au sens magique de ce terme, — de cette formule tant commentée, quand il suffirait, je crois, de la ressentir. Au son de ces mots, les entités s'évanouissent ; la volonté de puissance envahit son homme, redresse le héros, lui rappelle sa mission toute personnelle, sa fatalité propre ; et même sa différence, son injustice individuelle ; — car il est possible, après tout, que l'être destiné à la grandeur doive se rendre sourd, aveugle, insensible à tout ce qui, même vérités, même réalités, traverserait son impulsion, son destin, sa voie de croissance, sa lumière, sa ligne d'univers.

Et, enfin, si le sentiment du Moi prend cette conscience et cette maîtrise centrale de nos pouvoirs, s'il se fait délibérément système de référence du monde, foyer des réformes créatrices qu'il oppose à l'incohérence, à la multiplicité, à la complexité de ce monde aussi bien qu'à l'insuffisance des explications reçues, il se sent alimenté soi-même par une sensation inexprimable, devant laquelle les moyens du langage expirent, les similitudes ne valent plus, la volonté de connaître qui s'y dirige, s'y absorbe et ne revient plus vers son origine, car il n'y a plus d'objet qui la réfléchisse. Ce n'est plus de la pensée...

En somme, le désir véritable de Descartes ne pouvait être que de porter au plus haut point ce qu'il trouvait en soi de plus fort et de susceptible de généralisation. Il veut sur toute chose exploiter son trésor de désir et de vigueur intellectuelle, et il ne peut pas vouloir autre chose. C'est là le principe contre lequel les textes mêmes ne prévalent point. C'est le point stratégique, la clé de la position cartésienne.

Ce grand capitaine de l'esprit trouve sur son chemin des obstacles de deux espèces. Les uns sont des problèmes naturels qui s'offrent à tout homme qui vient en ce monde : les phénomènes, l'univers physique, les êtres vivants. Mais il y a d'autres problèmes, qui sont bizarrement et comme arbitrairement enchevêtrés avec les premiers, qui sont ces problèmes qu'il n'eût pas imaginés, et qui lui viennent des enseignements, des livres, des traditions reçues. Enfin, il y a les convenances, les considérations, les empêchements, sinon les dangers, d'ordre pratique et social.

Contre tous ces problèmes et ces obstacles, le Moi, et à l'appui de ce Moi, telles facultés. L'une d'elles a fait ses preuves : on peut compter sur elle, sur ses procédés, infaillibles quand on sait en user, sur l'impérieuse obligation qu'elle impose de tout mettre au clair, et de rejeter ce qui ne se résout pas en opérations bien séparées : c'est la mathématique.

Et maintenant l'action peut s'engager. Un discours, qui est d'un chef, la précède et l'annonce. Et la bataille se dessine.

De quoi s'agit-il ? Et quel est l'objectif ?

Il s'agit de montrer et démontrer ce que peut un Moi. Que va faire ce Moi de Descartes ?

Comme il ne sent point ses limites, il va vouloir tout faire, ou tout refaire. Mais d'abord, table rase. Tout ce qui ne vient pas de Moi, ou n'en serait point venu, tout ceci n'est que paroles.

D'autre part, du côté des problèmes, que j'ai appelés naturels, il développe, dans ce combat pour sa clarté, cette conscience poussée qu'il appelle sa Méthode, et qui a magnifiquement conquis un empire géométrique sans limites.

Il veut l'étendre aux phénomènes les plus divers ; il va refaire toute la nature, et le voici qui, pour la rendre rationnelle, déploie une étonnante fécondité d'imagination. Ceci est bien d'un Moi dont la pensée ne veut pas de céder à la variation des phénomènes, à la diversité même des moyens et des formes de la vie...

Je conduirais encore cette sorte d'analyse inventive à me demander ce que serait un Descartes qui naîtrait dans notre époque. Ce n'est qu'un jeu.

Mais quelle table aujourd'hui trouverait-il à faire rase ? Et comment s'accommoderait-il d'une science qu'il est devenu impossible d'embrasser, et qui dépend désormais si étroitement d'un matériel immense et constamment accru ; une science qui est, en quelque. manière, à chaque instant, en équilibre mobile avec les moyens qu'elle possède ?

Il n'y a point de réponse. Mais il me semble que ces questions ont leur valeur.

L'individu devient un problème de notre temps, la hiérarchie des esprits devient une difficulté de notre temps, où il y a comme un crépuscule des demi-dieux, c'est-à-dire de ces hommes disséminés dans la durée et sur la terre, auxquels nous devons l'essentiel de ce que nous appelons culture, connaissance et civilisation.

C'est pourquoi j'ai insisté sur la personnalité forte et téméraire du grand Descartes, dont la philosophie, peut-être, a moins de prix pour nous que l'idée qu'il nous présente d'un magnifique et mémorable Moi.

Seconde vue de Descartes

Descartes et sa grandeur se résument pour moi en deux points.

Il a fait son affaire personnelle de ce qui, jusqu'à lui, avait été traité en forme dogmatique, dominée par la tradition. Il a décidé qu'il n'y avait point d'autorité qui pût prévaloir contre le sentiment qu'elle pouvait donner de la vanité de ses enseignements : il ne veut que de l'évidence ou de l'observation soigneusement vérifiée. C'était refuser d'attacher au langage une valeur qui ne lui vienne que des personnes ou des livres. Il jette donc son être même dans l'un des plateaux d'une balance, dont l'autre était chargé de toute la philosophie qu'on avait faite jusqu'à lui. Il trouve que son *Moi* l'emporte. Il se sent bien fort d'être seul ; mais pouvant répondre de tout ce qu'il pense, et qu'il a observé ou déduit ou défini *lui-même*, en opposition avec cette quantité de doctrines, de formules, de développements purement verbaux qui ne vivent que de disputes d'école et que l'on se transmet de siècle à siècle comme une monnaie fiduciaire que l'on ne pourrait jamais convertir en or.

Descartes est avant tout une volonté. Cet être veut, sur toute chose, exploiter le trésor de désir et de vigueur intellectuelle qu'il trouve en soi, et *il ne peut vouloir autre chose*. C'est là le point central, la clé de la position cartésienne. Il est inutile de chercher un autre principe à sa philosophie.

D'où lui vient cette superbe confiance qu'il montre dans sa force d'esprit, qui paraît dans son style et dans ses dédains, et qu'il est trop lucide, comme trop prudent, pour ne fonder que sur ses espoirs, sur une foi chimérique en sa valeur ?

Descartes croit en la puissance de sa pensée à partir de l'expérience qu'il a faite de ses talents de géomètre. Il a puisé en elle l'ivresse de sa supériorité. Il se connaît, en ce genre d'études, l'inventeur d'une méthode qui lui semble « autant au-delà de la géométrie ordinaire que la rhétorique de Cicéron est au-delà de l'A.B.C. des enfants ». Cette création de sa jeunesse a dominé toute sa vie intellectuelle. Il n'a point de doute sur la conquête qu'il a faite, et il se dit que le même homme et la même application de l'intellect qui ont obtenu un si heureux et si considérable succès dans l'analyse abstraite de l'espace, doivent s'attaquer au monde physique, puis aux problèmes de la vie et ne peuvent ne pas obtenir des résultats de même importance.

Il invente alors un *Univers* et un *Animal* en s'imaginant qu'il les explique. Quelles que soient ses illusions dans cette voie, ses efforts ont été de la plus grande conséquence. C'est là mon second point. Si l'univers cartésien a eu le sort de tous les univers conçus et concevables, le monde dans lequel vit notre « civilisation » porte encore la marque de la volonté et de la manière de penser dont j'ai parlé.

Ce monde est pénétré des applications de la mesure. Notre vie est de plus en plus ordonnée selon des déterminations numériques, et tout ce qui échappe à la représentation par les nombres, toute

connaissance non mesurable est frappée d'un jugement de dépréciation. Le nom de «Science» se
refuse de plus en plus à tout savoir intraduisible en
chiffres.

Et voici la remarque singulière sur laquelle s'achèvera ce propos : le caractère éminent de cette modification de la vie, qui consiste à l'organiser selon le
nombre et la grandeur, est l'*objectivité*, l'impersson-
nalité, aussi pure que possible, tellement que le *vrai*
des modernes, exactement lié à leur pouvoir d'action sur la nature, semble s'opposer de plus en plus
à ce que notre imagination et nos sentiments *vou-
draient qui fût vrai*. Mais, comme on l'a dit, à l'origine de cette prodigieuse transformation du monde
humain, c'est un *Moi* que l'on trouve, c'est la personne forte et téméraire de Descartes, dont la philosophie, peut-être, a moins de prix pour nous que
l'idée qu'il nous donne d'un magnifique et mémorable *Lui*.

Svedenborg

Le beau nom SVEDENBORG sonne étrangement aux oreilles françaises. Il m'éveille toute une profondeur d'idées confuses autour de l'image fantastique d'un personnage singulier, moins défini par l'histoire que créé par la littérature. Je confesse que je ne savais de lui, il y a peu de jours, que ce qui me restait de lectures déjà fort lointaines.

Séraphitus-Séraphita de Balzac et un chapitre de Gérard de Nerval avaient été jadis mes seules sources, et je n'y ai pas bu depuis une trentaine d'années...

Ce souvenir évanouissant m'était pourtant un charme. La simple résonance des syllabes du nom magique, quand je l'entendais par hasard, me faisait songer de connaissances incroyables, des attraits d'une science chimérique, de la merveille d'une influence considérable mystérieusement émanée de rêveries. Enfin, j'aimais de placer la figure incertaine de l'Illuminé dans le siècle que j'eusse choisi pour y vivre.

J'imagine que cette époque fut l'une des plus brillantes et des plus complètes que des hommes aient pu connaître. On y trouve l'étincelante fin d'un monde et les puissants efforts d'un autre qui veut

naître, un art des plus raffinés, des formes et des
égards encore très mesurés, toutes les forces et
toutes les grâces de l'esprit. Il y a de la magie et du
calcul différentiel ; autant d'athées que de mystiques ; les plus cyniques des cyniques et les plus
bizarres des rêveurs. Les excès de l'intelligence n'y
manquent point, compensés — et parfois dans les
mêmes têtes — par une étonnante crédulité. Tous
les thèmes de la curiosité intellectuelle illimitée, que
la Renaissance avait repris des anciens ou tirés de
son beau délire, reparaissent au XVIIIe siècle, plus
vifs, plus aigus, plus précis. L'in-folio le cède à de
moindres formats.

L'Europe admet alors la coexistence de doctrines,
d'idéaux, de systèmes tout opposés. C'est là la caractéristique d'une civilisation du type « moderne ».
Rome et Alexandrie avaient déjà connu cette accumulation de tendances et de thèses contradictoires,
publiquement manifestées et discutées. La diversité des cultes et des philosophies y fermentait : personne ne pouvait ignorer, dans ces milieux à haute
température intellectuelle, qu'il y a plus d'une
réponse à toute question spéculative. Il en résulte
des relations et des échanges, des combinaisons
d'idées et des contrastes surprenants, qui, se produisant assez souvent dans un même individu, incar-
nent en lui le désordre et la richesse d'une époque.

Au XVIIIe siècle, pendant que les d'Alembert, les
Clairaut, les Euler se construisent un monde mécanique rigoureusement pur, au moyen des ressources
toutes nouvelles de l'analyse mathématique ; pendant que d'autres s'essaient à la biologie, entrevoient diverses philosophies de la nature vivante, et
tentent d'en dériver les origines de ce qu'ils croient
savoir de la matière ; pendant que le grand Linné
entreprend l'œuvre immense de la classification de

tous les êtres organisés, il en est qui développent diverses métaphysiques, suivent encore les anciens, ou prolongent Gassendi, Descartes, Spinoza, Leibniz ou Malebranche. Dans l'ordre théologique, jansénistes, quiétistes, piétistes et bien d'autres partis se disputent la possession de la vérité et l'empire des âmes. Il y a aussi quantité d'esprits forts.

Mais si le libre examen, devenu presque licite un peu partout, le progrès des sciences exactes et leurs étonnants succès, et la découverte de toute la figure de la terre, ont créé une sorte d'appétit encyclopédique, une soif de connaître, un esprit qui ne se refuse rien, cette même avidité de savoir et de pouvoir ne dédaigne pas d'explorer la pénombre intellectuelle, et jusqu'aux ténèbres suspectes où depuis la plus haute antiquité, l'imagination de bien des hommes place des trésors de puissance et de connaissance et suppose des secrets d'importance surnaturelle.

Alors coexistent dans plus d'un esprit des curiosités et des espoirs dont la réunion étonne. Le rationnel et l'irrationnel s'y combinent bizarrement. Des hommes comme Leibniz ou Bayle nous peuvent paraître trop riches d'inquiétudes trop différentes ; et l'association dans un même Newton de l'interprétation de l'Apocalypse (au moyen d'hypothèses sur l'astronomie des Argonautes) avec l'invention du calcul des fluxions et la théorie de l'attraction universelle, nous déconcerte. Mais leur siècle abonde en recherches dans toutes les voies, et la passion de la rigueur, le culte de l'observation et de l'expérience ne le délivrent pas des tentations et des séductions que lui proposent les doctrines et les pratiques mystérieusement transmises.

(Je remarque, au passage, que la science la plus prudente et la plus positive exige de ceux qui s'y livrent avec l'ardeur qui mène aux découvertes, une certaine soif de merveilles : le prodigieux, l'inattendu obtenus comme résultats d'une déduction rigoureuse ou d'une conduite expérimentale sans défauts, procurent à l'esprit une des plus grandes jouissances qu'il puisse connaître.)

On voit, en somme, se répandre, et presque se vulgariser, au xviiie siècle, toutes les variétés normales ou dégénérescentes qu'engendre le désir d'en savoir plus qu'on ne peut savoir. Les adeptes se multiplient ; l'initié foisonne ; le charlatan abonde. Le rôle social et politique de l'occulte devient immense.

Jamais la crédulité et le scepticisme n'ont été associés et comme indistinctement répartis sur le genre humain, plus qu'ils ne furent alors. La *Symbolique* qui déchiffre l'univers comme un texte hiéroglyphique ; l'*Herméneutique*, qui donne des Écritures une interprétation plus profonde que la lettre ; la *Théosophie*, qui attend et reçoit communication d'une lumière immédiate ; et plus hardies encore, plus inquiétantes dans leurs ambitions et dans leurs procédés opératoires, la *Magie*, l'*Alchimie*, la *Divination* par les astres, par les songes, par l'évocation, coexistent dans plus d'un esprit avec la culture classique la plus limpide et la discipline des sciences exactes.

Tel est le milieu mental, le Théâtre intellectuel qui s'éclairait en moi au nom de SVEDENBORG. Ces trois syllabes ne m'étaient qu'une sorte d'appel musical, de formule incantatoire, auxquels obéissait une image fantastique de la vie spirituelle secrète à l'époque de Louis XV. Je ne pensais pas que je dusse jamais aller un peu plus avant, et considérer avec un intérêt tout nouveau, et comme personnel, un personnage qui ne m'était si longtemps apparu que parmi les ombres d'une société voluptueusement curieuse d'arcanes.

Mais le livre que je viens de lire [1] propose à la pensée un tout autre svedenborg. L'idée vague et hoffmannesque que mon ignorance se formait de celui-ci s'est changée dans celle d'une figure non moins énigmatique, mais précise — mais puissamment intéressante, dont l'histoire intellectuelle excite une quantité de problèmes de première importance dans le domaine de la psychologie de la connaissance.

J'ai lu l'ouvrage de M. Martin Lamm, avec un attachement croissant ; j'y voyais, de chapitre en chapitre, se dessiner l'extraordinaire *Roman d'une vie « seconde »*, — je dis : *roman*, parce que j'éprouvais naïvement, pendant ma lecture, ce désir intense de la *suite*, cette soif du devenir, qui ne nous saisit d'ordinaire que dans les productions destinées à nous faire ressentir les délices de l'*aventure*…

Sans doute, l'aventure dont il s'agit n'est pas de celles dont le récit enivre et enchaîne l'immense nombre des lecteurs ; elle se passe tout entière dans les domaines les plus réservés de la vie la plus intérieure, et sur les frontières indécises où les puissances, les ambitions, les ténèbres et les lumières qui sont en nous se manifestent, s'opposent entre elles, comme elles s'opposent, d'autre part, aux phénomènes ordinaires du « monde extérieur ». Mais, pour mon goût particulier, il n'est pas de voyages aux confins du réel, de contes merveilleux, de narrations épiques ou dramatiques qui l'emportent sur l'étude de l'inépuisable créateur et transformateur universel que l'on nomme l'*Esprit*.

*

1. Cette étude doit servir de préface à la traduction française du livre de M. Martin Lamm : *Svedenborg*.

Le SVEDENBORG que me représente le livre de
M. Lamm est un être qui a connu, subi, traversé tous
les états ou toutes les phases d'une vie psychique des
plus intenses et des plus complètes, puisqu'il semble
avoir parcouru l'étendue intellectuelle depuis l'activité la plus normale jusqu'à certaines extrémités
que l'on pourrait dire anormales, si ce terme purement négatif dans ma pensée n'introduisait un jugement trop sommaire et trop simple. L'analyse de ses
ouvrages successifs, magistralement menée par
l'auteur, nous offre le développement d'un cas pres-
tigieux que chacun, selon sa propre nature d'esprit,
peut méditer et interpréter utilement ; et, soit en historien, soit en philosophe, soit en psychiatre, soit en
mystique, — soit même en poète — étudier, commenter, admirer ou classer à sa guise.

Mais quel que soit l'usage que pourra faire de sa
lecture le lecteur attentif de ce volume, il sera nécessairement émerveillé de sa plénitude et de sa clarté.
Il considérera avec respect la somme de connaissances, la quantité de travail et la vigueur intellectuelle que suppose un examen et un exposé de
l'ensemble de l'œuvre énorme de SVEDENBORG.
Cette œuvre n'est pas, j'imagine, d'une fréquenta-
tion toujours aimable ni aisée, quoiqu'on y rencontre, par endroits, des morceaux d'une grande
beauté poétique, visions délicieuses apparues à je ne
sais quelle enfance transcendantale. Mais elle
constitue un document incomparable dont je n'aurais même pas soupçonné l'intérêt, sans la peine
qu'a prise M. Lamm de réduire à l'essentiel une
immense matière et de nous servir de guide dans les
Enfers et les Paradis svedenborgiens. Dans sa Préface, il réduit modestement son rôle à l'étude de la
genèse de la Théosophie de SVEDENBORG, étude

dans laquelle il a été engagé au cours de ses recherches sur «le courant de mysticité sentimentale» qui annonce le romantisme avant de s'y confondre. Mais il se trouve, à mon avis, avoir dessiné un personnage singulier du grand Drame de l'Esprit humain.

*

Ce n'est pas tout. Un livre vaut à mes yeux par le nombre et la nouveauté des problèmes qu'il crée, anime ou ranime dans ma pensée. Les ouvrages qui imposent ou postulent la passivité du lecteur ne sont pas de mon goût. J'attends de mes lectures qu'elles me produisent de ces remarques, de ces réflexions, de ces arrêts subits qui suspendent le regard, illuminent des perspectives et réveillent tout à coup notre curiosité profonde, les intérêts particuliers de nos recherches personnelles, et le sentiment immédiat de notre présence toute vive.

Je vais donc, en peu de mots, tenter de donner l'idée de quelques-unes des questions naissantes dont le livre de M. Lamm m'a sollicité.

SVEDENBORG m'apparaît donc, *à présent*, comme l'exemplaire et le sujet d'une transformation intérieure des plus remarquables et des plus complètes, accomplie en plusieurs étapes, au cours d'une soixantaine d'années. Cette transformation d'une vie psychique, observée et repérée au moyen de la suite chronologique des écrits, est celle d'un homme de très vaste culture, d'abord définissable comme savant et philosophe du type connu des savants et philosophes de son temps, qui se change insensiblement

en un mystique, vers la quarantième année. Première modification, d'ailleurs assez préparée par
l'éducation première du sujet, la mysticité de son
père et le milieu de ses premières impressions.
Comment passer, toutefois, d'une vue mécaniste du
monde et d'habitudes d'esprit contractées dans la
pratique des observations précises de la science
naturelle, à la méditation d'origine théologique, à la
fixation de la pensée sur des questions dérivées des
Écritures et de la tradition, comment s'opère ce
déplacement des valeurs ? Mais ce n'est encore ici
qu'un transport de l'attention ordinaire d'un objet
vers un autre, un certain usage de la pensée théorique se substitue à un autre. Or, voici qu'un peu
plus tard, une altération plus profonde et plus rare
se prononce : de la phase théorique et spéculative,
occupée de raisonnements sur le dogme de la chute
ou sur la nature des Anges, svedenborg s'avance à
un autre état dans lequel *ce ne sont plus les seules
idées qui sont en cause*, mais *la connaissance elle-
même*. À la phase théorique succède une phase dans
laquelle des événements intérieurs se produisent,
qui n'ont plus le caractère purement transitif et possible de la pensée ordinaire, mais qui introduisent
dans la conscience des *sentiments de puissances et
de présences* qui sont autres que celles du Moi, qui
s'opposent à lui, non comme des réponses ou des
arguments, ou des intuitions ordinaires, mais comme
des phénomènes. On voit donc la dissertation et la
dialectique remplacées par le *récit* et la description ;
c'est dire que les conditions et les moyens de la
recherche, intellectuelle, — le doute, la formation
de la pluralité des possibles, le choix, la démonstration, etc. sont dépossédés devant une perception qui
emporte certitude immédiate et invincible. Cette
espèce de certitude n'est pas comparable à celle

qu'exprime le mot *Évidence*: l'évidence est, en
somme, une réaction de notre esprit dans laquelle
nous nous reconnaissons, tandis que la certitude
mystique est de la nature de l'impression d'existence
indépendante de nous, que nous donnent communément les objets et les corps sensibles, qui s'imposent à nous *en tant qu'ils nous sont étrangers*. C'est
pourquoi cette introduction de puissances et de présences dont je viens de parler peut bien se regarder
comme la formation d'une « réalité » seconde ou du
second ordre, et la possession d'une telle double
multiplicité de faits définit l'état du mystique.

*

Mais chez SVEDENBORG l'activité théorétique ne
s'évanouit pas tout entière devant la perception
immédiate. Elle reprend son rôle de construction et
de justification. Il est « naturel » qu'un esprit si fortement doué et cultivé s'applique à établir entre ses
deux réalités des relations aussi systématiques que
possible, et constitue une sorte de méthode à laquelle
une forme ou une allure quasi « scientifique » soit
donnée. C'est là ce que SVEDENBORG a fait par sa
fameuse *Théorie des Correspondances*, dans laquelle
il a combiné plusieurs traditions métaphysiques,
cabalistiques ou magiques, avec son rationalisme
initial, d'une part, et les découvertes que l'éveil
de sa nouvelle faculté de connaissance lui offrait,
d'autre part.

Cette *Théorie* lui permettait de construire une
table, un dictionnaire, dans lequel, à chaque chose
du monde de l'expérience ordinaire, ou à chaque
mot du langage usuel, répondît un être ou chose du
monde « spirituel ». Les lois physiques elles-mêmes
devraient se traduire en termes « spirituels ».

*

Voici encore une de ces questions que la lecture
du livre de M. Lamm m'a posées. Que faut-il
entendre par ce mot : *Spirituel* ? J'aurais facilement
pu passer outre, et me laisser croire que je compre-
nais. J'ai entendu mille fois ce terme. Je l'ai employé
sans compter. Mais j'ai trouvé qu'il prenait ici une
force et une importance qui exigeaient un temps
d'arrêt.

Je me suis dit ceci. Le vocabulaire philosophique
ordinaire m'offre ce vice d'affecter nécessairement
les apparences d'un langage technique, tandis que
les définitions vraiment précises lui font non moins
nécessairement défaut, — car il n'est de définitions
précises qu'*instrumentales* (c'est-à-dire qui se réduisent à des actes, comme de montrer un objet ou
d'accomplir une opération). Il est impossible de s'assurer que des sens uniques, uniformes et constants,
correspondent à des mots comme *raison, univers,
cause, matière*, ou *idée*. Il en résulte le plus souvent
que tout effort pour préciser la signification de tels
termes aboutit à introduire sous le même nom, un
nouvel objet de pensée *qui s'oppose au primitif dans
la mesure où il est nouveau*.

Mais le vocabulaire mystique est bien plus évasif
encore. Ici la valeur attribuée aux éléments du discours est non seulement personnelle, mais émanée
de moments ou d'états exceptionnels de la personne. Non seulement elle n'est pas indépendante
du sujet qui pense et qui parle, mais encore elle
dépend de son état. D'ailleurs, chez les mystiques,
les perceptions des sens elles-mêmes reçoivent des
valeurs non moins singulières que celles attribuées
aux mots. Un son fortuit, ou (comme il en fut pour

Jacob Boehm) un reflet sur un plat d'étain, ne sont pas réduits à ce qu'ils sont et aux associations d'idées qui peuvent en dériver : ils prennent puissance d'événement et comme par *actio præsentiæ*, deviennent «catalyseurs», provoquent un changement d'état.

Le sujet passe alors sans difficulté dans sa vie seconde, — comme si le phénomène initial fût un élément commun, un point de contact ou de soudure de deux «univers».

Ainsi en est-il des termes essentiels chez les mystiques : ils ont un sens par lequel ils appartiennent au dictionnaire de l'usage commun, et un autre sens dont la résonance ne se développe que dans les domaines «internels» d'une certaine personne. L'ambiguïté de cette double fonction a pour conséquence la facilité de passage de l'état normal à l'état privilégié, le *va-et-vient sans efforts entre deux mondes.* Cette dernière remarque me semble importante : elle permet de ne pas confondre le mysticisme avec le délire ; le délire brouille les mondes et les valeurs, le mystique à la SVEDENBORG les discerne au point de se donner la Table de leurs Correspondances pour problème et pour tâche ; et d'ailleurs, ses agissements dans le monde commun, ses relations avec les êtres et les choses sont parfaitement normaux ou irréprochablement adaptés.

*

Dans le cas qui nous occupe, Spirituel est un *mot-clef*, un mot dont la signification est une résonance. Il ne dirige pas l'esprit vers un objet de pensée, mais il ébranle tout un milieu affectif et imaginatif réservé. Il répond au besoin d'exprimer que ce que l'on dit n'a pas sa fin ni sa valeur dans

ce que l'on voit ; et davantage, — que ce que l'on
pense n'a pas sa fin ni sa valeur dans ce qui peut
être pensé. C'est un signe qui, sous forme d'épithète, nous suggère de réduire à la condition de
simples symboles les objets et les événements de la
vie ordinaire et de la réalité sensible ; et qui nous
avertit, en outre, de la nature symbolique de notre
pensée elle-même. Le monde « spirituel » donne son
vrai sens au monde visible ; mais lui-même n'est
que l'expression symbolique d'un monde essentiel
inaccessible, où cesse la distinction de l'*être* et du
connaître.

*

Le fait capital (pour le psychologue) que tout ceci
enveloppe et propose à l'étude, est le suivant. Quelqu'un éprouve et s'assure que dans sa pensée puisse
se manifester autre chose que sa pensée même.
L'événement mystique ou spirituel par excellence
est l'introduction ou l'intervention présumée dans
le groupe des attributions d'un Moi, de quasi-phénomènes, de puissances impulsives, de jugements, etc.
que le Moi ne reconnaît pas pour siens, qu'il ne peut
attribuer qu'à un Autre... dans le domaine où normalement il n'y a pas d'Autre, le domaine indivisible
du Même.

Sans doute, ce qui se produit « en nous » est assez
souvent une surprise « pour nous » ; et tantôt par une
qualité supérieure ; tantôt au contraire, par une faiblesse ou une déficience qui se montre, nous étonne.
Nous nous trouvons tantôt plus, tantôt moins que
« nous-mêmes ». Mais nous ne cessons pourtant d'attribuer ces écarts à quelque origine intime ou fonctionnelle à peu près comme nous le faisons quand
une sensation corporelle inattendue nous surprend.

Une douleur subite transforme notre idée de notre moi, de même qu'un éclair de plaisir aigu; mais nous n'imaginons jamais que ces incidents ou événements ne soient pas de notre même substance, dont ils sont seulement une propriété rarement sollicitée. Le mystique ressent, au contraire, l'extériorité, ou plutôt, l'extranéité de la *source* des images, des émotions, des paroles, des impulsions qui lui parviennent par voie intérieure. Il est contraint de leur donner puissance de réalité; mais, comme il ne peut confondre cette réalité avec la réalité *de tout le monde*, sa vie est un cheminement entre deux univers d'égale existence, mais de très inégale importance.

C'est ici que se pose inévitablement une question que je ne me charge pas de résoudre. Pourrai-je même clairement l'énoncer?

*

Comment concevoir qu'un homme tel que SVEDEN-BORG, c'est-à-dire profondément cultivé, — habitué par de sérieux travaux d'ordre scientifique et des méditations où la logique et l'attention interne sont longuement soutenues, à observer la formation de sa pensée et à s'avancer en soi-même, tout en préservant la conscience des opérations de son esprit, — ait pu ne pas discerner l'action même de cet esprit dans les productions d'images, d'admonitions ou de «vérités» qui lui venaient comme d'une source secrète? Ces productions sont étranges, sans doute, — mais non si étranges qu'on n'y puisse reconnaître à la réflexion les éléments empruntés à l'expérience ordinaire de la vie.

Comment ne pas voir que nos formations spirituelles font partie du groupe des combinaisons qui peuvent se composer en nous à partir de nos acquisitions sensorielles et de nos possibilités et libertés psychiques et affectives ? Tandis que SVEDENBORG _savant_ avait certainement considéré le monde sensible comme l'aspect superficiel d'un monde physico-mécanique selon Descartes ou selon Newton, SVEDENBORG _mystique_ considérait cet aspect sensible superficiel, d'intuition naïve, comme expression d'un monde «spirituel». _Si ce monde spirituel est donc révélé par quelque puissance surnaturelle, cette puissance choisit pour s'exprimer dans_ SVEDENBORG _les apparences qui conviendraient pour enseigner quelque ignorant..._

J'ai souligné ces mots d'un trait ; mais je puis insister plus fortement encore sur l'idée qu'ils expriment au moyen de la remarque suivante : La vision la plus bizarre d'un visionnaire peut toujours être ramenée ou rapportée à une simple déformation du réel observable, avec conservation des conditions de la connaissance, et cette vision peut d'ailleurs se décrire en termes du langage ordinaire. Mais que l'on songe à la structure des choses et à la forme d'univers, que nous proposent aujourd'hui les développements des moyens mathématiques et instrumentaux de la Science. Ces résultats sont, d'une part, positifs, puisqu'ils se réfèrent à des pouvoirs d'actions ; d'autre part, ils s'insèrent dans l'inintelligible, ébranlent les vénérables «catégories de l'entendement», déprécient jusqu'aux notions de loi et de cause, — tellement que l'antique «réalité» de jadis devient un simple effet statistique, cependant que l'_imagination_ elle-même, productrice de toutes les «visions» possibles, et le _langage usuel_, moyen de leur expression, se trouvent frappés d'impuissance, incapables de nous représenter ce que nos instruments et nos calculs nous obligent d'essayer de penser...

L'Univers svedenborgien, le Monde spirituel, le Lieu de l'Amour conjugal dans la Sphère des Anges et des Esprits, est donc «humain, trop humain», trop semblable au nôtre, tandis que les Univers de fabrication scientifique (et même ceux que l'on concevait du temps de SVEDENBORG) sont au contraire de plus en plus «inhumains»; on n'y trouve ni noces, ni beaux discours, ni vierges éclatantes; et ils ne peuvent servir de symboles à quoi que ce soit, n'étant eux-mêmes que symboles, tenseurs, opérateurs, matrices, et symboles dont la signification concrète nous échappe.

*

Je n'ai parlé de tout ceci que pour insister sur la question que je crois essentielle dans le cas qui nous occupe : *Comment un* SVEDENBORG *est-il possible?* — Que faut-il supposer pour considérer la coexistence des qualités d'un savant ingénieur, d'un fonctionnaire éminent, d'un homme à la fois si sage dans la pratique et si instruit de toutes choses, avec les caractéristiques d'un illuminé qui n'hésite pas à rédiger, à publier ses visions, à se laisser passer pour visité par les Habitants d'un autre monde, pour informé par eux et vivant une part de sa vie dans leur mystérieuse compagnie?

Davantage : ce n'est point assez que de parler de coexistence; il faut noter aussi une certaine collaboration, dont le plus remarquable et le plus étonnant exemple est donné par le Traité des Représentations et des Correspondances, que renferme le livre des *Arcana Cœlestia*.

Il m'est difficile de croire que cet ouvrage n'ait pas été médité et composé par un auteur plus systématique et maître de soi qu'inspiré et perdu dans sa contemplation. Le souci de l'ordonnance, la volonté et le soin de définir, l'introduction bien ménagée de notions nouvelles y sont très sensibles et ont dû exiger un travail logique considérable qui contraste curieusement avec le contenu des rêveries. Mais plus extraordinaire encore est la partie de ce traité où SVEDENBORG développe les correspondances des organes et des membres ; il fait montre, en cet endroit, de connaissances anatomiques remarquablement précises et détaillées, et il s'exprime en homme qui a profondément réfléchi sur les problèmes de la physiologie ; connaissances et réflexions dont il use pour faire correspondre à toutes les parties de l'organisme, les plus étranges significations, évaluations ou créations «spirituelles». Ce mixte de savoir, de méthode et de songe, de parfaite et certaine lucidité et de rapports imaginaires est si difficile à admettre que l'on serait parfois tenté de suspecter la bonne foi de notre visionnaire, si, d'une part, le travail considérable dépensé, la durée et la continuité de cet effort, — d'autre part, le désintéressement, la noblesse du caractère qu'on lui reconnaît ne rendaient peu vraisemblable l'hypothèse d'une entreprise de supercherie, d'un long mensonge de grand style.

*

Lui-même, SVEDENBORG, répondait aux questions anxieuses de sa propre foi dans ses lumières personnelles. *Hæc vera sunt quia signum habeo.*

Ce «signe» suffisait à dissiper toute résistance intérieure, et à conserver l'union intime du SVEDENBORG rationaliste, physicien, homme pratique et sociable, avec le familier des Esprits et le confident des Anges. Ces relations sublimes et mer-

veilleuses ne gênaient en rien sa vie assez répandue, et il les entretenait comme il entretenait le
commerce ordinaire d'un «honnête homme» avec
ses contemporains, aussi aisément et habituelle-
ment qu'une personne qui fréquente plusieurs
«mondes» (comme celui de ses affaires et celui de
ses plaisirs) en soutient et en entrelace les différentes observances.

La nature de ce *Signe* ne nous est pas expliquée.
Supposé que la réponse de svedenborg n'ait pas
été une simple défaite, on peut attribuer son silence
à la crainte de voir contester ce fondement de sa vie
intime, ou bien à celle que ne s'évanouît la vertu de
ce signe avec son secret. Mais aussi la difficulté
même de le décrire a pu le contraindre à le taire. Il
est bien connu que ce qui fixe notre esprit à une certitude est indéfinissable. Je ne vais donc pas essayer
de me figurer celle-ci, mais je risquerai toutefois
une certaine analogie à titre de simple suggestion.

Je songe donc à cette espèce de force et de consistance qui affirme ou confirme en nous une opinion
ou une résolution toute conforme au besoin de notre
sensibilité. Si nous recevons d'une source extérieure ce dont nous possédons le désir intense, il
nous semble que cette chose qui nous satisfait si
exactement est comme produite par notre même
désir. Nous sentons que telle idée qu'on nous propose nous ravit comme si le désir d'être ravis se la
fût formée pour soi-même; nous trouvons que telle
œuvre est si bien faite pour nous qu'elle est comme
faite par nous; et nous le disons même d'une personne; et ce sentiment invincible et immédiat nous
est un *signe* indubitable, car nous ne pouvons douter que ce qui nous plaît nous plaise et que ce qui
nous comble laisse quelque place à la moindre hésitation.

À quel «Signe» un artiste connaît-il qu'il est, à tel instant, dans son «Vrai»? et perçoit-il la nécessité en même temps que la volupté (et toutes deux croissantes) de son acte créateur?

Le Signe de SVEDENBORG n'était peut-être que la sensation d'énergie, de plénitude heureuse, de bien-être qu'il éprouvait toujours à se laisser produire et organiser son monde spirituel, et la certitude de son délice créateur pouvait sans doute suffire à différer indéfiniment ses doutes et à détendre son sens critique.

*

Toutefois, le cas SVEDENBORG nous propose, semble-t-il, certains faits allégués, qui ne se réduisent ni à la vision mystique, ni à l'existence avouée d'un certain Signe.

Cette métamorphose substantielle d'une pensée d'abord toute scientifique et métaphysico-théologique en «réalité seconde» intuitive et en doctrine transcendantale, s'est opérée par degrés, et ces degrés marqués par des événements «subjectifs» proprement hallucinatoires, dont la scène dans l'auberge de Londres est tout à fait caractéristique.

Faut-il tenir *pour* «exact» le récit qu'en a fait le théosophe lui-même, et que lui seul nécessairement pouvait en faire? On va voir l'importance de la question que je pose. L'exactitude dont je parle n'est pas celle qui peut dépendre de la bonne foi de SVE-DENBORG. Acceptons que celle-ci soit entière. Mais l'homme le plus sincère du monde, exprimant ce qu'il a vu, et singulièrement, ce qu'il a vu dans un domaine où seul il a pu voir, altère inévitablement cette condition de sincérité *rien que par l'emploi du langage commun*, qui ajoute à l'altération non moins inévitable due à l'acte de mémoire directe, celle qui résulte de la partition en *mots*, et des lois combinatoires ou formes de la syntaxe. Dans l'ordre des communications pratiques, ces altérations sont négligeables en général, et d'ailleurs rectifiées par l'expérience commune : le monde sensible commun vérifie l'accord de nos signaux. Mais toute *description* de nos perceptions séparées détruit radicalement ce qui serait de ces perceptions le plus précieux à connaître et à déchiffrer.

C'est pourquoi je suis très loin de me confier aux prétendues analyses des rêves qui sont tant à la mode aujourd'hui, où il semble que l'on ait forgé une nouvelle Clef des Songes.

Le rêve est une hypothèse, puisque nous ne le connaissons jamais que par le souvenir, mais ce souvenir est nécessairement une fabrication. Nous construisons, nous redessinons nos rêves ; nous nous l'exprimons, nous lui donnons un sens ; il devient *narrable* : histoire, scènes, distribution de personnages, et dans ce scénario de souvenirs, la part prise pour le réveil, la reconnaissance, nous est indiscernable, de ce qui restitue, peut-être, quelque chose de l'original a jamais perdu. Mais encore il arrive que nous racontions ce rêve : l'auditeur traduit à son tour ce récit dans son système propre d'images : s'il se pique d'étudier les rêves, il raisonnera sur ce qu'il imagine, et qui est la transmutation d'une transmutation.

La traduction d'une traduction peut bien conserver quelque chose, mais point *ce qui ne peut être nommé*. Ce qui ne peut être nommé, c'est cela même qu'il nous importerait de saisir, qui nous donnerait quelque idée de ce que peut être la *conscience sous le sommeil*, la production et la substitution de quasi-phénomènes, le perpétuel état naissant d'une vie mentale sans retour, essentiellement instantanée. Mais spéculer sur le *récit* d'un rêve, c'est opérer sur le résultat d'une *action* de la veille par laquelle l'original hypothétique a perdu la substance de sa nature, et est devenu un simulacre abstrait — comme une statue ne présente plus l'intime relation génératrice qui exista entre la forme et la vivante matière du modèle. En résumé : nous raisonnons sur le *schéma* d'un événement totalement aboli, et nous l'interprétons ; mais un schéma est le résultat de divers actes et ces actes sont actes de l'état de veille : il faut être «éveillé» pour *exprimer*.

Mais supposons que nous nous essayions, au contraire, à modifier volontairement nos perceptions et représentations d'homme éveillé de manière à diminuer leur effet significatif, à épuiser leur valeur transitive et conventionnelle (comme il arrive de celle d'un mot que l'on répète *jusqu'à ce qu'il perde son sens*) nous observerons alors quelques traits d'un état dont l'état de rêve *serait* la limite. Nous l'observons d'ailleurs assez bien quand nous nous sentons l'esprit gagné par le sommeil, que nous titubons, en quelque sorte, entre deux mondes, dont le plus fort se dissout peu à peu dans le plus faible... Alors se dessine déjà le mode de transformation de la conscience qui va régner dans l'univers de rêve, et, en admettant (à titre purement hypothétique) que cet univers se distingue de celui de la veille par le type de développement de toute impression qui nous affecte, nous aurons quelque idée de ce qui peut se passer sous l'empire du sommeil, quand notre sensibilité restante est sollicitée par des incidents organiques ou par des actions extérieures qui soient insuffisantes pour amener un changement total de notre état, — un réveil.

Des caractères analogues doivent, à mon avis, se

retrouver dans les « visions ». Les modes de transformation des apparences doivent y ressembler fort à
ceux de nos rêves. C'est là ce que j'ai cru vérifier en
quelques cas, par l'étude minutieuse de certains
récits de visionnaires choisis parmi les plus naïfs. Il
importe, en effet, que le document émane d'un sujet
aussi peu instruit et aussi peu *inventif* que possible,
afin que la production des images soit aussi pure que
possible d'intentions et de corrections secondaires.

S'agissant de SVEDENBORG, les conditions sont
toutes contraires et très défavorables à un examen
du degré d'exactitude du rapport qu'il nous fait
dans ses écrits. Toutefois, certains détails de la
célèbre vision de Londres me semblent de ceux qui
« ne s'inventent pas », c'est-à-dire qui ne semblent
pas pouvoir être souhaités, précédés d'une intention, répondre à quelque exigence consciente...

*

Je me suis laissé aller à des considérations dont il
ne faut retenir que ceci : que je n'en finirais plus si
je suivais toutes les questions auxquelles le livre de
M. Martin Lamm m'a engagé.

J'y suis entré sans soupçonner que je pénétrais
dans une forêt enchantée où chaque pas fait lever
des vols soudains d'idées, où se multiplient les carrefours à hypothèses rayonnantes, les embûches psychologiques et les échos ; où chaque regard entrevoit
des perspectives tout embroussaillées d'énigmes, où
le veneur intellectuel s'excite, s'égare, perd, retrouve
et reperd la piste... Mais ce n'est point du tout perdre
son temps. J'aime la chasse pour la chasse, et il est
peu de chasses plus prenantes et plus diverses que la
chasse au Mystère SVEDENBORG.

De l'enseignement de la poétique
au Collège de France

L'histoire de la Littérature s'est grandement développée de nos jours, et dispose de nombreuses chaires. Il est remarquable, par contraste, que la forme d'activité intellectuelle, qui engendre les œuvres mêmes, soit fort peu étudiée, ou ne le soit qu'accidentellement et avec une précision insuffisante. Il est non moins remarquable que la rigueur qui s'applique à la critique des textes et à leur interprétation philologique se rencontre rarement dans l'analyse des phénomènes positifs de la production et de la consommation des œuvres de l'esprit.

Si quelque précision pouvait être atteinte en cette matière, son premier effet serait de dégager l'Histoire de la Littérature d'une quantité de faits accessoires, et de détails ou de divertissements, qui n'ont avec les problèmes essentiels de l'art que des relations tout arbitraires et sans conséquence. La tentation est grande de substituer à l'étude de ces problèmes très subtils, celle de circonstances ou d'événements qui, pour intéressants qu'ils puissent être en eux-mêmes, ne nous disposent pas, en général, à goûter une œuvre plus profondément, ni à concevoir de sa structure une idée plus juste et plus profitable. Nous savons peu de chose d'Homère : la

beauté marine de l'*Odyssée* n'en souffre pas ; et de
Shakespeare, pas même si son nom est bien celui
qu'il faut mettre sur le *Roi Lear*.

Une Histoire approfondie de la Littérature devrait
donc être comprise, non tant comme une histoire
des auteurs et des accidents de leur carrière ou de
celle de leurs ouvrages, que comme une *Histoire de
l'esprit en tant qu'il produit ou consomme de la « littérature »*, et cette histoire pourrait même se faire
sans que le nom d'un écrivain y fût prononcé. On
peut étudier la forme poétique du *Livre de Job* ou
celle du *Cantique des Cantiques*, sans la moindre
intervention de la biographie de leurs auteurs, qui
sont tout à fait inconnus.

*

Mais une Histoire de ce type suppose ou exige, à
titre de préambule ou de préparation, une étude
qui eût pour objet de former une idée aussi exacte
que possible des conditions d'existence et de développement de la Littérature, une analyse des modes
d'action de cet art, de ses moyens et de la diversité
de ses formes. On ne concevrait pas que l'Histoire
de la Peinture, ou celle des Mathématiques (par
exemple) ne fussent pas précédées d'une connaissance assez approfondie de ces disciplines et de
leurs techniques propres. Mais la Littérature, à
cause de sa facilité apparente de production (puisqu'elle a pour substance et pour instrument le langage de tous, et qu'elle ne combine que des idées
non spécialement élaborées) semble pouvoir se
passer, pour être pratiquée et goûtée, de toute préparation particulière. On ne conteste pas que cette
préparation puisse paraître négligeable : c'est l'opinion commune, selon laquelle une plume et un

cahier de papier, en y ajoutant quelque don naturel, font un écrivain.

Ce n'était pas là le sentiment des anciens, ni celui de nos plus illustres auteurs. Ceux-là mêmes qui ont cru ne devoir leurs ouvrages qu'à leur désir et à leurs vertus immédiatement exercées, s'étaient fait, sans qu'ils s'en doutassent, tout un système d'habitudes et d'idées qui étaient les fruits de leurs expériences et s'imposaient à leur production. Ils avaient beau ne pas soupçonner toutes les définitions, toutes les conventions, toute la logique et la «combinatoire», que la composition suppose, et croire ne rien devoir qu'à l'instant même, leur travail mettait nécessairement en jeu tous ces procédés et ces modes inévitables du fonctionnement de l'esprit. Les reprises d'un ouvrage, les repentirs, les ratures, et enfin les progrès marqués par les œuvres successives montrent bien que la part de l'arbitraire, de l'imprévu, de l'émotion, et même celle de l'intention actuelle, n'est prépondérante qu'en apparence. Notre main, quand elle écrit, ne nous donne pas normalement à percevoir l'étonnante complication de son mécanisme et des forces distinctes qu'elle assemble dans son action. Mais ce qu'elle écrit ne doit pas, sans doute, être moins composé; et chaque phrase que nous formons doit, comme tout acte complexe et singulier, être approprié à quelque circonstance qui ne se reproduit pas, comporter une coordination de perceptions actuelles, d'impulsions et d'images du moment avec tout un «matériel» de réflexes, de souvenirs et d'habitudes. Tout ceci résulte de la moindre observation du langage «en acte».

Mais encore, une réflexion tout aussi simple nous conduit à penser que *la Littérature est*, et *ne peut être autre chose qu'une sorte d'extension et d'application de certaines propriétés du Langage*.

Elle utilise, par exemple, à ses fins propres, les propriétés phoniques et les possibilités rythmiques du parler, que le discours ordinaire néglige. Elle les classe même, les organise, et en fait quelquefois un emploi systématique, strictement défini. Il lui arrive aussi de développer les effets que peuvent produire les rapprochements de termes, leurs contrastes, et de créer des contractions ou user de substitutions qui excitent l'esprit à produire des représentations plus vives que celles qui lui suffisent à entendre le langage ordinaire. C'est là le domaine des «figures», dont s'inquiétait l'antique «Rhétorique», et qui est aujourd'hui à peu près délaissé par l'enseignement. Cet abandon est regrettable. La formation de figures est indivisible de celle du langage lui-même, dont tous les mots «abstraits» sont obtenus par quelque abus ou quelque transport de signification, suivi d'un oubli du sens primitif. Le poète qui multiplie les figures ne fait donc que retrouver en lui-même le langage *à l'état naissant*. D'ailleurs, en considérant les choses d'assez haut, ne peut-on pas considérer le Langage lui-même comme le chef-d'œuvre des chefs-d'œuvre littéraires, puisque toute création dans cet ordre se réduit à une combinaison des puissances d'un vocabulaire donné, selon des formes instituées une fois pour toutes?

En somme, l'étude dont nous parlions aurait pour objet de préciser et de développer la recherche des effets proprement littéraires du langage, l'examen des inventions expressives et suggestives qui ont été faites pour accroître le pouvoir et la pénétration de la parole, et celui des restrictions que l'on a parfois imposées en vue de bien distinguer la langue de la fiction de celle de l'usage, etc.

*

On voit par ces quelques indications la quantité des problèmes et l'immensité de la matière que propose à la pensée le dessein d'une théorie de Littérature telle que nous la concevons. Le nom de POÉTIQUE nous paraît lui convenir, en entendant ce mot selon son étymologie, c'est-à-dire comme nom de tout ce qui a trait à la création ou à la composition d'ouvrages dont le langage est à la fois la substance et le moyen, — et point au sens restreint de recueil de règles ou de préceptes esthétiques concernant la poésie.

L'art littéraire, dérivé du langage, et dont le langage, à son tour, se ressent, est donc, entre les arts, celui dans lequel la convention joue le plus grand rôle ; celui où la mémoire intervient à chaque instant, par chaque *mot* ; celui qui agit surtout par *relais*, et non par la sensation directe, et qui met en jeu simultanément, et même concurremment, les facultés intellectuelles abstraites et les propriétés émotives et sensitives. Il est, de tous les arts, celui qui engage et utilise le plus grand nombre de parties indépendantes (*son, sens, formes syntaxiques, concepts, images...*). Son étude ainsi conçue est évidemment des plus difficiles à conduire, et d'abord, à ordonner, car elle n'est au fond qu'une analyse de l'esprit dirigée dans une intention particulière, et qu'il n'y a pas d'ordre dans l'esprit même : il en trouve un ou il en met dans les choses ; il ne s'en trouve point à soi-même qui s'impose à lui et qui passe en fécondité son «désordre» incessamment renouvelé.

Mais la *Poétique* se proposerait bien moins de résoudre les problèmes que d'en énoncer. Son enseignement ne se séparerait pas de la recherche même, comme il doit se faire dans tout haut ensei-

gnement ; et il devrait être abordé et maintenu dans
un esprit de très grande généralité. Il est impossible, en effet, de donner à la Littérature une idée
suffisamment complète et véritable si l'on n'explore
pas, pour la situer assez exactement, le champ
entier de l'expression des idées et des émotions, si
l'on n'examine pas ses conditions d'existence, tour
à tour dans l'intime travail de l'auteur et dans l'intime réaction d'un lecteur, et si l'on ne considère
pas, d'autre part, les milieux de culture où elle se
développe. Cette dernière considération conduit
(entre autres résultats) à une importante distinction : celle des œuvres *qui sont comme créées par
leur public* (dont elles remplissent l'attente et sont
ainsi presque déterminées par la connaissance de
celle-ci) et des œuvres qui, au contraire, *tendent à
créer leur public*. Toutes les questions et querelles
nées des conflits entre le nouveau et la tradition, les
débats sur les conventions, les contrastes entre
« petit public » et « grand public », les variations de
la critique, le sort des œuvres dans la durée et les
changements de leur valeur, etc. peuvent être expo-
sés à partir de cette distinction.

Cependant la partie essentielle d'une Poétique
devrait consister dans l'analyse comparée du mécanisme (c'est-à-dire, de ce que l'on peut, *par figure*,
appeler ainsi) de l'acte de l'écrivain, et des autres
conditions moins définies que cet acte semble exiger (« inspiration », « sensibilité », etc.).

L'observation personnelle, et même l'introspec-
tion, trouvent ici un emploi de première importance, pourvu que l'on s'attache à les exprimer avec
autant de précision qu'on le puisse. Il faut bien
avouer que la terminologie dans les arts, et particulièrement dans l'art littéraire, est des plus incertaines, *forme*, *style*, *rythme*, *influences*, *inspiration*,

composition, etc., sont des termes qui s'entendent sans doute ; mais qui ne s'entendent que dans la mesure où les personnes qui les emploient ou les échangent entre elles, s'entendent elles-mêmes. D'ailleurs, des mots aussi « élémentaires » que *phrase* ou *vers* ou même *consonne* demeurent bien mal définis.

*

En résumé, l'objet d'un enseignement éventuel de la Poétique au Collège de France, loin de se substituer ou de s'opposer à celui de l'Histoire Littéraire serait de donner à celle-ci à la fois une introduction, un sens et un but.

Leçon inaugurale du cours de poétique
du Collège de France

C'est pour moi une sensation assez étrange et très émouvante, que de monter dans cette chaire et de commencer une carrière toute nouvelle à l'âge où tout nous conseille d'abandonner l'action et de renoncer à l'entreprise.

Je vous remercie, Messieurs les Professeurs, de l'honneur que vous me faites de m'accueillir parmi vous et de la confiance que vous avez accordée, d'abord, à la proposition qui vous a été soumise d'instituer un enseignement qui s'intitulât *Poétique*, et ensuite à celui qui vous la soumettait.

Vous avez peut-être pensé que certaines matières qui ne sont pas proprement objet de science, et qui ne peuvent pas l'être, à cause de leur nature presque toute intérieure et de leur étroite dépendance des personnes mêmes qui s'y intéressent, pouvaient cependant, sinon être enseignées, du moins, être en quelque manière communiquées comme le fruit d'une expérience individuelle, longue déjà de toute une vie, et que, par conséquent, l'âge était une sorte de condition qui, dans ce cas assez particulier, se pouvait justifier.

Ma gratitude s'adresse également à mes confrères de l'Académie française qui ont bien voulu se joindre à vous, pour présenter ma candidature.

Je remercie enfin Monsieur le Ministre de l'Éducation nationale d'avoir agréé la transformation de cette chaire comme d'avoir proposé à Monsieur le Président de la République le décret de ma nomination.

Messieurs, je ne saurais non plus m'engager dans l'explication de ma tâche, que je ne témoigne d'abord mes sentiments de reconnaissance, de respect et d'admiration envers mon illustre ami M. Joseph Bédier. Ce n'est pas ici qu'il est besoin de rappeler la gloire et les mérites insignes du savant et de l'écrivain, honneur des Lettres françaises, et je n'ai pas à vous parler de sa douce et persuasive autorité d'administrateur. Mais il m'est difficile de taire que c'est lui, Messieurs les Professeurs, qui s'accordant avec quelques-uns d'entre vous, eut la pensée que voici qui se réalise aujourd'hui. Il m'a séduit au charme de votre Maison, qu'il était sur le point de quitter, et c'est lui qui m'a persuadé que je pourrais tenir cette place à laquelle rien ne me conduisait à songer. C'est enfin dans quelque entretien avec lui que la rubrique même de cette chaire s'est dégagée de notre échange de questions et de réflexions.

Mon premier soin doit être d'expliquer ce nom de « Poétique » que j'ai restitué, dans un sens tout primitif, qui n'est pas celui de l'usage. Il m'est venu à l'esprit et m'a paru le seul convenable pour désigner le genre d'étude que je me propose de développer dans ce Cours.

On entend ordinairement ce terme de tout exposé ou recueil de règles, de conventions ou de préceptes concernant la composition des poèmes lyriques et dramatiques ou bien la construction des vers. Mais on peut trouver qu'il a assez vieilli dans ce sens avec la chose même, pour lui donner un autre emploi.

Tous les arts admettaient, naguère, d'être soumis chacun selon sa nature, à certaines formes ou modes obligatoires qui s'imposaient à toutes les œuvres du même genre, et qui pouvaient et devaient s'apprendre, comme l'on fait la syntaxe d'une langue. On ne consentait pas que les effets qu'une œuvre peut produire, si puissants ou si heureux fussent-ils, fussent des gages suffisants pour justifier cet ouvrage et lui assurer une valeur universelle. Le fait n'emportait pas le droit. On avait reconnu, de très bonne heure, qu'il y avait dans chacun des arts des pratiques à recommander, des observances et des restrictions favorables au meilleur succès du dessein de l'artiste, et qu'il était de son intérêt de connaître et de respecter.

Mais, peu à peu, et de par l'autorité de très grands hommes, l'idée d'une sorte de légalité s'est introduite et substituée aux recommandations d'origine empirique du début. On raisonna, et la rigueur de la règle se fit. Elle s'exprima en formules précises ; la critique en fut armée ; et cette conséquence paradoxale s'ensuivit, qu'une discipline des arts, qui opposait aux impulsions de l'artiste des difficultés raisonnées, connut une grande et durable faveur à cause de l'extrême facilité qu'elle donnait de juger et de classer les ouvrages, par simple référence à un code ou à un canon bien défini.

Une autre facilité résultait de ces règles formelles, pour ceux qui songeaient à produire. Des conditions très étroites, et même des conditions très sévères, dispensent l'artiste d'une quantité de décisions des plus délicates et le déchargent de bien des responsabilités en matière de forme, en même temps qu'elles l'excitent quelquefois à des inventions auxquelles une entière liberté ne l'aurait jamais éconduit.

Mais, qu'on le déplore ou qu'on s'en réjouisse, l'ère d'autorité dans les arts est depuis assez longtemps révolue, et le mot « Poétique » n'éveille guère plus que l'idée de prescriptions gênantes et surannées. J'ai donc cru pouvoir le reprendre dans un sens qui regarde à l'étymologie, sans oser cependant le prononcer *Poïétique*, dont la physiologie se sert quand elle parle de fonctions hématopoïétiques ou galactopoïétiques. Mais c'est enfin la notion toute simple de *faire* que je voulais exprimer. Le faire, le *poïein*, dont je veux m'occuper, est celui qui s'achève en quelque œuvre et que je viendrai à restreindre bientôt à ce genre d'œuvres qu'on est convenu d'appeler *œuvres de l'esprit*. Ce sont celles que l'esprit veut se faire pour son propre usage, en employant à cette fin tous les moyens physiques qui lui peuvent servir.

Comme l'acte simple dont je parlais, toute œuvre peut ou non nous induire à méditer sur cette génération, et donner ou non naissance à une attitude interrogative plus ou moins prononcée, plus ou moins exigeante, qui la constitue en problème,

Une telle étude ne s'impose pas. Nous pouvons la juger vaine, et même nous pouvons estimer cette prétention chimérique. Davantage : certains esprits trouveront cette recherche non seulement vaine, mais nuisible ; et même, ils se devront, peut-être, de la trouver telle. On conçoit, par exemple, qu'un poète puisse légitimement craindre d'altérer ses vertus originelles, sa puissance immédiate de production par l'analyse qu'il en ferait. Il se refuse instinctivement, à les approfondir autrement que par l'exercice de son art, et à s'en rendre plus entièrement le maître par raison démonstrative. Il est à croire que notre acte le plus simple, notre geste le plus familier, ne pourrait s'accomplir, et que le moindre de nos pouvoirs nous serait obstacle, si nous devions nous le rendre présent à l'esprit et le connaître à fond pour l'exercer.

Achille ne peut vaincre la tortue s'il songe à l'espace et au temps.

Cependant, il peut arriver au contraire que l'on prenne à cette curiosité un intérêt si vif et qu'on attache une importance si éminente à la suivre, que l'on soit entraîné à considérer avec plus de complaisance, et même avec plus de passion, *l'action qui fait*, que *la chose faite*.

C'est en ce point, Messieurs, que ma tâche doit se différencier nécessairement de celle qu'accomplit d'une part l'Histoire de la Littérature, d'autre part la Critique des textes et celle des ouvrages.

L'Histoire de la Littérature recherche les circonstances extérieurement attestées dans lesquelles les ouvrages furent composés, se manifestèrent et produisirent leurs effets. Elle nous renseigne sur les auteurs, sur les vicissitudes de leur vie et de leur œuvre, en tant que choses visibles et qui ont laissé des traces que l'on puisse relever, coordonner, interpréter. Elle recueille les traditions et les documents.

Je n'ai pas besoin de vous rappeler avec quelle érudition et quelle originalité de vues, cet enseignement fut ici même dispensé par votre éminent collègue M. Abel Lefranc. Mais la connaissance des auteurs et de leur temps, l'étude de la succession des phénomènes littéraires ne peut que nous exciter à conjecturer ce qui a pu se passer dans l'intime de ceux qui ont fait ce qu'il a fallu pour obtenir d'être inscrits dans les fastes de l'Histoire des Lettres. S'ils l'ont obtenu, c'est par le concours de deux conditions que l'on peut toujours considérer comme indépendantes : l'une est nécessairement la production même de l'œuvre ; l'autre est la production d'une certaine *valeur* de l'œuvre, par ceux qui ont connu, goûté l'œuvre produite, qui en ont imposé la renommée et assuré la transmission, la conservation, la vie ultérieure.

Je viens de prononcer les mots de « valeur » et de « production ». Je m'y arrête un instant.

Si l'on veut entreprendre l'exploration du domaine de l'esprit créateur, il ne faut pas craindre de se tenir d'abord dans les considérations les plus générales qui sont celles qui nous permettront de nous avancer sans être obligés à trop de retours sur nos pas ; et qui nous offriront aussi le plus grand nombre d'analogies, c'est-à-dire, le plus grand nombre d'expressions approchées pour la description de faits et d'idées qui échappent le plus souvent par leur nature même, à toute tentative de définition directe. C'est pourquoi je fais la remarque de cet emprunt de quelques mots à l'Économie : il me sera peut-être commode d'assembler sous les seuls noms de *production* et de *producteur*, les diverses activités et les divers personnages dont nous aurons à nous occuper, si nous voulons traiter de ce qu'ils ont de commun, sans distinguer entre leurs différentes espèces. Il ne sera pas moins commode avant de spécifier que l'on parle de lecteur ou d'auditeur ou de spectateur, de confondre tous ces suppôts des œuvres de tous genres, sous le nom économique de *consommateur*.

Quant à la notion de valeur, on sait bien qu'elle joue dans l'univers de l'esprit un rôle de premier ordre, comparable à celui qu'elle joue dans le monde économique, quoique la valeur spirituelle soit beaucoup plus subtile que l'économique, puisqu'elle est liée à des besoins infiniment plus variés et non dénombrables, comme le sont les besoins de l'existence physiologique. Si nous connaissons encore *l'Iliade*, et si l'or est demeuré, après tant de siècles, un corps (plus ou moins simple) mais assez remarquable et généralement vénéré, c'est que la rareté, l'inimitabilité et quelques autres propriétés distinguent l'or et l'*Iliade*, et en font des objets privilégiés, des étalons de *valeur*.

Sans insister sur ma comparaison économique, il est clair que l'idée de travail, les idées de création et d'accumulation de richesse, d'offre et de demande, se présentent très naturellement dans le domaine qui nous intéresse.

Tant par leur similitude que par leurs différentes applications, ces notions de mêmes noms nous rappellent que dans deux ordres de faits qui semblent très éloignés les uns des autres, se posent les problèmes de la relation des personnes avec leur milieu social. D'ailleurs, comme il existe, une analogie économique, et par les mêmes motifs, il existe aussi une analogie politique entre les phénomènes de la vie intellectuelle organisée et ceux de la vie publique. Il y a toute une politique du pouvoir intellectuel, une politique intérieure (très intérieure, s'entend), et une politique extérieure, celle-ci étant du ressort de l'Histoire Littéraire dont elle devrait faire l'un des principaux objets.

Politique et économique ainsi généralisées sont donc des notions qui, dès notre premier regard sur l'univers de l'esprit, et quand nous pouvions nous attendre à le considérer comme un système parfaitement isolable pendant la phase de formation des œuvres, s'imposent et paraissent profondément présentes dans la plupart de ces créations, et toujours instantes dans le voisinage de ces actes.

Au cœur même de la pensée du savant ou de l'artiste le plus absorbé dans sa recherche, et qui semble le plus retranché dans sa sphère propre, en tête à tête avec ce qu'il est de plus *soi* et de plus impersonnel, existe je ne sais quel pressentiment des réactions extérieures que provoquera l'œuvre en formation : l'homme est difficilement seul.

Cette action de présence doit toujours se supposer sans crainte d'erreur ; mais elle se compose si subtilement avec les autres facteurs de l'ouvrage, parfois elle se déguise si bien, qu'il est presque impossible de l'isoler.

Nous savons toutefois que le vrai sens de tel choix ou de tel effort d'un créateur est souvent *hors* de la création elle-même, et résulte d'un souci plus ou moins conscient de l'effet qui sera produit et de ses conséquences pour le producteur. Ainsi, pendant son travail, l'esprit se porte et se reporte incessamment du Même à l'Autre ; et modifie ce que produit son être le plus intérieur, par cette sensation particulière du jugement des tiers. Et donc, dans nos réflexions sur une œuvre, nous pouvons prendre l'une ou l'autre de ces deux attitudes qui s'excluent. Si nous entendons procéder avec autant de rigueur qu'une telle matière en admet, nous devons-nous astreindre à séparer très soigneusement notre recherche de la génération d'une œuvre, de notre étude de la production de sa valeur, c'est-à-dire des effets qu'elle peut engendrer ici ou là, dans telle ou telle tête, à telle ou telle époque.

Il suffit, pour le démontrer, de remarquer que ce

que nous pouvons véritablement savoir ou croire savoir en tous domaines, n'est autre chose que ce que nous pouvons ou *observer* ou *faire* nous-mêmes, et qu'il est impossible d'assembler dans un même état et dans une même attention, l'observation de l'esprit qui produit l'ouvrage, et l'observation de l'esprit qui produit quelque valeur de cet ouvrage. Il n'y a pas de regard capable d'observer à la fois ces deux fonctions ; producteur et consommateur sont deux systèmes essentiellement séparés. L'œuvre est pour l'un le *terme*, pour l'autre, l'*origine* de développements qui peuvent être aussi étrangers que l'on voudra, l'un à l'autre.

Il faut en conclure que tout jugement qui annonce une relation à trois termes, entre le producteur, l'œuvre et le consommateur, — et les jugements de ce genre ne sont pas rares dans la critique — est un jugement illusoire qui ne peut recevoir aucun sens et que la réflexion ruine à peine elle s'y applique. Nous ne pouvons considérer que la relation de l'œuvre à son producteur, ou bien la relation de l'œuvre à celui qu'elle modifie une fois faite. L'action du premier et la réaction du second ne peuvent jamais se confondre. Les idées que l'un et l'autre se font de l'ouvrage sont incompatibles.

Il en résulte des surprises très fréquentes dont quelques-unes sont avantageuses. Il y a des malentendus créateurs. Et il y a quantité d'effets — et des plus puissants, — qui exigent l'absence de toute correspondance directe entre les deux activités intéressées. Telle œuvre, par exemple, est le fruit de longs soins, et elle assemble une quantité d'essais, de reprises, d'éliminations et de choix. Elle a demandé des mois et même des années de réflexion, et elle peut supposer aussi l'expérience et les acquisitions de toute une vie. Or, l'effet de cette œuvre se déclarera en quelques instants. Un coup d'œil suffira à apprécier un monument considérable, à en ressentir le choc. En deux heures, tous les calculs du poète tragique, tout le labeur qu'il a dépensé pour ordonner sa pièce et en former un à un chaque vers ; ou bien toutes les combinaisons d'harmonie et d'orchestre qu'a construites le compositeur ; ou bien toutes les méditations du philosophe et les années pendant lesquelles il a retardé, retenu ses pensées, attendant qu'il en aperçoive et en accepte l'ordonnance définitive, tous ces actes de foi, tous ces actes de choix, toutes ces transactions mentales viennent enfin à l'état d'œuvre faite, frapper, étonner, éblouir ou déconcerter l'esprit de l'*Autre*, brusquement soumis à l'excitation de cette charge énorme de travail intellectuel. Il y a là une action de *démesure*.

On peut (très grossièrement s'entend) comparer cet effet à celui de la chute en quelques secondes d'une masse que l'on aurait élevée, fragment par fragment, au haut d'une tour sans regarder au temps ni au nombre des voyages.

On obtient ainsi l'impression d'une puissance surhumaine. Mais l'effet, vous le savez, ne se produit pas toujours ; il arrive, dans cette mécanique intellectuelle, que la tour soit trop haute, la masse trop grande et que l'on observe un résultat nul ou négatif.

Supposons, au contraire, le grand effet produit. Les personnes qui l'ont subi et qui ont été comme accablées par la puissance, par les perfections, par le nombre des coups heureux, des belles surprises accumulées, ne peuvent, ni ne *doivent*, se figurer tout le travail interne, les possibilités égrenées, les longs prélèvements d'éléments favorables, les raisonnements délicats dont les conclusions prennent l'apparence de divinations, en un mot, la quantité de vie intérieure qui fut traitée par le chimiste de l'esprit producteur ou triée dans le chaos mental par un démon à la Maxwell ; et ces personnes sont donc portées à imaginer un être aux immenses pouvoirs, capable de créer ces prodiges sans autre effort que celui qu'il faut pour émettre quoi que ce soit.

Ce que l'œuvre nous produit alors est incommensurable avec nos propres facultés de production instantanée. D'ailleurs, certains éléments de l'ouvrage qui sont venus à l'auteur par quelque hasard favorable, seront attribués à une vertu singulière de son esprit. C'est ainsi que le consommateur devient producteur à son tour : producteur, d'abord, de la valeur de l'ouvrage ; et ensuite, en vertu d'une application immédiate du principe de causalité (qui n'est au fond qu'une expression naïve de l'un des modes de production par l'esprit), il devient producteur de la valeur de l'être imaginaire qui a fait ce qu'il admire.

Peut-être, si les grands hommes étaient aussi conscients qu'ils sont grands, il n'y aurait pas de grands hommes pour soi-même.

Ainsi, et c'est où je voulais en venir, cet exemple, quoique très particulier, nous fait comprendre que l'indépendance ou l'ignorance réciproque des pensées et des conditions du producteur et du consommateur est presque essentielle aux effets des ouvrages. Le secret et la surprise que les tacticiens recommandent souvent dans leurs écrits sont ici naturellement assurés.

En résumé, quand nous parlons d'œuvres de l'esprit, nous entendons, ou bien le terme d'une certaine activité, ou bien l'origine d'une certaine autre activité et cela fait deux ordres de modifications incommunicables dont chacun nous demande une accommodation spéciale incompatible avec l'autre.

Reste l'œuvre même, en tant que chose sensible. C'est là une troisième considération, bien différente des deux autres.

Nous regardons alors une œuvre comme un *objet*, purement objet, c'est-à-dire sans y rien mettre de nous-mêmes que ce qui se peut appliquer indistinctement à tous les objets : attitude qui se marque assez par l'absence de toute production de valeur.

Que pouvons-nous sur cet objet qui, cette fois, ne peut rien sur nous ? Mais nous pouvons sur lui. Nous pouvons le mesurer selon sa nature, spatiale ou temporelle, compter les mots d'un texte ou les syllabes d'un vers ; constater que tel livre a paru à telle époque ; que telle composition d'un tableau est un décalque de telle autre ; qu'il y a un hémistiche chez Lamartine qui existe chez Thomas, et que telle page de Victor Hugo appartient, dès 1645, à un obscur Père François. Nous pouvons relever que tel raisonnement est un paralogisme ; que ce sonnet est incorrect ; que le dessin de ce bras est un défi à l'anatomie, et tel emploi de mots, insolite. Tout ceci est le résultat d'opérations qu'on peut assimiler à des opérations purement matérielles, puisqu'elles reviennent à des manières de superposition de l'œuvre, ou de fragments de l'œuvre, à quelque modèle.

Ce traitement des œuvres de l'esprit ne les distingue pas de toutes les œuvres possibles. Il les place et les retient au rang des choses et il leur impose une existence *définissable*. Voilà le point qu'il faut retenir :

Tout ce que nous pouvons définir se distingue aussitôt de l'esprit producteur et s'y oppose. L'esprit en fait du même coup l'équivalent d'une matière sur quoi il peut opérer ou d'un instrument par quoi il peut opérer.

Ce qu'il a bien défini, l'esprit le place donc hors de ses atteintes, et c'est en quoi il montre qu'il se connaît et qu'il ne se fie qu'à ce qui n'est pas lui.

Ces distinctions dans la notion d'œuvre, que je viens de vous proposer, et qui la divisent, non par recherche de subtilité, mais par la référence la plus facile à des observations immédiates, tendent à mettre en évidence l'idée qui va me servir à introduire mon analyse de la production des œuvres de l'esprit.

Tout ce que j'ai dit jusqu'ici se resserre en ces quelques mots : *l'œuvre de l'esprit n'existe qu'en acte*. Hors de cet acte, ce qui demeure n'est qu'un objet qui n'offre avec l'esprit aucune relation particulière. Transportez la statue que vous admirez chez un peuple suffisamment différent du nôtre : elle n'est qu'une pierre insignifiante. Un Parthénon n'est qu'une petite carrière de marbre. Et quand un texte de poète est utilisé comme recueil de difficultés grammaticales ou d'exemples, il cesse aussitôt d'être une *œuvre de l'esprit*, puisque l'usage qu'on en fait est entièrement étranger aux conditions de sa génération, et qu'on lui refuse d'autre part la valeur de consommation qui donne un sens à cet ouvrage.

Un poème sur le papier n'est rien qu'une écriture, soumise à tout ce qu'on peut faire d'une écriture. Mais parmi toutes ses possibilités, il en est une, et une seule, qui place enfin ce texte dans les conditions où il prendra force et forme d'action. Un poème est un discours qui exige et qui entraîne une liaison continuée entre la *voix qui est* et la *voix qui vient* et *qui doit venir*. Et cette voix doit être telle qu'elle s'impose, et qu'elle excite l'état affectif dont le texte soit l'unique expression verbale. Ôtez la voix et la voix qu'il faut, tout devient arbitraire. Le poème se change en une suite de signes qui ne sont liés que pour être matériellement tracés les uns après les autres.

Par ces motifs, je ne cesserai de condamner la pratique détestable qui consiste à abuser des œuvres les mieux faites pour créer, et développer le sentiment de la poésie chez les jeunes gens, à traiter les poèmes comme des choses, à les découper comme si la composition n'était rien, à souffrir, sinon à exiger, qu'ils soient récités de la sorte que l'on sait, employés comme épreuves de mémoire ou d'orthographe ; en un mot, à faire abstraction de l'essentiel de ces ouvrages, de ce qui fait qu'ils sont ce qu'ils sont, et non tout autres, et qui leur donne leur vertu propre et leur nécessité.

C'est l'exécution du poème qui est le poème. En dehors d'elle, ce sont des fabrications inexplicables, que ces suites de paroles, curieusement assemblées.

Les œuvres de l'esprit, poèmes ou autres, ne se rapportent qu'à *ce qui fait naître ce qui les fit naître elles-mêmes*, et absolument à rien d'autre. Sans doute, des divergences peuvent se manifester entre les interprétations poétiques d'un poème, entre les impressions et les significations ou plutôt entre les résonances que provoquent, chez l'un ou chez l'autre, l'action de l'ouvrage. Mais voici que cette remarque banale doit prendre, à la réflexion, une importance de première grandeur : cette diversité possible des effets légitimes d'une œuvre, est la marque même de l'esprit. Elle correspond, d'ailleurs, à la pluralité des voies qui se sont offertes à l'auteur pendant son travail de production. C'est que tout acte de l'esprit même est toujours comme accompagné d'une certaine atmosphère d'indétermination plus ou moins sensible.

Je m'excuse de cette expression. Je n'en trouve pas de meilleure.

Plaçons-nous dans l'état où nous transporte une œuvre, de celles qui nous contraignent à les désirer d'autant plus que nous les possédons davantage, ou qu'elles nous possèdent davantage. Nous nous trouvons alors partagés entre des sentiments naissants dont l'alternance et le contraste sont bien remarquables. Nous sentons, d'une part, que l'ouvrage qui agit sur nous nous convient de si près que nous ne pouvons le concevoir différent. Même dans certains cas de suprême contentement, nous éprouvons que nous nous transformons en quelque manière profonde, pour nous faire celui dont la sensibilité est capable de telle plénitude de délice et de compréhension immédiate. Mais nous ne sentons pas moins fortement, et comme par un tout autre sens, que le phénomène qui cause et développe en nous cet état, qui nous en inflige la puissance, aurait pu ne pas être, et même, aurait dû ne pas être, et se classe dans l'improbable.

Cependant que notre jouissance ou notre joie est forte, forte comme un fait, — l'existence et la formation du moyen, de l'œuvre génératrice — de notre sensation, nous semblent accidentelles. Cette existence nous apparaît l'effet d'un hasard extraordinaire, d'un don somptueux de la fortune, et c'est en quoi (n'oublions pas de le remarquer) une analogie particulière se découvre entre cet effet d'une œuvre d'art et celui de certains aspects de la nature : accident géologique, ou combinaisons passagères de lumière et de vapeur dans le ciel du soir.

Parfois, nous ne pouvons imaginer qu'un certain homme comme nous soit l'auteur d'un bienfait si extraordinaire, et la gloire que nous lui donnons est l'expression de notre impuissance.

Mais quel que soit le détail de ces jeux ou de ces drames qui s'accomplissent dans le producteur, tout doit s'achever dans l'œuvre visible, et trouver par ce fait même une détermination finale absolue. Cette fin est l'aboutissement d'une suite de modifications intérieures aussi désordonnées que l'on voudra, mais qui doivent nécessairement se résoudre au moment où la main agit, en un commandement unique, heureux ou non. Or, cette main, cette action extérieure, résout nécessairement bien ou mal l'état d'indétermination dont je parlais. L'esprit qui produit semble ailleurs, chercher à imprimer à son ouvrage des caractères tout opposés aux siens propres. Il semble fuir dans une œuvre l'instabilité, l'incohérence, l'inconséquence qu'il se connaît et qui constituent son régime le plus fréquent. Et donc, il agit contre les interventions en tous sens et de toute espèce qu'il doit subir à chaque instant. Il résorbe la variété infinie des incidents ; il rebute les substitutions quelconques d'images, de sensations, d'impulsions et d'idées qui traversent les autres idées. Il lutte contre ce qu'il est obligé d'admettre, de produire ou d'émettre ; et en somme, contre sa nature et son activité accidentelle et instantanée.

Pendant sa méditation, il bourdonne lui-même autour de son propre point de repère. Tout lui est bon pour se divertir. Saint Bernard observait : « *Odoratus impedit cogitationem.* » Même dans la tête la plus solide la contradiction est la règle ; la conséquence correcte est l'exception. Et cette correction elle-même est un artifice de logicien, artifice qui consiste, comme tous ceux qu'invente l'esprit contre soi-même, à matérialiser les éléments de pensée, ce qu'il appelle les « concepts », sous forme de cercles ou de domaines, à donner une durée indépendante des vicissitudes de l'esprit à ces objets intellectuels, car la logique, après tout, n'est qu'une spéculation sur la permanence des notations.

Mais voici une circonstance bien étonnante : cette dispersion, toujours imminente, importe et concourt à la production de l'ouvrage presque autant que la concentration elle-même. L'esprit à l'œuvre, qui lutte contre sa mobilité, contre son inquiétude constitutionnelle et sa diversité propre, contre la dissipation ou la dégradation, naturelle de toute attitude spécialisée, trouve, d'autre part, dans cette condition même, des ressources incomparables. L'instabilité, l'incohérence, l'inconséquence dont je parlais, qui lui sont des gênes et des limites dans son entreprise de construction ou de composition bien suivie, lui sont tout aussi bien des trésors de possibilités dont il pressent la richesse au voisinage du moment même où il se consulte. Ce lui sont des réserves desquelles il peut tout attendre, des raisons d'espérer que la solution, le signal, l'image, le mot qui manque sont plus proches de lui qu'il ne le voit. Il peut toujours pressentir dans sa pénombre, la vérité ou la décision recherchée, qu'il sait être à la merci d'un rien, de ce même dérangement insignifiant qui paraissait l'en distraire et l'en éloigner indéfiniment.

Parfois ce que nous souhaitons voir paraître à notre pensée (et même, un simple souvenir), nous est comme un objet précieux que nous tiendrions et palperions au travers d'une étoffe qui l'enveloppe et qui le cache à nos yeux. Il est, et il n'est pas à nous, et le moindre incident le dévoile. Parfois nous invoquons ce qui devrait être, l'ayant défini par des conditions. Nous le demandons, arrêtés devant je ne sais quel ensemble d'éléments qui nous sont également imminents, et dont aucun ne se détache encore pour satisfaire notre exigence. Nous implorons de notre esprit une manifestation d'inégalité.

Nous nous présentons notre désir comme l'on oppose un aimant à la confusion d'une poudre composée, de laquelle un grain de fer se démêlera tout à coup. Il semble qu'il y ait dans cet ordre des choses mentales, quelques relations très mystérieuses *entre le désir et l'événement*. Je ne veux pas dire que le désir de l'esprit crée une sorte de champ, bien plus complexe qu'un champ magnétique, et qui eût le pouvoir d'appeler ce qui nous convient. Cette image n'est qu'une manière d'exprimer un fait d'observation, sur lequel je reviendrai plus tard. Mais, quelles que soient la netteté, l'évidence, la force, la beauté de l'événement spirituel qui termine notre attente, qui achève notre pensée où lève notre doute, rien n'est encore irrévocable. Ici, l'instant suivant a pouvoir absolu sur le produit de l'instant précédent. C'est que l'esprit réduit à sa seule substance ne dispose pas du fini, et qu'il ne peut absolument pas se lier lui-même.

Quand nous disons que notre avis sur tel point est définitif, nous le disons pour le faire tel : nous avons recours aux autres. Le son de notre voix nous assure beaucoup plus que ce ferme propos intérieur qu'elle prétend tout haut que nous formons. Quand nous jugeons avoir achevé quelque pensée, nous ne nous sentons jamais assurés que nous pourrions nous y reprendre sans parfaire ou sans ruiner ce que nous avons arrêté. C'est par quoi la vie de l'esprit se divise contre elle-même aussitôt qu'elle s'applique à une œuvre. Toute œuvre exige des actions volontaires (quoiqu'elle comporte toujours quantité de constituants dans lesquels ce que nous appelons *volonté* n'a aucune part). Mais notre volonté, notre pouvoir exprimé, quand il tente de se tourner vers notre esprit même, et de s'en faire obéir, se réduisent toujours à un simple arrêt, au maintien ou bien au renouvellement de quelques conditions.

En effet, nous ne pouvons agir directement que sur la liberté du système de notre esprit. Nous abaissons le degré de cette liberté, mais quant au reste, je veux dire quant aux modifications et aux substitutions que cette contrainte laisse possibles, nous attendons simplement que ce que nous désirons se produise, car nous ne pouvons que l'attendre. *Nous n'avons aucun moyen d'atteindre exactement en nous ce que nous souhaitons en obtenir.*

Car cette exactitude, ce résultat que nous espérons et notre désir, sont de même substance mentale et peut-être se gênent-ils l'un l'autre par leur activité simultanée. On sait qu'il arrive assez souvent que la solution désirée nous vienne après un temps de désintéressement du problème, et comme la récompense de la liberté rendue à notre esprit.

Ce que je viens de dire et qui s'applique plus spécialement au producteur, est vérifiable aussi chez le consommateur de l'œuvre. Chez celui-ci, la production de valeur, qui sera, par exemple, la compréhension, l'intérêt excité, l'effort qu'il dépensera pour une possession plus entière de l'œuvre, donnerait lieu à des observations analogues.

Que je m'enchaîne à la page que je dois écrire ou à celle que je veux entendre, j'entre dans les deux cas dans une phase de moindre liberté. Mais dans les deux cas, cette restriction de ma liberté peut se présenter sous deux espèces tout opposées. Tantôt ma tâche même m'excite à la poursuivre, et, loin de la ressentir comme une peine, comme un écart du cours le plus naturel de mon esprit, je m'y livre, et m'avance avec tant de vie dans la voie que se fait mon dessein que la sensation de la fatigue en est diminuée, jusqu'au moment qu'elle obnubile tout à coup véritablement la pensée, et brouille le jeu des idées pour reconstituer le désordre des échanges normaux à courte période, l'état d'indifférence dispersive et reposante.

Mais tantôt, la contrainte est au premier plan, le maintien de la direction de plus en plus pénible, le travail devient plus sensible que son effet, le moyen s'oppose à la fin, et la tension de l'esprit doit être alimentée par des ressources de plus en plus précaires et de plus en plus étrangères à l'objet idéal dont il faut entretenir la puissance et l'action, au prix d'une fatigue rapidement insupportable. C'est là un grand contraste entre deux applications de notre esprit. Il va me servir à vous montrer que le soin que j'ai pris de spécifier qu'il ne fallait considérer les œuvres qu'en acte ou de production ou de consommation, n'avait rien que de conforme à ce que l'on peut observer ; cependant que, d'autre part, il nous procure le moyen de faire entre les œuvres de l'esprit une distinction très importante.

Parmi ces œuvres, l'usage crée une catégorie dite des œuvres d'art. Il n'est pas très facile de préciser ce terme, si toutefois il est besoin de le préciser. D'abord je ne distingue rien, dans la *production* des œuvres, qui me contraigne nettement à créer une catégorie de l'œuvre d'art. Je trouve un peu partout, dans les esprits, de l'attention, des tâtonnements, de la clarté inattendue et des nuits obscures, des improvisations et des essais, ou des reprises très pressantes. Il y a, dans tous les foyers de l'esprit, du feu et des cendres ; la prudence et l'imprudence ; la méthode et son contraire ; le hasard sous mille formes. Artistes, savants, tous s'identifient dans le détail de cette vie étrange de la pensée. On peut dire qu'à chaque instant la différence fonctionnelle des esprits en travail est indiscernable. Mais si l'on porte le regard sur les effets des œuvres faites, on, découvre chez certaines une particularité qui les groupe et qui les oppose à toutes les autres. Tel ouvrage que nous avons mis à part se divise en parties entières, dont chacune comporte de quoi créer un désir et de quoi le satisfaire. L'œuvre nous offre dans chacune de ses parties, à la fois *l'aliment* et *l'excitant*. Elle éveille continuellement en nous une soif et une source. En récompense de ce que nous lui cédons de notre liberté, elle nous donne l'amour de la captivité qu'elle nous impose et le sentiment d'une sorte délicieuse de connaissance immédiate ; et tout ceci, en dépensant, *à notre grand contentement*, notre propre énergie qu'elle évoque sur un mode si conforme au rendement le plus favorable de nos ressources organiques, que la sensation de l'effort se fait elle-même enivrante, et que nous nous sentons possesseurs pour être magnifiquement possédés.

Alors plus nous donnons, plus voulons-nous donner, tout en croyant de recevoir. L'illusion d'agir, d'exprimer, de découvrir, de comprendre, de résoudre, de vaincre, nous anime.

Tous ces effets qui vont quelquefois au prodige, sont tout instantanés, comme tout ce qui dispose de la sensibilité ; ils attaquent par le plus court, les points stratégiques qui commandent notre vie affective, contraignent par elle notre disponibilité intellectuelle, ils accélèrent, ils suspendent, ou même, régularisent les divers fonctionnements, dont l'accord ou le désaccord nous donne enfin toutes les modulations de la sensation de vivre, depuis le calme plat jusqu'à la tempête.

Le seul timbre du violoncelle exerce chez bien des personnes une véritable domination viscérale.

Il y a des mots dont la fréquence, chez un auteur, nous révèle qu'ils sont en lui tout autrement doués de résonance, et, par conséquent, de puissance positivement créatrice, qu'ils ne le sont en général. C'est là un exemple de ces évaluations personnelles, de ces *grandes valeurs-pour-un-seul*, qui jouent certainement un très beau rôle dans une production de l'esprit où la singularité est un élément de première importance.

Ces considérations nous serviront à éclairer un peu la constitution de la poésie, qui est assez mystérieuse. Il est étrange que l'on s'évertue à former un discours qui doive observer des conditions simultanées parfaitement hétéroclites : *musicales, rationnelles, significatives, suggestives*, et qui exigent une liaison suivie ou entretenue entre un rythme et une syntaxe, entre le *son* et le *sens*.

Ces parties sont sans relations concevables entre elles. Il nous faut donner l'illusion de leur intimité profonde. *À quoi bon tout ceci ?* L'observance des rythmes, des rimes, de la mélodie verbale gêne les mouvements directs de ma pensée, et voici que je ne peux plus dire ce que je veux... Mais *qu'est-ce donc que je veux ?* Voilà la question.

On conclut qu'il faut ici vouloir ce que l'on doit vouloir, pour que la pensée, le langage et ses conventions, qui sont empruntées à la vie extérieure, le rythme et les accents de la voix qui sont directement choses de l'être, s'accordent, et cet accord exige des sacrifices réciproques dont le plus remarquable est celui que doit consentir la pensée.

J'expliquerai un jour comment cette altération se marque dans le langage des poètes, et qu'il y a un langage poétique dans lequel les mots ne sont plus les mots de l'usage pratique et libre. Ils ne s'associent plus selon les mêmes attractions ; ils sont chargés de deux valeurs simultanément engagées et d'importance équivalente : leur son et leur effet psychique instantané. Ils font songer alors à ces nombres complexes des géomètres, et l'accouplement de la *variable phonétique* avec la *variable sémantique* engendre des problèmes de prolongement et de convergence que les poètes résolvent les yeux bandés, — mais ils les résolvent (et c'est là l'essentiel), de temps à autre... *De Temps à Autre,* voilà le grand mot ! Voilà l'incertitude, voilà l'inégalité des moments et des individus. C'est là notre fait capital. Il faudra y revenir longuement, car tout l'art, poétique ou non, consiste à se défendre contre cette inégalité du moment.

Tout ce que je viens d'ébaucher dans cet examen sommaire de la notion générale de l'œuvre doit me conduire à indiquer enfin le parti pris que j'ai choisi en vue d'explorer l'immense domaine de la production des œuvres de l'esprit. Nous avons essayé, en quelques instants, de vous donner une idée de la complexité de ces questions, dans lesquelles on peut dire que tout intervient à la fois, et dans lesquelles se combine ce qu'il y a de plus profond dans l'homme avec quantité de facteurs extérieurs.

Tout ceci se résume en cette formule que : dans la production de l'œuvre, l'action vient au contact de l'indéfinissable.

Une action volontaire qui, dans chacun des arts, est très composée, qui peut exiger de longs travaux, des attentions des plus abstraites, des connaissances très précises, vient s'adapter dans l'opération de l'art à un état de l'être qui est tout à fait irréductible en soi, à une expression finie, qui ne se rapporte à aucun objet localisable, que l'on puisse déterminer, et atteindre par un système d'actes uni-

formément déterminés ; et ceci aboutissant à cette
œuvre, dont l'effet doit être de reconstituer chez
quelqu'un un état analogue, — je ne dis pas semblable (puisque nous n'en saurons jamais rien),
— mais analogue à l'état initial du producteur.

Ainsi d'une part l'*indéfinissable*, d'autre part une
action nécessairement finie ; d'une part un *état*,
parfois une seule sensation productrice de valeur et
d'impulsion, état dont le seul caractère est de ne
correspondre à aucun terme fini de notre expérience ; d'autre part, l'*acte*, c'est-à-dire la détermination essentielle, puisqu'un acte est une échappée
miraculeuse hors du monde fermé du possible, et
une introduction dans l'univers du fait ; et cet acte,
fréquemment produit contre l'esprit, avec toutes
ses précisions ; sorti de l'instable, comme Minerve
tout armée produite par l'esprit de Jupiter, vieille
image encore pleine de sens !

Chez l'artiste, il arrive en effet — c'est le cas le
plus favorable —, que le même mouvement interne
de production lui donne à la fois et indistinctement
l'impulsion, le but extérieur immédiat et les moyens
ou les dispositifs techniques de l'action. Il s'établit
en général un régime d'exécution pendant lequel il y
a un échange plus ou moins vif, entre les exigences,
les connaissances, les intentions, les moyens, tout le
mental et l'instrumental, tous les éléments d'action
d'une action dont l'excitant n'est pas situé dans le
monde où sont situés les buts de l'action ordinaire,
et par conséquent ne peut donner prise à une prévision qui détermine la formule des actes à accomplir
pour l'atteindre sûrement.

Et c'est enfin en me représentant ce fait si remarquable (quoique assez peu remarqué, me semble-
t-il), l'*exécution d'un acte*, comme aboutissement,
issue, détermination finale d'un état qui est inex-

primable en termes finis (c'est-à-dire qui annule exactement la sensation cause) que j'ai adopté la résolution de prendre pour forme générale de ce Cours le type le plus général possible de l'action humaine. J'ai pensé qu'il fallait à tout prix fixer une ligne simple, une sorte de voie géodésique au travers des observations et des idées d'une matière innombrable, sachant que dans une étude qui n'a pas, à ma connaissance, été jusqu'ici abordée dans son ensemble, il est illusoire de chercher un ordre intrinsèque, un développement sans répétition qui permette d'énumérer des problèmes selon le progrès d'une variable, car cette variable n'existe pas.

Dès que l'esprit est en cause, tout est en cause ; tout est désordre, et toute réaction contre le désordre est de même espèce que lui. C'est que ce désordre est d'ailleurs la condition de sa fécondité : il en contient la promesse, puisque cette fécondité dépend de l'inattendu plutôt que de l'attendu, et plutôt de ce que nous ignorons, et parce que nous l'ignorons, que de ce que nous savons. Comment en serait-il autrement ? Le domaine que j'essaye de parcourir est illimité, mais tout se réduit aux proportions humaines aussitôt que l'on prend garde de s'en tenir à sa propre expérience, aux observations que soi-même on a faites, aux moyens qu'on a éprouvés. Je m'efforce de n'oublier jamais que chacun est la mesure des choses.

Table 853

ŒUVRES DE PAUL VALÉRY

Aux Éditions Gallimard

MÉLANGE (1941).

TEL QUEL I (Choses tues, Moralités, Ébauches de Pensées, Littérature, Cahier B 1910) (1941).

TEL QUEL II (Rhumbs, Autres Rhumbs, Analecta Suite) (1943).

POÉSIES nouvelle édition revue et augmentée (1942)

MAUVAISES PENSÉES ET AUTPES (1942).

« MON FAUST » (1945).

REGARDS SUR LE MONDE ACTUEL et autres essais, nouvelle édition, revue et augmentée de fragments inédits (1946).

MONSIEUR TESTE, nouvelle édition augmentée de fragments inédits (1946).

L'ANGE (1946).

HISTOIRES BRISÉES (1950).

LETTRES À QUELQUES-UNS (1952).

TRADUCTION EN VERS DES BUCOLIQUES DE VIRGILE (1956).

LA JEUNE PARQUE, commentée par Alain (1936).

CHARMES, commentés par Alain (1928).

ŒUVRES COMPLÈTES (12 vol.) (1931-1950).

ANDRÉ GIDE-PAUL VALÉRY: CORRESPONDANCE 1890-1942, préface et notes par Robert Mallet.

PAUL VALÉRY-GUSTAVE FOURMENT: CORRESPONDANCE 1887-1933, introduction, notes et documents par Octave Nadal (1957).

ŒUVRES (Bibliothèque de la Pléiade), édition établie et annotée par Jean Hytier, avec une introduction biographique par Agathe Rouart-Valéry.

Tome I (1957). (Dernière réédition : 1980.)

Tome II (1960). (Dernière réédition : 1988.)

CAHIERS (Bibliothèque de la Pléiade), *choix de textes établis, présentés et annotés par Judith Robinson-Valéry.*

Tome I (1973).

Tome II (1974).

CAHIERS PAUL VALÉRY (publications de la Société Paul Valéry).

Nᵒ 1 : POÉTIQUE ET POÉSIE (1975).

Nᵒ 2 : « MES THÉÂTRES » (1977).

Nᵒ 3 : QUESTIONS DU RÊVE (1979).

Nᵒ 4 : CARTESIUS REDIVIVUS (1986).

LES PRINCIPES D'AN-ARCHIE PURE ET APPLIQUÉE, *postface de François Valéry* (1984).

CAHIERS 1894-1914. *Édition intégrale établie, présentée et annotée sous la co-responsabilité de Nicole Celeyrette-Piétri et Judith Robinson-Valéry* (collection Blanche).

Tome I (1987).

Tome II (1988).

Tome III (1990).

Tome IV (1992).

Tome V (1994).

Tome VI (1997).

Tome VII (1999).

Tome VIII (2001).

LA JEUNE PARQUE, *nouvelle édition augmentée, présentation par Octave Nadal* (1992).

DANS LA COLLECTION FOLIO / ESSAIS

Composition Interligne.
Impression Société Nouvelle Firmin-Didot
à Mesnil-sur-l'Estrée, le 7 juin 2002.
Dépôt légal : juin 2002.
Numéro d'imprimeur : 59919.

ISBN 2-07-042362-X/Imprimé en France.